Machine Learning con PyTorch y Scikit-Learn

Desarrollo de modelos Machine Learning
y Deep Learning con Python

Sebastian Raschka
Yuxi (Hayden) Liu
Vahid Mirjalili

Marcombo

Primera edición original publicada en inglés por Packt Publishing Ltd. con el título: *Machine Learning with PyTorch and Scikit-Learn*, © 2022 Packt Publishing

Título de la edición en español: *Machine Learning con PyTorch y Scikit-Learn*
Primera edición en español, 2023

www.marcombo.com

Traducción: Francisco Martínez Carreno
Correctora: Anna Alberola
Directora de producción: M.ª Rosa Castillo

Los códigos de ejemplo que se pueden encontrar en el libro se han desarrollado usando las versiones de software y librerías más actuales en el momento de la publicación del mismo, pero, como sabe, el software es algo que está en constante evolución, y estas pueden haber variado desde su fecha de publicación. Por este motivo existe la posibilidad que, de manera puntual, la sintaxis de algún ejemplo pueda variar.

ISBN: 978-84-267-3573-7
D.L.: B 3618-2023

Impreso en Servicepoint
Printed in Spain

Prólogo

En los últimos años, los métodos de Machine Learning (en castellano, *aprendizaje automático*), con su capacidad para dar sentido a grandes cantidades de datos y automatizar decisiones, han encontrado amplias aplicaciones en la sanidad, la robótica, la biología, la física, los productos de consumo, los servicios de Internet y otros sectores.

Los saltos de gigante en la ciencia suelen provenir de una combinación de ideas poderosas y grandes herramientas. El aprendizaje automático no es una excepción. El éxito de los métodos de aprendizaje basados en datos se debe a las ingeniosas ideas de miles de investigadores con talento a lo largo de los 60 años de historia en este campo. Pero su reciente popularidad también se debe a la evolución de las soluciones de hardware y software que los hacen escalables y accesibles. El ecosistema de excelentes librerías para la computación numérica, el análisis de datos y el aprendizaje automático creadas en torno a Python, como NumPy y Scikit-learn, ha conseguido una amplia acogida en la investigación y la industria. Esto ha contribuido en gran medida a que Python sea el lenguaje de programación más popular.

Las grandes mejoras en la visión por ordenador, el texto, el habla y otras tareas aportadas por la reciente llegada de las técnicas de Deep Learning (en castellano, *aprendizaje profundo*) ejemplifican este tema. Los enfoques se basan en la teoría de las redes neuronales de las últimas cuatro décadas, que empezaron a funcionar extraordinariamente bien en combinación con las GPU y las rutinas de cálculo altamente optimizadas.

Nuestro objetivo con la creación de PyTorch durante los últimos cinco años ha sido ofrecer a los investigadores la herramienta más flexible para expresar algoritmos de aprendizaje profundo, a la vez que nos ocupamos de las complejidades de ingeniería subyacentes. Nos hemos beneficiado del excelente ecosistema de Python. Hemos tenido la suerte de ver a una comunidad de personas con mucho talento elaborar modelos avanzados de aprendizaje profundo en diferentes dominios sobre PyTorch.

Conozco a Sebastian, que forma parte de esta comunidad tan unida, desde hace algunos años. Tiene un talento inigualable para explicar fácilmente la información y hacer accesible lo complejo. Sebastian ha contribuido en muchos paquetes de software de aprendizaje automático ampliamente utilizados y es autor de docenas de excelentes tutoriales sobre aprendizaje profundo y visualización de datos.

Para aplicar el aprendizaje automático, es necesario dominar tanto las ideas como las herramientas. Empezar, desde dar sentido a los conceptos teóricos hasta averiguar qué paquetes de software instalar, puede parecer intimidante.

Por suerte, el libro que tiene en sus manos hace un magnífico trabajo al combinar conceptos de aprendizaje automático y pasos prácticos de ingeniería para guiarle en este viaje. Le espera un delicioso viaje desde los fundamentos de las técnicas basadas en datos hasta las más novedosas arquitecturas de aprendizaje profundo. En cada capítulo, encontrará ejemplos de código concretos que aplican los métodos introducidos a tareas prácticas.

Cuando se publicó la primera edición en 2015, puso el listón muy alto en la categoría de libros de ML y Python. Pero la excelencia no se detuvo ahí. Con cada edición, Sebastian y el equipo siguieron actualizando y refinando el material a medida que la revolución del aprendizaje profundo se desarrollaba en nuevos ámbitos. En esta nueva edición de PyTorch, encontrará nuevos capítulos sobre arquitecturas de transformadores y redes neuronales de grafos. Estos enfoques están a la vanguardia del aprendizaje profundo y han tomado por asalto los campos de la comprensión de textos y la estructura molecular en los últimos dos años. Podrá practicarlos utilizando paquetes de software nuevos pero muy populares en el ecosistema como Hugging Face, PyTorch Lightning y PyTorch Geometric.

El excelente equilibrio entre la teoría y la práctica que consigue este libro no es ninguna sorpresa, dada la combinación de conocimientos de investigación avanzada y la experiencia en la resolución de problemas de forma práctica de los autores. Sebastian Raschka y Vahid Mirjalili se basan en su experiencia en la investigación del aprendizaje profundo para la visión por ordenador y la biología computacional. Hayden Liu aporta la experiencia de aplicar métodos de aprendizaje automático al pronóstico de eventos, sistemas de recomendación y otras tareas de la industria. Todos los autores comparten una profunda pasión por la educación, y se refleja en la forma en que el libro va de lo simple a lo avanzado.

Estoy seguro de que este libro le resultará muy valioso como visión general del apasionante campo del aprendizaje automático y como tesoro de conocimientos prácticos. Espero que le sirva de inspiración para aplicar el aprendizaje automático en beneficio de los problemas que tenga que tratar en su área concreta, sea cual sea.

Dmytro Dzhulgakov

PyTorch Responsible de mantenimiento Core

Colaboradores

El **Dr. Sebastian Raschka** es profesor adjunto de estadística en la Universidad de Wisconsin-Madison y se centra en el aprendizaje automático y el aprendizaje profundo. Su investigación reciente se ha centrado en retos generales como el aprendizaje few-shot para trabajar con datos limitados y el desarrollo de redes neuronales profundas para objetivos ordinales. También es un ávido colaborador de código abierto, y en su nuevo papel como educador principal de IA en Grid.ai, planea continuar con su pasión por ayudar a la gente a entrar en el aprendizaje automático y en la IA.

Muchas gracias a Jitian Zhao y Ben Kaufman, con quienes tuve el placer de trabajar en los nuevos capítulos sobre transformadores y redes neuronales de grafos. También estoy muy agradecido por la ayuda de Hayden y Vahid: este libro no habría sido posible sin vosotros. Por último, quiero dar las gracias a Andrea Panizza, Tony Gitter y Adam Bielski por sus útiles discusiones sobre distintas secciones del manuscrito.

Yuxi (Hayden) Liu es ingeniero de software de aprendizaje automático en Google y ha trabajado como científico de aprendizaje automático en una variedad de dominios basados en datos. Hayden es autor de una serie de libros de ML. Su primer libro, *Python Machine Learning By Example*, fue el número 1 en ventas en su categoría en Amazon en 2017 y 2018, y fue traducido a muchos idiomas. Sus otros libros incluyen *R Deep Learning Projects, Hands-On Deep Learning Architectures with Python* y *PyTorch 1.x Reinforcement Learning Cookbook.*

Me gustaría dar las gracias a todas las grandes personas con las que he trabajado, especialmente a mis coautores, mis editores en Packt y mis revisores. Sin ellos, este libro sería más difícil de leer y de aplicar a los problemas del mundo real. Por último, me gustaría dar las gracias a todos los lectores por su apoyo, que me animaron a escribir la edición en PyTorch de este libro de ML de tanto éxito.

El **Dr. Vahid Mirjalili** es investigador de deep learning especializado en aplicaciones de visión por ordenador. Vahid se doctoró en Ingeniería Mecánica e Informática por la Universidad Estatal de Michigan. Durante su doctorado, desarrolló innovadores algoritmos de visión por ordenador para resolver problemas del mundo real y publicó varios artículos de investigación citados muy frecuentemente en la comunidad de visión por ordenador.

Otros colaboradores

Benjamin Kaufman es candidato a doctor en la Universidad de Wisconsin-Madison en ciencia de datos biomédicos. Su investigación se centra en el desarrollo y la aplicación de métodos de aprendizaje automático para el descubrimiento de fármacos. Su trabajo en este ámbito ha permitido profundizar en el conocimiento de las redes neuronales de grafos.

Jitian Zhao es estudiante de doctorado en la Universidad de Wisconsin-Madison, donde desarrolló su interés en los modelos lingüísticos a gran escala. Le apasiona el aprendizaje profundo en el desarrollo tanto de aplicaciones en el mundo real como de soporte teórico.

Me gustaría agradecer a mis padres su apoyo. Me animaron a perseguir siempre mi sueño y me motivaron a ser una buena persona.

Sobre el revisor

Roman Tezikov es ingeniero de investigación industrial y entusiasta del aprendizaje profundo con más de cuatro años de experiencia en visión por ordenador avanzada, PNL y MLOps. Como creador, junto con otros, de la comunidad ML-REPA, organizó varios talleres y reuniones sobre reproducibilidad de ML y automatización de pipelines. Uno de sus actuales retos de trabajo consiste en utilizar la visión por ordenador en la industria de la moda. Roman también fue uno de los principales desarrolladores de Catalyst, un marco PyTorch para el aprendizaje profundo acelerado.

Únase al espacio Discord del libro

Únase al espacio de Discord del libro para una sesión mensual de «Pregúnteme lo que quiera» con los autores (en inglés):

`https://packt.link/MLwPyTorch`

Contenidos

Prefacio

A través de la exposición a las noticias y los medios sociales, probablemente esté familiarizado con el hecho de que el aprendizaje automático se ha convertido en una de las tecnologías más emocionantes de nuestro tiempo. Grandes empresas (como Microsoft, Google, Meta, Apple, Amazon, IBM y muchas más) realizan importantes inversiones en investigación y en aplicaciones del aprendizaje automático por buenas razones. Aunque pueda parecer que el aprendizaje automático se ha convertido en la palabra de moda de nuestro tiempo y época, no se trata de una exageración. Este apasionante campo abre el camino a nuevas posibilidades y se ha hecho indispensable en nuestra vida cotidiana. Hablar con el asistente de voz de nuestros teléfonos inteligentes, recomendar el producto adecuado a nuestros clientes, prevenir el fraude con tarjetas de crédito, filtrar el spam de nuestras bandejas de correo electrónico, detectar y diagnosticar enfermedades médicas... la lista es interminable.

Si quiere convertirse en un profesional del aprendizaje automático, en un mejor solucionador de problemas o incluso quiere considerar una carrera en la investigación del aprendizaje automático, ¡este libro es para usted! Sin embargo, para un principiante, los conceptos teóricos que hay detrás del aprendizaje automático pueden ser bastante abrumadores. Muchos libros prácticos que se han publicado en los últimos años le ayudarán a iniciarse en el aprendizaje automático mediante la implementación de potentes algoritmos de aprendizaje.

Exponerse a ejemplos prácticos de código y trabajar con ejemplos de aplicaciones de aprendizaje automático es una gran manera de sumergirse en este campo. Los ejemplos concretos ayudan a ilustrar los conceptos más amplios al poner el material aprendido directamente en acción. Sin embargo, recuerde que un gran poder conlleva una gran responsabilidad. Además de ofrecer una experiencia práctica con el aprendizaje automático utilizando Python y las bibliotecas de aprendizaje automático basadas en Python, este libro también introduce los conceptos matemáticos que hay detrás de los algoritmos de aprendizaje automático, lo cual es esencial para utilizar el aprendizaje automático con éxito. Por lo tanto, este libro es diferente de un libro puramente práctico; es un libro que discute los detalles necesarios con respecto a los conceptos de aprendizaje automático, ofrece explicaciones intuitivas pero informativas sobre cómo funcionan los algoritmos de aprendizaje automático, sobre cómo usarlos y, lo más importante, sobre cómo evitar los errores más frecuentes.

En el libro, iniciaremos un apasionante viaje que abarcará todos los temas y conceptos esenciales para proporcionarle una ventaja en este campo. Si su sed de conocimientos no se ve satisfecha, este libro hace referencia a muchos recursos útiles que puede utilizar para seguir los avances esenciales en este campo.

A quién va dirigido el libro

Este libro es el compañero ideal para aprender a aplicar el aprendizaje automático y el aprendizaje profundo a una amplia gama de tareas y conjuntos de datos. Si es un programador que quiere estar al día con las tendencias recientes en tecnología, este libro es para usted. Si es un estudiante o está considerando cambiar de profesión, este libro le puede servir como introducción, además de ser una guía completa al mundo del aprendizaje automático.

De qué trata el libro

El capítulo 1, Dotar a los ordenadores de la capacidad de aprender de los datos, nos introduce en las principales subáreas del aprendizaje automático para abordar tareas de diversas problemáticas. Además, se discuten los pasos esenciales para la creación de una pipeline típica de construcción de modelos de aprendizaje automático que nos guiará a través de los siguientes capítulos.

El capítulo 2, Entrenamiento de algoritmos sencillos de aprendizaje automático para tareas de clasificación, se remonta a los orígenes del aprendizaje automático e introduce los clasificadores de perceptrón binario y de neuronas lineales adaptativas. Este capítulo es una ligera introducción a los fundamentos de la clasificación de patrones y se centra en la interacción de los algoritmos de optimización y el aprendizaje automático.

El capítulo 3, Un recorrido por los clasificadores de aprendizaje automático con Scikit-learn, describe los algoritmos esenciales de aprendizaje automático para la clasificación y proporciona ejemplos prácticos utilizando una de las bibliotecas de aprendizaje automático de código abierto más populares y completas, Scikit-learn.

El capítulo 4, Elaboración de conjuntos de datos de entrenamiento adecuados: preprocesamiento de datos, se ocupa de cómo tratar los problemas más frecuentes en los conjuntos de datos no procesados, como son los datos ausentes. También analiza varios enfoques para identificar las características más ilustrativas en los conjuntos de datos y le enseña a preparar variables de diferentes tipos, como entradas adecuadas, para los algoritmos de aprendizaje automático.

El capítulo 5, Compresión de datos mediante la reducción de la dimensionalidad, describe las técnicas esenciales para reducir el número de características de un conjunto de datos a conjuntos más pequeños, conservando la mayor parte de su información útil y discriminatoria. Analiza el enfoque estándar de la reducción de la dimensionalidad mediante el análisis de componentes principales y lo compara con las técnicas de transformación supervisada y no lineal.

En el capítulo 6, Aprendizaje de las mejores prácticas de aprendizaje para la evaluación de modelos y el ajuste de hiperparámetros, se analiza lo que se debe y lo que no se debe hacer para estimar el rendimiento de los modelos predictivos. Además, se analizan diferentes métricas para medir el rendimiento de nuestros modelos y técnicas para afinar los algoritmos de aprendizaje automático.

El capítulo 7, Combinación de diferentes modelos para el aprendizaje de conjuntos, presenta los diferentes conceptos de la combinación eficaz de múltiples algoritmos de aprendizaje. Le enseña a construir conjuntos de expertos para superar las debilidades de los aprendices individuales, lo que da lugar a pronósticos más precisos y fiables.

El capítulo 8, Aplicación del aprendizaje automático al análisis de opiniones, analiza los pasos esenciales para transformar los datos textuales en representaciones comprensibles para los algoritmos de aprendizaje automático para que puedan pronosticar las opiniones de las personas basándose en lo que han escrito.

En el capítulo 9, Pronóstico de variables objetivo continuas con análisis de regresión, se analizan las técnicas esenciales para modelar las relaciones lineales entre las variables objetivo y las variables de respuesta para hacer pronósticos en una escala continua. Tras introducir diferentes modelos lineales, este capítulo también se ocupa de la regresión polinómica y de los enfoques basados en árboles.

El capítulo 10, El trabajo con datos no etiquetados: análisis de clustering, cambia el enfoque a una subárea diferente del aprendizaje automático, el aprendizaje no supervisado. Aplicamos algoritmos de tres familias fundamentales de algoritmos de clustering para encontrar grupos de objetos que comparten cierto grado de similitud.

El capítulo 11, Implementación de redes neuronales artificiales multicapa desde cero, amplía el concepto de optimización basada en el gradiente, que introdujimos por primera vez en el capítulo 2, Entrenamiento de algoritmos sencillos de aprendizaje automático para tareas de clasificación, para crear potentes redes neuronales multicapa basadas en el popular algoritmo de retropropagación en Python.

El capítulo 12, Paralelización del entrenamiento de redes neuronales con PyTorch, se basa en los conocimientos del capítulo anterior para proporcionarle una guía práctica con la que entrenar redes neuronales de forma más eficiente. Este capítulo se centra en PyTorch, una biblioteca de código abierto de Python que nos permite utilizar varios núcleos de las GPU modernas y construir redes neuronales profundas a partir de bloques de construcción comunes mediante una API flexible y fácil de usar.

El capítulo 13, Profundización: la mecánica de PyTorch, retoma lo que dejó el capítulo anterior e introduce conceptos y funcionalidades más avanzadas de PyTorch. PyTorch es una biblioteca extraordinariamente vasta y sofisticada, y este capítulo le guía a través de conceptos como los grafos de cálculo dinámico y la diferenciación automática. También aprenderá a utilizar la API orientada a objetos de PyTorch para implementar redes neuronales complejas y para entender cómo PyTorch Lightning le ayuda con las mejores prácticas a minimizar el código boilerplate.

El capítulo 14, Clasificación de imágenes con redes neuronales convolucionales profundas, presenta las redes neuronales convolucionales (CNN). Una CNN representa un tipo particular de arquitectura de red neuronal profunda que es particularmente adecuada para trabajar con conjuntos de datos de imágenes. Debido a su superior rendimiento en comparación con los enfoques tradicionales, las CNN se utilizan ahora ampliamente en la visión por ordenador para lograr resultados de vanguardia en diversas tareas de reconocimiento de imágenes. A lo largo de este capítulo, aprenderá cómo las capas convolucionales pueden utilizarse como potentes extractores de características para la clasificación de imágenes.

El capítulo 15, Modelización de datos secuenciales mediante redes neuronales recurrentes, presenta otra arquitectura de red neuronal muy extendida para el aprendizaje profundo, que es especialmente adecuada para trabajar con texto y otros tipos de datos secuenciales y datos de series temporales. Como ejercicio de calentamiento, este capítulo presenta las redes neuronales recurrentes para pronosticar las opiniones de las reseñas de películas. A continuación, enseñaremos a las redes recurrentes a digerir información de libros para generar un texto completamente nuevo.

El capítulo 16, Transformadores: mejora del procesamiento del lenguaje natural con mecanismos de atención, se centra en las últimas tendencias del procesamiento del lenguaje natural y explica cómo los mecanismos de atención ayudan a modelar relaciones complejas en secuencias largas. Este capítulo describe la influyente arquitectura de los transformadores y los modelos de transformadores más avanzados, como BERT y GPT.

El capítulo 17, Redes generativas antagónicas con las que sintetizar nuevos datos, presenta un popular régimen de entrenamiento adversario para redes neuronales, que puede utilizarse para generar nuevas imágenes de aspecto realista. El capítulo comienza con una breve introducción a los autocodificadores, que son un tipo particular de arquitectura de red neuronal que puede utilizarse para la compresión de datos. A continuación, se muestra cómo combinar la parte decodificadora de un autocodificador con una segunda red neuronal que puede distinguir entre imágenes reales y sintetizadas. Dejando que dos redes neuronales compitan entre sí en un enfoque de entrenamiento adversario, implementará una red generativa antagónicas que generará nuevos dígitos como los escritos a mano.

El capítulo 18, Redes neuronales de grafos para captar las dependencias en datos estructurados en grafos, va más allá del trabajo con conjuntos de datos tabulares, imágenes y texto. Este capítulo presenta las redes neuronales de grafos que operan con datos estructurados en grafos, como son los de las redes sociales y las moléculas.

Tras explicar los fundamentos de las convoluciones de grafos, este capítulo incluye un tutorial que muestra cómo implementar modelos predictivos para datos moleculares.

El capítulo 19, Aprendizaje reforzado para la toma de decisiones en entornos complejos, abarca una subcategoría del aprendizaje automático que se utiliza habitualmente para el entrenamiento de robots y otros sistemas autónomos. Este capítulo comienza introduciendo los fundamentos del aprendizaje reforzado (Reinforcement Learning, RL) para familiarizarse con las interacciones agente/entorno, el proceso de recompensa de los sistemas RL y el concepto de aprendizaje a partir de la experiencia. Después de conocer las principales categorías de RL, se implementará y entrenará un agente que puede navegar en un entorno de mundo cuadriculado utilizando el algoritmo Q-learning. Por último, este capítulo presenta el algoritmo Q-learning profundo, que es una variante de Q-learning que utiliza redes neuronales profundas.

Para aprovechar al máximo el libro

Lo ideal es que ya se sienta cómodo con la programación en Python para seguir los ejemplos de código que proporcionamos, con los que ilustrar y aplicar varios algoritmos y modelos. Para sacar el máximo provecho del libro, también será útil tener sólidos conocimientos de la notación matemática.

Un ordenador portátil o de sobremesa corriente debería ser suficiente para ejecutar la mayor parte del código del libro, y en el primer capítulo proporcionamos instrucciones para su entorno Python. Los capítulos posteriores presentarán bibliotecas adicionales y recomendaciones de instalación cuando sea necesario.

Utilizar una unidad de procesamiento gráfico (GPU) moderna puede acelerar los tiempos de ejecución del código en los últimos capítulos de aprendizaje profundo. Sin embargo, no es necesaria una GPU, y también proporcionamos instrucciones para utilizar recursos gratuitos en la nube.

Descarga de los archivos de códigos de ejemplo

Todos los ejemplos de código están disponibles para su descarga a través de GitHub en `https://github.com/rasbt/machine-learning-book`. También tenemos otros paquetes de código de nuestro extenso catálogo de libros y vídeos disponibles en `https://github.com/PacktPublishing/`. ¡Compruébelos!

Aunque recomendamos el uso de Jupyter Notebook para ejecutar el código de forma interactiva, todos los ejemplos de código están disponibles tanto en un script de Python (por ejemplo, `ch02/ch02.py`) como en formato Jupyter Notebook (por ejemplo, `ch02/ch02.ipynb`). Además, recomendamos consultar el archivo `README.md` que acompaña a cada capítulo individual para obtener información adicional y actualizaciones.

Descarga de las imágenes en color

También proporcionamos un archivo PDF que tiene imágenes en color de las capturas de pantalla/diagramas utilizados en el libro. Puede descargarlo aquí: `https://static.packt-cdn.com/downloads/9781801819312_ColorImages.pdf`. Además, en los cuadernos de código del libro, que vienen junto con los archivos de códigos de ejemplo, hay imágenes en color de menor resolución.

Convenciones

A lo largo de este libro se utilizan una serie de convenciones textuales.

A continuación, se ofrecen algunos ejemplos de estos estilos y una explicación de su significado. Las palabras de código en el texto se muestran de la siguiente manera: «Y los paquetes ya instalados pueden actualizarse mediante la bandera `--upgrade`».

Un bloque de código se establece de la siguiente manera:

```
def __init__(self, eta=0.01, n_iter=50, random_state=1):
    self.eta = eta
    self.n_iter = n_iter
    self.random_state = random_state
```

Cualquier entrada en el intérprete de Python se escribe de la siguiente manera (observe el símbolo >>>). La salida esperada se mostrará sin el símbolo >>>:

```
>>> v1 = np.array([1, 2, 3])
>>> v2 = 0.5 * v1
>>> np.arccos(v1.dot(v2) / (np.linalg.norm(v1) *
...           np.linalg.norm(v2)))
0.0
```

Cualquier entrada o salida de la línea de comandos se escribe de la siguiente manera:

```
pip install gym==0.20
```

Los términos nuevos y las palabras importantes aparecen en negrita. Las palabras que se ven en la pantalla, por ejemplo, en los menús o cuadros de diálogo, aparecen en el texto así: «Al hacer clic en el botón Siguiente se pasa a la siguiente pantalla».

> Los avisos o notas importantes aparecen en un cuadro como este.

Los consejos y trucos aparecen en un cuadro como este.

Póngase en contacto con nosotros

Los comentarios de nuestros lectores son siempre bienvenidos.

Comentarios generales: Envíe un correo electrónico a `feedback@packtpub.com` y mencione el título del libro en el asunto de su mensaje. Si tiene preguntas sobre cualquier aspecto del libro, envíenos un correo electrónico a `questions@packtpub.com`.

Erratas: Aunque hemos puesto todo nuestro empeño en garantizar la exactitud del contenido, es posible que se produzcan errores. Si ha encontrado un error en este libro, le agradeceríamos que nos lo comunicara. Para ello, visite `http://www.packtpub.com/submit-errata`, seleccione su libro, haga clic en el enlace Errata Submission Form e introduzca los datos.

Piratería: Si encuentra alguna copia ilegal de nuestras obras en cualquier forma en Internet, le agradeceríamos que nos facilitara la dirección de ubicación o el nombre del sitio web. Por favor, póngase en contacto con nosotros en `copyright@packtpub.com` con un enlace al material pirateado.

Si está interesado en convertirse en autor: Si hay un tema en el que tiene experiencia y está interesado en escribir o contribuir en algún libro, visite `http://authors.packtpub.com`.

Comparta su opinión

Una vez que haya leído *Machine Learning con PyTorch y Scikit-Learn*, ¡nos gustaría conocer su opinión! Entre en Amazon y comparta su opinión sobre el libro.

Su opinión es importante para nosotros y para la comunidad tecnológica y nos ayudará a tener la seguridad de que ofrecemos un contenido de excelente calidad.

1

Dotar a los ordenadores de la capacidad de aprender de los datos

En mi opinión, el aprendizaje automático, la ciencia de los algoritmos que dan sentido a los datos y su aplicación es el campo más apasionante de la informática. Vivimos en una época en la que se generan datos profusamente.Utilizando algoritmos de autoaprendizaje del campo del aprendizaje automático podemos convertir estos datos en conocimiento. Gracias a las numerosas y potentes bibliotecas de código abierto que se han desarrollado en los últimos años, este es uno de los mejores momentos para introducirse en el campo del aprendizaje automático y aprender a utilizar potentes algoritmos para detectar patrones en los datos y hacer pronósticos sobre acontecimientos futuros.

En este capítulo, aprenderá los principales conceptos y los diferentes tipos de aprendizaje automático. Junto con una introducción básica de la terminología necesaria, sentaremos las bases para utilizar con éxito las técnicas de aprendizaje automático para la resolución de problemas prácticos.

En este capítulo, trataremos los siguientes temas:

- Conceptos generales del aprendizaje automático
- Los tres tipos de aprendizaje y la terminología básica
- Los componentes para diseñar con éxito sistemas de aprendizaje automático
- Instalación y configuración de Python para el análisis de datos y el aprendizaje automático

Creación de máquinas inteligentes para transformar los datos en conocimiento

En esta era, caracterizada por una moderna tecnología, hay un recurso que tenemos en abundancia: una gran cantidad de datos (estructurados y no estructurados). En la segunda mitad del siglo XX, el aprendizaje automático evolucionó como un subcampo de la inteligencia artificial (IA), que implica algoritmos de autoaprendizaje que obtienen conocimiento de los datos para hacer pronósticos.

En lugar de que sean las personas las que obtengan reglas de forma artesanal y desarrollen modelos a partir del análisis de grandes cantidades de datos, el aprendizaje automático ofrece una alternativa más eficiente para extraer el conocimiento contenido en los datos, con la intención de mejorar gradualmente el rendimiento de los modelos predictivos y adoptar decisiones basadas en los datos.

El aprendizaje automático no solo es cada vez más importante en la investigación en informática, sino que también desempeña un papel cada vez más relevante en nuestra vida cotidiana. Gracias al aprendizaje automático, disfrutamos de potentes filtros de correo electrónico, cómodos programas de reconocimiento de texto y voz, motores de búsqueda fiables en la web, recomendaciones para ver películas entretenidas, ingresos de depósitos a través del móvil, estimación de tiempos de entrega de pedidos de comidas y muchas otras aplicaciones. Es de esperar que pronto incorporemos a esta lista coches seguros y eficientes que conduzcan de forma autónoma. También se han hecho importantes progresos en las aplicaciones médicas; por ejemplo, los investigadores han demostrado que los modelos de aprendizaje profundo pueden detectar el cáncer de piel con una precisión casi humana (`https://www.nature.com/articles/nature21056`). Otro hito lo han conseguido recientemente los investigadores de DeepMind, al utilizar el aprendizaje profundo para pronosticar las estructuras de las proteínas en 3D, superando por un margen considerable los enfoques que tienen como base la física (`https://deepmind.com/blog/article/alphafold-a-solution-to-a-50-year-old-grand-challenge-in-biology`). Si bien el pronóstico preciso de la estructura de las proteínas en 3D desempeña un papel esencial en la investigación biológica y farmacéutica, recientemente ha habido muchas otras aplicaciones importantes del aprendizaje automático en la atención sanitaria. Por ejemplo, los investigadores han diseñado sistemas para pronosticar las necesidades de oxígeno de los pacientes con COVID-19 con hasta cuatro días de antelación, para ayudar a los hospitales a asignar recursos a quienes los necesitan (`https://ai.facebook.com/blog/new-ai-research-to-help-predict-covid-19-resource-needs-from-a-series-of-x-rays/`). Otro tema actual importante es la lucha contra cambio climático, que representa uno de los mayores y más críticos desafíos. Hoy en día, muchos esfuerzos se dirigen a desarrollar sistemas inteligentes para combatirlo (`https://www.forbes.com/sites/robtoews/2021/06/20/these-are-the-startups-applying-ai-to-tackle-climate-change`). Uno de los muchos enfoques para abordar el cambio climático es el campo emergente de la agricultura de precisión; los investigadores pretenden diseñar sistemas de aprendizaje automático basados en la visión por ordenador para optimizar el despliegue de recursos con el fin de minimizar el uso y el desperdicio de fertilizantes.

Los tres tipos de aprendizaje automático

En esta sección, examinaremos los tres tipos de aprendizaje automático: el aprendizaje **supervisado**, el aprendizaje no supervisado y el aprendizaje reforzado. Conoceremos las diferencias fundamentales entre los tres tipos de aprendizaje y, mediante ejemplos conceptuales, desarrollaremos la comprensión de los ámbitos de problemas prácticos a los que pueden aplicarse:

Figura 1.1 *Los tres tipos de aprendizaje automático.*

Formulación de pronósticos sobre el futuro con el aprendizaje supervisado

El objetivo principal del aprendizaje supervisado es descubrir un modelo a partir de datos de entrenamiento etiquetados, que nos permita formular pronósticos sobre datos ocultos o futuros. En este caso, el término «supervisado» se refiere a un conjunto de ejemplos de entrenamiento (entradas de datos) en el que ya se conocen las señales de salida deseadas (etiquetas). El aprendizaje supervisado es el proceso de modelar la relación entre las entradas de datos y las etiquetas. Así pues, también podemos definir el aprendizaje supervisado como un «aprendizaje de etiquetas».

La Figura 1.2 resume el flujo de trabajo típico del aprendizaje supervisado, en el que los datos de entrenamiento etiquetados se pasan a un algoritmo de aprendizaje automático para que ajuste un modelo predictivo que pueda hacer pronósticos sobre nuevas entradas de datos sin etiquetar:

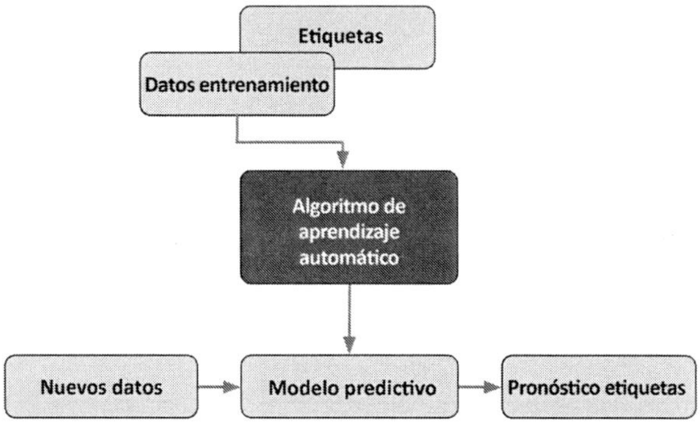

Figura 1.2 *Proceso del aprendizaje supervisado.*

Considerando el ejemplo del filtrado de *spam*, podemos entrenar un modelo utilizando el algoritmo de aprendizaje automático supervisado en una recopilación de correos electrónicos etiquetados, que se marcan correctamente como spam o no spam, para pronosticar si un nuevo correo electrónico pertenece a una de las dos categorías. A una tarea de aprendizaje supervisado con etiquetas de clase discretas, como el ejemplo anterior de filtrado de spam, también se la denomina «tarea de clasificación». Otra subcategoría de aprendizaje supervisado es la regresión, en la que la señal de salida es un valor continuo.

Clasificación para pronosticar etiquetas de clase

La clasificación es una subcategoría del aprendizaje supervisado cuyo objetivo es pronosticar las etiquetas de clase categóricas de las nuevas instancias o puntos de datos basándose en observaciones anteriores. Estas etiquetas de clase son valores discretos y no ordenados que pueden entenderse como pertenecientes a grupos de puntos de datos. El ejemplo anteriormente mencionado de la detección de spam en el correo electrónico representa un ejemplo típico de una tarea de clasificación binaria, en la que el algoritmo de aprendizaje automático aprende un conjunto de reglas para distinguir entre dos clases posibles: correos electrónicos spam y no spam.

La Figura 1.3 ilustra el concepto de una tarea de clasificación binaria de 30 ejemplos de entrenamiento dados; 15 ejemplos de entrenamiento están etiquetados como clase A y los otros 15 ejemplos están etiquetados como clase B. En este escenario, nuestro conjunto de datos es bidimensional, lo que significa que cada ejemplo tiene dos valores asociados: x_1 y x_2. Ahora, podemos utilizar un algoritmo de aprendizaje automático supervisado para descubrir una regla (la frontera de decisión representada como una línea discontinua) que pueda separar esas dos clases y clasificar los nuevos datos en cada una de esas dos categorías dados sus valores x_1 y x_2.

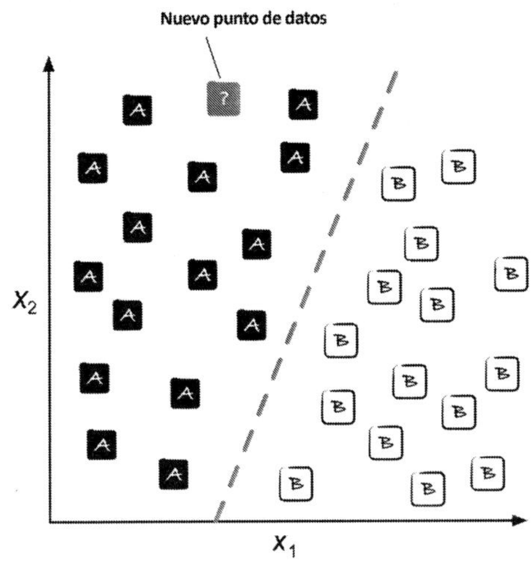

Figura 1.3 *Clasificación de un nuevo punto de datos.*

Sin embargo, el conjunto de etiquetas de clase no tiene por qué ser de naturaleza binaria. El modelo predictivo descubierto por un algoritmo de aprendizaje supervisado puede asignar cualquier etiqueta de clase que se haya presentado en el conjunto de datos de entrenamiento a un nuevo punto de datos o instancia sin etiquetar.

Un ejemplo típico de tarea de clasificación multiclase es el reconocimiento de caracteres escritos a mano. Podemos recopilar un conjunto de datos de entrenamiento que consiste en varios ejemplos escritos a mano de cada letra del alfabeto. Las letras (A, B, C, etc.) representarán las diferentes categorías desordenadas o etiquetas de clase que queremos pronosticar. Ahora, si un usuario proporciona un nuevo carácter escrito a mano a través de un dispositivo de entrada, nuestro modelo predictivo podrá pronosticar la letra correcta del alfabeto con cierta precisión. Sin embargo, nuestro sistema de aprendizaje automático no podrá reconocer correctamente ninguno de los dígitos entre el 0 y el 9, por ejemplo, si no forman parte del conjunto de datos de entrenamiento.

Regresión para el pronóstico de resultados continuos

En la sección anterior hemos aprendido que la tarea de clasificación consiste en asignar etiquetas categóricas y desordenadas a las instancias. Un segundo tipo de aprendizaje supervisado es el pronóstico de resultados continuos, que también se denomina análisis de regresión. En el análisis de regresión, nos dan una serie de variables predictoras (explicativas) y una variable de respuesta continua (resultado), y tratamos de encontrar una relación entre esas variables que nos permita pronosticar el resultado.

Hay que tener en cuenta que, en el campo del aprendizaje automático, las variables predictivas se denominan normalmente «características», y las variables de respuesta suelen denominarse «variables objetivo». Adoptaremos estas convenciones a lo largo del libro.

Por ejemplo, supongamos que estamos interesados en pronosticar las puntuaciones de los estudiantes en el examen SAT de matemáticas. (El SAT es un examen estandarizado que se utiliza con frecuencia para la admisión a la universidad en Estados Unidos). Si existe una relación entre el tiempo de estudio para el examen y las puntuaciones finales, podemos utilizarla como dato de entrenamiento para descubrir un modelo que utilice el tiempo de estudio para pronosticar las puntuaciones del examen de los futuros estudiantes que tienen previsto realizarlo.

Regresión hacia la media

El término «regresión» lo acuñó Francis Galton en su artículo «*Regression towards Mediocrity in Hereditary Stature*», en 1886. Galton describió el fenómeno biológico de que la varianza de la estatura en una población no aumenta con el tiempo.

Observó que la estatura de los padres no se transmite a sus hijos, sino que la estatura de estos retrocede hacia la media de la población.

La Figura 1.4 ilustra el concepto de regresión lineal. Dada una variable característica, *x*, y una variable objetivo, *y*, ajustamos una línea recta a estos datos que minimiza la distancia —más frecuentemente la distancia media al cuadrado— entre los puntos de datos y la línea de ajuste.

Ahora podemos utilizar la intersección y la pendiente que hemos descubierto de estos datos para pronosticar la variable objetivo de los nuevos datos:

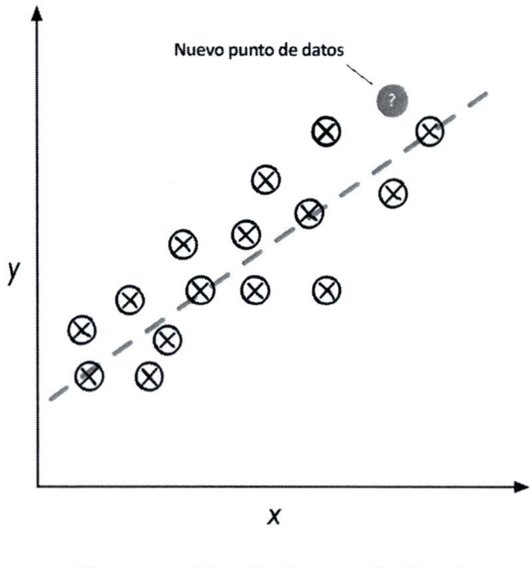

Figura 1.4 *Ejemplo de regresión lineal.*

Resolución de problemas interactivos con el aprendizaje reforzado

Otro tipo de aprendizaje automático es el aprendizaje reforzado. En el aprendizaje reforzado, el objetivo es desarrollar un sistema (agente) que mejore su rendimiento en función de las interacciones con el entorno. Como la información sobre el estado actual del entorno suele incluir también una señal de recompensa, podemos considerar el aprendizaje reforzado como un campo relacionado con el aprendizaje supervisado. Sin embargo, en el aprendizaje reforzado, esta retroalimentación no es la etiqueta o el valor real, sino una medida de lo bien que la función de recompensa ha medido la acción. A través de su interacción con el entorno, un agente puede utilizar el aprendizaje reforzado para aprender una serie de acciones que maximicen esta recompensa mediante un enfoque exploratorio de ensayo y error o una planificación deliberativa.

Un ejemplo conocido de aprendizaje reforzado es un programa de ajedrez. En este caso, el agente decide una serie de movimientos en función del estado del tablero (entorno), y la recompensa puede definirse como ganar o perder al final de la partida:

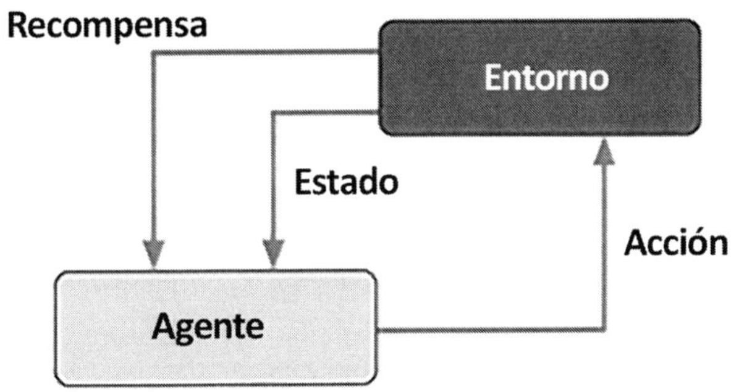

Figura 1.5 *Proceso de aprendizaje reforzado.*

Hay muchos subtipos diferentes de aprendizaje reforzado. Sin embargo, un esquema general es aquel en el que el agente intenta maximizar la recompensa a través de una serie de interacciones con el entorno. Cada estado puede asociarse a una recompensa positiva o negativa, y una recompensa puede definirse como el logro de un objetivo general, como ganar o perder una partida de ajedrez. Por ejemplo, en el ajedrez, el resultado de cada movimiento puede considerarse como un estado diferente del entorno.

Para profundizar en el ejemplo del ajedrez, podemos observar que ciertas configuraciones en el tablero se asocian con estados que probablemente conducirán a la victoria (por ejemplo, eliminar una pieza de ajedrez del oponente o amenazar a la reina). Otras posiciones, sin embargo, se asocian a estados que, con mayor probabilidad, llevarán a perder la partida (como la pérdida de una pieza de ajedrez ante el adversario en el siguiente turno). Ahora bien, en el juego, la recompensa —ya sea positiva por ganar o negativa por perder— no se dará hasta el final de la partida. Además, la recompensa final también dependerá de cómo juegue el adversario. Por ejemplo, el oponente puede sacrificar a la reina pero finalmente ganar la partida.

En resumen, el aprendizaje reforzado consiste en aprender a elegir una serie de acciones que maximicen la recompensa total, que puede obtenerse inmediatamente después de realizar una acción o mediante una retroalimentación retardada.

Descubrimiento de estructuras ocultas con el aprendizaje no supervisado

En el aprendizaje supervisado, cuando entrenamos un modelo, conocemos de antemano la respuesta correcta (la etiqueta o variable objetivo) y, en el aprendizaje reforzado, definimos una medida de recompensa para determinadas acciones realizadas por el agente. En el aprendizaje no supervisado, sin embargo, nos enfrentamos a datos no etiquetados o de estructura desconocida. Gracias a las técnicas de aprendizaje no supervisado, podemos explorar la estructura de los datos para extraer información importante sin la guía de una variable de resultado conocida o una función de recompensa.

Detección de subgrupos mediante el agrupamiento (clustering)

El agrupamiento es una técnica de análisis exploratorio de datos o de descubrimiento de patrones que nos permite organizar una gran cantidad de información en subgrupos significativos (**clústeres**) sin tener ningún conocimiento previo de su pertenencia al grupo. Cada clúster que surge durante el análisis define un grupo de objetos que comparten un cierto grado de similitud, pero que son más disímiles a los objetos de otros clústeres (razón por la cual el clustering también se denomina a veces «clasificación no supervisada»). El agrupamiento es una gran técnica para estructurar la información y establecer relaciones coherentes de los datos. Por ejemplo, permite a los profesionales del *marketing* descubrir grupos de clientes en función de sus intereses, con el fin de desarrollar programas de marketing distintos.

La Figura 1.6 ilustra cómo se puede aplicar el clustering para organizar los datos no etiquetados en tres grupos o clústeres distintos (A, B y C, en orden arbitrario), basados en la similitud de sus características, x_1 y x_2.

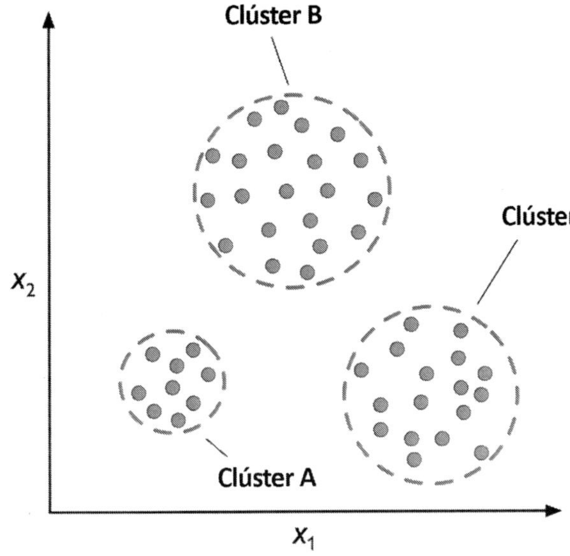

Figura 1.6 *Cómo funciona el agrupamiento.*

Reducción de la dimensionalidad para comprimir los datos

Otro subcampo del aprendizaje no supervisado es la reducción de la dimensionalidad. A menudo, trabajamos con datos de alta dimensionalidad (cada observación viene con un elevado número de medidas), que pueden suponer un reto —tanto para el caso de un espacio de almacenamiento limitado como para el rendimiento computacional de los algoritmos de aprendizaje automático—. La reducción de la dimensionalidad no supervisada es un enfoque que se utiliza frecuentemente en el preprocesamiento de características para eliminar el ruido de los datos, que puede degradar el rendimiento predictivo de ciertos algoritmos. La reducción de la dimensionalidad comprime los datos a un subespacio dimensional más pequeño, conservando la mayor parte de la información relevante.

A veces, la reducción de la dimensionalidad también puede ser útil para visualizar los datos; por ejemplo, un conjunto de características con muchas dimensiones puede proyectarse en espacios de características de una, dos o tres dimensiones para visualizarlo mediante gráficos de dispersión o histogramas en 2D o 3D. La Figura 1.7 muestra un ejemplo en el que se aplicó la reducción no lineal de la dimensionalidad para comprimir un rollo suizo 3D en un nuevo subespacio de características 2D.

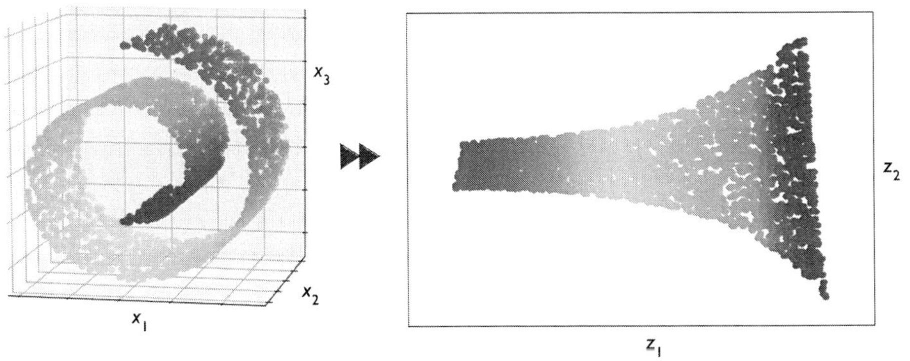

Figura 1.7 *Ejemplo de reducción de la dimensionalidad de tres a dos dimensiones.*

Introducción a la terminología básica y la notación

Ahora que hemos hablado de las tres grandes categorías del aprendizaje automático (aprendizaje supervisado, no supervisado y reforzado), echemos un vistazo a la terminología básica que utilizaremos a lo largo del libro. La siguiente subsección presenta los términos habituales que utilizaremos para referirnos a los diferentes aspectos de un conjunto de datos, así como la notación matemática para comunicarnos de forma más precisa y eficiente.

Dado que el aprendizaje automático es un campo muy extenso e interdisciplinar, más pronto que tarde se encontrarán algunos términos diferentes que se refieren a los mismos conceptos. La segunda subsección recoge muchos de los términos utilizados en la literatura sobre aprendizaje automático, que pueden serle útiles como documento de referencia cuando lea publicaciones sobre este tema.

Notación y convenciones que se utilizan en el libro

La Figura 1.8 muestra un extracto del conjunto de datos Iris, que es un ejemplo clásico en el campo del aprendizaje automático (se puede encontrar más información en `https://archive.ics.uci.edu/ml/datasets/iris`). El conjunto de datos Iris contiene las medidas de 150 flores de iris de tres especies diferentes: setosa, versicolor y virginica.

Aquí, cada ejemplo de flor representa una fila en nuestro conjunto de datos, y las medidas de la flor en centímetros se almacenan en columnas, a las que también llamamos «características del conjunto de datos»:

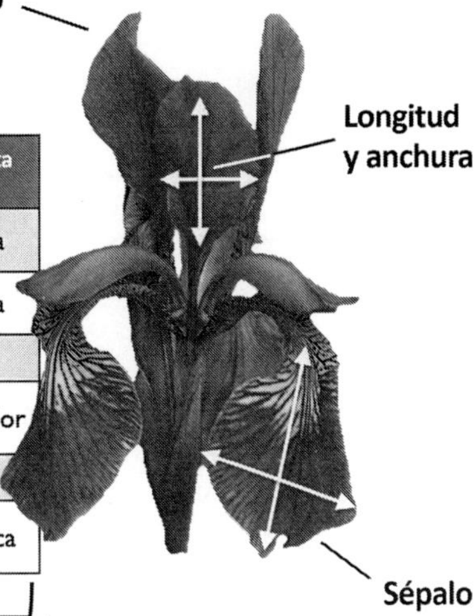

	Longitud sépalo	Anchura sépalo	Longitud pétalo	Anchura pétalo	Etiqueta clase
1	5.1	3.5	1.4	0.2	Setosa
2	4.9	3.0	1.4	0.2	Setosa
			...		
50	6.4	3.5	4.5	1.2	Versicolor
			...		
150	5.9	3.0	5.0	1.8	Virginica

Figura 1.8 *Conjunto de datos Iris.*

Para que la notación y la implementación sean sencillas pero eficientes, haremos uso de algunos de los fundamentos del álgebra lineal. En los siguientes capítulos, utilizaremos una notación matricial para referirnos a los datos. Seguiremos la convención habitual para representar cada ejemplo como una fila independiente en una matriz de características, X, donde cada característica se almacena como una columna independiente.

El conjunto de datos de Iris, compuesto por 150 ejemplos y cuatro características, puede escribirse entonces como una matriz de 150×4, designada formalmente como: $\boldsymbol{X} \in \mathbb{R}^{150\times 4}$:

$$\begin{bmatrix} x_1^{(1)} & x_2^{(1)} & x_3^{(1)} & x_4^{(1)} \\ x_1^{(2)} & x_2^{(2)} & x_3^{(2)} & x_4^{(2)} \\ \vdots & \vdots & \vdots & \vdots \\ x_1^{(150)} & x_2^{(150)} & x_3^{(150)} & x_4^{(150)} \end{bmatrix}$$

Convenciones de la notación

En la mayor parte del libro, a menos que se indique lo contrario, utilizaremos el superíndice i para referirnos al i-ésimo ejemplo de entrenamiento, y el subíndice j para referirnos a la j-ésima dimensión del conjunto de datos de entrenamiento.

Utilizaremos letras minúsculas y en negrita para referirnos a los vectores ($\boldsymbol{x} \in \mathbb{R}^{n\times 1}$), y letras mayúsculas y en negrita para referirnos a las matrices ($\boldsymbol{X} \in \mathbb{R}^{n\times m}$). Para hacer referencia a elementos individuales de un vector o una matriz, escribiremos las letras en cursiva ($x^{(n)}$ o $x_m^{(n)}$, respectivamente).

Por ejemplo, $x_1^{(150)}$ se refiere a la primera dimensión del ejemplo de flor 150, la longitud del sépalo. Cada fila de la matriz X representa un ejemplo de flor y puede escribirse como un vector fila de cuatro dimensiones, $\boldsymbol{x}^{(i)} \in \mathbb{R}^{1\times 4}$:

$$\boldsymbol{X}^{(i)} = \left[x_1^{(i)}\ x_2^{(i)}\ x_3^{(i)}\ x_4^{(i)}\right]$$

La dimensión de cada característica es un vector columna de dimensión 150, $\boldsymbol{X}^{(i)} \in \mathbb{R}^{150\times 1}$. Por ejemplo:

$$\boldsymbol{x}_j = \begin{bmatrix} x_j^{(1)} \\ x_j^{(2)} \\ \cdots \\ x_j^{(150)} \end{bmatrix}$$

Del mismo modo, podemos representar las variables objetivo (aquí, las etiquetas de clase) como un vector columna de dimensión 150:

$$\boldsymbol{y} = \begin{bmatrix} y^{(1)} \\ \cdots \\ y^{(150)} \end{bmatrix}, \text{ donde } y^{(i)} \in \{\text{Setosa, Versicolor, Virginica}\}$$

Terminología del aprendizaje automático

El aprendizaje automático es un campo muy amplio e interdisciplinar, ya que reúne a muchos científicos de otras áreas de investigación. Muchos términos y conceptos se han redescubierto o se han redefinido y puede que ya le resulten familiares, pero también pueden aparecer con otros nombres. Para su comodidad, en la siguiente lista puede encontrar una selección de términos de uso frecuente y sus sinónimos, que pueden resultarle útiles al leer este libro y la literatura sobre aprendizaje automático en general:

- Ejemplo de entrenamiento: fila de una tabla que representa el conjunto de datos y es sinónimo de observación, registro, instancia o muestra (en la mayoría de los contextos, «muestra» se refiere a una colección de ejemplos de entrenamiento).

- Entrenamiento: ajuste del modelo, para modelos paramétricos similar a la estimación de parámetros.
- Característica, abreviado x: columna de una tabla de datos o de una matriz de datos (diseño). Sinónimo de predictor, variable, entrada, atributo o covariable.
- Objetivo, abreviado y: sinónimo de resultado, salida, variable respuesta, variable dependiente, etiqueta (de clase) y valor real.
- Función de pérdida: a menudo se utiliza como sinónimo de función de coste. A veces, la función de pérdida también se denomina función de error. En algunas publicaciones, el término «pérdida» se refiere a la pérdida medida para un único punto de datos, y el coste es una medida que calcula la pérdida (media o sumada) en todo el conjunto de datos.

Hoja de ruta para crear sistemas de aprendizaje automático

En las secciones anteriores, hemos discutido los conceptos básicos del aprendizaje automático y hemos visto los tres tipos diferentes de aprendizaje. En esta sección, hablaremos de las otras partes importantes de un sistema de aprendizaje automático que acompañan al algoritmo de aprendizaje.

La Figura 1.9 muestra un flujo de trabajo típico para utilizar el aprendizaje automático en el modelado predictivo, del que hablaremos en las siguientes subsecciones:

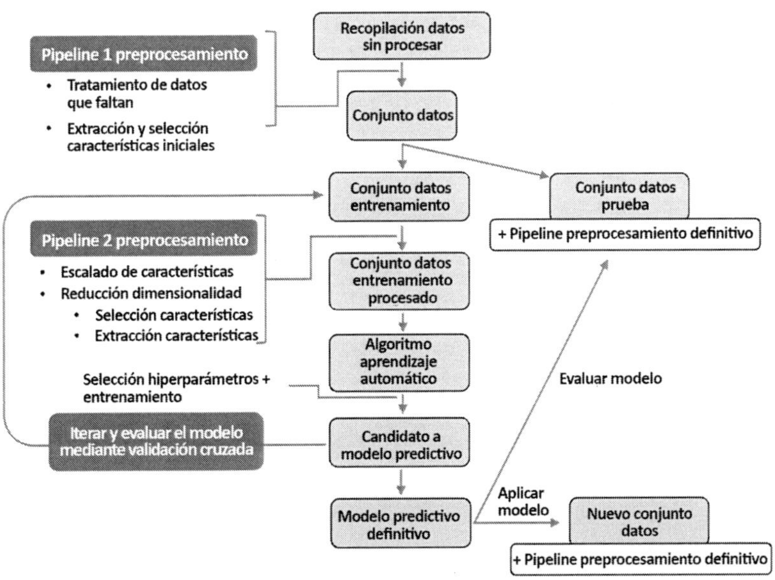

Figura 1.9 *Flujo de trabajo de los modelos predictivos.*

Preprocesamiento: cómo dar forma a los datos

Empezaremos hablando de la hoja de ruta para crear sistemas de aprendizaje automático. Los datos en bruto rara vez se presentan en la forma y el formato necesarios para el rendimiento óptimo de un algoritmo de aprendizaje. Por ello, el preprocesamiento de los datos es uno de los pasos más importantes en cualquier aplicación de aprendizaje automático.

Si tomamos como ejemplo el conjunto de datos de las flores Iris de la sección anterior, podemos pensar en los datos brutos como una serie de imágenes de flores de las que queremos extraer características significativas. Las características útiles podrían centrarse en el color de las flores, o en su altura, su longitud o su anchura.

Muchos algoritmos de aprendizaje automático también requieren, para un rendimiento óptimo, que las características seleccionadas estén en la misma escala, lo que a menudo se consigue transformando las características en el rango [0, 1], o en una distribución normal estándar con media cero y varianza unitaria, como veremos en capítulos posteriores.

Algunas de las características seleccionadas pueden estar muy correlacionadas y, por tanto, ser redundantes hasta cierto punto. En esos casos, las técnicas de reducción de la dimensionalidad son útiles para comprimir las características en un subespacio de menor dimensión. La reducción de la dimensionalidad de este espacio de características tiene la ventaja de que se necesita menos espacio de almacenamiento y el algoritmo de aprendizaje puede funcionar mucho más rápido. En ciertos casos, la reducción de la dimensionalidad también puede mejorar el rendimiento predictivo de un modelo si el conjunto de datos contiene un gran número de características irrelevantes (o ruido); es decir, si el conjunto de datos tiene una baja relación señal-ruido.

Para determinar si nuestro algoritmo de aprendizaje automático no solo funciona bien con el conjunto de datos de entrenamiento, sino que también se generaliza bien a nuevos datos, tendremos que dividir aleatoriamente el conjunto de datos en conjunto de datos de entrenamiento y de prueba separados. Utilizamos el conjunto de datos de entrenamiento para entrenar y optimizar nuestro modelo de aprendizaje automático, y reservamos el conjunto de datos de prueba hasta el final para evaluar el modelo definitivo.

Entrenamiento y selección de modelos predictivos

Como se verá en capítulos posteriores, se han desarrollado muchos algoritmos diferentes de aprendizaje automático para resolver tareas de distintas problemáticas. Un punto importante que puede resumirse a partir de los famosos teoremas No free lunch de David Wolpert es que no podemos obtener aprendizaje «gratis» (*The Lack of A Priori Distinctions Between Learning Algorithms*, D. H. Wolpert, 1996; No free lunch theorems for optimization, D. H. Wolpert y W. G. Macready, 1997). Podemos relacionar este concepto con el dicho popular: «Supongo que es tentador, si la única herramienta que tienes es un martillo, tratarlo todo como si fuera un clavo» (Abraham Maslow, 1966). Por ejemplo, cada algoritmo de clasificación tiene sus sesgos inherentes, y ningún modelo de clasificación goza de superioridad si no hacemos ninguna suposición sobre la tarea. En la práctica, por tanto, es esencial comparar al menos un puñado de algoritmos de aprendizaje diferentes para entrenar, y seleccionar el modelo que mejor funcione. Pero, antes de poder comparar diferentes modelos, tenemos que decidir una métrica para medir el rendimiento. Una métrica comúnmente utilizada es la precisión de la clasificación, que se define como la proporción de instancias clasificadas correctamente.

Una pregunta legítima que cabe plantear es la siguiente: ¿cómo sabemos qué modelo tiene un buen rendimiento con el conjunto de datos de prueba final y con los datos del mundo real si no utilizamos este conjunto de datos de prueba para la selección del modelo, sino que lo conservamos para la evaluación final? Para abordar la cuestión que encierra esta pregunta, se pueden utilizar diferentes técnicas, que se resumen en la «validación cruzada». En la validación cruzada, dividimos un conjunto de datos en subconjuntos de entrenamiento y validación para estimar el rendimiento de generalización del modelo.

Por último, tampoco podemos esperar que los parámetros por defecto de los diferentes algoritmos de aprendizaje proporcionados por las bibliotecas de software sean óptimos para el problema específico de la tarea. Por lo tanto, en capítulos posteriores utilizaremos con frecuencia técnicas de optimización de hiperparámetros que nos ayuden a ajustar el rendimiento de nuestro modelo.

Podemos pensar en esos hiperparámetros como parámetros que no se deducen de los datos, sino que representan los mandos del modelo sobre los que podemos actuar para mejorar su rendimiento. Esto quedará mucho más claro en capítulos posteriores, cuando veamos ejemplos reales.

Evaluación de modelos y pronóstico de instancias de datos ocultos

Después de seleccionar un modelo que se ha ajustado con el conjunto de datos de entrenamiento, podemos utilizar el conjunto de datos de prueba para estimar su rendimiento con estos datos no vistos, para estimar el llamado error de generalización. Si estamos satisfechos con su rendimiento, podemos utilizar este modelo para pronosticar nuevos datos futuros. Es importante tener en cuenta que los parámetros de los procedimientos mencionados anteriormente, como el escalado de características y la reducción de la dimensionalidad, se obtienen únicamente a partir del conjunto de datos de entrenamiento, y los mismos parámetros se vuelven a aplicar posteriormente para transformar el conjunto de datos de prueba, así como cualquier instancia de datos nuevos; de lo contrario, el rendimiento medido en los datos de prueba podría ser demasiado optimista.

Utilización de Python en aprendizaje automático

Python es uno de los lenguajes de programación más populares que se emplean en la ciencia de datos. Gracias a su comunidad de desarrolladores y de código abierto, muy activa, se ha desarrollado un gran número de bibliotecas útiles para el cálculo científico y el aprendizaje automático.

Aunque el rendimiento de los lenguajes interpretados (como Python) para las tareas de cálculo intensivo es inferior al de los lenguajes de programación de bajo nivel, se han desarrollado bibliotecas de extensiones como NumPy y SciPy, que se basan en implementaciones de las capas inferiores de Fortran y C para realizar operaciones vectoriales rápidas en matrices multidimensionales.

Para las tareas de programación de aprendizaje automático, nos referiremos principalmente a la biblioteca Scikit-learn, que es actualmente una de las bibliotecas de aprendizaje automático de código abierto más populares y accesibles. En los capítulos posteriores, cuando nos centremos en un subcampo del aprendizaje automático denominado «aprendizaje profundo», utilizaremos la última versión de la biblioteca PyTorch, que se especializa en el entrenamiento de los llamados «modelos de redes neuronales profundas» utilizando tarjetas gráficas.

Instalación de Python y sus paquetes desde Python Package Index

Python está disponible para los tres sistemas operativos principales (Microsoft Windows, macOS y Linux) y tanto el instalador como la documentación pueden descargarse del sitio web oficial de Python: `https://www.python.org`.

Los ejemplos de código proporcionados en este libro se han escrito para Python 3.9 y se han probado en esa misma versión. En general, recomendamos que se utilice la versión más reciente de Python 3 que esté disponible. Parte del código también puede ser compatible con Python 2.7, pero como el soporte oficial para Python 2.7 terminó en 2019, y la mayoría de las bibliotecas de código abierto ya han dejado de soportar Python 2.7 (`https://python3statement.org`), le recomendamos encarecidamente que utilice Python 3.9 o una versión más reciente.

Puede comprobar su versión de Python ejecutando:

```
python --version
```

o

```
python3 --version
```

en su terminal (o en PowerShell si utiliza Windows).

Los paquetes adicionales que utilizaremos en el libro se pueden instalar utilizando el programa instalador `pip`, que forma parte de la Python Standard Library de Python desde la versión 3.3. Puede encontrar más información sobre `pip` en `https://docs.python.org/3/installing/index.html`.

Después de haber instalado Python con éxito, podemos ejecutar `pip` desde el terminal para instalar paquetes adicionales de Python:

```
pip install SomePackage
```

Los paquetes ya instalados pueden actualizarse mediante la bandera `--upgrade`:

```
pip install SomePackage --upgrade
```

Uso del gestor de paquetes y distribución de Anaconda Python

Conda, de Continuum Analytics, es un sistema de gestión de paquetes de código abierto muy recomendable para instalar Python en contextos de computación científica. Conda es gratuito y tiene una licencia de código abierto permisiva. Su objetivo es ayudar a la instalación y gestión de versiones de los paquetes de Python para la ciencia de datos, las matemáticas y la ingeniería en diferentes sistemas operativos. Si quiere usar Conda, tiene diferentes variantes; a saber, Anaconda, Miniconda y Miniforge:

- Anaconda viene con muchos paquetes de computación científica preinstalados. El instalador de Anaconda puede descargarse en `https://docs.anaconda.com/anaconda/install/`, y encontrará una guía de inicio rápido de Anaconda en `https://docs.anaconda.com/anaconda/user-guide/getting-started/`.
- Miniconda es una alternativa más sencilla (`https://docs.conda.io/en/latest/miniconda.html`). En esencia, es similar a Anaconda, pero no tiene ningún paquete preinstalado, lo que mucha gente prefiere (incluidos los autores).
- Miniforge es similar a Miniconda, pero su mantenimiento lo realiza la comunidad y utiliza un repositorio de paquetes diferente (conda-forge) al de Miniconda y Anaconda. Miniforge es una gran alternativa a Miniconda. Las instrucciones de descarga e instalación se pueden encontrar en el repositorio de GitHub en `https://github.com/conda-forge/miniforge`.

Después de instalar con éxito Conda a través de Anaconda, Miniconda o Miniforge, podemos instalar nuevos paquetes de Python utilizando el siguiente comando:

```
conda install SomePackage
```

Los paquetes existentes se pueden actualizar con el siguiente comando:

```
conda update SomePackage
```

Los paquetes que no están disponibles en el canal oficial de Conda pueden estar disponibles a través del proyecto conda-forge apoyado por la comunidad (`https://conda-forge.org`), que se puede especificar a través de la bandera `--channel conda-forge`. Por ejemplo:

```
conda install SomePackage --channel conda-forge
```

Los paquetes que no están disponibles a través del canal por defecto de Conda o de conda-forge se pueden instalar mediante `pip`, como se explicó anteriormente. Por ejemplo:

```
pip install SomePackage
```

Paquetes para computación científica, ciencia de datos y aprendizaje automático

A lo largo de la primera mitad del libro, utilizaremos principalmente las matrices multidimensionales de NumPy para almacenar y manipular datos. Ocasionalmente, haremos uso de Pandas, que es una biblioteca construida sobre NumPy y que proporciona herramientas adicionales de manipulación de datos de alto nivel que hacen que el trabajo con datos tabulares sea aún más conveniente. Para aumentar su experiencia de aprendizaje y visualizar los datos cuantitativos —lo que a menudo es extremadamente útil para darles sentido— utilizaremos la biblioteca Matplotlib, muy personalizable.

La principal biblioteca de aprendizaje automático utilizada en el libro es Scikit-learn (capítulos del 3 al 11). El capítulo 12, «Paralelización del entrenamiento de redes neuronales con PyTorch», presentará la biblioteca PyTorch para el aprendizaje profundo.

Los números de versión de los principales paquetes de Python que se han utilizado para escribir este libro se mencionan en la siguiente lista. Por favor, compruebe que los números de versión de los paquetes que ha instalado son iguales a estos números de versión, para asegurar que los ejemplos de código se ejecutan correctamente:

- NumPy 1.21.2
- SciPy 1.7.0
- Scikit-learn 1.0

- Matplotlib 3.4.3
- Pandas 1.3.2

Después de instalar estos paquetes, puede comprobar la versión instalada importando el paquete en Python y accediendo a su atributo `__version__`. Por ejemplo:

```
>>> import numpy
>>> numpy.__version__
'1.21.2'
```

Para su comodidad, hemos incluido un script de Python, `python-environment-check.py`, en el repositorio de código complementario del libro, en `https://github.com/rasbt/machine-learning-book`, para que pueda comprobar tanto su versión de Python como las versiones de los paquetes ejecutando este script.

Algunos capítulos de este libro requerirán paquetes adicionales, pero se proporcionará la información sobre cómo instalarlos. Por ejemplo, no se preocupe por realizar la instalación de PyTorch en este momento. El capítulo 12 proporcionará consejos e instrucciones cuando los necesite.

Si encuentra errores a pesar de que su código coincida exactamente con el del capítulo, le recomendamos que compruebe primero los números de versión de los paquetes subyacentes, antes de dedicar más tiempo a la depuración o de ponerse en contacto con el editor o los autores. A veces, las nuevas versiones de las librerías introducen cambios incompatibles con versiones anteriores que podrían explicar estos errores.

Si no quiere cambiar la versión del paquete en su instalación principal de Python, le recomendamos que utilice un entorno virtual para instalar los paquetes utilizados en este libro. Si utiliza Python sin el gestor Conda, puede usar la biblioteca `Venv` para crear un entorno virtual. Por ejemplo, puede crear y activar el entorno virtual mediante los siguientes dos comandos:

```
python3 -m venv /Users/sebastian/Desktop/pyml-book
source /Users/sebastian/Desktop/pyml-book/bin/activate
```

Tenga en cuenta que debe activar el entorno virtual cada vez que abra un nuevo terminal o PowerShell. Puede encontrar más información sobre `Venv` en `https://docs.python.org/3/library/venv.html`.

Si utiliza Anaconda con el gestor de paquetes Conda, puede crear y activar un entorno virtual de la siguiente manera:

```
conda create -n pyml python=3.9
conda activate pyml
```

Resumen

En este capítulo, hemos explorado el aprendizaje automático a un nivel muy alto y nos hemos familiarizado con el panorama general y con los principales conceptos que vamos a explorar en los siguientes capítulos con más detalle. Hemos aprendido que el aprendizaje supervisado se compone de dos importantes subcampos: la clasificación y la regresión. Mientras que los modelos de clasificación nos permiten categorizar los objetos en clases conocidas, podemos utilizar el análisis de regresión para pronosticar los resultados continuos de las variables objetivo. El aprendizaje no supervisado no solo ofrece técnicas útiles para descubrir estructuras en datos no etiquetados, sino que también puede ser útil para la compresión de datos en los pasos de preprocesamiento de características.

Hemos repasado la hoja de ruta típica para aplicar el aprendizaje automático a tareas problemáticas, que utilizaremos como base para discusiones más profundas y ejemplos prácticos en los siguientes capítulos. Por último, hemos configurado nuestro entorno de Python y hemos instalado y actualizado los paquetes necesarios para estar preparados para ver el aprendizaje automático en acción.

Más adelante, además del aprendizaje automático propiamente dicho, presentaremos diferentes técnicas para preprocesar un conjunto de datos, que le ayudarán a obtener el mejor rendimiento de los diferentes algoritmos de aprendizaje automático. Aunque trataremos ampliamente los algoritmos de clasificación a lo largo del libro, también exploraremos diferentes técnicas para el análisis de regresión y el clustering.

Tenemos por delante un viaje apasionante, que abarca muchas técnicas potentes en el vasto campo del aprendizaje automático. Nos acercaremos al aprendizaje automático paso a paso, construyendo nuestros conocimientos gradualmente a lo largo de los capítulos del libro. En el siguiente capítulo, comenzaremos este viaje implementando uno de los primeros algoritmos de aprendizaje automático para la clasificación, lo que nos preparará para el capítulo 3, Un recorrido por los clasificadores de aprendizaje automático utilizando Scikit-learn, donde trataremos algoritmos de aprendizaje automático más avanzados utilizando la biblioteca de aprendizaje automático de código abierto Scikit-learn.

Únase al espacio Discord del libro

Únase al espacio de Discord del libro para una sesión mensual de «Pregúnteme lo que quiera» con los autores (en inglés):

`https://packt.link/MLwPyTorch`

2

Entrenamiento de algoritmos sencillos de aprendizaje automático para tareas de clasificación

En este capítulo, haremos uso de dos de los primeros algoritmos de aprendizaje automático descritos para tareas de clasificación: el perceptrón y las neuronas lineales adaptativas. Comenzaremos implementando un perceptrón paso a paso en Python, y lo entrenaremos para clasificar diferentes especies de flores del conjunto de datos Iris. Esto nos ayudará a entender el concepto de los algoritmos de aprendizaje automático para tareas de clasificación y cómo se pueden implementar de forma eficiente en Python.

La discusión sobre los fundamentos de la optimización utilizando neuronas lineales adaptativas sentará las bases para el uso de clasificadores más sofisticados a través de la biblioteca de aprendizaje automático Scikit-learn, que se estudia en el capítulo 3, Un recorrido por los clasificadores de aprendizaje automático utilizando Scikit-learn.

Los temas que trataremos en este capítulo son los siguientes:

- Comprensión de los algoritmos de aprendizaje automático.
- Uso de Pandas, NumPy y Matplotlib para leer, procesar y visualizar datos.
- Implementación de clasificadores lineales para problemas en los que intervienen dos clases en Python.

Neuronas artificiales: un vistazo a la historia de los inicios del aprendizaje automático

Antes de hablar con más detalle del perceptrón y de los algoritmos relacionados con él, hagamos un breve recorrido por los inicios del aprendizaje automático. Tratando de entender cómo funciona el cerebro biológico para diseñar una inteligencia artificial (IA), Warren McCulloch y Walter Pitts publicaron, en 1943, el primer concepto de célula cerebral simplificada, la llamada «neurona **McCulloch-Pitts** (**MCP**)» («*A Logical Calculus of the Ideas Immanent in Nervous Activity*», de *W. S. McCulloch* y *W. Pitts*, *Bulletin of Mathematical Biophysics*, 5(4): 115-133, 1943).

Las neuronas biológicas son células nerviosas del cerebro interconectadas que participan en el procesamiento y en la transmisión de señales químicas y eléctricas, lo cual se ilustra en la Figura 2.1:

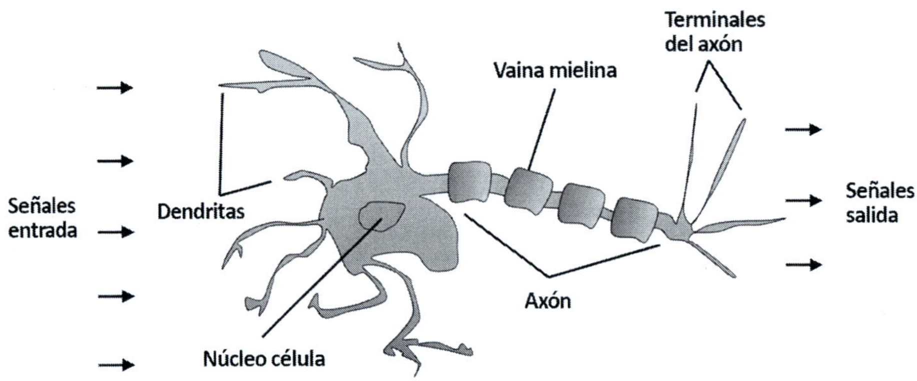

Figura 2.1 *La neurona procesa señales químicas y eléctricas.*

McCulloch y Pitts describieron una célula nerviosa de este tipo como una simple puerta lógica con salidas binarias; a las dendritas llegan múltiples señales, que se integran en el cuerpo celular y, si la señal acumulada supera un determinado umbral, se genera una señal de salida que será transmitida por el axón.

Solo unos años más tarde, Frank Rosenblatt publicó el primer concepto de regla de aprendizaje del perceptrón, basado en el modelo de neurona MCP (*The Perceptron: A Perceiving and Recognizing Automaton, de F. Rosenblatt*, Cornell Aeronautical Laboratory, 1957). Con su regla del perceptrón, Rosenblatt propuso un algoritmo que descubriría automáticamente los coeficientes de peso óptimos que luego se multiplicarían por las características de entrada para tomar la decisión de si una neurona se dispara (transmite una señal) o no. En el contexto del aprendizaje supervisado y de la clasificación, este algoritmo podría utilizarse para pronosticar si un nuevo punto de datos pertenece a una clase o a otra.

Definición formal de neurona artificial

Más formalmente, podemos situar la idea de las neuronas artificiales en el contexto de una tarea de clasificación binaria con dos clases: 0 y 1. Podemos definir una función de decisión, $\sigma(z)$, que utiliza una combinación lineal de ciertos valores de entrada, $\boldsymbol{x}$, y el correspondiente vector de pesos, $\boldsymbol{w}$, donde z es la llamada entrada neta $z = w_1x_1 + w_2x_2 + ... + w_mx_m$:

$$\boldsymbol{w} = \begin{bmatrix} w_1 \\ \vdots \\ w_m \end{bmatrix}, \quad \boldsymbol{x} = \begin{bmatrix} x_1 \\ \vdots \\ x_m \end{bmatrix}$$

Ahora, si la entrada neta de un ejemplo concreto, $\boldsymbol{x}^{(i)}$, es mayor que un umbral definido, θ, pronosticamos la clase 1, y la clase 0 en caso contrario. En el algoritmo del perceptrón, la función de decisión, $\sigma(\cdot)$, es una variante de la función escalón unitario:

$$\sigma(z) = \begin{cases} 1 & \text{si } z \geq \theta \\ 0 & \text{otros} \end{cases}$$

Para simplificar la implementación del código más adelante, podemos modificar esta configuración mediante un par de pasos. En primer lugar, movemos el umbral, θ, al lado izquierdo de la ecuación:

$$\begin{aligned} z &\geq \theta \\ z - \theta &\geq 0 \end{aligned}$$

En segundo lugar, definimos la llamada unidad de sesgo como $b = -\theta$ y hacemos que forme parte de la entrada neta:

$$z = w_1x_1 + ... + w_mx_m + b = \boldsymbol{w}^T\boldsymbol{x} + b$$

En tercer lugar, dada la introducción de la unidad de sesgo y la redefinición de la entrada neta z anterior, podemos redefinir la función de decisión como sigue:

$$\sigma(z) = \begin{cases} 1 & \text{si } z \geq 0 \\ 0 & \text{otros} \end{cases}$$

Conceptos básicos de álgebra lineal: producto punto y trasposición de matrices

En las siguientes secciones, a menudo haremos uso de notaciones básicas del álgebra lineal. Por ejemplo, abreviaremos la suma de los productos de los valores de $\boldsymbol{x}$ y $\boldsymbol{w}$ utilizando un producto punto vectorial, mientras que el superíndice T significa trasposición, que es una operación que transforma un vector columna en un vector fila y viceversa. Por ejemplo, supongamos que tenemos los siguientes vectores columna:

$$\boldsymbol{a} = \begin{bmatrix} a_1 \\ a_2 \\ a_3 \end{bmatrix}, \quad \boldsymbol{b} = \begin{bmatrix} b_1 \\ b_2 \\ b_3 \end{bmatrix}$$

Entonces, podemos escribir la trasposición del vector $\boldsymbol{a}$ como $\boldsymbol{a}^T = [a_1 \; a_2 \; a_3]$ y escribir el producto punto como:

$$\boldsymbol{a}^T\boldsymbol{b} = \sum_i a_i b_i = a_1 \cdot b_1 + a_2 \cdot b_2 + a_3 \cdot b_3$$

La operación de trasposición también puede aplicarse a las matrices, para reflejarlas sobre su diagonal. Por ejemplo:

$$\begin{bmatrix} 1 & 2 \\ 3 & 4 \\ 5 & 6 \end{bmatrix}^T = \begin{bmatrix} 1 & 3 & 5 \\ 2 & 4 & 6 \end{bmatrix}$$

Tenga en cuenta que la operación de trasposición solo se define estrictamente para las matrices; sin embargo, en el contexto del aprendizaje automático, nos referimos a matrices $n \times 1$ o $1 \times m$ cuando utilizamos el término «vector».

En este libro, solo utilizaremos conceptos muy básicos del álgebra lineal; sin embargo, si necesita hacer un repaso rápido, eche un vistazo al excelente Linear Algebra Review and Reference de Zico Kolter, que está disponible gratuitamente en `http://www.cs.cmu.edu/~zkolter/course/linalg/linalg_notes.pdf`.

La Figura 2.2 ilustra cómo la entrada de la red $z = \boldsymbol{w}^T\boldsymbol{x} + b$ se convierte en una salida binaria (0 o 1) por la función de decisión del perceptrón (figura de la izquierda) y cómo se puede utilizar para discriminar entre dos clases separables por una frontera de decisión lineal (figura de la derecha):

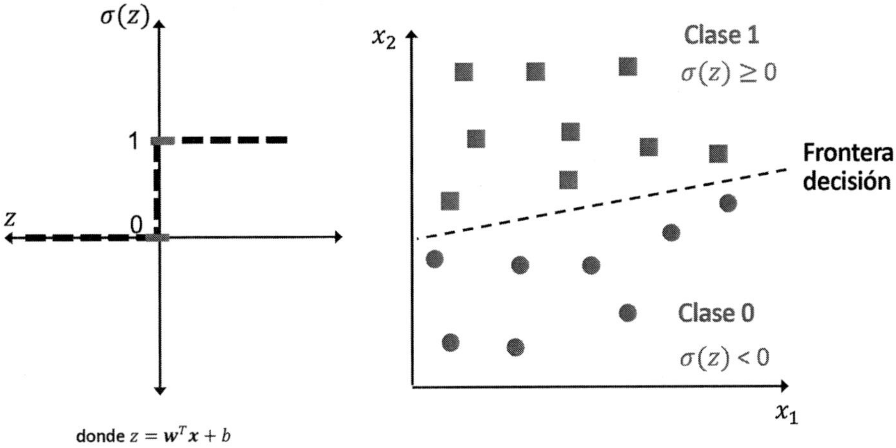

Figura 2.2 *Función umbral que produce una frontera de decisión lineal para un problema de clasificación binaria.*

Regla de aprendizaje del perceptrón

La idea que subyace en el concepto de la neurona MCP y en el modelo de preceptrón umbralizado de Rosenblatt es utilizar un enfoque reduccionista para imitar el funcionamiento de una sola neurona en el cerebro: se dispara o no se dispara. Así, la regla clásica del perceptrón de Rosenblatt es bastante sencilla, y el algoritmo del perceptrón puede resumirse en los siguientes pasos:

1. Inicializa los pesos y la unidad de sesgo a 0 o a números aleatorios de pequeño valor.
2. Para cada ejemplo de entrenamiento, $x^{(i)}$:
   a. Calcula el valor de la salida, $\hat{y}^{(i)}$.
   b. Actualiza los pesos y la unidad de sesgo.

Aquí, el valor de salida es la etiqueta de clase pronosticada por la función escalón unitario que definimos anteriormente, y la actualización simultánea de la unidad de sesgo y de cada peso, w_j, en el vector de pesos, w, puede escribirse más formalmente como:

$$w_j := w_j + \Delta w_j$$
$$\text{y} \quad b := b + \Delta b$$

Los valores de actualización (deltas) se calculan como sigue:

$$\Delta w_j = \eta\left(y^{(i)} - \hat{y}^{(i)}\right)x_j^{(i)}$$
$$\text{y} \quad \Delta b = \eta\left(y^{(i)} - \hat{y}^{(i)}\right)$$

Hay que tener en cuenta que, a diferencia de la unidad de sesgo, cada peso, w_j, corresponde a una característica, x_j, en el conjunto de datos, que participa en la determinación del valor de actualización, Δw_j, definido anteriormente. Además, η es la tasa de aprendizaje (normalmente una constante entre 0,0 y 1,0), $y^{(i)}$ es la etiqueta de clase verdadera del i-ésimo ejemplo de entrenamiento, e $\hat{y}^{(i)}$ es la etiqueta de clase pronosticada. Es importante señalar que la unidad de sesgo y todos los pesos del vector de pesos se actualizan simultáneamente, lo que significa que no volvemos a calcular la etiqueta pronosticada, $\hat{y}^{(i)}$, antes de que la unidad de sesgo y todos los pesos se actualicen a través de los respectivos valores de actualización, Δw_j y Δb. Concretamente, para un conjunto de datos bidimensional, escribiríamos la actualización como:

$$\begin{aligned}\Delta w_1 &= \eta\left(y^{(i)} - \text{output}^{(i)}\right)x_1^{(i)};\\ \Delta w_2 &= \eta\left(y^{(i)} - \text{output}^{(i)}\right)x_2^{(i)};\\ \Delta b &= \eta\left(y^{(i)} - \text{output}^{(i)}\right)\end{aligned}$$

Antes de implementar la regla del perceptrón en Python, vamos a realizar un sencillo experimento mental para ilustrar lo maravillosamente simple que es esta regla de aprendizaje. En los dos escenarios en los que el perceptrón predice correctamente la etiqueta de la clase, la unidad de sesgo y los pesos no cambian, ya que los valores de actualización son 0:

$$(1)\quad y^{(i)} = 0,\;\; \hat{y}^{(i)} = 0,\;\; \Delta w_j = \eta(0-0)x_j^{(i)} = 0,\;\; \Delta b = \eta(0-0) = 0$$

$$(2)\quad y^{(i)} = 1,\;\; \hat{y}^{(i)} = 1,\;\; \Delta w_j = \eta(1-1)x_j^{(i)} = 0,\;\; \Delta b = \eta(1-1) = 0$$

Sin embargo, en el caso de un pronóstico erróneo, los pesos son empujados hacia la dirección de la clase objetivo positiva o negativa:

$$(3)\quad y^{(i)} = 1,\;\; \hat{y}^{(i)} = 0,\;\; \Delta w_j = \eta(1-0)x_j^{(i)} = \eta x_j^{(i)},\;\; \Delta b = \eta(1-0) = \eta$$

$$(4)\quad y^{(i)} = 0,\;\; \hat{y}^{(i)} = 1,\;\; \Delta w_j = \eta(0-1)x_j^{(i)} = -\eta x_j^{(i)},\;\; \Delta b = \eta(0-1) = -\eta$$

Para entender mejor el valor de la característica como factor multiplicativo, $x_j^{(i)}$, vamos a ver otro ejemplo sencillo, donde:

$$\hat{y}^{(i)} = 1,\;\; y^{(i)} = 0,\;\; \eta = 1$$

Supongamos que $x_j^{(i)} = 1.5$ y clasificamos erróneamente este ejemplo como clase 0. En este caso, aumentaríamos el peso correspondiente en 2,5 en total para que la entrada neta, $z = x_j^{(i)} \times w_j + b$, sea más positiva la próxima vez que nos encontremos con este ejemplo, y así sea más probable que esté por encima del umbral de la función escalón unitario para clasificar el ejemplo como clase 1:

$$\Delta w_j = (1-0)1.5 = 1.5,\;\; \Delta b = (1-0) = 1$$

La actualización del peso, Δw_j, es proporcional al valor de $x_j^{(i)}$. Por ejemplo, si tenemos otro ejemplo, $x_j^{(i)} = 2$, que se clasifica incorrectamente como clase 0, empujaremos la frontera de decisión en una medida aún mayor para clasificar este ejemplo correctamente la próxima vez:

$$\Delta w_j = (1 - 0)2 = 2, \quad \Delta b = (1 - 0) = 1$$

Es importante señalar que la convergencia del perceptrón solo está garantizada si las dos clases son linealmente separables, lo que significa que las dos clases no pueden separarse perfectamente por una frontera de decisión lineal. (Los lectores interesados pueden encontrar la prueba de convergencia en mis notas de clase: `https://sebastianraschka.com/pdf/lecture-notes/stat453ss21/L03_perceptron_slides.pdf`). La Figura 2.3 muestra ejemplos visuales de escenarios linealmente separables y linealmente no separables:

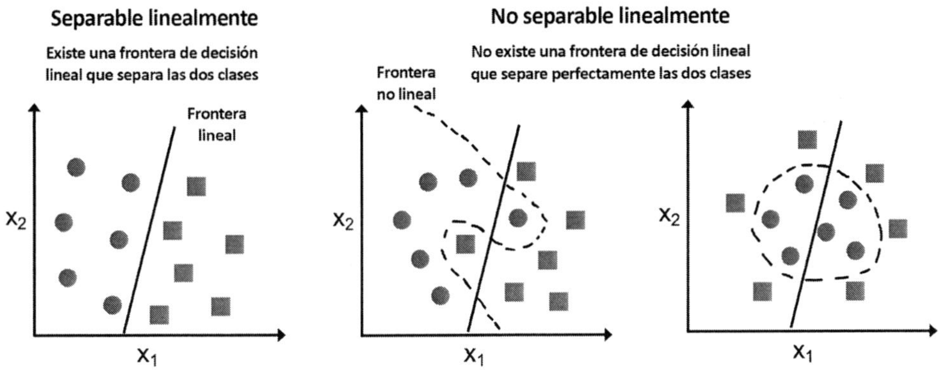

Figura 2.3 *Ejemplos de clases linealmente separables y linealmente no separables.*

Si las dos clases no se pueden separar por una frontera de decisión lineal, podemos establecer un número máximo de pasadas sobre el conjunto de datos de entrenamiento (épocas) y/o un umbral para el número de errores de clasificación tolerados; de lo contrario, el perceptrón nunca dejaría de actualizar los pesos. Más adelante en este capítulo, veremos el algoritmo Adaline, que genera límites de decisión lineales y converge incluso cuando las clases no son perfectamente separables linealmente. En el capítulo 3, aprenderemos sobre los algoritmos que pueden producir fronteras de decisión no lineales.

Descarga de ejemplos de código

Si ha comprado el libro directamente en Packt, puede descargar los archivos de ejemplos de código desde su cuenta en `http://www.packtpub.com`. Si lo ha comprado en otro lugar, puede descargar todos los ejemplos de código y conjuntos de datos directamente en `https://github.com/rasbt/machine-learning-book`.

Ahora, antes de pasar a la implementación en la siguiente sección, lo que acabamos de aprender se puede resumir en un simple diagrama que ilustra el concepto general del perceptrón:

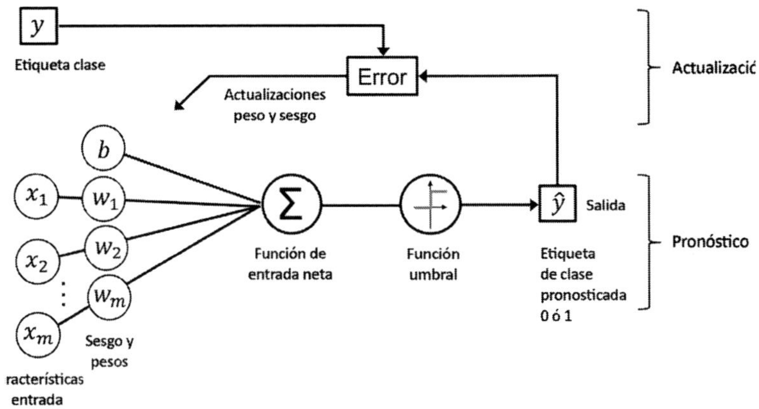

Figura 2.4 *Las ponderaciones y el sesgo del modelo se actualizan en función del error.*

El diagrama anterior ilustra cómo el perceptrón recibe las entradas de un ejemplo (x) y las combina con la unidad de sesgo (b) y los pesos (w) para calcular la entrada neta. A continuación, la entrada de la red se transmite a la función umbral, que genera una salida binaria de 0 o 1 (la etiqueta de clase pronosticada del ejemplo). Durante la fase de aprendizaje, esta salida se utiliza para calcular el error del pronóstico y actualizar los pesos y la unidad de sesgo.

Implementación de algoritmos de aprendizaje del perceptrón en Python

En la sección anterior, aprendimos cómo funciona la regla del perceptrón de Rosenblatt; ahora la vamos a implementar en Python y la aplicaremos al conjunto de datos Iris que introdujimos en el capítulo 1, Dotar a los ordenadores de la capacidad de aprender de los datos.

Una API del perceptrón orientada a objetos

Adoptaremos un enfoque orientado a objetos para definir la interfaz del perceptrón como una clase de Python, lo que nos permitirá inicializar nuevos objetos `Perceptron`, que pueden aprender de los datos a través del método `fit` y hacer pronósticos utilizando el método separado `predict`. Como convención, añadimos un guion bajo (_) a los atributos que no se crean en la inicialización del objeto, pero lo hacemos llamando a los otros métodos del objeto, por ejemplo, `self.w_`.

Recursos adicionales para la pila de cálculo científico de Python

Si aún no está familiarizado con las bibliotecas científicas de Python o necesita un repaso, consulte los siguientes recursos:

- NumPy: `https://sebastianraschka.com/blog/2020/numpy-intro.html`
- Pandas: `https://pandas.pydata.org/pandas-docs/stable/user_guide/10min.html`
- Matplotlib: `https://matplotlib.org/stable/tutorials/introductory/usage.html`

A continuación, se muestra la implementación de un perceptrón en Python:

```
import numpy as np
class Perceptron:
    """Perceptron classifier.

    Parameters
    ------------
    eta : float
      Learning rate (between 0.0 and 1.0)
    n_iter : int
      Passes over the training dataset.
    random_state : int
      Random number generator seed for random weight
      initialization.

    Attributes
    -----------
    w_ : 1d-array
      Weights after fitting.
    b_ : Scalar
      Bias unit after fitting.

    errors_ : list
      Number of misclassifications (updates) in each epoch.

    """
    def __init__(self, eta=0.01, n_iter=50, random_state=1):
        self.eta = eta
        self.n_iter = n_iter
        self.random_state = random_state
```

```
    def fit(self, X, y):
        """Fit training data.

        Parameters
        ----------
        X : {array-like}, shape = [n_examples, n_features]
          Training vectors, where n_examples is the number of
          examples and n_features is the number of features.
        y : array-like, shape = [n_examples]
          Target values.

        Returns
        -------
        self : object

        """
        rgen = np.random.RandomState(self.random_state)
        self.w_ = rgen.normal(loc=0.0, scale=0.01,
                              size=X.shape[1])
        self.b_ = np.float_(0.)
        self.errors_ = []

        for _ in range(self.n_iter):
            errors = 0
            for xi, target in zip(X, y):
                update = self.eta * (target - self.predict(xi))
                self.w_ += update * xi
                self.b_ += update
                errors += int(update != 0.0)
            self.errors_.append(errors)
        return self

    def net_input(self, X):
        """Calculate net input"""
        return np.dot(X, self.w_) + self.b_

    def predict(self, X):
        """Return class label after unit step"""
        return np.where(self.net_input(X) >= 0.0, 1, 0)
```

Usando esta implementación del perceptrón, podemos ahora inicializar nuevos objetos `Perceptron` con una tasa de aprendizaje dada, `eta` (η), y el número de épocas, `n_iter` (pasadas sobre el conjunto de datos de entrenamiento).

Mediante el método `fit`, inicializamos el sesgo `self.b_` a un valor inicial 0 y los pesos en `self.w_` a un vector, $\mathbb{R}^m$, donde m representa el número de dimensiones (características) del conjunto de datos.

Observe que el vector de pesos inicial contiene números aleatorios de pequeño valor, extraídos de una distribución normal con una desviación estándar de 0.01 a través de `rgen.normal(loc=0.0, scale=0.01, size=1 + X.shape[1])`, donde `rgen` es un generador de números aleatorios de NumPy que sembramos con una semilla aleatoria especificada por el usuario para poder reproducir resultados anteriores si lo deseamos.

Técnicamente, podríamos inicializar los pesos a cero (de hecho, esto se hace en el algoritmo original del perceptrón). Sin embargo, si lo hiciéramos, la tasa de aprendizaje η (`eta`) no tendría efecto sobre la frontera de decisión. Si todos los pesos se inicializan a cero, el parámetro de la tasa de aprendizaje, `eta`, solo afecta a la escala del vector de pesos, no a la dirección. Si está familiarizado con la trigonometría, considere un vector, $v1$ =[1 2 3], donde el ángulo entre $v1$ y un vector, $v2 = 0.5 \times v1$, sería exactamente cero, como se demuestra en el siguiente fragmento de código:

```
>>> v1 = np.array([1, 2, 3])
>>> v2 = 0.5 * v1
>>> np.arccos(v1.dot(v2) / (np.linalg.norm(v1) * np.linalg.norm(v2)))
0.0
```

Aquí, `np.arccos` es el coseno inverso de trigonometría, y `np.linalg.norm` es una función que calcula la longitud de los vectores. (Nuestra decisión de extraer los números aleatorios de una distribución normal aleatoria, por ejemplo, en lugar de una distribución uniforme, y utilizar la desviación estándar de `0.01` ha sido arbitraria; hay que recordar que solo nos interesan los valores aleatorios pequeños para evitar las propiedades de los vectores totalmente nulos, como se ha comentado antes).

Como ejercicio opcional después de leer este capítulo, puede cambiar `self.w_ = rgen.normal(loc=0.0, scale=0.01, size=X.shape[1])` por `self.w_ = np.zeros(X.shape[1])` y ejecutar el código de entrenamiento del perceptrón presentado en la siguiente sección con diferentes valores para `eta`. Observará que la frontera de decisión no cambia.

Indexación de matrices en NumPy

La indexación de NumPy para matrices unidimensionales funciona de forma similar a las listas de Python, utilizando la notación de corchetes (`[ ]`). Para matrices bidimensionales, el primer indexador se refiere al número de fila, y el segundo al número de columna. Por ejemplo, usaríamos `X[2, 3]` para seleccionar la tercera fila y la cuarta columna de una matriz bidimensional, `X`.

Una vez inicializados los pesos, el método `fit` recorre todos los ejemplos individuales del conjunto de datos de entrenamiento y actualiza los pesos de acuerdo con la regla de aprendizaje del perceptrón que hemos analizado en la sección anterior.

Las etiquetas de clase se pronostican con el método `predict`, al que se llama en el método `fit` durante el entrenamiento, con lo que se obtiene la etiqueta de clase para la actualización de pesos; pero `predict` también puede utilizarse para pronosticar las etiquetas de clase de los nuevos datos después de haber ajustado nuestro modelo. Además, también recogemos el número de clasificaciones erróneas durante cada época en la lista `self.errors_`, para poder analizar posteriormente el rendimiento del perceptrón durante el entrenamiento. La función `np.dot`, que se utiliza en el método `net_input`, simplemente calcula el producto punto vectorial, $\boldsymbol{w}^T\boldsymbol{x} + b$.

Vectorización: Sustitución de los bucles for por código vectorizado

En lugar de utilizar NumPy para calcular el producto punto vectorial entre dos arrays, `a` y `b`, mediante `a.dot(b)` o `np.dot(a, b)`, también podríamos realizar el cálculo en Python puro mediante `sum([i * j for i, j in zip(a, b)])`. Sin embargo, la ventaja de utilizar NumPy sobre las estructuras clásicas de lazo `for` de Python es que sus operaciones aritméticas están vectorizadas. La vectorización significa que se aplica automáticamente una operación aritmética elemental a todos los elementos de un array. Al formular nuestras operaciones aritméticas como una secuencia de instrucciones sobre un array, en lugar de realizar un conjunto de operaciones para cada elemento cada vez, podemos hacer un mejor uso de las modernas arquitecturas de la unidad central de procesamiento (CPU) del tipo una instrucción, múltiples datos (Single Instruction Multiple Data, SIMD). Además, NumPy utiliza bibliotecas de ágebra lineal altamente optimizadas, como Basic Linear Algebra Subprograms (BLAS) y Linear Algebra Package (LAPACK), escritas en C o Fortran. Por último, NumPy también nos permite escribir el código de forma más compacta e intuitiva utilizando los fundamentos del álgebra lineal, como los productos punto vectoriales y matriciales.

Entrenamiento de un modelo de perceptrón con el conjunto de datos Iris

Para probar nuestra implementación del perceptrón, restringiremos los siguientes análisis y ejemplos a dos variables de las características (dimensiones). Aunque la regla del perceptrón no está restringida a dos dimensiones, el hecho de considerar solo dos características (la longitud de los sépalos y la longitud de los pétalos) nos permitirá visualizar las regiones de decisión del modelo entrenado en un gráfico de dispersión con fines de aprendizaje. Hay que tener en cuenta que, por razones prácticas, solo consideraremos dos clases de flores del conjunto de datos de Iris (la setosa y la versicolor); recuerde que el perceptrón es un clasificador binario. Sin embargo, el algoritmo del perceptrón puede ampliarse a la clasificación multiclase; por ejemplo, en la técnica de uno contra todos (One-versus-All, OvA).

El método OvA para la clasificación multiclase

OvA, que a veces también se denomina «uno contra el resto» (One-versus-Rest, OvR), es una técnica que nos permite extender cualquier clasificador binario a problemas multiclase. Utilizando OvA, podemos entrenar un clasificador por clase, en el que la clase particular se trata como la clase positiva, y los ejemplos de todas las demás clases se consideran clases negativas. Si tuviéramos que clasificar una nueva instancia de datos sin etiquetar, utilizaríamos nuestros *n* clasificadores, donde *n* es el número de etiquetas de clase, y asignaríamos la etiqueta de clase con la mayor confianza a la instancia particular que queremos clasificar. En el caso del perceptrón, utilizaríamos OvA para elegir la etiqueta de clase que está asociada con el mayor valor neto de entrada.

En primer lugar, utilizaremos la biblioteca `Pandas` para cargar el conjunto de datos Iris directamente desde *UCI Machine Learning Repository* en un objeto `DataFrame` e imprimir las últimas cinco líneas mediante el método `tail`, para comprobar que se han cargado los datos correctamente:

```
>>> import os
>>> import pandas as pd
>>> s = 'https://archive.ics.uci.edu/ml/'\
...     'machine-learning-databases/iris/iris.data'
>>> print('From URL:', s)
From URL: https://archive.ics.uci.edu/ml/machine-learning-databases/
iris/iris.data
>>> df = pd.read_csv(s, header=None, encoding='utf-8')
>>> df.tail()
```

Después de ejecutar el código anterior, deberíamos ver la siguiente salida, que muestra las últimas cinco líneas del conjunto de datos Iris:

	0	1	2	3	4
145	6.7	3.0	5.2	2.3	Iris-virginica
146	6.3	2.5	5.0	1.9	Iris-virginica
147	6.5	3.0	5.2	2.0	Iris-virginica
148	6.2	3.4	5.4	2.3	Iris-virginica
149	5.9	3.0	5.1	1.8	Iris-virginica

Figura 2.5 *Las últimas cinco líneas del conjunto de datos Iris.*

A continuación, extraemos las primeras 100 etiquetas de clase, que corresponden a las 50 flores Iris-setosa y 50 Iris-versicolor, y convertimos las etiquetas de clase en las dos etiquetas de clase de enteros, `1` (versicolor) y `0` (setosa), que asignamos a un vector, `y`, donde el método `values` de `DataFrame` de Pandas genera la representación NumPy correspondiente.

Del mismo modo, extraemos la primera columna de características (longitud de los sépalos) y la tercera columna de características (longitud de los pétalos) de esos 100 ejemplos de entrenamiento y las asignamos a una matriz de características, `X`, que podemos visualizar mediante un gráfico de dispersión bidimensional:

```
>>> import matplotlib.pyplot as plt
>>> import numpy as np
>>> # select setosa and versicolor
>>> y = df.iloc[0:100, 4].values
>>> y = np.where(y == 'Iris-setosa', 0, 1)
>>> # extract sepal length and petal length
>>> X = df.iloc[0:100, [0, 2]].values
>>> # plot data
>>> plt.scatter(X[:50, 0], X[:50, 1],
...             color='red', marker='o', label='Setosa')
>>> plt.scatter(X[50:100, 0], X[50:100, 1],
...             color='blue', marker='s', label='Versicolor')
>>> plt.xlabel('Sepal length [cm]')
>>> plt.ylabel('Petal length [cm]')
>>> plt.legend(loc='upper left')
>>> plt.show()
```

Después de ejecutar el ejemplo del código anterior, deberíamos ver el siguiente gráfico de dispersión:

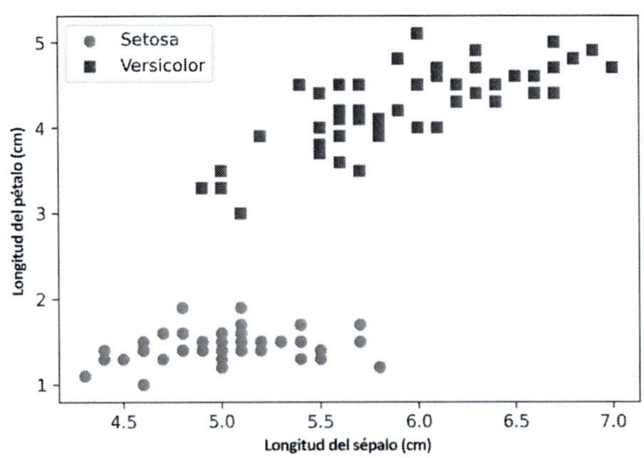

Figura 2.6 *Diagrama de dispersión de las flores de los tipos setosa y versicolor según la longitud de los sépalos y pétalos.*

La Figura 2.6 muestra la distribución de los ejemplos de flores del conjunto de datos Iris a lo largo de los dos ejes de características: longitud de los pétalos y longitud de los sépalos (medidas en centímetros). En este subespacio de características bidimensional, podemos ver que una frontera de decisión lineal debería ser suficiente para separar las flores del tipo setosa de las del tipo versicolor. Así, un clasificador lineal como el perceptrón debería ser capaz de clasificar perfectamente las flores de este conjunto de datos.

Ahora es el momento de entrenar nuestro algoritmo de perceptrón en el subconjunto de datos de Iris que acabamos de extraer. Además, trazaremos los errores de clasificación de cada época para comprobar si el algoritmo converge y encuentra una frontera de decisión que separe las dos clases de flores de Iris:

```
>>> ppn = Perceptron(eta=0.1, n_iter=10)
>>> ppn.fit(X, y)
>>> plt.plot(range(1, len(ppn.errors_) + 1),
...          ppn.errors_, marker='o')
>>> plt.xlabel('Epochs')
>>> plt.ylabel('Number of updates')
>>> plt.show()
```

Nótese que el número de errores de clasificación y el número de actualizaciones es el mismo, ya que los pesos y el sesgo del perceptrón se actualizan cada vez que clasifica mal un ejemplo. Después de ejecutar el código anterior, deberíamos ver el gráfico de los errores de clasificación en función del número de épocas, como se muestra en la Figura 2.7:

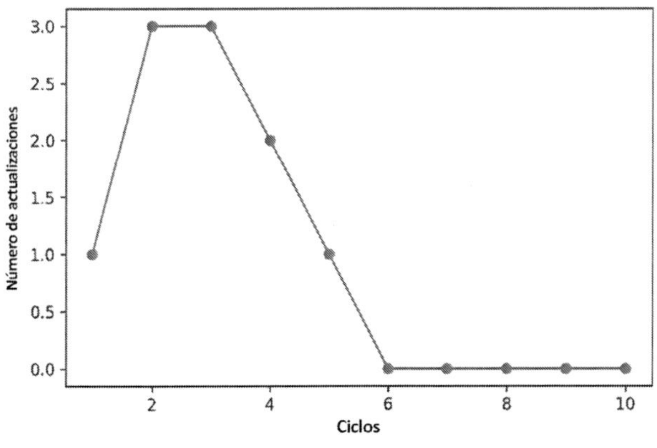

Figura 2.7 *Gráfico de los errores de clasificación en función del número de épocas.*

Como podemos ver en la Figura 2.7, nuestro perceptrón convergió después de la sexta época y, a partir de ahí, debería ser capaz de clasificar los ejemplos de entrenamiento perfectamente. Vamos a implementar una pequeña función de conveniencia para visualizar las fronteras de decisión para conjuntos de datos bidimensionales:

```
from matplotlib.colors import ListedColormap
def plot_decision_regions(X, y, classifier, resolution=0.02):
    # setup marker generator and color map
    markers = ('o', 's', '^', 'v', '<')
    colors = ('red', 'blue', 'lightgreen', 'gray', 'cyan')
    cmap = ListedColormap(colors[:len(np.unique(y))])

    # plot the decision surface
    x1_min, x1_max = X[:, 0].min() - 1, X[:, 0].max() + 1
    x2_min, x2_max = X[:, 1].min() - 1, X[:, 1].max() + 1
    xx1, xx2 = np.meshgrid(np.arange(x1_min, x1_max, resolution),
                           np.arange(x2_min, x2_max, resolution))
    lab = classifier.predict(np.array([xx1.ravel(), xx2.ravel()]).T)
    lab = lab.reshape(xx1.shape)
    plt.contourf(xx1, xx2, lab, alpha=0.3, cmap=cmap)
    plt.xlim(xx1.min(), xx1.max())
    plt.ylim(xx2.min(), xx2.max())

    # plot class examples
    for idx, cl in enumerate(np.unique(y)):
        plt.scatter(x=X[y == cl, 0], y=X[y == cl, 1],
                    alpha=0.8, c=colors[idx],
                    marker=markers[idx], label=f'Class {cl}',
                    edgecolor='black')
```

En primer lugar, definimos un número de `colors` (colores) y `markers` (marcadores) y creamos un mapa de colores a partir de la lista de colores mediante `ListedColormap`. A continuación, determinamos los valores mínimos y máximos de las dos características y utilizamos esos vectores de características para crear un par de arrays en forma de cuadrícula, `xx1` y `xx2`, mediante la función `meshgrid`. Dado que hemos entrenado nuestro clasificador perceptrón en dos dimensiones de características, tenemos que aplanar los arrays en retícula y crear una matriz que tenga el mismo número de columnas que el subconjunto de entrenamiento de Iris, para que podamos utilizar el método `predict` con el que pronosticar las etiquetas de clase, `lab`, de los puntos de la cuadrícula correspondientes.

Después de reestructurar las etiquetas de clase pronosticadas, `lab`, en una cuadrícula con las mismas dimensiones que `xx1` y `xx2`, podemos dibujar un gráfico de contorno mediante la función `contourf` de Matplotlib, que asigna las diferentes regiones de decisión a diferentes colores para cada clase pronosticada en el array en forma de cuadrícula:

```
>>> plot_decision_regions(X, y, classifier=ppn)
>>> plt.xlabel('Sepal length [cm]')
>>> plt.ylabel('Petal length [cm]')
>>> plt.legend(loc='upper left')
>>> plt.show()
```

Después de ejecutar el ejemplo de código anterior, deberíamos ver un gráfico de las regiones de decisión, como se muestra en la Figura 2.8:

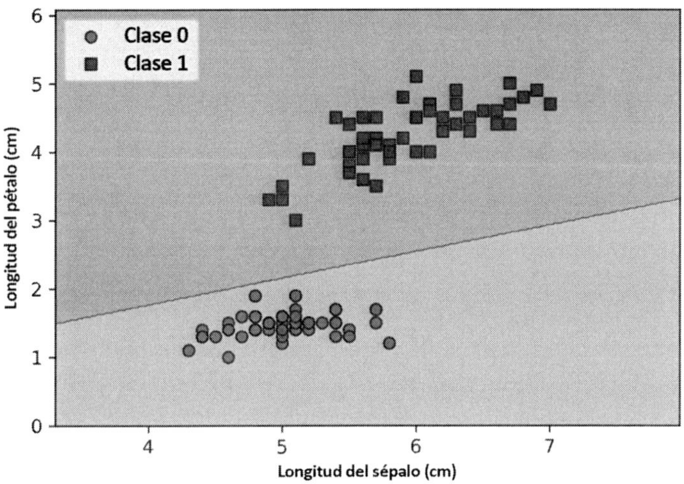

Figura 2.8 *Gráfico de las regiones de decisión del perceptrón.*

Como podemos ver, el perceptrón ha descubierto la frontera de decisión que puede clasificar perfectamente todos los ejemplos de flores en el subconjunto de entrenamiento de Iris.

Convergencia del perceptrón

Aunque el perceptrón ha clasificado las dos clases de flores de Iris perfectamente, la convergencia es uno de sus mayores problemas. Rosenblatt demostró matemáticamente que la regla de aprendizaje del perceptrón converge si las dos clases pueden separarse mediante un hiperplano lineal. Sin embargo, si las clases no pueden separarse perfectamente por dicha frontera de decisión lineal, los pesos nunca dejarán de actualizarse a menos que establezcamos un número máximo de épocas. Los lectores interesados pueden encontrar un resumen de la prueba en mis notas de clase: `https://sebastianraschka.com/pdf/lecture-notes/stat453ss21/L03_perceptron_slides.pdf`.

Neuronas lineales adaptativas y convergencia del aprendizaje

En esta sección, echaremos un vistazo a otro tipo de red neuronal (Neural Network, NN) de una sola capa: ADAptive LInear NEuron, o Adaline. Bernard Widrow y su estudiante de doctorado, Tedd Hoff, publicaron Adaline solo unos años después del algoritmo de perceptrón de Rosenblatt, y puede considerarse una mejora de este último («An Adaptive Adaline Neuron Using Chemical Memistors», Technical Report Number 1553-2, de B. Widrow y colaboradores, Stanford Electron Labs, Stanford, CA, October 1960).

El algoritmo Adaline es especialmente interesante porque ilustra los conceptos clave de la definición y la minimización de las funciones de pérdida continua. Esto sienta las bases para entender otros algoritmos de aprendizaje automático para tareas de clasificación, como la regresión logística, las máquinas de vectores de soporte y las redes neuronales multicapa, así como los modelos de regresión lineal, que analizaremos en futuros capítulos.

La diferencia clave entre la regla de Adaline (también conocida como regla de Widrow-Hoff) y el perceptrón de Rosenblatt es que, en Adaline, los pesos se actualizan basándose en una función de activación lineal en lugar de una función de escalón unitario (como sucedía en el perceptrón). Esta función de activación lineal, $\sigma(z)$, es simplemente la función de identidad de la entrada de la red, por lo que $\sigma(z) = z$.

Mientras que la función de activación lineal se utiliza para el aprendizaje de los pesos, seguimos utilizando una función umbral para formular el pronóstico final, que es similar a la función de escalón unitario que hemos tratado antes.

Las principales diferencias entre el perceptrón y el algoritmo Adaline se destacan en la Figura 2.9.

Como indica la Figura 2.9, el algoritmo Adaline compara las etiquetas de clase verdaderas con la salida de valor continuo de la función de activación lineal para calcular el error del modelo y actualizar los pesos. En cambio, el perceptrón compara las etiquetas de clase verdaderas con las etiquetas de clase pronosticadas.

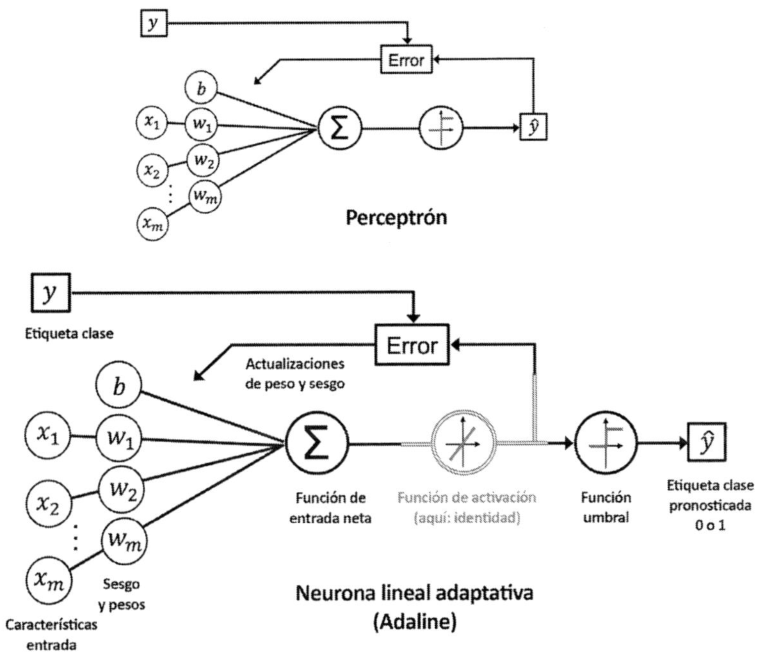

Figura 2.9 *Comparación entre el perceptrón y el algoritmo Adaline.*

Minimización de las funciones de pérdida con el descenso del gradiente

Uno de los ingredientes clave de los algoritmos de aprendizaje automático supervisado es una función objetivo definida que debe optimizarse durante el proceso de aprendizaje. Esta función objetivo suele ser una función de pérdida o de coste que queremos minimizar. En el caso de Adaline, podemos definir la función de pérdida, L, para aprender los parámetros del modelo, como el error cuadrático medio (Mean Squared Error, MSE) entre el resultado calculado y la verdadera etiqueta de clase:

$$L(\mathbf{w}, b) = \frac{1}{2n} \sum_{i=1}^{n} \left(y^{(i)} - \sigma\left(z^{(i)}\right) \right)^2$$

El término $\frac{1}{2}$ solo se añade para nuestra comodidad y facilitará la derivación del gradiente de la función de pérdida con respecto a los parámetros de peso, como veremos en los párrafos siguientes. La principal ventaja de esta función de activación lineal continua, en comparación con la función de escalón unitario, es que la función de pérdida se vuelve diferenciable. Otra propiedad interesante de esta función de pérdida es que es convexa; por lo tanto, podemos utilizar un algoritmo de optimización muy simple pero potente, llamado descenso del gradiente, para encontrar los pesos que minimizan nuestra función de pérdida para clasificar los ejemplos en el conjunto de datos Iris.

Como se ilustra en la Figura 2.10, podemos describir la idea principal del descenso del gradiente como una bajada por una colina hasta alcanzar un mínimo de pérdida local o global. En cada iteración, damos un paso en la dirección opuesta al gradiente, donde el tamaño del paso viene determinado por el valor de la tasa de aprendizaje, así como por la pendiente del gradiente. Para simplificar, la siguiente figura visualiza lo anterior solo para un único peso, $\boldsymbol{w}$:

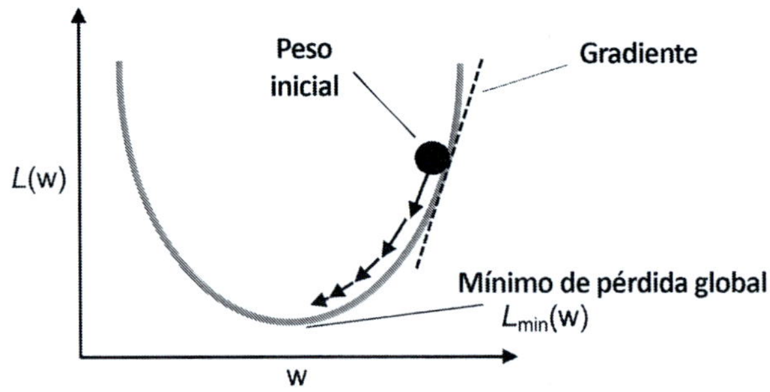

Figura 2.10 *Funcionamiento del descenso del gradiente.*

Utilizando el descenso del gradiente, ahora podemos actualizar los parámetros del modelo dando un paso en la dirección opuesta al gradiente, $\nabla L(\boldsymbol{w}, b)$, de nuestra función de pérdida, $L(\boldsymbol{w}, b)$:

$$\boldsymbol{w} := \boldsymbol{w} + \Delta\boldsymbol{w}, \quad b := b + \Delta b$$

Los cambios de parámetros, $\Delta\boldsymbol{w}$ y Δb, se definen como el gradiente negativo multiplicado por la tasa de aprendizaje, η:

$$\Delta\boldsymbol{w} = -\eta\nabla_w L(\boldsymbol{w}, b), \quad \Delta b = -\eta\nabla_b L(\boldsymbol{w}, b)$$

Para calcular el gradiente de la función de pérdida, necesitamos calcular la derivada parcial de la función de pérdida con respecto a cada peso, w_j:

$$\frac{\partial L}{\partial w_j} = -\frac{2}{n}\sum_i \left(y^{(i)} - \sigma\left(z^{(i)}\right)\right) x_j^{(i)}$$

Del mismo modo, calculamos la derivada parcial de la pérdida con respecto al sesgo como:

$$\frac{\partial L}{\partial b} = -\frac{2}{n}\sum_i \left(y^{(i)} - \sigma\left(z^{(i)}\right)\right)$$

Tenga en cuenta que el 2 en el numerador es, simplemente, un factor de escala constante, y podríamos omitirlo sin que afectara al algoritmo. Eliminar el factor de escala tiene el mismo efecto que cambiar la tasa de aprendizaje por un factor de 2. El siguiente recuadro informativo explica dónde se origina este factor de escala.

Así que podemos escribir la actualización del peso como:

$$\Delta w_j = -\eta \frac{\partial L}{\partial w_j} \text{ y } \Delta b = -\eta \frac{\partial L}{\partial b}$$

Como actualizamos todos los parámetros simultáneamente, nuestra regla de aprendizaje de Adaline se convierte en:

$$w := w + \Delta w, \quad b := b + \Delta b$$

Derivada del error cuadrático medio

Si está familiarizado con el cálculo, la derivada parcial de la función de pérdida MSE con respecto al *j*-ésimo peso puede obtenerse de la siguiente manera:

$$\begin{aligned}
\frac{\partial L}{\partial w_j} &= \frac{\partial}{\partial w_j}\frac{1}{n}\sum_i \left(y^{(i)} - \sigma(z^{(i)})\right)^2 = \frac{1}{n}\frac{\partial}{\partial w_j}\sum_i \left(y^{(i)} - \sigma(z^{(i)})\right)^2 \\
&= \frac{2}{n}\sum_i \left(y^{(i)} - \sigma(z^{(i)})\right)\frac{\partial}{\partial w_j}\left(y^{(i)} - \sigma(z^{(i)})\right) \\
&= \frac{2}{n}\sum_i \left(y^{(i)} - \sigma(z^{(i)})\right)\frac{\partial}{\partial w_j}\left(y^{(i)} - \sum_i \left(w_j x_j^{(i)} + b\right)\right) \\
&= \frac{2}{n}\sum_i \left(y^{(i)} - \sigma(z^{(i)})\right)\left(-x_j^{(i)}\right) = -\frac{2}{n}\sum_i \left(y^{(i)} - \sigma(z^{(i)})\right)x_j^{(i)}
\end{aligned}$$

El mismo enfoque se puede utilizar para encontrar la derivada parcial $\frac{\partial L}{\partial b}$, excepto que $\frac{\partial}{\partial b}\left(y^{(i)} - \sum_i \left(w_j^{(i)} x_j^{(i)} + b\right)\right)$ es igual a −1 y, por lo tanto, el último paso se simplifica a $-\frac{2}{n}\sum_i \left(y^{(i)} - \sigma(z^{(i)})\right)$.

Aunque la regla de aprendizaje de Adaline parece idéntica a la del perceptrón, debemos tener en cuenta que $\sigma\left(z^{(i)}\right)$ con $z^{(i)} = \boldsymbol{w}^T\boldsymbol{x}^{(i)} + b$ es un número real y no una etiqueta de clase que sea un entero. Además, la actualización de los pesos se calcula sobre la base de todos los ejemplos del conjunto de datos de entrenamiento (en lugar de actualizar los parámetros de forma incremental después de cada ejemplo de entrenamiento), por lo que este enfoque también se denomina «descenso del gradiente por lotes». Para ser más explícitos, y así evitar confusiones al hablar de conceptos relacionados más adelante en este capítulo y en el libro, nos referiremos a este proceso como «descenso del gradiente por lotes completos».

Implementación de Adaline en Python

Dado que la regla del perceptrón y la de Adaline son muy similares, utilizaremos la implementación del perceptrón que definimos anteriormente y cambiaremos el método `fit` para que ahora los parámetros de peso y sesgo se actualicen minimizando la función de pérdida mediante el descenso del gradiente:

```
class AdalineGD:
    """ADAptive LInear NEuron classifier.

    Parameters
    ------------
    eta : float
        Learning rate (between 0.0 and 1.0)
    n_iter : int
        Passes over the training dataset.
    random_state : int
        Random number generator seed for random weight initialization.

    Attributes
    -----------
    w_ : 1d-array
        Weights after fitting.
    b_ : Scalar
        Bias unit after fitting.
    losses_ : list
      Mean squared error loss function values in each epoch.

    """
    def __init__(self, eta=0.01, n_iter=50, random_state=1):
        self.eta = eta
        self.n_iter = n_iter
        self.random_state = random_state

    def fit(self, X, y):
        """ Fit training data.

        Parameters
        ----------
        X : {array-like}, shape = [n_examples, n_features]
            Training vectors, where n_examples
            is the number of examples and
```

```
            n_features is the number of features.
        y : array-like, shape = [n_examples]
            Target values.

        Returns
        -------
        self : object

        """
        rgen = np.random.RandomState(self.random_state)
        self.w_ = rgen.normal(loc=0.0, scale=0.01,
                              size=X.shape[1])
        self.b_ = np.float_(0.)
        self.losses_ = []

        for i in range(self.n_iter):
            net_input = self.net_input(X)
            output = self.activation(net_input)
            errors = (y - output)
            self.w_ += self.eta * 2.0 * X.T.dot(errors) / X.shape[0]
            self.b_ += self.eta * 2.0 * errors.mean()
            loss = (errors**2).mean()
            self.losses_.append(loss)
        return self

    def net_input(self, X):
        """Calculate net input"""
        return np.dot(X, self.w_) + self.b_

    def activation(self, X):
        """Compute linear activation"""
        return X

    def predict(self, X):
        """Return class label after unit step"""
        return np.where(self.activation(self.net_input(X))
                        >= 0.5, 1, 0)
```

En lugar de actualizar los pesos después de evaluar cada ejemplo de entrenamiento individual, como ocurre en el perceptrón, calculamos el gradiente basándonos en el conjunto completo de datos de entrenamiento. Para la unidad de sesgo, esto se hace mediante `self.eta * 2.0 * errors.mean()`, donde `errors` es un array que contiene los valores de las derivadas parciales $\frac{\partial}{\partial b}$. Del mismo modo, actualizamos los pesos. Sin embargo, hay que tener en cuenta que las actualizaciones de los pesos a través de las derivadas parciales $\frac{\partial L}{\partial w_j}$ implican los valores de las características x_j, que podemos calcular multiplicando `errors` por cada valor de las características para cada peso:

```
for w_j in range(self.w_.shape[0]):
    self.w_[w_j] += self.eta *
        (2.0 * (X[:, w_j]*errors)).mean()
```

Para implementar la actualización de pesos de forma más eficiente sin utilizar un bucle `for`, podemos utilizar la multiplicación matricial-vectorial entre nuestra matriz de características y el vector error:

```
self.w_ += self.eta * 2.0 * X.T.dot(errors) / X.shape[0]
```

Hay que tener en cuenta que el método `activation` no tiene ningún efecto en el código, ya que es simplemente una función de identidad. Aquí, hemos añadido la función de activación (calculada a través del método `activation`) para ilustrar el concepto general con respecto a cómo fluye la información a través de una NR de una capa: características de los datos de entrada, entrada de la red, activación y salida.

En el próximo capítulo, aprenderemos acerca de un clasificador de regresión logística que utiliza una función de activación no lineal y no identitaria. Veremos que un modelo de regresión logística está estrechamente relacionado con Adaline, con la única diferencia de su activación y función de pérdida.

Ahora, de forma similar a la implementación anterior del perceptrón, recogemos los valores de las pérdidas en una lista `self.losses_`, para comprobar si el algoritmo ha convergido tras el entrenamiento.

Multiplicación de matrices

Realizar una multiplicación de matrices es similar al cálculo del producto punto vectorial, donde cada fila de la matriz se trata como un vector de una sola fila. Este enfoque vectorial representa una notación más compacta y da como resultado un cálculo más eficiente utilizando NumPy. Por ejemplo:

$$\begin{bmatrix} 1 & 2 & 3 \\ 4 & 5 & 6 \end{bmatrix} \times \begin{bmatrix} 7 \\ 8 \\ 9 \end{bmatrix} = \begin{bmatrix} 1 \times 7 + 2 \times 8 + 3 \times 9 \\ 4 \times 7 + 5 \times 8 + 6 \times 9 \end{bmatrix} = \begin{bmatrix} 50 \\ 122 \end{bmatrix}$$

Hay que tener en cuenta que, en la ecuación anterior, estamos multiplicando una matriz con un vector, que matemáticamente no está definido. Sin embargo, recuerde que utilizamos la convención de que este vector precedente se considera como una matriz de 3×1.

En la práctica, a menudo es necesario experimentar para encontrar una buena tasa de aprendizaje, η, para una convergencia óptima. Así que vamos a elegir dos tasas de aprendizaje diferentes, $\eta = 0.1$ y $\eta = 0.0001$, para empezar y trazar las funciones de pérdida en función del número de épocas, para ver lo bien que la implementación de Adaline aprende de los datos de entrenamiento.

Hiperparámetros

La tasa de aprendizaje, η (`eta`), así como el número de épocas (`n_iter`), son los llamados hiperparámetros (o parámetros de ajuste) de los algoritmos de aprendizaje perceptrón y Adaline. En el capítulo 6, «Prácticas recomendadas de aprendizaje para la evaluación de modelos y el ajuste de hiperparámetros», veremos diferentes técnicas para encontrar automáticamente los valores de diferentes hiperparámetros que producen un rendimiento óptimo del modelo de clasificación.

Ahora vamos a representar la pérdida en función del número de épocas para las dos tasas de aprendizaje diferentes:

```
>>> fig, ax = plt.subplots(nrows=1, ncols=2, figsize=(10, 4))
>>> ada1 = AdalineGD(n_iter=15, eta=0.1).fit(X, y)
>>> ax[0].plot(range(1, len(ada1.losses_) + 1),
...            np.log10(ada1.losses_), marker='o')
>>> ax[0].set_xlabel('Epochs')
>>> ax[0].set_ylabel('log(Mean squared error)')
>>> ax[0].set_title('Adaline - Learning rate 0.1')
>>> ada2 = AdalineGD(n_iter=15, eta=0.0001).fit(X, y)
>>> ax[1].plot(range(1, len(ada2.losses_) + 1),
...            ada2.losses_, marker='o')
>>> ax[1].set_xlabel('Epochs')
>>> ax[1].set_ylabel('Mean squared error')
>>> ax[1].set_title('Adaline - Learning rate 0.0001')
>>> plt.show()
```

Como podemos ver en los gráficos de la función de pérdida resultante, nos encontramos con dos tipos de problemas diferentes. El gráfico de la izquierda muestra lo que podría ocurrir si elegimos una tasa de aprendizaje demasiado grande. En lugar de minimizar la función de pérdida, el MSE se hace más grande en cada época, porque sobrepasamos el mínimo global. Por otro lado, podemos ver que la pérdida disminuye en el gráfico de la derecha, pero la tasa de aprendizaje elegida, $\eta = 0.0001$, es tan pequeña que el algoritmo necesitaría un número muy grande de épocas para converger al mínimo de pérdida global:

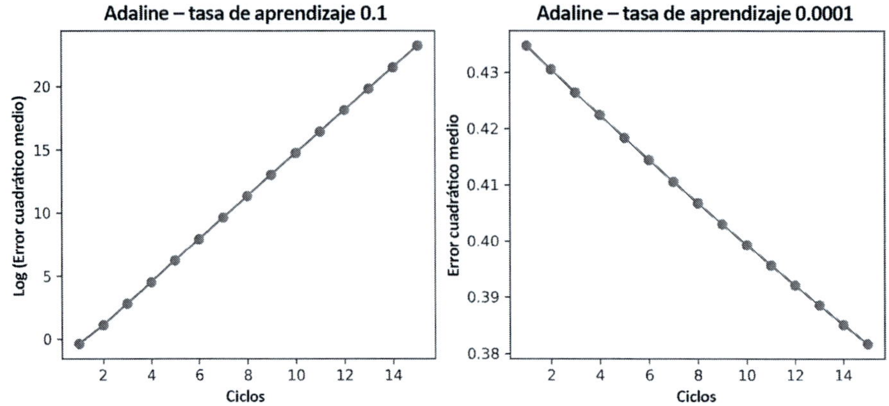

Figura 2.11 *Gráficos de error para tasas de aprendizaje por debajo del valor óptimo.*

La Figura 2.12 ilustra lo que puede ocurrir si cambiamos el valor de un parámetro de peso concreto para minimizar la función de pérdida, *L*. La figura de la izquierda ilustra el caso de una tasa de aprendizaje bien elegida, en la que la pérdida disminuye gradualmente, moviéndose en la dirección del mínimo global. La figura de la derecha, sin embargo, ilustra lo que ocurre si elegimos una tasa de aprendizaje demasiado grande: sobrepasamos el mínimo global.

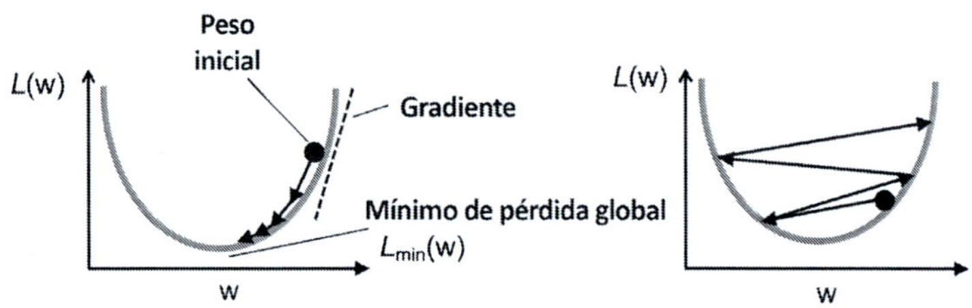

Figura 2.12 *Comparación entre una tasa de aprendizaje bien elegida y una tasa de aprendizaje demasiado grande.*

Mejora del descenso del gradiente mediante el escalado de características

Muchos de los algoritmos de aprendizaje automático que encontraremos a lo largo del libro requieren algún tipo de escalado de características para obtener un rendimiento óptimo, que trataremos con más detalle en el capítulo 3, Un recorrido por los clasificadores de aprendizaje automático utilizando Scikit-learn, y en el capítulo 4, Creación de conjuntos de datos de entrenamiento adecuados: preprocesamiento de datos.

El descenso gradual es uno de los muchos algoritmos que se benefician del escalado de características. En esta sección, utilizaremos un método de escalado de características llamado «estandarización». Este procedimiento de normalización ayuda a que el aprendizaje por descenso del gradiente converja más rápidamente; sin embargo, no hace que el conjunto de datos original se distribuya normalmente. La estandarización desplaza la media de cada característica para que esté centrada en cero y cada característica tenga una desviación estándar de 1 (varianza unitaria). Por ejemplo, para estandarizar la característica j-ésima, podemos simplemente restar la media de la muestra, μ_j, de cada ejemplo de entrenamiento y dividirla por su desviación estándar, σ_j:

$$x_j' = \frac{x_j - \mu_j}{\sigma_j}$$

Aquí, x_j es un vector que consta de los valores de la característica j-ésima de todos los ejemplos de entrenamiento, n, y esta técnica de estandarización se aplica a cada característica, j, en nuestro conjunto de datos.

Una de las razones por las que la estandarización ayuda al aprendizaje por descenso del gradiente es que es más fácil encontrar una tasa de aprendizaje que funcione bien para todos los pesos (y el sesgo). Si las características están en escalas muy diferentes, una tasa de aprendizaje que funciona bien para actualizar un peso podría ser demasiado grande o demasiado pequeña para actualizar el otro peso igual de bien. En general, el uso de características estandarizadas puede estabilizar el entrenamiento, de forma que el optimizador tenga que pasar por menos pasos para encontrar una solución buena u óptima (el mínimo de pérdida global). La Figura 2.13 ilustra las posibles actualizaciones del gradiente con características sin escalar (izquierda) y con características estandarizadas (derecha); los círculos concéntricos representan la superficie de pérdida como una función de dos pesos del modelo en un problema de clasificación bidimensional:

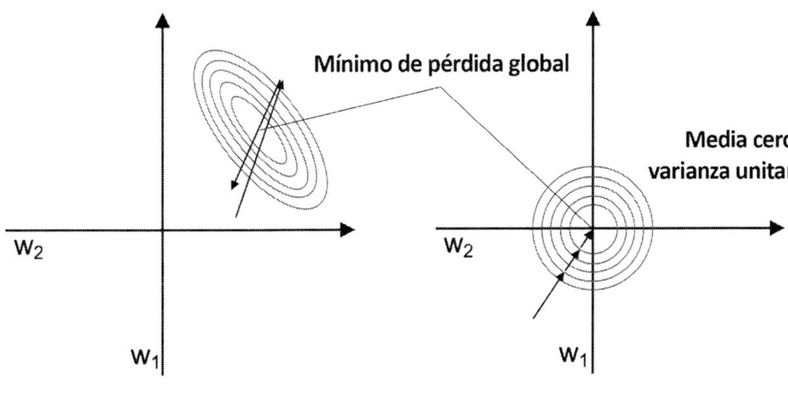

Figura 2.13 *Comparación de las características sin escala y estandarizadas en las actualizaciones del gradiente.*

La estandarización puede lograrse fácilmente utilizando los métodos integrados de NumPy `mean` y `std`:

```
>>> X_std = np.copy(X)
>>> X_std[:,0] = (X[:,0] - X[:,0].mean()) / X[:,0].std()
>>> X_std[:,1] = (X[:,1] - X[:,1].mean()) / X[:,1].std()
```

Después de la estandarización, entrenaremos de nuevo a Adaline y veremos que ahora converge después de un pequeño número de épocas utilizando una tasa de aprendizaje de $\eta = 0.5$:

```
>>> ada_gd = AdalineGD(n_iter=20, eta=0.5)
>>> ada_gd.fit(X_std, y)
>>> plot_decision_regions(X_std, y, classifier=ada_gd)
>>> plt.title('Adaline - Gradient descent')
>>> plt.xlabel('Sepal length [standardized]')
>>> plt.ylabel('Petal length [standardized]')
>>> plt.legend(loc='upper left')
>>> plt.tight_layout()
>>> plt.show()
>>> plt.plot(range(1, len(ada_gd.losses_) + 1),
...          ada_gd.losses_, marker='o')
>>> plt.xlabel('Epochs')
>>> plt.ylabel('Mean squared error')
>>> plt.tight_layout()
>>> plt.show()
```

Después de ejecutar este código, deberíamos ver una figura de las regiones de decisión, así como un gráfico de la pérdida decreciente, como se muestra en la Figura 2.14:

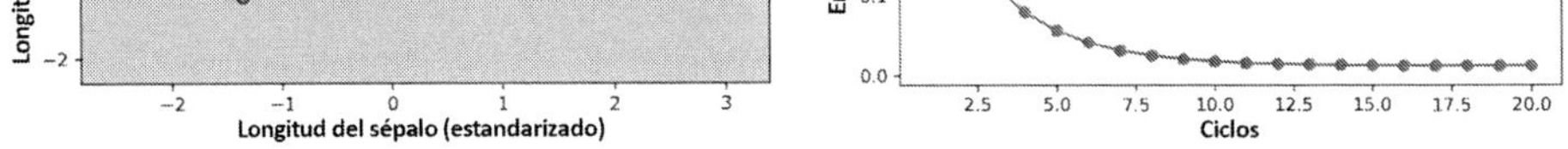

Figura 2.14 *Gráficos de las regiones de decisión de Adaline y de MSE por número de épocas.*

Como podemos ver en los gráficos, Adaline ahora ha convergido tras el entrenamiento con las características estandarizadas. Sin embargo, hay que tener en cuenta que MSE sigue siendo distinto de cero, aunque todos los ejemplos de flores se hayan clasificado correctamente.

Aprendizaje automático a gran escala y descenso del gradiente estocástico

En la sección anterior, aprendimos a minimizar la función de pérdida dando un paso en la dirección opuesta al gradiente de pérdida que se calcula a partir de todo el conjunto de datos de entrenamiento; por ello, este enfoque también se denomina a veces «descenso del gradiente por lotes completos». Ahora imaginemos que tenemos un conjunto de datos muy grande con millones de puntos de datos (lo cual es habitual en muchas aplicaciones de aprendizaje automático). En tales escenarios, ejecutar el descenso del gradiente por lotes completos puede ser bastante costoso desde el punto de vista computacional, ya que tenemos que reevaluar todo el conjunto de datos de entrenamiento cada vez que damos un paso hacia el mínimo global.

Una alternativa muy extendida al algoritmo de descenso del gradiente por lotes es el descenso del gradiente estocástico (Stochastic Gradient Descent, SGD), al que a veces también se le llama «descenso del gradiente iterativo o en línea». En lugar de actualizar los pesos basándose en la suma de los errores acumulados en todos los ejemplos de entrenamiento, $\boldsymbol{x}^{(i)}$:

$$\Delta w_j = \frac{2\eta}{n} \sum_i \left(y^{(i)} - \sigma\left(z^{(i)}\right) \right) x_j^{(i)}$$

actualizamos los parámetros de forma incremental para cada ejemplo de entrenamiento. Por ejemplo:

$$\Delta w_j = \eta \left(y^{(i)} - \sigma\left(z^{(i)}\right) \right) x_j^{(i)}, \quad \Delta b = \eta \left(y^{(i)} - \sigma\left(z^{(i)}\right) \right)$$

Aunque SGD puede considerarse una aproximación al descenso del gradiente, suele alcanzar la convergencia mucho más rápido debido a las actualizaciones más frecuentes de los pesos. Dado que cada gradiente se calcula basándose en un único ejemplo de entrenamiento, la superficie de error es más ruidosa que en el descenso del gradiente, con la ventaja de que SGD puede escapar de los mínimos locales poco profundos más fácilmente si estamos trabajando con funciones de pérdida no lineales, como veremos en el capítulo 11. Para obtener resultados satisfactorios con SGD, es importante presentar los datos de entrenamiento en un orden aleatorio; también necesitamos barajar el conjunto de datos de entrenamiento para cada época para evitar ciclos.

Ajuste del ritmo de aprendizaje durante el entrenamiento

En las implementaciones de SGD, la tasa de aprendizaje fija, η, suele sustituirse por una tasa de aprendizaje adaptativa que disminuye con el tiempo, por ejemplo:

$$\frac{c_1}{[\text{número iteraciones}] + c_2}$$

donde c_1 y c_2 son constantes. Obsérvese que SGD no alcanza el mínimo de pérdida global, sino una zona muy cercana a él. Utilizando una tasa de aprendizaje adaptativa, podemos lograr un templado adicional hasta el mínimo de pérdidas.

Otra ventaja de SGD es que podemos utilizarlo para el aprendizaje en línea. En el aprendizaje en línea, nuestro modelo se entrena sobre la marcha a medida que llegan nuevos datos de entrenamiento. Esto es especialmente útil si estamos acumulando grandes cantidades de datos; por ejemplo, datos de clientes en aplicaciones web. Con el aprendizaje en línea, el sistema puede adaptarse inmediatamente a los cambios, y los datos de entrenamiento pueden descartarse después de actualizar el modelo si el espacio de almacenamiento es un problema.

Descenso de gradiente por minilotes

Un equilibrio entre el descenso de gradiente por lotes completos y SGD es el llamado descenso de gradiente por minilotes. El descenso de gradiente por minilotes puede entenderse como la aplicación del descenso de gradiente por lotes completos a subconjuntos más pequeños de los datos de entrenamiento, por ejemplo, 32 ejemplos de entrenamiento a la vez. La ventaja sobre el descenso de gradiente por lotes es que la convergencia se alcanza más rápidamente a través de los minilotes, debido a las actualizaciones más frecuentes de los pesos. Además, el aprendizaje por minilotes nos permite sustituir el bucle `for` sobre los ejemplos de entrenamiento en el SGD por operaciones vectoriales que aprovechan conceptos del álgebra lineal (por ejemplo, la implementación de una suma ponderada a través del producto punto), lo que puede mejorar aún más la eficiencia computacional de nuestro algoritmo de aprendizaje.

Como ya hemos implementado la regla de aprendizaje de Adaline utilizando el descenso del gradiente, solo tenemos que hacer unos pocos ajustes para modificar el algoritmo de aprendizaje para actualizar los pesos mediante SGD. Dentro del método `fit`, ahora actualizaremos los pesos después de cada ejemplo de entrenamiento. Además, implementaremos el método adicional `partial_fit`, que no reinicializa los pesos, para el aprendizaje en línea. Para comprobar si nuestro algoritmo converge después del entrenamiento, calcularemos la pérdida como la pérdida media de los ejemplos de entrenamiento en cada época. Además, añadiremos una opción para barajar los datos de entrenamiento antes de cada época para evitar ciclos repetitivos cuando estemos optimizando la función de pérdida; a través del parámetro `random_state`, permitimos la especificación de una semilla aleatoria para la reproducibilidad:

```
class AdalineSGD:
    """ADAptive LInear NEuron classifier.

    Parameters
    ------------
    eta : float
        Learning rate (between 0.0 and 1.0)
    n_iter : int
        Passes over the training dataset.
    shuffle : bool (default: True)
        Shuffles training data every epoch if True to prevent
        cycles.
    random_state : int
        Random number generator seed for random weight
        initialization.

    Attributes
    -----------
    w_ : 1d-array
        Weights after fitting.
    b_ : Scalar
        Bias unit after fitting.
    losses_ : list
        Mean squared error loss function value averaged over all
        training examples in each epoch.

    """
    def __init__(self, eta=0.01, n_iter=10,
                 shuffle=True, random_state=None):
        self.eta = eta
        self.n_iter = n_iter
        self.w_initialized = False
        self.shuffle = shuffle
        self.random_state = random_state

    def fit(self, X, y):
        """ Fit training data.
```

```
        Parameters
        ----------
        X : {array-like}, shape = [n_examples, n_features]
            Training vectors, where n_examples is the number of
            examples and n_features is the number of features.
        y : array-like, shape = [n_examples]
            Target values.

        Returns
        -------
        self : object

        """
        self._initialize_weights(X.shape[1])
        self.losses_ = []
        for i in range(self.n_iter):
            if self.shuffle:
                X, y = self._shuffle(X, y)
            losses = []
            for xi, target in zip(X, y):
                losses.append(self._update_weights(xi, target))
            avg_loss = np.mean(losses)
            self.losses_.append(avg_loss)
        return self

    def partial_fit(self, X, y):
        """Fit training data without reinitializing the weights"""
        if not self.w_initialized:
            self._initialize_weights(X.shape[1])
        if y.ravel().shape[0] > 1:
            for xi, target in zip(X, y):
                self._update_weights(xi, target)
        else:
            self._update_weights(X, y)
        return self

    def _shuffle(self, X, y):
        """Shuffle training data"""
        r = self.rgen.permutation(len(y))
        return X[r], y[r]
```

```
    def _initialize_weights(self, m):
        """Initialize weights to small random numbers"""
        self.rgen = np.random.RandomState(self.random_state)
        self.w_ = self.rgen.normal(loc=0.0, scale=0.01,
                                   size=m)
        self.b_ = np.float_(0.)
        self.w_initialized = True

    def _update_weights(self, xi, target):
        """Apply Adaline learning rule to update the weights"""
        output = self.activation(self.net_input(xi))
        error = (target - output)
        self.w_ += self.eta * 2.0 * xi * (error)
        self.b_ += self.eta * 2.0 * error
        loss = error**2
        return loss

    def net_input(self, X):
        """Calculate net input"""
        return np.dot(X, self.w_) + self.b_

    def activation(self, X):
        """Compute linear activation"""
        return X

    def predict(self, X):
        """Return class label after unit step"""
        return np.where(self.activation(self.net_input(X))
                        >= 0.5, 1, 0)
```

El método `_shuffle`, que utilizamos ahora en el clasificador `AdalineSGD`, funciona de la siguiente manera: mediante la función `permutation` en `np.random`, generamos una secuencia aleatoria de números únicos en el rango de 0 a 100. Estos números se pueden utilizar como índices para barajar nuestra matriz de características y el vector de etiquetas de clase.

A continuación, podemos utilizar el método `fit` para entrenar el clasificador `AdalineSGD` y utilizar nuestro `plot_decision_regions` para representar los resultados del entrenamiento:

```
>>> ada_sgd = AdalineSGD(n_iter=15, eta=0.01, random_state=1)
>>> ada_sgd.fit(X_std, y)
```

```
>>> plot_decision_regions(X_std, y, classifier=ada_sgd)
>>> plt.title('Adaline - Stochastic gradient descent')
>>> plt.xlabel('Sepal length [standardized]')
>>> plt.ylabel('Petal length [standardized]')
>>> plt.legend(loc='upper left')
>>> plt.tight_layout()
>>> plt.show()
>>> plt.plot(range(1, len(ada_sgd.losses_) + 1), ada_sgd.losses_,
...          marker='o')
>>> plt.xlabel('Epochs')
>>> plt.ylabel('Average loss')
>>> plt.tight_layout()
>>> plt.show()
```

Los dos gráficos que obtenemos al ejecutar el ejemplo de código anterior se muestran en la Figura 2.15:

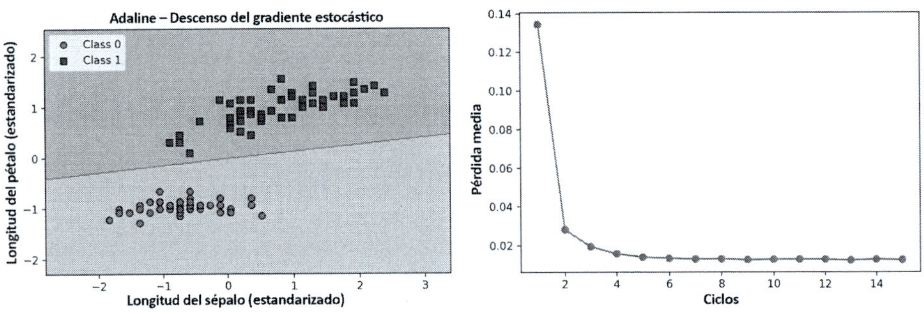

Figura 2.15 *Regiones de decisión y gráficos de pérdidas medias después del entrenamiento de un modelo Adaline con SGD.*

Como se puede ver, la pérdida media baja bastante rápido, y el límite de decisión final después de 15 épocas se parece al descenso del gradiente por lotes de Adaline. Si queremos actualizar nuestro modelo —por ejemplo, en un escenario de aprendizaje en línea en el que hay un flujo de datos—, podríamos simplemente llamar al método `partial_fit` en ejemplos de entrenamiento individuales, por ejemplo, `ada_sgd.partial_fit(X_std[0, :], y[0])`.

Resumen

En este capítulo, hemos adquirido una sólida comprensión de los conceptos básicos de los clasificadores lineales para el aprendizaje supervisado. Después de implementar el perceptrón, hemos visto cómo podemos entrenar neuronas lineales adaptativas de manera eficiente a través de una implementación vectorizada del descenso del gradiente y el aprendizaje en línea a través de SGD.

Ahora que hemos visto cómo implementar clasificadores sencillos en Python, estamos preparados para pasar al siguiente capítulo, en el que utilizaremos la biblioteca de aprendizaje automático de Python Scikit-learn para acceder a clasificadores de aprendizaje automático más avanzados y potentes, que se utilizan habitualmente tanto en el ámbito académico como en el industrial.

El enfoque orientado a objetos que utilizamos para implementar los algoritmos de perceptrón y Adaline nos ayudará a entender la API de Scikit-learn, que se implementa basándose en los mismos conceptos básicos que hemos utilizado en este capítulo: los métodos `fit` y `predict`. Basándonos en estos conceptos básicos, aprenderemos todo lo relacionado sobre la regresión logística para modelar las probabilidades de clase y las máquinas de vectores de soporte y poder trabajar con fronteras de decisión no lineales. Además, introduciremos una clase diferente de algoritmos de aprendizaje supervisado, los algoritmos basados en árboles, que suelen combinarse en robustos clasificadores de conjunto.

Únase al espacio Discord del libro

Únase al espacio de Discord del libro para una sesión mensual de «Pregúnteme lo que quiera» con los autores (en inglés):

`https://packt.link/MLwPyTorch`

3

Un recorrido por los clasificadores de aprendizaje automático con Scikit-learn

En este capítulo, haremos un recorrido por una selección de algoritmos de aprendizaje automático que son muy potentes, conocidos, y que se utilizan habitualmente tanto en el mundo académico como en la industria. Mientras aprendemos las diferencias entre varios algoritmos de aprendizaje supervisado para la clasificación, también descubriremos las fortalezas y debilidades de cada uno de ellos. Además, daremos nuestros primeros pasos con la biblioteca Scikit-learn, que ofrece una interfaz fácil de usar y consistente que permite utilizar esos algoritmos de forma eficiente y productiva.

Los temas que se tratarán en este capítulo son los siguientes:

- Una introducción a los algoritmos robustos y populares para la clasificación, como la regresión logística, las máquinas de vectores de soporte, los árboles de decisión y los *k* vecinos más cercanos
- Ejemplos y explicaciones utilizando la biblioteca de aprendizaje automático Scikit-learn, que proporciona una amplia variedad de algoritmos de aprendizaje automático a través de una API de Python fácil de usar
- Debates sobre los puntos fuertes y débiles de los clasificadores con fronteras de decisión lineales y no lineales

Elección de un algoritmo de clasificación

La elección de un algoritmo de clasificación adecuado para una tarea problemática concreta requiere práctica y experiencia; cada algoritmo tiene sus propias peculiaridades y se basa en determinados supuestos. Parafraseando el teorema de David H. Wolpert, «*no free lunch*» (no hay comida gratis), ningún clasificador funciona de forma óptima en todos los escenarios posibles (*The Lack of A Priori Distinctions Between*

Learning Algorithms, Wolpert, David H, Neural Computation 8.7 (1996): 1341-1390). En la práctica, siempre se recomienda comparar el rendimiento de varios algoritmos de aprendizaje diferentes para seleccionar el mejor modelo para el problema concreto; estos pueden diferir en el número de características o ejemplos, la cantidad de ruido en un conjunto de datos o si las clases son linealmente separables.

En última instancia, el rendimiento de un clasificador (tanto el rendimiento computacional como la capacidad de pronóstico) depende en gran medida de los datos subyacentes que están disponibles para el aprendizaje. Los cinco pasos principales que intervienen en el entrenamiento de un algoritmo de aprendizaje automático supervisado pueden resumirse como sigue:

1. Selección de características y recopilación de ejemplos de entrenamiento etiquetados
2. Elección de la métrica de rendimiento
3. Elección del algoritmo de aprendizaje y entrenamiento del modelo
4. Evaluación del rendimiento del modelo
5. Modificación de los ajustes del algoritmo y puesta a punto del modelo

Dado que el enfoque del libro es ir construyendo el conocimiento del aprendizaje automático paso a paso, en este capítulo nos centraremos en los conceptos principales de los diferentes algoritmos y, más adelante, volveremos a tratar con mayor detalle temas como la selección de características y el preprocesamiento, las métricas de rendimiento y el ajuste de hiperparámetros para realizar análisis.

Primeros pasos con Scikit-learn: entrenamiento del perceptrón

En el capítulo 2, «Entrenamiento de algoritmos sencillos de aprendizaje automático para tareas de clasificación», estudiamos dos algoritmos de aprendizaje relacionados con las tareas de clasificación: la regla del perceptrón y Adaline, que implementamos en Python y NumPy. Ahora vamos a echar un vistazo a la API de Scikit-learn, que, como se ha mencionado, combina una interfaz fácil de usar y consistente con una implementación altamente optimizada de varios algoritmos de clasificación. La biblioteca Scikit-learn no solo ofrece una gran variedad de algoritmos de aprendizaje, sino también muchas funciones idóneas para preprocesar los datos y para afinar y evaluar nuestros modelos. Discutiremos sobre esto con más detalle, junto con los conceptos subyacentes, en el capítulo 4, «Construcción de buenos conjuntos de datos de entrenamiento: preprocesamiento de datos», y en el capítulo 5, «Compresión de datos mediante reducción de la dimensionalidad».

Para empezar a utilizar la biblioteca Scikit-learn, entrenaremos un modelo de perceptrón similar al que implementamos en el capítulo 2. Para simplificar, en las siguientes secciones utilizaremos el ya conocido conjunto de datos Iris. Este conjunto de datos está disponible a través de Scikit-learn, ya que es un conjunto de datos simple pero popular, que se utiliza con frecuencia para probar y experimentar con algoritmos. Al igual que en el capítulo anterior, solo utilizaremos dos características del conjunto de datos Iris para su visualización.

Asignaremos la longitud y la anchura de los pétalos de los 150 ejemplos de flores a la matriz de características, `X`, y las correspondientes etiquetas de clase de las especies de flores al array de vectores, `y`:

```
>>> from sklearn import datasets
>>> import numpy as np
>>> iris = datasets.load_iris()
>>> X = iris.data[:, [2, 3]]
>>> y = iris.target
>>> print('Class labels:', np.unique(y))
Class labels: [0 1 2]
```

La función `np.unique(y)` devuelve las tres etiquetas de clase únicas almacenadas en `iris.target` y, como podemos ver, los nombres de las clases de las flores Iris (`Iris-setosa`, `Iris-versicolor` e `Iris-virginica`) ya están almacenados como enteros (en este caso: `0`, `1` y `2`). Aunque muchas funciones de Scikit-learn y métodos de clase también trabajan con etiquetas de clase en formato de cadena, el uso de etiquetas de números enteros es un enfoque recomendado, para evitar problemas técnicos y mejorar el rendimiento computacional, ya que implica una menor huella de memoria. Además, la codificación de las etiquetas de clase como enteros es una convención corriente entre la mayoría de las bibliotecas de aprendizaje automático.

Para evaluar el rendimiento de un modelo entrenado en datos ocultos, dividiremos el conjunto de datos en conjuntos de datos de entrenamiento y de prueba separados. En el capítulo 6, «Mejores prácticas de aprendizaje para la evaluación de modelos y el ajuste de hiperparámetros», discutiremos con más detalle sobre las mejores prácticas en torno a la evaluación de modelos. Utilizando la función `train_test_split` del módulo `model_selection` de Scikit-learn, dividimos aleatoriamente las matrices `X` e `y` en un 30 por ciento de datos de prueba (45 ejemplos) y un 70 por ciento de datos de entrenamiento (105 ejemplos):

```
>>> from sklearn.model_selection import train_test_split
>>> X_train, X_test, y_train, y_test = train_test_split(
...     X, y, test_size=0.3, random_state=1, stratify=y
... )
```

Hay que tener en cuenta que la función `train_test_split` ya aleatoriza internamente los conjuntos de datos de entrenamiento antes de la división; de lo contrario, todos los ejemplos de las clases `0` y `1` habrían acabado en los conjuntos de datos de entrenamiento, y el conjunto de datos de prueba estaría formado por 45 ejemplos de la clase `2`. Mediante el parámetro `random_state`, proporcionamos una semilla aleatoria fija (`random_state=1`) para el generador interno de números pseudoaleatorios, que se utiliza para aleatorizar los conjuntos de datos antes de la división. El uso de `random_state` fijo garantiza que los resultados sean reproducibles.

Por último, aprovechamos el soporte integrado para la estratificación mediante `stratify=y`. En este contexto, la estratificación significa que el método `train_test_split` devuelve subconjuntos de entrenamiento y prueba que tienen las mismas proporciones de etiquetas de clase que el conjunto de datos de entrada. Podemos utilizar la función `bincount`, que cuenta el número de ocurrencias de cada valor en un array, para verificar que este es el caso:

```
>>> print('Labels counts in y:', np.bincount(y))
Labels counts in y: [50 50 50]
>>> print('Labels counts in y_train:', np.bincount(y_train))
Labels counts in y_train: [35 35 35]
>>> print('Labels counts in y_test:', np.bincount(y_test))
Labels counts in y_test: [15 15 15]
```

Muchos algoritmos de aprendizaje automático y de optimización también requieren el escalado de características para conseguir un rendimiento óptimo, como vimos en el ejemplo del descenso de gradiente en el capítulo 2. Aquí, estandarizaremos las características utilizando la clase `StandardScaler` del módulo de preprocesamiento `preprocessing` de Scikit-learn:

```
>>> from sklearn.preprocessing import StandardScaler
>>> sc = StandardScaler()
>>> sc.fit(X_train)
>>> X_train_std = sc.transform(X_train)
>>> X_test_std = sc.transform(X_test)
```

Utilizando el código anterior, cargamos la clase `StandardScaler` del módulo `preprocessing` e inicializamos un nuevo objeto `StandardScaler` que asignamos a la variable `sc`. Utilizando el método `fit`, `StandardScaler` calcula los parámetros, μ (media muestral) y σ (desviación estándar), para cada dimensión de la características de los datos de entrenamiento. Llamando al método `transform`, estandarizamos los datos de entrenamiento usando esos parámetros estimados, μ y σ. Obsérvese que utilizamos los mismos parámetros de escala para estandarizar el conjunto de datos de prueba, de modo que los valores del conjunto de datos de entrenamiento y de prueba sean comparables entre sí.

Una vez estandarizados los datos de entrenamiento, podemos entrenar el modelo de perceptrón. La mayoría de los algoritmos en Scikit-learn ya soportan la clasificación multiclase por defecto a través del método uno-contra-el resto (one-versus-rest, OvR), que nos permite alimentar las tres clases de flores al perceptrón de una sola vez. El código es el siguiente:

```
>>> from sklearn.linear_model import Perceptron
>>> ppn = Perceptron(eta0=0.1, random_state=1)
>>> ppn.fit(X_train_std, y_train)
```

La interfaz de Scikit-learn le recordará nuestra implementación del perceptrón en el capítulo 2. Después de cargar la clase `Perceptron` del módulo `linear_model`, inicializamos un nuevo objeto `Perceptron` y entrenamos el modelo mediante el método `fit`. Aquí, el parámetro del modelo, `eta0`, es equivalente a la tasa de aprendizaje, `eta`, que utilizamos en nuestra implementación del perceptrón.

Encontrar una tasa de aprendizaje adecuada requiere cierta experimentación. Si es demasiado grande, el algoritmo sobrepasará el mínimo de pérdida global; si es demasiado pequeña, el algoritmo necesitará más épocas hasta la convergencia, lo que puede hacer que el aprendizaje sea lento, especialmente para conjuntos de datos grandes. Además, utilizamos el parámetro `random_state` para asegurar la reproducibilidad de la aleatorización inicial del conjunto de datos de entrenamiento después de cada época.

Habiendo entrenado un modelo en Scikit-learn, podemos hacer pronósticos a través del método `predict`, igual que en nuestra implementación del perceptrón en el capítulo 2. El código es el siguiente:

```
>>> y_pred = ppn.predict(X_test_std)
>>> print('Misclassified examples: %d' % (y_test != y_pred).sum())
Misclassified examples: 1
```

Al ejecutar el código, podemos ver que el perceptrón clasifica mal 1 de los 45 ejemplos de flores. Así, el error de clasificación en el conjunto de datos de prueba es de aproximadamente 0.022, es decir, el 2.2 %$\left(\frac{1}{45} \approx 0.022\right)$.

Error de clasificación frente a precisión

En lugar del error de clasificación, muchos profesionales del aprendizaje automático utilizan la precisión de la clasificación de un modelo, que se calcula simplemente de la siguiente manera:

$$1\text{–}error = 0.978\text{, es decir, } 97.8\ \%$$

Utilizar el error de clasificación o la precisión es una mera cuestión de preferencia.

Hay que tener en cuenta que Scikit-learn también implementa una gran variedad de distintas métricas de rendimiento que están disponibles mediante el módulo `metrics`. Por ejemplo, podemos calcular la precisión de la clasificación del perceptrón en el conjunto de datos de prueba de la siguiente manera:

```
>>> from sklearn.metrics import accuracy_score
>>> print('Accuracy: %.3f' % accuracy_score(y_test, y_pred))
Accuracy: 0.978
```

Aquí, `y_test` son las etiquetas de clase verdaderas e `y_pred` son las etiquetas de clase que hemos pronosticado previamente. Opcionalmente, cada clasificador en Scikit-learn tiene el método `score`, que calcula la precisión del pronóstico del clasificador mediante la combinación de la llamada a `predict` con `accuracy_score`, como se muestra a continuación:

```
>>> print('Accuracy: %.3f' % ppn.score(X_test_std, y_test))
Accuracy: 0.978
```

Sobreajuste

Observe que, en este capítulo, evaluaremos el rendimiento de nuestros modelos basándonos en el conjunto de datos de prueba. En el capítulo 6, aprenderemos técnicas útiles, como el análisis gráfico y las curvas de aprendizaje, para detectar y evitar el sobreajuste. El sobreajuste, al que volveremos a referirnos más adelante en este capítulo, significa que el modelo captura bien los patrones de los datos de entrenamiento, pero no logra generalizar bien los datos ocultos.

Por último, podemos utilizar la función `plot_decision_regions`, del capítulo 2, para trazar las regiones de decisión de nuestro modelo de perceptrón recién entrenado y visualizar lo bien que separa los diferentes ejemplos de flores. Sin embargo, vamos a añadir una pequeña modificación para resaltar las instancias de datos del conjunto de datos de prueba mediante pequeños círculos:

```
from matplotlib.colors import ListedColormap
import matplotlib.pyplot as plt
def plot_decision_regions(X, y, classifier, test_idx=None,
                          resolution=0.02):
    # setup marker generator and color map
    markers = ('o', 's', '^', 'v', '<')
    colors = ('red', 'blue', 'lightgreen', 'gray', 'cyan')
    cmap = ListedColormap(colors[:len(np.unique(y))])

    # plot the decision surface
    x1_min, x1_max = X[:, 0].min() - 1, X[:, 0].max() + 1
```

```
    x2_min, x2_max = X[:, 1].min() - 1, X[:, 1].max() + 1
    xx1, xx2 = np.meshgrid(np.arange(x1_min, x1_max, resolution),
                           np.arange(x2_min, x2_max, resolution))
    lab = classifier.predict(np.array([xx1.ravel(), xx2.ravel()]).T)
    lab = lab.reshape(xx1.shape)
    plt.contourf(xx1, xx2, lab, alpha=0.3, cmap=cmap)
    plt.xlim(xx1.min(), xx1.max())
    plt.ylim(xx2.min(), xx2.max())

    # plot class examples
    for idx, cl in enumerate(np.unique(y)):
        plt.scatter(x=X[y == cl, 0],
                    y=X[y == cl, 1],
                    alpha=0.8,
                    c=colors[idx],
                    marker=markers[idx],
                    label=f'Class {cl}',
                    edgecolor='black')
    # highlight test examples
    if test_idx:
        # plot all examples
        X_test, y_test = X[test_idx, :], y[test_idx]

        plt.scatter(X_test[:, 0], X_test[:, 1],
                    c='none', edgecolor='black', alpha=1.0,
                    linewidth=1, marker='o',
                    s=100, label='Test set')
```

Con la ligera modificación que hemos realizado en la función `plot_decision_regions`, ahora podemos especificar los índices de los ejemplos que queremos marcar en los gráficos resultantes. Veamos el código:

```
>>> X_combined_std = np.vstack((X_train_std, X_test_std))
>>> y_combined = np.hstack((y_train, y_test))
>>> plot_decision_regions(X=X_combined_std,
...                       y=y_combined,
...                       classifier=ppn,
...                       test_idx=range(105, 150))
>>> plt.xlabel('Petal length [standardized]')
>>> plt.ylabel('Petal width [standardized]')
>>> plt.legend(loc='upper left')
>>> plt.tight_layout()
>>> plt.show()
```

Como podemos ver en el gráfico resultante, las tres clases de flores no pueden estar perfectamente separadas por una frontera de decisión lineal:

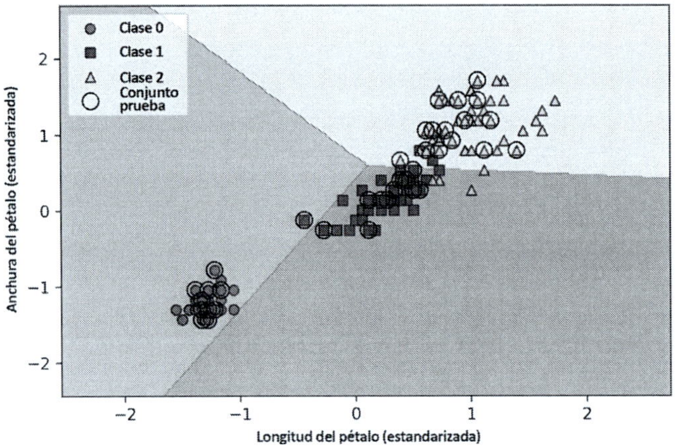

Figura 3.1 *Fronteras de decisión del modelo perceptrón multiclase ajustado al conjunto de datos Iris.*

Sin embargo, recuerde que el algoritmo del perceptrón nunca converge en conjuntos de datos que no son perfectamente separables linealmente, razón por la cual dicho algoritmo no suele recomendarse en la práctica. En las siguientes secciones, veremos clasificadores lineales más potentes que convergen a un mínimo de pérdida incluso cuando las clases no son perfectamente separables linealmente.

Parámetros adicionales del perceptrón

El `Perceptron`, igual que otras funciones y clases de Scikit-learn, a veces tiene párametros adicionales que omitimos para una mayor claridad. Puede ampliar la información sobre estos parámetros utilizando la función `help` en Python (por ejemplo, `help(Perceptron)`) o consultando la excelente documentación en línea de Scikit-learn en `http://scikit-learn.org/stable/`.

Modelización de las probabilidades de clase mediante regresión logística

Aunque la regla del perceptrón ofrece una introducción cómoda y sencilla a los algoritmos de aprendizaje automático para las tareas de clasificación, su mayor desventaja es que nunca converge si las clases no son perfectamente separables linealmente. La tarea de clasificación de la sección anterior sería un ejemplo de este escenario. La razón es que los pesos se actualizan continuamente, ya que siempre hay al menos un ejemplo de entrenamiento mal clasificado en cada época. Por supuesto, se puede cambiar la tasa de aprendizaje y aumentar el número de épocas, pero el perceptrón nunca convergerá en este conjunto de datos.

Para aprovechar mejor nuestro tiempo, vamos a echar un vistazo a otro algoritmo sencillo, pero más potente, para los problemas de clasificación lineal y binaria: la regresión logística. Tenga en cuenta que, a pesar de su nombre, la regresión logística es un modelo de clasificación, no de regresión.

Regresión logística y probabilidades condicionales

La regresión logística es un modelo de clasificación muy fácil de aplicar y que funciona muy bien en clases linealmente separables. Es uno de los algoritmos de clasificación más utilizados en la industria. Al igual que el perceptrón y Adaline, el modelo de regresión logística de este capítulo es también un modelo lineal para tareas de clasificación binaria.

> **Regresión logística para clases múltiples**
>
> Hay que tener en cuenta que la regresión logística puede generalizarse fácilmente a entornos multiclase, lo que se conoce como regresión logística multinomial, o regresión softmax. Una exposición más detallada de la regresión logística multinomial está fuera del alcance del libro, pero el lector interesado puede encontrar más información en mis notas de clase, en `https://sebastianraschka.com/pdf/lecture-notes/stat453ss21/L08_logistic__slides.pdf` o `https://youtu.be/L0FU8NFpx4E`.
>
> Otra forma de utilizar la regresión logística en entornos multiclase es a través de la técnica OvR, de la que hablamos anteriormente.

Para explicar la mecánica principal de la regresión logística como modelo probabilístico para la clasificación binaria, introduciremos primero las probabilidades a favor de un evento concreto. Las probabilidades pueden escribirse como $\frac{p}{(1-p)}$, donde p representa la probabilidad del suceso positivo. El término «suceso positivo» no significa necesariamente «bueno», sino que se refiere al suceso que queremos pronosticar; por ejemplo, la probabilidad de que un paciente tenga una determinada enfermedad dados ciertos síntomas. En este caso concreto, podemos pensar en el suceso positivo como la etiqueta de clase $y = 1$, y en los síntomas como las características $\boldsymbol{x}$. Por tanto, podemos definir la probabilidad p como $p := p(y = 1|\boldsymbol{x})$, la probabilidad condicional de que un ejemplo concreto pertenezca a una determinada clase 1 dadas sus características, $\boldsymbol{x}$.

A continuación, podemos definir la función logit, que es simplemente el logaritmo de las probabilidades (logarithm of the odds, log-odds):

$$\text{logit}(p) = \log \frac{p}{(1-p)}$$

Hay que tener en cuenta que log se refiere al logaritmo natural, ya que es la convención general en informática. La función logit admite valores de entrada en el rango de 0 a 1 y los transforma en valores en todo el rango de números reales.

En el modelo logístico, suponemos que existe una relación lineal entre los insumos ponderados (denominados «insumos netos» en el capítulo 2) y log-odds:

$$\text{logit}(p) = w_1 x_1 + \cdots + w_m x_m + b = \sum_{i=j} w_j x_j + b = \boldsymbol{w}^T \boldsymbol{x} + b$$

Aunque lo anterior describe una suposición que hacemos sobre la relación lineal entre log-odds y las entradas netas, lo que realmente nos interesa es la probabilidad p, la probabilidad de pertenencia de un ejemplo a una clase dadas sus características. Mientras que la función logit asigna la probabilidad a un rango de números reales, podemos considerar la inversa de esta función para asignar el rango de números reales a un rango [0, 1] para la probabilidad p.

Esta función inversa de la función logit suele denominarse «función sigmoide logística», y a veces se abrevia como «función sigmoide», debido a sus características en forma de S:

$$\sigma(z) = \frac{1}{1 + e^{-z}}$$

Aquí, z es la entrada neta, la combinación de pesos, y las entradas (es decir, las características asociadas a los ejemplos de entrenamiento):

$$z = \boldsymbol{w}^T \boldsymbol{x} + b$$

Ahora, vamos a trazar simplemente la función sigmoide para algunos valores en el rango de –7 a 7 para ver cómo se ve:

```
>>> import matplotlib.pyplot as plt
>>> import numpy as np
>>> def sigmoid(z):
...     return 1.0 / (1.0 + np.exp(-z))
>>> z = np.arange(-7, 7, 0.1)
>>> sigma_z = sigmoid(z)
>>> plt.plot(z, sigma_z)
>>> plt.axvline(0.0, color='k')
>>> plt.ylim(-0.1, 1.1)
>>> plt.xlabel('z')
>>> plt.ylabel('$\sigma (z)$')
>>> # y axis ticks and gridline
>>> plt.yticks([0.0, 0.5, 1.0])
>>> ax = plt.gca()
```

```
>>> ax.yaxis.grid(True)
>>> plt.tight_layout()
>>> plt.show()
```

Como resultado de la ejecución del ejemplo de código anterior, ahora deberíamos ver la curva en forma de *S* (sigmoidal):

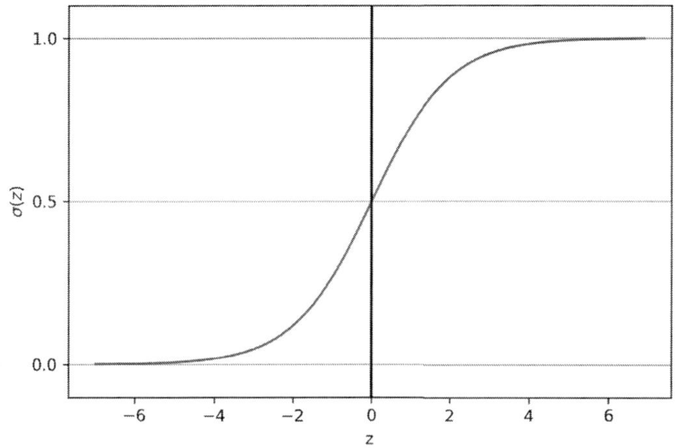

Figura 3.2 *Representación de la función sigmoide logística.*

Podemos ver que $\sigma(z)$ se aproxima a 1 si z tiende a infinito ($z \rightarrow \infty$), ya que e^{-z} se hace muy pequeño para valores grandes de z. De forma similar, $\sigma(z)$ tiende a 0 para $z \rightarrow -\infty$, como resultado de un denominador cada vez más grande. Así, podemos concluir que esta función sigmoide toma valores de números reales como entrada y los transforma en valores en el rango [0, 1] con una inflexión en $\sigma(0) = 0.5$.

Para entender un poco el modelo de regresión logística, podemos relacionarlo con lo que vimos en el capítulo 2. En Adaline, utilizamos la función de identidad, $\sigma(z) = z$, como función de activación. En la regresión logística, esta función de activación se convierte en la función sigmoide que definimos anteriormente.

La diferencia entre Adaline y la regresión logística se puede observar en la siguiente figura, donde la única discrepancia es la función de activación.

La salida de la función sigmoide se interpreta como la probabilidad de que un ejemplo concreto pertenezca a la clase 1, $\sigma(z) = p(y = 1|\boldsymbol{x}; \boldsymbol{w}, b)$, dadas sus características, $\boldsymbol{x}$, y parametrizadas por los pesos y el sesgo, $\boldsymbol{w}$ y b. Por ejemplo, si calculamos para un caso concreto de flor $\sigma(z) = 0.8$, significa que la probabilidad de que este ejemplo sea una flor `Iris-versicolor` es del 80 %. Por lo tanto, la probabilidad de que esta flor sea una `Iris-setosa` puede calcularse como $p(y = 0|\boldsymbol{x}; \boldsymbol{w}, b) = 1 - p(y = 1|\boldsymbol{x}; \boldsymbol{w}, b) = 0.2$, es decir, 20 %.

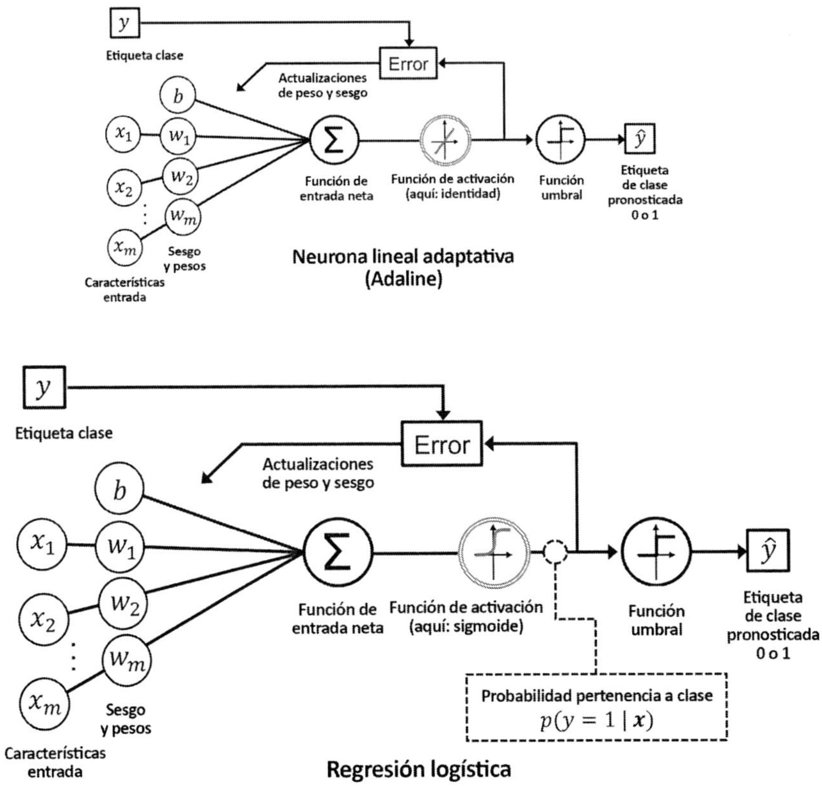

Figura 3.3 *Comparación entre la regresión y Adaline.*

La probabilidad pronosticada puede convertirse simplemente en un resultado binario a través de una función umbral:

$$\hat{y} = \begin{cases} 1 & \text{si } \sigma(z) \geq 0.5 \\ 0 & \text{otros} \end{cases}$$

Si observamos el gráfico anterior de la función sigmoide, esto equivale a lo siguiente:

$$\hat{y} = \begin{cases} 1 & \text{si } z \geq 0.0 \\ 0 & \text{otros} \end{cases}$$

De hecho, hay muchas aplicaciones en las que no solo nos interesan las etiquetas de clase pronosticadas, sino que la estimación de la probabilidad de pertenencia a la clase es especialmente útil (la salida de la función sigmoide antes de aplicar la función umbral). La regresión logística se utiliza, por ejemplo, en el pronóstico del tiempo, no solo para pronosticar si lloverá un día determinado, sino también para informar de la probabilidad de lluvia. Del mismo modo, también puede utilizarse para pronosticar la probabilidad de que un paciente padezca una determinada enfermedad dados ciertos síntomas, razón por la cual la regresión logística goza de gran popularidad en el campo de la medicina.

Aprendizaje de los pesos del modelo mediante la función de pérdida logística

Hemos aprendido cómo podemos utilizar el modelo de regresión logística para pronosticar las probabilidades y las etiquetas de clase; ahora, hablemos brevemente de cómo ajustamos los parámetros del modelo (por ejemplo, los pesos y la unidad de sesgo, $\boldsymbol{w}$ y b). En el capítulo anterior, definimos la función de pérdida de error cuadrático medio como sigue:

$$L(\boldsymbol{w}, b|\boldsymbol{x}) = \sum_{i} \frac{1}{2}\left(\sigma\left(z^{(i)}\right) - y^{(i)}\right)^2$$

Minimizamos esta función para aprender los parámetros de nuestro modelo de clasificación Adaline. Para explicar cómo podemos derivar la función de pérdida para la regresión logística, definamos primero la probabilidad, $\mathcal{L}$, que queremos maximizar cuando construimos un modelo de regresión logística, suponiendo que los ejemplos individuales de nuestro conjunto de datos son independientes entre sí. La fórmula es la siguiente:

$$\mathcal{L}(\boldsymbol{w}, b|\boldsymbol{x}) = p(y|\boldsymbol{x}; \boldsymbol{w}, b) = \prod_{i=1}^{n} p\left(y^{(i)}|\boldsymbol{x}^{(i)}; \boldsymbol{w}, b\right) = \prod_{i=1}^{n}\left(\sigma\left(z^{(i)}\right)\right)^{y^{(i)}}\left(1 - \sigma\left(z^{(i)}\right)\right)^{1-y^{(i)}}$$

En la práctica, es más fácil maximizar el logaritmo (natural) de esta ecuación, que se denomina «función de probabilidad logarítmica»:

$$l(\boldsymbol{w}, b|\boldsymbol{x}) = \log \mathcal{L}(\boldsymbol{w}, b|\boldsymbol{x}) = \sum_{i=1}\left[y^{(i)} \log\left(\sigma\left(z^{(i)}\right)\right) + \left(1 - y^{(i)}\right) \log\left(1 - \sigma\left(z^{(i)}\right)\right)\right]$$

En primer lugar, la aplicación de la función logarítmica reduce la posibilidad de desbordamiento numérico, que puede ocurrir si las probabilidades son muy pequeñas. En segundo lugar, podemos convertir el producto de los factores en una suma de factores, lo que facilita la obtención de la derivada de esta función mediante el truco de la suma, como tal vez recuerde de sus clases de cálculo.

Ahora, podríamos utilizar un algoritmo de optimización como el ascenso por gradiente para maximizar esta función de log-verosimilitud. (El ascenso por gradiente funciona exactamente igual que el descenso por gradiente explicado en el capítulo 2, salvo que maximiza una función en lugar de minimizarla). Opcionalmente, podemos reescribir log-verosimilitud como una función de pérdida, L, que se puede minimizar usando el descenso de gradiente como en el capítulo 2:

$$L(\boldsymbol{w}, b) = \sum_{i=1}^{n}\left[-y^{(i)} \log\left(\sigma\left(z^{(i)}\right)\right) - \left(1 - y^{(i)}\right) \log\left(1 - \sigma\left(z^{(i)}\right)\right)\right]$$

Derivación de la función de probabilidad

Dados los datos, $\mathcal{L}(\mathbf{w}, b \mid \mathbf{x})$, podemos obtener la expresión de la probabilidad del modelo. Dado que tenemos un problema de clasificación binaria con etiquetas de clase 0 y 1, podemos pensar en la etiqueta 1 como una variable de Bernoulli: puede tomar dos valores, 0 y 1, con la probabilidad p de ser 1: $Y \sim Bern(p)$. Para un solo punto de datos, podemos escribir esta probabilidad como $P(Y=1 \mid X=\mathrm{x}^{(i)}) = \sigma(z^{(i)})$ y $P(Y=0 \mid X=\mathrm{x}^{(i)}) = 1-\sigma(z^{(i)})$.

Juntando estas dos expresiones, y utilizando la abreviatura $P(Y=y^{(i)} \mid X=\mathrm{x}^{(i)}) = p(y^{(i)} \mid \mathrm{x}^{(i)})$, obtenemos la función de masa de probabilidad de la variable de Bernoulli:

$$p(y^{(i)} \mid \mathrm{x}^{(i)}) = \left(\sigma(z^{(i)})\right)^{y^{(i)}} \left(1-\sigma(z^{(i)})\right)^{1-y^{(i)}}$$

Podemos escribir la probabilidad de las etiquetas de entrenamiento, dada la suposición de que todos los ejemplos de entrenamiento son independientes, utilizando la regla de la multiplicación para calcular la probabilidad de que se produzcan todos los eventos:

$$\mathcal{L}(\mathbf{w}, b \mid \mathbf{x}) = \prod_{i=1}^{n} p(y^{(i)} \mid \mathbf{x}^{(i)}; \mathbf{w}, b)$$

Ahora, sustituyendo la función de masa de probabilidad de la variable Bernoulli, llegamos a la expresión de la probabilidad, que intentamos maximizar cambiando los parámetros del modelo:

$$\mathcal{L}(\mathbf{w}, b \mid \mathbf{x}) = \prod_{i=1}^{n} \left(\sigma(z^{(i)})\right)^{y^{(i)}} \left(1-\sigma(z^{(i)})\right)^{1-y^{(i)}}$$

Para poder tener una mejor compresión de esta función de pérdida, veamos la pérdida que calculamos para un solo ejemplo de mantenimiento:

$$L(\sigma(z), y; \boldsymbol{w}, b) = -y\log(\sigma(z)) - (1-y)\log(1-\sigma(z))$$

Observando la ecuación, podemos ver que el primer término se hace cero si $y = 0$, y el segundo término se hace cero si $y = 1$:

$$L(\sigma(z), y; \boldsymbol{w}, b) = \begin{cases} -\log(\sigma(z)) & \text{if } y = 1 \\ -\log(1-\sigma(z)) & \text{if } y = 0 \end{cases}$$

Vamos a escribir un breve fragmento de código para crear un gráfico que ilustre la pérdida de clasificación de un único ejemplo de entrenamiento para diferentes valores de $\sigma(z)$:

```
>>> def loss_1(z):
...     return - np.log(sigmoid(z))
```

```
>>> def loss_0(z):
...     return - np.log(1 - sigmoid(z))
>>> z = np.arange(-10, 10, 0.1)
>>> sigma_z = sigmoid(z)
>>> c1 = [loss_1(x) for x in z]
>>> plt.plot(sigma_z, c1, label='L(w, b) if y=1')
>>> c0 = [loss_0(x) for x in z]
>>> plt.plot(sigma_z, c0, linestyle='--', label='L(w, b) if y=0')
>>> plt.ylim()
>>> plt.xlim([0, 1])
>>> plt.xlabel('$\sigma(z)$')
>>> plt.ylabel('L(w, b)')
>>> plt.legend(loc='best')
>>> plt.tight_layout()
>>> plt.show()
```

El gráfico resultante muestra la activación sigmoide en el eje x en el rango de 0 a 1 (las entradas a la función sigmoide han sido valores de z en el rango de -10 a 10) y la pérdida logística asociada en el eje y:

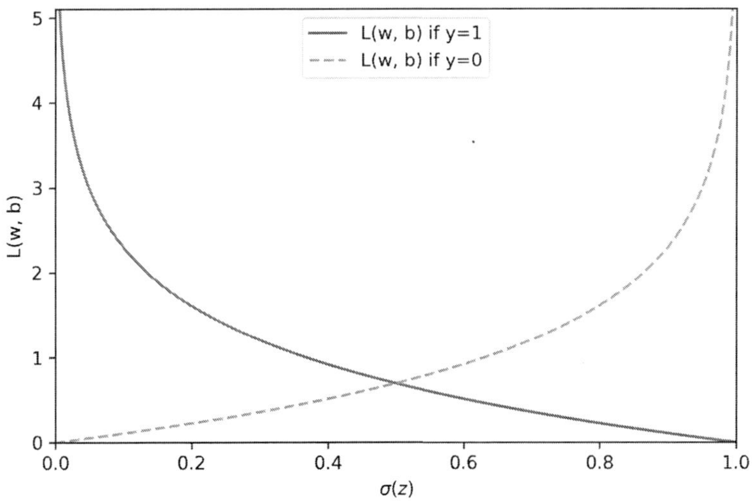

Figura 3.4 *Gráfico de la función de pérdida utilizada en la regresión logística.*

La pérdida se aproxima a 0 (línea continua) si pronosticamos correctamente que un ejemplo pertenece a la clase 1. Del mismo modo, podemos ver en el eje y que la pérdida también se aproxima a 0 si pronosticamos correctamente $y = 0$ (línea discontinua). Sin embargo, si el pronóstico es erróneo, la pérdida tiende a infinito. El punto principal es que penalizamos los pronósticos erróneos con una pérdida cada vez mayor.

Conversión de una implementación de Adaline en un algoritmo de regresión logística

Si tuvieramos que implementar la regresión logística, podríamos simplemente sustituir la función de pérdida, L, en nuestra implementación de Adaline del capítulo 2, por la nueva función de pérdida:

$$L(\mathbf{w}, b) = \frac{1}{n}\sum_{i=1}^{n}\left[-y^{(i)}\log\left(\sigma\left(z^{(i)}\right)\right) - \left(1 - y^{(i)}\right)\log\left(1 - \sigma\left(z^{(i)}\right)\right)\right]$$

Usamos esto para calcular la pérdida de clasificación de todos los ejemplos de entrenamiento por época. Además, tenemos que cambiar la función de activación lineal por la sigmoide. Si hacemos esos cambios en el código de Adaline, terminaremos con una implementación de regresión logística que funciona. La siguiente es una implementación para el descenso de gradiente de lote completo (pero tenga en cuenta que también se podrían aplicar los mismos cambios en la versión de descenso de gradiente estocástico):

```
class LogisticRegressionGD:
    """Gradient descent-based logistic regression classifier.

    Parameters
    ------------
    eta : float
      Learning rate (between 0.0 and 1.0)
    n_iter : int
      Passes over the training dataset.
    random_state : int
      Random number generator seed for random weight
      initialization.


    Attributes
    -----------
    w_ : 1d-array
      Weights after training.
    b_ : Scalar
      Bias unit after fitting.
    losses_ : list
      Mean squared error loss function values in each epoch.

    """
    def __init__(self, eta=0.01, n_iter=50, random_state=1):
        self.eta = eta
```

```
        self.n_iter = n_iter
        self.random_state = random_state
    def fit(self, X, y):
        """ Fit training data.

        Parameters
        ----------
        X : {array-like}, shape = [n_examples, n_features]
          Training vectors, where n_examples is the
          number of examples and n_features is the
          number of features.
        y : array-like, shape = [n_examples]
          Target values.

        Returns
        -------
        self : Instance of LogisticRegressionGD

        """
        rgen = np.random.RandomState(self.random_state)
        self.w_ = rgen.normal(loc=0.0, scale=0.01, size=X.shape[1])
        self.b_ = np.float_(0.)
        self.losses_ = []

        for i in range(self.n_iter):
            net_input = self.net_input(X)
            output = self.activation(net_input)
            errors = (y - output)
            self.w_ += self.eta * 2.0 * X.T.dot(errors) / X.shape[0]
            self.b_ += self.eta * 2.0 * errors.mean()
            loss = (-y.dot(np.log(output))
                   - ((1 - y).dot(np.log(1 - output)))
                    / X.shape[0])
            self.losses_.append(loss)
        return self

    def net_input(self, X):
        """Calculate net input"""
        return np.dot(X, self.w_) + self.b_

    def activation(self, z):
        """Compute logistic sigmoid activation"""
        return 1. / (1. + np.exp(-np.clip(z, -250, 250)))
```

```
    def predict(self, X):
        """Return class label after unit step"""
        return np.where(self.activation(self.net_input(X)) >= 0.5, 1, 0)
```

Cuando ajustamos un modelo de regresión logística, tenemos que tener en cuenta que solo funciona para tareas de clasificación binaria.

Así pues, consideraremos solo las flores setosa y versicolor (clases `0` y `1`) y comprobaremos que nuestra implementación de la regresión logística funciona:

```
>>> X_train_01_subset = X_train_std[(y_train == 0) | (y_train == 1)]
>>> y_train_01_subset = y_train[(y_train == 0) | (y_train == 1)]
>>> lrgd = LogisticRegressionGD(eta=0.3,
...                             n_iter=1000,
...                             random_state=1)
>>> lrgd.fit(X_train_01_subset,
...          y_train_01_subset)
>>> plot_decision_regions(X=X_train_01_subset,
...                       y=y_train_01_subset,
...                       classifier=lrgd)
>>> plt.xlabel('Petal length [standardized]')
>>> plt.ylabel('Petal width [standardized]')
>>> plt.legend(loc='upper left')
>>> plt.tight_layout()
>>> plt.show()
```

El gráfico de la región de decisión resultante tiene el siguiente aspecto:

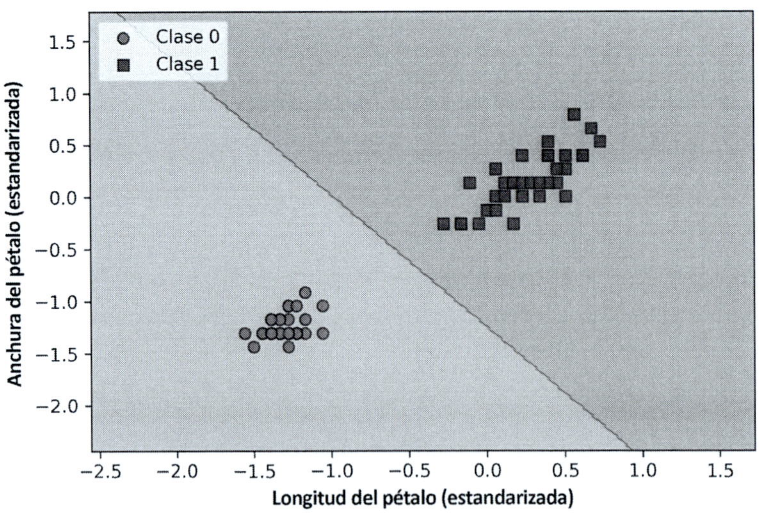

Figura 3.5 *Gráfico de la región de decisión para el modelo de regresión logística.*

Algoritmo de aprendizaje por descenso de gradiente para la regresión logística

Si ha comparado `LogisticRegressionGD` del código anterior con el código de `AdalineGD` del capítulo 2, habrá notado que las reglas de actualización de pesos y sesgo no han cambiado (excepto en el factor de escala 2). Utilizando el cálculo, podemos demostrar que las actualizaciones de los parámetros mediante el descenso de gradiente son, efectivamente, similares para la regresión logística y Adaline. Sin embargo, tenga en cuenta que la siguiente derivación de la regla de aprendizaje por descenso de gradiente está destinada a los lectores que estén interesados en los conceptos matemáticos que hay detrás de la regla de aprendizaje por descenso de gradiente para la regresión logística. No es esencial para seguir el resto de este capítulo.

La Figura 3.6 resume cómo podemos calcular la derivada parcial de la función log-verosimilitud con respecto al j-ésimo peso:

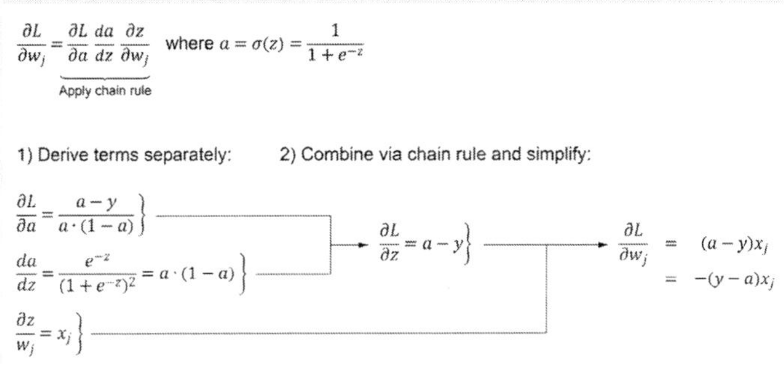

Figura 3.6 *Cálculo de la derivada parcial de la función log-verosimilitud.*

Hay que tener en cuenta que hemos omitido el promedio de los ejemplos de entrenamiento, por razones de brevedad.

Recuerde, del capítulo 2, que damos pasos en la dirección opuesta al gradiente. Por lo tanto, volteamos $\frac{\partial L}{w_j} = -(y-a)x_j$ y actualizamos el peso j-ésimo como sigue, incluyendo la tasa de aprendizaje η:

$$w_j := w_j + \eta(y-a)x_j$$

Si bien no se muestra la derivada parcial de la función de pérdida con respecto a la unidad de sesgo, la derivación del sesgo sigue el mismo concepto general utilizando la regla de la cadena, lo que da como resultado la siguiente regla de actualización:

$$b := b + \eta(y-a)$$

Las actualizaciones de las unidades de peso y sesgo son iguales a las de Adaline en el capítulo 2.

Entrenamiento de un modelo de regresión logística con Scikit-Learn

En la sección anterior hemos visto ejercicios útiles de codificación y matemáticas, que han ayudado a ilustrar las diferencias conceptuales entre Adaline y la regresión logística. Ahora, vamos a aprender a utilizar la implementación más optimizada de Scikit-learn de la regresión logística, que también soporta configuraciones multiclase desde el principio. Tenga en cuenta que, en las versiones recientes de Scikit-learn, la técnica utilizada para la clasificación multiclase, multinomial, o OvR, se elige automáticamente. En el siguiente ejemplo de código, utilizaremos la clase `sklearn.linear_model.LogisticRegression`, así como el conocido método `fit`, para el entrenamiento del modelo en las tres clases del conjunto de datos de entrenamiento estandarizado de flores. Además, establecemos `multi_class='ovr'` con fines ilustrativos. Como ejercicio para el lector, puede comparar los resultados con `multi_class='multinomial'`. Tenga en cuenta que la configuración multinomial es ahora la opción por defecto en la clase `LogisticRegression` de Scikit-learn, y se recomienda para las clases mutuamente excluyentes, como las que se encuentran en el conjunto de datos Iris. Aquí, «mutuamente excluyente» significa que cada ejemplo de entrenamiento solo puede pertenecer a una única clase (en contraste con la clasificación multietiqueta, donde un ejemplo de entrenamiento puede ser miembro de múltiples clases).

Ahora, echemos un vistazo al ejemplo de código:

```
>>> from sklearn.linear_model import LogisticRegression
>>> lr = LogisticRegression(C=100.0, solver='lbfgs',
...                         multi_class='ovr')
>>> lr.fit(X_train_std, y_train)
>>> plot_decision_regions(X_combined_std,
...                       y_combined,
...                       classifier=lr,
...                       test_idx=range(105, 150))
>>> plt.xlabel('Petal length [standardized]')
>>> plt.ylabel('Petal width [standardized]')
>>> plt.legend(loc='upper left')
>>> plt.tight_layout()
>>> plt.show()
```

Después de ajustar el modelo a los datos de entrenamiento, trazamos las regiones de decisión, los ejemplos de entrenamiento y los ejemplos de prueba, como se muestra en la Figura 3.7:

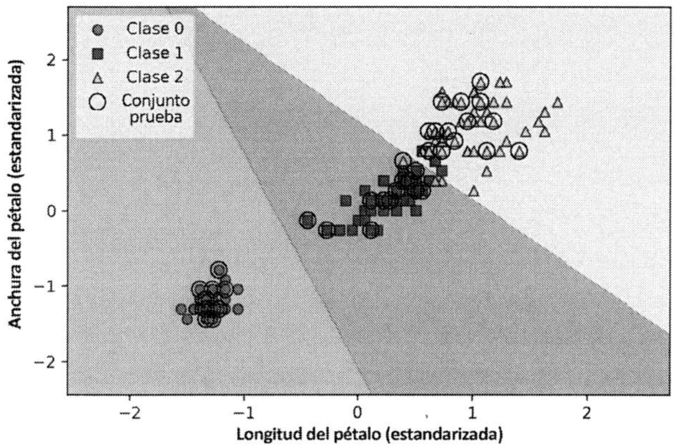

Figura 3.7 *Regiones de decisión para el modelo de regresión logística multiclase de Scikit-learn.*

Algoritmos de optimización convexa

Hay que tener en cuenta que existen muchos algoritmos diferentes para resolver problemas de optimización. Para minimizar las funciones de pérdida convexas, como la pérdida de regresión logística, se recomienda utilizar enfoques más avanzados que el descenso de gradiente estocástico regular (Stochastic Gradient Descent, SGD). De hecho, Scikit-learn implementa toda una gama de algoritmos de optimización, que se pueden especificar a través del parámetro `solver`; a saber: `'newton-cg'`, `'lbfgs'`, `'liblinear'`, `'sag'`, y `'saga'`.

Como la pérdida de regresión logística es convexa, la mayoría de los algoritmos de optimización deberían converger al mínimo de pérdida global con facilidad. Sin embargo, hay ciertas ventajas de utilizar un algoritmo sobre el otro. Por ejemplo, en versiones anteriores (como es el caso de v 0.21), Scikit-learn utilizaba `'liblinear'` por defecto, que no puede manejar la pérdida multinomial y está limitado al esquema OvR para la clasificación multiclase. Sin embargo, en Scikit-learn v 0.22, el solucionador por defecto se cambió a `'lbfgs'`, que representa el algoritmo con memoria limitada Broyden-Fletcher-Goldfarb-Shanno (BFGS) (`https://en.wikipedia.org/wiki/Limited-memory_BFGS`) y es más flexible en este sentido.

Al analizar el código anterior que hemos utilizado para entrenar el modelo `LogisticRegression`, puede que ahora se pregunte: «¿Qué es ese misterioso parámetro C?». Discutiremos sobre ello en la siguiente subsección, en la que introduciremos los conceptos de «sobreajuste» y «regularización». Sin embargo, antes de pasar a esos temas, vamos a terminar nuestra discusión sobre las probabilidades de pertenencia a la clase.

La probabilidad de que los ejemplos de entrenamiento pertenezcan a una clase se puede calcular con `predict_proba`. Por ejemplo, podemos predecir las probabilidades de los tres primeros ejemplos del conjunto de datos de prueba de la siguiente manera:

```
>>> lr.predict_proba(X_test_std[:3, :])
```

Este fragmento de código devuelve el siguiente array:

```
array([[3.81527885e-09, 1.44792866e-01, 8.55207131e-01],
       [8.34020679e-01, 1.65979321e-01, 3.25737138e-13],
       [8.48831425e-01, 1.51168575e-01, 2.62277619e-14]])
```

La primera fila corresponde a las probabilidades de pertenencia a la clase de la primera flor, la segunda fila corresponde a las probabilidades de pertenencia a la clase de la segunda flor, y así sucesivamente. Observe que la suma de las columnas de cada fila es 1. (Puede confirmarlo ejecutando `lr.predict_proba(X_test_std[:3, :]).sum(axis=1)`.)

El valor más alto de la primera fila es, aproximadamente, 0.85, lo que significa que el primer ejemplo pertenece a la clase 3 (`Iris-virginica`) con una probabilidad pronosticada del 85 %. Así que, como ya se habrá dado cuenta, podemos obtener las etiquetas de clase pronosticadas identificando la columna más grande de cada fila; por ejemplo, utilizando la función `argmax` de NumPy:

```
>>> lr.predict_proba(X_test_std[:3, :]).argmax(axis=1)
```

Los índices de clase devueltos se muestran aquí (corresponden a `Iris-virginica`, `Iris-setosa` e `Iris-setosa`):

```
array([2, 0, 0])
```

En el ejemplo de código anterior, hemos calculado las probabilidades condicionales y las hemos convertido en etiquetas de clase manualmente, utilizando la función `argmax` de NumPy. En la práctica, la forma más conveniente de obtener las etiquetas de clase cuando se utiliza Scikit-learn es llamar directamente al método `predict`:

```
>>> lr.predict(X_test_std[:3, :])
array([2, 0, 0])
```

Por último, una palabra de precaución si desea pronosticar la etiqueta de clase de un solo ejemplo de flor: Scikit-learn espera una matriz bidimensional como entrada de datos; por lo tanto, primero tenemos que convertir a dicho formato una porción de una sola fila. Una forma de convertir una entrada de una sola fila en una matriz de datos bidimensional es utilizar el método `reshape` de NumPy para añadir una nueva dimensión, como se demuestra aquí:

```
>>> lr.predict(X_test_std[0, :].reshape(1, -1))
array([2])
```

Cómo abordar el sobreajuste utilizando la regularización

El sobreajuste es un problema frecuente en el aprendizaje automático, en el que un modelo funciona bien con los datos de entrenamiento pero no generaliza bien con los datos ocultos (datos de prueba).

Si un modelo sufre de sobreajuste, también decimos que el modelo tiene una alta varianza, que puede ser causada por tener demasiados parámetros, lo que lleva a un modelo que es demasiado complejo dados los datos subyacentes. Del mismo modo, nuestro modelo también puede sufrir infraajuste (alto sesgo), lo que significa que el modelo no es lo suficientemente complejo como para capturar bien el patrón en los datos de entrenamiento y, por lo tanto, también sufre de bajo rendimiento en los datos ocultos.

Aunque hasta ahora solo hemos encontrado modelos lineales para las tareas de clasificación, los problemas de sobreajuste y subajuste pueden ilustrarse mejor comparando un límite de decisión lineal con fronteras de decisión más complejas y no lineales, como se muestra en la Figura 3.8:

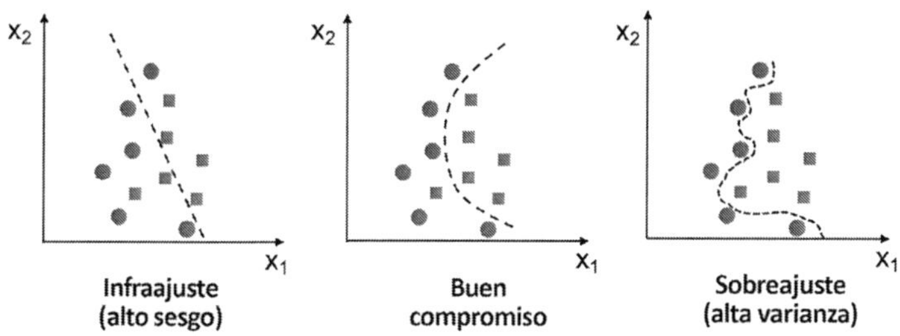

Figura 3.8 *Ejemplos de modelos infraajustados, bien ajustados y sobreajustados.*

Una forma de encontrar un buen equilibrio entre el sesgo y la varianza es ajustar la complejidad del modelo mediante la regularización. La regularización es un método muy útil para tratar la colinealidad (alta correlación entre características), filtrar el ruido de los datos y, finalmente, evitar el sobreajuste.

El concepto de regularización consiste en introducir información adicional para penalizar los valores extremos de los parámetros (pesos). La forma más habitual de regularización es la llamada «regularización L2» (a veces también llamada «contracción L2» o «decaimiento del peso»), que puede escribirse como sigue:

$$\frac{\lambda}{2n}\|\boldsymbol{w}\|^2 = \frac{\lambda}{2n}\sum_{j=1}^{m} w_j^2$$

Aquí, λ es el llamado parámetro de regularización. Nótese que el 2 en el denominador es, simplemente, un factor de escala, de manera que se cancela al calcular el gradiente de pérdida. El tamaño de la muestra n se añade para escalar el término de regularización de forma similar a la pérdida.

Equilibrio entre sesgo y varianza

A menudo, los investigadores utilizan los términos «sesgo» y «varianza», o «compensación sesgo-varianza», para describir el rendimiento de un modelo; es decir, puede que se encuentre con charlas, libros o artículos en los que se dice que un modelo tiene una «alta varianza» o un «alto sesgo». ¿Qué significa eso? En general, podríamos decir que una alta varianza es proporcional a un sobreajuste, y un alto sesgo es proporcional a un infraajuste.

En el contexto de los modelos de aprendizaje automático, la varianza mide la coherencia (o variabilidad) del pronóstico del modelo para clasificar un ejemplo concreto si volvemos a entrenar el modelo varias veces; por ejemplo, con diferentes subconjuntos del conjunto de datos de entrenamiento. Podemos decir que el modelo es sensible a la aleatoriedad de los datos de entrenamiento. En cambio, el sesgo mide lo lejos que están los pronósticos de los valores correctos en general si reconstruimos el modelo varias veces en diferentes conjuntos de datos de entrenamiento; el sesgo es la medida del error sistemático que no se debe a la aleatoriedad.

Si está interesado en la especificación técnica y la derivación de los términos «sesgo» y «varianza», he escrito sobre ello en mis notas de clase, aquí: `https://sebastianraschka.com/pdf/lecture-notes/stat451fs20/08-model-eval-1-intro__notes.pdf`.

Regularización y normalización de características

La regularización es otra de las razones por las que el escalado de características, como la normalización, es importante. Para que la regularización funcione correctamente, tenemos que asegurarnos de que todas nuestras características están en escalas comparables.

La función de pérdida para la regresión logística se puede regularizar añadiendo un simple término de regularización, que reducirá los pesos durante el entrenamiento del modelo:

$$L(\boldsymbol{w}, b) = \frac{1}{n}\sum_{i=1}^{n}\left[-y^{(i)}\log\left(\sigma\left(z^{(i)}\right)\right) - \left(1 - y^{(i)}\right)\log\left(1 - \sigma\left(z^{(i)}\right)\right)\right] + \frac{\lambda}{2n}\|\boldsymbol{w}\|^2$$

La derivada parcial de la pérdida no regularizada se define como:

$$\frac{\partial L(\boldsymbol{w}, b)}{\partial w_j} = \left(\frac{1}{n}\sum_{i=1}^{n}\left(\sigma\left(\boldsymbol{w}^T\boldsymbol{x}^{(i)}\right) - y^{(i)}\right)x_j^{(i)}\right)$$

Al añadir el término de regularización a la pérdida, la derivada parcial pasa a tener la siguiente forma:

$$\frac{\partial L(\mathbf{w}, b)}{\partial w_j} = \left(\frac{1}{n} \sum_{i=1}^{n} \left(\sigma\left(\mathbf{w}^T \mathbf{x}^{(i)}\right) - y^{(i)} \right) x_j^{(i)} \right) + \frac{\lambda}{n} w_j$$

Mediante el parámetro de regularización, λ, podemos controlar el grado de ajuste de los datos de entrenamiento, manteniendo pequeños los valores de los pesos. Al aumentar el valor de λ, aumentamos la intensidad de la regularización. Hay que tener en cuenta que la unidad de sesgo, que es esencialmente un término de intercepción o umbral negativo, como aprendimos en el capítulo 2, no suele estar regularizada.

El parámetro, `C`, que se implementa para la clase `LogisticRegression`, en Scikit-learn proviene de una convención en las máquinas de vectores de soporte, que será el tema de la siguiente sección. El término `C` es inversamente proprocional al parámetro de regularización, λ. En consecuencia, la disminución del valor del parámetro de regularización inversa, `C`, significa que estamos aumentando la intensidad de la regularización, que podemos visualizar mediante el trazado de la ruta de regularización L2 para los dos coeficientes de los pesos:

```
>>> weights, params = [], []
>>> for c in np.arange(-5, 5):
...     lr = LogisticRegression(C=10.**c, multi_class='ovr')
...     lr.fit(X_train_std, y_train)
...     weights.append(lr.coef_[1])
...     params.append(10.**c)
>>> weights = np.array(weights)
>>> plt.plot(params, weights[:, 0],
...          label='Petal length')
>>> plt.plot(params, weights[:, 1], linestyle='--',
...          label='Petal width')
>>> plt.ylabel('Weight coefficient')
>>> plt.xlabel('C')
>>> plt.legend(loc='upper left')
>>> plt.xscale('log')
>>> plt.show()
```

Ejecutando el código anterior, ajustamos 10 modelos de regresión logística con diferentes valores para el parámetro de regularización inversa, `C`. A efectos ilustrativos, solo hemos recogido los coeficientes de peso de la clase `1` (en este caso, la segunda clase del conjunto de datos: `Iris-versicolor`) frente a todos los clasificadores; recuerde que estamos utilizando la técnica OvR para la clasificación multiclase.

Como podemos ver en el gráfico resultante, los coeficientes de peso se reducen si disminuimos el parámetro `C`; es decir, si aumentamos la intensidad de la regularización:

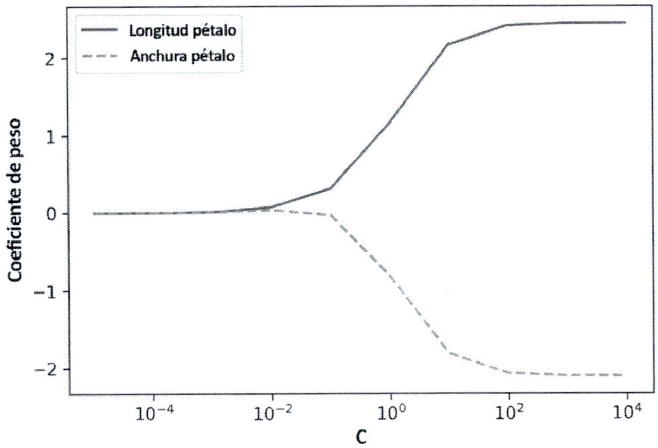

Figura 3.9 *Impacto del parámetro de fuerza de regularización inversa C en los resultados del modelo regularizado L2.*

Aumentar la intensidad de la regularización puede reducir el sobreajuste, así que podríamos preguntarnos por qué no regularizamos tajantemente todos los modelos por defecto. La razón es que hay que tener cuidado al ajustar la intensidad de la regularización. Por ejemplo, si la intensidad de la regularización es demasiado alta y los coeficientes de ponderación se acercan a cero, el modelo puede tener un rendimiento muy pobre debido a un ajuste insuficiente, como se ilustra en la Figura 3.8.

Recurso adicional en la regresión logística

Dado que la cobertura en profundidad de los algoritmos de clasificación individuales excede el alcance del libro, se recomienda *Logistic Regression: From Introductory to Advanced Concepts and Applications,* Dr. Scott Menard, Sage Publications, 2009 a los lectores que quieran aprender más sobre la regresión logística.

Clasificación de margen máximo con máquinas de vectores de soporte

Otro algoritmo potente de aprendizaje que se utiliza ampliamente es la máquina de vectores de soporte (Support Vector Machine, **SVM**), que puede considerarse una extensión del perceptrón. Con el algoritmo del perceptrón, minimizamos los errores de clasificación. Sin embargo, en las SVM, nuestro objetivo de optimización es maximizar el margen. El margen se define como la distancia entre el hiperplano de separación (frontera de decisión) y los ejemplos de entrenamiento más cercanos a este hiperplano, que son los llamados «vectores de soporte».

Esto se ilustra en la Figura 3.10:

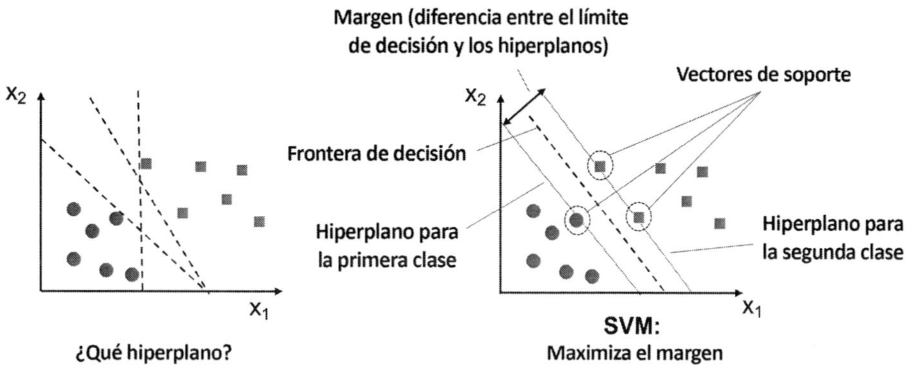

Figura 3.10 *SVM maximiza el margen entre la frontera de decisión y los puntos de datos de entrenamiento.*

Intuición de margen máximo

La razón de tener fronteras de decisión con márgenes grandes es que tienden a tener un menor error de generalización, mientras que los modelos con márgenes pequeños son más propensos al sobreajuste.

Desgraciadamente, aunque la intuición principal de SVM es relativamente sencilla, las matemáticas que las sustentan son bastante avanzadas y requerirían sólidos conocimientos de optimización con restricciones.

Por lo tanto, los detalles de la optimización del margen máximo en SVM están más allá del alcance del libro. Sin embargo, recomendamos los siguientes recursos si está interesado en aprender más sobre ello:

- La excelente explicación de Chris J. C. Burges en *A Tutorial on Support Vector Machines for Pattern Recognition*, Data Mining and Knowledge Discovery, 2(2): 121-167, 1998
- El libro de Vladimir Vapnik *The Nature of Statistical Learning Theory*, Springer Science+Business Media, Vladimir Vapnik, 2000
- Las notas de la conferencia de Andrew Ng, muy detalladas, que están disponibles en `https://see.stanford.edu/materials/aimlcs229/cs229-notes3.pdf`

Tratamiento de un caso no separable linealmente mediante variables de holgura

Aunque no queremos profundizar mucho en los conceptos matemáticos más complicados que hay detrás de la clasificación de margen máximo, vamos a mencionar brevemente la llamada «variable de holgura», que fue introducida por Vladimir Vapnik en 1995 y dio lugar a la llamada «clasificación de margen suave». La motivación para introducir la variable de holgura fue que las restricciones lineales en el objetivo de optimización de SVM debían relajarse para los datos no linealmente separables para permitir la convergencia de la optimización en presencia de clasificaciones erróneas, bajo una penalización de pérdida apropiada.

El uso de la variable de holgura, a su vez, introduce la variable, que comúnmente se denomina *C* en contextos SVM. Podemos considerar a *C* como un hiperparámetro para controlar la penalización por clasificación errónea. Los valores grandes de *C* corresponden a grandes penalizaciones por error, mientras que somos menos estrictos con los errores de clasificación errónea si elegimos valores más pequeños para *C*. Podemos, entonces, utilizar el parámetro *C* para controlar la amplitud del margen y, por lo tanto, afinar la compensación sesgo-varianza, como se ilustra en la Figura 3.11:

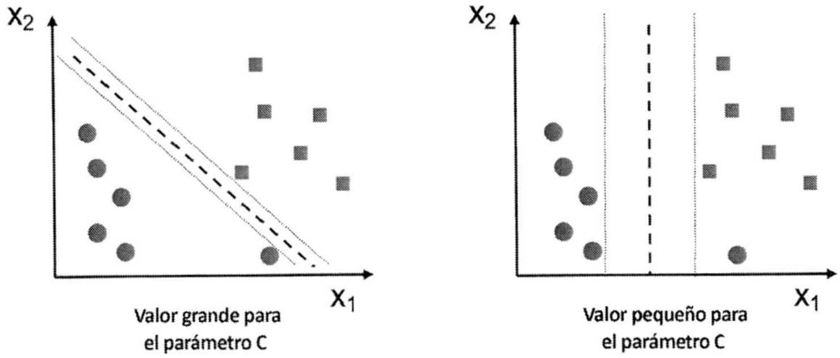

Figura 3.11 *Impacto de valores grandes y pequeños de la intensidad de la regularización inversa C en la clasificación.*

Este concepto está relacionado con la regularización, que discutimos en la sección anterior en el contexto de la regresión regularizada, donde la disminución del valor de `C` aumenta el sesgo (subajuste) y disminuye la varianza (sobreajuste) del modelo.

Ahora que hemos aprendido los conceptos básicos de una SVM lineal, vamos a entrenar un modelo SVM para clasificar las diferentes flores de nuestro conjunto de datos Iris:

```
>>> from sklearn.svm import SVC
>>> svm = SVC(kernel='linear', C=1.0, random_state=1)
>>> svm.fit(X_train_std, y_train)
```

```
>>> plot_decision_regions(X_combined_std,
...                       y_combined,
...                       classifier=svm,
...                       test_idx=range(105, 150))
>>> plt.xlabel('Petal length [standardized]')
>>> plt.ylabel('Petal width [standardized]')
>>> plt.legend(loc='upper left')
>>> plt.tight_layout()
>>> plt.show()
```

Las tres regiones de decisión de SVM, visualizadas después de entrenar el clasificador en el conjunto de datos Iris ejecutando el ejemplo de código anterior, se muestran en la Figura 3.12:

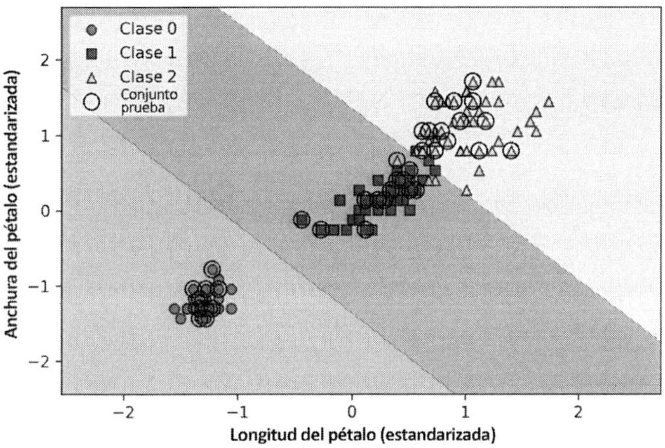

Figura 3.12 *Regiones de decisión de SVM.*

Regresión logística frente a SVM

En tareas prácticas de clasificación, la regresión logística lineal y las SVM lineales suelen dar resultados muy similares. La regresión logística trata de maximizar las probabilidades condicionales de los datos de entrenamiento, lo que la hace más propensa a los valores atípicos que las SVM, que se preocupan sobre todo de los puntos más cercanos a la frontera de decisión (vectores de apoyo). Por otro lado, la regresión logística tiene la ventaja de ser un modelo más simple, que puede implementarse más fácilmente, y es matemáticamente más fácil de explicar. Además, los modelos de regresión logística pueden actualizarse fácilmente, lo que resulta atractivo cuando se trabaja con datos en *streaming*.

Implementaciones alternativas en Scikit-learn

La clase `LogisticRegression` de la biblioteca de Sckit-learn, que hemos utilizado en las secciones anteriores, puede hacer uso de la biblioteca LIBLINEAR estableciendo `solver='liblinear'`. LIBLINEAR es una biblioteca C/C++ altamente optimizada, desarrollada por la Universidad Nacional de Taiwan (`http://www.csie.ntu.edu.tw/~cjlin/liblinear/`).

Del mismo modo, la clase `SVC` que hemos empleado para entrenar una SVM hace uso de LIBSVM, que es una biblioteca C/C++ equivalente especializada en SVM (`http://www.csie.ntu.edu.tw/~cjlin/libsvm/`).

La ventaja de utilizar LIBLINEAR y LIBSVM sobre, por ejemplo, las implementaciones nativas de Python es que permiten el entrenamiento extremadamente rápido de grandes cantidades de clasificadores lineales. Sin embargo, a veces nuestros conjuntos de datos son demasiado grandes para contenerlos en la memoria del ordenador. Por lo tanto, Scikit-learn también ofrece implementaciones alternativas a través de la clase `SGDClassifier`, que también soporta el aprendizaje en línea a través del método `partial_fit`. El concepto que está detrás de la clase `SGDClassifier` es similar al algoritmo de gradiente estocástico que implementamos en el capítulo 2 para Adaline.

Podríamos inicializar la versión SGD del perceptrón (`loss='perceptron'`), la regresión logística (`loss='log'`), y una SVM con parámetros por defecto (`loss='hinge'`), como sigue:

```
>>> from sklearn.linear_model import SGDClassifier
>>> ppn = SGDClassifier(loss='perceptron')
>>> lr = SGDClassifier(loss='log')
>>> svm = SGDClassifier(loss='hinge')
```

Resolución de problemas no lineales utilizando el kernel en SVM

Otra razón por la que las SVM gozan de una gran popularidad entre los profesionales del aprendizaje automático es que pueden hacer uso fácilmente de la función kernel para resolver problemas de clasificación no lineales. Antes de discutir el concepto principal que hay detrás de lo que se llama kernel en SVM, la variante más común de las SVM, vamos a crear primero un conjunto de datos sintéticos para ver el aspecto de un problema de clasificación no lineal.

Métodos del kernel para datos no separables linealmente

Usando el siguiente código, crearemos un conjunto básico de datos que tiene la forma de una puerta XOR usando la función `logical_or` de NumPy, en el que a 100 ejemplos se les asignará la etiqueta de clase `1`, y a 100 ejemplos se les asignará la etiqueta de clase `-1`:

```
>>> import matplotlib.pyplot as plt
>>> import numpy as np
>>> np.random.seed(1)
>>> X_xor = np.random.randn(200, 2)
>>> y_xor = np.logical_xor(X_xor[:, 0] > 0,
...                        X_xor[:, 1] > 0)
>>> y_xor = np.where(y_xor, 1, 0)
>>> plt.scatter(X_xor[y_xor == 1, 0],
...             X_xor[y_xor == 1, 1],
...             c='royalblue', marker='s',
...             label='Class 1')
>>> plt.scatter(X_xor[y_xor == 0, 0],
...             X_xor[y_xor == 0, 1],
...             c='tomato', marker='o',
...             label='Class 0')
>>> plt.xlim([-3, 3])
>>> plt.ylim([-3, 3])
>>> plt.xlabel('Feature 1')
>>> plt.ylabel('Feature 2')
>>> plt.legend(loc='best')
>>> plt.tight_layout()
>>> plt.show()
```

Después de ejecutar el código, tendremos un conjunto de datos XOR con ruido aleatorio, como se muestra en la Figura 3.13:

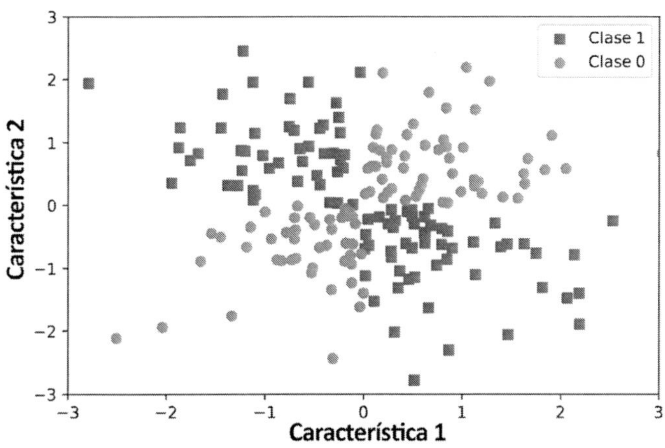

Figura 3.13 *Gráfico del conjunto de datos XOR.*

Obviamente, no podríamos separar muy bien los ejemplos de la clase positiva y negativa utilizando un hiperplano lineal como frontera de decisión mediante el modelo de regresión logística lineal o SVM lineal que hemos discutido en secciones anteriores.

La idea básica de los métodos del kernel para tratar estos datos no separables linealmente es crear combinaciones no lineales de las características originales para proyectarlas en un espacio de mayor dimensión mediante una función de mapeo, ϕ, donde los datos se vuelven linealmente separables. Como se muestra en la Figura 3.14, podemos transformar un conjunto de datos bidimensional en un nuevo espacio de características tridimensional, donde las clases se vuelven separables mediante la siguiente proyección:

$$\phi(x_1, x_2) = (z_1, z_2, z_3) = (x_1, x_2, x_1^2 + x_2^2)$$

Esto nos permite separar las dos clases mostradas en el gráfico a través de un hiperplano lineal que se convierte en un límite de decisión no lineal si lo proyectamos de nuevo en el espacio de características original, como se ilustra con el siguiente conjunto de datos de círculos concéntricos:

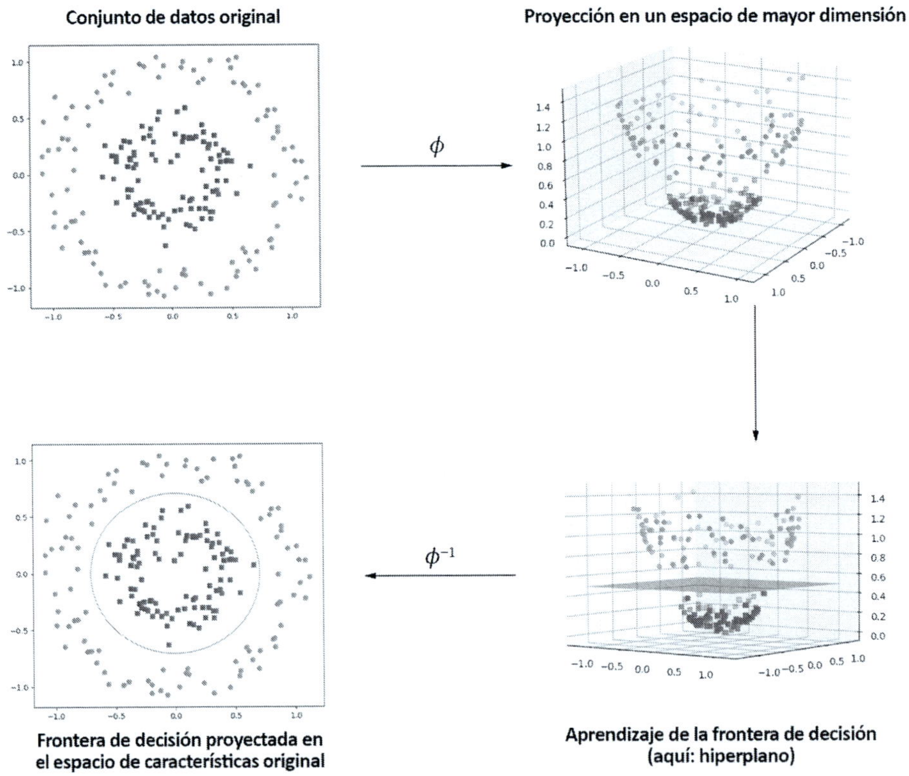

Figura 3.14 *Proceso de clasificación de datos no lineales mediante métodos del kernel.*

Uso del truco del kernel para encontrar hiperplanos de separación en un espacio de alta dimensión

Para resolver un problema no lineal utilizando una SVM, transformamos los datos de entrenamiento en un espacio de características de mayor dimensión mediante una función de mapeo, ϕ, y entrenamos un modelo SVM lineal para clasificar los datos en este nuevo espacio de características. A continuación, podríamos utilizar la misma función de mapeo, ϕ, para transformar los nuevos datos ocultos para clasificarlos utilizando el modelo SVM lineal.

Sin embargo, uno de los problemas que tiene este enfoque de mapeo es que la construcción de las nuevas características es muy costosa desde el punto de vista informático, especialmente si se trata de datos de alta dimensión. Aquí es donde entra en juego el llamado «truco del kernel».

No entraremos en muchos detalles sobre cómo resolver la tarea de programación cuadrática para entrenar una SVM; en la práctica, solo tenemos que sustituir el producto punto $\boldsymbol{x}^{(i)T}\boldsymbol{x}^{(j)}$ por $\phi(\boldsymbol{x}^{(i)})^T \phi(\boldsymbol{x}^{(j)})$. Para ahorrar el costoso paso de calcular este producto punto entre dos puntos explícitamente, definimos una función llamada «kernel»:

$$\kappa(\boldsymbol{x}^{(i)}, \boldsymbol{x}^{(j)}) = \phi(\boldsymbol{x}^{(i)})^T \phi(\boldsymbol{x}^{(j)})$$

Uno de los kernels más ampliamente utilizados es el de la función de base radial (Radial Basis Function, RBF), que puede llamarse simplemente «kernel gaussiano»:

$$\kappa(\boldsymbol{x}^{(i)}, \boldsymbol{x}^{(j)}) = \exp\left(-\frac{\|\boldsymbol{x}^{(i)} - \boldsymbol{x}^{(j)}\|^2}{2\sigma^2}\right)$$

Esta expresión se suele simplificar como:

$$\kappa(\boldsymbol{x}^{(i)}, \boldsymbol{x}^{(j)}) = \exp\left(-\gamma\|\boldsymbol{x}^{(i)} - \boldsymbol{x}^{(j)}\|^2\right)$$

Aquí, $\gamma = \frac{1}{2\sigma^2}$ es un parámetro libre a optimizar.

A grandes rasgos, el término «kernel» puede interpretarse como una función de similitud entre un par de ejemplos. El signo menos invierte la medida de distancia en una puntuación de similitud y, debido al término exponencial, la puntuación de similitud resultante caerá en un rango entre 1 (para ejemplos exactamente similares) y 0 (para ejemplos muy disímiles).

Ahora que hemos analizado el panorama general que hay detrás del truco del kernel, veamos si podemos entrenar una SVM que utilice el kernel y que sea capaz de dibujar una frontera de decisión no lineal que separe bien los datos XOR. Aquí, simplemente usamos la clase `SVC` de Scikit-learn que importamos antes y reemplazamos el parámetro `kernel='linear'` con `kernel='rbf'`:

```
>>> svm = SVC(kernel='rbf', random_state=1, gamma=0.10, C=10.0)
>>> svm.fit(X_xor, y_xor)
>>> plot_decision_regions(X_xor, y_xor, classifier=svm)
>>> plt.legend(loc='upper left')
>>> plt.tight_layout()
>>> plt.show()
```

Como podemos ver en el gráfico resultante, el kernel en SVM separa los datos XOR relativamente bien.

El parámetro γ, que fijamos en `gamma=0.1`, puede entenderse como un parámetro de corte para la esfera gaussiana. Si aumentamos el valor de γ, aumentamos la influencia o el alcance de los ejemplos de entrenamiento, lo que conduce a un límite de decisión más ajustado y más accidentado. Para comprender mejor el parámetro γ, vamos a aplicar una SVM de núcleo RBF a nuestro conjunto de datos de flores Iris:

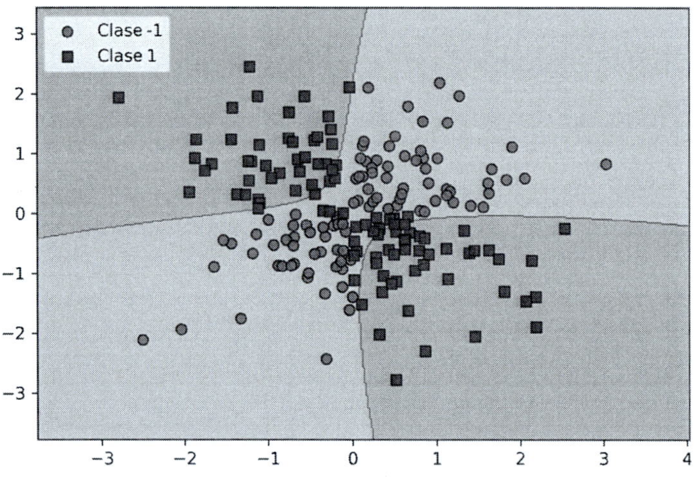

Figura 3.15 *Frontera de decisión en los datos XOR utilizando un método del kernel.*

```
>>> svm = SVC(kernel='rbf', random_state=1, gamma=0.2, C=1.0)
>>> svm.fit(X_train_std, y_train)
>>> plot_decision_regions(X_combined_std,
...                       y_combined, classifier=svm,
...                       test_idx=range(105, 150))
>>> plt.xlabel('Petal length [standardized]')
>>> plt.ylabel('Petal width [standardized]')
```

```
>>> plt.legend(loc='upper left')
>>> plt.tight_layout()
>>> plt.show()
```

Dado que elegimos un valor relativamente pequeño para γ, la frontera de decisión resultante del modelo SVM de kernel RBF será relativamente suave, como se muestra en la Figura 3.16:

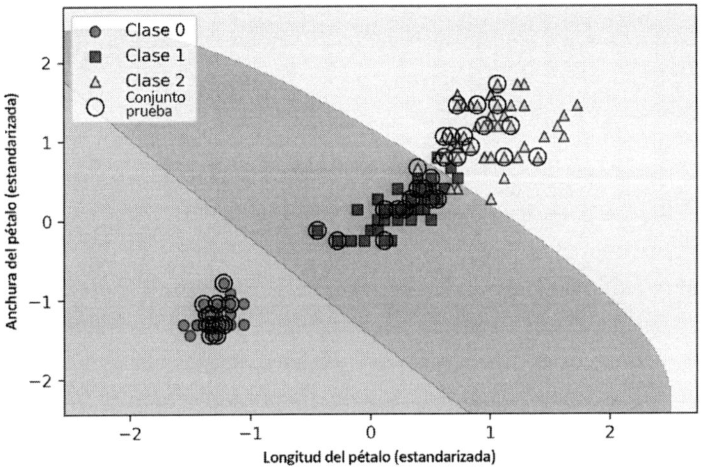

Figura 3.16 *Fronteras de decisión en el conjunto de datos Iris utilizando un modelo SVM de kernel RBF con un valor pequeño de γ.*

Ahora, aumentamos el valor de γ y observamos el efecto en la frontera de decisión:

```
>>> svm = SVC(kernel='rbf', random_state=1, gamma=100.0, C=1.0)
>>> svm.fit(X_train_std, y_train)
>>> plot_decision_regions(X_combined_std,
...                       y_combined, classifier=svm,
...                       test_idx=range(105,150))
>>> plt.xlabel('Petal length [standardized]')
>>> plt.ylabel('Petal width [standardized]')
>>> plt.legend(loc='upper left')
>>> plt.tight_layout()
>>> plt.show()
```

En la Figura 3.17, podemos ver que la frontera de decisión en torno a las clases `0` y `1` es mucho más ajustada, al haber utilizado un valor relativamente grande de γ:

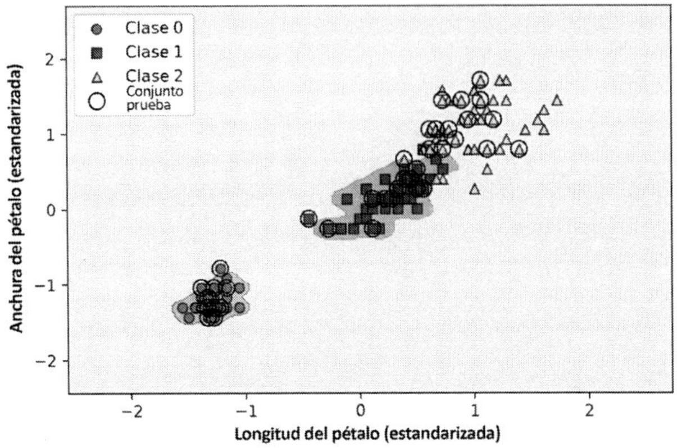

Figura 3.17 *Fronteras de decisión en el conjunto de datos Iris utilizando un modelo SVM de kernel RBF con un valor de γ grande.*

Aunque el modelo se ajusta muy bien al conjunto de datos de entrenamiento, es probable que un clasificador de este tipo tenga un alto error de generalización en datos ocultos. Esto ilustra el hecho de que el parámetro γ también desempeña un papel importante en el control del sobreajuste o la varianza cuando el algoritmo es demasiado sensible a las fluctuaciones del conjunto de datos de entrenamiento.

Aprendizaje utilizando árboles de decisión

Los clasificadores del tipo «árbol de decisión» son modelos atractivos si nos importa la interpretabilidad. Como sugiere su propio nombre, podemos pensar que este modelo descompone nuestros datos tomando una decisión basada en la formulación de una serie de preguntas.

Consideremos el siguiente ejemplo, en el que utilizamos un árbol de decisión para decidir una actividad en un día concreto:

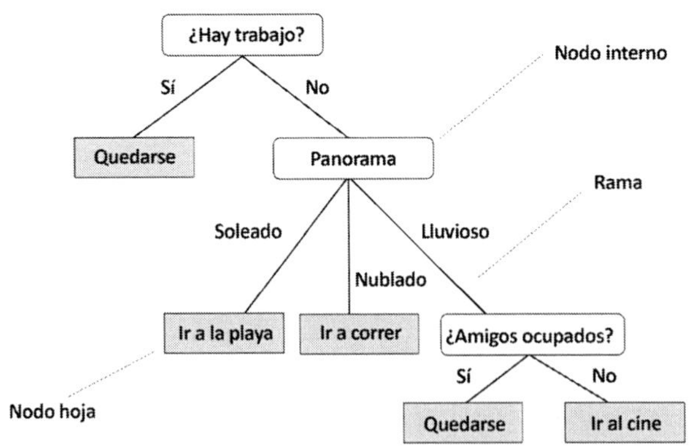

Figura 3.18 *Ejemplo de árbol de decisión.*

Basándose en las características de nuestro conjunto de datos de entrenamiento, el modelo de árbol de decisión aprende una serie de preguntas para inferir las etiquetas de clase de los ejemplos. Aunque la Figura 3.18 ilustra el concepto de un árbol de decisión basado en variables categóricas, el mismo concepto se aplica si nuestras características son números reales, como en el conjunto de datos Iris. Por ejemplo, podríamos simplemente definir un valor de corte a lo largo del eje de la característica de la anchura del sépalo y hacer una pregunta binaria: «La anchura del sépalo ¿es ≥ 2.8 cm?».

Utilizando el algoritmo de decisión, empezamos en la raíz del árbol y dividimos los datos en la característica que da como resultado la mayor ganancia de información (Information Gain, IG), que se explicará con más detalle en la siguiente sección. En un proceso iterativo, podemos repetir este procedimiento de división en cada nodo hijo hasta que las hojas sean puras. Esto significa que los ejemplos de entrenamiento en cada nodo pertenecen todos a la misma clase. En la práctica, esto puede dar lugar a un árbol muy profundo con muchos nodos, lo que puede llevar fácilmente a un sobreajuste. Por lo tanto, normalmente queremos podar el árbol estableciendo un límite en cuanto a su profundidad máxima.

Maximización de IG: cómo sacar el máximo partido a su dinero

Para dividir los nodos en las características que contienen más información, necesitamos definir una función objetivo para llevar a cabo la optimización a través del algoritmo de aprendizaje del árbol. Nuestra función objetivo es maximizar IG en cada división, que definimos como sigue:

$$IG(D_p, f) = I(D_p) - \sum_{j=1}^{m} \frac{N_j}{N_p} I(D_j)$$

Aquí, f es la característica para realizar la división; D_p y D_j son el conjunto de datos del nodo padre y del j-ésimo nodo hijo; I es nuestra medida de la impureza; N_p es el número total de ejemplos de entrenamiento en el nodo padre; y N_j es el número de ejemplos en el j-ésimo nodo hijo. Como podemos ver, la ganancia de información es simplemente la diferencia entre la impureza del nodo padre y la suma de las impurezas de los nodos hijos: cuanto más bajas sean las impurezas de los nodos hijos, mayor será la ganancia de información. Sin embargo, para simplificar y reducir el espacio de búsqueda combinatoria, la mayoría de las bibliotecas (incluyendo Scikit-learn) implementan árboles de decisión binarios. Esto significa que cada nodo padre se divide en dos nodos hijos, D_{left} y D_{right}:

$$IG(D_p, f) = I(D_p) - \frac{N_{left}}{N_p} I(D_{left}) - \frac{N_{right}}{N_p} I(D_{right})$$

Las tres medidas de impureza o criterios de división que se utilizan habitualmente en los árboles de decisión binarios son la impureza de Gini (I_G), la entropía (I_H), y el error de clasificación (I_E). Vamos a empezar con la definición de entropía para todas las clases no vacías ($p(i|t) \neq 0$):

$$I_H(t) = -\sum_{i=1}^{c} p(i|t) \log_2 p(i|t)$$

Aquí, $p(i|t)$ es la proporción de los ejemplos que pertenecen a la clase i para un nodo concreto, t. La entropía es, por tanto, 0 si todos los ejemplos de un nodo pertenecen a la misma clase, y la entropía es máxima si tenemos una distribución de clases uniforme. Por ejemplo, en un entorno de clases binarias, la entropía es 0 si $p(i=1|t) = 1$ o $p(i=0|t) = 0$. Si las clases se distribuyen uniformemente con $p(i=1|t) = 0.5$ y $p(i=0|t) = 0.5$, la entropía es 1. Por tanto, podemos decir que el criterio de entropía intenta maximizar la información mutua en el árbol.

Para proporcionar una percepción visual, visualicemos los valores de entropía para diferentes distribuciones de clases mediante el siguiente código:

```
>>> def entropy(p):
...     return - p * np.log2(p) - (1 - p) * np.log2((1 - p))
>>> x = np.arange(0.0, 1.0, 0.01)
>>> ent = [entropy(p) if p != 0 else None for p in x]
>>> plt.ylabel('Entropy')
>>> plt.xlabel('Class-membership probability p(i=1)')
>>> plt.plot(x, ent)
>>> plt.show()
```

La Figura 3.19 muestra el gráfico generado por el código anterior:

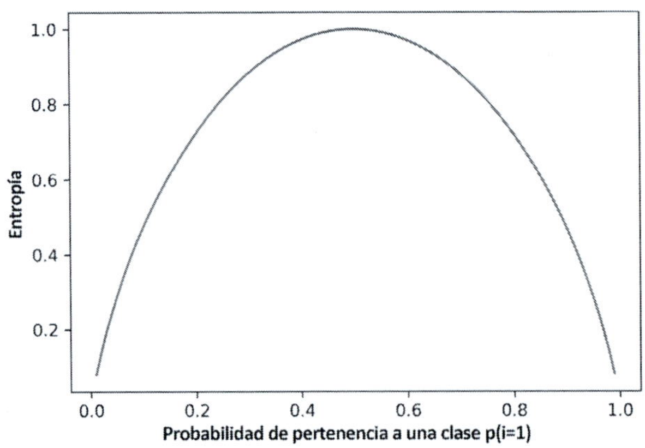

Figura 3.19 *Valores de entropía para diferentes probabilidades de pertenencia a una clase.*

La impureza de Gini puede entenderse como un criterio para minimizar la probabilidad de clasificación errónea:

$$I_G(t) = \sum_{i=1}^{c} p(i|t)\,(1 - p(i|t)) = 1 - \sum_{i=1}^{c} p(i|t)^2$$

Al igual que la entropía, la impureza de Gini es máxima si las clases están perfectamente mezcladas; por ejemplo, en un entorno de clases binarias ($c = 2$):

$$I_G(t) = 1 - \sum_{i=1}^{c} 0.5^2 = 0.5$$

Sin embargo, en la práctica, tanto la impureza de Gini como la entropía suelen dar resultados muy similares, y a menudo no merece la pena dedicar mucho tiempo a evaluar los árboles utilizando diferentes criterios de impureza en lugar de experimentar con diferentes cortes de poda. De hecho, como se verá más adelante en la Figura 3.21, tanto la impureza de Gini como la entropía tienen una forma similar. Otra medida de impureza es el error de clasificación:

$$I_E(t) = 1 - \max\{p(i|t)\}$$

Este es un criterio útil para la poda, pero no se recomienda para el caso del crecimiento de un árbol de decisión, ya que es menos sensible a los cambios en las probabilidades de clase de los nodos. Podemos ilustrar esto observando los dos posibles escenarios de división que se muestran en la Figura 3.20:

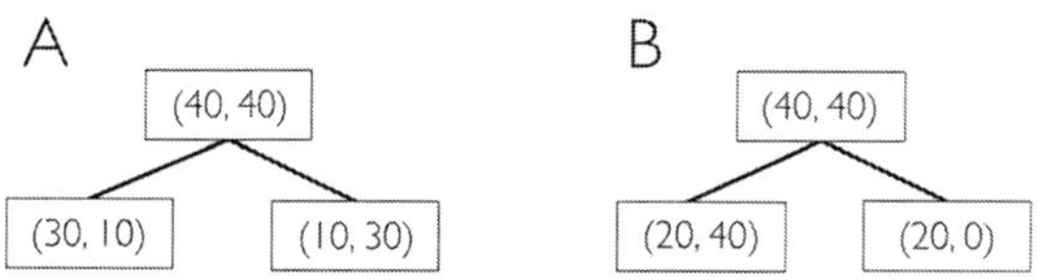

Figura 3.20 *Divisiones de datos del árbol de decisión.*

Comenzamos con un conjunto de datos, D_p, en el nodo padre, que consta de 40 ejemplos de la clase 1 y 40 ejemplos de la clase 2 que dividimos en dos conjuntos de datos, D_{left} y D_{right}. La ganancia de información utilizando el error de clasificación como criterio de división sería la misma ($IG_E = 0.25$) en ambos escenarios, A y B:

$$I_E(D_p) = 1 - 0.5 = 0.5$$

$$A: \quad I_E(D_{left}) = 1 - \frac{3}{4} = 0.25$$

$$A: \quad I_E(D_{right}) = 1 - \frac{3}{4} = 0.25$$

$$A: \quad IG_E = 0.5 - \frac{4}{8}0.25 - \frac{4}{8}0.25 = 0.25$$

$$B: \quad I_E\left(D_{left}\right) = 1 - \frac{4}{6} = \frac{1}{3}$$

$$B: \quad I_E\left(D_{right}\right) = 1 - 1 = 0$$

$$B: \quad IG_E = 0.5 - \frac{6}{8} \times \frac{1}{3} - 0 = 0.25$$

Sin embargo, la impureza de Gini favorecería la división en el escenario B ($IG_G = 0.1\bar{6}$) sobre el escenario A ($IG_G = 0.125$), que es más puro:

$$I_G\left(D_p\right) = 1 - (0.5^2 + 0.5^2) = 0.5$$

$$A: \quad I_G\left(D_{left}\right) = 1 - \left(\left(\frac{3}{4}\right)^2 + \left(\frac{1}{4}\right)^2\right) = \frac{3}{8} = 0.375$$

$$A: \quad I_G\left(D_{right}\right) = 1 - \left(\left(\frac{1}{4}\right)^2 + \left(\frac{3}{4}\right)^2\right) = \frac{3}{8} = 0.375$$

$$A: \quad IG_G = 0.5 - \frac{4}{8}0.375 - \frac{4}{8}0.375 = 0.125$$

$$B: \quad I_G\left(D_{left}\right) = 1 - \left(\left(\frac{2}{6}\right)^2 + \left(\frac{4}{6}\right)^2\right) = \frac{4}{9} = 0.\bar{4}$$

$$B: \quad I_G\left(D_{right}\right) = 1 - (1^2 + 0^2) = 0$$

$$B: \quad IG_G = 0.5 - \frac{6}{8}0.\bar{4} - 0 = 0.1\bar{6}$$

Del mismo modo, el criterio de entropía también favorecería el escenario B ($IG_H = 0.31$) sobre el escenario A ($IG_H = 0.19$):

$$I_H\left(D_p\right) = -(0.5\log_2(0.5) + 0.5\log_2(0.5)) = 1$$

$$A: \quad I_H\left(D_{left}\right) = -\left(\frac{3}{4}\log_2\left(\frac{3}{4}\right) + \frac{1}{4}\log_2\left(\frac{1}{4}\right)\right) = 0.81$$

$$A: \quad I_H\left(D_{right}\right) = -\left(\frac{1}{4}\log_2\left(\frac{1}{4}\right) + \frac{3}{4}\log_2\left(\frac{3}{4}\right)\right) = 0.81$$

$$A: \quad IG_H = 1 - \frac{4}{8}0.81 - \frac{4}{8}0.81 = 0.19$$

$$B: \quad I_H\left(D_{left}\right) = -\left(\frac{2}{6}\log_2\left(\frac{2}{6}\right) + \frac{4}{6}\log_2\left(\frac{4}{6}\right)\right) = 0.92$$

$$B: \quad I_H\left(D_{right}\right) = 0$$

$$B: \quad IG_H = 1 - \frac{6}{8}0.92 - 0 = 0.31$$

Para una comparación más visual de los tres criterios de impureza que hemos discutido anteriormente, vamos a trazar los índices de impureza para el rango de probabilidad [0, 1] en relación con la clase 1. Observe que también añadiremos una versión escalada de la entropía (entropía / 2) para observar que la impureza de Gini es una medida intermedia entre la entropía y el error de clasificación. El código es el siguiente:

```
>>> import matplotlib.pyplot as plt
>>> import numpy as np
>>> def gini(p):
...     return p*(1 - p) + (1 - p)*(1 - (1-p))
>>> def entropy(p):
...     return - p*np.log2(p) - (1 - p)*np.log2((1 - p))
>>> def error(p):
...     return 1 - np.max([p, 1 - p])
>>> x = np.arange(0.0, 1.0, 0.01)
>>> ent = [entropy(p) if p != 0 else None for p in x]
>>> sc_ent = [e*0.5 if e else None for e in ent]
>>> err = [error(i) for i in x]
>>> fig = plt.figure()
>>> ax = plt.subplot(111)
>>> for i, lab, ls, c, in zip([ent, sc_ent, gini(x), err],
...                           ['Entropy', 'Entropy (scaled)',
...                            'Gini impurity',
...                            'Misclassification error'],
...                           ['-', '-', '--', '-.'],
...                           ['black', 'lightgray',
...                            'red', 'green', 'cyan']):
...     line = ax.plot(x, i, label=lab,
...                    linestyle=ls, lw=2, color=c)
>>> ax.legend(loc='upper center', bbox_to_anchor=(0.5, 1.15),
...           ncol=5, fancybox=True, shadow=False)
>>> ax.axhline(y=0.5, linewidth=1, color='k', linestyle='--')
>>> ax.axhline(y=1.0, linewidth=1, color='k', linestyle='--')
>>> plt.ylim([0, 1.1])
>>> plt.xlabel('p(i=1)')
>>> plt.ylabel('impurity index')
>>> plt.show()
```

El gráfico generado por el ejemplo de código anterior es el siguiente:

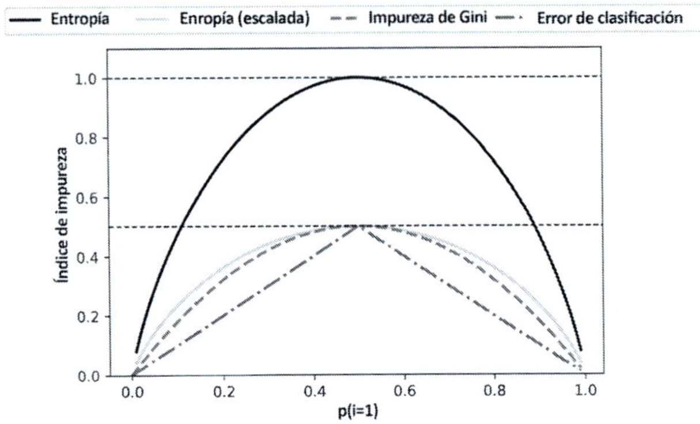

Figura 3.21 *Diferentes índices de impureza para diferentes probabilidades de pertenencia a la clase entre 0 y 1.*

Creación de un árbol de decisión

Los árboles de decisión pueden construir fronteras de decisión complejas dividiendo el espacio de características en rectángulos. Sin embargo, debemos tener cuidado, ya que cuanto más profundo sea el árbol de decisión, más compleja será la frontera de decisión, lo que puede conducir fácilmente a un sobreajuste. Utilizando Scikit-learn, ahora entrenaremos un árbol de decisión con una profundidad máxima de 4, utilizando la impureza de Gini como criterio de impureza.

Aunque el escalado de características puede ser deseable para propósitos de visualización, tenga en cuenta que este no es un requisito para los algoritmos de árboles de decisión. El código es el siguiente:

```
>>> from sklearn.tree import DecisionTreeClassifier
>>> tree_model = DecisionTreeClassifier(criterion='gini', max_depth=4,
...                                     random_state=1)
>>> tree_model.fit(X_train, y_train)
>>> X_combined = np.vstack((X_train, X_test))
>>> y_combined = np.hstack((y_train, y_test))
>>> plot_decision_regions(X_combined, y_combined,
...                       classifier=tree_model,
...                       test_idx=range(105, 150))
>>> plt.xlabel('Petal length [cm]')
>>> plt.ylabel('Petal width [cm]')
>>> plt.legend(loc='upper left')
>>> plt.tight_layout()
>>> plt.show()
```

Después de ejecutar el código del ejemplo, obtenemos las típicas fronteras de decisión eje-paralelo del árbol de decisión:

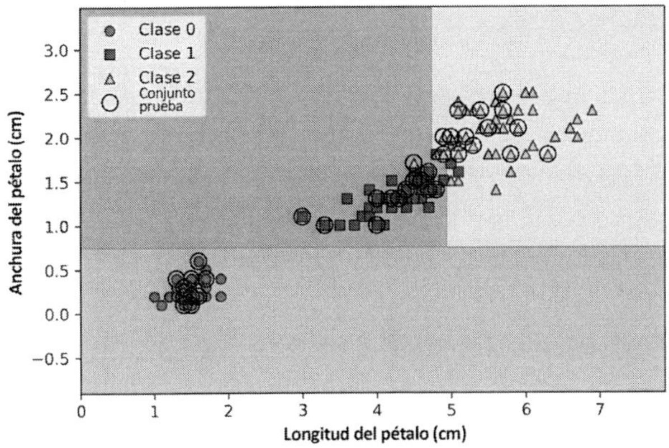

Figura 3.22 *Fronteras de decisión de los datos de Iris mediante un árbol de decisión.*

Una característica interesante de Scikit-learn es que nos permite visualizar fácilmente el modelo de árbol de decisión después del entrenamiento, a través del siguiente código:

```
>>> from sklearn import tree
>>> feature_names = ['Sepal length', 'Sepal width',
...                  'Petal length', 'Petal width']
>>> tree.plot_tree(tree_model,
...                feature_names=feature_names,
...                filled=True)
>>> plt.show()
```

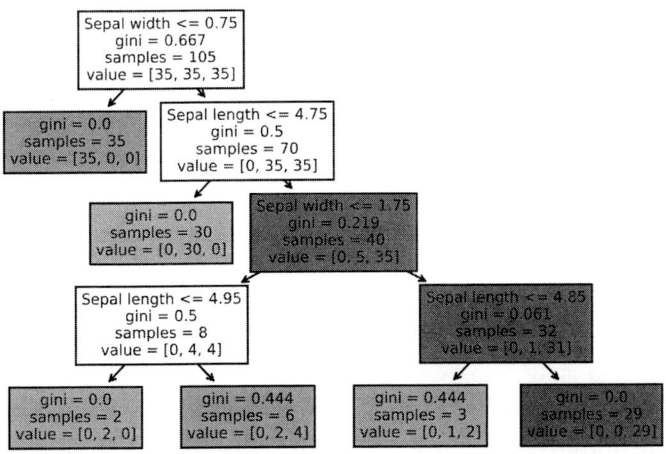

Figura 3.23 *Modelo de árbol de decisión ajustado al conjunto de datos Iris.*

Al establecer `filled=True` en la función `plot_tree`, se colorean los nodos según la etiqueta de clase mayoritaria de ese nodo. Hay muchas opciones adicionales disponibles, que puede encontrar en la documentación `https://scikit-learn.org/stable/modules/generated/sklearn.tree.plot_tree.html`.

Si observamos la figura del árbol de decisión, podemos trazar bien las divisiones que el árbol ha determinado a partir de nuestro conjunto de datos de entrenamiento. En cuanto al criterio de división de características en cada nodo, observe que las ramas de la izquierda corresponden a «True», y las de la derecha corresponden a «False».

Si observamos el nodo raíz, este comienza con 105 ejemplos en la parte superior. La primera división utiliza un corte de anchura de sépalo ≤ 0.75 cm para dividir el nodo raíz en dos nodos hijos con 35 ejemplos (nodo hijo izquierdo) y 70 ejemplos (nodo hijo derecho). Después de la primera división, podemos ver que el nodo hijo izquierdo ya es puro y solo contiene ejemplos de la clase `Iris-setosa` (impureza de Gini = 0). Las siguientes divisiones a la derecha se utilizan para separar los ejemplos de la clase `Iris-versicolor` e `Iris-virginica`.

Del examen de este árbol, y del gráfico de la región de decisión del mismo, podemos ver que el árbol de decisión hace un muy buen trabajo de separación de las clases de flores. Desafortunadamente, Scikit-learn actualmente no tiene implementada la funcionalidad de podar manualmente un árbol de decisión. Sin embargo, podríamos volver a nuestro ejemplo de código anterior, cambiar `max_depth` de nuestro árbol de decisión a 3, y compararlo con nuestro modelo actual; pero lo dejamos como un ejercicio para el lector interesado.

Opcionalmente, Scikit-learn proporciona un procedimiento automático de poda en relación con la complejidad de los costes para los árboles de decisión. Los lectores interesados pueden encontrar más información sobre este tema más avanzado en el siguiente tutorial: `https://scikit-learn.org/stable/auto_examples/tree/plot_cost_complexity_pruning.html`.

Combinación de múltiples árboles de decisión mediante bosques aleatorios

Los métodos de ensamblaje han ganado una gran popularidad en las aplicaciones del aprendizaje automático durante la última década, debido a su buen rendimiento en la clasificación y a su robustez frente al sobreajuste. Aunque más adelante trataremos diferentes métodos de ensamblaje, incluyendo bagging y boosting, en el capítulo 7, «Combinación de diferentes modelos para el aprendizaje de ensamblaje», vamos a discutir el algoritmo de bosque aleatorio basado en árboles de decisión, que es conocido por su buena escalabilidad y por su facilidad de uso. Un bosque aleatorio puede considerarse un conjunto de árboles de decisión. La idea que hay detrás del bosque aleatorio es promediar múltiples árboles de decisión (profundos) que individualmente sufren una alta varianza para construir un modelo más robusto que tenga un mejor rendimiento de generalización y sea menos susceptible al sobreajuste. El algoritmo del bosque aleatorio puede resumirse en cuatro sencillos pasos:

1. Extraemos una muestra bootstrap aleatoria de tamaño n (elegimos aleatoriamente n ejemplos del conjunto de datos de entrenamiento con sustitución).
2. Hacemos crecer un árbol de decisión a partir de la muestra bootstrap. En cada nodo:
    a. Seleccionamos aleatoriamente d características sin sustitución.
    b. Dividimos el nodo utilizando la característica que proporciona la mejor división según la función objetivo; por ejemplo, maximizando la ganancia de información.
3. Repetimos los pasos de 1000 a 2000 veces.
4. Agregamos el pronóstico de cada árbol para asignar la etiqueta de clase por mayoría de votos. La votación por mayoría se tratará con más detalle en el capítulo 7.

Debemos tener en cuenta una ligera modificación en el paso 2 cuando entrenamos los árboles de decisión individuales: en lugar de evaluar todas las características para determinar la mejor división en cada nodo, solo consideramos un subconjunto aleatorio.

Muestreo con y sin sustitución

En caso de que no esté familiarizado con los términos de muestreo «con» y «sin» sustitución, vamos a realizar un sencillo experimento mental. Supongamos que jugamos a un juego de lotería en el que sacamos números al azar de una urna. Empezamos con una urna que contiene cinco números diferentes (0, 1, 2, 3, y 4), y sacamos exactamente un número en cada turno. En la primera ronda, la probabilidad de sacar un número concreto de la urna sería de 1/5. Ahora bien, en el muestreo sin sustitución, no volvemos a introducir el número en la urna después de cada turno. En consecuencia, la probabilidad de extraer un número concreto del conjunto de números restantes en la siguiente ronda depende de la ronda anterior. Por ejemplo, si tenemos un conjunto de números restantes 0, 1, 2 y 4, la probabilidad de sacar el número 0 se convertiría en 1/4 en el siguiente turno.

Sin embargo, en el muestreo aleatorio con sustitución, siempre devolvemos el número extraído a la urna para que la probabilidad de extraer un número concreto en cada turno no cambie; podemos extraer el mismo número más de una vez. En otras palabras, en el muestreo con reemplazo, las muestras (números) son independientes y tienen una covarianza de cero. Por ejemplo, los resultados de cinco rondas de extracción de números aleatorios podrían ser los siguientes:

- Muestreo aleatorio sin reemplazo: 2, 1, 3, 4, 0
- Muestreo aleatorio con reemplazo: 1, 3, 3, 4, 1

Aunque los bosques aleatorios no ofrecen el mismo nivel de interpretabilidad que los árboles de decisión, una gran ventaja de los bosques aleatorios es que no tenemos que preocuparnos tanto por elegir buenos valores de los hiperparámetros. Normalmente no necesitamos podar el bosque aleatorio, ya que el modelo de conjunto es bastante robusto al ruido que se produce al promediar los pronósticos entre los árboles de decisión individuales. El único parámetro que debemos tener en cuenta en la práctica es el número de árboles, *k*, (paso 3) que elegimos para el bosque aleatorio. Normalmente, cuanto mayor sea el número de árboles, mejor será el rendimiento del clasificador de bosque aleatorio, a costa de un mayor coste computacional.

Aunque es menos frecuente en la práctica, otros hiperparámetros del clasificador de bosque aleatorio que pueden optimizarse (utilizando técnicas que veremos más adelante, en el capítulo 6, «Mejores prácticas de aprendizaje para la evaluación de modelos y ajuste de hiperparámetros») son el tamaño, *n*, de la muestra bootstrap (paso 1) y el número de características, *d*, que se eligen aleatoriamente para cada división (paso 2a), respectivamente. A través del tamaño, *n*, de la muestra bootstrap, controlamos el compromiso de sesgo-varianza del bosque aleatorio.

Disminuir el tamaño de la muestra bootstrap aumenta la diversidad entre los árboles individuales, ya que la probabilidad de que un ejemplo de entrenamiento concreto se incluya en la muestra bootstrap es menor. Por lo tanto, reducir el tamaño de las muestras bootstrap puede aumentar la aleatoriedad del bosque aleatorio y puede ayudar a reducir el efecto del sobreajuste. Sin embargo, las muestras bootstrap más pequeñas suelen dar lugar a un menor rendimiento general del bosque aleatorio y a una pequeña diferencia entre el rendimiento de entrenamiento y el de prueba, pero a un bajo rendimiento de prueba en general. A la inversa, aumentar el tamaño de la muestra bootstrap puede aumentar el grado de sobreajuste. Dado que las muestras bootstrap y, en consecuencia, los árboles de decisión individuales, se vuelven más similares entre sí, aprenden a ajustarse más al conjunto de datos de entrenamiento original.

En la mayoría de las implementaciones, incluyendo la implementación de `RandomForestClassifier` en Scikit-learn, el tamaño de la muestra bootstrap se elige para que sea igual al número de ejemplos de entrenamiento en el conjunto de datos de entrenamiento original que, por lo general, proporciona una buena compensación de sesgo-varianza. Para el número de características, d, en cada división, nos conviene elegir un valor que sea menor que el número total de características en el conjunto de datos de entrenamiento. Un valor predeterminado razonable que se utiliza en Scikit-learn y otras implementaciones es $d = \sqrt{m}$, donde m es el número de características en el conjunto de datos de entrenamiento.

No tenemos que construir el clasificador de bosque aleatorio a partir de árboles de decisión individuales, porque ya hay una implementación en Scikit-learn que podemos utilizar:

```
>>> from sklearn.ensemble import RandomForestClassifier
>>> forest = RandomForestClassifier(n_estimators=25,
...                                 random_state=1,
...                                 n_jobs=2)
>>> forest.fit(X_train, y_train)
>>> plot_decision_regions(X_combined, y_combined,
...                       classifier=forest, test_idx=range(105,150))
>>> plt.xlabel('Petal length [cm]')
>>> plt.ylabel('Petal width [cm]')
>>> plt.legend(loc='upper left')
>>> plt.tight_layout()
>>> plt.show()
```

Después de ejecutar el código anterior, deberíamos ver las regiones de decisión formadas por el conjunto de árboles del bosque aleatorio, como se muestra en la Figura 3.24:

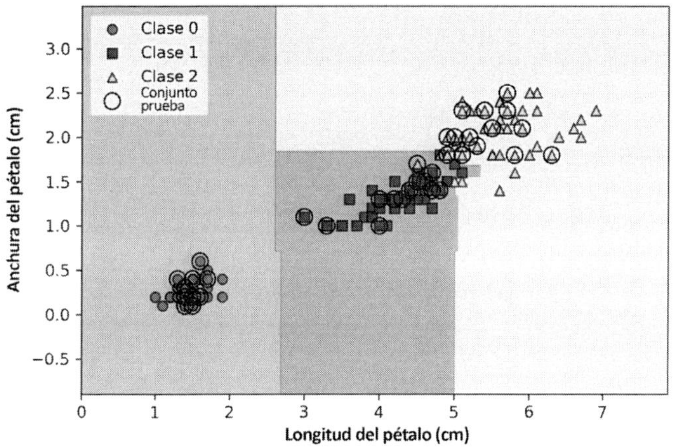

Figura 3.24 *Fronteras de decisión en el conjunto de datos Iris utilizando el bosque aleatorio.*

Utilizando el código anterior, entrenamos un bosque aleatorio de 25 árboles de decisión con el parámetro `n_estimators`. Por defecto, utiliza la medida de impureza de Gini como criterio para dividir los nodos. Aunque estamos haciendo crecer un bosque aleatorio muy pequeño a partir de un conjunto de datos de entrenamiento muy pequeño, utilizamos el parámetro `n_jobs` para fines de demostración, que nos permite paralelizar el entrenamiento del modelo utilizando varios núcleos de nuestro ordenador (aquí, dos núcleos). Si encuentra errores con este código, es posible que su ordenador no soporte el multiprocesamiento. Puede omitir el parámetro `n_jobs` o establecer su valor en `n_jobs=None`.

K vecinos más cercanos: un algoritmo de aprendizaje perezoso

El último algoritmo de aprendizaje supervisado que consideramos oportuno tratar en este capítulo es el de *k* vecinos más cercanos (k-Nearest Neighbor, KNN), que es particularmente interesante porque es fundamentalmente diferente de los algoritmos de aprendizaje que hemos visto hasta ahora.

KNN es un ejemplo típico de aprendiz perezoso. Se llama «perezoso» no por su aparente simplicidad, sino porque no descubre una función discriminatoria a partir de los datos de entrenamiento, sino que memoriza el conjunto de datos de entrenamiento.

El algoritmo KNN en sí es bastante sencillo y puede resumirse en los siguientes pasos:

1. Elegir el número *k* y una métrica de distancia.
2. Encontrar los *k* vecinos más cercanos del registro de datos que queremos clasificar.
3. Asignar la etiqueta de clase por mayoría de votos.

Modelos paramétricos y no paramétricos

Los algoritmos de aprendizaje automático pueden agruparse en modelos paramétricos y no paramétricos. Con los modelos paramétricos, se estiman los parámetros del conjunto de datos de entrenamiento para descubrir una función que pueda clasificar nuevos puntos de datos sin necesidad de tener en cuenta el conjunto de datos de entrenamiento original. Ejemplos típicos de modelos paramétricos son el perceptrón, la regresión logística y la SVM lineal. En cambio, los modelos no paramétricos no pueden caracterizarse por un conjunto fijo de parámetros, y el número de parámetros cambia con la cantidad de datos de entrenamiento. Dos ejemplos de modelos no paramétricos que hemos visto hasta ahora son el clasificador de árbol de decisión/bosque aleatorio y la SVM de kernel (que no es lineal).

KNN pertenece a una subcategoría de modelos no paramétricos descritos como aprendizaje basado en instancias. Los modelos basados en el aprendizaje por instancias se caracterizan por memorizar el conjunto de datos de entrenamiento, y el aprendizaje perezoso es un caso especial del aprendizaje por instancias que se asocia con ningún (cero) coste durante el proceso de aprendizaje.

La Figura 3.25 ilustra cómo se asigna a un nuevo punto de datos (?) la etiqueta de clase triangular basándose en la votación por mayoría entre sus cinco vecinos más cercanos:

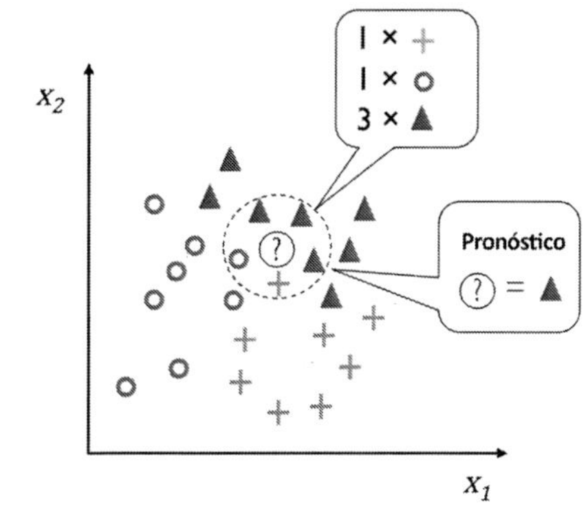

Figura 3.25 *Funcionamiento del algoritmo de k vecinos más cercanos.*

Basándose en la métrica de distancia elegida, el algoritmo KNN encuentra los *k* ejemplos del conjunto de datos de entrenamiento más cercanos (más similares) al punto que queremos clasificar. La etiqueta de clase del punto de datos se determina, entonces, mediante un voto mayoritario entre sus *k* vecinos más cercanos.

Ventajas y desventajas de los enfoques basados en la memoria

La principal ventaja de este enfoque basado en la memoria es que el clasificador se adapta inmediatamente a medida que recogemos nuevos datos de entrenamiento. Sin embargo, la desventaja es que la complejidad computacional para clasificar nuevos ejemplos crece linealmente con el número de ejemplos en el conjunto de datos de entrenamiento, a menos que el conjunto de datos tenga muy pocas dimensiones (características) y el algoritmo se haya implementado utilizando estructuras de datos eficientes para consultar los datos de entrenamiento de manera más eficaz. Estas estructuras de datos incluyen el árbol *k-d* (`https://en.wikipedia.org/wiki/K-d_tree`) y el árbol de bolas (`https://en.wikipedia.org/wiki/Ball_tree`), ambos soportados por Scikit-learn. Además, junto con los costes computacionales para la consulta de datos, los grandes conjuntos de datos también pueden ser problemáticos en términos de disponer de una capacidad de almacenamiento limitada.

Sin embargo, en muchos casos en los que trabajamos con conjuntos de datos relativamente pequeños o medianos, los métodos basados en la memoria pueden proporcionar un buen rendimiento predictivo y computacional, por lo que son una buena opción para abordar muchos problemas del mundo real. Algunos ejemplos recientes del uso de métodos de los *k* vecinos más cercanos incluyen el pronóstico de las propiedades de las dianas farmacológicas («Machine Learning to Identify Flexibility Signatures of Class A GPCR Inhibition, Biomolecules», 2020, Joe Bemister-Buffington, Alex J. Wolf, Sebastian Raschka y Leslie A. Kuhn, `https://www.mdpi.com/2218-273X/10/3/454`) y los modelos lingüísticos más avanzados («Efficient Nearest Neighbor Language Models», 2021, Junxian He, Graham Neubig, and Taylor Berg-Kirkpatrick, `https://arxiv.org/abs/2109.04212`).

Ejecutando el siguiente código, implementaremos ahora un modelo KNN en Scikit-learn utilizando una métrica de distancia euclidiana:

```
>>> from sklearn.neighbors import KNeighborsClassifier
>>> knn = KNeighborsClassifier(n_neighbors=5, p=2, metric='minkowski')
>>> knn.fit(X_train_std, y_train)
>>> plot_decision_regions(X_combined_std, y_combined,
...                       classifier=knn, test_idx=range(105,150))
>>> plt.xlabel('Petal length [standardized]')
>>> plt.ylabel('Petal width [standardized]')
>>> plt.legend(loc='upper left')
>>> plt.tight_layout()
>>> plt.show()
```

Al especificar cinco vecinos en el modelo KNN para este conjunto de datos, obtenemos una frontera de decisión relativamente suave, como se muestra en la Figura 3.26:

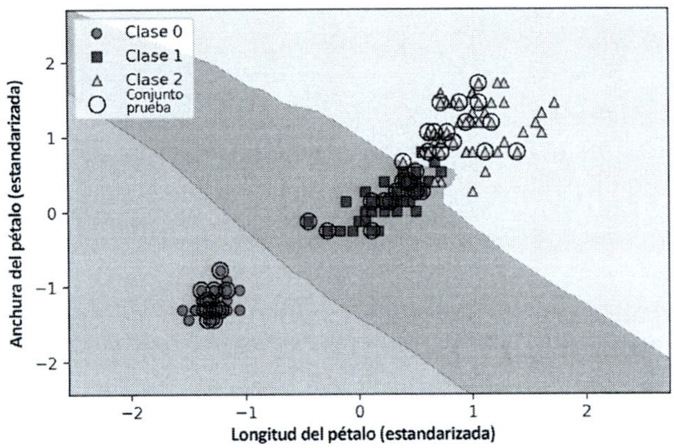

Figura 3.26 *Fronteras de decisión de los k vecinos más cercanos en el conjunto de datos Iris.*

Resolución de los empates

En el caso de un empate, la implementación de Scikit-learn del algoritmo KNN preferirá los vecinos con una distancia más cercana al registro de datos a clasificar. Si los vecinos tienen distancias similares, el algoritmo elegirá la etiqueta de clase que aparezca primero en el conjunto de datos de entrenamiento.

La elección correcta de *k* es crucial para encontrar un buen equilibrio entre el sobreajuste y el infraajuste. También tenemos que asegurarnos de elegir una métrica de distancia que sea adecuada a las características del conjunto de datos. A menudo se utiliza una simple medida de distancia euclidiana para los ejemplos de valor real; por ejemplo, las flores de nuestro conjunto de datos Iris, cuyas características se miden en centímetros.

Sin embargo, si utilizamos una medida de distancia euclidiana, también es importante estandarizar los datos para que cada característica contribuya por igual a la distancia. La distancia de `Minkowski` que utilizamos en el código anterior no es más que una generalización de la distancia euclidiana y de la distancia Manhattan, que puede escribirse como:

$$d\left(\boldsymbol{x}^{(i)}, \boldsymbol{x}^{(j)}\right) = \sqrt[p]{\sum_k \left|x_k^{(i)} - x_k^{(j)}\right|^p}$$

Se convierte en la distancia euclidiana si establecemos el parámetro `p=2`, o en la distancia Manhattan con `p=1`. Muchas otras métricas de distancia están disponibles en Scikit-learn y se pueden proporcionar al parámetro `metric`. Se muestran en una lista en `https://scikit-learn.org/stable/modules/generated/sklearn.metrics.DistanceMetric.html`.

Por último, es importante mencionar que KNN es muy susceptible de sobreajuste, debido a la maldición de la dimensionalidad. La maldición de la dimensionalidad describe el fenómeno en el que el espacio de características se vuelve cada vez más escaso para un número creciente de dimensiones de un conjunto de datos de entrenamiento de tamaño fijo. Podemos pensar que incluso los vecinos más cercanos están demasiado lejos en un espacio de alta dimensión para proporcionar una buena estimación.

En la sección sobre regresión logística hemos tratado el concepto de regularización como una forma de evitar el sobreajuste. Sin embargo, en los modelos en los que la regularización no es aplicable, como los árboles de decisión y KNN, podemos utilizar técnicas de selección de características y de reducción de la dimensionalidad para ayudarnos a evitar la maldición de la dimensionalidad. Esto se tratará con más detalle en los dos próximos capítulos.

Implementaciones alternativas de aprendizaje automático con apoyo de GPU

Cuando se trabaja con grandes conjuntos de datos, la ejecución de *k* vecinos más cercanos o el ajuste de bosques aleatorios con muchos estimadores puede requerir importantes recursos informáticos y tiempo de procesamiento. Si tiene un ordenador equipado con una GPU NVIDIA compatible con las versiones recientes de la biblioteca CUDA de NVIDIA, le recomendamos que considere el ecosistema RAPIDS (`https://docs.rapids.ai/api`). Por ejemplo, la biblioteca cuML de RAPIDS (`https://docs.rapids.ai/api/cuml/stable/`) implementa muchos de los algoritmos de aprendizaje automático de Scikit-learn con soporte de GPU para acelerar la velocidad de procesamieto. Puede encontrar una introducción a cuML en `https://docs.rapids.ai/api/cuml/stable/estimator_intro.html`. Si está interesado en aprender más acerca del ecosistema RAPIDS, consulte también el artículo de libre acceso que escribimos en colaboración con el equipo de RAPIDS: «Machine Learning in Python: Main Developments and Technology Trends in Data Science, Machine Learning, and Artificial Intelligence» (`https://www.mdpi.com/2078-2489/11/4/193`).

Resumen

En este capítulo, ha aprendido sobre muchos algoritmos diferentes de aprendizaje automático que se utilizan para abordar problemas lineales y no lineales. Ha visto que los árboles de decisión son especialmente atractivos si nos importa la interpretabilidad. La regresión logística no solo es un modelo útil para el aprendizaje en línea a través de SGD, sino que también nos permite pronosticar la probabilidad de un evento particular.

Aunque las SVM son potentes modelos lineales que pueden extenderse a problemas no lineales mediante el truco del kernel, tienen muchos parámetros que deben ajustarse para hacer buenos pronósticos. En cambio, los métodos de conjunto, como los bosques aleatorios, no requieren mucho ajuste de parámetros y no se ajustan tan fácilmente como los árboles de decisión, lo que los convierte en modelos atractivos para muchos dominios de problemas prácticos. El clasificador KNN ofrece un enfoque alternativo a la clasificación a través del aprendizaje perezoso, que nos permite hacer pronósticos sin ningún entrenamiento del modelo, pero con un paso de predicción más caro computacionalmente.

Sin embargo, aún más importante que la elección de un algoritmo de aprendizaje adecuado son los datos disponibles en nuestro conjunto de datos de entrenamiento. Ningún algoritmo podrá hacer buenos pronósticos sin características informativas y discriminatorias.

En el próximo capítulo, trataremos temas importantes sobre el preprocesamiento de datos, la selección de características y la reducción de la dimensionalidad, lo que significa que necesitaremos construir modelos de aprendizaje automático potentes. Más adelante, en el capítulo 6, «Aprendizaje de las mejores prácticas para la evaluación de modelos y el ajuste de hiperparámetros», veremos cómo podemos evaluar y comparar el rendimiento de nuestros modelos y aprenderemos trucos útiles para afinar los distintos algoritmos.

Únase al espacio Discord de nuestro libro

Únase al espacio de trabajo Discord del libro para una sesión mensual de «Pregúnteme lo que quiera» con los autores (en inglés):

`https://packt.link/MLwPyTorch`

4

Elaboración de conjuntos de datos de entrenamiento adecuados: preprocesamiento

La calidad de los datos y la cantidad de información útil que contienen son factores clave que determinan lo bien que puede aprender un algoritmo de aprendizaje automático. Por lo tanto, es absolutamente necesario asegurarse de examinar y preprocesar el conjunto de datos antes de alimentar a un algoritmo de aprendizaje automático. En este capítulo, analizaremos las técnicas esenciales de preprocesamiento de datos que nos ayudarán a crear buenos modelos de aprendizaje automático.

Los temas que trataremos en este capítulo son los siguientes:

- Eliminación y atribución de los valores perdidos del conjunto de datos
- Cómo dar forma a los datos categóricos para los algoritmos de aprendizaje automático
- Selección de características relevantes para la construcción del modelo

Tratamiento de los datos que faltan

No es raro que, en las aplicaciones del mundo real, a nuestros ejemplos de entrenamiento les falten uno o más valores por diversas razones. Puede haber un error en el proceso de recopilación de datos, ciertas mediciones pueden no ser aplicables, o determinados campos pueden haberse dejado simplemente en blanco en una encuesta, por ejemplo. Los valores que faltan suelen aparecer como espacios en blanco en nuestra tabla de datos, como cadenas de texto como `NaN` (Not a Number, que significa «no es un número»), o como `NULL` (un indicador frecuentemente utilizado de valores desconocidos en las bases de datos relacionales). Por desgracia, la mayoría de las herramientas informáticas son incapaces de manejar estos valores perdidos, y generarán resultados imprevisibles si los ignoramos. Por lo tanto, es crucial que nos ocupemos de esos valores perdidos antes de seguir con los análisis.

En esta sección, trabajaremos con varias técnicas prácticas para tratar los valores que faltan, eliminando esas entradas de nuestro conjunto de datos o insertando los valores que faltan a partir de otros ejemplos y características de entrenamiento.

Identificación de los valores que faltan en las tablas de datos

Antes de ver varias técnicas para tratar los valores perdidos, vamos a crear un sencillo ejemplo `DataFrame` a partir de un archivo de valores separados por comas (Comma-Separated Values, CSV), para tener una mejor comprensión del problema:

```
>>> import pandas as pd
>>> from io import StringIO
>>> csv_data = \
... '''A,B,C,D
... 1.0,2.0,3.0,4.0
... 5.0,6.0,,8.0
... 10.0,11.0,12.0,'''
>>> # If you are using Python 2.7, you need
>>> # to convert the string to unicode:
>>> # csv_data = unicode(csv_data)
>>> df = pd.read_csv(StringIO(csv_data))
>>> df
        A       B       C       D
0     1.0     2.0     3.0     4.0
1     5.0     6.0     NaN     8.0
2    10.0    11.0    12.0     NaN
```

Usando el código anterior, leemos los datos con formato CSV en un `DataFrame` de Pandas mediante la función `read_csv` y nos damos cuenta de que las dos celdas que faltan se han sustituido por `NaN`. La función `StringIO` en el ejemplo de código anterior se ha utilizado simplemente a efectos de ilustración. Nos ha permitido leer la cadena asignada a `csv_data` en un `DataFrame` de Pandas, como si fuera un archivo CSV en nuestro disco duro.

Para un `DataFrame` más grande, puede ser tedioso buscar manualmente los valores que faltan; en este caso, podemos utilizar el método `isnull` para devolver un `DataFrame` con valores booleanos que indiquen si una celda contiene un valor numérico

(`False`) o si se han perdido datos (`True`). Utilizando el método `sum`, podemos devolver el número de valores perdidos por columna de la siguiente manera:

```
>>> df.isnull().sum()
A      0
B      0
C      1
D      1
dtype: int64
```

De esta manera, podemos contar el número de valores que faltan por columna; en las siguientes secciones, echaremos un vistazo a diferentes estrategias para tratar estos datos que faltan.

Gestión adecuada de datos con DataFrame de Pandas

Aunque Scikit-learn se desarrolló originalmente para trabajar solamente con matrices de NumPy, a veces puede ser más conveniente preprocesar los datos utilizando `DataFrame` de Pandas. Hoy en día, la mayoría de las funciones de Scikit-learn soportan objetos `DataFrame` como entradas, pero como el manejo de matrices NumPy está más maduro en la API de Scikit-learn, se recomienda utilizar matrices NumPy cuando sea posible. Tenga en cuenta que siempre puede acceder a la matriz NumPy subyacente de un `DataFrame` a través del atributo `values` antes de introducirla en un estimador de Scikit-learn:

```
>>> df.values
array([[  1.,   2.,   3.,   4.],
       [  5.,   6.,  nan,   8.],
       [ 10.,  11.,  12.,  nan]])
```

Eliminación de ejemplos de entrenamiento o de características con valores perdidos

Una de las formas más sencillas de tratar los datos que faltan es, simplemente, eliminar completamente las correspondientes características (columnas) o los ejemplos de entrenamiento (filas) del conjunto de datos; las filas con valores que faltan pueden eliminarse fácilmente mediante el método `dropna`:

```
>>> df.dropna(axis=0)
     A    B    C    D
0  1.0  2.0  3.0  4.0
```

De la misma manera, podemos eliminar las columnas que tienen al menos un `NaN` en cualquier fila estabeciendo el argumento de `axis` a `1`:

```
>>> df.dropna(axis=1)
      A     B
0   1.0   2.0
1   5.0   6.0
2  10.0  11.0
```

El método dropna admite varios parámetros adicionales que pueden resultar útiles:

```
>>> # only drop rows where all columns are NaN (returns the whole array
>>> # here since we don't have a row with all values NaN)
>>> df.dropna(how='all')
      A     B     C    D
0   1.0   2.0   3.0  4.0
1   5.0   6.0   NaN  8.0
2  10.0  11.0  12.0  NaN
>>> # drop rows that have fewer than 4 real values
>>> df.dropna(thresh=4)
      A     B     C    D
0   1.0   2.0   3.0  4.0
>>> # only drop rows where NaN appear in specific columns (here: 'C')
>>> df.dropna(subset=['C'])
      A     B     C    D
0   1.0   2.0   3.0  4.0
2  10.0  11.0  12.0  NaN
```

Aunque la eliminación de los datos que faltan parece ser un enfoque conveniente, también tiene ciertas desventajas; por ejemplo, podemos acabar eliminando demasiadas muestras, lo que hará imposible un análisis fiable. O, si eliminamos demasiadas columnas de características, correremos el riesgo de perder información valiosa que nuestro clasificador necesita para discriminar entre clases. En la siguiente sección, veremos una de las alternativas más utilizadas para tratar los valores perdidos: las técnicas de interpolación.

Atribución de valores perdidos

A menudo, la eliminación de ejemplos de entrenamiento o de columnas enteras de características no es factible, ya que podríamos perder demasiados datos valiosos. En este caso, podemos utilizar diferentes técnicas de interpolación para estimar los valores que faltan de los otros ejemplos de entrenamiento en el conjunto de datos. Una de las técnicas de interpolación más utilizadas es la atribución de la media, en la que simplemente sustituimos el valor que falta por el valor medio de toda la columna de características. Una forma conveniente de lograrlo es utilizando la clase SimpleImputer de Scikit-learn, como se muestra en el siguiente código:

```
>>> from sklearn.impute import SimpleImputer
>>> import numpy as np
>>> imr = SimpleImputer(missing_values=np.nan, strategy='mean')
>>> imr = imr.fit(df.values)
>>> imputed_data = imr.transform(df.values)
>>> imputed_data
array([[  1.,   2.,   3.,   4.],
       [  5.,   6.,  7.5,   8.],
       [ 10.,  11.,  12.,   6.]])
```

En este caso, sustituimos cada valor `NaN` por la media correspondiente, que se calcula por separado para cada columna de características. Otras opciones para el parámetro `strategy` son `median` o `most_frequent`; esta última sustituye los valores que faltan por los valores más frecuentes. Esto es útil para atribuir valores de características categóricas; por ejemplo, una columna de características que almacena una codificación de nombres de colores, como rojo, verde y azul. Encontraremos ejemplos de estos datos más adelante en este capítulo.

Opcionalmente, una forma aún más conveniente de atribuir los valores perdidos es utilizar el método `fillna` de Pandas y proporcionar un método de atribución como argumento. Por ejemplo, utilizando Pandas, podríamos conseguir la misma atribución de la media directamente en el objeto `DataFrame` a través del siguiente comando:

```
>>> df.fillna(df.mean())
```

	A	B	C	D
0	1.0	2.0	3.0	4.0
1	5.0	6.0	7.5	8.0
2	10.0	11.0	12.0	6.0

Figura 4.1 *Sustitución de los valores ausentes en los datos por el de la media.*

Otros métodos de atribución de datos perdidos

Para más información sobre otras técnicas de atribución (incluida `KNNImputer`, basada en el enfoque de *k* vecinos más cercanos, para atribuir características que faltan por medio de los vecinos más cercanos), recomendamos la documentación de atribución de Scikit-learn en `https://scikit-learn.org/stable/modules/impute.html`.

Interpretación de la API del estimador de Scikit-learn

En la sección anterior, utilizamos la clase `SimpleImputer` de Scikit-learn para atribuir los valores perdidos en el conjunto de datos. La clase `SimpleImputer` forma parte de la llamada API del transformador de Scikit-learn, que se utiliza para implementar clases de Python relacionadas con la transformación de datos. (Tenga en cuenta que la API del transformador de Scikit-learn no debe confundirse con la arquitectura del transformador que se utiliza en el procesamiento del lenguaje natural, que trataremos con más detalle en el capítulo 16, «Transformadores: mejora del procesamiento del lenguaje natural con mecanismos de atención»). Los dos métodos esenciales de estos estimadores son `fit` y `transform`. El método `fit` se utiliza para averiguar los parámetros de los datos de entrenamiento, y el método `transform` utiliza estos parámetros para transformar los datos. Cualquier matriz de datos que se vaya a transformar debe tener el mismo número de características que la matriz de datos que se ha utilizado para ajustar el modelo.

La Figura 4.2 ilustra cómo una instancia de transformador de Scikit-learn, ajustada a los datos de entrenamiento, se utiliza para transformar un conjunto de datos de entrenamiento, así como un nuevo conjunto de datos de prueba:

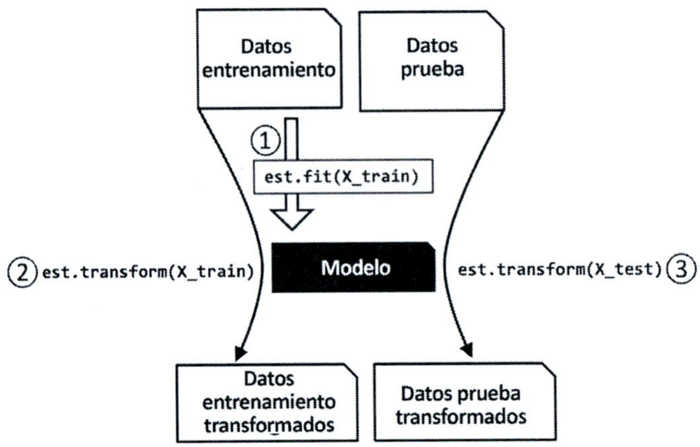

Figura 4.2 *Uso de la API de Scikit-learn para la transformación de datos.*

Los clasificadores que utilizamos en el capítulo 3, «Un recorrido por los clasificadores de aprendizaje automático con Scikit-learn», pertenecen a los llamados estimadores de Scikit-learn, con una API que es conceptualmente muy similar a la API del transformador de Scikit-learn. Los estimadores tienen el método `predict` pero también pueden tener el método `transform`, como verá más adelante en este capítulo. Como recordará, también utilizamos el método `fit` para averiguar los parámetros de un modelo cuando entrenamos esos estimadores en tareas de clasificación. Sin embargo, en las tareas de aprendizaje supervisado, proporcionamos adicionalmente las etiquetas de clase para ajustar el modelo, que luego pueden utilizarse para hacer pronósticos sobre nuevos ejemplos de datos no etiquetados a través del método `predict`, como se ilustra en la Figura 4.3:

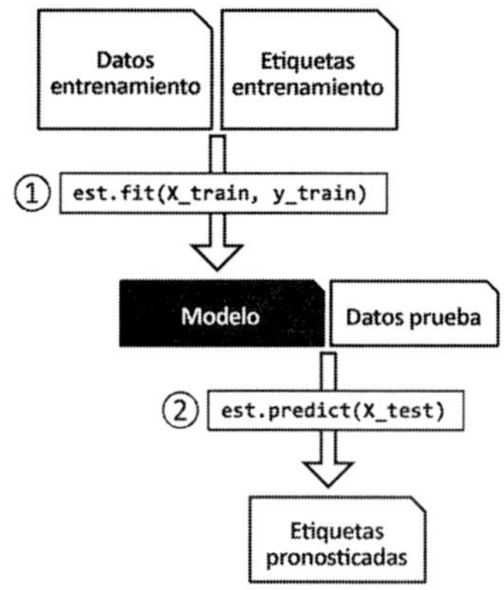

Figura 4.3 *Uso de la API de Scikit-learn para modelos predictivos, como son los clasificadores.*

Tratamiento de datos categóricos

Hasta ahora, solo hemos trabajado con valores numéricos. Sin embargo, no es raro que los conjuntos de datos del mundo real contengan una o más columnas de características categóricas. En esta sección, haremos uso de ejemplos sencillos pero eficaces para ver cómo tratar este tipo de datos en las bibliotecas de cálculo numérico.

Cuando hablamos de datos categóricos, tenemos que distinguir entre características ordinales y nominales. Las características ordinales pueden entenderse como valores categóricos que pueden clasificarse u ordenarse. Por ejemplo, la talla de las camisetas sería un rasgo ordinal, porque podemos definir un orden: $XL > L > M$. En cambio, las características nominales no implican ningún orden; por seguir con el ejemplo anterior, podríamos pensar que el color de la camiseta es un rasgo nominal, ya que normalmente no tiene sentido decir que, por ejemplo, el rojo es mayor que el azul.

Codificación de datos categóricos con Pandas

Antes de explorar diferentes técnicas para manejar los datos categóricos, vamos a crear un nuevo `DataFrame` para ilustrar el problema:

```
>>> import pandas as pd
>>> df = pd.DataFrame([
...             ['green', 'M', 10.1, 'class2'],
...             ['red', 'L', 13.5, 'class1'],
...             ['blue', 'XL', 15.3, 'class2']])
>>> df.columns = ['color', 'size', 'price', 'classlabel']
```

```
>>> df
   color  size  price  classlabel
0  green     M   10.1      class2
1    red     L   13.5      class1
2   blue    XL   15.3      class2
```

Como podemos ver en la salida anterior, el `DataFrame` creado contiene una característica nominal (`color`), una característica ordinal (`size`), y una columna de característica numérica (`price`). Suponiendo que hemos creado un conjunto de datos para una tarea de aprendizaje supervisado, las etiquetas de clase se almacenan en la última columna. Los algoritmos de aprendizaje para la clasificación que tratamos en el libro no utilizan información ordinal en las etiquetas de clase.

Asignación de las características ordinales

Para asegurarnos de que el algoritmo de aprendizaje interpreta correctamente las características ordinales, tenemos que convertir los valores categóricos de cadena en enteros. Desgraciadamente, no existe ninguna función conveniente que pueda derivar automáticamente el orden correcto de las etiquetas de la característica `size`, por lo que tenemos que definir el mapeo manualmente. Ahora, supongamos que conocemos la diferencia numérica entre las características; por ejemplo, $XL = L + 1 = M + 2$:

```
>>> size_mapping = {'XL': 3,
...                 'L': 2,
...                 'M': 1}
>>> df['size'] = df['size'].map(size_mapping)
>>> df
   color  size  price  classlabel
0  green     1   10.1      class2
1    red     2   13.5      class1
2   blue     3   15.3      class2
```

Si en una etapa posterior queremos volver a transformar los valores enteros a la representación de cadena original, podemos simplemente definir un diccionario de mapeo inverso, `inv_size_mapping = {v: k for k, v in size_mapping.items()}`, que se puede utilizar a través del método `map` de Pandas en la columna de características transformada y es similar al diccionario `size_mapping` que utilizamos anteriormente. Podemos utilizarlo de la siguiente manera:

```
>>> inv_size_mapping = {v: k for k, v in size_mapping.items()}
>>> df['size'].map(inv_size_mapping)
0   M
```

```
1    L
2   XL
Name: size, dtype: object
```

Codificación de las etiquetas de clase

Muchas bibliotecas de aprendizaje automático requieren que las etiquetas de clase se codifiquen como valores enteros. Aunque la mayoría de los estimadores para la clasificación en Scikit-learn convierten las etiquetas de clase en enteros internamente, se considera una buena práctica proporcionar las etiquetas de clase como matrices de enteros para evitar problemas técnicos. Para codificar las etiquetas de clase, podemos utilizar un enfoque similar al mapeo de características ordinales visto anteriormente. Debemos recordar que las etiquetas de clase no son ordinales, y que no importa qué número entero asignemos a una etiqueta de cadena concreta. Por lo tanto, podemos enumerar las etiquetas de clase, empezando por el `0`:

```
>>> import numpy as np
>>> class_mapping = {label: idx for idx, label in
...                  enumerate(np.unique(df['classlabel']))}
>>> class_mapping
{'class1': 0, 'class2': 1}
```

Después, podemos utilizar el diccionario de mapeo para transformar las etiquetas de clase en números enteros:

```
>>> df['classlabel'] = df['classlabel'].map(class_mapping)
>>> df
   color  size  price  classlabel
0  green     1   10.1           1
1    red     2   13.5           0
2   blue     3   15.3           1
```

Podemos invertir los pares clave-valor en el diccionario de mapeo de la siguiente manera para mapear las etiquetas de clase convertidas de nuevo a la representación de cadena original:

```
>>> inv_class_mapping = {v: k for k, v in class_mapping.items()}
>>> df['classlabel'] = df['classlabel'].map(inv_class_mapping)
>>> df
   color  size  price  classlabel
0  green     1   10.1      class2
1    red     2   13.5      class1
2   blue     3   15.3      class2
```

Como alternativa para conseguirlo, existe una clase adecuada, `LabelEncoder`, implementada directamente en Scikit-learn:

```
>>> from sklearn.preprocessing import LabelEncoder
>>> class_le = LabelEncoder()
>>> y = class_le.fit_transform(df['classlabel'].values)
>>> y
array([1, 0, 1])
```

Hay que tener en cuenta que el método `fit_transform` es solo un atajo para llamar a `fit` y `transform` por separado. Podemos utilizar el método `inverse_transform` para transformar de nuevo las etiquetas de clase en enteros y volver a su representación original de cadena:

```
>>> class_le.inverse_transform(y)
array(['class2', 'class1', 'class2'], dtype=object)
```

Codificación one-hot de las características nominales

En la sección anterior de mapeo de características ordinales, utilizamos un enfoque de mapeo de diccionario simple para convertir la característica ordinal `size` en enteros. Dado que los estimadores de Scikit-learn para la clasificación tratan las etiquetas de clase como datos categóricos que no implican ningún orden (nominal), utilizamos el práctico `LabelEncoder` para codificar las etiquetas de cadena en enteros. Podríamos utilizar un enfoque similar para transformar la columna nominal `color` del conjunto de datos, como sigue:

```
>>> X = df[['color', 'size', 'price']].values
>>> color_le = LabelEncoder()
>>> X[:, 0] = color_le.fit_transform(X[:, 0])
>>> X
array([[1, 1, 10.1],
       [2, 2, 13.5],
       [0, 3, 15.3]], dtype=object)
```

Después de ejecutar el código anterior, la primera columna de la matriz NumPy, `X`, contiene ahora los nuevos valores `color`, que se codifican como sigue:

- `blue = 0`
- `green = 1`
- `red = 2`

Si nos detenemos en este punto y alimentamos nuestro clasificador con el array, cometeremos uno de los errores más frecuentes al tratar con datos categóricos. ¿Puede identificar el problema? Aunque los valores de los colores no vienen en ningún orden en particular, los modelos de clasificación ordinarios, como los que hemos visto en los capítulos anteriores, asumirán ahora que `green` es más grande que `blue`, y que `red` es más grande que `green`. Aunque esta suposición es incorrecta, un clasificador podría seguir generando resultados útiles. Sin embargo, esos resultados no serían óptimos.

Una solución frecuentemente empleada para resolver este problema es utilizar una técnica llamada «codificación one-hot». La idea que hay detrás de este enfoque es crear una nueva característica ficticia para cada valor único en la columna de características nominales. En este caso, convertiríamos la característica `color` en tres nuevas características: `blue`, `green` y `red`. Los valores binarios pueden utilizarse para indicar el `color` particular de un ejemplo; por ejemplo, `blue` puede codificarse como `blue=1`, `green=0`, `red=0`. Para realizar esta transformación, podemos usar `OneHotEncoder`, implementado en el módulo `preprocessing` de Scikit-learn:

```
>>> from sklearn.preprocessing import OneHotEncoder
>>> X = df[['color', 'size', 'price']].values
>>> color_ohe = OneHotEncoder()
>>> color_ohe.fit_transform(X[:, 0].reshape(-1, 1)).toarray()
    array([[0., 1., 0.],
           [0., 0., 1.],
           [1., 0., 0.]])
```

Hay que tener en cuenta que hemos aplicado `OneHotEncoder` a una sola columna, (`X[:, 0].reshape(-1, 1)`), para evitar modificar también las otras dos columnas de la matriz. Si queremos transformar selectivamente las columnas de una matriz de múltiples características, podemos utilizar `ColumnTransformer`, que acepta una lista de tuplas `(name, transformer, column(s))` como sigue:

```
>>> from sklearn.compose import ColumnTransformer
>>> X = df[['color', 'size', 'price']].values
>>> c_transf = ColumnTransformer([
...     ('onehot', OneHotEncoder(), [0]),
...     ('nothing', 'passthrough', [1, 2])
... ])
>>> c_transf.fit_transform(X).astype(float)
    array([[0.0, 1.0, 0.0, 1, 10.1],
           [0.0, 0.0, 1.0, 2, 13.5],
           [1.0, 0.0, 0.0, 3, 15.3]])
```

En el ejemplo de código anterior, hemos especificado que queremos modificar solo la primera columna y dejar las otras dos columnas sin tocar mediante el argumento `'passthrough'`.

Una forma aún más conveniente de crear esas características ficticias a través de la codificación one-hot es utilizar el método `get_dummies` implementado en Pandas. Aplicado al `DataFrame`, el método `get_dummies` solo convertirá las columnas de cadena y dejará todas las demás columnas sin cambios:

```
>>> pd.get_dummies(df[['price', 'color', 'size']])
    price  size  color_blue  color_green  color_red
0    10.1     1           0            1          0
1    13.5     2           0            0          1
2    15.3     3           1            0          0
```

Cuando utilizamos conjuntos de datos codificados en one-hot, tenemos que tener en cuenta que este hecho introduce la multicolinealidad, que puede ser un problema para ciertos métodos (por ejemplo, los métodos que requieren la inversión de matrices). Si las características están muy correlacionadas, es difícil realizar la inversión de las matrices desde el punto de vista de la computación, lo que puede dar lugar a estimaciones numéricamente inestables. Para reducir la correlación entre las variables, podemos eliminar una columna de características del array codificado en one-hot. Tenga en cuenta que no perdemos ninguna información importante al eliminar una columna de características; por ejemplo, si eliminamos la columna `color_blue`, la información de la característica se sigue conservando, ya que si observamos `color_green=0` y `color_red=0`, implica que la observación debe ser `blue`.

Si utilizamos la función `get_dummies`, podemos eliminar la primera columna pasando el argumento `True` al parámetro `drop_first`, como se muestra en el siguiente ejemplo de código:

```
>>> pd.get_dummies(df[['price', 'color', 'size']],
...                drop_first=True)
    price  size  color_green  color_red
0    10.1     1            1          0
1    13.5     2            0          1
2    15.3     3            0          0
```

Para eliminar una columna redundante utilizando `OneHotEncoder`, necesitamos establecer `drop='first'` y establecer `categories='auto'` como sigue:

```
>>> color_ohe = OneHotEncoder(categories='auto', drop='first')
>>> c_transf = ColumnTransformer([
...           ('onehot', color_ohe, [0]),
...           ('nothing', 'passthrough', [1, 2])
... ])
>>> c_transf.fit_transform(X).astype(float)
```

```
array([[ 1. , 0. , 1. , 10.1],
       [ 0. , 1. , 2. , 13.5],
       [ 0. , 0. , 3. , 15.3]])
```

Otros esquemas de codificación para datos nominales

Aunque la codificación one-hot es la que más se utiliza en la codificación de las variables categóricas desordenadas, existen varios métodos alternativos. Algunas de estas técnicas pueden ser útiles cuando se trabaja con características categóricas que tienen una alta cardinalidad (un gran número de etiquetas de categorías exclusivas). Algunos ejemplos son:

- La codificación binaria, que produce múltiples características binarias de forma similar a la codificación one-hot, pero requiere menos columnas de características; es decir, $\log_2(K)$ en lugar de $K - 1$, donde K es el número de categorías únicas. En la codificación binaria, los números se convierten primero en representaciones binarias, y luego cada posición numérica binaria formará una nueva columna de características.
- La codificación de recuento o de frecuencia, que sustituye la etiqueta de cada categoría por el número de veces o la frecuencia con la que aparece en el conjunto de entrenamiento.

Estos métodos, así como otros esquemas de codificación categórica, están disponibles en la biblioteca `category_encoders`: `https://contrib.scikit-learn.org/category_encoders/`.

Aunque no se garantiza que estos métodos tengan un mejor rendimiento que la codificación one-hot en términos de rendimiento del modelo, podemos considerar la elección de un esquema de codificación categórica como un «hiperparámetro» adicional para mejorar el rendimiento del modelo.

Opcional: codificación de características ordinales

Si no estamos seguros de las diferencias numéricas entre las categorías de características ordinales, o la diferencia entre dos valores ordinales no está definida, también podemos codificarlas utilizando una codificación de umbral con valores 0/1. Por ejemplo, podemos dividir la característica `size` con valores `M`, `L` y `XL` en dos nuevas características, `x > M` y `x > L`. Consideremos el `DataFrame` original:

```
>>> df = pd.DataFrame([['green', 'M', 10.1,
...                      'class2'],
...                     ['red', 'L', 13.5,
...                      'class1'],
...                     ['blue', 'XL', 15.3,
...                      'class2']])
```

```
>>> df.columns = ['color', 'size', 'price',
...               'classlabel']
>>> df
```

Se puede utilizar el método `apply` del `DataFrame` de Pandas para escribir expresiones lambda personalizadas, con el fin de codificar estas variables utilizando el enfoque valor-umbral:

```
>>> df['x > M'] = df['size'].apply(
...     lambda x: 1 if x in {'L', 'XL'} else 0)
>>> df['x > L'] = df['size'].apply(
...     lambda x: 1 if x == 'XL' else 0)
>>> del df['size']
>>> df
```

Partición del conjunto de datos en conjuntos de entrenamiento y de prueba separados

En el capítulo 1, «Dotar a los ordenadores de la capacidad de aprender de los datos», y en el capítulo 3, «Un recorrido por los clasificadores de aprendizaje automático con Scikit-learn», hemos introducido brevemente el concepto de partición de un conjunto de datos en conjuntos de datos separados para entrenamiento y prueba. Recuerde que la comparación de los pronósticos con las etiquetas verdaderas en el conjunto de prueba puede entenderse como la evaluación no sesgada del rendimiento de nuestro modelo antes de lanzarlo al mundo real. En esta sección, prepararemos un nuevo conjunto de datos, el conjunto de datos Wine. Después de preprocesar el conjunto de datos, exploraremos diferentes técnicas de selección de características para reducir su dimensionalidad.

El conjunto de datos Wine es un conjunto de datos de código abierto que está disponible en el repositorio de aprendizaje automático UCI (`https://archive.ics.uci.edu/ml/datasets/Wine`); consta de 178 ejemplos de vino con 13 características que describen sus diferentes propiedades químicas.

Mediante la biblioteca de Pandas, leeremos directamente el conjunto de datos Wine de código abierto del repositorio de aprendizaje automático UCI:

```
>>> df_wine = pd.read_csv('https://archive.ics.uci.edu/'
...                       'ml/machine-learning-databases/'
...                       'wine/wine.data', header=None)
>>> df_wine.columns = ['Class label', 'Alcohol',
...                    'Malic acid', 'Ash',
...                    'Alcalinity of ash', 'Magnesium',
...                    'Total phenols', 'Flavanoids',
```

```
...                      'Nonflavanoid phenols',
...                      'Proanthocyanins',
...                      'Color intensity', 'Hue',
...                      'OD280/OD315 of diluted wines',
...                      'Proline']
>>> print('Class labels', np.unique(df_wine['Class label']))
Class labels [1 2 3]
>>> df_wine.head()
```

Cómo obtener el conjunto de datos Wine

Puede encontrar una copia del conjunto de datos Wine (y de todos los demás conjuntos de datos utilizados en el libro) en el paquete de códigos del libro, que puede utilizar si está trabajando sin conexión o si el conjunto de datos en `https://archive.ics.uci.edu/ml/machine-learning-databases/wine/wine.data` no está disponible temporalmente en el servidor de UCI. Por ejemplo, para cargar el conjunto de datos de Wine desde un directorio local, puede sustituir esta línea:

```
df = pd.read_csv(
    'https://archive.ics.uci.edu/ml/'
    'machine-learning-databases/wine/wine.data',
    header=None
)
```

por esta otra:

```
df = pd.read_csv('your/local/path/to/wine.data', header=None)
```

Las 13 características diferentes del conjunto de datos Wine, que describen las propiedades químicas de los 178 ejemplos de vino, se enumeran en la siguiente figura:

	Etiqueta clase	Alcohol	Ácido málico	Cenizas	Alcalinidad cenizas	Magnesio	Fenoles totales	Flavonoides	Fenoles no flavonoides	Proantocianinas	Intensidad color	Tono	OD280/OD315 diluido en los vinos	Prolina
0	1	14.23	1.71	2.43	15.6	127	2.80	3.06	0.28	2.29	5.64	1.04	3.92	1065
1	1	13.20	1.78	2.14	11.2	100	2.65	2.76	0.26	1.28	4.38	1.05	3.40	1050
2	1	13.16	2.36	2.67	18.6	101	2.80	3.24	0.30	2.81	5.68	1.03	3.17	1185
3	1	14.37	1.95	2.50	16.8	113	3.85	3.49	0.24	2.18	7.80	0.86	3.45	1480
4	1	13.24	2.59	2.87	21.0	118	2.80	2.69	0.39	1.82	4.32	1.04	2.93	735

Figura 4.4 *Muestra del conjunto de datos Wine.*

Los ejemplos pertenecen a cada una de las tres clases diferentes (`1`, `2` y `3`), que hacen referencia a los tres tipos diferentes de uva que se cultivan en la misma región de Italia, pero que provienen de diferentes plantaciones de vino, como se describe en el resumen del conjunto de datos (`https://archive.ics.uci.edu/ml/machine-learning-databases/wine/wine.names`).

Una forma práctica de dividir aleatoriamente este conjunto de datos en conjuntos de datos de prueba y de entrenamiento separados es utilizar la función `train_test_split` del submódulo `model_selection` de Scikit-learn:

```
>>> from sklearn.model_selection import train_test_split
>>> X, y = df_wine.iloc[:, 1:].values, df_wine.iloc[:, 0].values
>>> X_train, X_test, y_train, y_test =\
...     train_test_split(X, y,
...                      test_size=0.3,
...                      random_state=0,
...                      stratify=y)
```

Elección de la proporción adecuada para dividir un conjunto de datos en conjuntos de entrenamiento y de prueba

Si dividimos un conjunto de datos en conjuntos de entrenamiento y de prueba, tenemos que tener en cuenta que estamos reteniendo información valiosa de la que podría beneficiarse el algoritmo de aprendizaje. Por tanto, no queremos asignar demasiada información al conjunto de prueba. Sin embargo, cuanto más pequeño sea el conjunto de prueba, más inexacta será la estimación del error de generalización. Dividir un conjunto de datos en conjuntos de entrenamiento y de prueba consiste en equilibrar este compromiso. En la práctica, las divisiones más utilizadas son 60:40, 70:30 u 80:20, dependiendo del tamaño del conjunto de datos inicial. Sin embargo, para conjuntos de datos grandes, las divisiones 90:10 o 99:1 también son corrientes y adecuadas. Por ejemplo, si el conjunto de datos contiene más de 100 000 ejemplos de entrenamiento, puede estar bien retener solo 10 000 ejemplos para las pruebas, con el fin de obtener una buena estimación del rendimiento de la generalización. Puede encontrar más información e ilustraciones en la sección uno de mi artículo «Model evaluation, model selection, and algorithm selection in machine learning», que está disponible gratuitamente en `https://arxiv.org/pdf/1811.12808.pdf`. Además, volveremos a tratar el tema de la evaluación de modelos y lo discutiremos con más detalle en el capítulo 6, «Mejores prácticas de aprendizaje para la evaluación de modelos y el ajuste de hiperparámetros».

Además, en lugar de descartar los datos de prueba asignados tras el entrenamiento y la evaluación del modelo, es una práctica habitual volver a entrenar un clasificador en todo el conjunto de datos, ya que puede mejorar el rendimiento predictivo del modelo. Aunque, en general, este enfoque se recomienda, podría conducir a un peor rendimiento de generalización si el conjunto de datos es pequeño y el conjunto de datos de prueba contiene valores atípicos, por ejemplo. Además, después de reajustar el modelo en todo el conjunto de datos, no nos quedan datos independientes para evaluar su rendimiento.

En primer lugar, asignamos la representación en el array NumPy de las columnas de características 1-13 a la variable `X` y asignamos las etiquetas de clase de la primera columna a la variable `y`.

A continuación utilizamos la función `train_test_split` para dividir aleatoriamente `X` e `y` en conjuntos de datos de entrenamiento y de prueba separados.

Al establecer `test_size=0.3`, asignaremos el 30 % de los ejemplos de vino a `X_test` e `y_test`; el 70 % restante se han asignado a `X_train` e `y_train`, respectivamente. Al proporcionar el array de etiquetas de clase `y` como un argumento de `stratify` se garantiza que los conjuntos de datos de entrenamiento y de prueba tengan las mismas proporciones de clases que el conjunto de datos original.

Las características deben estar en la misma escala

La escala de características es un paso crucial en nuestro pipeline de preprocesamiento, que puede olvidarse fácilmente. Los árboles de decisión y los bosques aleatorios son dos de los pocos algoritmos de aprendizaje automático en los que no es necesario preocuparse por la escala de las características. Estos algoritmos son invariables en cuanto a la escala. Sin embargo, la mayoría de los algoritmos de aprendizaje automático y de optimización se comportan mucho mejor si las características están en la misma escala, como vimos en el capítulo 2, «Entrenamiento de algoritmos sencillos de aprendizaje automático para tareas de clasificación», cuando implementamos el algoritmo de optimización de descenso de gradiente.

La importancia de la escala de las características puede ilustrarse con un ejemplo sencillo. Supongamos que tenemos dos características, una de las cuales se mide en una escala de 1 a 10 y la segunda en una escala de 1 a 100 000, respectivamente.

Si pensamos en la función de error al cuadrado de Adaline del capítulo 2, tiene sentido decir que el algoritmo se ocupará sobre todo de optimizar los pesos en función de los errores más grandes de la segunda característica. Otro ejemplo es el algoritmo de *k* vecinos más cercanos (**KNN**), con una medida de distancia euclidiana: las distancias calculadas entre los ejemplos estarán dominadas por el segundo eje de características.

Ahora bien, hay dos enfoques clásicos para expresar las diferentes características en la misma escala: **normalización** y **estandarización**. Estos términos se utilizan a menudo de forma bastante imprecisa en diferentes campos, y su significado debe deducirse del contexto. En la mayoría de los casos, la normalización se refiere al cambio de escala de las características a un rango de [0, 1], que es un caso especial de escala mínima-máxima. Para normalizar nuestros datos, podemos aplicar la escala mínima-máxima a cada columna de características, donde el nuevo valor, $x_{norm}^{(i)}$, de un ejemplo, $x^{(i)}$, se puede calcular como sigue:

$$x_{norm}^{(i)} = \frac{x^{(i)} - x_{min}}{x_{max} - x_{min}}$$

Aquí, $x^{(i)}$ es un ejemplo particular, x_{min} es el menor valor de una columna de características, y x_{max} es el mayor valor.

El procedimiento del escalado mín-máx está implementado en Scikit-learn y se puede utilizar como sigue:

```
>>> from sklearn.preprocessing import MinMaxScaler
>>> mms = MinMaxScaler()
>>> X_train_norm = mms.fit_transform(X_train)
>>> X_test_norm = mms.transform(X_test)
```

Aunque la normalización mediante el escalado mín-máx es una técnica que se utiliza frecuentemente y que es útil cuando necesitamos valores que se encuentren en un intervalo acotado, la estandarización puede ser más práctica para muchos algoritmos de aprendizaje automático, especialmente para los algoritmos de optimización como el descenso de gradiente. La razón es que muchos modelos lineales, como la regresión logística y SVM del capítulo 3, inicializan los pesos a 0 o a pequeños valores aleatorios cercanos a 0. Utilizando la estandarización, centramos las columnas de características en la media 0 con desviación estándar 1 para que estas tengan los mismos parámetros que una distribución normal estándar (media cero y varianza unitaria), lo que facilita la averiguación de los pesos. Sin embargo, hay que destacar que la estandarización no cambia la forma de la distribución y no transforma los datos no distribuidos normalmente en datos distribuidos normalmente. Además de escalar los datos de forma que tengan una media cero y una varianza unitaria, la estandarización conserva información útil sobre los valores atípicos y hace que el algoritmo sea menos sensible a ellos, en contraste con el escalado mín-máx, que escala los datos a un rango limitado de valores.

El procedimiento de estandarización puede expresarse mediante la siguiente ecuación:

$$x_{std}^{(i)} = \frac{x^{(i)} - \mu_x}{\sigma_x}$$

Aquí, μ_x es la media muestral de una columna de características concreta, y σ_x es la desviación estándar correspondiente.

La siguiente tabla ilustra la diferencia entre las dos técnicas de escalado de características más utilizadas, la normalización y la estandarización, en un sencillo conjunto de datos de ejemplo compuesto por números del 0 al 5:

Input	Estandardización	Normalización
0.0	-1.46385	0.0
1.0	-0.87831	0.2
2.0	-0.29277	0.4
3.0	0.29277	0.6
4.0	0.87831	0.8
5.0	1.46385	1.0

Tabla 4.1 *Comparación entre la estandarización y la normalización mín-máx.*

Puede realizar la estandarización y la normalización mostradas en la tabla de forma manual ejecutando los siguientes ejemplos de código:

```
>>> ex = np.array([0, 1, 2, 3, 4, 5])
>>> print('standardized:', (ex - ex.mean()) / ex.std())
standardized: [-1.46385011  -0.87831007  -0.29277002  0.29277002
0.87831007  1.46385011]
>>> print('normalized:', (ex - ex.min()) / (ex.max() - ex.min()))
normalized: [ 0.  0.2  0.4  0.6  0.8  1. ]
```

Al igual que con la clase `MinMaxScaler`, Scikit-learn también aplica una clase para la estandarización:

```
>>> from sklearn.preprocessing import StandardScaler
>>> stdsc = StandardScaler()
>>> X_train_std = stdsc.fit_transform(X_train)
>>> X_test_std = stdsc.transform(X_test)
```

Es importante destacar que ajustamos la clase `StandardScaler` solo una vez (en los datos de entrenamiento) y utilizamos esos parámetros para transformar el conjunto de datos de prueba o cualquier punto de datos nuevo.

Otros métodos más avanzados para el escalado de características están disponibles en Scikit-learn, como `RobustScaler`, que es especialmente útil y recomendable si estamos trabajando con conjuntos pequeños de datos que contienen muchos valores atípicos. Del mismo modo, si el algoritmo de aprendizaje automático aplicado a este conjunto de datos es propenso al sobreajuste, `RobustScaler` puede ser una buena elección. Operando en cada columna de características de forma independiente, `RobustScaler` elimina el valor mediano y escala el conjunto de datos según el primer y el tercer cuartil del conjunto de datos (es decir, el cuantil 25 y el 75, respectivamente), de forma que los valores más extremos y los valores atípicos se vuelven menos pronunciados. Puede encontrar más información sobre `RobustScaler` en la documentación oficial de Scikit-learn, en `https://scikit-learn.org/stable/modules/generated/sklearn.preprocessing.RobustScaler.html`.

Selección de características significativas

Si observamos que un modelo funciona mucho mejor con un conjunto de datos de entrenamiento que con el conjunto de datos de prueba, esta observación es un potente indicador de sobreajuste. Como ya comentamos en el capítulo 3, «Un recorrido por los clasificadores de aprendizaje automático con Scikit-learn», el sobreajuste significa que el modelo se ajusta demasiado a los parámetros con respecto a las observaciones particulares del conjunto de datos de entrenamiento, pero no se generaliza bien a los nuevos datos; decimos que el modelo tiene una alta varianza. La razón del sobreajuste es que nuestro modelo es demasiado complejo para los datos de entrenamiento dados. Las soluciones habituales para reducir este error de generalización son las siguientes:

- Recoger más datos de entrenamiento.
- Introducir una penalización por la complejidad aplicando la regularización.
- Elegir un modelo más sencillo con menos parámetros.
- Reducir la dimensionalidad de los datos.

Recoger más datos de entrenamiento no suele ser aplicable. En el capítulo 6, «Mejores prácticas de aprendizaje para la evaluación de modelos y el ajuste de hiperparámetros», conoceremos una técnica que nos permite comprobar si son útiles más datos de entrenamiento. En las siguientes secciones, veremos algunas de las formas más frecuentes de reducir el sobreajuste mediante la regularización y la reducción de la dimensionalidad a través de la selección de características, lo que conduce a modelos más simples al requerir menos parámetros que se ajusten a los datos. En el capítulo 5, «Compresión de datos mediante la reducción de la dimensionalidad», examinaremos otras técnicas de extracción de características.

Regularizaciones L1 y L2 como penalizaciones contra la complejidad del modelo

Recordará del capítulo 3 que la regularización L2 es un enfoque para reducir la complejidad de un modelo penalizando los pesos individuales grandes. Definimos la norma L2 al cuadrado de nuestro vector de pesos, w:

$$L2: \quad \|\boldsymbol{w}\|_2^2 = \sum_{j=1}^{m} w_j^2$$

Otro enfoque para reducir la complejidad del modelo es la regularización L1 relacionada:

$$L1: \quad \|\boldsymbol{w}\|_1 = \sum_{j=1}^{m} |w_j|$$

En este caso, simplemente sustituimos el cuadrado de los pesos por la suma de los valores absolutos de los pesos. A diferencia de la regularización L2, la regularización L1 suele generar vectores de características dispersas, y la mayoría de los pesos de las características serán cero. La dispersión puede ser útil en la práctica si tenemos un conjunto de datos de alta dimensión con muchas características que son irrelevantes, especialmente en los casos en los que tenemos más dimensiones irrelevantes que ejemplos de entrenamiento. En este sentido, la regularización L1 puede entenderse como una técnica de selección de características.

Interpretación geométrica de la regularización L2

Como se ha mencionado en la sección anterior, la regularización L2 añade un término de penalización a la función de pérdida que da lugar a valores de peso menos extremos en comparación con un modelo entrenado con una función de pérdida no regularizada.

Para entender mejor cómo la regularización L1 fomenta la dispersión, demos un paso atrás y veamos una interpretación geométrica de la regularización. Vamos a trazar los contornos de una función de pérdida convexa para dos coeficientes de peso, w_1 y w_2.

En este caso, consideraremos la función de pérdida del error cuadrático medio (MSE) que utilizamos para Adaline en el capítulo 2, que calcula las distancias al cuadrado entre las etiquetas de clase verdadera y la pronosticada, y e $\hat{y}$, promediadas sobre la totalidad de los N ejemplos del conjunto de entrenamiento. Como MSE es esférico, es más fácil de dibujar que la función de pérdida de la regresión logística; sin embargo, se aplican los mismos mismos conceptos. Recuerde que nuestro objetivo es encontrar la combinación de coeficientes de peso que minimice la función de pérdida para los datos de entrenamiento, como se muestra en la Figura 4.5 (el punto en el centro de las elipses):

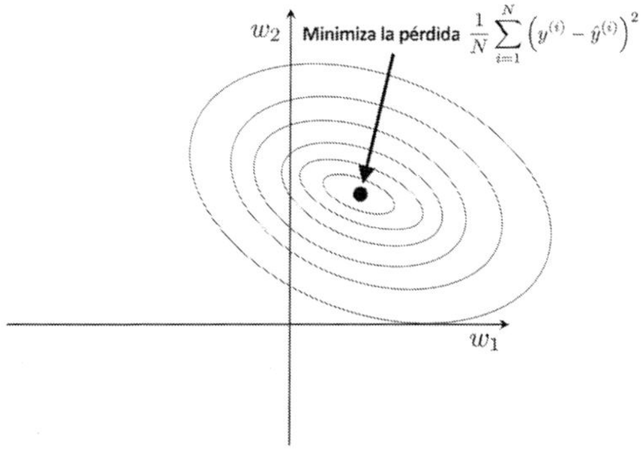

Figura 4.5 *Minimización de la función de pérdida del error cuadrático medio.*

Podemos pensar en la regularización como en la adición de un término de penalización a la función de pérdida para fomentar pesos más pequeños; en otras palabras, penalizamos los pesos grandes. Por lo tanto, al aumentar el efecto de la regularización a través del parámetro de regularización, λ, reducimos los pesos hacia cero y disminuimos la dependencia de nuestro modelo en los datos de entrenamiento. Ilustremos este concepto en la siguiente figura para el término de penalización L2:

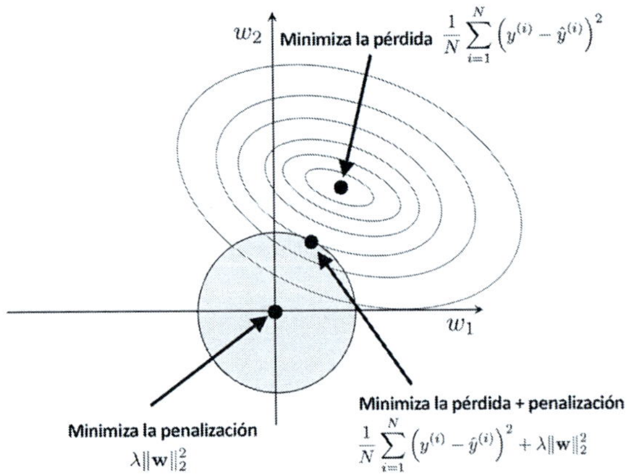

Figura 4.6 *Aplicación de la regularización L2 a la función de pérdida.*

El término de regularización cuadrática L2 está representado por la esfera sombreada. Aquí, nuestros coeficientes de peso no pueden exceder nuestro presupuesto de regularización; la combinación de los coeficientes de peso no puede caer fuera del área sombreada. Por otro lado, seguimos queriendo minimizar la función de pérdida. Bajo la restricción de penalización, nuestro mejor esfuerzo es elegir el punto donde la esfera L2 se cruza con los contornos de la función de pérdida no penalizada. Cuanto mayor sea el valor del parámetro de regularización, λ, más rápidamente crecerá la pérdida penalizada, lo que conduce a una esfera L2 más estrecha. Por ejemplo, si aumentamos el parámetro de regularización hacia el infinito, los valores de los coeficientes de peso se convertirán efectivamente a cero, denotados por el centro de la esfera L2.

Para resumir el mensaje principal del ejemplo, nuestro objetivo es minimizar la suma de la pérdida no penalizada más el término de penalización. Eso puede entenderse como la adición de sesgo y la preferencia de un modelo más simple para reducir la varianza en ausencia de suficientes datos de entrenamiento para ajustar el modelo.

Soluciones dispersas con la regularización L1

Ahora, vamos a discutir la regularización L1 y la dispersión. El concepto principal que hay detrás de la regularización L1 es similar a lo que discutimos en la sección anterior. Sin embargo, como la penalización L1 es la suma de los coeficientes de peso absolutos (recuerde que el término L2 es cuadrático), podemos representarla como un presupuesto en forma de diamante, como se muestra en la Figura 4.7:

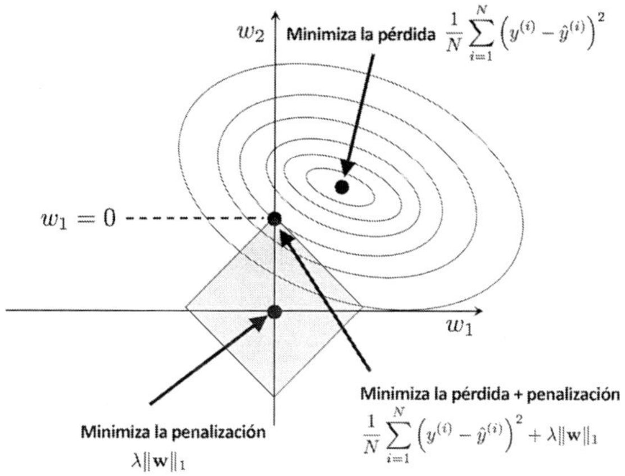

Figura 4.7 *Aplicación de la regularización L1 a la función de pérdida.*

En la figura anterior, podemos ver que el contorno de la función de pérdida toca el diamante L1 en $w_1 = 0$. Dado que los contornos de un sistema regularizado L1 son afilados, es más probable que el óptimo (es decir, la intersección entre las elipses de la función de pérdida y la frontera del diamante L1) se sitúe en los ejes, lo que favorece la dispersión.

Regularización L1 y dispersión

Los detalles matemáticos de por qué la regularización L1 puede conducir a soluciones dispersas están fuera del alcance del libro. Si está interesado, puede encontrar una excelente explicación de la regularización L2 frente a la L1 en la sección 3.4 de *The Elements of Statistical Learning*, de Trevor Hastie, Robert Tibshirani y Jerome Friedman, Springer Science+Business Media, 2009.

Para los modelos regularizados en Scikit-learn que admiten la regularización L1, podemos establecer el parámetro `penalty` a `'l1'` y obtener una solución dispersa:

```
>>> from sklearn.linear_model import LogisticRegression
>>> LogisticRegression(penalty='l1',
...                    solver='liblinear',
...                    multi_class='ovr')
```

Hay que tener en cuenta que también tenemos que seleccionar un algoritmo de optimización diferente (por ejemplo, `solver='liblinear'`), ya que `'lbfgs'` actualmente no admite la optimización de pérdida regularizada. Aplicada a los datos estandarizados de Wine, la regresión logística regularizada L1 daría la siguiente solución dispersa:

```
>>> lr = LogisticRegression(penalty='l1',
...                         C=1.0,
...                         solver='liblinear',
...                         multi_class='ovr')
>>> # Note that C=1.0 is the default. You can increase
>>> # or decrease it to make the regularization effect
>>> # stronger or weaker, respectively.
>>> lr.fit(X_train_std, y_train)
>>> print('Training accuracy:', lr.score(X_train_std, y_train))
Training accuracy: 1.0
>>> print('Test accuracy:', lr.score(X_test_std, y_test))
Test accuracy: 1.0
```

Las precisiones de entrenamiento y de prueba (ambas del 100 %) indican que nuestro modelo hace un trabajo perfecto en ambos conjuntos de datos. Cuando accedemos a los términos de intercepción a través del atributo `lr.intercept_` podemos ver que la matriz devuelve tres valores:

```
>>> lr.intercept_
    array([-1.26317363, -1.21537306, -2.37111954])
```

Dado que ajustamos el objeto `LogisticRegression` en un conjunto de datos multiclase mediante el enfoque de uno contra el resto (one-versus-rest, OvR), el primer intercepto pertenece al modelo que se ajusta a la clase 1 frente a las clases 2 y 3, el segundo valor es el intercepto del modelo que se ajusta a la clase 2 frente a las clases 1 y 3, y el tercer valor es el intercepto del modelo que se ajusta a la clase 3 frente a las clases 1 y 2:

```
>>> lr.coef_
array([[ 1.24647953,  0.18050894,  0.74540443, -1.16301108,
         0.        ,  0.        ,  1.16243821,  0.        ,
         0.        ,  0.        ,  0.        ,  0.55620267,
         2.50890638],
       [-1.53919461, -0.38562247, -0.99565934,  0.36390047,
        -0.05892612,  0.        ,  0.66710883,  0.        ,
         0.        , -1.9318798 ,  1.23775092,  0.        ,
        -2.23280039],
       [ 0.13557571,  0.16848763,  0.35710712,  0.        ,
         0.        ,  0.        , -2.43804744,  0.        ,
         0.        ,  1.56388787, -0.81881015, -0.49217022,
         0.        ]])
```

El array de pesos al que accedemos a través del atributo `lr.coef_` contiene tres filas de coeficientes de peso, un vector de peso para cada clase. Cada fila consta de 13 pesos, donde cada peso se multiplica por la característica respectiva en el conjunto de datos Wine de 13 dimensiones para calcular la entrada neta:

$$z = w_1x_1 + \cdots + w_mx_m + b = \sum_{j=1}^{m} x_jw_j + b = \boldsymbol{w}^T\boldsymbol{x} + b$$

> **Acceso a la unidad de sesgo y a los parámetros de peso de los estimadores de Scikit-learn**
>
> En Scikit-learn, `intercept_` corresponde a la unidad de sesgo y `coef_` corresponde a los valores w_j.

Como resultado de la regularización L1 —que, como se ha mencionado, sirve como método para la selección de características—, acabamos de entrenar un modelo que es robusto a las características potencialmente irrelevantes en este conjunto de datos. Sin embargo, en sentido estricto, los vectores de pesos del ejemplo anterior no son necesariamente dispersos porque contienen más entradas distintas de cero que entradas de cero. Sin embargo, podríamos forzar la dispersión (más entradas cero) aumentando la fuerza de regularización, es decir, eligiendo valores más bajos para el parámetro `C`.

En el último ejemplo sobre regularización que trataremos en este capítulo, variaremos la fuerza de regularización y trazaremos la ruta de regularización (los coeficientes de peso de las diferentes características para diferentes fuerzas de regularización):

```
>>> import matplotlib.pyplot as plt
>>> fig = plt.figure()
>>> ax = plt.subplot(111)
>>> colors = ['blue', 'green', 'red', 'cyan',
...           'magenta', 'yellow', 'black',
...           'pink', 'lightgreen', 'lightblue',
...           'gray', 'indigo', 'orange']
>>> weights, params = [], []
>>> for c in np.arange(-4., 6.):
...     lr = LogisticRegression(penalty='l1', C=10.**c,
...                             solver='liblinear',
...                             multi_class='ovr', random_state=0)
...     lr.fit(X_train_std, y_train)
...     weights.append(lr.coef_[1])
...     params.append(10**c)
>>> weights = np.array(weights)
>>> for column, color in zip(range(weights.shape[1]), colors):
...     plt.plot(params, weights[:, column],
```

```
...                   label=df_wine.columns[column + 1],
...                   color=color)
>>> plt.axhline(0, color='black', linestyle='--', linewidth=3)
>>> plt.xlim([10**(-5), 10**5])
>>> plt.ylabel('Weight coefficient')
>>> plt.xlabel('C (inverse regularization strength)')
>>> plt.xscale('log')
>>> plt.legend(loc='upper left')
>>> ax.legend(loc='upper center',
...           bbox_to_anchor=(1.38, 1.03),
...           ncol=1, fancybox=True)
>>> plt.show()
```

El gráfico resultante nos proporciona más información sobre el comportamiento de la regularización L1. Como podemos ver, todos los pesos de las características serán cero si penalizamos el modelo con un parámetro de regularización fuerte ($C < 0.01$); C es la inversa del parámetro de regularización, λ:

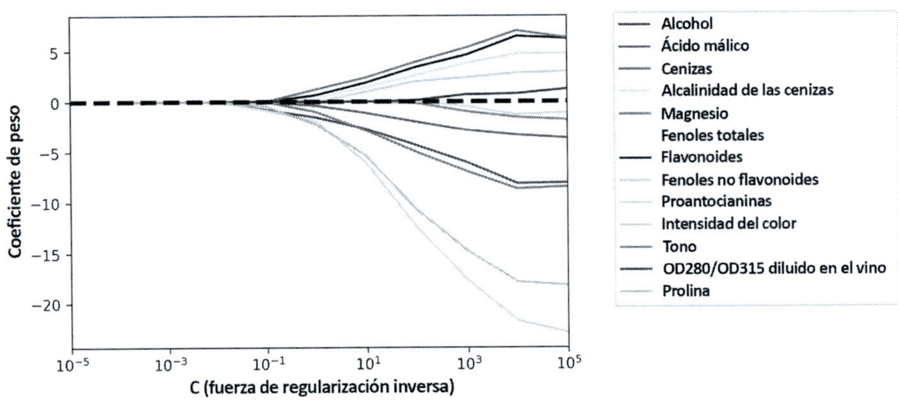

Figura 4.8 *Impacto del valor del hiperparámetro de fuerza de regularización C.*

Algoritmos de selección secuencial de características

Una forma alternativa de reducir la complejidad del modelo y evitar el sobreajuste es la reducción de la dimensionalidad mediante la selección de características, que es especialmente útil para los modelos no regularizados. Existen dos categorías principales de técnicas para la reducción de la dimensionalidad: la selección de características y la extracción de características. Mediante la selección de características, seleccionamos un subconjunto de las características originales; mientras que en la extracción de características, obtenemos información del conjunto de características para construir un nuevo subespacio de características.

En esta sección, echaremos un vistazo a una familia clásica de algoritmos de selección de características. En el siguiente capítulo, el 5, «Compresión de datos mediante reducción de la dimensionalidad», conoceremos diferentes técnicas de extracción de características para comprimir un conjunto de datos en un subespacio de características de menor dimensión.

Los algoritmos de selección secuencial de características son un grupo de algoritmos de búsqueda codiciosa que se utilizan para reducir el espacio inicial de características de dimensión d a un subespacio de características de dimensión k, donde $k<d$. La motivación detrás de los algoritmos de selección de características es seleccionar automáticamente un subconjunto de características que son las más relevantes para el problema, para mejorar la eficiencia computacional, o para reducir el error de generalización del modelo mediante la eliminación de las características irrelevantes o el ruido, que puede ser útil para los algoritmos que no soportan la regularización.

Un algoritmo clásico de selección secuencial de características es la selección secuencial hacia atrás (Sequential Backward Selection, SBS), cuyo objetivo es reducir la dimensionalidad del subespacio de características inicial con un deterioro mínimo del rendimiento del clasificador para mejorar la eficiencia computacional. En ciertos casos, la SBS puede incluso mejorar el poder predictivo del modelo si este sufre de sobreajuste.

Algoritmos de búsqueda codiciosos

Los algoritmos codiciosos toman decisiones localmente óptimas en cada etapa de un problema de búsqueda combinatoria y suelen dar una solución subóptima al problema, en contraste con los algoritmos de búsqueda exhaustiva, que evalúan todas las combinaciones posibles y tienen garantizado encontrar la solución óptima. Sin embargo, en la práctica, una búsqueda exhaustiva suele ser inviable desde el punto de vista computacional, mientras que los algoritmos codiciosos permiten obtener una solución menos compleja y más eficiente desde el punto de vista computacional.

La idea que subyace en el algoritmo SBS es bastante sencilla: SBS elimina secuencialmente características del subconjunto completo hasta que el nuevo subespacio de características contiene el número deseado de características. Para determinar qué característica debe eliminarse en cada etapa, necesitamos definir la función de criterio, J, que queremos minimizar.

El criterio calculado por la función de criterio puede ser simplemente la diferencia en el rendimiento del clasificador antes y después de la eliminación de una característica particular. Entonces, la característica a eliminar en cada etapa puede definirse como la característica que maximiza este criterio; o en términos más simples, en cada etapa eliminamos la característica que causa la menor pérdida de rendimiento después de la eliminación. Basándonos en la definición anterior de SBS, podemos esquematizar el algoritmo en cuatro sencillos pasos:

1. Inicializar el algoritmo con $k = d$, donde d es la dimensionalidad del espacio de características completo, $\boldsymbol{X}_d$.
2. Determinar la característica, x^-, que maximiza el criterio: $x^- = \text{argmax} J(X_k - x)$, donde $\boldsymbol{x} \in \boldsymbol{X}_k$.
3. Eliminar la característica, x^-, del conjunto de características: $X_{k-1} = X_k - x^-; k = k - 1$.
4. Terminar si k es igual al número de características deseadas; en caso contrario, ir al paso 2.

> **Recurso sobre los algoritmos de características secuenciales**
>
> Puede encontrar una evaluación detallada de varios algoritmos de características secuenciales en *Comparative Study of Techniques for Large-Scale Feature Selection*, de F. Ferri, P. Pudil, M. Hatef y J. Kittler, páginas 403-413, 1994..

Para practicar nuestras habilidades de codificación y la capacidad de implementar nuestro propio algoritmo, vamos a implementarlo en Python desde cero:

```
from sklearn.base import clone
from itertools import combinations
import numpy as np
from sklearn.metrics import accuracy_score
from sklearn.model_selection import train_test_split

class SBS:
    def __init__(self, estimator, k_features,
                 scoring=accuracy_score,
                 test_size=0.25, random_state=1):
        self.scoring = scoring
        self.estimator = clone(estimator)
        self.k_features = k_features
        self.test_size = test_size
        self.random_state = random_state
    def fit(self, X, y):
        X_train, X_test, y_train, y_test = \
            train_test_split(X, y, test_size=self.test_size,
                             random_state=self.random_state)
        dim = X_train.shape[1]
        self.indices_ = tuple(range(dim))
        self.subsets_ = [self.indices_]
```

```
        score = self._calc_score(X_train, y_train,
                                 X_test, y_test, self.indices_)
        self.scores_ = [score]
        while dim > self.k_features:
            scores = []
            subsets = []

            for p in combinations(self.indices_, r=dim - 1):
                score = self._calc_score(X_train, y_train,
                                         X_test, y_test, p)
                scores.append(score)
                subsets.append(p)

            best = np.argmax(scores)
            self.indices_ = subsets[best]
            self.subsets_.append(self.indices_)
            dim -= 1

            self.scores_.append(scores[best])
        self.k_score_ = self.scores_[-1]

        return self

    def transform(self, X):
        return X[:, self.indices_]

    def _calc_score(self, X_train, y_train, X_test, y_test, indices):
        self.estimator.fit(X_train[:, indices], y_train)
        y_pred = self.estimator.predict(X_test[:, indices])
        score = self.scoring(y_test, y_pred)
        return score
```

En la implementación anterior, definimos el parámetro `k_features` para especificar el número de características que queremos devolver. Por defecto, utilizamos `accuracy_score` de Scikit-learn para evaluar el rendimiento de un modelo (un estimador de la clasificación) en los subconjuntos de características.

Dentro del bucle `while` del método `fit`, los subconjuntos de características creados por la función `itertools.combination` se evalúan y se reducen hasta que el subconjunto de características tiene la dimensionalidad deseada. En cada iteración, la puntuación en cuanto a precisión del mejor subconjunto se recoge en una lista, `self.scores_`, basada en el conjunto de datos de prueba creado internamente, `X_test`. Más adelante utilizaremos esas puntuaciones para evaluar los resultados. Los índices de las columnas del subconjunto final de características se asignan a `self.indices_`, que podemos utilizar a través del método `transform` para devolver un nuevo array de datos con las columnas de características seleccionadas. Tenga en cuenta que, en lugar de calcular el criterio explícitamente dentro del método `fit`, simplemente eliminamos la característica que no está contenida en el subconjunto de características de mejor rendimiento.

Ahora, veamos la implementación SBS en acción usando el clasificador KNN de Scikit-learn:

```
>>> import matplotlib.pyplot as plt
>>> from sklearn.neighbors import KNeighborsClassifier
>>> knn = KNeighborsClassifier(n_neighbors=5)
>>> sbs = SBS(knn, k_features=1)
>>> sbs.fit(X_train_std, y_train)
```

Aunque la implementación de SBS ya divide el conjunto de datos en uno de prueba y otro de entrenamiento dentro de la función `fit`, seguimos alimentando el conjunto de datos de entrenamiento, `X_train`, al algoritmo. El método `fit` de SBS creará entonces nuevos subconjuntos de entrenamiento para la prueba (validación) y el entrenamiento, razón por la cual a este conjunto de datos de prueba también se lo denomina «conjunto de datos de validación». Este enfoque es necesario para evitar que nuestro conjunto de prueba original se convierta en parte de los datos de entrenamiento.

Recuerde que el algoritmo SBS recoge las puntuaciones del mejor subconjunto de características en cada etapa, así que vamos a pasar a la parte más emocionante de nuestra implementación y vamos a representar la precisión de clasificación del clasificador KNN que se ha calculado en el conjunto de datos de validación. El código es el siguiente:

```
>>> k_feat = [len(k) for k in sbs.subsets_]
>>> plt.plot(k_feat, sbs.scores_, marker='o')
>>> plt.ylim([0.7, 1.02])
>>> plt.ylabel('Accuracy')
>>> plt.xlabel('Number of features')
>>> plt.grid()
>>> plt.tight_layout()
>>> plt.show()
```

Como podemos ver en la Figura 4.9, la precisión del clasificador KNN ha ido mejorando en el conjunto de datos de validación a medida que hemos reducido el número de características, lo que probablemente se deba a una disminución de la maldición de la dimensionalidad que discutimos en el contexto del algoritmo KNN en el capítulo 3. Además, podemos ver, en el siguiente gráfico, que el clasificador ha alcanzado una precisión del 100 % para $k = \{3, 7, 8, 9, 10, 11, 12\}$:

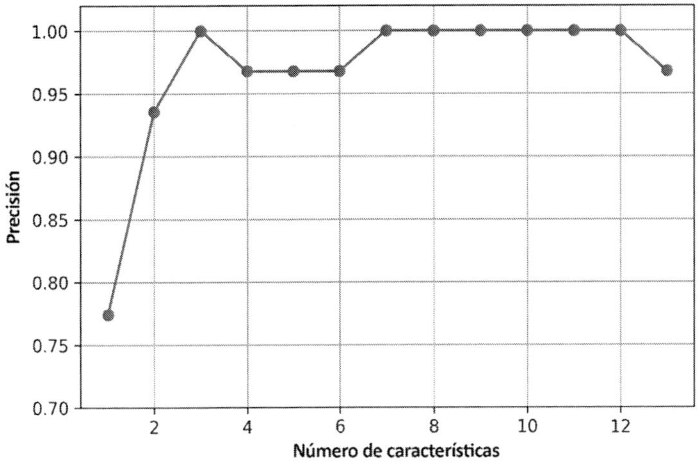

Figura 4.9 *Impacto del número de características en la precisión del modelo.*

Para satisfacer nuestra curiosidad, veamos cómo es el subconjunto de características más pequeño (*k*=3), que ha proporcionado un buen rendimiento en el conjunto de datos de validación:

```
>>> k3 = list(sbs.subsets_[10])
>>> print(df_wine.columns[1:][k3])
Index(['Alcohol', 'Malic acid', 'OD280/OD315 of diluted wines'],
dtype='object')
```

Utilizando el código anterior, obtuvimos los índices de columna del subconjunto de tres características a partir de la posición 11 del atributo `sbs.subsets_`. Luego, devolvimos los nombres de las características correspondientes a partir del índice de columna de `DataFrame` de Pandas Wine.

A continuación, vamos a evaluar el rendimiento del clasificador KNN en el conjunto de datos de prueba original:

```
>>> knn.fit(X_train_std, y_train)
>>> print('Training accuracy:', knn.score(X_train_std, y_train))
Training accuracy: 0.967741935484
>>> print('Test accuracy:', knn.score(X_test_std, y_test))
Test accuracy: 0.962962962963
```

En la sección de código anterior, usamos el conjunto completo de características y hemos obtenido aproximadamente un 97 % de precisión en el conjunto de datos de entrenamiento, y aproximadamente un 96 % de precisión en el conjunto de datos de prueba, lo que indica que nuestro modelo ya generaliza bien a los nuevos datos. Ahora, vamos a utilizar el subconjunto de tres características seleccionado. Veamos el rendimiento de KNN:

```
>>> knn.fit(X_train_std[:, k3], y_train)
>>> print('Training accuracy:',
...       knn.score(X_train_std[:, k3], y_train))
Training accuracy: 0.951612903226
>>> print('Test accuracy:',
...       knn.score(X_test_std[:, k3], y_test))
Test accuracy: 0.925925925926
```

Al utilizar menos de una cuarta parte de las características originales del conjunto de datos Wine, la precisión de la predicción en el conjunto de datos de prueba ha disminuido ligeramente. Esto puede indicar que esas tres características no proporcionan menos información discriminatoria que el conjunto de datos original. Sin embargo, también hay que tener en cuenta que el conjunto de datos Wine es un conjunto de datos pequeño y muy susceptible al azar, es decir, a la forma en que dividimos el conjunto de datos en subconjuntos de entrenamiento y de prueba, y a la forma en que dividimos el conjunto de datos de entrenamiento en un subconjunto de entrenamiento y de validación.

Aunque no aumentamos el rendimiento del modelo KNN al reducir el número de características, hemos reducido el tamaño del conjunto de datos, lo que puede ser útil en aplicaciones del mundo real que pueden dar lugar a fases de la recogida de datos que pueden resultar costosas. Además, al reducir sustancialmente el número de características, obtenemos modelos más simples, que son más fáciles de interpretar.

Algoritmos de selección de características en Scikit-learn

Puede encontrar implementaciones de varios tipos diferentes en cuanto a la selección secuencial de características relacionadas con el sencillo SBS que implementamos anteriormente en el paquete de Python `mlxtend` en `http://rasbt.github.io/mlxtend/user_guide/feature_selection/SequentialFeatureSelector/`. Mientras que la implementación de `mlxtend` viene con muchas opciones, hemos colaborado con el equipo de Scikit-learn para implementar una versión simplificada y fácil de usar, que ha sido parte de la reciente versión v0.24. Su uso y comportamiento son muy similares al código `SBS` que hemos implementado en este capítulo. Si quiere ampliar sus conocimientos, consulte la documentación en `https://scikit-learn.org/stable/modules/generated/sklearn.feature_selection.SequentialFeatureSelector.html`.

Hay muchos más algoritmos de selección de características disponibles en Scikit-learn. Estos incluyen la eliminación recursiva hacia atrás basada en los pesos de las características, métodos basados en árboles para seleccionar características por importancia y pruebas estadísticas univariantes. Una discusión exhaustiva de los diferentes métodos de selección de características va más allá del alcance del libro, pero puede encontrar un buen resumen, con ejemplos ilustrativos, en `http://scikit-learn.org/stable/modules/feature_selection.html`.

Evaluación de la importancia de las características con bosques aleatorios

Anteriormente, ha aprendido a utilizar la regularización L1 para eliminar las características irrelevantes, o a través de la regresión logística, y a utilizar el algoritmo SBS para la selección de características y aplicarlo a un algoritmo KNN. Otro enfoque práctico para seleccionar características relevantes de un conjunto de datos es el uso del bosque aleatorio, una técnica de conjunto que se introdujo en el capítulo 3. Utilizando un bosque aleatorio, podemos medir la importancia de la característica como el promedio de la disminución de impurezas calculado a partir de todos los árboles de decisión en el bosque, sin hacer ninguna suposición sobre si nuestros datos son linealmente separables o no. Convenientemente, la implementación del bosque aleatorio en Scikit-learn ya recoge los valores de importancia de las características para que podamos acceder a ellos a través del atributo `feature_importances_` después de ajustar `RandomForestClassifier`. Ejecutando el código que aparece a continuación, entrenaremos un bosque de 500 árboles utilizando el conjunto de datos Wine y clasificaremos las 13 características según sus respectivas medidas de importancia. Recordemos que, según lo expuesto en el capítulo 3, no es necesario utilizar características estandarizadas o normalizadas en los modelos basados en árboles:

```
>>> from sklearn.ensemble import RandomForestClassifier
>>> feat_labels = df_wine.columns[1:]
>>> forest = RandomForestClassifier(n_estimators=500,
...                                 random_state=1)
>>> forest.fit(X_train, y_train)
>>> importances = forest.feature_importances_
>>> indices = np.argsort(importances)[::-1]
>>> for f in range(X_train.shape[1]):
...     print("%2d) %-*s %f" % (f + 1, 30,
...                             feat_labels[indices[f]],
...                             importances[indices[f]]))
>>> plt.title('Feature importance')
>>> plt.bar(range(X_train.shape[1]),
...         importances[indices],
...         align='center')
>>> plt.xticks(range(X_train.shape[1]),
...            feat_labels[indices], rotation=90)
>>> plt.xlim([-1, X_train.shape[1]])
>>> plt.tight_layout()
>>> plt.show()
 1) Proline                         0.185453
 2) Flavanoids                      0.174751
```

```
3) Color intensity                  0.143920
4) OD280/OD315 of diluted wines     0.136162
5) Alcohol                          0.118529
6) Hue                              0.058739
7) Total phenols                    0.050872
8) Magnesium                        0.031357
9) Malic acid                       0.025648
10) Proanthocyanins                 0.025570
11) Alcalinity of ash               0.022366
12) Nonflavanoid phenols            0.013354
13) Ash                             0.013279
```

Después de ejecutar el código, creamos un gráfico que clasifica las diferentes características en el conjunto de datos Wine por su importancia relativa. Nótese que los valores de importancia de las características están normalizados para que sumen 1,0:

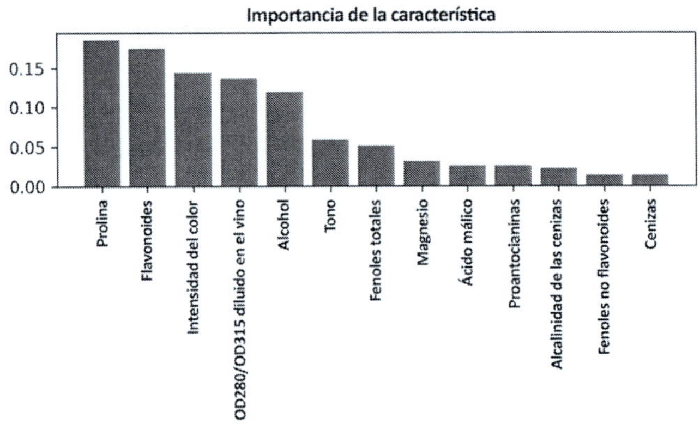

Figura 4.10 *Importancia de las características basada en el bosque aleatorio del conjunto de datos Wine.*

Podemos concluir que los niveles de prolina y flavonoides, la intensidad del color, la difracción OD280/OD315 y la concentración de alcohol del vino son las características más discriminativas en el conjunto de datos basado en la disminución media de impurezas en los 500 árboles de decisión. Curiosamente, dos de las características mejor clasificadas en el gráfico están también en la selección del subconjunto de tres características del algoritmo SBS que implementamos en la sección anterior (concentración de alcohol y OD280/OD315 de los vinos diluidos).

Sin embargo, en lo que respecta a la interpretabilidad, la técnica del bosque aleatorio presenta un importante inconveniente que merece la pena mencionar. Si dos o más características están muy correlacionadas, una de ellas puede tener una clasificación muy alta, mientras que la información de la otra u otras características puede no ser captada en su totalidad. Por otro lado, no tenemos que preocuparnos por este problema si solo nos interesa el rendimiento predictivo de un modelo y no la interpretación de los valores de importancia de las características.

Para concluir esta sección sobre los valores de importancia de las características y los bosques aleatorios, vale la pena mencionar que Scikit-learn también implementa el objeto `SelectFromModel`, que selecciona las características en base a un umbral especificado por el usuario después del ajuste del modelo. Esto es útil si queremos utilizar `RandomForestClassifier` como selector de características y paso intermedio en un objeto `Pipeline`, de Scikit-learn, que nos permite conectar diferentes pasos de preprocesamiento con un estimador, como se verá en el capítulo 6, «Aprender las mejores prácticas para la evaluación de modelos y el ajuste de hiperparámetros». Por ejemplo, podríamos establecer `threshold` a `0.1` para reducir el conjunto de datos a las cinco características más importantes utilizando el siguiente código:

```
>>> from sklearn.feature_selection import SelectFromModel
>>> sfm = SelectFromModel(forest, threshold=0.1, prefit=True)
>>> X_selected = sfm.transform(X_train)
>>> print('Number of features that meet this threshold',
...       'criterion:', X_selected.shape[1])
Number of features that meet this threshold criterion: 5
>>> for f in range(X_selected.shape[1]):
...     print("%2d) %-*s %f" % (f + 1, 30,
...                             feat_labels[indices[f]],
...                             importances[indices[f]]))
 1) Proline                        0.185453
 2) Flavanoids                     0.174751
 3) Color intensity                0.143920
 4) OD280/OD315 of diluted wines   0.136162
 5) Alcohol                        0.118529
```

Resumen

Empezamos este capítulo viendo técnicas útiles para asegurarnos de que manejamos correctamente los datos que faltan. Antes de alimentar los datos a un algoritmo de aprendizaje automático, también tenemos que asegurarnos de que codificamos correctamente las variables categóricas, y en este capítulo hemos visto que podemos asignar valores de características ordinales y nominales a representaciones con números enteros.

Hemos discutido brevemente la regularización L1, que puede ayudarnos a evitar el sobreajuste reduciendo la complejidad del modelo. Como enfoque alternativo a la eliminación de características irrelevantes, hemos utilizado un algoritmo de selección de características secuencial para seleccionar características significativas de un conjunto de datos.

En el próximo capítulo, conocerá otro enfoque de utilidad para la reducción de la dimensionalidad: la extracción de características, que nos permite comprimir las características en un subespacio de menor dimensión, en lugar de eliminarlas por completo como en la selección de características.

Únase al espacio Discord del libro

Únase al espacio Discord del libro para una sesión mensual de «Pregúnteme lo que quiera» con los autores (en inglés):

`https://packt.link/MLwPyTorch`

5

Compresión de datos mediante la reducción de la dimensionalidad

En el capítulo 4, «Creación de conjuntos de datos de entrenamiento adecuados: preprocesamiento de datos», aprendimos sobre los diferentes enfoques que se pueden emplear para reducir la dimensionalidad de un conjunto de datos utilizando diferentes técnicas de selección de características. Un enfoque alternativo a la selección de características para la reducción de la dimensionalidad es la extracción de características. En este capítulo, conocerá dos técnicas fundamentales que le ayudarán a resumir el contenido de información de un conjunto de datos transformándolo en un nuevo subespacio de características de menor dimensionalidad que el original. La compresión de datos es un tema importante en el aprendizaje automático, y nos ayuda a almacenar y analizar las crecientes cantidades de datos que se producen y se recogen en esta era moderna de la tecnología.

En este capítulo, trataremos los siguientes temas:

- El análisis de componentes principales para la compresión de datos sin supervisión
- El análisis discriminante lineal como técnica de reducción de dimensionalidad supervisada para maximizar la separabilidad de las clases
- Una breve descripción de las técnicas de reducción de dimensionalidad no lineal y de la incrustación de vecinos estocásticos distribuidos en t para la visualización de datos

Reducción de la dimensionalidad no supervisada mediante el análisis de componentes principales

Al igual que en la selección de características, podemos utilizar diferentes técnicas de extracción de características para reducir el número de características de un conjunto de datos. La diferencia entre la selección y la extracción de características es que en la primera mantenemos las características originales, mientras que en la segunda transformamos o proyectamos los datos en un nuevo espacio de características.

En el contexto de la reducción de dimensionalidad, la extracción de características puede entenderse como una aproximación a la compresión de datos con el objetivo de conservar la mayor parte de la información relevante. En la práctica, la extracción de características no solo se utiliza para mejorar el espacio de almacenamiento o la eficiencia computacional del algoritmo de aprendizaje, sino que también puede mejorar el rendimiento predictivo de la selección de secuencias hacia atrás, al reducir la maldición de la dimensionalidad, especialmente si trabajamos con modelos no regularizados.

Etapas más importantes del análisis de componentes principales

En esta sección, hablaremos del análisis de componentes principales (Principal Component Analysis, PCA), una técnica de transformación lineal no supervisada que se utiliza ampliamente en diferentes campos, sobre todo para la extracción de características y la reducción de dimensionalidad. Otras aplicaciones muy extendidas de PCA son el análisis exploratorio de datos y la eliminación de ruido de las señales en el mercado de valores, así como el análisis de los datos del genoma y los niveles de expresión de los genes en el campo de la bioinformática.

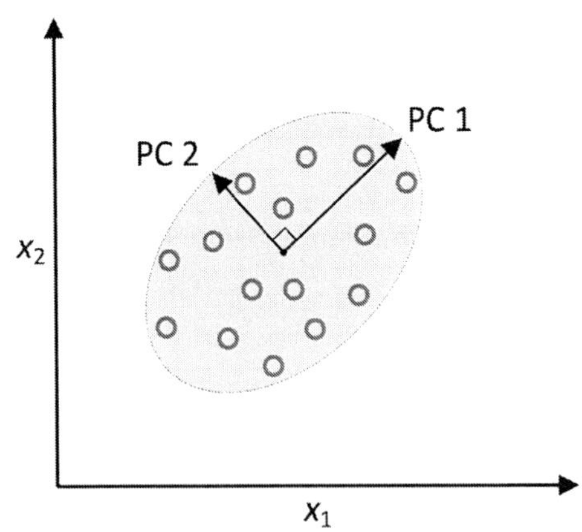

Figura 5.1 *Uso de PCA para encontrar las direcciones de máxima varianza en un conjunto de datos.*

PCA nos ayuda a identificar patrones en los datos basados en la correlación entre las características. Tiene como objetivo encontrar las direcciones de máxima varianza en datos de alta dimensión y proyecta los datos en un nuevo subespacio con dimensiones iguales o menores que el original. Los ejes ortogonales (componentes principales) del nuevo subespacio pueden interpretarse como las direcciones de máxima varianza, dada la restricción de que los nuevos ejes de características son ortogonales entre sí, como se ilustra en la Figura 5.1.

En la Figura 5.1, x_1 y x_2 son los ejes de características originales, y **PC 1** y **PC 2** son los componentes principales.

Si utilizamos PCA para la reducción de dimensionalidad, construimos una matriz de transformación de dimensión $d \times k$, W, que nos permite asignar un vector de las características del ejemplo de entrenamiento, x, en un nuevo subespacio de características de dimensión k que tiene menos dimensiones que el espacio de características de dimensión d original. Supongamos que tenemos un vector de características, x:

$$\boldsymbol{x} = [x_1, x_2, \ldots, x_d], \quad \boldsymbol{x} \in \mathbb{R}^d$$

que luego se transforma mediante una matriz de transformación, $\boldsymbol{W} \in \mathbb{R}^{d \times k}$:

$$xW = z$$

lo que da como resultado el vector de salida:

$$\boldsymbol{z} = [z_1, z_2, \ldots, z_k], \quad \boldsymbol{z} \in \mathbb{R}^k$$

Como resultado de la transformación de los datos originales de dimensión d en este nuevo subespacio de dimensión k (normalmente $k << d$), el primer componente principal tendrá la mayor varianza posible. Todos los componentes principales consecuentes tendrán la mayor varianza dada la restricción de que estos componentes no están correlacionados (ortogonales) con los otros componentes principales; incluso si las características de entrada están correlacionadas, los componentes principales resultantes serán mutuamente ortogonales (no correlacionados). Tenga en cuenta que las direcciones del PCA son muy sensibles a la escala de los datos, y tenemos que estandarizar las características antes del PCA si las características se midieron en diferentes escalas y queremos asignar la misma importancia a todas las características.

Antes de examinar con más detalle el algoritmo PCA para la reducción de dimensionalidad, vamos a resumir el enfoque en unos sencillos pasos:

1. Estandarizar el conjunto de datos de dimensión d.
2. Construir la matriz de covarianza.
3. Descomponer la matriz de covarianza en sus eigenvectores y eigenvalores.

4. Ordenar los eigenvalores por orden decreciente para clasificar los eigenvectores correspondientes.
5. Seleccionar k eigenvectores, que corresponden a los k mayores eigenvalores, siendo k la dimensionalidad del nuevo subespacio de características ($k \leq d$).
6. Construir una matriz de proyección, W, a partir de los eigenvectores «más importantes».
7. Transformar el conjunto de datos de entrada de dimensión d, X, utilizando la matriz de proyección, W, para obtener el nuevo subespacio de características de dimensión k.

En las siguientes secciones, realizaremos un PCA paso a paso utilizando Python como ejercicio de aprendizaje. A continuación, veremos cómo realizar un PCA de forma más cómoda utilizando Scikit-learn.

Eigendescomposición: descomposición de una matriz en vectores propios y valores propios

La eigendecomposición, la factorización de una matriz cuadrada en los llamados valores y vectores propios, es el núcleo del procedimiento ACP descrito en esta sección.

La matriz de covarianza es un caso especial de matriz cuadrada: es una matriz simétrica, lo que significa que la matriz es igual a su trasposición, $A = A^T$.

Cuando descomponemos una matriz simétrica de este tipo, los valores propios son números reales (en lugar de complejos) y los vectores propios son ortogonales (perpendiculares) entre sí. Además, los valores propios y los vectores propios se presentan en pares. Si descomponemos una matriz de covarianza en sus vectores propios y valores propios, los vectores propios asociados al valor propio más alto corresponden a la dirección de máxima varianza en el conjunto de datos. En este caso, esta «dirección» es una transformación lineal de las columnas de características del conjunto de datos.

Aunque un análisis más detallado de los valores propios y los vectores propios va más allá del alcance del libro, se puede encontrar un tratamiento relativamente exhaustivo, con indicaciones de recursos adicionales en Wikipedia, en `https://en.wikipedia.org/wiki/Eigenvalues_and_eigenvectors`.

Extracción de los componentes principales paso a paso

En esta subsección, abordaremos los cuatro primeros pasos de PCA:

1. Estandarización de los datos
2. Construcción de la matriz de covarianza

3. Obtención de los eigenvalores y los eigenvectores de la matriz de covarianza
4. Clasificación de los eigenvalores por orden decreciente para ordenar los eigenvectores

En primer lugar, empezaremos cargando el conjunto de datos Wine con el que trabajamos en el capítulo 4, «Creación de conjuntos de datos de entrenamiento adecuados: preprocesamiento de datos»:

```
>>> import pandas as pd
>>> df_wine = pd.read_csv(
...     'https://archive.ics.uci.edu/ml/'
...     'machine-learning-databases/wine/wine.data',
...     header=None
... )
```

Cómo obtener el conjunto de datos Wine

Puede encontrar una copia del conjunto de datos Wine (y de todos los demás conjuntos de datos utilizados en el libro) en el paquete de código del libro, que puede utilizar si está trabajando sin conexión o si el servidor de UCI en `https://archive.ics.uci.edu/ml/machine-learning-databases/wine/wine.data` no está disponible temporalmente. Por ejemplo, para cargar el conjunto de datos Wine desde un directorio local, puede sustituir las siguientes líneas:

```
df = pd.read_csv(
    'https://archive.ics.uci.edu/ml/'
    'machine-learning-databases/wine/wine.data',
    header=None
)
```

por estas otras:

```
df = pd.read_csv(
    'your/local/path/to/wine.data',
    header=None
)
```

A continuación, procesaremos los datos de Wine en conjuntos de datos de entrenamiento y de prueba separados (utilizando el 70 % y el 30 % de los datos, respectivamente) y los estandarizaremos a la varianza unitaria:

```
>>> from sklearn.model_selection import train_test_split
>>> X, y = df_wine.iloc[:, 1:].values, df_wine.iloc[:, 0].values
>>> X_train, X_test, y_train, y_test = \
```

```
...     train_test_split(X, y, test_size=0.3,
...                      stratify=y,
...                      random_state=0)
>>> # standardize the features
>>> from sklearn.preprocessing import StandardScaler
>>> sc = StandardScaler()
>>> X_train_std = sc.fit_transform(X_train)
>>> X_test_std = sc.transform(X_test)
```

Tras completar el obligatorio preprocesamiento ejecutando el código anterior, pasemos al segundo paso: construir la matriz de covarianza. La matriz de covarianza simétrica de dimensión $d \times d$, donde d es el número de dimensiones del conjunto de datos, almacena las covarianzas por pares entre las diferentes características. Por ejemplo, la covarianza entre dos características, x_j y x_k, en el nivel de población puede calcularse mediante la siguiente ecuación:

$$\sigma_{jk} = \frac{1}{n-1}\sum_{i=1}^{n}\left(x_j^{(i)} - \mu_j\right)\left(x_k^{(i)} - \mu_k\right)$$

Aquí, μ_j y μ_k son las medias muestrales de las características j y k, respectivamente. Obsérvese que las medias muestrales son cero si estandarizamos el conjunto de datos. Una covarianza positiva entre dos características indica que las características aumentan o disminuyen juntas, mientras que una covarianza negativa indica que las características varían en direcciones opuestas. Por ejemplo, la matriz de covarianza de tres características puede escribirse de la siguiente manera (nótese que Σ es la letra griega sigma mayúscula, que no debe confundirse con el símbolo de la suma):

$$\Sigma = \begin{bmatrix} \sigma_1^2 & \sigma_{12} & \sigma_{13} \\ \sigma_{21} & \sigma_2^2 & \sigma_{23} \\ \sigma_{31} & \sigma_{32} & \sigma_3^2 \end{bmatrix}$$

Los eigenvectores de la matriz de covarianza representan los componentes principales (las direcciones de máxima varianza), mientras que los eigenvalores correspondientes definirán su magnitud. En el caso del conjunto de datos Wine, obtendríamos 13 eigenvectores y eigenvalores de la matriz de covarianza de dimensión 13×13.

Ahora, para nuestro tercer paso, vamos a obtener los eigenpares de la matriz de covarianza. Si usted ha asistido a clases de álgebra lineal, puede que haya aprendido que un eigenvector, $\boldsymbol{v}$, satisface la siguiente condición:

$$\Sigma \boldsymbol{v} = \lambda \boldsymbol{v}$$

Aquí, λ es un escalar: el eigenvalor. Dado que el cálculo manual de los eigenvectores y eigenvalores es una tarea algo tediosa y elaborada, utilizaremos la función `linalg.eig` de NumPy para obtener los eigenpares de la matriz de covarianza de Wine:

```
>>> import numpy as np
>>> cov_mat = np.cov(X_train_std.T)
>>> eigen_vals, eigen_vecs = np.linalg.eig(cov_mat)
>>> print('\nEigenvalues \n', eigen_vals)
Eigenvalues
[ 4.84274532  2.41602459  1.54845825  0.96120438  0.84166161
  0.6620634   0.51828472  0.34650377  0.3131368   0.10754642
  0.21357215  0.15362835  0.1808613  ]
```

Mediante la función `numpy.cov`, calculamos la matriz de covarianza del conjunto de datos de entrenamiento estandarizados. Con la función `linalg.eig`, realizamos la eigendescomposición, que ha dado como resultado un vector (`eigen_vals`) compuesto por 13 eigenvalores y los correspondientes eigenvectores almacenados en columnas en una matriz de dimensión 13×13 (`eigen_vecs`).

Eigendescomposición en NumPy

La función `numpy.linalg.eig` se diseñó para operar con matrices cuadradas simétricas y no simétricas. Sin embargo, puede encontrarse con que devuelve valores propios complejos en ciertos casos.

Se ha implementado una función relacionada, `numpy.linalg.eigh`, para descomponer matrices hermitianas, que es un enfoque numéricamente más estable para trabajar con matrices simétricas como la matriz de covarianza; `numpy.linalg.eigh` siempre devuelve valores propios reales.

Varianzas total y explicada

Como queremos reducir la dimensionalidad de nuestro conjunto de datos comprimiéndolo en un nuevo subespacio de características, solo seleccionamos el subconjunto de los eigenvectores (componentes principales) que contiene la mayor parte de la información (varianza). Los eigenvalores definen la magnitud de los eigenvectores, por lo que tenemos que ordenar los eigenvalores por magnitud decreciente; nos interesan los k eigenvectores más importantes en función de los valores de sus correspondientes eigenvalores. Pero antes de recoger esos k eigenvectores más informativos, vamos a representar los ratios de varianza explicada de los eigenvalores. El ratio de varianza explicada de un eigenvalor, λ_j, es simplemente la fracción del eigenvalor, λ_j, y la suma total de los valores propios:

$$\text{Índice varianza explicada} = \frac{\lambda_j}{\sum_{j=1}^{d} \lambda_j}$$

Utilizando la función cumsum de NumPy, podemos calcular la suma acumulativa de las varianzas explicadas, que luego trazaremos mediante la función step de Matplotlib:

```
>>> tot = sum(eigen_vals)
>>> var_exp = [(i / tot) for i in
...            sorted(eigen_vals, reverse=True)]
>>> cum_var_exp = np.cumsum(var_exp)
>>> import matplotlib.pyplot as plt
>>> plt.bar(range(1,14), var_exp, align='center',
...         label='Individual explained variance')
>>> plt.step(range(1,14), cum_var_exp, where='mid',
...          label='Cumulative explained variance')
>>> plt.ylabel('Explained variance ratio')
>>> plt.xlabel('Principal component index')
>>> plt.legend(loc='best')
>>> plt.tight_layout()
>>> plt.show()
```

El gráfico resultante indica que el primer componente principal explica por sí solo aproximadamente el 40 % de la varianza.

Además, podemos ver que los dos primeros componentes principales combinados explican casi el 60 % de la varianza del conjunto de datos:

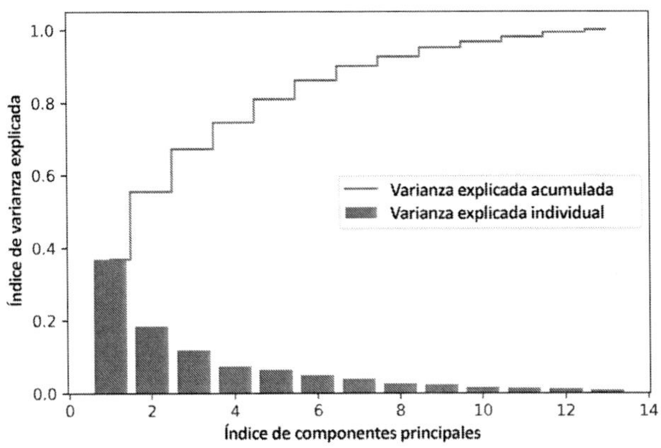

Figura 5.2 *Proporción de la varianza total captada por los componentes principales.*

Aunque el gráfico de la varianza explicada nos recuerda a los valores de importancia de las características que calculamos en el capítulo 4, «Creación de conjuntos de datos de entrenamiento adecuados: preprocesamiento de datos», mediante bosques aleatorios, debemos recordar que PCA es un método no supervisado, lo que significa que se ignora la información sobre las etiquetas de clase. Mientras que el bosque aleatorio utiliza la información de pertenencia a la clase para calcular las impurezas de los nodos, la varianza mide la dispersión de los valores a lo largo de un eje de características.

Transformación de características

Ahora que hemos descompuesto con éxito la matriz de covarianza en eigenpares, vamos a proceder con los tres últimos pasos para transformar el conjunto de datos Wine en los nuevos ejes de componentes principales. Los pasos restantes que vamos a abordar en esta sección son los siguientes:

1. Seleccionar k eigenvectores, que corresponden a los k mayores eigenvalores, siendo k la dimensionalidad del nuevo subespacio de características ($k \leq d$).
2. Construir una matriz de proyección, $\boldsymbol{W}$, a partir de los k eigenvectores «más grandes».
3. Transformar el conjunto de datos de entrada de dimensión d, $\boldsymbol{X}$, utilizando la matriz de proyección, $\boldsymbol{W}$, para obtener el nuevo subespacio de características de dimensión k.

En términos menos técnicos, podemos decir que ordenaremos los eigenpares por orden decreciente de los eigenvalores, construiremos una matriz de proyección a partir de los eigenvectores seleccionados y utilizaremos la matriz de proyección para transformar los datos en el subespacio de menor dimensión.

Comenzamos ordenando los eigenpares por orden decreciente de los eigenvalores:

```
>>> # Make a list of (eigenvalue, eigenvector) tuples
>>> eigen_pairs = [(np.abs(eigen_vals[i]), eigen_vecs[:, i])
...                 for i in range(len(eigen_vals))]
>>> # Sort the (eigenvalue, eigenvector) tuples from high to low
>>> eigen_pairs.sort(key=lambda k: k[0], reverse=True)
```

A continuación, recogemos los dos eigenvectores que corresponden a los dos eigenvalores más grandes, para capturar aproximadamente el 60 % de la varianza de este conjunto de datos. Obsérvese que se han elegido dos eigenvectores con fines ilustrativos, ya que más adelante vamos a representar los datos mediante un gráfico de dispersión bidimensional. En la práctica, el número de componentes principales debe determinarse en función de un compromiso entre la eficiencia computacional y el rendimiento del clasificador:

```
>>> w = np.hstack((eigen_pairs[0][1][:, np.newaxis],
...                eigen_pairs[1][1][:, np.newaxis]))
```

```
>>> print('Matrix W:\n', w)
Matrix W:
[[-0.13724218   0.50303478]
 [ 0.24724326   0.16487119]
 [-0.02545159   0.24456476]
 [ 0.20694508  -0.11352904]
 [-0.15436582   0.28974518]
 [-0.39376952   0.05080104]
 [-0.41735106  -0.02287338]
 [ 0.30572896   0.09048885]
 [-0.30668347   0.00835233]
 [ 0.07554066   0.54977581]
 [-0.32613263  -0.20716433]
 [-0.36861022  -0.24902536]
 [-0.29669651   0.38022942]]
```

Al ejecutar el código anterior, hemos creado una matriz de proyección de dimensión 13×2, *W*, a partir de los dos eigenvectores superiores.

Proyecciones reflejadas

Dependiendo de las versiones de NumPy y LAPACK que esté utilizando, puede obtener la matriz , *W*, con los signos invertidos. Hay que tener en cuenta que lo anterior no es un problema; si *v* es un vector propio de una matriz, Σ, tenemos:

$$\Sigma \boldsymbol{v} = \lambda \boldsymbol{v}$$

Aquí, *v* es el vector propio, y $-v$ es también un vector propio, lo que podemos demostrar como vemos a continuación. Utilizando el álgebra básica, podemos multiplicar ambos lados de la ecuación por un escalar, α:

$$\alpha \Sigma \boldsymbol{v} = \alpha \lambda \boldsymbol{v}$$

Como la multiplicación matricial es asociativa para la multiplicación escalar, podemos reordenar lo anterior de la siguiente forma:

$$\Sigma(\alpha \boldsymbol{v}) = \lambda(\alpha \boldsymbol{v})$$

Ahora, podemos ver que αv es un vector propio con el mismo valor propio, λ, para ambos $\alpha = 1$ y $\alpha = -1$. Por lo tanto, tanto *v* como $-v$ son vectores propios.

Utilizando la matriz de proyección, ahora podemos transformar un ejemplo, $\boldsymbol{x}$ (representado como un vector fila de dimensión 13), en el subespacio PCA (los componentes principales uno y dos), y obtener $\boldsymbol{x}'$, ahora un vector de ejemplo bidimensional compuesto por dos nuevas características:

$$\boldsymbol{x}' = \boldsymbol{x}\boldsymbol{W}$$

```
>>> X_train_std[0].dot(w)
array([ 2.38299011,  0.45458499])
```

Del mismo modo, podemos transformar todo el conjunto de datos de entrenamiento de dimensión 124×13 en los dos componentes principales calculando el producto punto de la matriz:

$$\boldsymbol{X}' = \boldsymbol{X}\boldsymbol{W}$$

```
>>> X_train_pca = X_train_std.dot(w)
```

Por último, vamos a visualizar el conjunto de datos de entrenamiento de Wine transformado, ahora almacenado como una matriz de dimensión 124×2, en un gráfico de dispersión bidimensional:

```
>>> colors = ['r', 'b', 'g']
>>> markers = ['o', 's', '^']
>>> for l, c, m in zip(np.unique(y_train), colors, markers):
...     plt.scatter(X_train_pca[y_train==l, 0],
...                 X_train_pca[y_train==l, 1],
...                 c=c, label=f'Class {l}', marker=m)
>>> plt.xlabel('PC 1')
>>> plt.ylabel('PC 2')
>>> plt.legend(loc='lower left')
>>> plt.tight_layout()
>>> plt.show()
```

Como podemos ver en la Figura 5.3, los datos están más repartidos a lo largo del primer componente principal (eje *x*) que del segundo componente principal (eje *y*), lo que es coherente con el gráfico de la relación de varianza explicada que creamos en la subsección anterior. Sin embargo, podemos decir que un clasificador lineal probablemente será capaz de separar bien las clases.

Aunque en el gráfico de dispersión de la Figura hemos codificado la información de la etiqueta de clase con fines ilustrativos, debemos tener en cuenta que PCA es una técnica no supervisada que no utiliza ninguna información de etiqueta de clase.

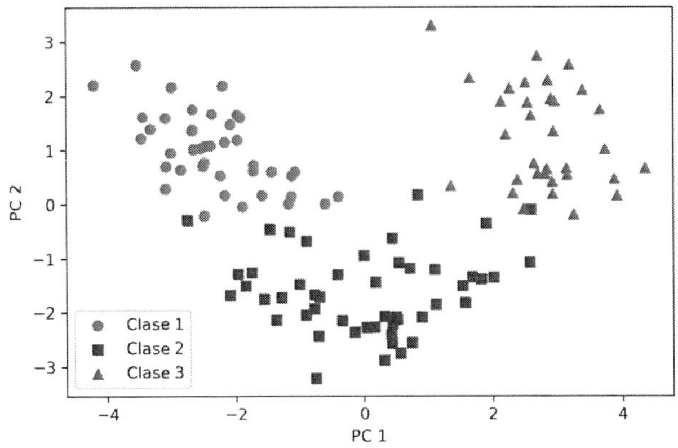

Figura 5.3 *Registros de datos del conjunto de datos Wine proyectados en un espacio de características 2D mediante PCA.*

Análisis de componentes principales en Scikit-learn

Aunque el prolijo enfoque de la subsección anterior no ha ayudado a seguir el funcionamiento interno de PCA, ahora discutiremos cómo utilizar la clase `PCA` implementada en Scikit-learn.

La clase `PCA` es otra de las clases transformadoras de Scikit-learn con la que primero ajustamos el modelo utilizando los datos de entrenamiento (antes de transformar tanto los datos de entrenamiento como el conjunto de datos de prueba utilizando los mismos parámetros del modelo). Ahora, vamos a utilizar la clase `PCA` de Scikit-learn en el conjunto de datos de entrenamiento de Wine. Clasificamos los ejemplos transformados a través de la regresión logística, y visualizamos las regiones de decisión a través de la función `plot_decision_regions`, que definimos en el capítulo 2, «Entrenamiento de algoritmos sencillos de aprendizaje automático para tareas de clasificación»:

```
from matplotlib.colors import ListedColormap
def plot_decision_regions(X, y, classifier, test_idx=None,
resolution=0.02):

    # setup marker generator and color map
    markers = ('o', 's', '^', 'v', '<')
    colors = ('red', 'blue', 'lightgreen', 'gray', 'cyan')
    cmap = ListedColormap(colors[:len(np.unique(y))])

    # plot the decision surface
    x1_min, x1_max = X[:, 0].min() - 1, X[:, 0].max() + 1
    x2_min, x2_max = X[:, 1].min() - 1, X[:, 1].max() + 1
```

```
    xx1, xx2 = np.meshgrid(np.arange(x1_min, x1_max, resolution),
                           np.arange(x2_min, x2_max, resolution))
    lab = classifier.predict(np.array([xx1.ravel(), xx2.ravel()]).T)
    lab = lab.reshape(xx1.shape)
    plt.contourf(xx1, xx2, lab, alpha=0.3, cmap=cmap)
    plt.xlim(xx1.min(), xx1.max())
    plt.ylim(xx2.min(), xx2.max())

    # plot class examples
    for idx, cl in enumerate(np.unique(y)):
        plt.scatter(x=X[y == cl, 0],
                    y=X[y == cl, 1],
                    alpha=0.8,
                    c=colors[idx],
                    marker=markers[idx],
                    label=f'Class {cl}',
                    edgecolor='black')
```

Para mayor comodidad, puede colocar el código anterior de `plot_decision_regions` en un archivo de código separado en su directorio de trabajo actual, por ejemplo, `plot_decision_regions_script.py`, e importarlo en su sesión actual de Python:

```
>>> from sklearn.linear_model import LogisticRegression
>>> from sklearn.decomposition import PCA
>>> # initializing the PCA transformer and
>>> # logistic regression estimator:
>>> pca = PCA(n_components=2)
>>> lr = LogisticRegression(multi_class='ovr',
...                         random_state=1,
...                         solver='lbfgs')
>>> # dimensionality reduction:
>>> X_train_pca = pca.fit_transform(X_train_std)
>>> X_test_pca = pca.transform(X_test_std)
>>> # fitting the logistic regression model on the reduced dataset:
>>> lr.fit(X_train_pca, y_train)
>>> plot_decision_regions(X_train_pca, y_train, classifier=lr)
>>> plt.xlabel('PC 1')
>>> plt.ylabel('PC 2')
>>> plt.legend(loc='lower left')
>>> plt.tight_layout()
>>> plt.show()
```

Al ejecutar este código, deberíamos ver ahora las regiones de decisión para los datos de entrenamiento reducidas a dos ejes de componentes principales:

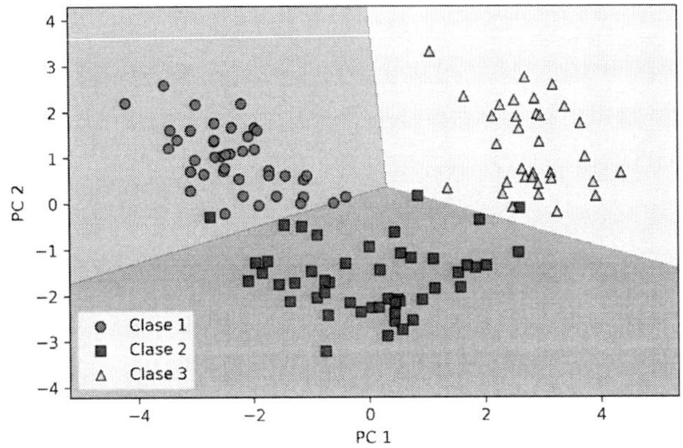

Figura 5.4 *Ejemplos de entrenamiento y regiones de decisión de regresión logística después de utilizar PCA de Scikit-learn para la reducción de dimensionalidad.*

Cuando comparamos las proyecciones de PCA a través de Scikit-learn con nuestra propia implementación de PCA, podríamos ver que los gráficos resultantes son imágenes especulares entre sí. Hay que tener en cuenta que esto no se debe a un error en cualquiera de esas dos implementaciones; la razón de esta desigualdad es que, dependiendo del eigensolver, los eigenvectores pueden tener signos negativos o positivos.

No es que importe, pero podríamos revertir la imagen especular multiplicando los datos por −1 si quisiéramos; tenga en cuenta que los eigenvectores se escalan típicamente a la unidad de longitud 1. En aras de la exhaustividad, vamos a trazar las regiones de decisión de la regresión logística en el conjunto de datos de prueba transformado para ver si puede separar bien las clases:

```
>>> plot_decision_regions(X_test_pca, y_test, classifier=lr)
>>> plt.xlabel('PC 1')
>>> plt.ylabel('PC 2')
>>> plt.legend(loc='lower left')
>>> plt.tight_layout()
>>> plt.show()
```

Después de trazar las regiones de decisión para el conjunto de datos de prueba ejecutando el código anterior, podemos ver que la regresión logística funciona bastante bien en este pequeño subespacio de características bidimensional, y solo clasifica mal unos pocos ejemplos en el conjunto de datos de prueba:

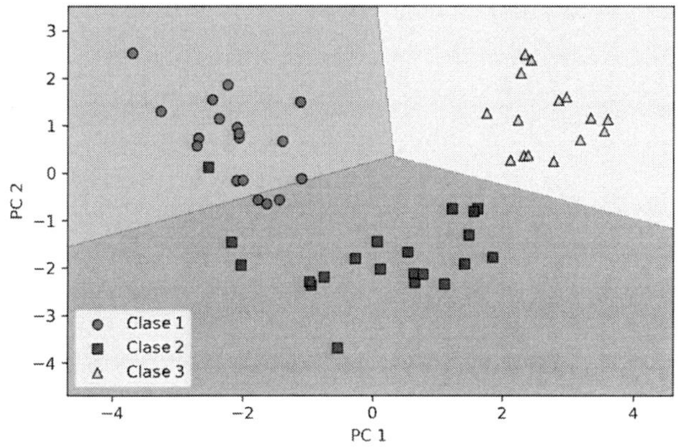

Figura 5.5 *Puntos de datos de prueba con regiones de decisión de regresión logística en el espacio de características basado en PCA.*

Si estamos interesados en los ratios de varianza explicados de los diferentes componentes principales, podemos inicializar la clase `PCA` con el parámetro `n_components` fijado en `None`, de modo que se mantienen todos los componentes principales y se puede acceder al ratio de varianza explicado a través del atributo `explained_variance_ratio_`:

```
>>> pca = PCA(n_components=None)
>>> X_train_pca = pca.fit_transform(X_train_std)
>>> pca.explained_variance_ratio_
array([ 0.36951469, 0.18434927, 0.11815159, 0.07334252,
        0.06422108, 0.05051724, 0.03954654, 0.02643918,
        0.02389319, 0.01629614, 0.01380021, 0.01172226,
        0.00820609])
```

Hay que tener en cuenta que establecimos `n_components=None` cuando inicializamos la clase `PCA`, para que devuelva todos los componentes principales en lugar de realizar una reducción de dimensionalidad.

Evaluación de las contribuciones de las características

En esta sección, veremos brevemente cómo podemos evaluar las contribuciones de las características originales a los componentes principales. Como hemos visto, mediante PCA, creamos componentes principales que representan combinaciones lineales de las características. A veces, nos interesa saber cuánto contribuye cada característica original a un componente principal determinado. A estas contribuciones se les suele llamar «cargas».

Las cargas factoriales pueden calcularse escalando los eigenvectores por la raíz cuadrada de los eigenvalores. Los valores resultantes pueden interpretarse como la correlación entre las características originales y el componente principal. Para ilustrar esto, trazamos las cargas del primer componente principal.

En primer lugar, calculamos la matriz de cargas de dimensión 13×13 multiplicando los eigenvectores por la raíz cuadrada de los eigenvalores:

```
>>> loadings = eigen_vecs * np.sqrt(eigen_vals)
```

A continuación, trazamos las cargas del primer componente principal, `loadings[:, 0]`, que es la primera columna de esta matriz:

```
>>> fig, ax = plt.subplots()
>>> ax.bar(range(13), loadings[:, 0], align='center')
>>> ax.set_ylabel('Loadings for PC 1')
>>> ax.set_xticks(range(13))
>>> ax.set_xticklabels(df_wine.columns[1:], rotation=90)
>>> plt.ylim([-1, 1])
>>> plt.tight_layout()
>>> plt.show()
```

En la Figura 5.6, podemos ver que, por ejemplo, el alcohol tiene una correlación negativa con el primer componente principal (aproximadamente –0.3), mientras que el ácido málico tiene una correlación positiva (aproximadamente 0.54). Obsérvese que un valor de 1 describe una correlación positiva perfecta, mientras que un valor de –1 corresponde a una correlación negativa perfecta:

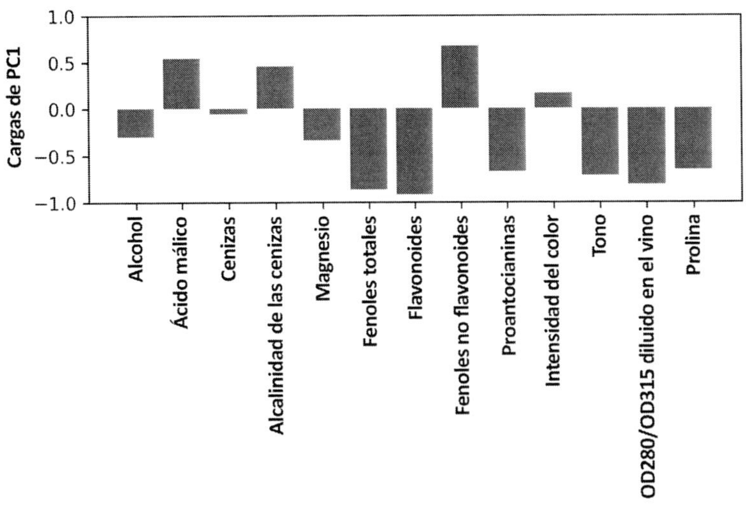

Figura 5.6 *Correlaciones de características con el primer componente principal.*

En el ejemplo de código anterior, calculamos las cargas de los factores para nuestra propia implementación de PCA. Podemos obtener las cargas de un objeto PCA de Scikit-learn ajustado de manera similar, donde `pca.components_` representa los eigenvectores y `pca.explained_variance_` representa los eigenvalores:

```
>>> sklearn_loadings = pca.components_.T * np.sqrt(pca.explained_variance_)
```

Para comparar las cargas de PCA de Scikit-learn con las que creamos anteriormente, vamos a crear un gráfico de barras similar:

```
>>> fig, ax = plt.subplots()
>>> ax.bar(range(13), sklearn_loadings[:, 0], align='center')
>>> ax.set_ylabel('Loadings for PC 1')
>>> ax.set_xticks(range(13))
>>> ax.set_xticklabels(df_wine.columns[1:], rotation=90)
>>> plt.ylim([-1, 1])
>>> plt.tight_layout()
>>> plt.show()
```

Como podemos ver, los gráficos de barras tienen el mismo aspecto:

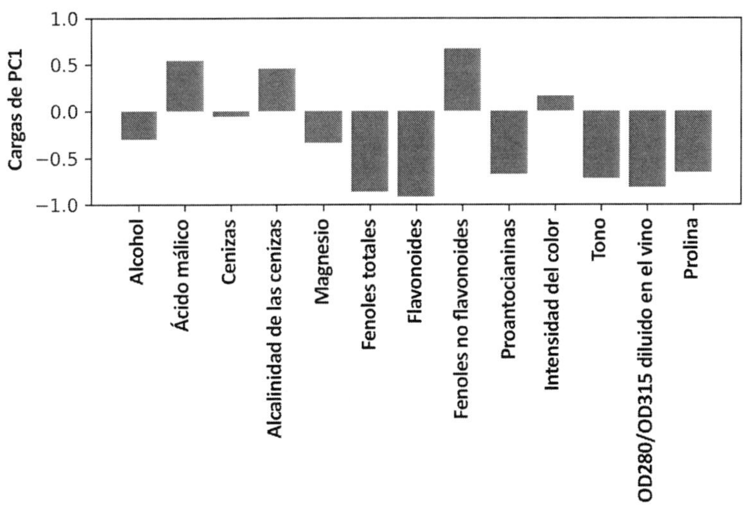

Figura 5.7 *Correlaciones de características con el primer componente principal utilizando Scikit-learn.*

Después de explorar PCA como técnica de extracción de características no supervisada, la siguiente sección introducirá el análisis discriminante lineal (Linear Discriminant Analysis, LDA), que es una técnica de transformación lineal que tiene en cuenta la información de la etiqueta de clase.

Compresión de datos supervisados mediante el análisis discriminante lineal

LDA puede utilizarse como una técnica de extracción de características para aumentar la eficiencia computacional y reducir el grado de sobreajuste debido a la maldición de la dimensionalidad en los modelos no regularizados. El concepto general de LDA es muy similar al de PCA, pero mientras que PCA intenta encontrar los ejes de componentes ortogonales de máxima varianza en un conjunto de datos, el objetivo de LDA es encontrar el subespacio de características que optimice la separabilidad de las clases. En las siguientes secciones, discutiremos las similitudes entre LDA y PCA con más detalle y recorreremos el enfoque LDA paso a paso.

Análisis de componentes principales frente al análisis discriminante lineal

Tanto PCA como LDA son técnicas de transformación lineal que pueden utilizarse para reducir el número de dimensiones de un conjunto de datos; el primero es un algoritmo no supervisado, mientras que el segundo es supervisado. Por lo tanto, podríamos pensar que LDA es una técnica de extracción de características superior para las tareas de clasificación en comparación con PCA. Sin embargo, A. M. Martínez informó de que el preprocesamiento mediante PCA tiende a dar mejores resultados de clasificación en una tarea de reconocimiento de imágenes en ciertos casos; por ejemplo, si cada clase consta solo de un pequeño número de ejemplos («PCA Versus LDA», de A. M. Martínez y A. C. Kak, *IEEE Transactions on Pattern Analysis and Machine Intelligence*, 23(2): 228-233, 2001).

LDA de Fisher

LDA a veces se llama también **LDA de Fisher.** Ronald A. Fisher formuló inicialmente, en 1936, el discriminante lineal de Fisher para tratar problemas de clasificación de dos clases («The Use of Multiple Measurements in Taxonomic Problems», R. A. Fisher, *Annals of Eugenics*, 7(2): 179-188, 1936). En 1948, el discriminante lineal de Fisher lo generalizó para problemas multiclase C. Radhakrishna Rao bajo el supuesto de covarianzas de clase iguales y clases normalmente distribuidas, lo que ahora llamamos LDA («The Utilization of Multiple Measurements in Problems of Biological Classification», de C. R. Rao, *Journal of the Royal Statistical Society. Series B (Methodological)*, 10(2): 159-203, 1948)

La Figura 5.8 resume el concepto de LDA para un problema de dos clases. Los ejemplos de la clase 1 se muestran como círculos, y los de la clase 2 como cruces:

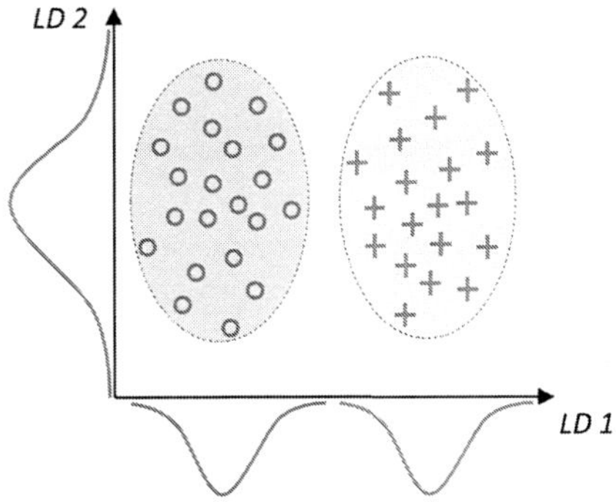

Figura 5.8 *Concepto de LDA para un problema de dos clases.*

Un discriminante lineal, como se muestra en el eje x (LD 1), separaría bien las dos clases con distribución normal. Aunque el discriminante lineal ejemplar que se muestra en el eje y (LD 2) capta gran parte de la varianza del conjunto de datos, fracasaría como buen discriminante lineal, ya que no capta ninguna información de discriminación de clases.

Uno de los supuestos del LDA es que los datos se distribuyen normalmente. También asumimos que las clases tienen matrices de covarianza idénticas y que los ejemplos de entrenamiento son estadísticamente independientes entre sí. Sin embargo, incluso si se infringe (ligeramente) uno o más de estos supuestos, el LDA para la reducción de dimensionalidad puede seguir funcionando razonablemente bien (*Pattern Classification 2nd Edition*, R. O. Duda, P. E. Hart, and D. G. Stork, New York, 2001).

Funcionamiento interno del análisis discriminante lineal

Antes de sumergirnos en la implementación del código, vamos a resumir brevemente los principales pasos que se requieren para realizar LDA:

1. Estandarizar el conjunto de datos de dimensión d (d es el número de características).
2. Para cada clase, calcular el vector medio de dimensión d.
3. Construir la matriz de dispersión entre clases, S_B, y la matriz de dispersión dentro de la clase, S_W.
4. Calcular los eigenvectores y los correspondientes eigenvalores de la matriz, $\boldsymbol{S}_W^{-1}\boldsymbol{S}_B$.
5. Ordenar los eigenvalores por orden decreciente para clasificar los eigenvectores correspondientes.
6. Eligir los k eigenvectores que correspondan a los k mayores eigenvalores para construir una matriz de transformación de dimensión $d \times k$, $\boldsymbol{W}$; los eigenvectores son las columnas de esta matriz.
7. Proyectar los ejemplos en el nuevo subespacio de características utilizando la matriz de transformación, $\boldsymbol{W}$.

Como podemos ver, LDA es bastante similar a PCA en el sentido de que estamos descomponiendo las matrices en eigenvalores y eigenvectores, que formarán el nuevo espacio de características de menor dimensión. Sin embargo, LDA tiene en cuenta la información de la etiqueta de la clase, que se representa en forma de vectores medios calculados en el paso 2. En las siguientes secciones, discutiremos estos siete pasos con más detalle, acompañados de implementaciones de código ilustrativas.

Cálculo de matrices de dispersión

Dado que ya hemos estandarizado las características del conjunto de datos Wine en la sección PCA al principio de este capítulo, podemos saltarnos el primer paso y proceder al cálculo de los vectores medios, que utilizaremos para construir la matriz de dispersión dentro de la clase y la matriz de dispersión entre clases, respectivamente. Cada vector medio, $\boldsymbol{m}_i$, almacena el valor medio de la característica, μ_m, con respecto a los ejemplos de la clase i:

$$\boldsymbol{m}_i = \frac{1}{n_i} \sum_{\boldsymbol{x} \in D_i} \boldsymbol{x}_m$$

El resultado son tres vectores medios:

$$\boldsymbol{m}_i = \begin{bmatrix} \mu_{i,alcohol} \\ \mu_{i,malic\ acid} \\ \vdots \\ \mu_{i,proline} \end{bmatrix}^T \qquad i \in \{1,2,3\}$$

Estos vectores medios se pueden calcular con el siguiente código, en el que calculamos un vector medio para cada una de las tres etiquetas:

```
>>> np.set_printoptions(precision=4)
>>> mean_vecs = []
>>> for label in range(1,4):
...     mean_vecs.append(np.mean(
...                X_train_std[y_train==label], axis=0))
...     print(f'MV {label}: {mean_vecs[label - 1]}\n')
MV 1: [ 0.9066  -0.3497  0.3201  -0.7189  0.5056  0.8807  0.9589  -0.5516
0.5416  0.2338  0.5897  0.6563  1.2075]
MV 2: [-0.8749  -0.2848  -0.3735  0.3157  -0.3848  -0.0433  0.0635  -0.0946
0.0703  -0.8286  0.3144  0.3608  -0.7253]
MV 3: [ 0.1992  0.866  0.1682  0.4148  -0.0451  -1.0286  -1.2876  0.8287
-0.7795  0.9649  -1.209  -1.3622  -0.4013]
```

A partir de los vectores medios, podemos calcular la matriz de dispersión dentro de la clase, S_W:

$$\boldsymbol{S}_W = \sum_{i=1}^{c} \boldsymbol{S}_i$$

Esta se calcula sumando las matrices de dispersión individuales, S_i, de cada clase individual i:

$$\boldsymbol{S}_i = \sum_{x \in D_i} (\boldsymbol{x} - \boldsymbol{m}_i)(\boldsymbol{x} - \boldsymbol{m}_i)^T$$

```
>>> d = 13 # number of features
>>> S_W = np.zeros((d, d))
>>> for label, mv in zip(range(1, 4), mean_vecs):
...     class_scatter = np.zeros((d, d))
...     for row in X_train_std[y_train == label]:
...         row, mv = row.reshape(d, 1), mv.reshape(d, 1)
...         class_scatter += (row - mv).dot((row - mv).T)
...     S_W += class_scatter
>>> print('Within-class scatter matrix: '
...       f'{S_W.shape[0]}x{S_W.shape[1]}')
Within-class scatter matrix: 13x13
```

La suposición que hacemos al calcular las matrices de dispersión es que las etiquetas de clase en el conjunto de datos de entrenamiento están distribuidas uniformemente. Sin embargo, si imprimimos el número de etiquetas de clase, vemos que esta suposición se infringe:

```
>>> print('Class label distribution:',
...       np.bincount(y_train)[1:])
Class label distribution: [41 50 33]
```

Por lo tanto, queremos escalar las matrices de dispersión individuales, S_i, antes de sumarlas como la matriz de dispersión, S_W. Cuando dividimos las matrices de dispersión por el número de muestras de clase, n_i, podemos ver que calcular la matriz de dispersión es, de hecho, lo mismo que calcular la matriz de covarianza, Σ_i; la matriz de covarianza es una versión normalizada de la matriz de dispersión:

$$\Sigma_i = \frac{1}{n_i}\boldsymbol{S}_i = \frac{1}{n_i}\sum_{x \in D_i} (\boldsymbol{x} - \boldsymbol{m}_i)(\boldsymbol{x} - \boldsymbol{m}_i)^T$$

El código para calcular la matriz de dispersión dentro de la clase a escala es el siguiente:

```
>>> d = 13 # number of features
>>> S_W = np.zeros((d, d))
>>> for label,mv in zip(range(1, 4), mean_vecs):
...     class_scatter = np.cov(X_train_std[y_train==label].T)
...     S_W += class_scatter
>>> print('Scaled within-class scatter matrix: '
...       f'{S_W.shape[0]}x{S_W.shape[1]}')
Scaled within-class scatter matrix: 13x13
```

Después de calcular la matriz de dispersión escalada dentro de la clase (o matriz de covarianza), podemos pasar al siguiente paso y calcular la matriz de dispersión entre clases S_B:

$$\boldsymbol{S}_B = \sum_{i=1}^{c} n_i(\boldsymbol{m}_i - \boldsymbol{m})(\boldsymbol{m}_i - \boldsymbol{m})^T$$

Aquí, m es la media global que se calcula, incluyendo ejemplos de todas las clases c:

```
>>> mean_overall = np.mean(X_train_std, axis=0)
>>> mean_overall = mean_overall.reshape(d, 1)

>>> d = 13 # number of features
>>> S_B = np.zeros((d, d))
>>> for i, mean_vec in enumerate(mean_vecs):
...     n = X_train_std[y_train == i + 1, :].shape[0]
...     mean_vec = mean_vec.reshape(d, 1) # make column vector
...     S_B += n * (mean_vec - mean_overall).dot(
...     (mean_vec - mean_overall).T)
>>> print('Between-class scatter matrix: '
...       f'{S_B.shape[0]}x{S_B.shape[1]}')
Between-class scatter matrix: 13x13
```

Selección de discriminantes lineales para el nuevo subespacio de características

Los pasos restantes de LDA son similares a los de PCA. Sin embargo, en lugar de realizar la eigendescomposición en la matriz de covarianza, resolvemos el problema generalizado de los eigenvalores de la matriz, $\boldsymbol{S}_W^{-1}\boldsymbol{S}_B$:

```
>>> eigen_vals, eigen_vecs =\
...     np.linalg.eig(np.linalg.inv(S_W).dot(S_B))
```

Después de calcular los eigenpares, podemos ordenar los eigenvalores en orden descendente:

```
>>> eigen_pairs = [(np.abs(eigen_vals[i]), eigen_vecs[:,i])
...                for i in range(len(eigen_vals))]
>>> eigen_pairs = sorted(eigen_pairs,
...               key=lambda k: k[0], reverse=True)
>>> print('Eigenvalues in descending order:\n')
>>> for eigen_val in eigen_pairs:
...     print(eigen_val[0])
Eigenvalues in descending order:
349.617808906
172.76152219
3.78531345125e-14
2.11739844822e-14
1.51646188942e-14
1.51646188942e-14
1.35795671405e-14
1.35795671405e-14
7.58776037165e-15
5.90603998447e-15
5.90603998447e-15
2.25644197857e-15
0.0
```

En LDA, el número de discriminantes lineales es como máximo $c - 1$, donde c es el número de etiquetas de clase, ya que la matriz de dispersión intermedia, S_B, es la suma de c matrices con rango uno o menos. De hecho, podemos ver que solo tenemos dos eigenvalores no nulos (los eigenvalores 3-13 no son exactamente cero, pero esto se debe a la aritmética de punto flotante en NumPy).

Colinealidad

Obsérvese que, en el raro caso de colinealidad perfecta (es decir, todos los puntos de ejemplo alineados caen en una línea recta), la matriz de covarianza tendría rango uno, lo que daría lugar a un solo eigenvector con un eigenvalor distinto de cero.

Para medir qué parte de la información discriminatoria de clase captan los discriminantes lineales (eigenvectores), vamos a trazar los discriminantes lineales por eigenvalores decrecientes, de forma similar al gráfico de varianza explicada que creamos en la sección de PCA. Para simplificar, llamaremos discriminabilidad al contenido de la información discriminatoria de la clase:

```
>>> tot = sum(eigen_vals.real)
>>> discr = [(i / tot) for i in sorted(eigen_vals.real,
...                                     reverse=True)]
>>> cum_discr = np.cumsum(discr)
>>> plt.bar(range(1, 14), discr, align='center',
...         label='Individual discriminability')
>>> plt.step(range(1, 14), cum_discr, where='mid',
...          label='Cumulative discriminability')
>>> plt.ylabel('"Discriminability" ratio')
>>> plt.xlabel('Linear Discriminants')
>>> plt.ylim([-0.1, 1.1])
>>> plt.legend(loc='best')
>>> plt.tight_layout()
>>> plt.show()
```

Como podemos ver en la Figura 5.9, los dos primeros discriminantes lineales capturan por sí solos el 100% de la información útil en el conjunto de datos de entrenamiento de Wine:

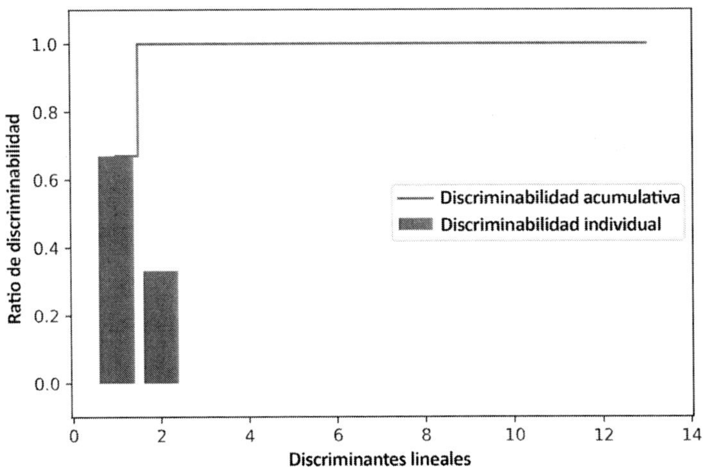

Figura 5.9 *Los dos primeros discriminantes capturan el 100 % de la información útil.*

Apilemos ahora las dos columnas de eigenvectores más discriminantes para crear la matriz de transformación, *W*:

```
>>> w = np.hstack((eigen_pairs[0][1][:, np.newaxis].real,
...                eigen_pairs[1][1][:, np.newaxis].real))
>>> print('Matrix W:\n', w)
Matrix W:
 [[-0.1481  -0.4092]
```

```
 [ 0.0908  -0.1577]
 [-0.0168  -0.3537]
 [ 0.1484   0.3223]
 [-0.0163  -0.0817]
 [ 0.1913   0.0842]
 [-0.7338   0.2823]
 [-0.075   -0.0102]
 [ 0.0018   0.0907]
 [ 0.294   -0.2152]
 [-0.0328   0.2747]
 [-0.3547  -0.0124]
 [-0.3915  -0.5958]]
```

Proyección de ejemplos en el nuevo espacio de características

Utilizando la matriz de transformación *W* que creamos en la subsección anterior, ahora podemos transformar el conjunto de datos de entrenamiento multiplicando las matrices:

$$X' = XW$$

```
>>> X_train_lda = X_train_std.dot(w)
>>> colors = ['r', 'b', 'g']
>>> markers = ['o', 's', '^']
>>> for l, c, m in zip(np.unique(y_train), colors, markers):
...     plt.scatter(X_train_lda[y_train==l, 0],
...                 X_train_lda[y_train==l, 1] * (-1),
...                 c=c, label= f'Class {l}', marker=m)
>>> plt.xlabel('LD 1')
>>> plt.ylabel('LD 2')
>>> plt.legend(loc='lower right')
>>> plt.tight_layout()
>>> plt.show()
```

Como podemos ver en la Figura 5.10, las tres clases de Wine son ahora perfectamente separables linealmente en el nuevo subespacio de características:

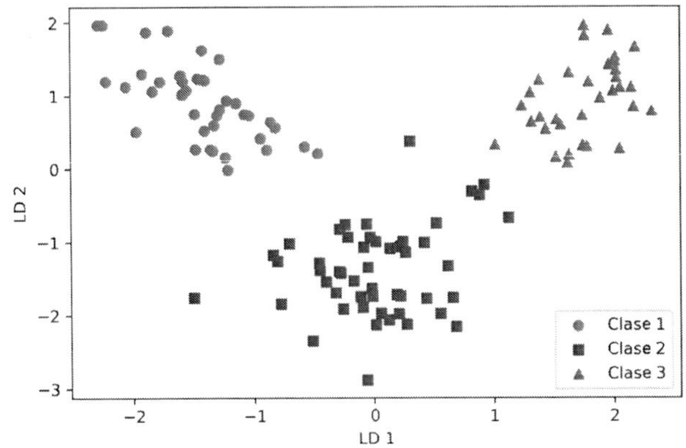

Figura 5.10 *Clases de Wine perfectamente separables tras proyectar los datos sobre los dos primeros discriminantes.*

LDA mediante Scikit-learn

Esa implementación paso a paso ha sido un buen ejercicio para comprender el funcionamiento interno de LDA y comprender las diferencias entre LDA y PCA. Ahora, veamos la clase `LDA` implementada en Scikit-learn:

```
>>> # the following import statement is one line
>>> from sklearn.discriminant_analysis import
LinearDiscriminantAnalysis as LDA
>>> lda = LDA(n_components=2)
>>> X_train_lda = lda.fit_transform(X_train_std, y_train)
```

A continuación, vamos a ver cómo el clasificador de regresión logística maneja el conjunto de datos de entrenamiento de menor dimensión después de la transformación LDA:

```
>>> lr = LogisticRegression(multi_class='ovr', random_state=1,
...                         solver='lbfgs')
>>> lr = lr.fit(X_train_lda, y_train)
>>> plot_decision_regions(X_train_lda, y_train, classifier=lr)
>>> plt.xlabel('LD 1')
>>> plt.ylabel('LD 2')
>>> plt.legend(loc='lower left')
>>> plt.tight_layout()
>>> plt.show()
```

Observando la Figura 5.11, podemos ver que el modelo de regresión logística no clasifica bien uno de los ejemplos de la clase 2:

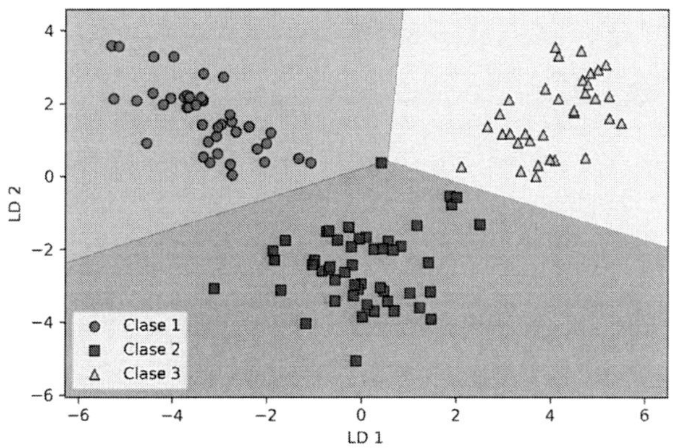

Figura 5.11 *El modelo de regresión logística no clasifica bien una de las clases.*

Si reducimos la intensidad de la regularización, probablemente podríamos desplazar las fronteras de decisión para que el modelo de regresión logística clasifique correctamente todos los ejemplos del conjunto de datos de entrenamiento. Sin embargo, y lo que es más importante, vamos a echar un vistazo a los resultados en el conjunto de datos de prueba:

```
>>> X_test_lda = lda.transform(X_test_std)
>>> plot_decision_regions(X_test_lda, y_test, classifier=lr)
>>> plt.xlabel('LD 1')
>>> plt.ylabel('LD 2')
>>> plt.legend(loc='lower left')
>>> plt.tight_layout()
>>> plt.show()
```

Como podemos ver en la Figura 5.12, el clasificador de regresión logística es capaz de obtener una puntuación de precisión perfecta para clasificar los ejemplos del conjunto de datos de prueba utilizando únicamente un subespacio de características bidimensional, en lugar de las 13 características originales de Wine:

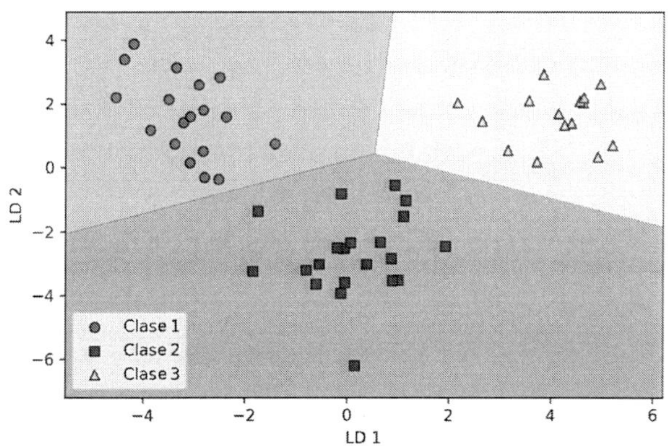

Figura 5.12 *El modelo de regresión logística funciona perfectamente con los datos de prueba.*

Reducción de la dimensionalidad no lineal y visualización de datos

En la sección anterior, hemos tratado las técnicas de transformación lineal, como PCA y LDA, para la extracción de características. En esta sección, discutiremos por qué vale la pena considerar las técnicas de reducción de dimensionalidad no lineal.

Una técnica de reducción de dimensionalidad no lineal que merece la pena destacar es la incorporación de vecinos estocásticos distribuidos en *t* (Stochastic Neighbor Embedding, t-SNE), ya que se utiliza con frecuencia en la literatura para visualizar conjuntos de datos de alta dimensión en dos o tres dimensiones. Veremos cómo podemos aplicar t-SNE para representar imágenes de imágenes de escritura a mano en un espacio de características bidimensional.

¿Por qué considerar la reducción de la dimensionalidad no lineal?

Muchos algoritmos de aprendizaje automático hacen suposiciones sobre la separabilidad lineal de los datos de entrada. Usted ya ha aprendido que el perceptrón, para converger, requiere datos de entrenamiento perfectamente separables linealmente. Otros algoritmos que hemos tratado hasta ahora asumen que la falta de separabilidad lineal perfecta se debe al ruido (como Adaline, la regresión logística y SVM estándar, por nombrar algunos).

Sin embargo, si estamos tratando con problemas no lineales, que podemos encontrar con bastante frecuencia en las aplicaciones del mundo real, las técnicas de transformación lineal para la reducción de dimensionalidad, como PCA y LDA, pueden no ser la mejor opción:

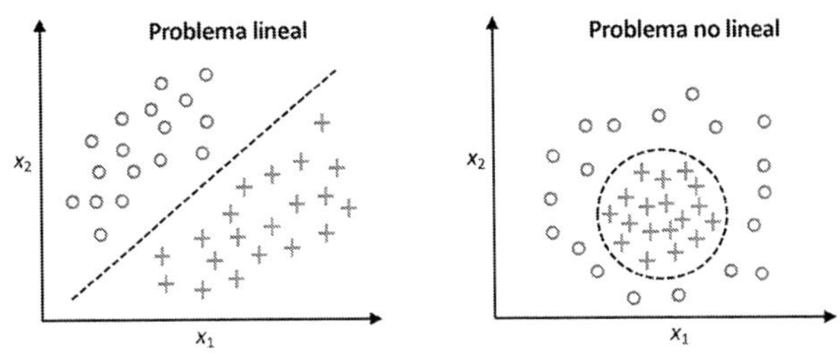

Figura 5.13 *Diferencia entre los problemas lineales y no lineales.*

La biblioteca Scikit-learn implementa una selección de técnicas avanzadas para la reducción de dimensionalidad no lineal que están fuera del alcance del libro. El lector interesado puede encontrar un buen resumen de las implementaciones actuales en Scikit-learn, complementado con ejemplos ilustrativos, en `http://scikit-learn.org/stable/modules/manifold.html`.

El desarrollo y la aplicación de las técnicas de reducción de dimensionalidad no lineal también suele denominarse «aprendizaje de variedades», donde una variedad se refiere a un espacio topológico de menor dimensión incrustado en un espacio de alta dimensión. Los algoritmos para el aprendizaje de variedades tienen que captar la complicada estructura de los datos para proyectarlos en un espacio de menor dimensión en el que se conserve la relación entre los puntos de datos.

Un ejemplo clásico de aprendizaje de variedades es el rollo suizo tridimensional ilustrado en la Figura 5.14:

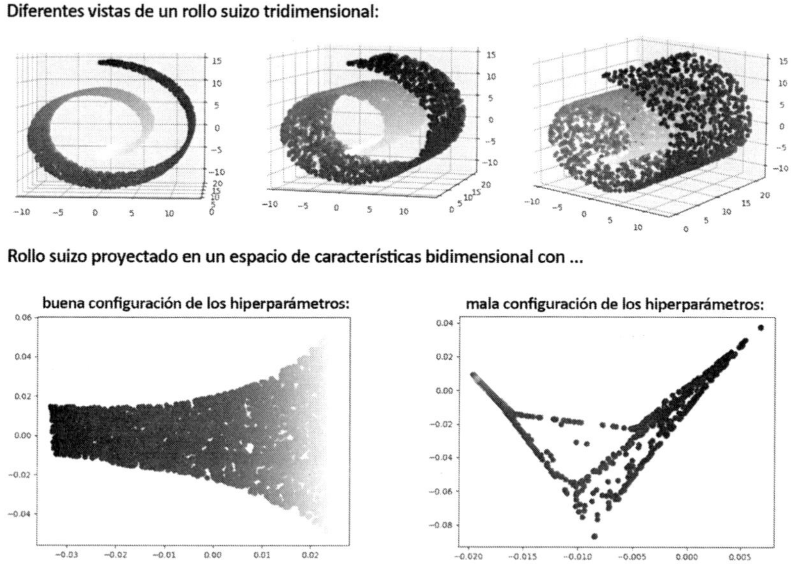

Figura 5.14 *Rollo suizo tridimensional proyectado en un espacio inferior bidimensional.*

Aunque los algoritmos de reducción de dimensionalidad no lineal y los algoritmos de aprendizaje de variedades son muy potentes, debemos tener en cuenta que estas técnicas son notoriamente difíciles de utilizar, y con elecciones de hiperparámetros no ideales pueden causar más perjuicio que beneficio. La razón de esta dificultad es que a menudo trabajamos con conjuntos de datos de alta dimensión que no podemos visualizar fácilmente y cuya estructura no es obvia (a diferencia del ejemplo del rollo suizo de la Figura 5.14). Además, a menos que proyectemos el conjunto de datos en dos o tres dimensiones —lo que a menudo no es suficiente para captar relaciones más complicadas—, es difícil o incluso imposible evaluar la calidad de los resultados. De ahí que muchos usuarios sigan confiando en técnicas más sencillas, como PCA y LDA, para la reducción de dimensionalidad.

Visualización de datos mediante la incorporación de vecinos estocásticos distribuidos en t

Después de introducir la reducción no lineal de la dimensionalidad y de discutir algunos de sus retos, vamos a ver un ejemplo práctico con t-SNE, que se utiliza a menudo para visualizar conjuntos de datos complejos en dos o tres dimensiones.

En pocas palabras, el t-SNE modela los puntos de datos basándose en sus distancias por pares en el espacio de características de alta dimensión (original). A continuación, encuentra una distribución de probabilidad de las distancias por pares en el nuevo espacio de menor dimensión, que se aproxima a la distribución de probabilidad de las distancias por pares en el espacio original. O, en otras palabras, t-SNE aprende a incrustar los puntos de datos en un espacio de menor dimensión de forma que se mantengan las distancias por pares en el espacio original. Puede encontrar más detalles sobre este método en el artículo de investigación original «Visualizing data using t-SNE», de Maaten y Hinton, *Journal of Machine Learning Research*, 2018 (`https://www.jmlr.org/papers/volume9/vandermaaten08a/vandermaaten08a.pdf`). Sin embargo, como sugiere el título del trabajo de investigación, t-SNE es una técnica destinada a la visualización, ya que requiere todo el conjunto de datos para la proyección. Como proyecta los puntos directamente (a diferencia de PCA, no implica una matriz de proyección), no podemos aplicar t-SNE a nuevos puntos de datos.

El siguiente código muestra una rápida demostración de cómo se puede aplicar t-SNE a un conjunto de datos de 64 dimensiones. En primer lugar, cargamos el conjunto de datos Digits de Scikit-learn, que consta de dígitos escritos a mano con baja resolución (los números 0-9):

```
>>> from sklearn.datasets import load_digits
>>> digits = load_digits()
```

Los dígitos son imágenes en escala de grises de 8×8. El siguiente código representa las cuatro primeras imágenes del conjunto de datos, que consta de 1797 imágenes en total:

```
>>> fig, ax = plt.subplots(1, 4)
>>> for i in range(4):
>>>     ax[i].imshow(digits.images[i], cmap='Greys')
>>> plt.show()
```

Como podemos ver en la Figura 5.15, las imágenes tienen una resolución relativamente baja, 8×8 píxeles (es decir, 64 píxeles por imagen):

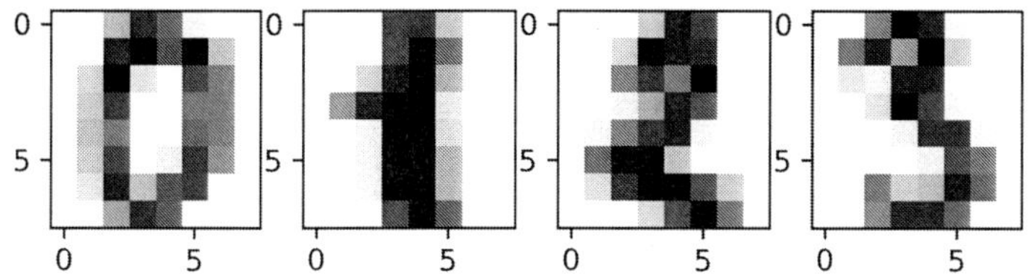

Figura 5.15 *Imágenes de baja resolución de dígitos escritos a mano.*

Hay que tener en cuenta que el atributo `digits.data` nos permite acceder a una versión tabular de este conjunto de datos, donde los ejemplos están representados por las filas, y las columnas corresponden a los píxeles:

```
>>> digits.data.shape
(1797, 64)
```

A continuación, asignamos las características (píxeles) a una nueva variable `X_digits`, y las etiquetas a otra nueva variable `y_digits`:

```
>>> y_digits = digits.target
>>> X_digits = digits.data
```

Luego, importamos la clase t-SNE de Scikit-learn y ajustamos un nuevo objeto `tsne`. Con `fit_transform`, realizamos el ajuste de t-SNE y la transformación de los datos en un solo paso:

```
>>> from sklearn.manifold import TSNE
>>> tsne = TSNE(n_components=2, init='pca',
...             random_state=123)
>>> X_digits_tsne = tsne.fit_transform(X_digits)
```

Utilizando este código, proyectamos el conjunto de datos de 64 dimensiones en un espacio de 2 dimensiones. Especificamos `init='pca'`, que inicializa la incrustación t-SNE utilizando PCA, como se recomienda en el artículo de investigación «Initialization is critical for preserving global data structure in both t-SNE and UMAP», de Kobak y Linderman, *Nature Biotechnology Volume 39*, páginas 156–157, 2021 (`https://www.nature.com/articles/s41587-020-00809-z`).

Hay que tener en cuenta que t-SNE incluye hiperparámetros adicionales, como la perplejidad y la tasa de aprendizaje (a menudo llamada **epsilon**), que omitimos en el ejemplo (utilizamos los valores por defecto de Scikit-learn). En la práctica, le recomendamos que también explore estos parámetros. Puede encontrar más información sobre estos parámetros y sus efectos en los resultados en el excelente artículo «How to Use t-SNE Effectively», de Wattenberg, Viegas y Johnson, *Distill*, 2016 (`https://distill.pub/2016/misread-tsne/`).

Por último, visualizamos las incrustaciones 2D t-SNE utilizando el siguiente código:

```
>>> import matplotlib.patheffects as PathEffects
>>> def plot_projection(x, colors):

...     f = plt.figure(figsize=(8, 8))
...     ax = plt.subplot(aspect='equal')
...     for i in range(10):
...         plt.scatter(x[colors == i, 0],
...                     x[colors == i, 1])

...     for i in range(10):
...         xtext, ytext = np.median(x[colors == i, :], axis=0)
...         txt = ax.text(xtext, ytext, str(i), fontsize=24)
...         txt.set_path_effects([
...             PathEffects.Stroke(linewidth=5, foreground="w"),
...             PathEffects.Normal()])
>>> plot_projection(X_digits_tsne, y_digits)
>>> plt.show()
```

Al igual que PCA, t-SNE es un método no supervisado, y en el código anterior utilizamos las etiquetas de clase `y_digits` (0-9) solo con fines de visualización a través del argumento de color de las funciones. `PathEffects` de Matplotlib se utiliza para fines visuales, de manera que la etiqueta de clase se muestra en el centro (a través de `np.median`) de los puntos de datos que pertenecen respectivamente a cada dígito. El gráfico resultante es el siguiente:

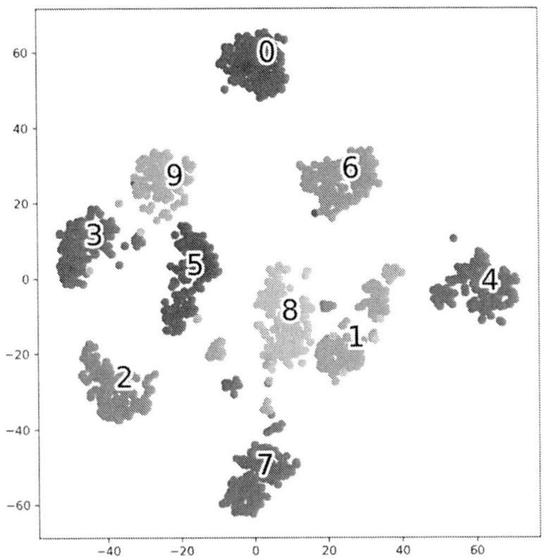

Figura 5.16 *Visualización de cómo t-SNE incorpora los dígitos escritos a mano en un espacio de características 2D.*

Como podemos ver, t-SNE es capaz de separar bien los diferentes dígitos (clases), aunque no perfectamente. Es posible conseguir una mejor separación ajustando los hiperparámetros. Sin embargo, podría ser inevitable un cierto grado de mezcla de clases, debido a la ilegibilidad de la escritura. Por ejemplo, al inspeccionar las imágenes individuales, podríamos encontrar que ciertas instancias del número 3 se parecen al número 9, y así sucesivamente.

Aproximación y proyección múltiple uniforme

Otra técnica de visualización muy extendida es la aproximación y proyección múltiple uniforme (**Uniform Manifold Approximation and Projection, UMAP**). Si bien UMAP puede producir resultados igual de buenos que t-SNE (por ejemplo, véase el artículo de Kobak y Linderman al que se ha hecho referencia anteriormente), suele ser más rápido y también puede utilizarse para proyectar nuevos datos, lo que lo hace más atractivo como técnica de reducción de dimensionalidad en un contexto de aprendizaje automático, similar a PCA. Los lectores interesados pueden encontrar más información sobre UMAP en el artículo original: «UMAP: Uniform manifold approximation and projection for dimension reduction», de McInnes, Healy y Melville, 2018 (`https://arxiv.org/abs/1802.03426`). Se puede encontrar una implementación de UMAP compatible con Scikit-learn en `https://umap-learn.readthedocs.io`.

Resumen

En este capítulo, usted ha aprendido dos técnicas fundamentales de reducción de dimensionalidad para la extracción de características: PCA y LDA. Con PCA, proyectamos los datos en un subespacio de menor dimensión para maximizar la varianza a lo largo de los ejes ortogonales de las características, ignorando las etiquetas de clase. LDA, en contraste con PCA, es una técnica de reducción de dimensionalidad supervisada, lo que significa que considera la información de clase en el conjunto de datos de entrenamiento para intentar maximizar la separabilidad de la clase en un espacio de características lineal. Por último, también ha aprendido sobre t-SNE, que es una técnica de extracción de características no lineales que puede utilizarse para visualizar datos en dos o tres dimensiones.

Equipado con PCA y LDA como técnicas fundamentales de preprocesamiento de datos, ahora está bien preparado para conocer las mejores prácticas para incorporar eficientemente diferentes técnicas de preprocesamiento y evaluar el rendimiento de diferentes modelos en el siguiente capítulo.

Únase al espacio Discord del libro

Únase al espacio de Discord del libro para una sesión mensual de «Pregúntame lo que quieras» con los autores (en inglés):

`https://packt.link/MLwPyTorch`

6

Aprendizaje de las mejores prácticas para la evaluación de modelos y el ajuste de hiperparámetros

En los capítulos anteriores, estudiamos los algoritmos de aprendizaje automático esenciales para la clasificación, y cómo dar forma a nuestros datos antes de introducirlos en esos algoritmos. Ahora, es el momento de conocer las mejores prácticas para elaborar buenos modelos de aprendizaje automático, afinando los algoritmos y evaluando el rendimiento de los modelos. En este capítulo, aprenderemos a:

- Evaluar el rendimiento de los modelos de aprendizaje automático.
- Diagnosticar los problemas habituales de los algoritmos de aprendizaje automático.
- Ajustar los modelos de aprendizaje automático.
- Evaluar los modelos predictivos utilizando diferentes métricas de rendimiento.

Optimización de flujos de trabajo con pipelines

Cuando aplicamos diferentes técnicas de preprocesamiento en los capítulos anteriores (como la estandarización para el escalado de características en el capítulo 4, Elaboración de conjuntos de datos de entrenamiento: preprocesamiento de datos; o el análisis de componentes principales para la compresión de datos en el capítulo 5, Compresión de datos mediante la reducción de la dimensionalidad), aprendimos la necesidad de reutilizar los parámetros que se obtuvieron durante el ajuste de los datos de entrenamiento para escalar y comprimir cualquier dato nuevo, como los ejemplos del conjunto de datos de prueba separado. En esta sección, aprenderemos el uso de una herramienta muy útil, la clase `Pipeline` en Scikit-learn. Esta herramienta nos permite ajustar un modelo incluyendo un número arbitrario de pasos de transformación y aplicarlo para hacer pronósticos sobre nuevos datos.

Carga del conjunto de datos Breast Cancer Wisconsin

En este capítulo, trabajaremos con el conjunto de datos Breast Cancer Wisconsin, que contiene 569 ejemplos de células tumorales malignas y benignas. Las dos primeras columnas del conjunto de datos almacenan los números de identificación exclusivos de los ejemplos y los diagnósticos correspondientes (`M` = maligno, `B` = benigno), respectivamente. Las columnas 3-32 contienen 30 características de valores reales que se han calculado a partir de imágenes digitalizadas de los núcleos celulares, que pueden utilizarse para elaborar un modelo que pronostique si un tumor es benigno o maligno. El conjunto de datos Breast Cancer Wisconsin se ha depositado en UCI Machine Learning Repository, y se puede encontrar información más detallada sobre este conjunto de datos en `https://archive.ics.uci.edu/ml/datasets/Breast+Cancer+Wisconsin+(Diagnostic)`.

Obtención del conjunto de datos Breast Cancer Wisconsin

Puede encontrar una copia del conjunto de datos (y de todos los demás conjuntos de datos utilizados en el libro) en el paquete de código del libro, que puede utilizar si está trabajando sin conexión o si el servidor de la UCI en `https://archive.ics.uci.edu/ml/machine-learning-databases/breast-cancer-wisconsin/wdbc.data` no está disponible temporalmente. Por ejemplo, para cargar el conjunto de datos desde un directorio local, puede sustituir las siguientes líneas:

```
df = pd.read_csv(
    'https://archive.ics.uci.edu/ml/'
    'machine-learning-databases'
    '/breast-cancer-wisconsin/wdbc.data',
    header=None
)
```

por estas otras:

```
df = pd.read_csv(
    'your/local/path/to/wdbc.data',
    header=None
)
```

En esta sección, leeremos el conjunto de datos y lo dividiremos en conjuntos de datos de entrenamiento y de prueba en tres sencillos pasos:

1. Comenzaremos leyendo el conjunto de datos directamente desde el sitio web de UCI utilizando Pandas:

```
>>> import pandas as pd
>>> df = pd.read_csv('https://archive.ics.uci.edu/ml/'
...                  'machine-learning-databases'
...                  '/breast-cancer-wisconsin/wdbc.data',
...                  header=None)
```

2. A continuación, asignaremos las 30 características al array NumPy, `X`. Utilizando el objeto `LabelEncoder`, transformaremos las etiquetas de clase de su representación original de cadena (`'M'` y `'B'`) a números enteros:

```
>>> from sklearn.preprocessing import LabelEncoder
>>> X = df.loc[:, 2:].values
>>> y = df.loc[:, 1].values
>>> le = LabelEncoder()
>>> y = le.fit_transform(y)
>>> le.classes_
array(['B', 'M'], dtype=object)
```

3. Después de codificar las etiquetas de clase (diagnóstico) en el array, `y`, los tumores malignos se representan ahora como clase `1`, y los tumores benignos se representan como clase `0`, respectivamente. Podemos verificar este mapeo llamando al método `transform` de `LabelEncoder` ajustado a las dos etiquetas de clase ficticias:

```
>>> le.transform(['M', 'B'])
array([1, 0])
```

4. Antes de construir nuestro primer modelo de pipeline en la siguiente subsección, vamos a dividir el conjunto de datos en un conjunto separado de datos de entrenamiento (80 por ciento de los datos) y un conjunto separado de datos de prueba (20 por ciento de los datos):

```
>>> from sklearn.model_selection import train_test_split
>>> X_train, X_test, y_train, y_test = \
...     train_test_split(X, y,
...                      test_size=0.20,
...                      stratify=y,
...                      random_state=1)
```

Combinación de transformadores y estimadores en una pipeline

En el capítulo anterior, descubrimos que muchos algoritmos de aprendizaje requieren que las características de las entradas estén en la misma escala para obtener un rendimiento óptimo. Dado que las características del conjunto de datos Breast Cancer Wisconsin se miden en varias escalas diferentes, estandarizaremos las columnas de este conjunto de datos antes de introducirlas en un clasificador lineal, como es la regresión logística. Además, supongamos que queremos comprimir nuestros datos de las 30 dimensiones iniciales en un subespacio inferior de dos dimensiones mediante el análisis de componentes principales (Principal Component Analysis, PCA), una técnica de extracción de características para la reducción de dimensionalidad que se introdujo en el capítulo 5.

En lugar de pasar por las fases de ajuste del modelo y de transformación de datos de los conjuntos de datos de entrenamiento y de prueba por separado, podemos encadenar los objetos `StandardScaler`, `PCA` y `LogisticRegression` en una pipeline:

```
>>> from sklearn.preprocessing import StandardScaler
>>> from sklearn.decomposition import PCA
>>> from sklearn.linear_model import LogisticRegression
>>> from sklearn.pipeline import make_pipeline
>>> pipe_lr = make_pipeline(StandardScaler(),
...                         PCA(n_components=2),
...                         LogisticRegression())
>>> pipe_lr.fit(X_train, y_train)
>>> y_pred = pipe_lr.predict(X_test)
>>> test_acc = pipe_lr.score(X_test, y_test)
>>> print(f'Test accuracy: {test_acc:.3f}')
Test accuracy: 0.956
```

La función `make_pipeline` toma un número arbitrario de transformadores de Scikit-learn (objetos que admiten como entrada los métodos `fit` y `transform`), seguido de un estimador de Scikit-learn que implementa los métodos `fit` y `predict`. En nuestro ejemplo de código anterior, proporcionamos dos transformadores, `StandardScaler` y `PCA`, y el estimador `LogisticRegression` como entradas a la función `make_pipeline`, que construye el objeto `Pipeline` de Scikit-learn a partir de estos objetos.

Podemos pensar en `Pipeline` de Scikit-learn como un metaestimador o una envoltura alrededor de esos transformadores y estimadores individuales. Si llamamos al método `fit` de `Pipeline`, los datos pasarán por una serie de transformadores mediante las llamadas de `fit` y `transform` en estos pasos intermedios hasta que llegan al objeto estimador (el elemento final en una pipeline). El estimador se ajustará, entonces, a los datos de entrenamiento transformados.

Cuando ejecutamos el método `fit` en la pipeline `pipe_lr` en el ejemplo de código anterior, `StandardScaler` realiza primero las llamadas a `fit` y `transform` en los datos de entrenamiento. En segundo lugar, los datos de entrenamiento transformados se han pasado al siguiente objeto de la pipeline, `PCA`. Al igual que en el paso anterior, `PCA` también ejecuta `fit` y `transform` en los datos de entrada escalados y los pasa al elemento final de la pipeline, el estimador.

Por último, el estimador `LogisticRegression` se ajusta a los datos de entrenamiento después de someterlos a transformaciones mediante `StandardScaler` y `PCA`. Una vez más, debemos tener en cuenta que no hay límite en el número de pasos intermedios en una pipeline; sin embargo, si queremos utilizar la pipeline para tareas de pronóstico, el último elemento de la tubería tiene que ser un estimador.

De forma similar a una llamada a `fit` en una pipeline, las pipelines también implementan el método `predict` si el último paso de la pipeline es un estimador. Si introducimos un conjunto de datos en la llamada a `predict` de una instancia del objeto `Pipeline`, los datos pasarán por los pasos intermedios mediante las llamadas a `transform`. En el último paso, el objeto estimador devolverá un pronóstico sobre los datos transformados.

Los pipelines de la biblioteca Scikit-learn son herramientas envolventes inmensamente útiles que utilizaremos con frecuencia durante el resto del libro. Para asegurarse de que comprende bien cómo funciona el objeto `Pipeline`, eche un vistazo a la Figura 6.1, que resume lo expuesto en los párrafos anteriores:

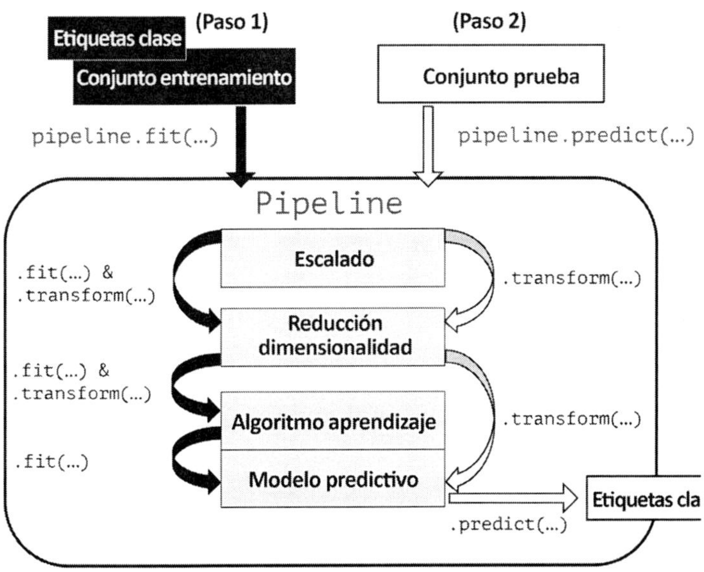

Figura 6.1 *Funcionamiento interno del objeto Pipeline.*

Uso de la validación cruzada de k iteraciones (k subconjuntos) para evaluar el rendimiento del modelo

En esta sección, aprenderá las técnicas habituales de validación cruzada, validación cruzada de retención y validación cruzada de *k* iteraciones, que pueden ayudarnos a obtener estimaciones fiables del rendimiento de generalización del modelo, es decir, lo bien que se comporta el modelo con datos no vistos.

El método de retención

Un enfoque clásico y muy utilizado para estimar el rendimiento de generalización de los modelos de aprendizaje automático es el método de retención. Utilizando el método de retención, dividimos nuestro conjunto de datos inicial en conjuntos de datos de entrenamiento y de prueba separados: el primero se utiliza para el entrenamiento del modelo y el segundo se utiliza para estimar su rendimiento de generalización. Sin embargo, en las aplicaciones típicas de aprendizaje automático, también nos interesa ajustar y comparar diferentes configuraciones de parámetros para mejorar aún más el rendimiento a la hora de realizar pronósticos sobre datos no vistos. Este proceso se denomina «selección del modelo», y hace referencia a un problema de clasificación determinado para el que queremos seleccionar los valores óptimos de los parámetros de ajuste (también llamados «hiperparámetros»). Sin embargo, si reutilizamos el mismo conjunto de datos de prueba una y otra vez durante la selección del modelo, se convertirá en parte de nuestros datos de entrenamiento —y, por tanto, será más probable que el modelo se sobreajuste—. A pesar de este problema, mucha gente sigue utilizando el conjunto de datos de prueba para la selección del modelo, pero no es una buena práctica de aprendizaje automático.

Una forma más conveniente de utilizar el método de retención para la selección del modelo es separar los datos en tres partes: un conjunto de datos de entrenamiento, un conjunto de datos de validación y un conjunto de datos de prueba. El conjunto de datos de entrenamiento se utiliza para ajustar los diferentes modelos, y el rendimiento del conjunto de datos de validación se utiliza para la selección del modelo. La ventaja de contar con un conjunto de datos de prueba que el modelo no ha visto antes durante los pasos de entrenamiento y selección del modelo es que podemos obtener una estimación menos sesgada de su capacidad de generalización a los nuevos datos. La Figura 6.2 ilustra el concepto de validación cruzada de retención, donde utilizamos un conjunto de datos de validación para evaluar repetidamente el rendimiento del modelo después del entrenamiento utilizando diferentes valores de hiperparámetros. Una vez que estamos satisfechos con el ajuste de los valores de los hiperparámetros, estimamos el rendimiento de generalización del modelo en el conjunto de datos de prueba:

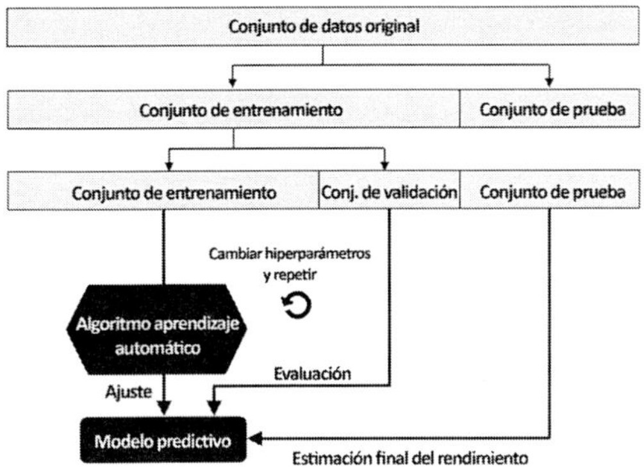

Figura 6.2 *Cómo utilizar los conjuntos de datos de entrenamiento, validación y prueba.*

Una desventaja del método de retención es que la estimación del rendimiento puede ser muy sensible a la forma en que dividimos el conjunto de datos de entrenamiento en subconjuntos de entrenamiento y de validación; la estimación variará para diferentes ejemplos de los datos. En la siguiente subsección, veremos una técnica más eficaz para la estimación del rendimiento: la validación cruzada de *k* grupos, en la que repetimos el método de retención *k* veces en *k* subconjuntos de los datos de entrenamiento.

Validación cruzada de k iteraciones

En la validación cruzada de *k* iteraciones, dividimos aleatoriamente el conjunto de datos de entrenamiento en *k* iteraciones sin sustitución. En este caso, se utilizan *k* - 1 iteraciones (las llamadas iteraciones de entrenamiento) para el entrenamiento del modelo, y una iteración (la llamada iteración de prueba) para la evaluación del rendimiento. Este procedimiento se repite *k* veces, de modo que se obtienen *k* modelos y estimaciones de rendimiento.

Muestreo con y sin sustitución

En el capítulo 3 vimos un ejemplo para ilustrar el muestreo con y sin sustitución. Si no ha leído ese capítulo, o quiere refrescarlo, consulte el cuadro de información titulado «Muestreo con y sin sustitución» en la sección titulada «Combinación de múltiples árboles de decisión mediante bosques aleatorios».

A continuación, calculamos el rendimiento medio de los modelos basándonos en las diferentes iteraciones de prueba independientes para obtener una estimación del rendimiento que sea menos sensible a la subpartición de los datos de entrenamiento en comparación con el método de retención. Normalmente, utilizamos la validación cruzada de *k* iteraciones para el ajuste del modelo, es decir, para encontrar los valores óptimos de los hiperparámetros que producen un rendimiento de generalización satisfactorio, que se estima a partir de la evaluación del rendimiento del modelo en las iteraciones de prueba.

Una vez que hayamos encontrado valores satisfactorios de los hiperparámetros, podemos volver a entrenar el modelo con el conjunto de datos de entrenamiento completo y obtener una estimación final del rendimiento utilizando el conjunto de datos de prueba independiente. La razón para ajustar un modelo a todo el conjunto de datos de entrenamiento después de la validación cruzada de *k* iteraciones es que, en primer lugar, normalmente estamos interesados en un único modelo final (frente a *k* modelos individuales) y, en segundo lugar, proporcionar más ejemplos de entrenamiento a un algoritmo de aprendizaje suele dar como resultado un modelo más preciso y robusto.

Dado que la validación cruzada de *k* iteraciones es una técnica de remuestreo sin sustitución, la ventaja de este enfoque es que, en cada iteración, cada ejemplo se utilizará exactamente una vez, y los subconjuntos de entrenamiento y prueba son disjuntos, es decir, no hay solapamiento. La Figura 6.3 resume el concepto de validación cruzada de *k* iteraciones con $k = 10$. El conjunto de datos de entrenamiento se divide en 10 subconjuntos y, durante las 10 iteraciones, se utilizan 9 subconjuntos para el entrenamiento, y 1 subconjunto se utilizará como conjunto de datos de prueba para la evaluación del modelo.

Además, los rendimientos estimados, E_i (por ejemplo, la precisión o el error de clasificación), para cada subconjunto se utilizan para calcular el rendimiento medio estimado, E, del modelo:

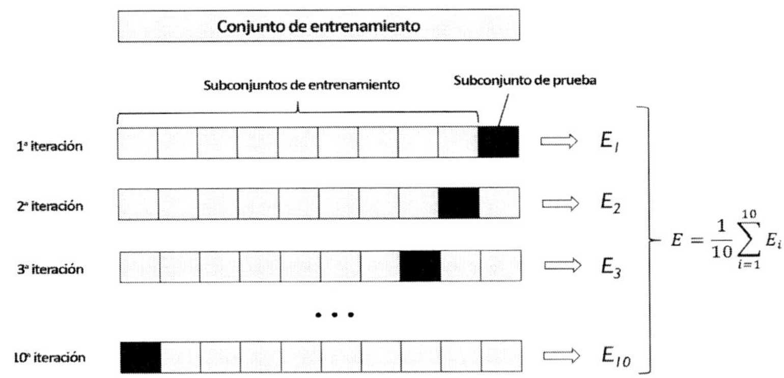

Figura 6.3 *Funcionamiento de la validación cruzada de k iteraciones.*

En resumen, la validación cruzada de *k* iteraciones aprovecha mejor el conjunto de datos que el método de retención con un conjunto de validación, ya que se utilizan todos los puntos de datos para la evaluación.

Un buen valor estándar para *k* en la valoración cruzada de *k* iteraciones es 10, como demuestran las pruebas empíricas. Por ejemplo, los experimentos realizados por Ron Kohavi en varios conjuntos de datos del mundo real sugieren que la validación cruzada de 10 iteraciones ofrece el mejor equilibrio entre sesgo y varianza (A Study of Cross-Validation and Bootstrap for Accuracy Estimation and Model Selection de Kohavi, Ron, International Joint Conference on Artificial Intelligence (IJCAI), 14 (12): 1137-43, 1995, `https://www.ijcai.org/Proceedings/95-2/Papers/016.pdf`).

Sin embargo, si trabajamos con conjuntos de entrenamiento relativamente pequeños, puede ser útil aumentar el número de subconjuntos. Si aumentamos el valor de k, se utilizarán más datos de entrenamiento en cada iteración, lo que se traduce en un menor sesgo pesimista a la hora de estimar el rendimiento de la generalización promediando las estimaciones individuales del modelo. Los valores grandes de k también aumentarán el tiempo de ejecución del algoritmo de validación cruzada y producirán estimaciones con mayor varianza, ya que los subconjuntos de entrenamiento serán más parecidos entre sí. Por otro lado, si trabajamos con conjuntos de datos grandes, podemos elegir un valor más pequeño para k, por ejemplo, $k = 5$, y seguir obteniendo una estimación precisa del rendimiento medio del modelo, a la vez que se reduce el coste computacional de reajustar y evaluar el modelo en los diferentes subconjuntos.

Validación cruzada dejando uno fuera

Un caso especial de validación cruzada de k iteraciones es el método de validación cruzada dejando uno fuera (Leave-One-Out Cross-Validation, LOOCV). En LOOCV, hacemos que el número de iteraciones sea igual al número de ejemplos de entrenamiento ($k = n$), para que solo se utilice un ejemplo de entrenamiento para las pruebas durante cada iteración.Es un enfoque recomendado para trabajar con conjuntos de datos muy pequeños.

La validación cruzada de k iteraciones estratificada es una ligera mejora sobre el enfoque de validación cruzada de k iteraciones estándar, ya que puede producir mejores estimaciones de sesgo y varianza, especialmente en casos de proporciones de clase desiguales, lo que también se ha demostrado en el mismo estudio de Ron Kohavi al que se ha hecho referencia anteriormente en esta sección. En la validación cruzada estratificada, las proporciones de las etiquetas de clase se conservan en cada subconjunto para garantizar que cada subconjunto sea representativo de las proporciones de clase en el conjunto de datos de entrenamiento. A continuación, lo ilustraremos utilizando el iterador `StratifiedKFold` en Scikit-learn:

```
>>> import numpy as np
>>> from sklearn.model_selection import StratifiedKFold
>>> kfold = StratifiedKFold(n_splits=10).split(X_train, y_train)
>>> scores = []
>>> for k, (train, test) in enumerate(kfold):
...     pipe_lr.fit(X_train[train], y_train[train])
...     score = pipe_lr.score(X_train[test], y_train[test])
```

```
...     scores.append(score)
...     print(f'Fold: {k+1:02d}, '
...           f'Class distr.: {np.bincount(y_train[train])}, '
...           f'Acc.: {score:.3f}')
Fold: 01, Class distr.: [256 153], Acc.: 0.935
Fold: 02, Class distr.: [256 153], Acc.: 0.935
Fold: 03, Class distr.: [256 153], Acc.: 0.957
Fold: 04, Class distr.: [256 153], Acc.: 0.957
Fold: 05, Class distr.: [256 153], Acc.: 0.935
Fold: 06, Class distr.: [257 153], Acc.: 0.956
Fold: 07, Class distr.: [257 153], Acc.: 0.978
Fold: 08, Class distr.: [257 153], Acc.: 0.933
Fold: 09, Class distr.: [257 153], Acc.: 0.956
Fold: 10, Class distr.: [257 153], Acc.: 0.956
>>> mean_acc = np.mean(scores)
>>> std_acc = np.std(scores)
>>> print(f'\nCV accuracy: {mean_acc:.3f} +/- {std_acc:.3f}')
CV accuracy: 0.950 +/- 0.014
```

En primer lugar, inicializamos el iterador `StratifiedKFold` del módulo `sklearn.model_selection` con las etiquetas de clase `y_train` en el conjunto de datos de entrenamiento, y especificamos el número de subconjuntos mediante el parámetro `n_splits`. Cuando utilizamos el iterador `kfold` para recorrer los `k` subconjuntos, utilizamos los índices devueltos en `train` para ajustar la pipeline de regresión logística que configuramos al principio de este capítulo. Al utilizar la pipeline `pipe_lr`, nos aseguramos de que los ejemplos se han escalado correctamente (por ejemplo, estandarizado) en cada iteración. A continuación, utilizamos los índices `test` para calcular la puntuación de precisión del modelo, que recogimos en la lista `scores` para calcular la precisión media y la desviación estándar de la estimación.

Aunque el ejemplo de código anterior es útil para ilustrar el funcionamiento de la validación cruzada de *k* iteraciones, Scikit-learn también implementa un calificador de validación cruzada de *k* iteraciones, que nos permite evaluar nuestro modelo utilizando la validación cruzada de *k* iteraciones estratificada de forma menos extensa:

```
>>> from sklearn.model_selection import cross_val_score
>>> scores = cross_val_score(estimator=pipe_lr,
...                          X=X_train,
...                          y=y_train,
...                          cv=10,
...                          n_jobs=1)
>>> print(f'CV accuracy scores: {scores}')
```

```
CV accuracy scores: [ 0.93478261  0.93478261  0.95652174
                      0.95652174  0.93478261  0.95555556
                      0.97777778  0.93333333  0.95555556
                      0.95555556]
>>> print(f'CV accuracy: {np.mean(scores):.3f} '
...       f'+/- {np.std(scores):.3f}')
CV accuracy: 0.950 +/- 0.014
```

Una característica especialmente útil del enfoque `cross_val_score` es que podemos distribuir la evaluación de los diferentes subconjuntos entre múltiples unidades centrales de proceso (CPU) de nuestra máquina. Si establecemos el parámetro `n_jobs` a `1`, solo se utilizará una CPU para evaluar los rendimientos, al igual que en nuestro ejemplo `StratifiedKFold` anterior. Sin embargo, estableciendo `n_jobs=2`, podríamos distribuir las 10 rondas de validación cruzada a dos CPU (si están disponibles en nuestra máquina); y estableciendo `n_jobs=-1`, podemos utilizar todas las CPU disponibles en nuestra máquina para hacer el cálculo en paralelo.

Estimación del rendimiento de la generalización

Hay que señalar que un tratamiento detallado de cómo se estima la varianza del rendimiento de la generalización en la validación cruzada va más allá del alcance del libro, pero puede consultar un completo artículo sobre la evaluación de modelos y la validación cruzada («Model Evaluation, Model Selection, and Algorithm Selection in Machine Learning», de S. Raschka), que compartimos en `https://arxiv.org/abs/1811.12808`. En este artículo también se analizan técnicas alternativas de validación cruzada, como los métodos de validación cruzada bootstrap de .632 y .632+.

Además, puede encontrar una discusión detallada en un excelente artículo de M. Markatou y otros («Analysis of Variance of Cross-validation Estimators of the Generalization Error», de M. Markatou, H. Tian, S. Biswas, y G. M. Hripcsak, *Journal of Machine Learning Research*, 6: 1127-1168, 2005), que está disponible en `https://www.jmlr.org/papers/v6/markatou05a.html`.

Depuración de algoritmos con curvas de aprendizaje y validación

En esta sección, echaremos un vistazo a dos herramientas de diagnóstico muy sencillas pero potentes, que pueden ayudarnos a mejorar el rendimiento de los algoritmos de aprendizaje: las curvas de aprendizaje y las curvas de validación. En las siguientes subsecciones, analizaremos cómo podemos utilizar las curvas de aprendizaje para diagnosticar si un algoritmo de aprendizaje tiene un problema de sobreajuste (alta varianza) o de infraajuste (alto sesgo). Además, echaremos un vistazo a las curvas de validación, que pueden ayudarnos a resolver los problemas habituales de los algoritmos de aprendizaje.

Diagnóstico de problemas de sesgo y varianza con curvas de aprendizaje

Si un modelo es demasiado complejo para un conjunto de datos de entrenamiento determinado (por ejemplo, piense en un árbol de decisión muy profundo), el modelo tiende a sobreajustarse a los datos de entrenamiento y no generaliza bien los datos no vistos. A menudo, puede ser útil recoger más ejemplos de entrenamiento para reducir el grado de sobreajuste.

Sin embargo, en la práctica, esto puede ser muy caro o, simplemente, puede no ser factible recoger más datos. Al representar las precisiones de entrenamiento y validación del modelo en función del tamaño del conjunto de datos de entrenamiento, podemos detectar fácilmente si el modelo sufre una alta varianza o un alto sesgo, y si la recogida de más datos podría ayudar a resolver este problema.

Pero antes de discutir cómo representar las curvas de aprendizaje en Scikit-learn, vamos a tratar estos dos problemas habituales del modelo mediante la siguiente ilustración:

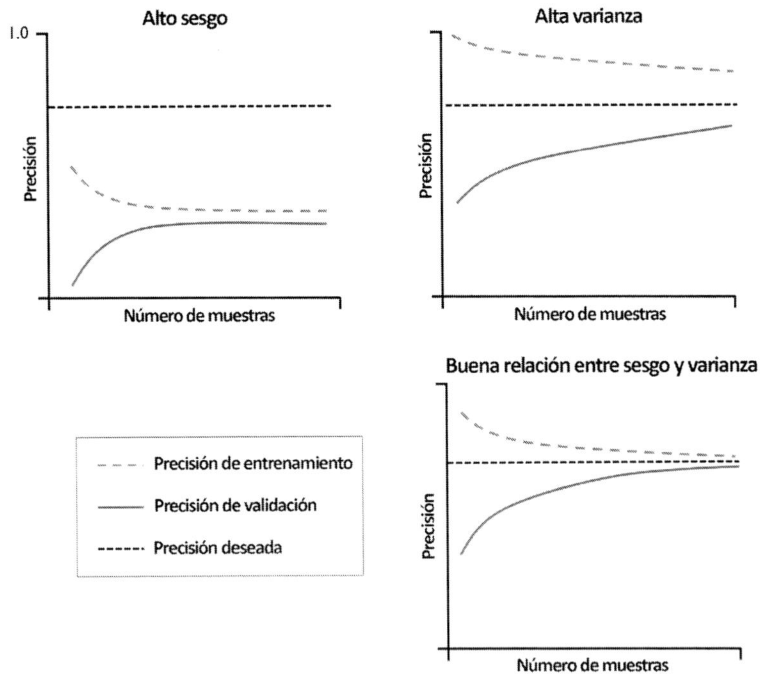

Figura 6.4 *Problemas habituales de los modelos.*

El gráfico de la parte superior izquierda muestra un modelo con un alto sesgo. Este modelo tiene una precisión baja tanto en el entrenamiento como en la validación cruzada, lo que indica que no se ajusta a los datos de entrenamiento. Las formas habituales de abordar este problema son aumentar el número de parámetros del modelo (por ejemplo, recopilando o construyendo características adicionales) o disminuir el grado de regularización (por ejemplo, en los clasificadores de máquinas de vectores de apoyo, SVM, o en los clasificadores de regresión logística).

El gráfico de la parte superior derecha muestra un modelo que sufre una alta varianza, lo que se indica por la gran diferencia entre la precisión de entrenamiento y la de validación cruzada. Para solucionar este problema de sobreajuste, podemos recoger más datos de entrenamiento, reducir la complejidad del modelo o aumentar el parámetro de regularización.

En el caso de los modelos no regularizados, también puede ser útil reducir el número de características mediante la selección de las mismas (capítulo 4) o la extracción de características (capítulo 5) para disminuir el grado de sobreajuste. Aunque la recopilación de más datos de entrenamiento tiende a disminuir la posibilidad de sobreajuste, no siempre es útil (no lo es, por ejemplo, si los datos de entrenamiento tienen mucho ruido o si el modelo ya está muy cerca de ser óptimo).

En la siguiente subsección, veremos cómo abordar esos problemas del modelo utilizando curvas de validación. Pero veamos primero cómo podemos utilizar la función de la curva de aprendizaje de Scikit-learn para evaluar el modelo:

```
>>> import matplotlib.pyplot as plt
>>> from sklearn.model_selection import learning_curve
>>> pipe_lr = make_pipeline(StandardScaler(),
...                         LogisticRegression(penalty='l2',
...                                            max_iter=10000))
>>> train_sizes, train_scores, test_scores =\
...                 learning_curve(estimator=pipe_lr,
...                                X=X_train,
...                                y=y_train,
...                                train_sizes=np.linspace(
...                                            0.1, 1.0, 10),
...                                cv=10, n_jobs=1)
>>> train_mean = np.mean(train_scores, axis=1)
>>> train_std = np.std(train_scores, axis=1)
>>> test_mean = np.mean(test_scores, axis=1)
>>> test_std = np.std(test_scores, axis=1)
>>> plt.plot(train_sizes, train_mean,
...          color='blue', marker='o',
...          markersize=5, label='Training accuracy')
```

```
>>> plt.fill_between(train_sizes,
...                  train_mean + train_std,
...                  train_mean - train_std,
...                  alpha=0.15, color='blue')
>>> plt.plot(train_sizes, test_mean,
...          color='green', linestyle='--',
...          marker='s', markersize=5,
...          label='Validation accuracy')
>>> plt.fill_between(train_sizes,
...                  test_mean + test_std,
...                  test_mean - test_std,
...                  alpha=0.15, color='green')
>>> plt.grid()
>>> plt.xlabel('Number of training examples')
>>> plt.ylabel('Accuracy')
>>> plt.legend(loc='lower right')
>>> plt.ylim([0.8, 1.03])
>>> plt.show()
```

Observe que hemos pasado `max_iter=10000` como argumento adicional al instanciar el objeto `LogisticRegression` (que emplea 1000 iteraciones por defecto) para evitar problemas de convergencia en el caso de tamaños de conjuntos de datos más pequeños o valores extremos de los parámetros de regularización (tratados en la siguiente sección). Después de haber ejecutado con éxito el código anterior, obtendremos el siguiente gráfico de la curva de aprendizaje:

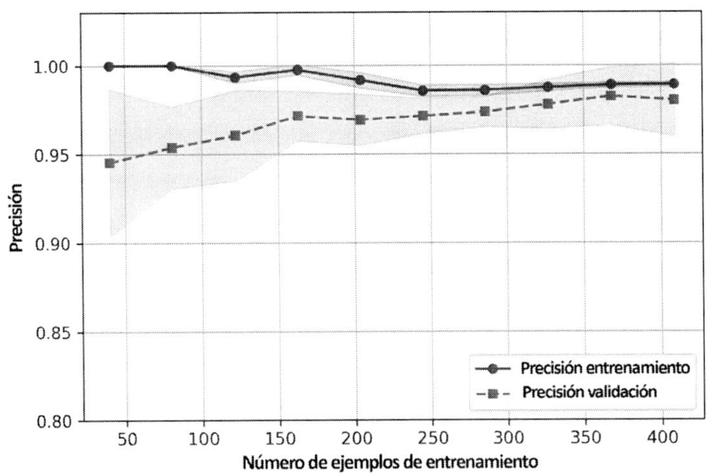

Figura 6.5 *Curva de aprendizaje que muestra la precisión del conjunto de datos de entrenamiento y validación en función del número de ejemplos de entrenamiento.*

Mediante el parámetro `train_sizes` de la función `learning_curve`, podemos controlar el número absoluto o relativo de ejemplos de entrenamiento que se utilizan para generar las curvas de aprendizaje. En este caso, establecemos `train_sizes=np.linspace(0.1, 1.0, 10)` para utilizar 10 intervalos relativos espaciados uniformemente para los tamaños del conjunto de datos de entrenamiento. Por defecto, la función `learning_curve` utiliza la validación cruzada de *k* iteraciones estratificada para calcular la precisión de la validación cruzada del clasificador, y establecemos $k = 10$ mediante el parámetro `cv` para la validación cruzada estratificada de 10 subconjuntos.

A continuación, simplemente calculamos las precisiones medias de las puntuaciones de entrenamiento y de prueba validadas de forma cruzada para los diferentes tamaños del conjunto de datos de entrenamiento, que representamos utilizando la función `plot` de Matplotlib. Además, añadimos la desviación estándar de la precisión media al gráfico utilizando la función `fill_between` para indicar la varianza de la estimación.

Como podemos ver en el gráfico de la curva de aprendizaje anterior, nuestro modelo funciona bastante bien tanto en los conjuntos de datos de entrenamiento como en los de validación si ha visto más de 250 ejemplos durante el entrenamiento. También podemos ver que la precisión del entrenamiento aumenta para los conjuntos de datos de entrenamiento con menos de 250 ejemplos, y la diferencia entre la precisión de validación y la de entrenamiento se amplía, lo que indica un grado creciente de sobreajuste.

Cómo abordar el sobreajuste y el infraajuste con curvas de validación

Las curvas de validación son una herramienta útil para mejorar el rendimiento de un modelo al abordar cuestiones como el sobreajuste o el infraajuste. Están relacionadas con las curvas de aprendizaje, pero en lugar de representar las precisiones de entrenamiento y prueba en función del tamaño de la muestra, variamos los valores de los parámetros del modelo, por ejemplo, el parámetro de regularización inversa, `C`, en la regresión logística. Vamos a ver cómo crear curvas de validación utilizando Scikit-learn:

```
>>> from sklearn.model_selection import validation_curve
>>> param_range = [0.001, 0.01, 0.1, 1.0, 10.0, 100.0]
>>> train_scores, test_scores = validation_curve(
...                             estimator=pipe_lr,
...                             X=X_train,
...                             y=y_train,
...                             param_name='logisticregression__C',
...                             param_range=param_range,
...                             cv=10)
>>> train_mean = np.mean(train_scores, axis=1)
```

```
>>> train_std = np.std(train_scores, axis=1)
>>> test_mean = np.mean(test_scores, axis=1)
>>> test_std = np.std(test_scores, axis=1)
>>> plt.plot(param_range, train_mean, color='blue', marker='o',
...          markersize=5, label='Training accuracy')
>>> plt.fill_between(param_range, train_mean + train_std,
...                  train_mean - train_std, alpha=0.15,
...                  color='blue')
>>> plt.plot(param_range, test_mean, color='green', linestyle='--',
...          marker='s', markersize=5,
...          label='Validation accuracy')
>>> plt.fill_between(param_range,
...                  test_mean + test_std,
...                  test_mean - test_std,
...                  alpha=0.15, color='green')
>>> plt.grid()
>>> plt.xscale('log')
>>> plt.legend(loc='lower right')
>>> plt.xlabel('Parameter C')
>>> plt.ylabel('Accuracy')
>>> plt.ylim([0.8, 1.0])
>>> plt.show()
```

Utilizando el código anterior, hemos obtenido el gráfico de la curva de validación para el parámetro C:

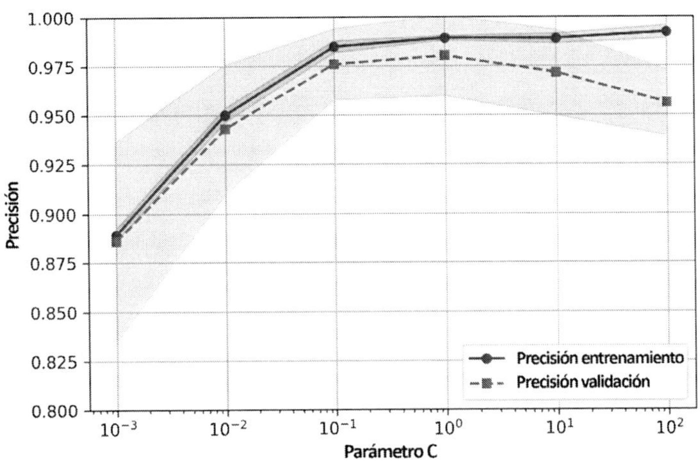

Figura 6.6 *Gráfico de la curva de validación del hiperparámetro C de SVM.*

De manera similar a la función `learning_curve`, la función `validation_curve` utiliza por defecto la validación cruzada estratificada de k iteraciones para estimar el rendimiento del clasificador. Dentro de la función `validation_curve`, especificamos el parámetro que queremos evaluar. En este caso es `C`, el parámetro de regularización inversa del clasificador `LogisticRegression`, que escribimos como `'logisticregression__C'` para acceder al objeto `LogisticRegression` dentro de la pipeline de Scikit-learn para un rango de valores especificado, que establecimos mediante el parámetro `param_range`. Al igual que en el ejemplo de la curva de aprendizaje de la sección anterior, representamos la media de las precisiones de entrenamiento y validación cruzada y las correspondientes desviaciones estándar.

Aunque las diferencias en la precisión para distintos valores de `C` son sutiles, podemos ver que el modelo se ajusta ligeramente a los datos cuando aumentamos la fuerza de regularización (valores pequeños de `C`). Sin embargo, para valores grandes de `C`, significa disminuir la fuerza de regularización, por lo que el modelo tiende a sobreajustar ligeramente los datos. En este caso, el punto óptimo parece estar entre 0.01 y 0.1 del valor de `C`.

Ajuste de los modelos de aprendizaje automático mediante la búsqueda en la red

En el aprendizaje automático, tenemos dos tipos de parámetros: los que se aprenden de los datos de entrenamiento (por ejemplo, los pesos en la regresión logística) y los parámetros del algoritmo de aprendizaje que se optimizan por separado, que son los parámetros de ajuste —o hiperparámetros— del modelo (por ejemplo, el parámetro de regularización en la regresión logística o el parámetro de profundidad máxima de un árbol de decisión).

En la sección anterior, utilizamos las curvas de validación para mejorar el rendimiento del modelo ajustando uno de sus hiperparámetros. En esta sección, echaremos un vistazo a una popular técnica de optimización de hiperparámetros, llamada «búsqueda en cuadrícula», que puede ayudar aún más a mejorar el rendimiento del modelo encontrando la combinación óptima de los valores de los hiperparámetros.

Ajuste de hiperparámetros mediante la búsqueda en la red

El enfoque de búsqueda en cuadrícula se trata de un paradigma de búsqueda exhaustiva por fuerza bruta, en el que especificamos una lista de valores para diferentes hiperparámetros, y el ordenador evalúa el rendimiento del modelo para cada combinación para obtener la combinación óptima de valores de este conjunto:

```
>>> from sklearn.model_selection import GridSearchCV
>>> from sklearn.svm import SVC
>>> pipe_svc = make_pipeline(StandardScaler(),
...                          SVC(random_state=1))
>>> param_range = [0.0001, 0.001, 0.01, 0.1,
...                1.0, 10.0, 100.0, 1000.0]
>>> param_grid = [{'svc__C': param_range,
...                'svc__kernel': ['linear']},
...               {'svc__C': param_range,
...                'svc__gamma': param_range,
...                'svc__kernel': ['rbf']}]
>>> gs = GridSearchCV(estimator=pipe_svc, param_grid=param_grid,
...                   scoring='accuracy', cv=10,
...                   refit=True,
...                   n_jobs=-1)
>>> gs = gs.fit(X_train, y_train)
>>> print(gs.best_score_)
0.9846153846153847
>>> print(gs.best_params_)
{'svc__C': 100.0, 'svc__gamma': 0.001, 'svc__kernel': 'rbf'}
```

Mediante el código anterior, inicializamos el objeto `GridSearchCV` del módulo `sklearn.model_selection` para entrenar y afinar la pipeline SVM. Configuramos el parámetro `param_grid` de `GridSearchCV` con una lista de diccionarios para especificar los parámetros que queremos ajustar. En el caso de SVM lineal, solo evaluamos el parámetro de regularización inversa, `C`; para el kernel en SVM de función de base radial (Radial Basis Function, RBF), ajustamos los parámetros `svc__C` y `svc__gamma`. Hay que considerar que el parámetro `svc__gamma` es específico del kernel de los SVM.

`GridSearchCV` utiliza la validación cruzada de k iteraciones para comparar modelos entrenados con distintos ajustes de hiperparámetros. Mediante el establecimiento de `cv=10`, llevará a cabo una validación cruzada de 10 subconjuntos y calculará la precisión media (a través de `scoring='accuracy'`) en estos 10 subconjuntos para evaluar el rendimiento del modelo. Establecemos `n_jobs=-1` para que `GridSearchCV` pueda utilizar todos nuestros núcleos de procesamiento y acelerar la búsqueda en cuadrícula ajustando los modelos a los diferentes subconjuntos en paralelo. Pero si su máquina tiene problemas con esta configuración, puede cambiar esta configuración a `n_jobs=None` para el procesamiento individual.

Después de utilizar los datos de entrenamiento para realizar la búsqueda en cuadrícula, obtenemos la puntuación del modelo con mejor rendimiento mediante el atributo `best_score_` y examinamos sus parámetros, a los que se puede acceder utilizando el atributo `best_params_`. En este caso concreto, el modelo SVM de kernel de RBF con `svc__C = 100.0` obtiene la mejor precisión en la validación cruzada de k iteraciones: 98.5%.

Por último, utilizamos el conjunto de datos de prueba independiente para estimar el rendimiento del modelo mejor seleccionado, que está disponible mediante el atributo `best_estimator_` del objeto `GridSearchCV`:

```
>>> clf = gs.best_estimator_
>>> clf.fit(X_train, y_train)
>>> print(f'Test accuracy: {clf.score(X_test, y_test):.3f}')
Test accuracy: 0.974
```

No es necesario ajustar el modelo con la mejor configuración (`gs.best_estimator_`) en el conjunto de entrenamiento de forma manual con `clf.fit(X_train, y_train)` después de completar la búsqueda en cuadrícula. La clase `GridSearchCV` tiene el parámetro `refit`, que reajustará `gs.best_estimator_` a todo el conjunto de entrenamiento automáticamente si establecemos `refit=True` (predeterminado).

Configuraciones de los hiperparámetros con la búsqueda aleatoria

Dado que la búsqueda en cuadrícula es una búsqueda exhaustiva, garantiza que encontrará la configuración óptima de hiperparámetros si está contenida en la cuadrícula de parámetros especificada por el usuario. Sin embargo, la especificación de grandes cuadrículas de hiperparámetros hace que la búsqueda en cuadrícula, en la práctica, sea muy cara. Un enfoque alternativo para el muestreo de diferentes combinaciones de parámetros es la búsqueda aleatoria. En la búsqueda aleatoria, extraemos al azar configuraciones de hiperparámetros de distribuciones (o conjuntos discretos). A diferencia de la búsqueda en cuadrícula, la búsqueda aleatoria no realiza una búsqueda exhaustiva en el espacio de hiperparámetros. Sin embargo, nos permite explorar una gama más amplia de configuraciones de valores de hiperparámetros de una manera más eficaz en cuanto a costes y tiempo. Este concepto se ilustra en la Figura 6.7, que muestra una cuadrícula determinada de nueve ajustes de hiperparámetros que se buscan mediante los métodos de búsqueda en cuadrícula y búsqueda aleatoria:

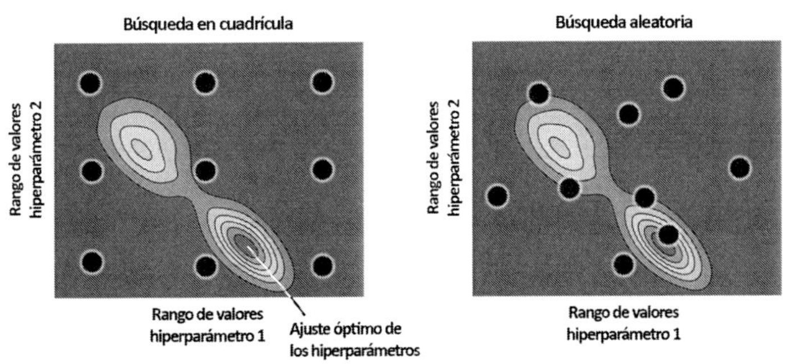

Figura 6.7 *Comparación de la búsqueda en cuadrícula y la búsqueda aleatoria para el muestreo de nueve configuraciones diferentes de hiperparámetros.*

La principal conclusión es que, aunque la búsqueda en cuadrícula solo explora opciones discretas especificadas por el usuario, puede pasar por alto configuraciones de hiperparámetros adecuadas si el espacio de búsqueda es demasiado escaso. Los lectores interesados pueden encontrar detalles adicionales sobre la búsqueda aleatoria, junto con estudios empíricos, en el siguiente artículo: «Random Search for Hyper-Parameter Optimization», de J. Bergstra, Y. Bengio, *Journal of Machine Learning Research*, pp. 281-305, 2012, `https://www.jmlr.org/papers/volume13/bergstra12a/bergstra12a`.

Veamos cómo podemos utilizar la búsqueda aleatoria para afinar una SVM. Scikit-learn implementa la clase `RandomizedSearchCV`, que es análoga a la `GridSearchCV` que utilizamos en la subsección anterior. La principal diferencia es que podemos especificar las distribuciones como parte de nuestra cuadrícula de parámetros y especificar el número total de configuraciones de hiperparámetros a evaluar. Por ejemplo, consideremos el rango de hiperparámetros que utilizamos para varios hiperparámetros al afinar SVM en el ejemplo de búsqueda en cuadrícula de la sección anterior:

```
>>> param_range = [0.0001, 0.001, 0.01, 0.1,
...                1.0, 10.0, 100.0, 1000.0]
```

Tenga en cuenta que, si bien `RandomizedSearchCV` puede aceptar listas discretas de valores similares como entradas para la cuadrícula de parámetros, lo cual es útil cuando se consideran hiperparámetros categóricos, su principal ventaja reside en el hecho de que podemos sustituir estas listas por distribuciones de las que tomar muestras. Así, por ejemplo, podemos sustituir la lista anterior por la siguiente distribución de SciPy:

```
>>> param_range = scipy.stats.loguniform(0.0001, 1000.0)
```

Por ejemplo, el uso de una distribución loguniform, en lugar de una distribución uniforme regular, garantizará que, en un número suficientemente grande de ensayos, se extraiga el mismo número de muestras del rango [0.0001, 0.001] que, por ejemplo, del rango [10.0, 100.0]. Para comprobar su comportamiento, podemos extraer 10 muestras aleatorias de esta distribución mediante el método `rvs(10)`, como se muestra aquí:

```
>>> np.random.seed(1)
>>> param_range.rvs(10)
array([8.30145146e-02, 1.10222804e+01, 1.00184520e-04, 1.30715777e-02,
       1.06485687e-03, 4.42965766e-04, 2.01289666e-03, 2.62376594e-02,
       5.98924832e-02, 5.91176467e-01])
```

Especificación de las distribuciones

`RandomizedSearchCV` admite distribuciones arbitrarias siempre que podamos muestrear llamando al método `rvs()`. Una lista de todas las distribuciones disponibles actualmente a través de `scipy.stats` se puede encontrar en: `https://docs.scipy.org/doc/scipy/reference/stats.html#probability-distributions`.

Vamos a ver ahora a `RandomizedSearchCV` en acción, y vamos a afinar SVM (como hemos hecho con `GridSearchCV` en la sección anterior):

```
>>> from sklearn.model_selection import RandomizedSearchCV
>>> pipe_svc = make_pipeline(StandardScaler(),
...                          SVC(random_state=1))
>>> param_grid = [{'svc__C': param_range,
...                'svc__kernel': ['linear']},
...               {'svc__C': param_range,
...                'svc__gamma': param_range,
...                'svc__kernel': ['rbf']}]
>>> rs = RandomizedSearchCV(estimator=pipe_svc,
...                         param_distributions=param_grid,
...                         scoring='accuracy',
...                         refit=True,
...                         n_iter=20,
...                         cv=10,
...                         random_state=1,
...                         n_jobs=-1)

>>> rs = rs.fit(X_train, y_train)
>>> print(rs.best_score_)
0.9670531400966184

>>> print(rs.best_params_)
{'svc__C': 0.05971247755848464, 'svc__kernel': 'linear'}
```

Basándonos en este ejemplo de código, podemos ver que el uso es muy similar al de `GridSearchCV`, excepto en el hecho de que podríamos usar distribuciones para especificar rangos de parámetros y especificar el número de iteraciones (20 iteraciones, por ejemplo, poniendo `n_iter=20`).

Búsqueda de hiperparámetros más eficiente en recursos con reducción sucesiva a la mitad

Llevando la idea de la búsqueda aleatoria un paso más allá, Scikit-learn implementa la variante de reducción sucesiva a la mitad, `HalvingRandomSearchCV`, que hace más eficiente la búsqueda de configuraciones de hiperparámetros adecuadas. La reducción sucesiva a la mitad, dado un gran conjunto de configuraciones candidatas, descarta sucesivamente las configuraciones de hiperparámetros poco prometedoras hasta que solo queda una configuración. Podemos resumir el procedimiento mediante los siguientes pasos:

1. Extraer un gran conjunto de configuraciones candidatas mediante un muestreo aleatorio.
2. Entrenar los modelos con recursos limitados; por ejemplo, un pequeño subconjunto de los datos de entrenamiento (en lugar de utilizar todo el conjunto de entrenamiento).
3. Descartar el 50 % inferior en función del rendimiento predictivo.
4. Volver al paso 2 con una mayor cantidad de recursos disponibles.

Los pasos se repiten hasta que solo queda una configuración de hiperparámetros. Tenga en cuenta que también hay una implementación de reducción sucesiva a la mitad para la variante de búsqueda en cuadrícula, llamada `HalvingGridSearchCV`, donde todas las configuraciones de hiperparámetros especificadas se utilizan en el paso 1 en lugar de muestras aleatorias.

En Scikit-learn 1.0, `HalvingRandomSearchCV` es todavía experimental, por lo que tenemos que habilitarlo primero:

```
>>> from sklearn.experimental import enable_halving_search_cv
```

Es posible que el código anterior no funcione o no tenga soporte en futuras versiones.

Después de habilitar el soporte experimental, podemos utilizar la búsqueda aleatoria con la reducción sucesiva a la mitad, como se muestra en el siguiente código:

```
>>> from sklearn.model_selection import HalvingRandomSearchCV

>>> hs = HalvingRandomSearchCV(pipe_svc,
...                            param_distributions=param_grid,
...                            n_candidates='exhaust',
...                            resource='n_samples',
...                            factor=1.5,
...                            random_state=1,
...                            n_jobs=-1)
```

El establecimiento de `resource='n_samples'` (por defecto) especifica que consideramos el tamaño del conjunto de entrenamiento como el recurso que variamos entre las rondas. Mediante el parámetro `factor`, podemos determinar cuántos candidatos se eliminan en cada ronda. Por ejemplo, si establecemos `factor=2` eliminamos la mitad de los candidatos, y si establecemos `factor=1.5` significa que solo el 100%/1.5 ≈ 66% de los candidatos pasan a la siguiente ronda. En lugar de elegir un número fijo de iteraciones, como en `RandomizedSearchCV`, establecemos `n_candidates='exhaust'` (por defecto), que muestreará el número de configuraciones de hiperparámetros de modo que se use el máximo número de recursos (aquí: ejemplos de entrenamiento) en la última ronda.

A continuación, podemos realizar la búsqueda de forma similar a `RandomizedSearchCV`:

```
>>> hs = hs.fit(X_train, y_train)
>>> print(hs.best_score_)
0.9617647058823529

>>> print(hs.best_params_)
{'svc__C': 4.934834261073341, 'svc__kernel': 'linear'}

>>> clf = hs.best_estimator_
>>> print(f'Test accuracy: {hs.score(X_test, y_test):.3f}')
Test accuracy: 0.982
```

Si comparamos los resultados de `GridSearchCV` y los de `RandomizedSearchCV` de las dos subsecciones anteriores con el modelo de `HalvingRandomSearchCV`, podemos ver que este último produce un modelo que funciona ligeramente mejor en el conjunto de pruebas (98.2 % de precisión frente al 97.4 %).

Ajuste de hiperparámetros con hyperopt

Otra biblioteca muy utilizada para la optimizacción de hiperparámetros es hyperopt (`https://github.com/hyperopt/hyperopt`), que implementa varios métodos diferentes para la optimización de hiperparámetros, incluyendo la búsqueda aleatoria y el método de estimadores de Parzen estructurados en árbol (Tree-structured Parzen Estimators, TPE). TPE es un método de optimización bayesiano basado en un modelo probabilístico que se actualiza continuamente en función de las evaluaciones anteriores de los hiperparámetros y las puntuaciones de rendimiento asociadas, en lugar de considerar estas evaluaciones como eventos independientes. Puede encontrar más información sobre el TPE en «Algorithms for Hyper-Parameter Optimization», J. Bergstra, R. Bardenet, Y. Bengio, B. Kegl, *NeurIPS 2011*. pp. 2546–2554, `https://dl.acm.org/doi/10.5555/2986459.2986743`.

Mientras que hyperopt proporciona una interfaz de propósito general para la optimización de hiperparámetros, también hay un paquete específico de Scikit-learn, llamado «hyperopt-sklearn», que resulta más cómodo: `https://github.com/hyperopt/hyperopt-sklearn`.

Selección de algoritmos con validación cruzada anidada

El uso de la validación cruzada de *k* iteraciones en combinación con la búsqueda en cuadrícula o la búsqueda aleatoria es un enfoque útil para afinar el rendimiento de un modelo de aprendizaje automático variando los valores de sus hiperparámetros, como hemos visto en las subsecciones anteriores. Sin embargo, si queremos seleccionar entre diferentes algoritmos de aprendizaje automático, otro enfoque recomendado es la validación cruzada anidada. En un recomendable estudio sobre el sesgo en la estimación de errores, Sudhir Varma y Richard Simon llegaron a la conclusión de que el verdadero error de la estimación es casi insesgado en relación con el conjunto de datos de prueba cuando se utiliza la validación cruzada anidada («Bias in Error Estimation When Using Cross-Validation for Model Selection», de S. Varma y R. Simon, *BMC Bioinformatics*, 7(1): 91, 2006, `https://bmcbioinformatics.biomedcentral.com/articles/10.1186/1471-2105-7-91`).

En la validación cruzada anidada, tenemos un bucle externo de validación cruzada de k iteraciones para dividir los datos en subconjuntos de entrenamiento y de prueba, y un bucle interno que se utiliza para seleccionar el modelo utilizando la validación cruzada de *k* iteraciones en el subconjunto de entrenamiento. Tras la selección del modelo, el subconjunto de prueba se utiliza para evaluar el rendimiento del modelo. La Figura 6.8 explica el concepto de validación cruzada anidada con solo cinco subconjuntos externos y dos internos, que puede ser útil para grandes conjuntos de datos en los que el rendimiento computacional es importante; este tipo particular de validación cruzada anidada también se conoce como «validación cruzada 5×2»:

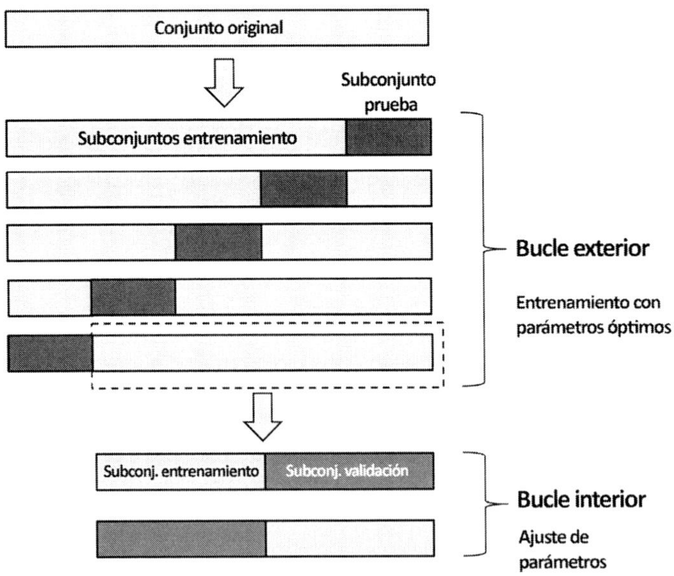

Figura 6.8 *Concepto de validación cruzada anidada.*

En Scikit-learn, podemos realizar la validación cruzada anidada con la búsqueda en la cuadrícula de la siguiente manera:

```
>>> param_range = [0.0001, 0.001, 0.01, 0.1,
...                1.0, 10.0, 100.0, 1000.0]
>>> param_grid = [{'svc__C': param_range,
...                'svc__kernel': ['linear']},
...               {'svc__C': param_range,
...                'svc__gamma': param_range,
...                'svc__kernel': ['rbf']}]
>>> gs = GridSearchCV(estimator=pipe_svc,
...                   param_grid=param_grid,
...                   scoring='accuracy',
...                   cv=2)
>>> scores = cross_val_score(gs, X_train, y_train,
...                          scoring='accuracy', cv=5)
>>> print(f'CV accuracy: {np.mean(scores):.3f} '
...       f'+/- {np.std(scores):.3f}')
CV accuracy: 0.974 +/- 0.015
```

La precisión media de la validación cruzada obtenida nos da una buena estimación de lo que podemos esperar si ajustamos los hiperparámetros de un modelo y lo utilizamos con datos no vistos.

Por ejemplo, podemos utilizar el enfoque de validación cruzada anidada para comparar un modelo SVM con un clasificador de árbol de decisión simple; para simplificar, solo ajustaremos su parámetro de profundidad:

```
>>> from sklearn.tree import DecisionTreeClassifier
>>> gs = GridSearchCV(
...     estimator=DecisionTreeClassifier(random_state=0),
...     param_grid=[{'max_depth': [1, 2, 3, 4, 5, 6, 7, None]}],
...     scoring='accuracy',
...     cv=2
... )
>>> scores = cross_val_score(gs, X_train, y_train,
...                          scoring='accuracy', cv=5)
>>> print(f'CV accuracy: {np.mean(scores):.3f} '
...       f'+/- {np.std(scores):.3f}')
CV accuracy: 0.934 +/- 0.016
```

Como podemos observar, el rendimiento de la validación cruzada anidada del modelo SVM (97.4 %) es notablemente mejor que el rendimiento del árbol de decisión (93.4 %)

y, por lo tanto, cabría esperar que fuera la mejor opción para clasificar los nuevos datos que provienen de la misma población que este conjunto de datos en particular.

Observación de diferentes métricas de evaluación del rendimiento

En las secciones y capítulos anteriores, hemos evaluado diferentes modelos de aprendizaje automático utilizando la precisión del pronóstico, que es una métrica útil para cuantificar el rendimiento de un modelo en general. Sin embargo, existen otras métricas del rendimiento que pueden utilizarse para medir la relevancia de un modelo, como la precisión, la recuperación, la puntuación F1 y el coeficiente de correlación de Matthews (Matthews Correlation Coefficient, MCC).

Lectura de la matriz de confusión

Antes de entrar en los detalles de las diferentes métricas de puntuación, echemos un vistazo a la matriz de confusión, una matriz que establece el rendimiento de un algoritmo de aprendizaje.

Una matriz de confusión es una matriz cuadrada que informa de los recuentos de los pronósticos verdaderos positivos (True Positive, TP), verdaderos negativos (True Negative, TN), falsos positivos (False Positive, FP) y falsos negativos (False Negative, FN) de un clasificador, como se muestra en la Figura 6.9:

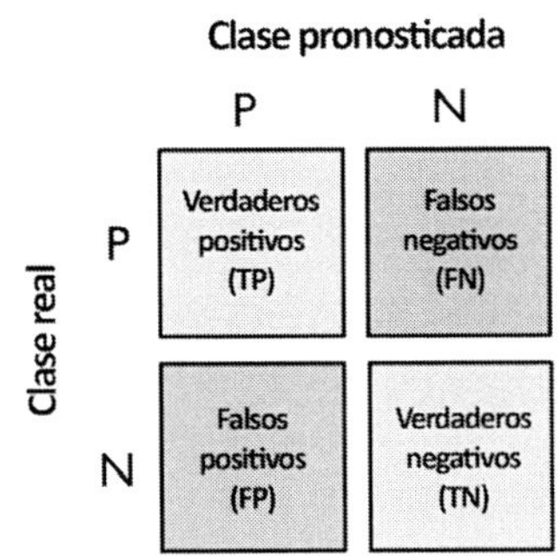

Figura 6.9 *Matriz de confusión.*

Aunque estas métricas se pueden calcular fácilmente de forma manual comparando las etiquetas de clase reales y las pronosticadas, Scikit-learn proporciona la función conveniente `confusion_matrix`, que podemos utilizar de la forma siguiente:

```
>>> from sklearn.metrics import confusion_matrix
>>> pipe_svc.fit(X_train, y_train)
```

```
>>> y_pred = pipe_svc.predict(X_test)
>>> confmat = confusion_matrix(y_true=y_test, y_pred=y_pred)
>>> print(confmat)
[[71  1]
 [ 2 40]]
```

La matriz que se devuelve después de ejecutar el código nos proporciona información sobre los diferentes tipos de errores que ha cometido el clasificador en el conjunto de datos de prueba. Podemos mapear esta información en la ilustración de la matriz de confusión de la Figura 6.9 utilizando la función `matshow` de Matplotlib:

```
>>> fig, ax = plt.subplots(figsize=(2.5, 2.5))
>>> ax.matshow(confmat, cmap=plt.cm.Blues, alpha=0.3)
>>> for i in range(confmat.shape[0]):
...     for j in range(confmat.shape[1]):
...         ax.text(x=j, y=i, s=confmat[i, j],
...                 va='center', ha='center')
>>> ax.xaxis.set_ticks_position('bottom')
>>> plt.xlabel('Predicted label')
>>> plt.ylabel('True label')
>>> plt.show()
```

Ahora, el siguiente gráfico de la matriz de confusión, con las etiquetas añadidas, debería hacer que los resultados fueran un poco más fáciles de interpretar:

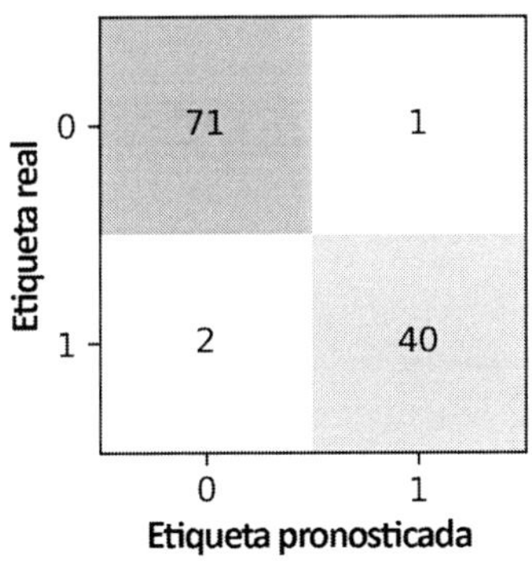

Figura 6.10 *Matriz de confusión de nuestros datos.*

Suponiendo que la clase `1` (maligno) sea la clase positiva en este ejemplo, nuestro modelo ha clasificado correctamente 71 de los ejemplos pertenecientes a la clase `0` (True Negative, TN) y 40 ejemplos que pertenecen a la clase `1` (True Positive, TP), respectivamente. Sin embargo, nuestro modelo también ha clasificado incorrectamente dos ejemplos de la clase `1` como clase `0` (False Negative, FN), y ha pronosticado que un ejemplo es maligno aunque es un tumor benigno (False Positive, FP). En la siguiente subsección, aprenderemos a utilizar esta información para calcular varias métricas de errores.

Optimización de la precisión y la recuperación de un modelo de clasificación

Tanto el error de pronóstico (ERR) como la precisión (ACC), proporcionan información general sobre el número de ejemplos mal clasificados. El error puede entenderse como la suma de todos los pronósticos falsos dividido por el número de pronósticos totales, y la precisión se calcula como la suma de pronósticos correctos dividida por el número total de pronósticos, respectivamente:

$$ERR = \frac{FP + FN}{FP + FN + TP + TN}$$

La precisión del pronóstico puede calcularse directamente a partir del error:

$$ACC = \frac{TP + TN}{FP + FN + TP + TN} = 1 - ERR$$

La tasa de verdaderos positivos (True Positive Rate, TPR) y la tasa de falsos positivos (False Positive Rate, FPR) son métricas de rendimiento especialmente útiles para los problemas de clases desequilibradas:

$$FPR = \frac{FP}{N} = \frac{FP}{FP + TN}$$

$$TPR = \frac{TP}{P} = \frac{TP}{FN + TP}$$

En el diagnóstico de tumores, por ejemplo, nos preocupa más la detección de tumores malignos para poder ayudar al paciente con el tratamiento adecuado. Sin embargo, también es importante disminuir el número de tumores benignos clasificados incorrectamente como malignos (False Positive, FP) para no preocupar innecesariamente a los pacientes. En contraste con FPR, TPR proporciona información útil sobre la fracción de ejemplos positivos (o relevantes) identificados correctamente del conjunto total de positivos (P).

Las métricas de rendimiento de la precisión (Performance Metric Precision, PRE) y de la exhaustividad (Recall, REC) están relacionadas con esos índices TP y TN; de hecho, REC es sinónimo de TPR:

$$REC = TPR = \frac{TP}{P} = \frac{TP}{FN + TP}$$

En otras palabras, la exhaustividad cuantifica cuántos de los registros relevantes (los positivos) se capturan como tales (los verdaderos positivos). La precisión cuantifica cuántos de los registros pronosticados como relevantes (la suma de los verdaderos y falsos positivos) son realmente relevantes (los verdaderos positivos):

$$PRE = \frac{TP}{TP + FP}$$

Volviendo al ejemplo de la detección de tumores malignos, la optimización de la exhaustividad ayuda a minimizar la posibilidad de no detectar un tumor maligno. Sin embargo, esta opción tiene el coste de pronosticar tumores malignos en los pacientes aunque estos estén sanos (un alto número de FP). Si optimizamos la precisión, por otro lado, reforzamos la exactitud si pronosticamos que un paciente tiene un tumor maligno. Sin embargo, esto tiene el coste de pasar por alto los tumores malignos con mayor frecuencia (un alto número de FN).

Para equilibrar los aspectos positivos y negativos de la optimización de PRE y REC, se utiliza la media armónica de PRE y REC, la llamada puntuación F1:

$$F1 = 2\frac{PRE \times REC}{PRE + REC}$$

Más información sobre precisión y exhaustividad

Si está interesado en un análisis más profundo de las diferentes métricas de rendimiento, como la precisión y la exhaustividad, lea el informe técnico de David M. W. Powers Evaluation: «From Precision, Recall and F-Factor to ROC, Informedness, Markedness & Correlation», que está disponible gratuitamente en `https://arxiv.org/abs/2010.16061`.

Por último, una medida que resume la matriz de confusión es MCC (Matthews Correlation Coefficient), que es especialmente popular en contextos de investigación biológica. MCC se calcula como sigue:

$$MCC = \frac{TP \times TN - FP \times FN}{\sqrt{(TP + FP)(TP + FN)(TN + FP)(TN + FN)}}$$

A diferencia de PRE, REC y la puntuación F1, MCC oscila entre -1 y 1, y tiene en cuenta todos los elementos de la matriz de confusión; por ejemplo, la puntuación F1 no tiene en cuenta TN. Aunque los valores de MCC son más difíciles de interpretar que la puntuación F1, se considera una métrica superior, como se describe en el siguiente artículo: «The advantages of the Matthews correlation coefficient (MCC) over F1 score and accuracy in binary classification evaluation», de D. Chicco y G. Jurman, *BMC Genomics* pp. 281-305, 2012, `https://bmcgenomics.biomedcentral.com/articles/10.1186/s12864-019-6413-7`.

Estas métricas de puntuación están implementadas en Scikit-learn y se pueden importar desde el módulo `sklearn.metrics`, como se muestra en el siguiente fragmento de código:

```
>>> from sklearn.metrics import precision_score
>>> from sklearn.metrics import recall_score, f1_score
>>> from sklearn.metrics import matthews_corrcoef

>>> pre_val = precision_score(y_true=y_test, y_pred=y_pred)
>>> print(f'Precision: {pre_val:.3f}')
Precision: 0.976
>>> rec_val = recall_score(y_true=y_test, y_pred=y_pred)
>>> print(f'Recall: {rec_val:.3f}')
Recall: 0.952
>>> f1_val = f1_score(y_true=y_test, y_pred=y_pred)
>>> print(f'F1: {f1_val:.3f}')
F1: 0.964
>>> mcc_val = matthews_corrcoef(y_true=y_test, y_pred=y_pred)
>>> print(f'MCC: {mcc_val:.3f}')
MCC: 0.943
```

Además, podemos utilizar una métrica de puntuación diferente a la de la precisión en `GridSearchCV` mediante el parámetro de puntuación. Una lista completa de los diferentes valores que acepta el parámetro de puntuación se puede encontrar en `http://scikit-learn.org/stable/modules/model_evaluation.html`.

Recuerde que la clase positiva en Scikit-learn es la clase etiquetada como clase `1`. Si queremos especificar una etiqueta positiva diferente, podemos construir nuestro propio puntuador a través de la función `make_scorer`, que luego podemos proporcionar directamente como argumento al parámetro `scoring` en `GridSearchCV` (en este ejemplo, utilizando la puntuación `f1_score` como métrica):

```
>>> from sklearn.metrics import make_scorer
>>> c_gamma_range = [0.01, 0.1, 1.0, 10.0]
>>> param_grid = [{'svc__C': c_gamma_range,
...                'svc__kernel': ['linear']},
...               {'svc__C': c_gamma_range,
...                'svc__gamma': c_gamma_range,
...                'svc__kernel': ['rbf']}]
>>> scorer = make_scorer(f1_score, pos_label=0)
>>> gs = GridSearchCV(estimator=pipe_svc,
...                   param_grid=param_grid,
...                   scoring=scorer,
...                   cv=10)
```

```
>>> gs = gs.fit(X_train, y_train)
>>> print(gs.best_score_)
0.986202145696
>>> print(gs.best_params_)
{'svc__C': 10.0, 'svc__gamma': 0.01, 'svc__kernel': 'rbf'}
```

Representación de la característica operativa del receptor

Los gráficos de la característica operativa del receptor (Receiver Operating Characteristics, ROC) son herramientas útiles para seleccionar modelos de clasificación en función de su rendimiento con respecto a FPR y TPR, que se calculan desplazando el umbral de decisión del clasificador. La diagonal de un gráfico ROC puede interpretarse como una suposición aleatoria, y los modelos de clasificación que caen por debajo de la diagonal se consideran peores que la suposición aleatoria. Un clasificador perfecto se situaría en la esquina superior izquierda del gráfico con valores de TPR de 1 y FPR de 0. Basándonos en la curva ROC, podemos calcular la llamada área ROC bajo la curva (ROC AUC) para caracterizar el rendimiento de los modelos de clasificación.

De forma similar a las curvas ROC, podemos calcular las curvas de precisión-exhaustividad para diferentes umbrales de probabilidad del clasificador. Una función para representar esas curvas de precisión-exhaustividad también está implementada en Scikit-learn y está documentada en `http://scikit-learn.org/stable/modules/generated/sklearn.metrics.precision_recall_curve.html`.

Al ejecutar el siguiente código de ejemplo, trazaremos la curva ROC del clasificador que solo utiliza dos características del conjunto de datos de Breast Cancer Wisconsin para pronosticar si un tumor es benigno o maligno. Aunque vamos a utilizar la misma pipeline de regresión logística que definimos anteriormente, esta vez solo utilizamos dos características. Lo anterior es para hacer que la tarea de clasificación sea más exigente para el clasificador, reteniendo la información útil contenida en las otras características, para que la curva ROC resultante sea visualmente más interesante. Por razones parecidas, también reducimos a tres el número de subconjuntos en el validador `StratifiedKFold`. El código es el siguiente:

```
>>> from sklearn.metrics import roc_curve, auc
>>> from numpy import interp
>>> pipe_lr = make_pipeline(
...     StandardScaler(),
...     PCA(n_components=2),
...     LogisticRegression(penalty='l2', random_state=1,
...                        solver='lbfgs', C=100.0)
... )
```

```
>>> X_train2 = X_train[:, [4, 14]]
>>> cv = list(StratifiedKFold(n_splits=3).split(X_train, y_train))
>>> fig = plt.figure(figsize=(7, 5))
>>> mean_tpr = 0.0
>>> mean_fpr = np.linspace(0, 1, 100)
>>> all_tpr = []
>>> for i, (train, test) in enumerate(cv):
...     probas = pipe_lr.fit(
...         X_train2[train],
...         y_train[train]
...     ).predict_proba(X_train2[test])
...     fpr, tpr, thresholds = roc_curve(y_train[test],
...                                      probas[:, 1],
...                                      pos_label=1)
...     mean_tpr += interp(mean_fpr, fpr, tpr)
...     mean_tpr[0] = 0.0
...     roc_auc = auc(fpr, tpr)
...     plt.plot(fpr,
...              tpr,
...              label=f'ROC fold {i+1} (area = {roc_auc:.2f})')
>>> plt.plot([0, 1],
...          [0, 1],
...          linestyle='--',
...          color=(0.6, 0.6, 0.6),
...          label='Random guessing (area=0.5)')
>>> mean_tpr /= len(cv)
>>> mean_tpr[-1] = 1.0
>>> mean_auc = auc(mean_fpr, mean_tpr)
>>> plt.plot(mean_fpr, mean_tpr, 'k--',
...          label=f'Mean ROC (area = {mean_auc:.2f})', lw=2)
>>> plt.plot([0, 0, 1],
...          [0, 1, 1],
...          linestyle=':',
...          color='black',
...          label='Perfect performance (area=1.0)')
>>> plt.xlim([-0.05, 1.05])
>>> plt.ylim([-0.05, 1.05])
>>> plt.xlabel('False positive rate')
>>> plt.ylabel('True positive rate')
>>> plt.legend(loc='lower right')
>>> plt.show()
```

En el ejemplo de código anterior, utilizamos la ya conocida clase `StratifiedKFold` de Scikit-learn y calculamos el rendimiento ROC del clasificador `LogisticRegression` en la pipeline `pipe_lr` utilizando la función `roc_curve` del módulo `sklearn.metrics` por separado para cada iteración. Además, interpolamos la curva ROC media de los tres subconjuntos mediante la función `interp` que importamos de SciPy y calculamos el área bajo la curva mediante la función `auc`. La curva ROC resultante indica que existe un cierto grado de varianza entre los distintos subconjuntos, y el promedio de ROC AUC (0.76) se sitúa entre la puntuación perfecta (1.0) y la suposición aleatoria (0.5):

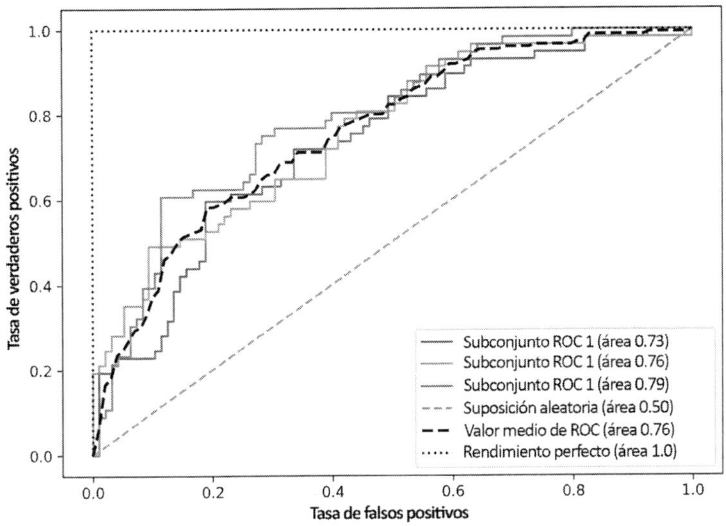

Figura 6.11 *Gráfico ROC.*

Hay que tener en cuenta que si solo estuviéramos interesados en la puntuación ROC AUC, también podríamos importar directamente la función `roc_auc_score` del submódulo `sklearn.metrics`, que se puede utilizar de forma similar a las otras funciones de puntuación (por ejemplo, `precision_score`) que se introdujeron en las secciones anteriores.

Informar del rendimiento del clasificador como ROC AUC puede aportar más información sobre el rendimiento del clasificador con respecto a las muestras desequilibradas. Sin embargo, mientras que la puntuación de precisión puede interpretarse como un único punto de corte en una curva ROC, A. P. Bradley demostró que las métricas ROC AUC y de precisión coinciden en su mayoría: «The Use of the Area Under the ROC Curve in the Evaluation of Machine Learning Algorithms», de A. P. Bradley, *Pattern Recognition*, 30(7): 1145-1159, 1997, `https://reader.elsevier.com/reader/sd/pii/S0031320396001422`.

Métricas de puntuación para la clasificación multiclase

Las métricas de puntuación que hemos visto hasta ahora son específicas para los sistemas de clasificación binaria. Sin embargo, Scikit-learn también implementa métodos de macromedición y micromedición para extender esas métricas de puntuación a problemas multiclase a través de la clasificación uno frente a todos (OvA). La micromedia se calcula a partir de los TP, TN, FP y FN individuales del sistema. Por ejemplo, la micromedia de la puntuación de precisión en un sistema de k clases puede calcularse como sigue:

$$PRE_{micro} = \frac{TP_1 + \cdots + TP_k}{TP_1 + \cdots + TP_k + FP_1 + \cdots + FP_k}$$

La macromedia se calcula como la media de las puntuaciones de los distintos sistemas:

$$PRE_{macro} = \frac{PRE_1 + \cdots + PRE_k}{k}$$

La micromedia es útil si queremos ponderar cada instancia o pronóstico por igual, mientras que la macromedia pondera todas las clases por igual para evaluar el rendimiento global de un clasificador con respecto a las etiquetas de clase más frecuentes.

Si utilizamos métricas de rendimiento binarias para evaluar modelos de clasificación multiclase en Scikit-learn, se utiliza por defecto una variante normalizada o ponderada de la macromedia. La macromedia ponderada se calcula ponderando la puntuación de cada etiqueta de clase por el número de instancias verdaderas cuando se calcula la media. La macromedia ponderada es útil si estamos tratando con desequilibrios de clase, es decir, con diferentes números de instancias para cada etiqueta.

Mientras que la macromedia ponderada es la que se utiliza por defecto en Scikit-learn para los problemas multiclase, podemos especificar el método de media a través del parámetro `average` dentro de las distintas funciones de puntuación que importamos del módulo `sklearn.metrics`; por ejemplo, las funciones `precision_score` o `make_scorer`:

```
>>> pre_scorer = make_scorer(score_func=precision_score,
...                          pos_label=1,
...                          greater_is_better=True,
...                          average='micro')
```

Cómo hacer frente al desequilibrio de clases

Hemos mencionado el desequilibrio de clases varias veces a lo largo de este capítulo, pero no hemos hablado de cómo tratar adecuadamente estos escenarios si se producen. El desequilibrio de clases es un problema bastante común cuando se trabaja con datos del mundo real: los ejemplos de una clase o de varias clases están sobrerrepresentados en un conjunto de datos. Podemos pensar en varios ámbitos en los que esto puede ocurrir, como el filtrado de spam, la detección de fraudes o el cribado de enfermedades.

Imaginemos que el conjunto de datos de Breast Cancer Wisconsin con el que hemos trabajado en este capítulo estuviera formado por un 90 % de pacientes sanos. En este caso, podríamos alcanzar una precisión del 90 por ciento en el conjunto de datos de prueba simplemente pronosticando la clase mayoritaria (tumor benigno) para todos los ejemplos, sin la ayuda de un algoritmo de aprendizaje automático supervisado. Por lo tanto, entrenar un modelo en un conjunto de datos de este tipo que logre aproximadamente un 90 % de precisión en la prueba significaría que nuestro modelo no ha aprendido nada útil de las características proporcionadas en este conjunto de datos.

En esta sección, repasaremos brevemente algunas de las técnicas que podrían ayudar a tratar los conjuntos de datos desequilibrados. Pero, antes de ver diferentes métodos para abordar este problema, vamos a crear un conjunto en el que los datos están desequilibrados a partir de nuestro conjunto de datos, que originalmente consistía en 357 tumores benignos (clase `0`) y 212 tumores malignos (clase `1`):

```
>>> X_imb = np.vstack((X[y == 0], X[y == 1][:40]))
>>> y_imb = np.hstack((y[y == 0], y[y == 1][:40]))
```

En este fragmento de código, tomamos los 357 ejemplos de tumores benignos y los apilamos con los 40 primeros ejemplos malignos para crear un marcado desequilibrio de clases. Si tuviéramos que calcular la precisión de un modelo que siempre pronostica la clase mayoritaria (benigna, clase `0`), alcanzaríamos una precisión del pronóstico de aproximadamente el 90 %:

```
>>> y_pred = np.zeros(y_imb.shape[0])
>>> np.mean(y_pred == y_imb) * 100
89.92443324937027
```

Por lo tanto, al ajustar los clasificadores en estos conjuntos de datos, tendría sentido centrarse en otras métricas —además de la exactitud— a la hora de comparar los distintos modelos, como la precisión, la exhaustividad, la curva ROC, o lo que más nos interese en nuestra aplicación. Por ejemplo, nuestra prioridad podría ser identificar a la mayoría de los pacientes con cáncer maligno para recomendarles un examen adicional, por lo que la exhaustividad debería ser nuestra métrica preferida. En el filtrado de spam, donde no queremos etiquetar los correos electrónicos como spam si el sistema no está muy seguro, la precisión podría ser una métrica más apropiada.

Aparte de la evaluación de los modelos de aprendizaje automático, el desequilibrio de clases influye en el algoritmo de aprendizaje durante el propio ajuste del modelo. Dado que los algoritmos de aprendizaje automático suelen optimizar una función de recompensa o pérdida, que se calcula como una suma sobre los ejemplos de entrenamiento que ve durante el ajuste, es probable que la regla de decisión esté sesgada hacia la clase mayoritaria.

En otras palabras, el algoritmo aprende implícitamente un modelo que optimiza las predicciones basándose en la clase más abundante del conjunto de datos para minimizar la pérdida o maximizar la recompensa durante el entrenamiento.

Una forma de tratar con proporciones de clase desequilibradas durante el ajuste del modelo es asignar una penalización mayor a los pronósticos erróneos en la clase minoritaria. A través de Scikit-learn, el ajuste de dicha penalización es tan conveniente como establecer el parámetro `class_weight` a `class_weight='balanced'`, que se implementa para la mayoría de los clasificadores.

Otras estrategias de uso extendido para tratar el desequilibrio de clases son el muestreo ascendente de la clase minoritaria, el muestreo descendente de la clase mayoritaria y la generación de ejemplos de entrenamiento sintéticos. Desgraciadamente, no existe una solución o técnica óptima que funcione mejor en diferentes dominios de problemas. Por ello, en la práctica, se recomienda probar diferentes estrategias para un problema determinado, evaluar los resultados y elegir la técnica que parezca más adecuada.

La biblioteca Scikit-learn implementa la sencilla función `resample`, que puede ayudar a aumentar el muestreo de la clase minoritaria extrayendo nuevas muestras del conjunto de datos con sustitución. El siguiente código tomará la clase minoritaria de nuestro conjunto de datos desequilibrado de Breast Cancer Wisconsin (aquí, la clase `1`) y extraerá repetidamente nuevas muestras de ella hasta que contenga el mismo número de ejemplos que la etiqueta de clase `0`:

```
>>> from sklearn.utils import resample
>>> print('Number of class 1 examples before:',
...       X_imb[y_imb == 1].shape[0])
Number of class 1 examples before: 40
>>> X_upsampled, y_upsampled = resample(
...         X_imb[y_imb == 1],
...         y_imb[y_imb == 1],
...         replace=True,
...         n_samples=X_imb[y_imb == 0].shape[0],
...         random_state=123)
>>> print('Number of class 1 examples after:',
...       X_upsampled.shape[0])
Number of class 1 examples after: 357
```

Tras el remuestreo, podemos apilar las muestras originales de la clase `0` con el subconjunto de la clase `1` remuestreado para obtener un conjunto de datos equilibrado:

```
>>> X_bal = np.vstack((X[y == 0], X_upsampled))
>>> y_bal = np.hstack((y[y == 0], y_upsampled))
```

En consecuencia, una regla de pronóstico por mayoría de votos solo alcanzaría una precisión del 50 %:

```
>>> y_pred = np.zeros(y_bal.shape[0])
>>> np.mean(y_pred == y_bal) * 100
50
```

Del mismo modo, podríamos reducir la muestra de la clase mayoritaria eliminando los ejemplos de entrenamiento del conjunto de datos. Para realizar el muestreo descendente utilizando la función `resample`, podríamos intercambiar la etiqueta de la clase `1` con la de la clase `0` en el ejemplo de código anterior y viceversa.

Generación de nuevos datos de entrenamiento para tratar el desequilibrio de clases

Otra técnica para tratar el desequilibrio de clases es la generación de ejemplos de entrenamiento sintéticos, que queda fuera del alcance del libro. Probablemente, el algoritmo más utilizado para la generación de datos de entrenamiento sintéticos sea la técnica de sobremuestreo de minorías sintéticas (**Synthetic Minority Over-sampling Technique,** SMOTE). Puede aprender más sobre esta técnica en el artículo de investigación original de Nitesh Chawla y otros: «SMOTE: Synthetic Minority Over-sampling Technique», *Journal of Artificial Intelligence Research*, 16: 321-357, 2002, que está disponible en `https://www.jair.org/index.php/jair/article/view/10302`. También se recomienda encarecidamente echar un vistazo a imbalanced-learn, una biblioteca de Python totalmente centrada en conjuntos de datos desequilibrados, que incluye una implementación de SMOTE. Puede obtener más información sobre imbalanced-learn en `https://github.com/scikit-learn-contrib/imbalanced-learn`.

Resumen

Al principio de este capítulo, hemos visto cómo encadenar las diferentes técnicas de transformación y los clasificadores en cómodas pipelines de modelos que nos ayudan a entrenar y evaluar modelos de aprendizaje automático de forma más eficiente. Después, hemos utilizado esas cadenas para realizar la validación cruzada de k iteraciones, una de las técnicas esenciales para la selección y evaluación de modelos. Utilizando la validación cruzada de k iteraciones, trazamos curvas de aprendizaje y validación para diagnosticar problemas comunes de los algoritmos de aprendizaje, como el sobreajuste y el infraajuste.

Utilizando la búsqueda en cuadrícula, la búsqueda aleatoria y la reducción sucesiva a la mitad, afinamos aún más nuestro modelo. A continuación, utilizamos matrices de confusión y diversas métricas de rendimiento para evaluar y optimizar el rendimiento de un modelo para tareas problemáticas específicas. Por último, concluimos este capítulo discutiendo diferentes métodos para tratar con datos desequilibrados, que es un problema frecuente en muchas aplicaciones del mundo real. Ahora, debería estar bien equipado con las técnicas esenciales para elaborar modelos de aprendizaje automático supervisado para la clasificación con éxito.

En el próximo capítulo, analizaremos los métodos de conjunto: métodos que nos permiten combinar múltiples modelos y algoritmos de clasificación para aumentar aún más el rendimiento predictivo de un sistema de aprendizaje automático.

Únase al espacio Discord del libro

Únase al espacio Discord del libro para una sesión mensual de «Pregúnteme lo que quiera» con los autores (en inglés):

`https://packt.link/MLwPyTorch`

7

Combinación de diferentes modelos para el aprendizaje de conjunto

En el capítulo anterior, nos centramos en las mejores prácticas para afinar y evaluar diferentes modelos para la clasificación. En este capítulo, nos basaremos en esas técnicas y exploraremos diferentes métodos para elaborar un conjunto de clasificadores que a menudo pueden tener un mejor rendimiento predictivo que cualquiera de sus miembros individuales. Aprenderemos a hacer lo siguiente:

- Hacer pronósticos basados en la votación por mayoría.
- Utilizar bagging para reducir el sobreajuste extrayendo combinaciones aleatorias del conjunto de datos de entrenamiento con repetición.
- Aplicar boosting para construir modelos potentes a partir de aprendices débiles que aprenden de sus errores.

Aprendizaje de conjunto

El objetivo de los métodos de conjunto es combinar diferentes clasificadores en un metaclasificador que tenga un mejor rendimiento de generalización que cada clasificador individual por separado. Por ejemplo, suponiendo que hayamos recogido pronósticos de 10 expertos, los métodos de conjunto nos permitirían combinar estratégicamente esos pronósticos de los 10 expertos para obtener un pronóstico más preciso y robusto que los pronósticos de cada experto individual. Como se verá más adelante en este capítulo, hay varios enfoques diferentes para crear un conjunto de clasificadores. Esta sección presentará una explicación básica de cómo funcionan los conjuntos y por qué se los suele conocer por producir un buen rendimiento de generalización.

En este capítulo, nos centraremos en los métodos de conjunto más populares que utilizan el principio de votación por mayoría. La votación por mayoría significa, simplemente, que seleccionamos la etiqueta de clase que ha sido pronosticada por la mayoría de los clasificadores, es decir, que ha recibido más del 50 por ciento de los votos. En sentido estricto, el término «votación por mayoría» se refiere únicamente a configuraciones de clases binarias. Sin embargo, es sencillo generalizar el principio de la votación por mayoría a entornos multiclase, lo cual se conoce como votación por pluralidad. En el Reino Unido, la gente distingue entre el voto por mayoría y el voto por pluralidad mediante los términos mayoría «absoluta» y «relativa», respectivamente.

En este caso, seleccionamos la etiqueta de clase que ha recibido más votos (la moda). La Figura 7.1 ilustra el concepto de votación mayoritaria y por pluralidad para un conjunto de 10 clasificadores, donde cada símbolo exclusivo (triángulo, cuadrado y círculo) representa una etiqueta de clase única:

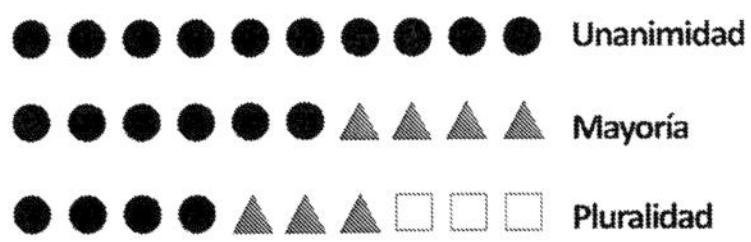

Figura 7.1 *Diferentes conceptos de votación.*

Utilizando el conjunto de datos de entrenamiento, empezamos entrenando m clasificadores diferentes (C_1, ..., C_m). Dependiendo de la técnica, el conjunto puede elaborarse a partir de diferentes algoritmos de clasificación; por ejemplo, árboles de decisión, máquinas de vectores de apoyo, clasificadores de regresión logística, etc. Opcionalmente, también podemos utilizar el mismo algoritmo de clasificación base, ajustando diferentes subconjuntos del conjunto de datos de entrenamiento. Un ejemplo destacado de este enfoque es el algoritmo de bosque aleatorio que combina diferentes clasificadores de árboles de decisión, que tratamos en el capítulo 3, Un recorrido por los clasificadores de aprendizaje automático con Scikit-Learn. La Figura 7.2 ilustra el concepto de un enfoque de conjunto general que utiliza la votación por mayoría:

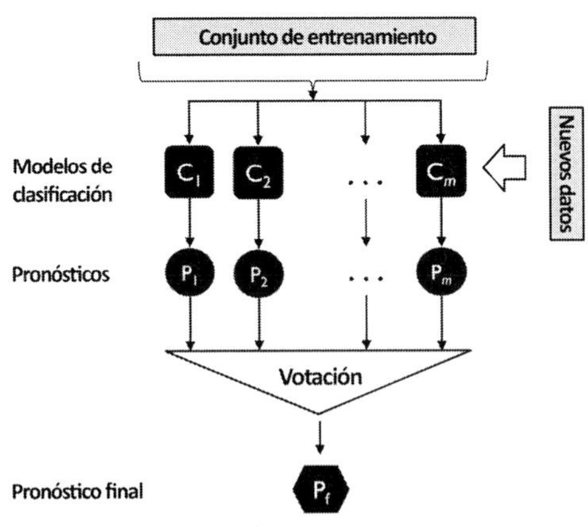

Figura 7.2 *Enfoque general de conjunto.*

Para pronosticar una etiqueta de clase a través de la votación por mayoría simple o plural, podemos combinar las etiquetas de clase pronosticadas por cada clasificador individual, C_j, y seleccionar la etiqueta de clase, $\hat{y}$, que haya recibido más votos:

$$\hat{y} = \text{mode}\{C_1(\boldsymbol{x}), C_2(\boldsymbol{x}), \ldots, C_m(\boldsymbol{x})\}$$

En estadística, la moda es el evento o resultado más frecuente en un conjunto. Por ejemplo, mode{1, 2, 1,1, 2, 4, 5, 4} = 1.

En una tarea de clasificación binaria en la que la clase1 = –1 y la clase2 = +1, podemos escribir el pronóstico del voto mayoritario como sigue:

$$C(\boldsymbol{x}) = \text{sign}\left[\sum_{j}^{m} C_j(\boldsymbol{x})\right] = \begin{cases} 1 & \text{if } \sum_j C_j(\boldsymbol{x}) \geq 0 \\ -1 & \text{otherwise} \end{cases}$$

Para ilustrar por qué los métodos de conjunto pueden funcionar mejor que los clasificadores individuales por sí solos, aplicaremos algunos conceptos de combinatoria. En el siguiente ejemplo, supondremos que todos los n clasificadores base para una tarea de clasificación binaria tienen la misma tasa de error, ε. Además, supondremos que los clasificadores son independientes y que las tasas de error no están correlacionadas. Bajo estos supuestos, podemos expresar la probabilidad de error de un conjunto de clasificadores base como una función de masa de probabilidad de una distribución binomial:

$$P(y \geq k) = \sum_{k}^{n} \binom{n}{k} \varepsilon^k (1-\varepsilon)^{n-k} = \varepsilon_{\text{ensemble}}$$

Aquí, $\binom{n}{k}$ es el coeficiente binomial n sobre k. En otras palabras, calculamos la probabilidad de que el pronóstico del conjunto sea erróneo. Ahora, veamos un ejemplo más concreto de 11 clasificadores base ($n = 11$), donde cada clasificador tiene una tasa de error de 0.25 ($\varepsilon = 0.25$):

$$P(y \geq k) = \sum_{k=6}^{11} \binom{11}{k} 0.25^k (1-0.25)^{11-k} = 0.034$$

El coeficiente binomial

El coeficiente binomial se refiere al número de formas en que podemos elegir subconjuntos de k elementos desordenados de un conjunto de tamaño n; por ello, se suele llamar «de n elegir k». Dado que el orden no importa aquí, el coeficiente binomial también se denomina a veces «combinación o número combinatorio» y, en su forma no abreviada, se escribe:

$$\frac{n!}{(n-k)!\,k!}$$

En este caso, el símbolo (!) representa el factorial; por ejemplo, 3! = 3×2×1 = 6.

Como puede ver, la tasa de error del conjunto (0.034) es mucho menor que la tasa de error de cada clasificador individual (0.25) si se cumplen todos los supuestos. Tenga en cuenta que, en esta ilustración simplificada, una división 50-50 por un número par de clasificadores, *n*, se trata como un error, aunque esto solo es cierto la mitad de las veces. Para comparar este clasificador conjunto idealista con un clasificador base en un rango de diferentes tasas de error base, vamos a implementar la función de masa de probabilidad en Python:

```
>>> from scipy.special import comb
>>> import math
>>> def ensemble_error(n_classifier, error):
...     k_start = int(math.ceil(n_classifier / 2.))
...     probs = [comb(n_classifier, k) *
...              error**k *
...              (1-error)**(n_classifier - k)
...              for k in range(k_start, n_classifier + 1)]
...     return sum(probs)
>>> ensemble_error(n_classifier=11, error=0.25)
0.03432750701904297
```

Depués de haber implementado la función `ensemble_error`, podemos calcular las tasas de error del conjunto para un rango de diferentes errores base de 0.0 a 1.0 para visualizar la relación entre el conjunto y los errores base en un gráfico líneal:

```
>>> import numpy as np
>>> import matplotlib.pyplot as plt
>>> error_range = np.arange(0.0, 1.01, 0.01)
>>> ens_errors = [ensemble_error(n_classifier=11, error=error)
...               for error in error_range]
>>> plt.plot(error_range, ens_errors,
...          label='Ensemble error',
...          linewidth=2)
>>> plt.plot(error_range, error_range,
...          linestyle='--', label='Base error',
...          linewidth=2)
>>> plt.xlabel('Base error')
>>> plt.ylabel('Base/Ensemble error')
>>> plt.legend(loc='upper left')
>>> plt.grid(alpha=0.5)
>>> plt.show()
```

Como se puede ver en el gráfico resultante, la probabilidad de error de conjunto es siempre mejor que el error de un clasificador base individual, siempre que los clasificadores base tengan un mejor rendimiento que la suposición aleatoria ($\varepsilon < 0.5$).

Obsérvese que el eje *y* representa el error de base (línea de puntos) y el error de conjunto (línea continua):

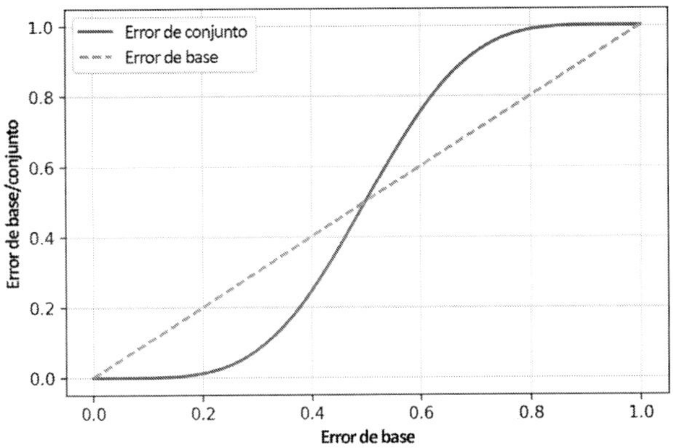

Figura 7.3 *Gráfico del error de conjunto frente al error base.*

Combinación de clasificadores mediante el voto mayoritario

Después de la breve introducción al aprendizaje de conjunto en la sección anterior, vamos a empezar con un ejercicio de calentamiento y vamos a implementar un sencillo clasificador de conjunto para la votación por mayoría en Python.

> **Votación por pluralidad**
>
> Aunque el algoritmo de votación por mayoría que discutiremos en esta sección también se generaliza a entornos multiclase a través de la votación por pluralidad, se utilizará el término «votación por mayoría» para simplificar, como suele hacerse en la literatura.

Implementación de un clasificador de voto mayoritario sencillo

El algoritmo que vamos a implementar en esta sección nos permitirá combinar diferentes algoritmos de clasificación asociados con pesos individuales para mayor seguridad. Nuestro objetivo es construir un metaclasificador más fuerte que equilibre las debilidades de los clasificadores individuales en un conjunto de datos concreto.

En términos matemáticos más precisos, podemos escribir el voto mayoritario ponderado como sigue:

$$\hat{y} = \arg\max_i \sum_{j=1}^{m} w_j \chi_A \big(C_j(\boldsymbol{x}) = i\big)$$

Aquí, w_j es el peso asociado a un clasificador base, C_j; $\hat{y}$ es la etiqueta de clase pronosticada del conjunto; A es el conjunto de etiquetas de clase únicas; χ_A (chi en griego) es la función característica o función indicadora, que devuelve 1 si la clase pronosticada del j-ésimo clasificador coincide con i ($C_j(\boldsymbol{x}) = i$). Para pesos iguales, podemos simplificar esta ecuación y escribirla como sigue:

$$\hat{y} = \text{mode}\{C_1(\boldsymbol{x}), C_2(\boldsymbol{x}), \ldots, C_m(\boldsymbol{x})\}$$

Para entender mejor el concepto de ponderación, vamos a ver un ejemplo más concreto. Supongamos que tenemos un conjunto de tres clasificadores base, C_j ($j \in \{1, 2, 3\}$, y queremos promosticar la etiqueta de clase, $C_j(\boldsymbol{x}) \in \{0, 1\}$, de un ejemplo dado, $\boldsymbol{x}$. Dos de los tres clasificadores base pronostican la etiqueta de clase 0, y uno, C_3, pronostica que el ejemplo pertenece a la clase 1. Si ponderamos los pronósticos de cada clasificador base por igual, el voto mayoritario pronostica que el ejemplo pertenece a la clase 0:

$$C_1(\boldsymbol{x}) \rightarrow 0, \quad C_2(\boldsymbol{x}) \rightarrow 0, \quad C_3(\boldsymbol{x}) \rightarrow 1$$

$$\hat{y} = \text{mode}\{0, 0, 1\} = 0$$

Ahora, asignamos un peso de 0.6 a C_3, y ponderamos C_1 y C_2 con un coeficiente de 0.2:

$$\begin{aligned} \hat{y} &= \arg\max_i \sum_{j=1}^{m} w_j \chi_A \big(C_j(\boldsymbol{x}) = i\big) \\ &= \arg\max_i [0.2 \times i_0 + 0.2 \times i_0, 0.6 \times i_1] = 1 \end{aligned}$$

De forma más sencilla, dado que 3×0,2 = 0,6, podemos decir que la predicción que ha realizado C_3 tiene tres veces más peso que las predicciones de C_1 o C_2, que podemos escribir de la siguiente manera:

$$\hat{y} = \text{mode}\{0, 0, 1, 1, 1\} = 1$$

Para traducir el concepto de voto mayoritario ponderado en código Python, podemos utilizar las funciones `argmax` y `bincount` de NumPy, donde `bincount` cuenta el número de apariciones de cada etiqueta de clase. La función `argmax` devuelve la posición del índice del recuento más alto, correspondiente a la etiqueta de clase mayoritaria (esto supone que las etiquetas de clase comienzan en 0):

```
>>> import numpy as np
>>> np.argmax(np.bincount([0, 0, 1],
...           weights=[0.2, 0.2, 0.6]))
1
```

Como recordará de lo que hemos expuesto sobre la regresión logística en el capítulo 3, ciertos clasificadores en Scikit-learn también pueden devolver la probabilidad de una etiqueta de clase pronosticada a través del método `predict_proba`. Utilizar las probabilidades de clase pronosticadas en lugar de las etiquetas de clase para la votación por mayoría puede ser útil si los clasificadores de nuestro conjunto están bien calibrados. La versión modificada de la votación por mayoría para pronosticar las etiquetas de clase a partir de las probabilidades puede escribirse como sigue:

$$\hat{y} = \arg\max_{i} \sum_{j=1}^{m} w_j p_{ij}$$

Aquí, p_{ij} es la probabilidad pronosticada del j-ésimo clasificador para la etiqueta de clase i.

Continuando con nuestro ejemplo anterior, supongamos que tenemos un problema de clasificación binaria con etiquetas de clase $i \in \{0, 1\}$ y un conjunto de tres clasificadores, C_j ($j \in \{1, 2, 3\}$. Supongamos que los clasificadores C_j devuelven las siguientes probabilidades de pertenencia a una clase para un ejemplo concreto, $\boldsymbol{x}$:

$$C_1(\boldsymbol{x}) \rightarrow [0.9, 0.1], \quad C_2(\boldsymbol{x}) \rightarrow [0.8, 0.2], \quad C_3(\boldsymbol{x}) \rightarrow [0.4, 0.6]$$

Utilizando las mismas ponderaciones que antes (0.2, 0.2 y 0.6), podemos calcular las probabilidades de clase individuales de la siguiente manera:

$$\begin{aligned} p(i_0|\boldsymbol{x}) &= 0.2 \times 0.9 + 0.2 \times 0.8 + 0.6 \times 0.4 = 0.58 \\ p(i_1|\boldsymbol{x}) &= 0.2 \times 0.1 + 0.2 \times 0.2 + 0.6 \times 0.6 = 0.42 \\ \hat{y} &= \arg\max[p(i_0|\boldsymbol{x}), p(i_1|\boldsymbol{x})] = 0 \end{aligned}$$

Para implementar el voto mayoritario ponderado basado en las probabilidades de clase, podemos hacer uso de NumPy, utilizando `np.average` y `np.argmax`:

```
>>> ex = np.array([[0.9, 0.1],
...                [0.8, 0.2],
...                [0.4, 0.6]])
>>> p = np.average(ex, axis=0, weights=[0.2, 0.2, 0.6])
>>> p
array([0.58, 0.42])
>>> np.argmax(p)
0
```

Poniéndolo todo junto, vamos a implementar `MajorityVoteClassifier` en Python:

```
from sklearn.base import BaseEstimator
from sklearn.base import ClassifierMixin
from sklearn.preprocessing import LabelEncoder
from sklearn.base import clone
from sklearn.pipeline import _name_estimators
import numpy as np
import operator
class MajorityVoteClassifier(BaseEstimator, ClassifierMixin):
    def __init__(self, classifiers, vote='classlabel', weights=None):

        self.classifiers = classifiers
        self.named_classifiers = {
            key: value for key,
            value in _name_estimators(classifiers)
        }
        self.vote = vote
        self.weights = weights

    def fit(self, X, y):
        if self.vote not in ('probability', 'classlabel'):
            raise ValueError(f"vote must be 'probability' "
                             f"or 'classlabel'"
                             f"; got (vote={self.vote})")
        if self.weights and
        len(self.weights) != len(self.classifiers):
            raise ValueError(f'Number of classifiers and'
                             f' weights must be equal'
                             f'; got {len(self.weights)} weights,'
                             f' {len(self.classifiers)} classifiers')
        # Use LabelEncoder to ensure class labels start
        # with 0, which is important for np.argmax
        # call in self.predict
        self.lablenc_ = LabelEncoder()
        self.lablenc_.fit(y)
        self.classes_ = self.lablenc_.classes_
        self.classifiers_ = []
        for clf in self.classifiers:
            fitted_clf = clone(clf).fit(X,
                                  self.lablenc_.transform(y))
            self.classifiers_.append(fitted_clf)
        return self
```

Hemos añadido una gran cantidad de comentarios al código para explicar las partes individuales. Sin embargo, antes de implementar los métodos restantes, vamos a hacer un breve descanso y a discutir parte del código (que puede parecer confuso). Hemos utilizado las clases padre `BaseEstimator` y `ClassifierMixin` para obtener algunas funcionalidades base de forma gratuita, incluyendo los métodos `get_params` y `set_params` para establecer y devolver los parámetros del clasificador, así como el método `score` para calcular la precisión del pronóstico.

A continuación, añadiremos el método `predict` para pronosticar la etiqueta de clase a través del voto mayoritario basado en las etiquetas de clase si inicializamos un nuevo objeto `MajorityVoteClassifier` con `vote='classlabel'`. Opcionalmente, podremos inicializar el clasificador de conjunto con `vote='probability'` para pronosticar la etiqueta de clase basada en las probabilidades de pertenencia a la clase. Además, también añadiremos el método `predict_proba` para devolver las probabilidades promediadas, lo cual es útil cuando se calcula el área característica operativa del receptor bajo la curva (ROC AUC):

```
    def predict(self, X):
        if self.vote == 'probability':
            maj_vote = np.argmax(self.predict_proba(X), axis=1)
        else: # 'classlabel' vote

            # Collect results from clf.predict calls
            predictions = np.asarray([
                clf.predict(X) for clf in self.classifiers_
            ]).T

            maj_vote = np.apply_along_axis(
                lambda x: np.argmax(
                    np.bincount(x, weights=self.weights)
                ),
                axis=1, arr=predictions
            )
        maj_vote = self.lablenc_.inverse_transform(maj_vote)
        return maj_vote

    def predict_proba(self, X):
        probas = np.asarray([clf.predict_proba(X)
                             for clf in self.classifiers_])
        avg_proba = np.average(probas, axis=0,
                               weights=self.weights)
        return avg_proba

    def get_params(self, deep=True):
```

```
        if not deep:
            return super().get_params(deep=False)
        else:
            out = self.named_classifiers.copy()
            for name, step in self.named_classifiers.items():
                for key, value in step.get_params(
                        deep=True).items():
                    out[f'{name}__{key}'] = value
            return out
```

Además, observe que hemos definido nuestra propia versión modificada del método `get_params` para utilizar la función `_name_estimators` con la que acceder a los parámetros de los clasificadores individuales en el conjunto; esto puede parecer un poco complicado al principio, pero tendrá mucho sentido cuando utilicemos la búsqueda en la red para el ajuste de los hiperparámetros en secciones posteriores.

VotingClassifier en Scikit-learn

Aunque la implementación de `MajorityVoteClassifier` es muy útil para propósitos de demostración, implementamos una versión más sofisticada de este clasificador de voto mayoritario en Scikit-learn basado en la implementación contenida en la primera edición de este libro. El clasificador de conjunto está disponible como `sklearn.ensemble.VotingClassifier` en la versión 0.17 de Scikit-learn y posteriores. Puede encontrar más información sobre `VotingClassifier` en `https://scikit-learn.org/stable/modules/generated/sklearn.ensemble.VotingClassifier.html`.

Utilización del principio de votación por mayoría para hacer pronósticos

Ahora es el momento de poner en marcha `MajorityVoteClassifier`, que implementamos en la sección anterior. Pero primero, vamos a preparar un conjunto de datos con el que podamos probarlo. Como ya estamos familiarizados con las técnicas para cargar conjuntos de datos desde archivos CSV, tomaremos un atajo y cargaremos el conjunto de datos Iris desde el módulo `datasets`. Además, solo seleccionaremos dos características, la anchura de los sépalos y la longitud de los pétalos, para que la tarea de clasificación sea más difícil a efectos ilustrativos. Aunque nuestro `MajorityVoteClassifier` se generaliza a problemas multiclase, solo clasificaremos ejemplos de flores de las clases `Iris-versicolor` e `Iris-virginica`, con las que calcularemos el ROC AUC más adelante. El código es el siguiente:

```
>>> from sklearn import datasets
>>> from sklearn.model_selection import train_test_split
>>> from sklearn.preprocessing import StandardScaler
>>> from sklearn.preprocessing import LabelEncoder
>>> iris = datasets.load_iris()
>>> X, y = iris.data[50:, [1, 2]], iris.target[50:]
>>> le = LabelEncoder()
>>> y = le.fit_transform(y)
```

Probabilidades de pertenencia a la clase de los árboles de decisión

Hay que tener en cuenta que Scikit-learn utiliza el método `predict_proba` (si es aplicable) para calcular la puntuación de ROC AUC. En el capítulo 3, vimos cómo se calculan las probabilidades de clase en los modelos de regresión logística. En los árboles de decisión, las probabilidades se calculan a partir de un vector de frecuencia que se crea para cada nodo en el momento del entrenamiento. El vector recoge los valores de la frecuencia de cada etiqueta de clase calculados a partir de la distribución de etiquetas de clase en ese nodo. A continuación, las frecuencias se normalizan para que sumen 1. Del mismo modo, se añaden las etiquetas de clase de los *k* vecinos más cercanos para obtener las frecuencias normalizadas de las etiquetas de clase en el algoritmo de *k* vecinos más cercanos. Aunque las probabilidades normalizadas devueltas por el árbol de decisión y el clasificador de *k* vecinos más cercanos pueden parecer similares a las probabilidades obtenidas del modelo de regresión logística, tenemos que ser conscientes de que en realidad no se derivan de funciones de masa de probabilidad.

A continuación, dividiremos los ejemplos de Iris en un 50 % de datos de entrenamiento y un 50 % de datos de prueba:

```
>>> X_train, X_test, y_train, y_test =\
...     train_test_split(X, y, test_size=0.5,
...                      random_state=1,
...                      stratify=y)
```

Utilizando el conjunto de datos de entrenamiento, entrenaremos tres clasificadores diferentes:

- Clasificador de regresión logística
- Clasificador de árbol de decisión
- Clasificador de *k* vecinos más cercanos

A continuación, evaluaremos el rendimiento del modelo de cada clasificador mediante una validación cruzada de 10 grupos en el conjunto de datos de entrenamiento, antes de combinarlos en un clasificador conjunto:

```
>>> from sklearn.model_selection import cross_val_score
>>> from sklearn.linear_model import LogisticRegression
>>> from sklearn.tree import DecisionTreeClassifier
>>> from sklearn.neighbors import KNeighborsClassifier
>>> from sklearn.pipeline import Pipeline
>>> import numpy as np
>>> clf1 = LogisticRegression(penalty='l2', C=0.001,
...                           solver='lbfgs', random_state=1)
>>> clf2 = DecisionTreeClassifier(max_depth=1,
...                               criterion='entropy',
...                               random_state=0)
>>> clf3 = KNeighborsClassifier(n_neighbors=1,
...                             p=2,
...                             metric='minkowski')
>>> pipe1 = Pipeline([['sc', StandardScaler()],
...                   ['clf', clf1]])
>>> pipe3 = Pipeline([['sc', StandardScaler()],
...                   ['clf', clf3]])
>>> clf_labels = ['Logistic regression', 'Decision tree', 'KNN']
>>> print('10-fold cross validation:\n')
>>> for clf, label in zip([pipe1, clf2, pipe3], clf_labels):
...     scores = cross_val_score(estimator=clf,
...                              X=X_train, y=y_train,
...                              cv=10, scoring='roc_auc')
...     print(f'ROC AUC: {scores.mean():.2f} '
...           f'(+/- {scores.std():.2f}) [{label}]')
```

La salida que recibimos, como se muestra en el siguiente fragmento, muestra que los rendimientos predictivos de los clasificadores individuales son casi iguales:

```
10-fold cross validation:
ROC AUC: 0.92 (+/- 0.15) [Logistic regression]
ROC AUC: 0.87 (+/- 0.18) [Decision tree]
ROC AUC: 0.85 (+/- 0.13) [KNN]
```

Puede que se pregunte por qué entrenamos la regresión logística y el clasificador de *k* vecinos más cercanos como parte de una pipeline. La razón es que, como se ha comentado en el capítulo 3, el algoritmo de regresión logística y el de *k* vecinos más cercanos (que utilizan la métrica de la distancia euclidiana) no son invariables en cuanto a la escala, a diferencia de los árboles de decisión. Aunque las características de Iris se miden todas en la misma escala (cm), es una buena costumbre trabajar con características estandarizadas.

Ahora, pasaremos a la parte más emocionante. Vamos a combinar los clasificadores individuales para la votación por mayoría en nuestro `MajorityVoteClassifier`:

```
>>> mv_clf = MajorityVoteClassifier(
...     classifiers=[pipe1, clf2, pipe3]
... )
>>> clf_labels += ['Majority voting']
>>> all_clf = [pipe1, clf2, pipe3, mv_clf]
>>> for clf, label in zip(all_clf, clf_labels):
...     scores = cross_val_score(estimator=clf,
...                              X=X_train,
...                              y=y_train,
...                              cv=10,
...                              scoring='roc_auc')
...     print(f'ROC AUC: {scores.mean():.2f} '
...           f'(+/- {scores.std():.2f}) [{label}]')
ROC AUC: 0.92 (+/- 0.15) [Logistic regression]
ROC AUC: 0.87 (+/- 0.18) [Decision tree]
ROC AUC: 0.85 (+/- 0.13) [KNN]
ROC AUC: 0.98 (+/- 0.05) [Majority voting]
```

Como puede ver, el rendimiento de `MajorityVotingClassifier` ha mejorado respecto a los clasificadores individuales en la evaluación de validación cruzada de 10 grupos.

Evaluación y ajuste del clasificador conjunto

En esta sección, vamos a calcular las curvas ROC del conjunto de datos de prueba que `MajorityVoteClassifier` generaliza bien con los datos no vistos. Debemos recordar que el conjunto de datos de prueba no debe utilizarse para la selección del modelo; su propósito es, simplemente, informar de una estimación no sesgada del rendimiento de generalización de un sistema clasificador:

```
>>> from sklearn.metrics import roc_curve
>>> from sklearn.metrics import auc
>>> colors = ['black', 'orange', 'blue', 'green']
>>> linestyles = [':', '--', '-.', '-']
>>> for clf, label, clr, ls \
...     in zip(all_clf, clf_labels, colors, linestyles):
...     # assuming the label of the positive class is 1
...     y_pred = clf.fit(X_train,
...                      y_train).predict_proba(X_test)[:, 1]
...     fpr, tpr, thresholds = roc_curve(y_true=y_test, y_score=y_pred)
```

```
...     roc_auc = auc(x=fpr, y=tpr)
...     plt.plot(fpr, tpr,
...              color=clr,
...              linestyle=ls,
...              label=f'{label} (auc = {roc_auc:.2f})')
>>> plt.legend(loc='lower right')
>>> plt.plot([0, 1], [0, 1],
...          linestyle='--',
...          color='gray',
...          linewidth=2)
>>> plt.xlim([-0.1, 1.1])
>>> plt.ylim([-0.1, 1.1])
>>> plt.grid(alpha=0.5)
>>> plt.xlabel('False positive rate (FPR)')
>>> plt.ylabel('True positive rate (TPR)')
>>> plt.show()
```

Como se puede ver en la curva ROC resultante, el clasificador conjunto también funciona bien en el conjunto de datos de prueba (ROC AUC = 0.95). Sin embargo, el clasificador de regresión logística tiene un rendimiento similar en el mismo conjunto de datos, lo que probablemente se deba a la alta varianza (en este caso, la sensibilidad de cómo dividimos el conjunto de datos), dado el pequeño tamaño del conjunto de datos:

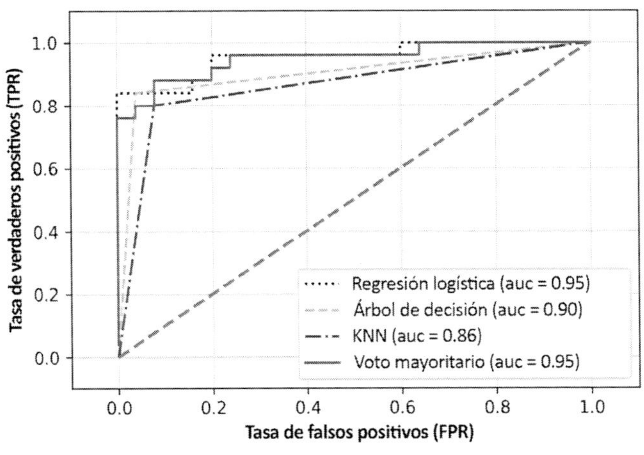

Figura 7.4 *La curva ROC de los diferentes clasificadores.*

Dado que solo seleccionamos dos características para los ejemplos de clasificación, sería interesante ver cómo es la región de decisión del clasificador conjunto.

Aunque no es necesario estandarizar las características antes de ajustar el modelo, ya que nuestros pipelines de regresión logística y de *k* vecinos más cercanos se encargarán automáticamente de ello, estandarizaremos el conjunto de datos de entrenamiento para que las regiones de decisión del árbol de decisión estén en la misma escala a efectos visuales. El código es el siguiente:

```
>>> sc = StandardScaler()
>>> X_train_std = sc.fit_transform(X_train)
>>> from itertools import product
>>> x_min = X_train_std[:, 0].min() - 1
>>> x_max = X_train_std[:, 0].max() + 1
>>> y_min = X_train_std[:, 1].min() - 1
>>>
>>> y_max = X_train_std[:, 1].max() + 1
>>> xx, yy = np.meshgrid(np.arange(x_min, x_max, 0.1),
...                      np.arange(y_min, y_max, 0.1))
>>> f, axarr = plt.subplots(nrows=2, ncols=2, sharex='col'
...                         sharey='row', figsize=(7, 5))
>>> for idx, clf, tt in zip(product([0, 1], [0, 1]),
...                         all_clf, clf_labels):
...     clf.fit(X_train_std, y_train)
...     Z = clf.predict(np.c_[xx.ravel(), yy.ravel()])
...     Z = Z.reshape(xx.shape)
...     axarr[idx[0], idx[1]].contourf(xx, yy, Z, alpha=0.3)
...     axarr[idx[0], idx[1]].scatter(X_train_std[y_train==0, 0],
...                                   X_train_std[y_train==0, 1],
...                                   c='blue', marker='^', s=50)
...     axarr[idx[0], idx[1]].scatter(X_train_std[y_train==1, 0],
...                                   X_train_std[y_train==1, 1],
...                                   c='green', marker='o', s=50)
...     axarr[idx[0], idx[1]].set_title(tt)
>>> plt.text(-3.5, -5., s='Sepal width [standardized]',
...          ha='center', va='center', fontsize=12)
>>> plt.text(-12.5, 4.5, s='Petal length [standardized]',
...          ha='center', va='center',
...          fontsize=12, rotation=90)
>>> plt.show()
```

Curiosamente —pero también como se esperaba—, las regiones de decisión del clasificador conjunto parecen ser un híbrido de las regiones de decisión de los clasificadores individuales. A primera vista, el límite de decisión del voto mayoritario se parece mucho a la decisión del árbol de decisión de un nivel, que es ortogonal al eje *y* para la anchura del sépalo ≥ 1.

Sin embargo, también se puede notar la mezcla de linealidad y no linealidad del clasificador de *k* vecinos más cercanos:

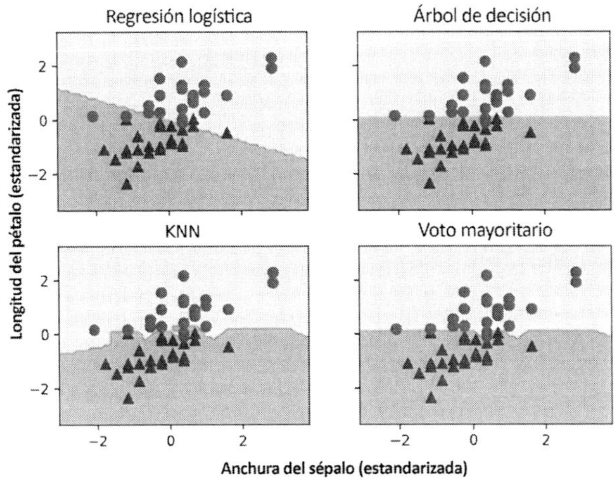

Figura 7.5 *Fronteras de decisión de los diferentes clasificadores.*

Antes de ajustar los parámetros del clasificador individual para la clasificación del conjunto, vamos a llamar al método `get_params` para tener una idea básica de cómo podemos acceder a los parámetros individuales dentro del objeto `GridSearchCV`:

```
>>> mv_clf.get_params()
{'decisiontreeclassifier':
 DecisionTreeClassifier(class_weight=None, criterion='entropy',
                        max_depth=1, max_features=None,
                        max_leaf_nodes=None, min_samples_leaf=1,
                        min_samples_split=2,
                        min_weight_fraction_leaf=0.0,
                        random_state=0, splitter='best'),
 'decisiontreeclassifier__class_weight': None,
 'decisiontreeclassifier__criterion': 'entropy',
 [...]
 'decisiontreeclassifier__random_state': 0,
 'decisiontreeclassifier__splitter': 'best',
 'pipeline-1':
 Pipeline(steps=[('sc', StandardScaler(copy=True, with_mean=True,
                                      with_std=True)),
                ('clf', LogisticRegression(C=0.001,
                                           class_weight=None,
                                           dual=False,
                                           fit_intercept=True,
```

```
                                                intercept_scaling=1,
                                                max_iter=100,
                                                multi_class='ovr',
                                                penalty='l2',
                                                random_state=0,
                                                solver='liblinear',
                                                tol=0.0001,
                                                verbose=0))]),
'pipeline-1__clf':
LogisticRegression(C=0.001, class_weight=None, dual=False,
                   fit_intercept=True, intercept_scaling=1,
                   max_iter=100, multi_class='ovr',
                   penalty='l2', random_state=0,
                   solver='liblinear', tol=0.0001, verbose=0),
'pipeline-1__clf__C': 0.001,
'pipeline-1__clf__class_weight': None,
'pipeline-1__clf__dual': False,
[...]
'pipeline-1__sc__with_std': True,
'pipeline-2':
Pipeline(steps=[('sc', StandardScaler(copy=True, with_mean=True,
                                      with_std=True)),
                ('clf', KNeighborsClassifier(algorithm='auto',
                                             leaf_size=30,
                                             metric='minkowski',
                                             metric_params=None,
                                             n_neighbors=1, p=2,
                                             weights='uniform'))]),
'pipeline-2__clf':
KNeighborsClassifier(algorithm='auto', leaf_size=30,
                     metric='minkowski', metric_params=None,
                     n_neighbors=1, p=2, weights='uniform'),
'pipeline-2__clf__algorithm': 'auto',
[...]
'pipeline-2__sc__with_std': True}
```

Basándonos en los valores devueltos por el método `get_params`, ya sabemos cómo acceder a los atributos individuales del clasificador. Con el fin de hacer una demostración, vamos a ajustar el parámetro de regularización inversa, `C`, del clasificador de regresión logística y la profundidad del árbol de decisión a través de una búsqueda en la red:

```
>>> from sklearn.model_selection import GridSearchCV
>>> params = {'decisiontreeclassifier__max_depth': [1, 2],
...           'pipeline-1__clf__C': [0.001, 0.1, 100.0]}
>>> grid = GridSearchCV(estimator=mv_clf,
...                     param_grid=params,
...                     cv=10,
...                     scoring='roc_auc')
>>> grid.fit(X_train, y_train)
```

Una vez completada la búsqueda en cuadrícula, podemos imprimir las diferentes combinaciones de valores de hiperparámetros y las puntuaciones ROC AUC medias calculadas a través de la validación cruzada de 10 iteraciones:

```
>>> for r, _ in enumerate(grid.cv_results_['mean_test_score']):
...     mean_score = grid.cv_results_['mean_test_score'][r]
...     std_dev = grid.cv_results_['std_test_score'][r]
...     params = grid.cv_results_['params'][r]
...     print(f'{mean_score:.3f} +/- {std_dev:.2f} {params}')
0.983 +/- 0.05 {'decisiontreeclassifier__max_depth': 1,
                'pipeline-1__clf__C': 0.001}
0.983 +/- 0.05 {'decisiontreeclassifier__max_depth': 1,
                'pipeline-1__clf__C': 0.1}
0.967 +/- 0.10 {'decisiontreeclassifier__max_depth': 1,
                'pipeline-1__clf__C': 100.0}
0.983 +/- 0.05 {'decisiontreeclassifier__max_depth': 2,
                'pipeline-1__clf__C': 0.001}
0.983 +/- 0.05 {'decisiontreeclassifier__max_depth': 2,
                'pipeline-1__clf__C': 0.1}
0.967 +/- 0.10 {'decisiontreeclassifier__max_depth': 2,
                'pipeline-1__clf__C': 100.0}
>>> print(f'Best parameters: {grid.best_params_}')
Best parameters: {'decisiontreeclassifier__max_depth': 1,
                  'pipeline-1__clf__C': 0.001}
>>> print(f'ROC AUC : {grid.best_score_:.2f}')
ROC AUC: 0.98
```

Como puede ver, obtenemos los mejores resultados de validación cruzada cuando elegimos una fuerza de regularización más baja (`C=0.001`), mientras que la profundidad del árbol no parece afectar al rendimiento en absoluto, lo que sugiere que un árbol de decisión de un solo nivel es suficiente para separar los datos. Para recordar que es una mala práctica utilizar el conjunto de datos de prueba más de una vez para la evaluación del modelo, no vamos a estimar el rendimiento de generalización de los hiperparátros ajustados en esta sección. Pasaremos rápidamente a un enfoque alternativo para el aprendizaje de conjuntos: bagging.

Elaboración de conjuntos mediante apilamiento

El enfoque del voto mayoritario que implementamos en esta sección no debe confundirse con el apilamiento. El algoritmo de apilamiento puede entenderse como un conjunto de dos niveles, en el que el primer nivel consiste en clasificadores individuales que alimentan sus pronósticos al segundo nivel, donde otro clasificador (normalmente regresión logística) se ajusta a los pronósticos del clasificador del nivel uno para hacer las predicciones finales. Para obtener más información sobre el apilamiento, consulte los siguientes recursos:

- El algoritmo de apilamiento lo ha descrito con mayor lujo de detalles David H. Wolpert en «Stacked generalization», *Neural Networks*, 5(2):241–259, 1992 (`https://www.sciencedirect.com/science/article/pii/S0893608005800231`).
- Los lectores interesados pueden encontrar nuestro videotutorial sobre el apilamiento en YouTube en `https://www.youtube.com/watch?v=8T2emza6g80`.
- En mlxtend hay disponible una versión compatible con Scikit-learn de un clasificador de apilamiento: `http://rasbt.github.io/mlxtend/user_guide/classifier/StackingCVClassifier/`.
- Además, recientemente se ha añadido `StackingClassifier` a Scikit-learn (disponible en la versión 0.22 y posteriores); para obtener más información, consulte la documentación en `https://scikit-learn.org/stable/modules/generated/sklearn.ensemble.StackingClassifier.html`.

Bagging: elaboración de un conjunto de clasificadores a partir de muestras bootstrap

Bagging es una técnica de aprendizaje de conjunto que está estrechamente relacionada con `MajorityVoteClassifier`, que implementamos en la sección anterior. Sin embargo, en lugar de utilizar el mismo conjunto de datos de entrenamiento para ajustar los clasificadores individuales en el conjunto, extraemos muestras bootstrap (muestras aleatorias con sustitución) del conjunto de datos de entrenamiento inicial, razón por la cual el bagging también se conoce como «agregación bootstrap».

El concepto de bagging se resume en la Figura 7.6.

En las siguientes subsecciones, trabajaremos con un ejemplo sencillo de bagging y utilizaremos Scikit-learn para clasificar ejemplos de vinos.

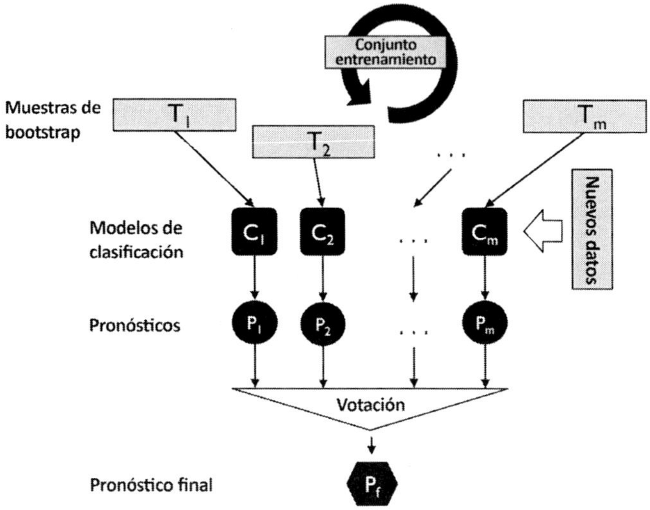

Figura 7.6 *Concepto de bagging.*

Bagging en pocas palabras

Para ofrecer un ejemplo más concreto de cómo funciona la agregación bootstrap de un clasificador bagging, consideremos el ejemplo mostrado en la Figura 7.7. En ella tenemos siete instancias de entrenamiento diferentes (designadas con los índices 1-7), que se muestrean aleatoriamente con sustitución en cada ronda de bagging. Cada muestra bootstrap se utiliza para ajustar un clasificador, C_j, que suele ser un árbol de decisión sin podar:

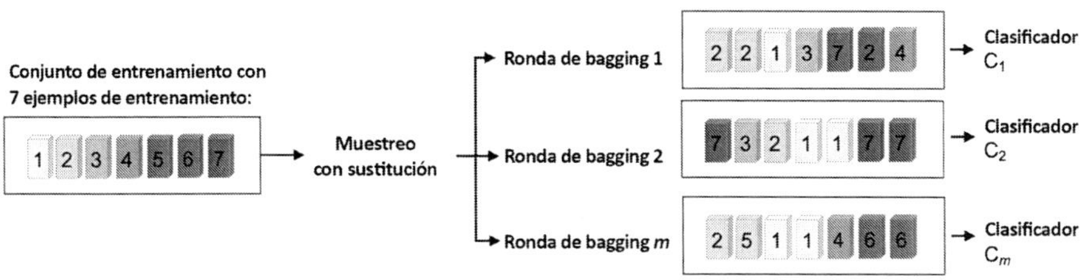

Figura 7.7 *Ejemplo de bagging.*

Como puede ver en la Figura 7.7, cada clasificador recibe un subconjunto aleatorio de ejemplos del conjunto de datos de entrenamiento. Denotamos estas muestras aleatorias obtenidas mediante bagging como Bagging round 1, Bagging round 2, y así sucesivamente. Cada subconjunto contiene una cierta porción de duplicados y algunos de los ejemplos originales no aparecen en el conjunto de datos remuestreado, debido al muestreo con sustitución. Una vez que los clasificadores individuales se ajustan a las muestras del bootstrap, los pronósticos se combinan utilizando el voto por mayoría.

Hay que tener en cuenta que bagging también está relacionado con el clasificador de bosque aleatorio que introdujimos en el capítulo 3. De hecho, los bosques aleatorios son un caso especial de bagging, en el que también utilizamos subconjuntos de características aleatorias al ajustar los árboles de decisión individuales.

Conjuntos de modelos mediante bagging

Bagging lo propuso por primera vez Leo Breiman, en un informe técnico en 1994; demostró que bagging puede mejorar la precisión de los modelos inestables y disminuir el grado de sobreajuste. Le recomendamos encarecidamente que lea su investigación en «Bagging predictors», de L. Breiman, *Machine Learning*, 24(2):123-140, 1996, que está disponible gratuitamente en línea, para conocer más detalles sobre bagging.

Aplicación de bagging para clasificar ejemplos en el conjunto de datos Wine

Para ver bagging en acción, vamos a crear un problema de clasificación más complejo utilizando el conjunto de datos de Wine que se introdujo en el capítulo 4, Elaboración de conjuntos de datos de entrenamiento adecuados: preprocesamiento de datos. Aquí, solo consideraremos las clases de vino 2 y 3, y seleccionaremos dos características: `Alcohol` y `OD280/OD315 of diluted wines`:

```
>>> import pandas as pd
>>> df_wine = pd.read_csv('https://archive.ics.uci.edu/ml/'
...                       'machine-learning-databases/'
...                       'wine/wine.data',
...                        header=None)
>>> df_wine.columns = ['Class label', 'Alcohol',
...                    'Malic acid', 'Ash',
...                    'Alcalinity of ash', 'Magnesium',
...                    'Total phenols', 'Flavanoids',
...                    'Nonflavanoid phenols', 'Proanthocyanins',
...                    'Color intensity', 'Hue',
...                    'OD280/OD315 of diluted wines', 'Proline']
>>> # drop 1 class
>>> df_wine = df_wine[df_wine['Class label'] != 1]
>>> y = df_wine['Class label'].values
>>> X = df_wine[['Alcohol',
...               'OD280/OD315 of diluted wines']].values
```

A continuación, vamos a codificar las etiquetas de clase en formato binario y dividiremos el conjunto de datos en un 80 % de entrenamiento y un 20 % de prueba:

```
>>> from sklearn.preprocessing import LabelEncoder
>>> from sklearn.model_selection import train_test_split
>>> le = LabelEncoder()
>>> y = le.fit_transform(y)
>>> X_train, X_test, y_train, y_test =\
...             train_test_split(X, y,
...                              test_size=0.2,
...                              random_state=1,
...                              stratify=y)
```

Cómo obtener el conjunto de datos de Wine

Puede encontrar una copia del conjunto de datos de Wine (y de todos los demás conjuntos de datos utilizados en el libro) en el paquete de código del libro, que puede utilizar si está trabajando sin conexión o si el servidor de la UCI en `https://archive.ics.uci.edu/ml/machine-learning-databases/wine/wine.data` no está disponible temporalmente. Por ejemplo, para cargar el conjunto de datos de Wine desde un directorio local, coja las siguientes líneas:

```
df = pd.read_csv('https://archive.ics.uci.edu/ml/'
                 'machine-learning-databases'
                 '/wine/wine.data',
                 header=None)
```

y sustitúyalas por las siguientes:

```
df = pd.read_csv('your/local/path/to/wine.data',
                 header=None)
```

El algoritmo `BaggingClassifier` ya está implementado en Scikit-learn, y lo podemos importar desde el submódulo `ensemble`. En este caso, utilizaremos un árbol de decisión sin podar como clasificador base y crearemos un conjunto de 500 árboles de decisión ajustados a diferentes muestras bootstrap del conjunto de datos de entrenamiento:

```
>>> from sklearn.ensemble import BaggingClassifier
>>> tree = DecisionTreeClassifier(criterion='entropy', random_state=1,
...                               max_depth=None)
>>> bag = BaggingClassifier(base_estimator=tree,
...                         n_estimators=500,
...                         max_samples=1.0,
...                         max_features=1.0,
```

```
...                             bootstrap=True,
...                             bootstrap_features=False,
...                             n_jobs=1,
...                             random_state=1)
```

A continuación, calcularemos la puntuación de precisión del pronóstico en los conjuntos de datos de entrenamiento y de prueba, para comparar el rendimiento del clasificador bagging con el rendimiento de un árbol de decisión único sin podar:

```
>>> from sklearn.metrics import accuracy_score
>>> tree = tree.fit(X_train, y_train)
>>> y_train_pred = tree.predict(X_train)
>>> y_test_pred = tree.predict(X_test)
>>> tree_train = accuracy_score(y_train, y_train_pred)
>>> tree_test = accuracy_score(y_test, y_test_pred)
>>> print(f'Decision tree train/test accuracies '
...       f'{tree_train:.3f}/{tree_test:.3f}')
Decision tree train/test accuracies 1.000/0.833
```

Basándonos en los valores de precisión que imprimimos aquí, el árbol de decisión sin podar predice correctamente todas las etiquetas de clase de los ejemplos de entrenamiento. Sin embargo, la precisión de la prueba, sustancialmente más baja, indica una alta varianza (sobreajuste) del modelo:

```
>>> bag = bag.fit(X_train, y_train)
>>> y_train_pred = bag.predict(X_train)
>>> y_test_pred = bag.predict(X_test)
>>> bag_train = accuracy_score(y_train, y_train_pred)
>>> bag_test = accuracy_score(y_test, y_test_pred)
>>> print(f'Bagging train/test accuracies '
...       f'{bag_train:.3f}/{bag_test:.3f}')
Bagging train/test accuracies 1.000/0.917
```

Aunque las precisiones de entrenamiento del árbol de decisión y del clasificador bagging son similares en el conjunto de datos de entrenamiento (ambos 100 %), podemos ver que el clasificador bagging tiene un rendimiento de generalización ligeramente mejor, como se estima en el conjunto de datos de prueba. A continuación, vamos a comparar las regiones de decisión entre el árbol de decisión y el clasificador bagging:

```
>>> x_min = X_train[:, 0].min() - 1
>>> x_max = X_train[:, 0].max() + 1
>>> y_min = X_train[:, 1].min() - 1
>>> y_max = X_train[:, 1].max() + 1
```

```
>>> xx, yy = np.meshgrid(np.arange(x_min, x_max, 0.1),
...                      np.arange(y_min, y_max, 0.1))
>>> f, axarr = plt.subplots(nrows=1, ncols=2,
...                         sharex='col',
...                         sharey='row',
...                         figsize=(8, 3))
>>> for idx, clf, tt in zip([0, 1], [tree, bag],
...                         ['Decision tree', 'Bagging']):
...     clf.fit(X_train, y_train)
...
...     Z = clf.predict(np.c_[xx.ravel(), yy.ravel()])
...     Z = Z.reshape(xx.shape)
...     axarr[idx].contourf(xx, yy, Z, alpha=0.3)
...     axarr[idx].scatter(X_train[y_train==0, 0],
...                        X_train[y_train==0, 1],
...                        c='blue', marker='^')
...     axarr[idx].scatter(X_train[y_train==1, 0],
...                        X_train[y_train==1, 1],
...                        c='green', marker='o')
...     axarr[idx].set_title(tt)
>>> axarr[0].set_ylabel('Alcohol', fontsize=12)
>>> plt.tight_layout()
>>> plt.text(0, -0.2,
...          s='OD280/OD315 of diluted wines',
...          ha='center',
...          va='center',
...          fontsize=12,
...          transform=axarr[1].transAxes)
>>> plt.show()
```

Como podemos ver en el gráfico resultante, el límite de decisión lineal por partes del árbol de decisión profundo de tres nodos parece más suave en el conjunto de bagging:

En esta sección solo hemos visto un ejemplo de bagging muy sencillo. En la práctica, las tareas de clasificación más complejas y la alta dimensionalidad de un conjunto de datos pueden llevar fácilmente a un sobreajuste en los árboles de decisión simples, y aquí es donde el algoritmo de bagging puede aprovechar sus puntos fuertes. Por último, debemos señalar que el algoritmo de bagging puede ser un enfoque eficaz para reducir la varianza de un modelo. Sin embargo, bagging es ineficaz para reducir el sesgo del modelo, es decir, los modelos que son demasiado simples para capturar bien las tendencias de los datos. Por eso, queremos realizar bagging en un conjunto de clasificadores con bajo sesgo, por ejemplo, árboles de decisión sin podar.

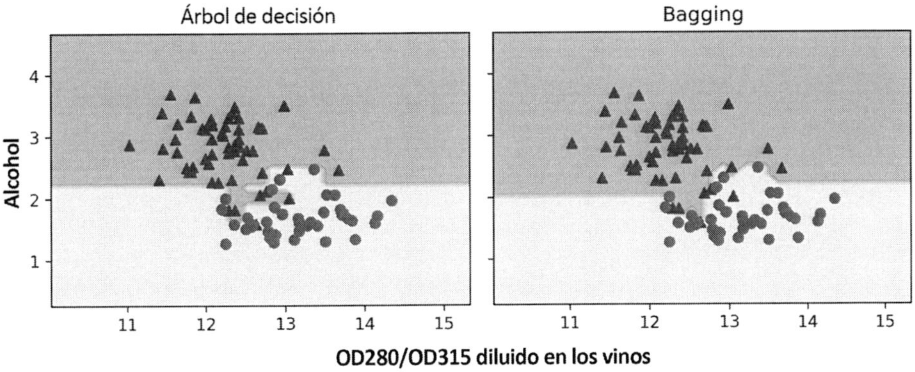

Figura 7.8 *Frontera de decisión lineal por partes de un árbol de decisión frente a bagging.*

Aprovechamiento de los alumnos débiles mediante el refuerzo adaptativo

En esta última sección sobre los métodos de conjunto, hablaremos de boosting, y prestaremos especial atención a su implementación más común: el refuerzo adaptativo (Adaptive Boosting, AdaBoost).

Reconocimiento de AdaBoost

La idea original de AdaBoost la formuló Robert E. Schapire en 1990, en «The Strength of Weak Learnability», *Machine Learning*, 5(2): 197-227, 1990, URL: `http://rob.schapire.net/papers/strengthofweak.pdf`. Después de que Robert Schapire y Yoav Freund presentaran el algoritmo AdaBoost en las Proceedings of the Thirteenth International Conference (ICML 1996), AdaBoost se convirtió en uno de los métodos de conjunto más utilizados en los años siguientes («Experiments with a New Boosting Algorithm», de Y. Freund, R. E. Schapire, y otros, *ICML*, volumen 96, 148-156, 1996). En 2003, Freund y Schapire recibieron el Premio Gödel por su innovador trabajo, que es un prestigioso galardón para las publicaciones más destacadas en el campo de la informática.

En el boosting, el conjunto está formado por clasificadores de base muy simples, también denominados «aprendices débiles», que habitualmente solo tienen una ligera ventaja en cuanto al rendimiento sobre la suposición aleatoria (un ejemplo típico de un aprendiz débil es un árbol de decisión de un nivel). El concepto clave de la potenciación es centrarse en los ejemplos de entrenamiento que son difíciles de clasificar, es decir, dejar que los aprendices débiles aprendan posteriormente de los ejemplos de entrenamiento mal clasificados para mejorar el rendimiento del conjunto.

Las siguientes subsecciones presentarán el procedimiento algorítmico que hay detrás del concepto general de boosting y AdaBoost. Por último, utilizaremos Scikit-learn para un ejemplo práctico de clasificación.

Cómo funciona el refuerzo adaptativo

A diferencia del bagging, la formulación inicial del algoritmo de refuerzo (boosting) utiliza subconjuntos aleatorios de ejemplos de entrenamiento extraídos del conjunto de datos de entrenamiento sin sustitución; el procedimiento boosting original puede resumirse en los siguientes cuatro pasos clave:

1. Extraer un subconjunto aleatorio (muestra) de ejemplos de entrenamiento, d_1, sin sustitución, del conjunto de datos de entrenamiento, D, para entrenar a un aprendiz débil, C_1.
2. Extraer un segundo subconjunto de entrenamiento aleatorio, d_2, sin sustitución del conjunto de datos de entrenamiento y añadir el 50 % de los ejemplos que se clasificaron mal anteriormente, para entrenar a un aprendiz débil, C_2.
3. Encontrar los ejemplos de entrenamiento, d_3, en el conjunto de datos de entrenamiento, D, en los que C_1 y C_2 no están de acuerdo, para entrenar a un tercer aprendiz débil, C_3.
4. Combinar los aprendices débiles C_1, C_2, y C_3 mediante la votación por mayoría.

Tal y como ha comentado Leo Breiman (*Bias, variance, and arcing classifiers*, 1996), boosting puede conducir a una disminución del sesgo, así como de la varianza, en comparación con los modelos bagging. Sin embargo, en la práctica, los algoritmos de boosting como AdaBoost también son conocidos por su alta varianza, es decir, la tendencia a sobreajustar los datos de entrenamiento («An improvement of AdaBoost to avoid overfitting de G. Raetsch», T. Onoda, y K. R. Mueller. Proceedings of the International Conference on Neural Information Processing, CiteSeer, 1998).

A diferencia del procedimiento de boosting original descrito aquí, AdaBoost utiliza el conjunto de datos de entrenamiento completo para entrenar a los aprendices débiles, donde los ejemplos de entrenamiento se reponen en cada iteración para elaborar un clasificador fuerte que aprende de los errores de los aprendices débiles anteriores en el conjunto.

Antes de profundizar en en los detalles específicos del algoritmo AdaBoost, veamos la Figura 7.9 para comprender mejor el concepto básico de AdaBoost:

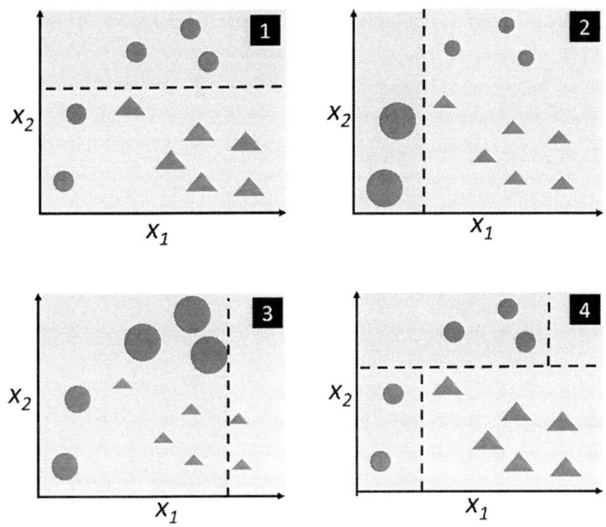

Figura 7.9 *Concepto de AdaBoost para mejorar a los alumnos débiles.*

Para recorrer la ilustración de AdaBoost paso a paso, empezaremos con la figura 1, que representa un conjunto de datos de entrenamiento para clasificación binaria en el que se asignan pesos iguales a todos los ejemplos de entrenamiento. Basándonos en este conjunto de datos de entrenamiento, entrenamos una decisión de un nivel (mostrado como una línea discontinua) que intenta clasificar los ejemplos de las dos clases (triángulos y círculos), así como posiblemente minimizar la función de pérdida (o la puntuación de impureza en el caso especial de los conjuntos de árboles de decisión).

Para la siguiente ronda (figura 2), asignamos un mayor peso a los dos ejemplos previamente mal clasificados (círculos). Además, reducimos el peso de los ejemplos correctamente clasificados. La siguiente decisión se centrará ahora en los ejemplos de entrenamiento que tienen los pesos más grandes, los ejemplos de entrenamiento que supuestamente son difíciles de clasificar.

El aprendiz débil mostrado en la figura 2 clasifica erróneamente tres ejemplos diferentes de la clase círculo, a los que se les asigna un peso mayor, como se muestra en la figura 3.

Suponiendo que nuestro conjunto AdaBoost solo consta de tres rondas de boosting, combinamos los tres aprendices débiles entrenados en diferentes subconjuntos de entrenamiento reponderados mediante un voto mayoritario ponderado, como se muestra en la figura 4.

Ahora que tenemos una mejor comprensión del concepto básico de AdaBoost, vamos a ver con más detalle el algoritmo utilizando un pseudocódigo. Para mayor claridad, denotaremos la multiplicación de elementos con el símbolo de la cruz (×), y el producto punto entre dos vectores con el símbolo del punto (·):

1. Se define el vector de pesos, $\boldsymbol{w}$, con pesos uniformes, donde $\sum_i w_i = 1$.
2. Para j en m rondas de refuerzo, se hace lo siguiente:
    a. Se entrena un aprendiz débil ponderado: $C_j = \text{train}(\boldsymbol{X}, \boldsymbol{y}, \boldsymbol{w})$.
    b. Se pronostican las etiquetas de clase: $\hat{\boldsymbol{y}} = \text{predict}(C_j, \boldsymbol{X})$.
    c. Se calcula la tasa de error ponderada: $\varepsilon = \boldsymbol{w} \cdot (\hat{\boldsymbol{y}} \neq \boldsymbol{y})$.
    d. Se calcula el coeficiente: $\alpha_j = 0.5 \log \frac{1-\varepsilon}{\varepsilon}$.
    e. Se actualizan los pesos: $\boldsymbol{w} := \boldsymbol{w} \times \exp(-\alpha \ \times \hat{\boldsymbol{y}} \times \boldsymbol{y})$.
    f. Se normalizan los pesos para que sumen 1: $\boldsymbol{w} := \boldsymbol{w} / \sum_i w_i$.
3. Se calcula el pronóstico final: $\hat{\boldsymbol{y}} = \left(\sum_{j=1}^{m}\left(\alpha_j \times \text{predict}(C_j, \boldsymbol{X})\right) > 0\right)$.

Hay que tener en cuenta que la expresión $(\hat{y} \neq y)$ del paso 2c se refiere a un vector binario formado por 1s y 0s, donde se asigna un 1 si la predicción es incorrecta y un 0 en caso contrario.

Aunque el algoritmo AdaBoost parece bastante sencillo, vamos a ver un ejemplo más concreto utilizando un conjunto de datos de entrenamiento que consta de 10 ejemplos de entrenamiento, como se ilustra en la Figura 7.10:

Índice	x	y	Pesos	ŷ(x <= 3.0)?	¿Correcto?	Pesos actualizados
1	1.0	1	0.1	1	Yes	0.072
2	2.0	1	0.1	1	Yes	0.072
3	3.0	1	0.1	1	Yes	0.072
4	4.0	-1	0.1	-1	Yes	0.072
5	5.0	-1	0.1	-1	Yes	0.072
6	6.0	-1	0.1	-1	Yes	0.072
7	7.0	1	0.1	-1	No	0.167
8	8.0	1	0.1	-1	No	0.167
9	9.0	1	0.1	-1	No	0.167
10	10.0	-1	0.1	-1	Yes	0.072

Figura 7.10 *Ejecución de 10 ejemplos de entrenamiento a través del algoritmo AdaBoost.*

La primera columna de la tabla muestra los índices de los ejemplos de entrenamiento de 1 a 10. En la segunda columna, se pueden ver los valores de las características de las muestras individuales, suponiendo que se trate de un conjunto de datos unidimensional. La tercera columna muestra la etiqueta de clase verdadera, y_i, para cada muestra de entrenamiento, x_i, donde $y_i \in \{1, -1\}$. Los pesos iniciales se muestran en la cuarta columna. Inicializamos los pesos uniformemente (asignando el mismo valor constante) y los normalizamos para que sumen 1. En el caso del conjunto de datos de entrenamiento de 10 muestras, asignamos por tanto 0.1 a cada peso, w_i, en el vector de pesos, $\boldsymbol{w}$. Las etiquetas de clase pronosticadas, $\hat{y}$, se muestran en la quinta columna, suponiendo que nuestro criterio de división sea $x \leq 3.0$. La última columna de la tabla muestra los pesos actualizados según las reglas de actualización que hemos definido en el pseudocódigo.

Como el cálculo de las actualizaciones de los pesos puede parecer un poco complicado al principio, seguiremos el cálculo paso a paso. Empezaremos por calcular la tasa de error ponderada, ε (`epsilon`), como se describe en el paso 2c:

```
>>> y = np.array([1, 1, 1, -1, -1, -1,  1,  1,  1, -1])
>>> yhat = np.array([1, 1, 1, -1, -1, -1, -1, -1, -1, -1])
>>> correct = (y == yhat)
>>> weights = np.full(10, 0.1)
>>> print(weights)
[0.1 0.1 0.1 0.1 0.1 0.1 0.1 0.1 0.1 0.1]
>>> epsilon = np.mean(~correct)
>>> print(epsilon)
0.3
```

Hay que tener en cuenta que `correct` es una matriz booleana que está formada por los valores `True` y `False`, donde `True` indica que el pronóstico es correcto. A través de `~correct`, invertimos la matriz de forma que `np.mean(~correct)` calcula la proporción de pronósticos incorrectos (los cómputos `True` con el valor 1 y `False` como 0), esto es, el error de clasificación.

A continuación, calcularemos el coeficiente, α_j (mostrado en el paso 2d) que se utilizará posteriormente en el paso 2e para actualizar las ponderaciones, así como para las ponderaciones en el pronóstico del voto mayoritario (paso 3):

```
>>> alpha_j = 0.5 * np.log((1-epsilon) / epsilon)
>>> print(alpha_j)
0.42364893019360184
```

Después de haber calculado el coeficiente, α_j (`alpha_j`), ahora podemos actualizar el vector de ponderaciones utilizando la siguiente ecuación:

$$\boldsymbol{w} := \boldsymbol{w} \times \exp\left(-\alpha \ \times \hat{\boldsymbol{y}} \times \boldsymbol{y}\right)$$

Aquí, $\hat{\boldsymbol{y}} \times \boldsymbol{y}$ es una multiplicación de elementos entre los vectores de las etiquetas de clase pronosticadas y verdaderas, respectivamente. Así, si una predicción, $\hat{y}_i$, es correcta, $\hat{y}_i \times y_i$ tendrá un signo positivo, por lo que disminuiremos el i-ésimo peso, ya que α_j es también un número positivo:

```
>>> update_if_correct = 0.1 * np.exp(-alpha_j * 1 * 1)
>>> print(update_if_correct)
0.06546536707079771
```

Del mismo modo, aumentaremos el *i*-ésimo peso si $\hat{y}_i$ ha pronosticado la etiqueta de forma incorrecta. Así:

```
>>> update_if_wrong_1 = 0.1 * np.exp(-alpha_j * 1 * -1)
>>> print(update_if_wrong_1)
0.1527525231651947
```

O bien, así:

```
>>> update_if_wrong_2 = 0.1 * np.exp(-alpha_j * 1 * -1)
>>> print(update_if_wrong_2)
```

Podemos utilizar estos valores para actualizar los pesos de la siguiente manera:

```
>>> weights = np.where(correct == 1,
...                     update_if_correct,
...                     update_if_wrong_1)
>>> print(weights)
array([0.06546537, 0.06546537, 0.06546537, 0.06546537, 0.06546537,
       0.06546537, 0.15275252, 0.15275252, 0.15275252, 0.06546537])
```

El código anterior asigna el valor `update_if_correct` a todos los pronósticos correctos y el valor `update_if_wrong_1` a todos los pronósticos incorrectos. Omitimos el uso de `update_if_wrong_2` por simplicidad, ya que es similar a `update_if_wrong_1`.

Después de haber actualizado cada peso en el vector de pesos, normalizamos los pesos para que sumen1 (paso 2f):

$$\boldsymbol{w} := \frac{\boldsymbol{w}}{\sum_i w_i}$$

En código, podemos lograrlo de la siguiente manera:

```
>>> normalized_weights = weights / np.sum(weights)
>>> print(normalized_weights)
[0.07142857 0.07142857 0.07142857 0.07142857 0.07142857 0.07142857
 0.16666667 0.16666667 0.16666667 0.07142857]
```

Así, cada peso que corresponde a un ejemplo correctamente clasificado se reducirá del valor inicial de 0.1 a 0.0714 para la siguiente ronda de boosting. Del mismo modo, los pesos de los ejemplos clasificados incorrectamente aumentarán de 0.1 a 0.1667.

Aplicación de AdaBoost con Scikit-learn

En la subsección anterior se ha presentado AdaBoost de forma resumida. Pasando a la parte más práctica, vamos a entrenar un clasificador AdaBoost de conjunto mediante

Scikit-learn. Utilizaremos el mismo subconjunto de Wine que usamos en la sección anterior para entrenar el meta-clasificador bagging.

A través del atributo `base_estimator`, entrenaremos `AdaBoostClassifier` sobre 500 del árbol de decisión de un nivel:

```
>>> from sklearn.ensemble import AdaBoostClassifier
>>> tree = DecisionTreeClassifier(criterion='entropy',
...                               random_state=1,
...                               max_depth=1)
>>> ada = AdaBoostClassifier(base_estimator=tree,
...                          n_estimators=500,
...                          learning_rate=0.1,
...                          random_state=1)
>>> tree = tree.fit(X_train, y_train)
>>> y_train_pred = tree.predict(X_train)
>>> y_test_pred = tree.predict(X_test)
>>> tree_train = accuracy_score(y_train, y_train_pred)
>>> tree_test = accuracy_score(y_test, y_test_pred)
>>> print(f'Decision tree train/test accuracies '
...       f'{tree_train:.3f}/{tree_test:.3f}')
Decision tree train/test accuracies 0.916/0.875
```

Como puede ver, el árbol de decisión de un solo nivel parece no ajustarse a los datos de entrenamiento, en contraste con el árbol de decisión sin podar que vimos en la sección anterior:

```
>>> ada = ada.fit(X_train, y_train)
>>> y_train_pred = ada.predict(X_train)
>>> y_test_pred = ada.predict(X_test)
>>> ada_train = accuracy_score(y_train, y_train_pred)
>>> ada_test = accuracy_score(y_test, y_test_pred)
>>> print(f'AdaBoost train/test accuracies '
...       f'{ada_train:.3f}/{ada_test:.3f}')
AdaBoost train/test accuracies 1.000/0.917
```

Aquí puede ver que el modelo AdaBoost pronostica correctamente todas las etiquetas de clase del conjunto de datos de entrenamiento y también muestra un rendimiento ligeramente superior en el conjunto de datos de prueba en comparación con el árbol de decisión. Sin embargo, también puede ver que hemos introducido una varianza adicional con nuestro intento de reducir el sesgo del modelo: una mayor diferencia entre el rendimiento de entrenamiento y el de prueba.

Aunque utilizamos otro ejemplo sencillo con fines demostrativos, podemos ver que el rendimiento del clasificador AdaBoost es ligeramente mejor en comparación con el árbol de decisión de un solo nivel y logra puntuaciones de precisión muy similares a las del clasificador bagging que entrenamos en la sección anterior. Sin embargo, debemos tener en cuenta que se considera una mala práctica seleccionar un modelo basado en el uso repetido del conjunto de datos de prueba. La estimación del rendimiento de generalización puede ser demasiado optimista; lo discutiremos con más detalle en el capítulo 6, Aprendizaje de las mejores prácticas para la evaluación de modelos y el ajuste de hiperparámetros.

Por último, comprobemos cómo son las regiones de decisión:

```
>>> x_min = X_train[:, 0].min() - 1
>>> x_max = X_train[:, 0].max() + 1
>>> y_min = X_train[:, 1].min() - 1
>>> y_max = X_train[:, 1].max() + 1
>>> xx, yy = np.meshgrid(np.arange(x_min, x_max, 0.1),
...                       np.arange(y_min, y_max, 0.1))
>>> f, axarr = plt.subplots(1, 2, sharex='col',
...                         sharey='row', figsize=(8, 3))
>>> for idx, clf, tt in zip([0, 1], [tree, ada],
...                         ['Decision tree', 'AdaBoost']):
...     clf.fit(X_train, y_train)
...     Z = clf.predict(np.c_[xx.ravel(), yy.ravel()])
...     Z = Z.reshape(xx.shape)
...     axarr[idx].contourf(xx, yy, Z, alpha=0.3)
...     axarr[idx].scatter(X_train[y_train==0, 0],
...                        X_train[y_train==0, 1],
...                        c='blue', marker='^')
...     axarr[idx].scatter(X_train[y_train==1, 0],
...                        X_train[y_train==1, 1],
...                        c='green', marker='o')
...     axarr[idx].set_title(tt)
...     axarr[0].set_ylabel('Alcohol', fontsize=12)
>>> plt.tight_layout()
>>> plt.text(0, -0.2,
...          s='OD280/OD315 of diluted wines',
...          ha='center',
...          va='center',
...          fontsize=12,
...          transform=axarr[1].transAxes)
>>> plt.show()
```

Al observar las regiones de decisión, se puede ver que la frontera de decisión del modelo AdaBoost es sustancialmente más compleja que la frontera de decisión de un nivel. Además, observe que el modelo AdaBoost separa el espacio de características de forma muy similar al clasificador bagging que entrenamos en la sección anterior:

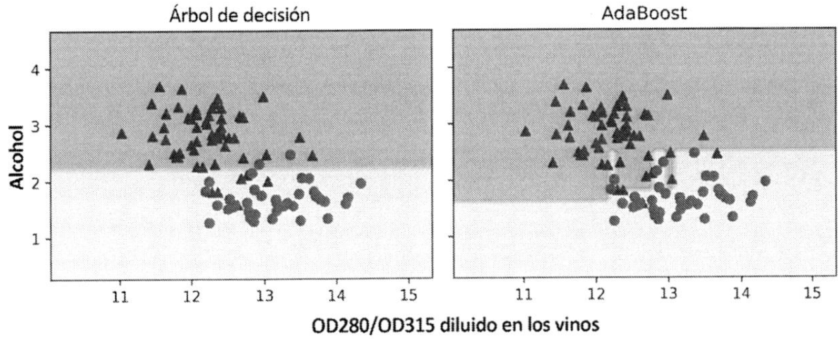

Figura 7.11 *Frontera de decisión del árbol de decisión frente a la de AdaBoost.*

Como observaciones finales sobre las técnicas de conjunto, cabe señalar que el aprendizaje de conjunto aumenta la complejidad computacional en comparación con los clasificadores individuales. En la práctica, tenemos que pensar detenidamente si queremos pagar el precio del aumento de los costes en cuanto a computación a cambio de una mejora —a menudo relativamente modesta— del rendimiento predictivo.

Un ejemplo que se cita a menudo de esta compensación es el famoso Premio Netflix de 1 millón de dólares, que se ganó utilizando técnicas de conjunto. Los detalles del algoritmo se publicaron en «The BigChaos Solution to the Netflix Grand Prize», de A. Toescher, M. Jahrer y R. M. Bell, *Prize documentation*, 2009, que está disponible en `http://www.stat.osu.edu/~dmsl/GrandPrize2009_BPC_BigChaos.pdf`. El equipo ganador recibió el millón de dólares del gran premio. Sin embargo, Netflix nunca implementó su modelo debido a su complejidad, que lo hacía inviable para una aplicación en el mundo real:

> *«Evaluamos algunos de los nuevos métodos fuera de línea, pero los beneficios extra de precisión que medimos no parecían justificar el esfuerzo de ingeniería necesario para llevarlos al entorno de producción».*
>
> `http://techblog.netflix.com/2012/04/netflix-recommendations-beyond-5-stars.html`

Refuerzo del gradiente: entrenamiento de un conjunto basado en los gradientes de pérdida

El refuerzo del gradiente es otra variante del concepto de boosting introducido en la sección anterior, es decir, el entrenamiento sucesivo de aprendices débiles para crear un conjunto fuerte. El refuerzo del gradiente es un tema muy importante porque constituye una base de algoritmos de aprendizaje automático muy populares, como XGBoost, muy conocido por haber ganado los concursos de Kaggle.

El algoritmo de refuerzo del gradiente puede parecer un poco desalentador al principio. En las siguientes subsecciones, lo trataremos paso a paso, empezando por una visión general. A continuación, veremos cómo se utiliza el algoritmo de refuerzo del gradiente para la clasificación y estudiaremos un ejemplo. Por último, después de haber introducido los conceptos fundamentales, echaremos un breve vistazo a las implementaciones más populares, como XGBoost, y veremos cómo podemos utilizar el refuerzo del gradiente en la práctica.

Comparación de AdaBoost con el refuerzo del gradiente

El refuerzo del gradiente es muy similar a AdaBoost, del que ya hemos hablado en este capítulo. AdaBoost entrena árboles de decisión de un solo nivel basados en errores del anterior árbol de decisión de un solo nivel. En concreto, los errores se utilizan para calcular los pesos de las muestras en cada ronda, así como para calcular el peso del clasificador para el árbol de decisión de un nivel cuando se combinan los niveles individuales en un conjunto. Dejamos de entrenar cuando se alcanza un número máximo de iteraciones (árboles de decisión de un nivel). Al igual que AdaBoost, el refuerzo del gradiente ajusta los árboles de decisión de forma iterativa utilizando los errores de pronóstico. Sin embargo, los árboles de refuerzo del gradiente suelen ser más profundos que los árboles de decisión y suelen tener una profundidad máxima de 3 a 6 (o un número máximo de 8 a 64 nodos hoja). Además, a diferencia de AdaBoost, el refuerzo del gradiente no utiliza los errores de pronóstico para asignar pesos a las muestras; se utilizan directamente para formar la variable objetivo para ajustar el siguiente árbol. Además, en lugar de tener un término de ponderación individual para cada árbol, como en AdaBoost, el refuerzo del gradiente utiliza una tasa de aprendizaje global que es la misma para cada árbol.

Como puede ver, AdaBoost y el refuerzo del gradiente comparten varias similitudes pero difieren en ciertos aspectos clave. En la siguiente subsección, esbozaremos el esquema general del algoritmo de refuerzo del gradiente.

Esquema del algoritmo general de refuerzo del gradiente

En esta sección, veremos el refuerzo del gradiente para la clasificación. Para simplificar, veremos un ejemplo de clasificación binaria. Los lectores interesados pueden encontrar la generalización al entorno multiclase con pérdida logística en la «Section 4.6. Multiclass logistic regression and classification», del artículo original del refuerzo del gradiente escrito por Friedman en 2001, «Greedy function approximation: A gradient boosting machine», `https://projecteuclid.org/journals/annals-of-statistics/volume-29/issue-5/Greedy-function-approximation-A-gradient-boostingmachine/10.1214/aos/1013203451.full`.

Refuerzo del gradiente para la regresión

Hay que tener en cuenta que el procedimiento que hay detrás del refuerzo del gradiente es un poco más complicado que AdaBoost. Omitimos un ejemplo de regresión más sencillo, que se ofrece en el artículo de Friedman, por razones de brevedad, pero se anima a los lectores interesados a que consideren también mi videotutorial complementario sobre el refuerzo de gradiente para la regresión, *Behind gradient boosting is a bit more complicated than AdaBoost*, que está disponible en: `https://www.youtube.com/watch?v=zblsrxc7XpM`.

En esencia, el refuerzo del gradiente elabora una serie de árboles, donde cada árbol se ajusta al error (la diferencia entre la etiqueta y el valor pronosticado) del árbol anterior. En cada ronda, el conjunto de árboles mejora, ya que empujamos progresivamente cada árbol en la dirección correcta a través de pequeñas actualizaciones. Estas actualizaciones se basan en el gradiente de pérdida, que es la forma en que el refuerzo del gradiente obtuvo su nombre.

Los siguientes pasos presentarán el algoritmo general que hay detrás del refuerzo del gradiente. Después de ilustrar los pasos principales, nos sumergiremos en algunas de sus partes con más detalle y estudiaremos un ejemplo práctico en las siguientes subsecciones.

1. Inicializar el modelo para devolver un valor de pronóstico constante. Para ello, utilizamos un nodo raíz del árbol de decisión; es decir, un árbol de decisión con un único nodo hoja. Denotamos el valor devuelto por el árbol como $\hat{y}$, y encontramos este valor minimizando una función de pérdida diferenciable L que definiremos más adelante:

$$F_0(x) = \arg\min_{\hat{y}} \sum_{i=1}^{n} L(y_i, \hat{y})$$

Aquí, n se refiere a los n ejemplos de entrenamiento de nuestro conjunto de datos.

2. En cada árbol $m = 1, ..., M$, donde M es un número total de árboles especificado por el usuario, llevamos a cabo los siguientes cálculos descritos en los pasos del 2a al 2d:

    a. Calcular la diferencia entre un valor pronosticado $F(x_i) = \hat{y}_i$ y la etiqueta de clase y_i. Este valor se llama a veces pseudorespuesta o pseudoresiduo. Más formalmente, podemos escribir este pseudoresiduo como el gradiente negativo de la función de pérdida con respecto a los valores pronosticados:

    $$r_{im} = -\left[\frac{\partial\, L(y_i, F(x_i))}{\partial\, F(x_i)}\right]_{F(x)=F_{m-1}(x)} \quad \text{para } i = 1, \dots, n$$

    Hay que tener en cuenta que, en la notación anterior, $F(x)$ es el pronóstico del árbol anterior, $F_{m-1}(x)$. Por lo tanto, en la primera ronda, esto se refiere al valor constante del árbol (nodo hoja único) del paso 1.

    b. Ajustar un árbol al borde de los pseudoresiduos, r_{im}. Utilizamos la notación R_{jm} para denotar los nodos hoja $j = 1 ... J_m$ del árbol resultante en la iteración m.

    c. Para cada nodo hoja R_{jm}, calculamos el siguiente valor de salida:

    $$\gamma_{jm} = \arg\min_{\gamma} \sum_{x_i \in R_{jm}} L(y_i, F_{m-1}(x_i) + \gamma)$$

    En la siguiente subsección, profundizaremos en cómo se calcula γ_{jm} minimizando la función de pérdida. En este punto, ya podemos observar que los nodos hoja R_{jm} pueden contener más de un ejemplo de entrenamiento, de ahí la suma.

    d. Actualizar el modelo añadiendo los valores de salida γ_m al árbol anterior:

    $$F_m(x) = F_{m-1}(x) + \eta\gamma_m$$

    Sin embargo, en lugar de añadir todos los valores pronosticados del árbol actual γ_m al árbol anterior F_{m-1}, escalamos γ_m con una tasa de aprendizaje η, que suele ser un valor pequeño, entre 0.01 y 1. En otras palabras, actualizamos el modelo de forma incremental dando pequeños pasos, lo que ayuda a evitar el sobreajuste.

Ahora, después de ver la estructura general del refuerzo del gradiente, adoptaremos esta mecánica para ver el refuerzo del gradiente para la clasificación.

Explicación del algoritmo de refuerzo del gradiente para la clasificación

En esta subsección, repasaremos los detalles de la implementación del algoritmo de refuerzo del gradiente para la clasificación binaria. En este contexto, utilizaremos la función de pérdida logística que introdujimos para la regresión logística en el capítulo 3, Un recorrido por los clasificadores de aprendizaje automático con Scikit-learn. Para un solo ejemplo de entrenamiento, podemos especificar la pérdida logística como sigue:

$$L_i = -y \ \log p_i + (1 - y\ ) \log(1 - p\ )$$

En el capítulo 3, también introdujimos log(odds):

$$\hat{y} = \log(\text{odds}) = \log\left(\frac{p}{1-p}\right)$$

Por razones que tendrán sentido más adelante, utilizaremos log(odds) para reescribir la función logística como sigue (omitiendo aquí los pasos intermedios):

$$L_i = \log\left(1 + e^{\hat{y}_i}\right) - y\ \hat{y}_i$$

Ahora, podemos definir la derivada parcial de la función de pérdida con respecto a estos log(odds), $\hat{y}$. La derivada de esta función de pérdida con respecto a log(odds) es:

$$\frac{\partial L_i}{\partial \hat{y}_i} = \frac{e^{\hat{y}_i}}{1 + e^{\hat{y}_i}} - y_i = p_i - y_i$$

Después de especificar estas definiciones matemáticas, volvamos a revisar los pasos generales de refuerzo del gradiente del 1 al 2d de la sección anterior, y reformulémoslos para este escenario de clasificación binaria.

1. Crear un nodo raíz que minimice la pérdida logística. Resulta que la pérdida se minimiza si el nodo raíz devuelve el log(odds), $\hat{y}$.
2. Para cada árbol $m = 1, ..., M$, donde M es un número de árboles totales especificado por el usuario, llevar a cabo los siguientes cálculos descritos en los pasos del 2a al 2d:

    a. Convertir log(odds) en una probabilidad utilizando la conocida función logística que utilizamos en la regresión logística (en el capítulo 3):

    $$p = \frac{1}{1 + e^{-\hat{y}}}$$

    A continuación, calcular el pseudoresiduo, que es la derivada parcial negativa de la pérdida con respecto a log(odds), que resulta ser la diferencia entre la etiqueta de clase y la probabilidad pronosticada:

    $$-\frac{\partial L_i}{\partial \hat{y}_i} = y_i - p_i$$

b. Adaptar un nuevo árbol a los pseudoresiduos.

c. Para cada nodo hoja R_{jm}, calcular el valor γ_{jm} que minimice la función de pérdida logística. Esto incluye una fase de síntesis para tratar los nodos hoja que contienen múltiples ejemplos de entrenamiento:

$$\begin{aligned}\gamma_{jm} &= \arg\min_{\gamma} \sum_{x_i \in R_{jm}} L(y_i, F_{m-1}(x_i) + \gamma) \\ &= \log\left(1 + e^{\hat{y}_i + \gamma}\right) - y_i(\hat{y}_i + \gamma)\end{aligned}$$

Omitiendo los detalles matemáticos intermedios, se obtiene lo siguiente:

$$\gamma_{jm} = \frac{\sum_i y_i - p_i}{\sum_i p_i(i - p_i)}$$

Hay que tener en cuenta que la suma aquí es solo sobre los ejemplos en el nodo correspondiente al nodo hoja R_{jm} y no el conjunto de entrenamiento completo.

d. Actualizar el modelo añadiendo el valor gamma del paso 2c con la tasa de aprendizaje η:

$$F_m(x) = F_{m-1}(x) + \eta\gamma_m$$

Salida de log(odds) frente a probabilidades

¿Por qué los árboles devuelven valores log(odds) y no probabilidades? Porque no podemos simplemente sumar los valores de las probabilidades y llegar a un resultado significativo. Así que, técnicamente hablando, el refuerzo del gradiente para la clasificación utiliza árboles de regresión.

En esta sección, adoptamos el algoritmo general de refuerzo del gradiente y lo especificamos para la clasificación binaria, por ejemplo, sustituyendo la función de pérdida genérica por la pérdida logística y los valores pronosticados por log(odds). Sin embargo, muchos de los pasos individuales pueden parecer todavía muy abstractos. En la siguiente sección, aplicaremos estos pasos a un ejemplo concreto.

Ilustración del refuerzo del gradiente para la clasificación

En las dos subsecciones anteriores se han repasado los detalles matemáticos sintetizados del algoritmo de refuerzo del gradiente para la clasificación binaria. Para que estos conceptos queden más claros, vamos a aplicarlo a un pequeño ejemplo simplificado, es decir, un conjunto de datos de entrenamiento de los siguientes tres ejemplos mostrados en la Figura 7.12:

	Característica x_1	Característica x_2	Etiqueta de clase y
1	1.12	1.4	1
2	2.45	2.1	0
3	3.54	1.2	1

Figura 7.12 *Conjunto de datos del ejemplo simplificado para explicar el refuerzo del gradiente.*

Empecemos con el paso 1, construyendo el nodo raíz y calculando log(odds); y luego con el paso 2a, convirtiendo log(odds) en probabilidades de pertenencia a la clase y calculando los pseudoresiduos. Tenga en cuenta que, según lo que hemos aprendido en el capítulo 3, las probabilidades pueden calcularse como el número de éxitos dividido por el número de fracasos. En este caso, consideramos la etiqueta 1 como éxito y la etiqueta 0 como fracaso, por lo que las probabilidades se calculan como: probabilidades = 2/1. Realizando los pasos 1 y 2a, obtenemos los siguientes resultados que se muestran en la Figura 7.13:

	Característica x_1	Característica x_2	Etiqueta de clase y	Paso 1: $\hat{y} = \log(\text{odds})$	Paso 2a: $p = \frac{1}{1+e^{-\hat{y}}}$	Paso 2a: $r = y - p$
1	1.12	1.4	1	0.69	0.67	0.33
2	2.45	2.1	0	0.69	0.67	-0.67
3	3.54	1.2	1	0.69	0.67	0.33

Figura 7.13 *Resultados de la primera ronda de aplicación del paso 1 y del paso 2a.*

A continuación, en el paso 2b, ajustamos un nuevo árbol en los pseudoresiduos r. Luego, en el paso 2c, calculamos los valores de salida, γ, para este árbol, como se muestra en la Figura 7.14:

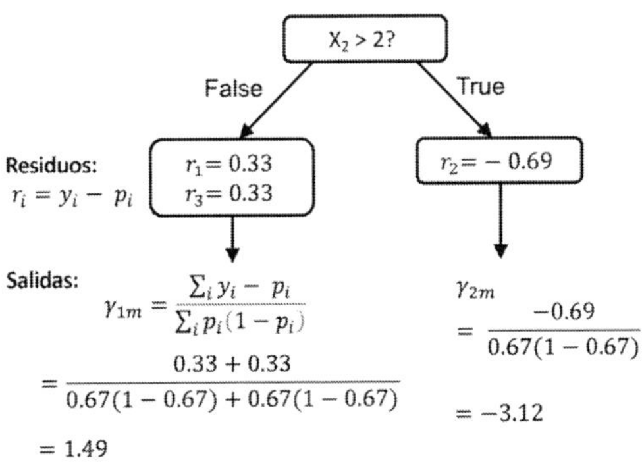

Figura 7.14 *Ilustración de los pasos 2b y 2c, que ajustan un árbol a los residuos y calculan los valores de salida para cada nodo hoja.*

(Obsérvese que limitamos artificialmente el árbol para que solo tenga dos nodos de hoja, lo que ayuda a ilustrar lo que ocurre si un nodo hoja contiene más de un ejemplo).

A continuación, en el paso 2d, actualizamos el modelo anterior y el modelo actual. Suponiendo una tasa de aprendizaje de $\eta = 0.1$, el pronóstico resultante para el primer ejemplo de entrenamiento se muestra en la Figura 7.15:

	Caract. x_1	Caract. x_2	Etiqueta de clase y
1	1.12	1.4	1
2	2.45	2.1	0
3	3.54	1.2	1

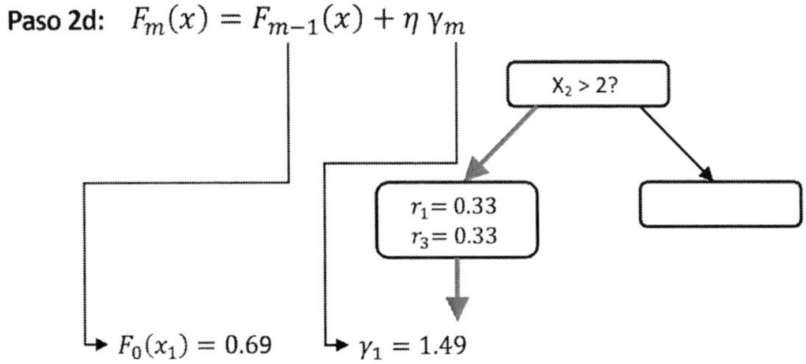

$$F_1(x_1) = 0.69 + 0.1 \times 1.49 = 0.839$$

Figura 7.15 *La actualización del modelo anterior mostrada en el contexto del primer ejemplo de entrenamiento.*

Ahora que hemos completado los pasos del 2a al 2d de la primera ronda, $m = 1$, podemos proceder a ejecutar los pasos del 2a al 2d de la segunda ronda, $m = 2$. En la segunda ronda, utilizamos el log(odds) devuelto por el modelo actualizado, por ejemplo, $F_1(x_1) = 0.839$, como entrada al paso 2a. Los nuevos valores que obtenemos en la segunda ronda se muestran en la Figura 7.16:

	x_1	x_2	y	Paso 1: $F_0(x) = \hat{y}$ = log(odds)	Paso 2a: $p = \frac{1}{1+e^{-\hat{y}}}$	Paso 2a: $r = y - p$	Nuevo log(odds) $\hat{y} = F_1(x)$	Paso 2a: p	Paso 2a: r
1	1.12	1.4	1	0.69	0.67	0.33	0.839	0.698	0.302
2	2.45	2.1	0	0.69	0.67	-0.67	0.378	0.593	-0.593
3	3.54	1.2	1	0.69	0.67	0.33	0.839	0.698	0.302

Ronda $m = 1$ (Paso 1 a Paso 2a: r) — Ronda $m = 2$ (Nuevo log(odds) a Paso 2a: r)

Figura 7.16 *Valores de la segunda ronda junto a los valores de la primera ronda.*

Ya podemos ver que las probabilidades pronosticadas son mayores para la clase positiva y menores para la clase negativa. En consecuencia, los residuos también se reducen. Obsérvese que el proceso de los pasos del 2a al 2d se repite hasta que hayamos ajustado M árboles o los residuos sean menores que un valor umbral especificado por el usuario. A continuación, una vez completado el algoritmo de refuerzo del gradiente, podemos utilizarlo para pronosticar las etiquetas de clase mediante el umbral de los valores de probabilidad del modelo, $F_M(x)$ en 0.5, como la regresión logística del capítulo 3. Sin embargo, a diferencia de la regresión logística, el refuerzo del gradiente consta de múltiples árboles y produce límites de decisión no lineales. En la siguiente sección, veremos cómo se ve el refuerzo del gradiente en acción.

Utilización de XGBoost

Después de tratar los detalles esenciales del refuerzo del gradiente, veamos finalmente cómo podemos utilizar las implementaciones del código de refuerzo del gradiente.

En Scikit-learn, el refuerzo del gradiente se implementa como `sklearn.ensemble.GradientBoostingClassifier` (ver `https://scikit-learn.org/stable/modules/generated/sklearn.ensemble.GradientBoostingClassifier.html` para más detalles). Es importante señalar que el refuerzo del gradiente es un proceso secuencial que puede ser lento de entrenar. Sin embargo, en los últimos años ha surgido una implementación más popular del refuerzo del gradiente: XGBoost.

XGBoost propuso varios trucos y aproximaciones que aceleran sustancialmente el proceso de entrenamiento. De ahí el nombre XGBoost, que significa eXtreme Gradient Boosting (refuerzo del gradiente extremo). Además, estas aproximaciones y trucos dan como resultado muy buenos rendimientos predictivos. De hecho, XGBoost ganó popularidad, ya que ha sido la solución ganadora de muchos concursos de Kaggle.

Además de XGBoost, también hay otras implementaciones populares del refuerzo del gradiente, por ejemplo, LightGBM y CatBoost. Inspirado por LightGBM, Scikit-learn ahora también implementa `HistGradientBoostingClassifier`, que es más eficiente que el clasificador de gradiente original (`GradientBoostingClassifier`).

Puede encontrar más detalles sobre estos métodos en los siguientes recursos:

- **`XGBoost`**: `https://xgboost.readthedocs.io/en/stable/`
- **`LightGBM`**: `https://lightgbm.readthedocs.io/en/latest/`
- **`CatBoost`**: `https://catboost.ai`
- **`HistGradientBoostingClassifier`**: `https://scikit-learn.org/stable/modules/generated/sklearn.ensemble.HistGradientBoostingClassifier.html`

Sin embargo, dado que XGBoost sigue siendo una de las implementaciones del refuerzo del gradiente más extendidas, vamos a ver cómo podemos utilizarlo en la práctica.

En primer lugar, necesitamos instalarlo, por ejemplo a través de pip:

```
pip install xgboost
```

Instalación de XGBoost

En este capítulo, hemos utilizado la versión 1.5.0 de XGBoost, que puede instalarse a través de:

```
pip install XGBoost==1.5.0
```

Puede encontrar más información sobre los detalles de la instalación en https://xgboost.readthedocs.io/en/stable/install.html.

Afortunadamente, XGBClassifier de XGBoost sigue la API de Scikit-learn. Por tanto, su uso es relativamente sencillo:

```
>>> import xgboost as xgb
>>> model = xgb.XGBClassifier(n_estimators=1000, learning_rate=0.01,
...                           max_depth=4, random_state=1,
...                           use_label_encoder=False)
>>> gbm = model.fit(X_train, y_train)
>>> y_train_pred = gbm.predict(X_train)
>>> y_test_pred = gbm.predict(X_test)
>>> gbm_train = accuracy_score(y_train, y_train_pred)
>>> gbm_test = accuracy_score(y_test, y_test_pred)
>>> print(f'XGboost train/test accuracies '
...       f'{gbm_train:.3f}/{gbm_test:.3f}')
XGboost train/test accuracies 0.968/0.917
```

En este caso, ajustamos el clasificador de refuerzo del gradiente con 1000 árboles (rondas) y una tasa de aprendizaje de 0.01. Normalmente, se recomienda una tasa de aprendizaje de entre 0.01 y 0.1. Sin embargo, recuerde que la tasa de aprendizaje se utiliza para escalar los pronósticos de las rondas individuales. Así que, intuitivamente, cuanto menor sea la tasa de aprendizaje, más estimadores se necesitarán para conseguir pronósticos precisos.

A continuación, tenemos max_depth para los árboles de decisión individuales, que fijamos en 4. Como todavía estamos potenciando los aprendices débiles, es razonable un valor entre 2 y 6, pero valores mayores también pueden funcionar bien dependiendo del conjunto de datos.

Por último, use_label_encoder=False desactiva un mensaje de advertencia que informa a los usuarios de que XGBoost ya no convierte las etiquetas por defecto, y espera que los usuarios proporcionen las etiquetas en un formato de números enteros empezando por la etiqueta 0. (No hay nada de qué preocuparse aquí, ya que hemos seguido este formato a lo largo del libro).

Hay muchos más ajustes disponibles, y una discusión detallada está fuera del alcance del libro. Sin embargo, los lectores interesados pueden encontrar más información en la documentación original: `https://xgboost.readthedocs.io/en/latest/python/python_api.html#xgboost.XGBClassifier`.

Resumen

En este capítulo, hemos examinado algunas de las técnicas más populares y ampliamente utilizadas del aprendizaje de conjunto. Los métodos de conjunto combinan diferentes modelos de clasificación para anular sus debilidades individuales, lo que suele dar lugar a modelos estables y de buen rendimiento que resultan muy atractivos para las aplicaciones industriales, así como para las competencias de aprendizaje automático.

Al principio de este capítulo, implementamos `MajorityVoteClassifier` en Python, que nos permite combinar diferentes algoritmos para la clasificación. A continuación, vimos bagging, una técnica útil para reducir la varianza de un modelo extrayendo muestras aleatorias de bootstrap del conjunto de datos de entrenamiento y combinando los clasificadores entrenados individualmente mediante el voto mayoritario. Por último, conocimos el boosting en forma de AdaBoost y de refuerzo del gradiente, que son algoritmos basados en el entrenamiento de aprendices débiles que posteriormente aprenden de los errores.

A lo largo de los capítulos anteriores, hemos aprendido mucho sobre diferentes algoritmos de aprendizaje, sintonización y técnicas de evaluación. En el siguiente capítulo, veremos una aplicación particular del aprendizaje automático, el análisis de sentimiento, que se ha convertido en un tema interesante en la era de Internet y de los medios sociales.

Únase al espacio Discord del libro

Únase al espacio Discord del libro para una sesión mensual de «Pregúnteme lo que quiera» con los autores (en inglés):

`https://packt.link/MLwPyTorch`

8

Aplicación del aprendizaje automático al análisis de opiniones

En la era moderna de Internet y las redes sociales, las opiniones, críticas y recomendaciones de la gente se han convertido en un valioso recurso para las ciencias políticas y las empresas. Gracias a las modernas tecnologías, ahora podemos recopilar y analizar estos datos de la forma más eficiente. En este capítulo, nos adentraremos en un subcampo del procesamiento del lenguaje natural (Natural Language Processing, NLP) denominado «análisis de opiniones» y aprenderemos a utilizar algoritmos de aprendizaje automático para clasificar documentos en función de sus opiniones (actitud del autor). En concreto, vamos a trabajar con un conjunto de datos de 50 000 críticas de películas de Internet Movie Database (IMDb) y vamos a elaborar un predictor que pueda distinguir entre críticas positivas y negativas.

Los temas que trataremos en este capítulo son los siguientes:

- Limpieza y preparación de datos de texto.
- Construcción de vectores de características a partir de documentos de texto.
- Entrenamiento de un modelo de aprendizaje automático para clasificar las críticas positivas y negativas de películas.
- Trabajar con grandes conjuntos de datos de texto utilizando el aprendizaje fuera del núcleo.
- Inferir temas de colecciones de documentos para categorización.

Preparación de datos de reseñas de películas de IMDb para el tratamiento de textos

Como se ha mencionado, el análisis de opiniones (a veces llamado también «minería de opiniones») es una subdisciplina del campo más amplio de NLP, y se ocupa de analizar las opiniones expresadas en documentos. Una tarea popular en el análisis de opiniones es la clasificación de documentos basada en las opiniones o emociones expresadas por los autores con respecto a un tema concreto.

En este capítulo, trabajaremos con un gran conjunto de datos de críticas sobre películas de IMDb («Learning Word Vectors for Sentiment Analysis», de A. L. Maas, R. E. Daly, P. T. Pham, D. Huang, A. Y. Ng, y C. Potts, *Proceedings of the 49th Annual Meeting of the Association for Computational Linguistics: Human Language Technologies*, páginas 142-150, Portland, Oregon, USA, Association for Computational Linguistics, junio de 2011). Este conjunto de datos de reseñas de películas está formado por 50 000 críticas de películas de acción que se etiquetan como positivas o negativas; aquí, positiva significa que una película se calificó con más de seis estrellas en IMDb, y negativa significa que una película se calificó con menos de cinco estrellas en IMDb. En las siguientes secciones, descargaremos el conjunto de datos, lo preprocesaremos en un formato que pueda utilizar las herramientas de aprendizaje automático y, posteriormente, extraeremos información importante de un subconjunto de estas críticas para elaborar un modelo de aprendizaje automático que pueda pronosticar si a un determinado crítico le ha gustado o no una película.

Obtención del conjunto de datos de reseñas de películas

Puede descargar el archivo comprimido del conjunto de datos de críticas de películas (84.1 MB) en `http://ai.stanford.edu/~amaas/data/sentiment/` como archivo tarball, comprimido como gzip.

- Si trabaja con Linux o macOS, puede abrir una nueva ventana en el terminal, ejecute `cd` al directorio de descarga, y ejecute `tar -zxf aclImdb_v1.tar.gz` para descomprimir el conjunto de datos.
- Si trabaja con Windows, puede descargar un archivador gratuito, como puede ser 7-Zip (`http://www.7-zip.org`), para extraer los ficheros del archivo de descarga.
- Como alternativa, puede descomprimir el archivo tar comprimido con gzip directamente en Python, de la siguiente manera:

```
>>> import tarfile
>>> with tarfile.open('aclImdb_v1.tar.gz', 'r:gz') as tar:
...     tar.extractall()
```

Preprocesamiento del conjunto de datos de películas en un formato más conveniente

Después de haber extraído con éxito el conjunto de datos, ahora ensamblaremos los documentos de texto individuales del archivo de descarga descomprimido en un único archivo CSV. En la siguiente sección de código, leeremos las críticas de películas en un objeto `DataFrame` de Pandas, lo que puede llevar hasta 10 minutos en un ordenador de sobremesa estándar.

Para visualizar el progreso y el tiempo estimado hasta su finalización, utilizaremos Python Progress Indicator (PyPrind, `https://pypi.python.org/pypi/PyPrind/`), paquete que fue desarrollado hace varios años para estos fines. PyPrind se puede instalar ejecutando el comando `pip install pyprind`:

```
>>> import pyprind
>>> import pandas as pd
>>> import os
>>> import sys
>>> # change the 'basepath' to the directory of the
>>> # unzipped movie dataset
>>> basepath = 'aclImdb'
>>>
>>> labels = {'pos': 1, 'neg': 0}
>>> pbar = pyprind.ProgBar(50000, stream=sys.stdout)
>>> df = pd.DataFrame()
>>> for s in ('test', 'train'):
...     for l in ('pos', 'neg'):
...         path = os.path.join(basepath, s, l)
...         for file in sorted(os.listdir(path)):
...             with open(os.path.join(path, file),
...                       'r', encoding='utf-8') as infile:
...                 txt = infile.read()
...             df = df.append([[txt, labels[l]]],
...                            ignore_index=True)
...             pbar.update()
>>> df.columns = ['review', 'sentiment']
0%                          100%
[##############################] | ETA: 00:00:00
Total time elapsed: 00:00:25
```

En el código anterior, primero inicializamos el nuevo objeto barra de progreso, `pbar`, con 50 000 iteraciones, que era el número de documentos que íbamos a leer. Usando los bucles `for` anidados, iteramos sobre los subdirectorios `train` y `test` en el directorio principal `aclImdb` y leemos los archivos de texto individuales de los subdirectorios `pos` y `neg`, que finalmente anexamos al `DataFrame` de Pandas, `df`, junto con una etiqueta de clase de número entero (1 = positivo y 0 = negativo).

Dado que las etiquetas de clase en el conjunto de datos montado están ordenadas, ahora barajaremos `DataFrame` utilizando la función `permutation` del submódulo `np.random`; esta acción será útil cuando dividamos el conjunto de datos en conjuntos de datos de entrenamiento y de prueba en secciones posteriores, cuando transmitamos los datos desde nuestra unidad local directamente.

Para nuestra comodidad, también almacenaremos el conjunto de datos de críticas de películas montado y barajado como un archivo CSV:

```
>>> import numpy as np
>>> np.random.seed(0)
>>> df = df.reindex(np.random.permutation(df.index))
>>> df.to_csv('movie_data.csv', index=False, encoding='utf-8')
```

Dado que vamos a utilizar este conjunto de datos más adelante en este capítulo, vamos a confirmar que hemos guardado correctamente los datos en el formato correcto leyendo el archivo CSV e imprimiendo un extracto de los tres primeros ejemplos:

```
>>> df = pd.read_csv('movie_data.csv', encoding='utf-8')
>>> # the following column renaming is necessary on some computers:
>>> df = df.rename(columns={"0": "review", "1": "sentiment"})
>>> df.head(3)
```

Si ejecuta los ejemplos de código en un cuaderno Jupyter, debería ver los tres primeros ejemplos del conjunto de datos, como se muestra en la Figura 8.1:

	Reseña	Opinión
0	In 1974, the teenager Martha Moxley (Maggie Gr...	1
1	OK... so... I really like Kris Kristofferson a...	0
2	***SPOILER*** Do not read this, if you think a...	0

Figura 8.1 *Las tres primeras filas del conjunto de datos de críticas de películas.*

Como prueba de control, antes de pasar a la siguiente sección, nos aseguramos de que el DataFrame contiene las 50 000 filas:

```
>>> df.shape
(50000, 2)
```

Presentación del modelo bolsa de palabras

Tal vez recuerde del capítulo 4, Elaboración de conjuntos de datos de entrenamiento adecuados: preprocesamiento de datos, que tenemos que convertir los datos categóricos, como el texto o las palabras, en forma numérica antes de poder pasarlos a un algoritmo de aprendizaje automático. En esta sección, presentaremos el modelo de bolsa de palabras, que nos permite representar el texto como vectores de características numéricas. La idea que subyace en la bolsa de palabras es bastante sencilla y puede resumirse como sigue:

1. Creamos un vocabulario de tokens únicos (por ejemplo, palabras) a partir del conjunto completo de documentos.
2. Construimos un vector de características a partir de cada documento, que contiene los recuentos de la frecuencia con la que aparece cada palabra en el documento en cuestión.

Dado que las palabras únicas de cada documento representan solo un pequeño subconjunto de todas las palabras del vocabulario de la bolsa de palabras, los vectores de características estarán formados en su mayoría por ceros, por lo que los llamamos dispersos. No se preocupe si esto suena demasiado abstracto; en las siguientes subsecciones, trataremos el proceso de creación de un modelo simple de bolsa de palabras paso a paso.

Transformación de palabras en vectores de características

Para construir un modelo de bolsa de palabras basado en los recuentos de palabras en los respectivos documentos, podemos utilizar la clase `CountVectorizer` implementada en Scikit-learn. Como verá en la siguiente sección de código, `CountVectorizer` toma una matriz de datos de texto, que pueden ser documentos o frases, y construye el modelo de bolsa de palabras por nosotros:

```
>>> import numpy as np
>>> from sklearn.feature_extraction.text import CountVectorizer
>>> count = CountVectorizer()
>>> docs = np.array(['The sun is shining',
...                  'The weather is sweet',
...                  'The sun is shining, the weather is sweet,'
...                  'and one and one is two'])
>>> bag = count.fit_transform(docs)
```

Al llamar al método `fit_transform` en `CountVectorizer`, construimos el vocabulario del modelo de bolsa de palabras y transformamos las siguientes tres frases en vectores de características dispersas:

- `'The sun is shining'`
- `'The weather is sweet'`
- `'The sun is shining, the weather is sweet, and one and one is two'`

Ahora, vamos a imprimir el contenido del vocabulario para comprender mejor los conceptos subyacentes:

```
>>> print(count.vocabulary_)
{'and': 0,
'two': 7,
'shining': 3,
'one': 2,
'sun': 4,
'weather': 8,
'the': 6,
'sweet': 5,
'is': 1}
```

Como puede ver al ejecutar el comando anterior, el vocabulario se almacena en un directorio de Python que asigna las palabras únicas a índices de números enteros. A continuación, vamos a imprimir los vectores de características que acabamos de crear:

```
>>> print(bag.toarray())
[[0 1 0 1 1 0 1 0 0]
 [0 1 0 0 0 1 1 0 1]
 [2 3 2 1 1 1 2 1 1]]
```

Cada posición de índice en los vectores de características mostrados aquí corresponde a los valores enteros que se almacenan como elementos del diccionario en el vocabulario de `CountVectorizer`. Por ejemplo, la primera característica en la posición de índice `0` muestra el recuento de la palabra `'and'`, que solo aparece en el último documento, y la palabra `'is'`, en la posición de índice `1` (la segunda característica en los vectores de los documentos), aparece en las tres frases. Estos valores en los vectores de características también se denominan «frecuencias de términos sin ponderar»; $tf(t, d)$ es el número de veces que un término, t, aparece en un documento, d. Cabe señalar que, en el modelo de bolsa de palabras, el orden de las palabras o términos en una frase o documento no importa. El orden en que aparecen las frecuencias de los términos en el vector de características se deriva de los índices del vocabulario, que suelen asignarse por orden alfabético.

Modelos de N-gramas

La secuencia de elementos del modelo bolsa de palabras que acabamos de crear también se denomina «modelo de 1-grama o unigrama» (cada elemento o token del vocabulario representa una sola palabra). En general, las secuencias contiguas de elementos en NLP (palabras, letras o símbolos) también se denominan «n-gramas». La elección del número, *n*, en el modelo de n-gramas depende de la aplicación concreta; por ejemplo, un estudio de Ioannis Kanaris y otros reveló que los n-gramas de tamaño 3 y 4 dan buenos resultados en el filtrado antispam de mensajes de correo electrónico («Words versus character n-grams for anti-spam filtering», de Ioannis Kanaris, Konstantinos Kanaris, Ioannis Houvardas, y Efstathios Stamatatos, *International Journal on Artificial Intelligence Tools*, World Scientific Publishing Company, 16(06): 1047-1067, 2007).

Para resumir el concepto de la representación de n-gramas, las representaciones de 1-grama y 2-gramas de nuestro primer documento, "the sun is shinning", se construirían como sigue:

- 1-grama: "the", "sun", "is", "shining"
- 2-gramas: "the sun", "sun is", "is shining"

La clase `CountVectorizer` en Scikit-learn nos permite utilizar diferentes modelos de n-gramas a través de su parámetro `ngram_range`. Aunque por defecto se utiliza la representación 1-grama, podríamos cambiar a una representación de 2-gramas inicializando una nueva instancia de `CountVectorizer` con `ngram_range=(2,2)`.

Evaluación de la relevancia de las palabras mediante la frecuencia de los términos-frecuencia inversa de los documentos

Cuando analizamos datos de texto, a menudo encontramos palabras que aparecen en varios documentos de ambas clases. Estas palabras que aparecen con frecuencia no suelen contener información útil o discriminatoria. En esta subsección, aprenderá sobre una técnica llamada «frecuencia de términos-frecuencia inversa de documentos (tf-idf)», que puede utilizarse para reducir el peso de estas palabras que aparecen con frecuencia en los vectores de características. Tf-idf puede definirse como el producto de la frecuencia de los términos por la frecuencia inversa de los documentos:

$$tf\text{-}idf(t, d) = tf(t, d) \times idf(t, d)$$

Aquí, $tf(t, d)$ es la frecuencia de los términos que introdujimos en la sección anterior, e $idf(t, d)$ es la frecuencia inversa de los documentos, que puede calcularse como sigue:

$$idf(t,d) = \log\frac{n_d}{1 + df(d,t)}$$

Aquí, n_d es el número total de documentos, y $df(d, t)$ es el número de documentos (d, que contienen el término t). Tenga en cuenta que añadir la constante 1 al denominador es opcional y sirve para asignar un valor distinto de cero a los términos que no aparecen en ninguno de los ejemplos de entrenamiento; el logaritmo se utiliza para garantizar que las frecuencias bajas de los documentos no tengan demasiado peso.

La biblioteca Scikit-learn implementa otro transformador, la clase `TfidfTransformer`, que toma las frecuencias de términos sin ponderar de la clase `CountVectorizer` como entrada y las transforma en tf-idfs:

```
>>> from sklearn.feature_extraction.text import TfidfTransformer
>>> tfidf = TfidfTransformer(use_idf=True,
...                          norm='l2',
...                          smooth_idf=True)
>>> np.set_printoptions(precision=2)
>>> print(tfidf.fit_transform(count.fit_transform(docs))
...       .toarray())
[[ 0.    0.43  0.    0.56  0.56  0.    0.43  0.    0.  ]
 [ 0.    0.43  0.    0.    0.    0.56  0.43  0.    0.56]
 [ 0.5   0.45  0.5   0.19  0.19  0.19  0.3   0.25  0.19]]
```

Como se ha visto en la subsección anterior, la palabra `'is'` tenía la mayor frecuencia de términos en el tercer documento, al ser la palabra que aparece con más frecuencia. Sin embargo, tras transformar el mismo vector de características en tf-idfs, la palabra `'is'` se asocia ahora con un tf-idf relativamente pequeño (0.45) en el tercer documento, ya que también está presente en el primer y segundo documento —y, por tanto, es poco probable que contenga información discriminatoria útil—.

Sin embargo, si hubiéramos calculado manualmente las tf-idfs de los términos individuales en nuestros vectores de características, habríamos notado que `TfidfTransformer` calcula las tf-idfs de forma ligeramente diferente en comparación con las ecuaciones estándar de los libros de texto que definimos anteriormente. La ecuación para la frecuencia inversa del documento implementada en Scikit-learn se calcula de la siguiente manera:

$$idf(t,d) = \log\frac{1 + n_d}{1 + df(d,t)}$$

Del mismo modo, el tf-idf calculado en Scikit-learn se desvía ligeramente de la ecuación por defecto que definimos anteriormente:

$$tf\text{-}idf(t, d) = tf(t, d) \times (idf(t, d) + 1)$$

Hay que tener en cuenta que el +1 de la ecuación idf anterior se debe a la configuración de `smooth_idf=True` en el ejemplo de código anterior, que es útil para asignar un peso cero (esto es, $idf(t, d) = \log(1) = 0$) a los términos que aparecen en todos los documentos.

Aunque también es más habitual normalizar las frecuencias de términos no ponderadas antes de calcular los tf-idf, la clase `TfidfTransformer` normaliza directamente los tf-idf. Por defecto (`norm='l2'`), `TfidfTransformer` de Scikit-learn aplica la normalización L2, que devuelve un vector de longitud 1, dividiendo el vector de características no normalizado, v, por su norma L2:

$$v_{norm} = \frac{v}{\|v\|_2} = \frac{v}{\sqrt{v_1^2 + v_2^2 + \cdots + v_n^2}} = \frac{v}{(\sum_{i=1}^{n} v_i^2)^{1/2}}$$

Para tener la seguridad de que entendemos cómo funciona `TfidfTransformer`, vamos a ver un ejemplo y vamos a calcular el tf-idf de la palabra `'is'` en el tercer documento. La palabra `'is'` tiene una frecuencia de término de 3 ($tf = 3$) en el tercer documento, y la frecuencia de documento es 3, ya que el término `'is'` aparece en los tres documentos ($df = 3$). Por lo tanto, podemos calcular la frecuencia documental inversa de la siguiente manera:

$$idf(\text{"is"}, d_3) = \log\frac{1+3}{1+3} = 0$$

Ahora, para calcular el tf-idf, basta con sumar 1 a la frecuencia inversa del documento y multiplicarla por la frecuencia del término:

$$tf\text{-}idf(\text{"is"}, d_3) = 3 \times (0 + 1) = 3$$

Si repitiéramos este cálculo para todos los términos del tercer documento, obtendríamos los siguientes vectores tf-idf: `[3.39, 3.0, 3.39, 1.29, 1.29, 1.29, 2.0, 1.69, 1.29]`. Sin embargo, observe que los valores de este vector de características son diferentes de los valores que obtuvimos del `TfidfTransformer` que utilizamos anteriormente. El último paso que nos falta en este cálculo de tf-idf es la normalización L2, que se puede aplicar como sigue:

$$\begin{aligned} tf\text{-}idf(d_3)_{norm} &= \frac{[3.39, 3.0, 3.39, 1.29, 1.29, 1.29, 2.0, 1.69, 1.29]}{\sqrt{3.39^2 + 3.0^2 + 3.39^2 + 1.29^2 + 1.29^2 + 1.29^2 + 2.0^2 + 1.69^2 + 1.29^2}} \\ &= [0.5, 0.45, 0.5, 0.19, 0.19, 0.19, 0.3, 0.25, 0.19] \end{aligned}$$

$$tf\text{-}idf(\text{"is"}, d_3) = 0.45$$

Como puede ver, los resultados ahora coinciden con los resultados devueltos por `TfidfTransformer` de Scikit-learn. Ahora que ya entiende cómo se calculan los tf-idf, pasamos a la siguiente sección y aplicamos esos conceptos al conjunto de datos de críticas de películas.

Limpieza de datos de texto

En las subsecciones anteriores, hemos aprendido sobre el modelo de bolsa de palabras, las frecuencias de los términos y los tf-idf. Sin embargo, el primer paso importante, antes de construir nuestro modelo de bolsa de palabras, es limpiar los datos de texto eliminando los caracteres no deseados.

Para ilustrar por qué esta acción es tan importante, vamos a mostrar los últimos 50 caracteres del primer documento del conjunto de datos de las críticas de películas reorganizado:

```
>>> df.loc[0, 'review'][-50:]
'is seven.<br /><br />Title (Brazil): Not Available'
```

Como se puede ver aquí, el texto contiene marcas HTML, así como signos de puntuación y otros caracteres que no son letras. Mientras que el marcado HTML no contiene mucha semántica de interés, los signos de puntuación pueden representar información útil y adicional en ciertos contextos de NLP. Sin embargo, para simplificar, ahora eliminaremos todos los signos de puntuación, excepto los caracteres de los emoticonos, como :), ya que estos son ciertamente útiles para el análisis de opiniones.

Para realizar esta tarea, utilizaremos la biblioteca de expresiones regulares (regex) de Python, `re`, como se muestra aquí:

```
>>> import re
>>> def preprocessor(text):
...     text = re.sub('<[^>]*>', '', text)
...     emoticons = re.findall('(?::|;|=)(?:-)?(?:\)|\(|D|P)', text)
...     text = (re.sub('[\W]+', ' ', text.lower()) +
...             ' '.join(emoticons).replace('-', ''))
...     return text
```

Mediante la primera expresión regular, `<[^>]*>`, en la sección de código anterior, intentamos eliminar el marcado HTML de las críticas de películas. Aunque muchos programadores suelen desaconsejar el uso de regex para analizar el HTML, esta debería ser suficiente para limpiar este conjunto de datos concreto. Dado que solo nos interesa eliminar las marcas HTML, y que no pensamos utilizarlas más, el uso de regex para realizar el trabajo debería ser válido. Sin embargo, si prefiere utilizar herramientas sofisticadas para eliminar las marcas HTML del texto, puede echar un vistazo al módulo analizador HTML de Python que se describe en `https://docs.python.org/3/library/html.parser.html`. Después de eliminar el marcado HTML, utilizamos una expresión regular ligaramente más compleja para encontrar emoticonos, que almacenamos temporalmente como emoticonos. A continuación, eliminamos todos los caracteres que no son palabras del texto mediante la expresión regular `[\W]+` y convertimos el texto en caracteres de minúsculas.

Tratamiento de las mayúsculas de las palabras

En el contexto de este análisis, partimos de la base de que las mayúsculas de una palabra, si aparecen al principio de una frase, por ejemplo, no contienen información semánticamente relevante. Sin embargo, hay que tener en cuenta que hay excepciones (eliminamos la notación de los nombres propios). Pero, de nuevo, en el contexto de este análisis, es una suposición simplificadora que las mayúsculas no contienen información relevante para el análisis de opiniones.

Finalmente, añadimos los emoticonos almacenados temporalmente al final de la cadena del documento procesado. Además, por consistencia, eliminamos el carácter de la nariz (- en :-)) de los emoticonos.

Expresiones regulares

Aunque las expresiones regulares ofrecen un enfoque eficiente y conveniente para la búsqueda de caracteres en una cadena, también vienen con una curva de aprendizaje escarpada. Lamentablemente, una discusión en profundidad de las expresiones regulares está fuera del alcance del libro. Sin embargo, puede encontrar un gran tutorial en el portal de Google Developers, en `https://developers.google.com/edu/python/regular-expressions` o puede consultar la documentación oficial del módulo `re` de Python en `https://docs.python.org/3.9/library/re.html`.

Aunque la adición de los caracteres de los emoticonos al final de las cadenas de documentos depuradas puede no parecer el enfoque más elegante, debemos tener en cuenta que el orden de las palabras no importa en nuestro modelo de bolsa de palabras si nuestro vocabulario está formado solo por tokens de una palabra. Pero antes de seguir hablando de la división de los documentos en términos, palabras o tokens individuales, vamos a confirmar que nuestra función `preprocessor` funciona correctamente:

```
>>> preprocessor(df.loc[0, 'review'][-50:])
'is seven title brazil not available'
>>> preprocessor("</a>This :) is :( a test :-)!")
'this is a test :) :( :)'
```

Por último, dado que utilizaremos los datos de texto depurados una y otra vez durante las próximas secciones, aplicamos ahora nuestra función `preprocessor` a las críticas de películas de nuestro `DataFrame`:

```
>>> df['review'] = df['review'].apply(preprocessor)
```

Procesamiento de documentos en tokens

Después de preparar con éxito el conjunto de datos de críticas de películas, ahora tenemos que pensar en cómo dividir el corpus del texto en elementos individuales. Una forma de tokenizar los documentos es separarlos en palabras individuales, separando los documentos limpios por sus caracteres de espacios en blanco:

```
>>> def tokenizer(text):
...     return text.split()
>>> tokenizer('runners like running and thus they run')
['runners', 'like', 'running', 'and', 'thus', 'they', 'run']
```

En el contexto de la tokenización, otra técnica de utilidad es la radicalización de palabras, que es el proceso de transformar una palabra a su raíz. Esto nos permite asignar palabras relacionadas con la misma raíz. El algoritmo original de radicalización lo desarrolló Martin F. Porter en 1979, y se conoce como el algoritmo radicalizador de Porter («An algorithm for suffix stripping», de Martin F. Porter, *Program: Electronic Library and Information Systems*, 14(3): 130–137, 1980). Natural Language Toolkit (NLTK, `http://www.nltk.org`) de Python implementa el algoritmo de radicalización de Porter, que utilizaremos en la siguiente sección de código. Para instalar NLTK, basta con ejecutar `conda install nltk` o `pip install nltk`.

Libro en línea de NLTK

Aunque NLTK no es el tema central de este capítulo, si está interesado en aplicaciones más avanzadas en PNL le recomiendo encarecidamente que visite el sitio web de NLTK, así como que lea el libro oficial de NLTK, que está disponible gratuitamente en `http://www.nltk.org/book/`.

El siguiente código muestra cómo utilizar el algoritmo de radicalización de Porter:

```
>>> from nltk.stem.porter import PorterStemmer
>>> porter = PorterStemmer()
>>> def tokenizer_porter(text):
...     return [porter.stem(word) for word in text.split()]
>>> tokenizer_porter('runners like running and thus they run')
['runner', 'like', 'run', 'and', 'thu', 'they', 'run']
```

Utilizando `PorterStemmer` del paquete `nltk`, modificamos la función `tokenizer` para reducir las palabras a su raíz, como se ha ilustrado con el sencillo ejemplo anterior, en el que la palabra `'running'` se ha reducido a su forma raíz `'run'`.

Algoritmos de radicalización

El algoritmo de radicalización de Porter es probablemente el algoritmo de radicalización más antiguo y sencillo. Otros algoritmos de radicalización conocidos son Snowball (Porter2 o radicalizador de inglés) y Lancaster (radicalizador Paice/Husk). Aunque tanto Snowball como Lancaster son más rápidos que el Porter original, Lancaster es más agresivo que Porter, lo que significa que produce palabras más cortas y poco claras. Estos algoritmos alternativos de radicalización también están disponibles en el paquete NLTK (`http://www.nltk.org/api/nltk.stem.html`).

Mientras que la radicalización puede crear palabras no reales, como `'thu'` (de `'thus'`), como se muestra en el ejemplo anterior, una técnica llamada «lematización» tiene como objetivo obtener las formas canónicas (gramaticalmente correctas) de las palabras individuales, los llamados «lemas». Sin embargo, la lematización es computacionalmente más difícil y más costosa que la radicalización y, en la práctica, se ha observado que la radicalización y la lematización tienen poco impacto en el rendimiento de la clasificación de textos («Influence of Word Normalization on Text Classification», de Michal Toman, Roman Tesar y Karel Jezek, *Proceedings of InSciT*, páginas 354-358, 2006).

Antes de pasar a la siguiente sección, en la que entrenaremos un modelo de aprendizaje automático utilizando el modelo de bolsa de palabras, vamos a ocuparnos brevemente de otro tema de utilidad llamado «eliminación de palabras vacías». Las palabras vacías son aquellas que son extremadamente frecuentes en todo tipo de textos y que probablemente no aporten ninguna —o solo una pequeña— información útil que pueda utilizarse para distinguir entre diferentes clases de documentos. Ejemplos de palabras vacías son *is (es)*, *and (y)* , *has (tiene)*, y *like (como)*. La eliminación de las palabras vacías puede ser útil si trabajamos con frecuencias de términos sin ponderar o normalizados en lugar de con los tf-idf, que ya rebajan la importancia de las palabras más frecuentes.

Para eliminar las palabras vacías de las críticas de películas, utilizaremos el conjunto de 127 palabras vacías en inglés, que está disponible en la biblioteca NLTK y que puede obtenerse llamando a la función `nltk.download`:

```
>>> import nltk
>>> nltk.download('stopwords')
```

Después de descargar el conjunto de palabras vacías, podemos cargar y aplicar el conjunto de palabras vacías en inglés:

```
>>> from nltk.corpus import stopwords
>>> stop = stopwords.words('english')
```

```
>>> [w for w in tokenizer_porter('a runner likes'
...   ' running and runs a lot')
...  if w not in stop]
['runner', 'like', 'run', 'run', 'lot']
```

Entrenamiento de un modelo de regresión logística para la clasificación de documentos

En esta sección, entrenaremos un modelo de regresión logística para clasificar las críticas de películas en positivas y negativas, basándonos en el modelo de bolsa de palabras. Primero, dividiremos el `DataFrame` de documentos de texto limpios en 25 000 documentos para entrenamiento y 25 000 documentos para prueba:

```
>>> X_train = df.loc[:25000, 'review'].values
>>> y_train = df.loc[:25000, 'sentiment'].values
>>> X_test = df.loc[25000:, 'review'].values
>>> y_test = df.loc[25000:, 'sentiment'].values
```

A continuación, utilizaremos el objeto `GridSearchCV` para encontrar el conjunto óptimo de parámetros para nuestro modelo de regresión logística utilizando una validación cruzada estratificada de cinco grupos:

```
>>> from sklearn.model_selection import GridSearchCV
>>> from sklearn.pipeline import Pipeline
>>> from sklearn.linear_model import LogisticRegression
>>> from sklearn.feature_extraction.text import TfidfVectorizer
>>> tfidf = TfidfVectorizer(strip_accents=None,
...                         lowercase=False,
...                         preprocessor=None)
>>> small_param_grid = [
...     {
...         'vect__ngram_range': [(1, 1)],
...         'vect__stop_words': [None],
...         'vect__tokenizer': [tokenizer, tokenizer_porter],
...         'clf__penalty': ['l2'],
...         'clf__C': [1.0, 10.0]
...     },
...     {
...         'vect__ngram_range': [(1, 1)],
...         'vect__stop_words': [stop, None],
...         'vect__tokenizer': [tokenizer],
```

```
...          'vect__use_idf':[False],
...          'vect__norm':[None],
...          'clf__penalty': ['l2'],
...          'clf__C': [1.0, 10.0]
...      },
... ]
>>> lr_tfidf = Pipeline([
...     ('vect', tfidf),
...     ('clf', LogisticRegression(solver='liblinear'))
... ])
>>> gs_lr_tfidf = GridSearchCV(lr_tfidf, small_param_grid,
...                            scoring='accuracy', cv=5,
...                            verbose=2, n_jobs=1)
>>> gs_lr_tfidf.fit(X_train, y_train)
```

Para el clasificador de regresión logística, utilizamos el solucionador LIBLINEAR, que puede funcionar mejor que la opción por defecto (`'lbfgs'`) para conjuntos de datos relativamente grandes.

> **Multiprocesamiento mediante el parámetro n_jobs**
>
> Recomendamos encarecidamente establecer `n_jobs=-1` (en lugar de `n_jobs=1`, como en el ejemplo de código anterior) para utilizar todos los núcleos disponibles en su máquina y acelerar la búsqueda en la red. Sin embargo, algunos usuarios de Windows indicaron haber tenido problemas al ejecutar el código anterior con la configuración `n_jobs=-1` relacionados con la serialización de las funciones `tokenizer` y `tokenizer_porter` para el multiprocesamiento en Windows. Otra solución sería sustituir esas dos funciones, `[tokenizer, tokenizer_porter]`, por `[str.split]`. Sin embargo, hay que tener en cuenta que la sustitución por el sencillo método `str.split` no soportaría la radicalización).

Cuando inicializamos el objeto `GridSearchCV` y su tabla de parámetros, que utilizamos en el código anterior, nos restringimos a un número limitado de combinaciones de parámetros, ya que el número de vectores de características, así como un gran vocabulario, pueden hacer que la búsqueda en la tabla sea computacionalmente bastante cara. Utilizando un ordenador de sobremesa estándar, nuestra búsqueda en la tabla puede tardar entre 5 y 10 minutos en completarse.

En el ejemplo de código anterior, sustituimos `CountVectorizer` y `TfidfTransformer` de la subsección anterior por `TfidfVectorizer`, que combina `CountVectorizer` con `TfidfTransformer`. Nuestro `param_grid` constaba de dos diccionarios de parámetros. En el primer diccionario, utilizamos `TfidfVectorizer` con su configuración por defecto (`use_idf=True`, `smooth_idf=True` y `norm='l2'`) para calcular los tf-idf; en el segundo diccionario, definimos esos parámetros como `use_idf=False`, `smooth_idf=False` y `norm=None` para entrenar un modelo basado en frecuencias de términos sin ponderar. Además, para el clasificador de regresión logística en sí, entrenamos los modelos utilizando la regularización L2 a través del parámetro de penalización y comparamos diferentes fuerzas de regularización definiendo un rango de valores para el parámetro de regularización inversa `C`. Como ejercicio opcional, se le anima a que añada la regularización L1 a la tabla de parámetros cambiando `'clf__penalty': ['l2']` por `'clf__penalty': ['l2', 'l1']`.

Una vez finalizada la búsqueda en la tabla, podemos imprimir el mejor conjunto de parámetros:

```
>>> print(f'Best parameter set: {gs_lr_tfidf.best_params_}')
Best parameter set: {'clf__C': 10.0, 'clf__penalty': 'l2', 'vect__
ngram_range': (1, 1), 'vect__stop_words': None, 'vect__tokenizer':
<function tokenizer at 0x169932dc0>}
```

Vemos que hemos obtenido los mejores resultados de búsqueda en la tabla utilizando `tokenizer` en su forma regular sin el radicalizador de Porter, sin biblioteca de palabras vacías, y los tf-idf en combinación con un clasificador de regresión logística que utiliza la regularización L2 con una fuerza de regularización `C` de `10.0`.

Utilizando el mejor modelo de esta búsqueda en la tabla, vamos a imprimir las puntuaciones medias de la validación cruzada de 5 grupos en el conjunto de datos de entrenamiento y la precisión de la clasificación en el conjunto de datos de prueba:

```
>>> print(f'CV Accuracy: {gs_lr_tfidf.best_score_:.3f}')
CV Accuracy: 0.897
>>> clf = gs_lr_tfidf.best_estimator_
>>> print(f'Test Accuracy: {clf.score(X_test, y_test):.3f}')
Test Accuracy: 0.899
```

Los resultados revelan que nuestro modelo de aprendizaje automático puede pronosticar si la crítica de una película es positiva o negativa con un 90 % de seguridad.

El clasificador de Bayes ingenuo

Un clasificador todavía muy popular para la clasificación de textos es el clasificador Bayes ingenuo, que ganó popularidad en aplicaciones de filtrado de spam de correo electrónico. Estos clasificadores son fáciles de implementar, son eficientes desde el punto de vista computacional y tienden a funcionar especialmente bien en conjuntos de datos relativamente pequeños en comparación con otros algoritmos. Aunque en este libro no hablamos de los clasificadores de Bayes ingenuos, si está interesado puede encontrar un artículo sobre la clasificación de texto de Bayes ingenuos en arXiv («Naive Bayes and Text Classification I - Introduction and Theory», de S. Raschka, *Computing Research Repository* (CoRR), abs/1410.5329, 2014, `http://arxiv.org/pdf/1410.5329v3.pdf`). Las diferentes versiones de los clasificadores naif Bayes a los que se hace referencia en este artículo están implementadas en Scikit-learn. Puede encontrar una página de resumen con enlaces a las respectivas clases de código en: `https://scikit-learn.org/stable/modules/naive_bayes.html`.

Trabajo con conjuntos de datos más grandes: algoritmos en línea y aprendizaje fuera del núcleo

Si ha ejecutado los ejemplos de código de la sección anterior, se habrá dado cuenta de que podría ser bastante caro computacionalmente construir los vectores de características para el conjunto de datos de revisión de 50 000 películas durante una búsqueda en la tabla. En muchas aplicaciones del mundo real, no es raro trabajar con conjuntos de datos aún más grandes que pueden superar la memoria de nuestro ordenador.

Como no todo el mundo tiene acceso a instalaciones de supercomputación, ahora aplicaremos una técnica llamada «aprendizaje fuera del núcleo», que nos permite trabajar con grandes conjuntos de datos ajustando el clasificador de forma incremental en lotes más pequeños del conjunto de datos.

Clasificación de textos con redes neuronales recurrentes

En el capítulo 15, Modelado de datos secuenciales mediante redes neuronales recurrentes, volveremos a visitar este conjunto de datos y entrenaremos un clasificador basado en el aprendizaje profundo (una red neuronal recurrente) para clasificar las críticas del conjunto de datos de críticas de películas de IMDb. Este clasificador basado en redes neuronales sigue el mismo principio de fuera del núcleo utilizando el algoritmo de optimización de descenso del gradiente estocástico, pero no requiere la construcción de un modelo de bolsa de palabras.

En el capítulo 2, Entrenamiento de algoritmos sencillos de aprendizaje automático para tareas de clasificación, se introdujo el concepto de descenso del gradiente estocástico; es un algoritmo de optimización que actualiza los pesos del modelo utilizando un ejemplo cada vez. En esta sección, haremos uso de la función `partial_fit` de `SGDClassifier` en Scikit-learn para clasificar los documentos directamente de nuestra unidad local y entrenar un modelo de regresión logística utilizando pequeños minilotes de documentos.

Primero, definiremos una función `tokenizer` que limpie los datos de texto sin procesar del archivo `movie_data.csv` y que los separe en tokens de palabras mientras elimina las palabras vacías:

```
>>> import numpy as np
>>> import re
>>> from nltk.corpus import stopwords
>>> stop = stopwords.words('english')
>>> def tokenizer(text):
...     text = re.sub('<[^>]*>', '', text)
...     emoticons = re.findall('(?::|;|=)(?:-)?(?:\)|\(|D|P)',
...                            text.lower())
...     text = re.sub('[\W]+', ' ', text.lower()) \
...                   + ' '.join(emoticons).replace('-', '')
...     tokenized = [w for w in text.split() if w not in stop]
...     return tokenized
```

A continuación, definiremos una función generadora, `stream_docs`, que lee y devuelve un documento cada vez:

```
>>> def stream_docs(path):
...     with open(path, 'r', encoding='utf-8') as csv:
...         next(csv) # skip header
...         for line in csv:
...             text, label = line[:-3], int(line[-2])
...             yield text, label
```

Para comprobar que la función `stream_docs` funciona correctamente, vamos a leer el primer documento del archivo `movie_data.csv`, que debería devolver una tupla formada por el texto de la crítica y la etiqueta de clase correspondiente:

```
>>> next(stream_docs(path='movie_data.csv'))
('"In 1974, the teenager Martha Moxley ... ',1)
```

Ahora definiremos la función, `get_minibatch`, que tomará un flujo de documentos de la función `stream_docs` y devolverá un determinado número de documentos especificado por el parámetro `size`:

```
>>> def get_minibatch(doc_stream, size):
...     docs, y = [], []
...     try:
...         for _ in range(size):
...             text, label = next(doc_stream)
...             docs.append(text)
...             y.append(label)
...     except StopIteration:
...         return None, None
...     return docs, y
```

Por desgracia, no podemos utilizar `CountVectorizer` para el aprendizaje fuera del núcleo ya que requiere mantener el vocabulario completo en memoria. Además, `TfidfVectorizer` necesita mantener todos los vectores de características del conjunto de datos de entrenamiento en memoria para calcular las frecuencias inversas de los documentos. Sin embargo, otro vectorizador de utilidad para el procesamiento de texto implementado en Scikit-learn es `HashingVectorizer`. `HashingVectorizer` es independiente de los datos y hace uso del truco del hashing a través de la función `MurmurHash3` de 32 bits de Austin Appleby (puede encontrar más información sobre MurmurHash en `https://en.wikipedia.org/wiki/MurmurHash`):

```
>>> from sklearn.feature_extraction.text import HashingVectorizer
>>> from sklearn.linear_model import SGDClassifier
>>> vect = HashingVectorizer(decode_error='ignore',
...                          n_features=2**21,
...                          preprocessor=None,
...                          tokenizer=tokenizer)
>>> clf = SGDClassifier(loss='log', random_state=1)
>>> doc_stream = stream_docs(path='movie_data.csv')
```

Utilizando el código anterior, inicializamos `HashingVectorizer` con la función `tokenizer`, y establecemos el número de características en `2**21`. Además, reiniciaremos un clasificador de regresión logística estableciendo el parámetro `loss` de `SGDClassifier` a `'log'`. Tenga en cuenta que, al elegir un gran número de características en `HashingVectorizer`, reducimos la posibilidad de causar colisiones de hash, pero también aumentamos el número de coeficientes en nuestro modelo de regresión logística.

Ahora viene la parte realmente interesante: habiendo configurado todas las funciones complementarias, podemos iniciar el aprendizaje fuera del núcleo utilizando el siguiente código:

```
>>> import pyprind
>>> pbar = pyprind.ProgBar(45)
>>> classes = np.array([0, 1])
>>> for _ in range(45):
...     X_train, y_train = get_minibatch(doc_stream, size=1000)
...     if not X_train:
...         break
...     X_train = vect.transform(X_train)
...     clf.partial_fit(X_train, y_train, classes=classes)
...     pbar.update()
0%                          100%
[##############################] | ETA: 00:00:00
Total time elapsed: 00:00:21
```

De nuevo, utilizamos el paquete PyPrind para estimar el progreso de nuestro algoritmo de aprendizaje. Inicializamos el objeto barra de progreso con 45 iteraciones y, en el siguiente bucle `for`, iteramos sobre 45 minilotes de documentos, donde cada minilote consta de 1000 documentos. Una vez completado el proceso de aprendizaje incremental, utilizaremos los últimos 5000 documentos para evaluar el rendimiento de nuestro modelo:

```
>>> X_test, y_test = get_minibatch(doc_stream, size=5000)
>>> X_test = vect.transform(X_test)
>>> print(f'Accuracy: {clf.score(X_test, y_test):.3f}')
Accuracy: 0.868
```

Error NoneType

Tenga en cuenta que si encuentra un error `NoneType` es posible que haya ejecutado el código `X_test, y_test = get_minibatch(...)` dos veces. Mediante el bucle anterior, tenemos 45 iteraciones en las que recuperamos 1000 documentos por cada una. Por lo tanto, quedan exactamente 5000 documentos para probar, que asignamos a través de:

```
>>> X_test, y_test = get_minibatch(doc_stream, size=5000)
```

Si ejecutamos este código dos veces, no quedarán suficientes documentos en el generador, y `X_test` devolverá `None`. Por lo tanto, si encuentra el error `NoneType`, hay que empezar de nuevo en el código `stream_docs(...)` anterior.

Como se puede ver, la precisión del modelo es de aproximadamente el 87 % (ligeramente por debajo de la precisión que logramos en la sección anterior utilizando la búsqueda de la tabla para el ajuste de los hiperparámetros). Sin embargo, el aprendizaje fuera del núcleo es muy eficiente en cuanto a memoria, y tardó menos de un minuto en completarse.

Por último, podemos utilizar los últimos 5000 documentos para actualizar nuestro modelo:

```
>>> clf = clf.partial_fit(X_test, y_test)
```

El modelo word2vec

Una alternativa más moderna al modelo de bolsa de palabras es word2vec, un algoritmo que Google lanzó en 2013 («Efficient Estimation of Word Representations in Vector Space», de T. Mikolov, K. Chen, G. Corrado y J. Dean, `https://arxiv.org/abs/1301.3781`).

Word2vec es un algoritmo de aprendizaje no supervisado basado en redes neuronales que intenta aprender automáticamente la relación entre las palabras. La idea detrás de word2vec es poner las palabras que tienen significados similares en grupos similares y, a través de un inteligente espaciado de vectores, el modelo reproduce ciertas palabras usando simples matemáticas de vectores; por ejemplo, rey - hombre + mujer = reina.

La implementación original en C con enlaces útiles a los documentos pertinentes y a las implementaciones alternativas se encuentra en `https://code.google.com/p/word2vec/`.

Modelado de temas con asignación latente de Dirichlet

El modelado de temas describe la amplia tarea de asignar temas a documentos de texto no etiquetados. Por ejemplo, una aplicación típica es la categorización de documentos en un gran corpus de texto de artículos periodísticos. En las aplicaciones del modelado de temas, el objetivo es asignar etiquetas de categoría a esos artículos (por ejemplo, deportes, finanzas, noticias mundiales, política y noticias locales). Por lo tanto, en el contexto de las amplias categorías de aprendizaje automático que discutimos en el capítulo 1, Dotar a los ordenadores la capacidad de aprender de los datos, podemos considerar el modelado de temas como una tarea de agrupación, una subcategoría del aprendizaje no supervisado.

En esta sección, discutiremos una técnica extendida para el modelado de temas, llamada «asignación latente de Dirichlet (Latent Dirichlet Allocation, LDA)». Sin embargo, hay que tener en cuenta que, aunque a menudo se abrevia como LDA, no debe confundirse con el análisis discriminante lineal, una técnica supervisada de reducción de la dimensionalidad que se introdujo en el capítulo 5, Compresión de datos mediante la reducción de la dimensionalidad.

Descomposición de documentos de texto con LDA

Dado que las matemáticas que subyacen bajo LDA son bastante complicadas y requieren conocimientos de inferencia bayesiana, abordaremos este tema desde la perspectiva de un practicante e interpretaremos LDA mediante términos sencillos. Puede leer más sobre LDA en el siguiente documento de investigación: «Latent Dirichlet Allocation», de David M. Blei, Andrew Y. Ng y Michael I. Jordan, *Journal of Machine Learning Research* 3, pp: 993-1022, enero de 2003, `https://www.jmlr.org/papers/volume3/blei03a/blei03a.pdf`.

LDA es un modelo probabilístico generativo que trata de encontrar grupos de palabras que aparecen frecuentemente juntas en diferentes documentos. Estas palabras que aparecen con frecuencia representan nuestros temas, asumiendo que cada documento es una mezcla de palabras diferentes. La entrada a LDA es el modelo de bolsa de palabras que hemos discutido anteriormente en este capítulo.

Dada una matriz de bolsa de palabras como entrada, LDA la descompone en dos nuevas matrices:

- Una matriz documentos-tema
- Una matriz de palabras-tema

LDA descompone la matriz de la bolsa de palabras de tal manera que, si multiplicamos esas dos matrices juntas, podremos reproducir la entrada, la matriz de la bolsa de palabras, con el menor error posible. En la práctica, nos interesan los temas que LDA ha encontrado en la matriz de bolsa de palabras. El único inconveniente puede ser que debemos definir el número de temas de antemano (el número de temas es un hiperparámetro de LDA que debe especificarse manualmente).

LDA con Scikit-learn

En esta subsección, utilizaremos la clase `LatentDirichletAllocation` implementada en Scikit-learn para descomponer el conjunto de datos de críticas de películas y categorizarlo en diferentes temas. En el siguiente ejemplo, restringiremos el análisis a 10 temas diferentes, pero se anima a los lectores a experimentar con los hiperparámetros del algoritmo para explorar más a fondo los temas que se pueden encontrar en este conjunto de datos.

En primer lugar, vamos a cargar el conjunto de datos en un `DataFrame` de Pandas utilizando el archivo local `movie_data.csv` de las críticas de películas que creamos al principio de este capítulo:

```
>>> import pandas as pd
>>> df = pd.read_csv('movie_data.csv', encoding='utf-8')
```

```
>>> # the following is necessary on some computers:
>>> df = df.rename(columns={"0": "review", "1": "sentiment"})
```

A continuación, vamos a utilizar el ya conocido `CountVectorizer` para crear la matriz de bolsa de palabras como entrada a LDA.

Por comodidad, utilizaremos la biblioteca de palabras vacías en inglés incorporada en Scikit-learn a través de `stop_words='english'`:

```
>>> from sklearn.feature_extraction.text import CountVectorizer
>>> count = CountVectorizer(stop_words='english', max_df=.1,
...                         max_features=5000)
>>> X = count.fit_transform(df['review'].values)
```

Observe que fijamos la frecuencia máxima de las palabras de los documentos a considerar en un 10 % (`max_df=.1`) para excluir las palabras que aparecen con demasiada frecuencia en los documentos. La razón de la eliminación de las palabras que aparecen con frecuencia es que pueden ser palabras comunes que aparecen en todos los documentos y que, por tanto, es menos probable que se asocien a una categoría temática específica de un documento determinado. Además, limitamos el número de palabras a considerar a las 5000 más frecuentes (`max_features=5000`), para limitar la dimensionalidad de este conjunto de datos y mejorar la inferencia realizada por LDA. Sin embargo, tanto `max_df=.1` como `max_features=5000` son valores de hiperparámetros elegidos arbitrariamente, y se anima a los lectores a ajustarlos al comparar los resultados.

El siguiente ejemplo de código muestra cómo ajustar el estimador `LatentDirichletAllocation` a la matriz de bolsa de palabras e inferir los 10 temas diferentes de los documentos (tenga en cuenta que el ajuste del modelo puede tardar hasta 5 minutos o más en un ordenador portátil o de sobremesa estándar):

```
>>> from sklearn.decomposition import LatentDirichletAllocation
>>> lda = LatentDirichletAllocation(n_components=10,
...                                 random_state=123,
...                                 learning_method='batch')
>>> X_topics = lda.fit_transform(X)
```

Al establecer `learning_method='batch'`, dejamos que el estimador `lda` realice su estimación basada en todos los datos de entrenamiento disponibles (la matriz de bolsa de palabras) en una iteración, lo que es más lento que el método alternativo de aprendizaje `'online'`, pero puede conducir a resultados más precisos (establecer `learning_method='online'` es análogo al aprendizaje online o mini-batch, del que hablamos en el capítulo 2, Entrenamiento de algoritmos sencillos de aprendizaje automático para tareas de clasificación, y anteriormente en este capítulo).

Maximización de expectativas

La implementación de LDA de la biblioteca Scikit-learn utiliza el algoritmo de maximización de expectativas (EM) para actualizar sus estimaciones de parámetros de forma iterativa. No hemos discutido el algoritmo EM en este capítulo, pero si tiene curiosidad por aprender más, por favor vea la excelente descripción en Wikipedia (`https://en.wikipedia.org/wiki/Expectation-maximization_algorithm`) y el detallado tutorial sobre cómo se utiliza en LDA en el tutorial de Colorado Reed, Latent Dirichlet Allocation: Towards a Deeper Understanding, que está disponible gratuitamente en `http://obphio.us/pdfs/lda_tutorial.pdf`.

Después de hacer el ajuste de LDA, ahora tenemos acceso al atributo `components_` de la instancia `lda`, que almacena una matriz que contiene la importancia de la palabra (aquí, `5000`) para cada uno de los 10 temas en orden creciente:

```
>>> lda.components_.shape
(10, 5000)
```

Para analizar los resultados, vamos a imprimir las cinco palabras más importantes de cada uno de los 10 temas. Tenga en cuenta que los valores de importancia de las palabras se clasifican en orden creciente. Por lo tanto, para imprimir las cinco palabras más importantes, tenemos que ordenar la matriz de temas en orden inverso:

```
>>> n_top_words = 5
>>> feature_names = count.get_feature_names_out()
>>> for topic_idx, topic in enumerate(lda.components_):
...     print(f'Topic {(topic_idx + 1)}:')
...     print(' '.join([feature_names[i]
...                     for i in topic.argsort()\
...                     [:-n_top_words - 1:-1]]))
Topic 1:
worst minutes awful script stupid
Topic 2:
family mother father children girl
Topic 3:
american war dvd music tv
Topic 4:
human audience cinema art sense
Topic 5:
police guy car dead murder
Topic 6:
horror house sex girl woman
Topic 7:
role performance comedy actor performances
```

```
Topic 8:
series episode war episodes tv
Topic 9:
book version original read novel
Topic 10:
action fight guy guys cool
```

Basándose en la lectura de las cinco palabras más importantes para cada tema, puede adivinar que LDA ha identificado los siguientes temas:

1. Películas generalmente malas (no es una categoría temática)
2. Películas sobre familias
3. Películas de guerra
4. Películas de arte
5. Películas policíacas
6. Películas de terror
7. Películas de comedia
8. Películas relacionadas de alguna manera con programas de televisión
9. Películas basadas en libros
10. Películas de acción

Para confirmar que las categorías tienen sentido a partir de las reseñas, vamos a marcar tres películas de la categoría de cine de terror (las películas de terror pertenecen a la categoría 6 en la posición `5` del índice):

```
>>> horror = X_topics[:, 5].argsort()[::-1]
>>> for iter_idx, movie_idx in enumerate(horror[:3]):
...     print(f'\nHorror movie #{(iter_idx + 1)}:')
...     print(df['review'][movie_idx][:300], '...')
Horror movie #1:
House of Dracula works from the same basic premise as House of
Frankenstein from the year before; namely that Universal's three most
famous monsters; Dracula, Frankenstein's Monster and The Wolf Man are
appearing in the movie together. Naturally, the film is rather messy
therefore, but the fact that ...
Horror movie #2:
Okay, what the hell kind of TRASH have I been watching now? "The
Witches' Mountain" has got to be one of the most incoherent and
insane Spanish exploitation flicks ever and yet, at the same time, it's
also strangely compelling. There's absolutely nothing that makes sense
here and I even doubt there ...
Horror movie #3:
```

```
<br /><br />Horror movie time, Japanese style. Uzumaki/Spiral was a
total freakfest from start to finish. A fun freakfest at that, but
at times it was a tad too reliant on kitsch rather than the horror.
The story is difficult to summarize succinctly: a carefree, normal
teenage girl starts coming fac ...
```

Utilizando el ejemplo de código anterior, imprimimos los primeros 300 caracteres de las tres primeras películas de terror. Las críticas, aunque no sabemos a qué película exacta pertenecen, parecen críticas de películas de terror (sin embargo, se podría argumentar que `Horror movie #2` también podría encajar en la categoría temática 1: Películas generalmente malas).

Resumen

En este capítulo, ha aprendido a utilizar algoritmos de aprendizaje automático para clasificar documentos de texto en función de su polaridad, que es una tarea básica en el análisis de opiniones en el campo de la NLP. No solo ha aprendido a codificar un documento como un vector de características utilizando el modelo de bolsa de palabras, sino que también ha aprendido a ponderar la frecuencia de los términos por relevancia utilizando tf-idf.

Trabajar con datos de texto puede ser bastante caro desde el punto de vista computacional, debido a los grandes vectores de características que se crean durante este proceso; en la última sección, tratamos cómo utilizar el aprendizaje fuera del núcleo o incremental para entrenar un algoritmo de aprendizaje automático sin cargar todo el conjunto de datos en la memoria de un ordenador.

Por último, se le ha presentado el concepto de modelado de temas utilizando LDA para categorizar las críticas de películas en diferentes categorías de forma no supervisada.

Hasta ahora, en el libro, hemos tratado muchos conceptos de aprendizaje automático, mejores prácticas y modelos supervisados de clasificación. En el próximo capítulo, veremos otra subcategoría del aprendizaje supervisado, el análisis de regresión, que nos permite pronosticar variables de resultado en una escala continua, en contraste con las etiquetas de clase categóricas de los modelos de clasificación con los que hemos estado trabajando hasta ahora.

Únase al espacio Discord del libro

Únase al espacio Discord del libro para una sesión mensual de «Pregúnteme lo que quiera» con los autores (en inglés):

`https://packt.link/MLwPyTorch`

9

Pronóstico de variables objetivo continuas con análisis de regresión

A lo largo de los capítulos anteriores, ha aprendido mucho sobre los principales conceptos que subyacen en el aprendizaje supervisado y ha entrenado muchos modelos diferentes para tareas de clasificación con la finalidad de pronosticar la pertenencia a grupos o variables categóricas. En este capítulo, nos sumergiremos en otra subcategoría del aprendizaje supervisado: el análisis de regresión.

Los modelos de regresión se utilizan para pronosticar variables objetivo en una escala continua, lo que los hace atractivos para abordar muchas cuestiones de la ciencia. También tienen aplicaciones en la industria, como son la comprensión de las relaciones entre variables, la evaluación de tendencias o la realización de previsiones. Un ejemplo es el pronóstico de las ventas de una empresa en los meses futuros.

En este capítulo, discutiremos los principales conceptos de los modelos de regresión y trataremos los siguientes temas:

- Exploración y visualización de conjuntos de datos
- Estudio de diferentes enfoques para la aplicación de modelos de regresión lineal
- Entrenamiento de modelos de regresión robustos frente a valores atípicos
- Evaluación de modelos de regresión y diagnóstico de problemas habituales
- Ajuste de modelos de regresión a datos no lineales

Introducción a la regresión lineal

El objetivo de la regresión lineal es modelar la relación entre una o varias características y una variable objetivo continua. A diferencia de la clasificación, una subcategoría diferente del aprendizaje supervisado, el análisis de regresión pretende pronosticar resultados en una escala continua en lugar de hacerlo con etiquetas de clase categóricas.

En las siguientes subsecciones, se introducirá el tipo más básico de regresión lineal, la regresión lineal simple, y se entenderá cómo se relaciona con el caso más general, multivariante (regresión lineal con múltiples características).

Regresión lineal simple

El objetivo de la regresión lineal simple (univariante) es modelar la relación entre una única característica (variable explicativa, x) y un objetivo de valor continuo (variable de respuesta, y). La ecuación de un modelo lineal con una sola variable explicativa se define como sigue:

$$y = w_1 x + b$$

Aquí, el parámetro (unidad de sesgo), b, representa la intersección con el eje y, y w_1 es el coeficiente de peso de la variable explicativa. Nuestro objetivo es descubrir los pesos de la ecuación lineal para describir la relación entre la variable explicativa y la variable objetivo, que luego puede utilizarse para pronosticar las respuestas de nuevas variables explicativas que no formaban parte del conjunto de datos de entrenamiento.

Basándonos en la ecuación lineal que hemos definido anteriormente, la regresión lineal puede entenderse como la búsqueda de la línea recta que mejor se ajusta a los ejemplos de entrenamiento, como se muestra en la Figura 9.1:

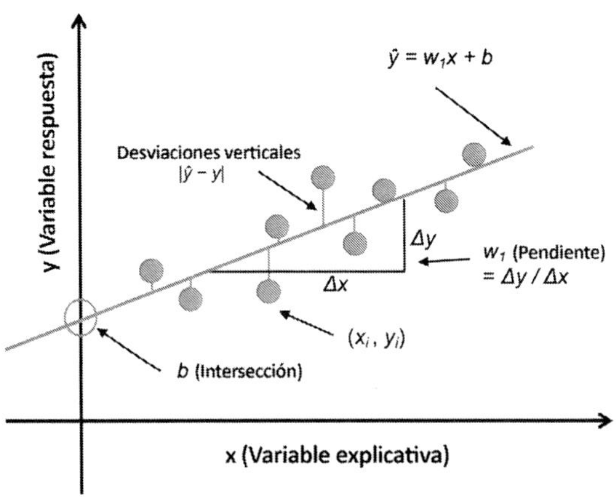

Figura 9.1 *Un ejemplo sencillo de regresión lineal de una característica.*

Esta línea de mejor ajuste también se denomina «línea de regresión», y las líneas verticales que van desde la línea de regresión hasta los ejemplos de entrenamiento son las llamadas «desviaciones o residuos»: los errores de nuestra predicción.

Regresión lineal múltiple

En la sección anterior se presentó la regresión lineal simple, un caso especial de regresión lineal con una variable explicativa. Por supuesto, también podemos generalizar el modelo de regresión lineal a múltiples variables explicativas; este proceso se denomina «regresión lineal múltiple»:

$$y = w_1 x_1 + \dots + w_m x_m + b = \sum_{i=1}^{m} w_i x_i + b = w^T \boldsymbol{x} + b$$

La Figura 9.2 muestra el aspecto del hiperplano bidimensional ajustado de un modelo de regresión lineal múltiple con dos características:

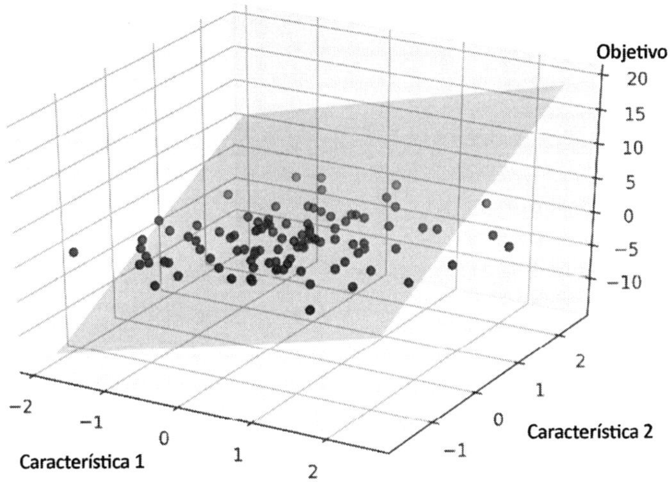

Figura 9.2 *Modelo de regresión lineal de dos características.*

Como puede ver, las visualizaciones de los hiperplanos de regresión lineal múltiple en un gráfico de dispersión tridimensional ya son difíciles de interpretar cuando se observan las figuras estáticas. Dado que no disponemos de un buen medio para visualizar hiperplanos con dos dimensiones en un gráfico de dispersión (modelos de regresión lineal múltiple ajustados a conjuntos de datos con tres o más características), los ejemplos y las visualizaciones de este capítulo se centrarán principalmente en el caso univariante, y se utilizará la regresión lineal simple. Sin embargo, la regresión lineal simple y la múltiple se basan en los mismos conceptos y las mismas técnicas de evaluación; las implementaciones de código que discutiremos en este capítulo también son compatibles con ambos tipos de modelos de regresión.

Exploración del conjunto de datos Ames Housing

Antes de implementar el primer modelo de regresión lineal, hablaremos de un nuevo conjunto de datos, el conjunto de datos Ames Housing, que contiene información relacionada con las propiedades residenciales individuales en Ames, Iowa, desde 2006 hasta 2010. El conjunto de datos lo recopiló Dean De Cock en 2011, y la información adicional está disponible en los siguientes enlaces:

- Informe del conjunto de datos: `http://jse.amstat.org/v19n3/decock.pdf`
- Documentación detallada sobre las características del conjunto de datos: `http://jse.amstat.org/v19n3/decock/DataDocumentation.txt`
- Conjunto de datos en un formato separado por tabulaciones: `http://jse.amstat.org/v19n3/decock/AmesHousing.txt`

Como con cada nuevo conjunto de datos, siempre resulta útil explorar los datos a través de una simple visualización, para conocer mejor con qué estamos trabajando.

Carga del conjunto de datos Ames Housing en un DataFrame

En esta sección, cargaremos el conjunto de datos Ames Housing utilizando la función `read_csv`, que es rápida, versátil y es una herramienta recomendada para trabajar con datos en tablas almacenados en formato de texto plano.

El conjunto de datos de Ames Housing consta de 2930 ejermplos y 80 características. Para simplificar, solo trabajaremos con un subconjunto de características, que se muestran en la siguiente lista. Sin embargo, si tiene curiosidad, clique en el enlace de la descripción completa del conjunto de datos que se proporciona al principio de esta sección; y le animamos a explorar otras variables de este conjunto de datos después de leer este capítulo.

Las características con las que trabajaremos, incluida la variable de destino, son las siguientes:

- `Overall Qual`: calificación del material y del acabado general de la casa en una escala de 1 (muy pobre) a 10 (excelente)
- `Overall Cond`: valoración del estado general de la vivienda en una escala de 1 (muy deficiente) a 10 (excelente)
- `Gr Liv Area`: superficie habitable por encima del nivel (del suelo) en pies cuadrados
- `Central Air`: aire acondicionado central (N=no, Y=sí)
- `Total Bsmt SF`: total de pies cuadrados del área del sótano
- `SalePrice`: precio de venta en dólares estadounidenses ($)

Para el resto de este capítulo, consideraremos el precio de venta (`SalePrice`) como nuestra variable objetivo (la variable que queremos pronosticar utilizando una o más de las cinco variables explicativas). Antes de seguir explorando este conjunto de datos, vamos a cargarlo en un `DataFrame` de Pandas:

```
import pandas as pd

columns = ['Overall Qual', 'Overall Cond', 'Gr Liv Area',
           'Central Air', 'Total Bsmt SF', 'SalePrice']

df = pd.read_csv('http://jse.amstat.org/v19n3/decock/AmesHousing.txt',
                 sep='\t',
                 usecols=columns)

df.head()
```

Para confirmar que el conjunto de datos se ha cargado correctamente, podemos visualizar las cinco primeras líneas del conjunto, como se muestra en la Figura 9.3:

	Overall Qual	Overall Cond	Total Bsmt SF	Central Air	Gr Liv Area	SalePrice
0	6	5	1080.0	Y	1656	215000
1	5	6	882.0	Y	896	105000
2	6	6	1329.0	Y	1329	172000
3	7	5	2110.0	Y	2110	244000
4	5	5	928.0	Y	1629	189900

Figura 9.3 *Cinco primeras filas del conjunto de datos de viviendas.*

Después de cargar el conjunto de datos, vamos a comprobar también las dimensiones del `DataFrame` para asegurarnos de que contiene el número de filas esperado:

```
>>> df.shape
(2930, 6)
```

Como podemos ver, `DataFrame` contiene 2930 filas, como se esperaba.

Otro aspecto que debemos cuidar es la variable `'Central Air'`, que está codificada como del tipo `string`, como vemos en la Figura 9.3. Como aprendimos en el Capítulo 4, Elaboración de conjuntos de datos de entrenamiento adecuados: preprocesamiento de datos, podemos utilizar el método `.map` para convertir las columnas de `DataFrame`. El siguiente código convertirá la cadena `'Y'` en el entero 1, y la cadena `'N'` en el entero 0:

```
>>> df['Central Air'] = df['Central Air'].map({'N': 0, 'Y': 1})
```

Por último, vamos a comprobar si alguna de las columnas del marco de datos contiene valores perdidos:

```
>>> df.isnull().sum()
Overall Qual     0
Overall Cond     0
Total Bsmt SF    1
Central Air      0
Gr Liv Area      0
SalePrice        0
dtype: int64
```

Vemos que la variable de la característica `Total Bsmt SF` contiene un valor que falta. Dado que tenemos un conjunto de datos relativamente grande, la forma más fácil de tratar este valor de característica que falta es eliminar el ejemplo correspondiente del conjunto de datos (para métodos alternativos, véase el capítulo 4):

```
>>> df = df.dropna(axis=0)
>>> df.isnull().sum()

Overall Qual     0
Overall Cond     0
Total Bsmt SF    0
Central Air      0
Gr Liv Area      0
SalePrice        0
dtype: int64
```

Visualización de las características importantes de un conjunto de datos

El análisis exploratorio de datos (Exploratory Data Analysis, EDA) es un primer paso importante y recomendado antes del entrenamiento de un modelo de aprendizaje automático. En el resto de esta sección, utilizaremos algunas técnicas sencillas pero útiles de la caja de herramientas del EDA gráfico, que pueden ayudarnos a detectar visualmente la presencia de valores atípicos, la distribución de los datos y las relaciones entre características.

En primer lugar, crearemos una matriz de diagrama de dispersión que nos permita visualizar las correlaciones por pares entre las diferentes características de este conjunto de datos en una sola ubicación. Para trazar la matriz de dispersión, utilizaremos la función `scatterplotmatrix` de la biblioteca mlxtend (`http://rasbt.github.io/`

`mlxtend/`), que es una biblioteca de Python que contiene varias funciones de utilidad para el aprendizaje automático y las aplicaciones de ciencia de datos en Python.

Puede instalar el paquete **`mlxtend`** mediante `conda install mlxtend` o `pip install mlxtend`. En este capítulo hemos utilizado la versión 0.19.0 de mixtend.

Una vez completada la instalación, puede importar el paquete y crear la matriz de dispersión:

```
>>> import matplotlib.pyplot as plt
>>> from mlxtend.plotting import scatterplotmatrix
>>> scatterplotmatrix(df.values, figsize=(12, 10),
...                   names=df.columns, alpha=0.5)
>>> plt.tight_layout()
plt.show()
```

Como se muestra en la Figura 9.4, la matriz de dispersión nos proporciona un útil resumen gráfico de las relaciones de un conjunto de datos:

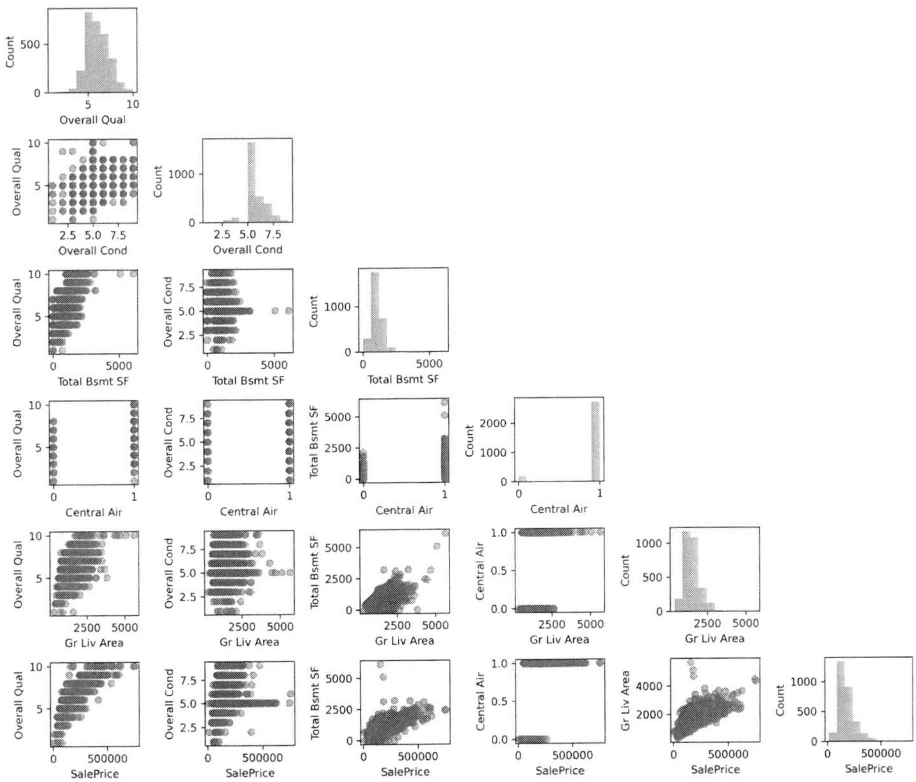

Figura 9.4 *Matriz de dispersión de los datos.*

Utilizando esta matriz de dispersión, podemos ver rápidamente cómo se distribuyen los datos y si contienen valores atípicos. Por ejemplo, podemos ver (quinta columna desde la izquierda de la fila inferior) que existe una relación algo lineal entre el tamaño de la superficie habitable sobre el suelo (`Gr Liv Area`) y el precio de venta (`SalePrice`).

Además, en el histograma (el subgrupo inferior derecho de la matriz de dispersión) podemos ver que la variable `SalePrice` parece estar sesgada por varios valores atípicos.

El supuesto de normalidad de la regresión lineal

Hay que tener en cuenta que, en contraste con lo que se cree normalmente, la formación de un modelo de regresión lineal no requiere que las variables explicativas o de destino se distribuyan de forma normal. El supuesto de normalidad es solo un requisito para ciertas estadísticas y pruebas de hipótesis que van más allá del alcance del libro (para obtener más información sobre este tema, consulte «Introduction to Linear Regression Analysis», de Douglas C. Montgomery, Elizabeth A. Peck y G. Geoffrey Vining, *Wiley*, páginas: 318-319, 2012).

Observación de las relaciones mediante la matriz de correlación

En la sección anterior, hemos visualizado las distribuciones de datos de las variables del conjunto de datos de Ames Housing en forma de histogramas y gráficos de dispersión. A continuación, crearemos una matriz de correlación para cuantificar y resumir las relaciones lineales entre las variables. Una matriz de correlación está estrechamente relacionada con la matriz de covarianza que tratamos en la sección titulada «Reducción de la dimensionalidad no supervisada a través del análisis de componentes principales» en el capítulo 5, Compresión de datos mediante la reducción de la dimensionalidad. Podemos interpretar la matriz de correlación como una versión reescalada de la matriz de covarianza. De hecho, la matriz de correlación es idéntica a la matriz de covarianza calculada a partir de características estandarizadas.

La matriz de correlación es una matriz cuadrada que contiene el coeficiente de correlación producto-momento de Pearson (a menudo abreviado como r de Pearson), que mide la dependencia lineal entre pares de características. Los coeficientes de correlación están en el rango de -1 a 1. Dos características tienen una correlación positiva perfecta si $r = 1$, ninguna correlación si $r = 0$, y una correlación negativa perfecta si $r = -1$. Como se ha mencionado anteriormente, el coeficiente de correlación de Pearson puede calcularse simplemente como la covarianza entre dos características, x e y (numerador), dividida por el producto de sus desviaciones estándar (denominador):

$$r = \frac{\sum_{i=1}^{n}\left[\left(x^{(i)} - \mu_x\right)\left(y^{(i)} - \mu_y\right)\right]}{\sqrt{\sum_{i=1}^{n}\left(x^{(i)} - \mu_x\right)^2}\sqrt{\sum_{i=1}^{n}\left(y^{(i)} - \mu_y\right)^2}} = \frac{\sigma_{xy}}{\sigma_x \sigma_y}$$

Aquí, μ indica la media de la característica correspondiente, σ_{xy} es la covarianza entre las características x e y, y σ_x y σ_y son las desviaciones estándar de las características.

Covarianza frente a correlación de las características estandarizadas

Podemos demostrar que la covarianza entre un par de características estandarizadas es, de hecho, igual a su coeficiente de correlación lineal. Para demostrarlo, normalicemos primero las características x e y para obtener sus puntuaciones z, que denotaremos como x' e y', respectivamente:

$$x' = \frac{x - \mu_x}{\sigma_x},\ y' = \frac{y - \mu_y}{\sigma_y}$$

Recordemos que calculamos la covarianza (poblacional) entre dos características de la siguiente manera:

$$\sigma_{xy} = \frac{1}{n}\sum_{i}^{n}\left(x^{(i)} - \mu_x\right)\left(y^{(i)} - \mu_y\right)$$

Como la estandarización centra una variable de característica en el valor de la media cero, ahora podemos calcular la covarianza entre las características escaladas como sigue:

$$\sigma'_{xy} = \frac{1}{n}\sum_{i}^{n}\left(x'^{(i)} - 0\right)\left(y'^{(i)} - 0\right)$$

Mediante dos sustituciones sucesivas, obtenemos el siguiente resultado:

$$\sigma'_{xy} = \frac{1}{n}\sum_{i}^{n}\left(\frac{x - \mu_x}{\sigma_x}\right)\left(\frac{y - \mu_y}{\sigma_y}\right)$$

$$\sigma'_{xy} = \frac{1}{n \cdot \sigma_x \sigma_y}\sum_{i}^{n}\left(x^{(i)} - \mu_x\right)\left(y^{(i)} - \mu_y\right)$$

Finalmente, podemos simplificar esta ecuación como sigue:

$$\sigma'_{xy} = \frac{\sigma_{xy}}{\sigma_x \sigma_y}$$

En el siguiente ejemplo de código, utilizaremos la función `corrcoef` de NumPy en las cinco columnas de características que hemos visualizado previamente en la matriz de dispersión, y utilizaremos la función `heatmap` de mlxtend para representar la matriz de correlación como un mapa de calor:

```
>>> import numpy as np
>>> from mlxtend.plotting import heatmap

>>> cm = np.corrcoef(df.values.T)
>>> hm = heatmap(cm, row_names=df.columns, column_names=df.columns)
>>> plt.tight_layout()
>>> plt.show()
```

Como se puede ver en la Figura 9.5, la matriz de correlación nos proporciona otro gráfico de resumen muy útil que puede ayudarnos a seleccionar características en función de sus respectivas correlaciones lineales:

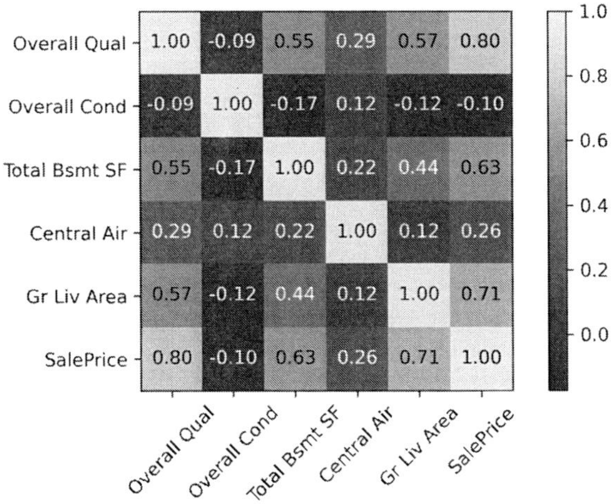

Figura 9.5 *Matriz de correlación de las variables seleccionadas.*

Para ajustar un modelo de regresión lineal, nos interesan las características que tienen una alta correlación con nuestra variable objetivo, `SalePrice`. Observando la matriz de correlación anterior, podemos ver que `SalePrice` muestra la mayor correlación con la variable `Gr Liv Area` (`0.71`), que parece ser una buena elección para una variable exploratoria con la que introducir los conceptos de un modelo de regresión lineal simple en la siguiente sección.

Implementación del modelo de regresión lineal mediante mínimos cuadrados ordinarios

Al principio de este capítulo, hemos mencionado que la regresión lineal puede entenderse como la obtención de la línea recta que mejor se ajusta a los ejemplos de los datos de entrenamiento. Sin embargo, no hemos definido el término de «mejor ajuste» ni hemos discutido las diferentes técnicas de ajuste de dicho modelo. A continuación, colocaremos las piezas que faltan de este rompecabezas utilizando el método de mínimos cuadrados ordinarios (Ordinary Least Squares, OLS), que a veces también se llama «mínimos cuadrados lineales», para estimar los parámetros de la línea de regresión lineal que minimiza la suma de las distancias verticales al cuadrado (residuos o errores) para los ejemplos de entrenamiento.

Resolución de la regresión para los parámetros de regresión con el descenso del gradiente

Considere nuestra implementación de la neurona lineal adaptativa (Adaptive Linear Neuron, Adaline) del capítulo 2, Entrenamiento de algoritmos sencillos de aprendizaje automático para tareas de clasificación. Recordará que la neurona artificial utiliza una función de activación lineal. Además, definimos una función de pérdida, $L(\boldsymbol{w})$, que minimizamos para aprender los pesos mediante algoritmos de optimización, como el descenso del gradiente (Gradient Descent, GD) y el descenso del gradiente estocástico (Stochastic Gradient Descent, SGD).

Esta función de pérdida en Adaline es el error cuadrático medio (Mean Squared Error, MSE), y es idéntica a la función de pérdida que utilizamos para OLS:

$$L(\boldsymbol{w}, b) = \frac{1}{2n}\sum_{i=1}(y^{(i)} - \hat{y}^{(i)})^2$$

Aquí, $\hat{y}$ es el valor pronosticado $\hat{y} = \boldsymbol{w}^T\boldsymbol{x} + b$ (nótese que el término $\frac{1}{2}$ solo se utiliza por conveniencia para derivar la regla de actualización de GD). Esencialmente, la regresión OLS puede entenderse como Adaline sin la función umbral, de modo que obtenemos valores objetivo continuos en lugar de las etiquetas de clase `0` y `1`. Para demostrarlo, vamos a utilizar la implementación GD de Adaline del capítulo 2, y eliminamos la función umbral para implementar nuestro primer modelo de regresión lineal:

```
class LinearRegressionGD:
    def __init__(self, eta=0.01, n_iter=50, random_state=1):
        self.eta = eta
        self.n_iter = n_iter
        self.random_state = random_state

    def fit(self, X, y):
        rgen = np.random.RandomState(self.random_state)
        self.w_ = rgen.normal(loc=0.0, scale=0.01, size=X.shape[1])
        self.b_ = np.array([0.])
        self.losses_ = []
```

```
        for i in range(self.n_iter):
            output = self.net_input(X)
            errors = (y - output)
            self.w_ += self.eta * 2.0 * X.T.dot(errors) / X.shape[0]
            self.b_ += self.eta * 2.0 * errors.mean()
            loss = (errors**2).mean()
            self.losses_.append(loss)
        return self

    def net_input(self, X):
        return np.dot(X, self.w_) + self.b_

    def predict(self, X):
        return self.net_input(X)
```

Actualizaciones de pesos mediante descenso del gradiente

Si necesita un repaso sobre cómo se actualizan los pesos, dando un paso en la dirección opuesta al gradiente, vuelva a ver la sección «Neuronas lineales adaptativas y convergencia del aprendizaje» del capítulo 2.

Para ver nuestro regresor `LinearRegressionGD` en acción, utilizamos la característica `Gr Living Area` (tamaño de la superficie habitable sobre el suelo en pies cuadrados) del conocido conjunto de datos Ames Housing como variable explicativa. Vamos a entrenar un modelo que pueda pronosticar `SalePrice`. Además, estandarizaremos las variables para una mejor convergencia del algoritmo GD. El código es el siguiente:

```
>>> X = df[['Gr Liv Area']].values
>>> y = df['SalePrice'].values
>>> from sklearn.preprocessing import StandardScaler
>>> sc_x = StandardScaler()
>>> sc_y = StandardScaler()
>>> X_std = sc_x.fit_transform(X)
>>> y_std = sc_y.fit_transform(y[:, np.newaxis]).flatten()
>>> lr = LinearRegressionGD(eta=0.1)
>>> lr.fit(X_std, y_std)
```

Observemos la solución para `y_std`, utilizando `np.newaxis` y `flatten`. La mayoría de las clases de preprocesamiento de datos en Scikit-learn esperan que los datos se almacenen en matrices bidimensionales. En el ejemplo de código anterior, el uso de `np.newaxis` en `y[:, np.newaxis]` ha añadido una nueva dimensión al array. Entonces, después de que `StandardScaler` devolviera la variable escalada, por conveniencia la convertimos de nuevo a la representación original de matriz unidimensional utilizando el método `flatten()`.

En el capítulo 2 hemos comentado que siempre es una buena idea representar la pérdida en función del número de épocas (iteraciones completas) sobre el conjunto de datos de entrenamiento cuando utilizamos algoritmos de optimización, como GD, para comprobar que el algoritmo converge a un mínimo de pérdida (en este caso, un mínimo de pérdida global):

```
>>> plt.plot(range(1, lr.n_iter+1), lr.losses_)
>>> plt.ylabel('MSE')
>>> plt.xlabel('Epoch')
>>> plt.show()
```

Como se puede ver en la Figura 9.6, el algoritmo GD ha convergido aproximadamente después de la décima época:

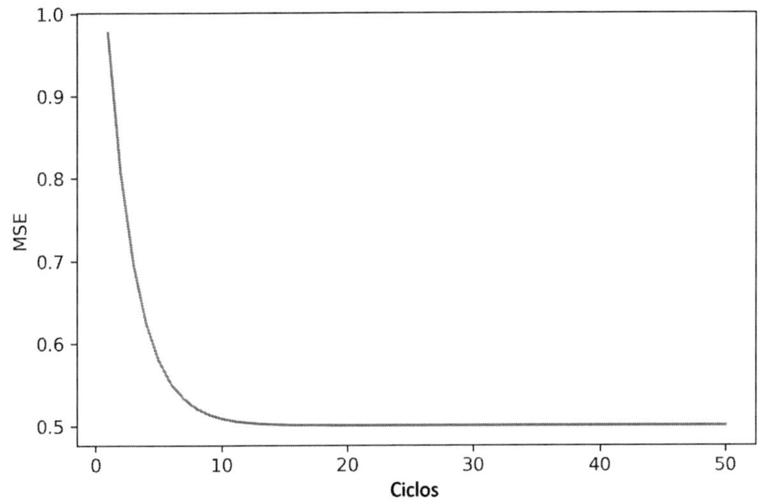

Figura 9.6 *Función de pérdida en función del número de épocas.*

A continuación, vamos a visualizar cómo se ajusta la línea de regresión lineal a los datos de entrenamiento. Para ello, definiremos una sencilla función de ayuda que representará un gráfico de dispersión de los ejemplos de entrenamiento y añadirá la línea de regresión:

```
>>> def lin_regplot(X, y, model):
...     plt.scatter(X, y, c='steelblue', edgecolor='white', s=70)
...     plt.plot(X, model.predict(X), color='black', lw=2)
```

Ahora, utilizaremos la función `lin_regplot` para representar la superficie habitable en función del precio de venta:

```
>>> lin_regplot(X_std, y_std, lr)
>>> plt.xlabel(' Living area above ground (standardized)')
>>> plt.ylabel('Sale price (standardized)')
>>> plt.show()
```

Como se puede ver en la Figura 9.7, la línea de regresión lineal refleja la tendencia general de que el precio de la vivienda tiende a aumentar con el tamaño de la superficie habitable:

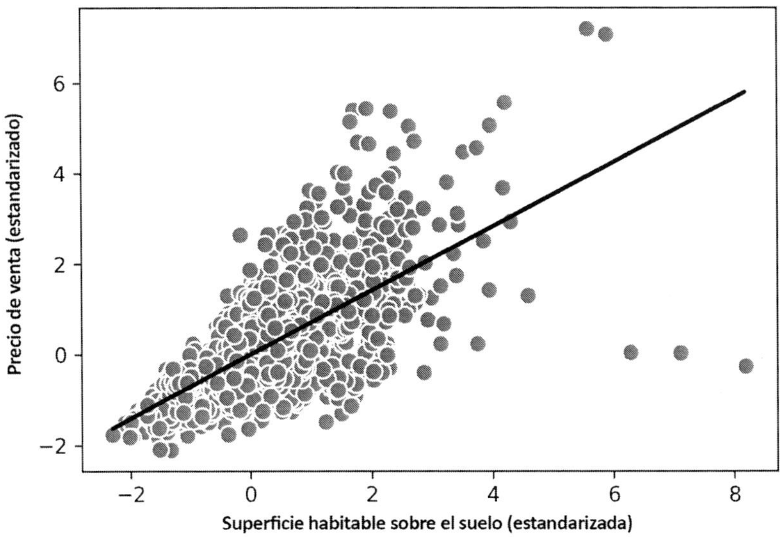

Figura 9.7 *Gráfico de regresión lineal de los precios de venta en función del tamaño de la superficie habitable.*

Esta observación tiene sentido, pero los datos también nos indican que, en mucho casos, el tamaño de la superficie habitable no explica muy bien los precios de la vivienda. Más adelante, en este mismo capítulo, analizaremos cómo cuantificar el rendimiento de un modelo de regresión. Curiosamente, también podemos observar varios valores atípicos; por ejemplo, los tres puntos de datos correspondientes a una superficie habitable estandarizada superior a 6. Más adelante, en este mismo capítulo, analizaremos cómo podemos hacer frente a los valores atípicos.

En ciertas aplicaciones, también puede ser importante informar de las variables de resultado pronosticadas en su escala original. Si queremos volver a escalar el precio pronosticado a la escala original en dólares estadounidenses, podemos aplicar el método `inverse_transform` de `StandardScaler`:

```
>>> feature_std = sc_x.transform(np.array([[2500]]))
>>> target_std = lr.predict(feature_std)
>>> target_reverted = sc_y.inverse_transform(target_std.reshape(-1, 1))
>>> print(f'Sales price: ${target_reverted.flatten()[0]:.2f}')
Sales price: $292507.07
```

En este ejemplo de código, utilizamos el modelo de regresión lineal previamente entrenado para pronosticar el precio de una casa con una superficie habitable de 2500 pies cuadrados. Según nuestro modelo, dicha casa valdrá 292 507.07 dólares.

Como nota al margen, también vale la pena mencionar que técnicamente no tenemos que actualizar el parámetro de intersección (por ejemplo, la unidad de sesgo, *b*) si estamos trabajando con variables estandarizadas, ya que la intersección del eje *y* es siempre 0 en esos casos. Podemos confirmarlo rápidamente imprimiendo los parámetros del modelo:

```
>>> print(f'Slope: {lr.w_[0]:.3f}')
Slope: 0.707
>>> print(f'Intercept: {lr.b_[0]:.3f}')
Intercept: -0.000
```

Estimación del coeficiente del modelo de regresión mediante Scikit-learn

En la sección anterior, implementamos un modelo de trabajo para el análisis de regresión; sin embargo, en una aplicación del mundo real, podemos estar interesados en implementaciones más eficientes. Por ejemplo, muchos de los estimadores de Scikit-learn para la regresión hacen uso de la implementación de mínimos cuadrados en SciPy (`scipy.linalg.lstsq`) que, a su vez, utiliza optimizaciones de código altamente optimizadas basadas en un paquete de álgebra lineal (Linear Algebra Package, LAPACK). La implementación de regresión lineal en Scikit-learn también funciona (mejor) con variables no estandarizadas, ya que no utiliza optimización basada en (S)GD, por lo que podemos saltarnos el paso de la estandarización:

```
>>> from sklearn.linear_model import LinearRegression
>>> slr = LinearRegression()
>>> slr.fit(X, y)
>>> y_pred = slr.predict(X)
>>> print(f'Slope: {slr.coef_[0]:.3f}')
Slope: 111.666
>>> print(f'Intercept: {slr.intercept_:.3f}')
Intercept: 13342.979
```

Como se puede ver al ejecutar este código, el modelo `LinearRegression` de Scikit-learn, ajustado con las variables no estandarizadas `Gr Liv Area` y `SalePrice`, ha arrojado diferentes coeficientes del modelo, ya que las características no han sido estandarizadas. Sin embargo, cuando lo comparamos con nuestra implementación de GD al representar `SalePrice` en función de `Gr Liv Area`, podemos ver cualitativamente que se ajusta a los datos de manera similar:

```
>>> lin_regplot(X, y, slr)
>>> plt.xlabel('Living area above ground in square feet')
>>> plt.ylabel('Sale price in U.S. dollars')
>>> plt.tight_layout()
>>> plt.show()
```

Por ejemplo, podemos ver que el resultado general es idéntico a nuestra implementación de GD:

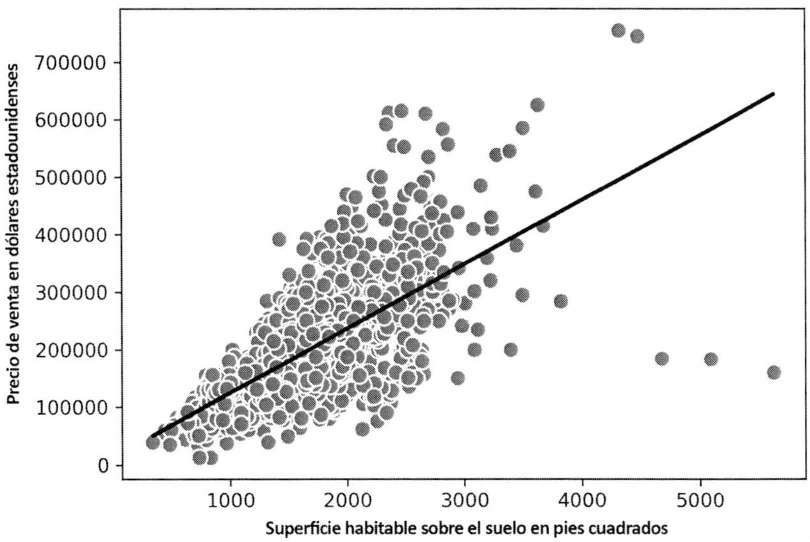

Figura 9.8 *Gráfico de regresión lineal con Scikit-learn.*

Soluciones analíticas de regresión lineal

Como alternativa al uso de bibliotecas de aprendizaje automático, también existe una solución en forma cerrada para resolver OLS que implica un sistema de ecuaciones lineales que se puede encontrar en la mayoría de los libros de texto de introducción a la estadística:

$$w = (X^T X)^{-1} X^T y$$

Podemos implementarla en Python de la siguiente manera:

```
# adding a column vector of "ones"
    Xb = np.hstack((np.ones((X.shape[ ],  )), X))
    w = np.zeros(X.shape[ ])
    z = np.linalg.inv(np.dot(Xb.T, Xb))
    w = np.dot(z, np.dot(Xb.T, y))
        (              {w[ ]:. f} )
Slope: 111.666
        (                  {w[ ]:. f} )
Intercept: 13342.979
```

La ventaja de este método es que garantiza que se encuentra la solución óptima de forma analítica. Sin embargo, si trabajamos con conjuntos de datos muy grandes, puede ser demasiado costoso computacionalmente invertir la matriz de esta fórmula (a veces también llamada ecuación normal), o la matriz que contiene los ejemplos de entrenamiento puede ser singular (no invertible), por lo que en ciertos caos podemos preferir métodos iterativos.

Si está interesado en más información sobre cómo obtener ecuaciones normales, eche un vistazo al capítulo del Dr. Stephen Pollock «The Classical Linear Regression Model», de sus conferencias en la Universidad de Leicester, que está disponible de forma gratuita en `http://www.le.ac.uk/users/dsgp1/COURSES/MESOMET/ECMETXT/06mesmet.pdf`.

Además, si desea comparar las soluciones de regresión lineal obtenidas mediante GD, SGD, la solución en forma cerrada, la factorización QR y la descomposición de vectores singulares, puede utilizar la clase LinearRegression implementada en mlxtend `LinearRegression` (`http://rasbt.github.io/mlxtend/user_guide/regressor/LinearRegression/`), que permite a los usuarios alternar entre estas opciones. Otra gran biblioteca que se recomienda para el modelado de regresión en Python es statsmodels, que implementa modelos de regresión lineal más avanzados, como se ilustra en `https://www.statsmodels.org/stable/examples/index.html#regression`.

Ajuste del modelo de regresión robusto mediante RANSAC

Los modelos de regresión lineal pueden verse muy afectados por la presencia de valores atípicos. En ciertas situaciones, un subconjunto muy pequeño de los datos puede tener un gran efecto en los coeficientes estimados del modelo. Se pueden utilizar muchas pruebas estadísticas para detectar los valores atípicos, pero estas van más allá del alcance del libro. Sin embargo, la eliminación de los valores atípicos siempre requiere nuestro propio juicio como científicos de datos, así como nuestro conocimiento del dominio.

Como alternativa a la eliminación de los valores atípicos, estudiaremos un método robusto de regresión mediante el algoritmo RANdom SAmple Consensus (RANSAC), que ajusta un modelo de regresión a un subconjuto de datos, los llamados «valores de medidas erróneas».

Podemos resumir el algoritmo iterativo RANSAC como sigue:

1. Selecciona un número aleatorio de ejemplos que sean valores de medidas erróneas y ajusta el modelo.
2. Prueba todos los demás puntos de datos con el modelo ajustado y añade a los valores de medidas erróneas los puntos que se encuentran dentro de una tolerancia determinada por el usuario.
3. Vuelve a ajustar el modelo utilizando todos los valores de medidas erróneas.
4. Estima el error del modelo ajustado frente a los valores de medidas erróneas
5. Termina el algoritmo si el rendimiento alcanza un determinado umbral definido por el usuario o si se alcanza un número fijo de iteraciones; en caso contrario, vuelve al paso 1.

Utilicemos ahora un modelo lineal en combinación con el algoritmo RANSAC, tal y como se implementa en la clase `RANSACRegressor` de Scikit-learn:

```
>>> from sklearn.linear_model import RANSACRegressor
>>> ransac = RANSACRegressor(
...     LinearRegression(),
...     max_trials=100, # default value
...     min_samples=0.95,
...     residual_threshold=None, # default value
...     random_state=123)
>>> ransac.fit(X, y)
```

Fijamos el número máximo de iteraciones de `RANSACRegressor` en 100, y mediante `min_samples=0.95`, fijamos el número mínimo de los ejemplos de entrenamiento elegidos aleatoriamente para que sean al menos el 95 % del conjunto de datos.

Por defecto (a través de `residual_threshold=None`), Scikit-learn utiliza la estimación MAD para seleccionar el umbral de los valores de medidas erróneas, donde MAD significa la mediana de la desviación absoluta de los valores objetivo, y. Sin embargo, la elección de un valor apropiado para el umbral de los valores de medidas erróneas es específica para el problema, lo cual es una desventaja de RANSAC.

En los últimos años se han desarrollado muchos enfoques diferentes para seleccionar automáticamente un buen umbral de valores de medidas erróneas. Puede encontrar información detallada en *Automatic Estimation of the Inlier Threshold in Robust Multiple Structures Fitting*, de R. Toldo y A. Fusiello, Springer, 2009 (en *Image Analysis and Processing-ICIAP* 2009, páginas: 123-131).

Una vez que hemos ajustado el modelo RANSAC, vamos a obtener los valores de medidas erróneas y los valores atípicos del modelo de regresión lineal RANSAC ajustado, y a representarlos junto con el ajuste lineal:

```
>>> inlier_mask = ransac.inlier_mask_
>>> outlier_mask = np.logical_not(inlier_mask)
>>> line_X = np.arange(3, 10, 1)
>>> line_y_ransac = ransac.predict(line_X[:, np.newaxis])
>>> plt.scatter(X[inlier_mask],
...             y[inlier_mask],
...             c='steelblue', edgecolor='white',
...             marker='o', label='Inliers')
>>> plt.scatter(X[outlier_mask],
...             y[outlier_mask],
...             c='limegreen', edgecolor='white',
...             marker='s', label='Outliers')
>>> plt.plot(line_X, line_y_ransac, color='black', lw=2)
>>> plt.xlabel('Living area above ground in square feet')
>>> plt.ylabel('Sale price in U.S. dollars')
>>> plt.legend(loc='upper left')
>>> plt.tight_layout()
>>> plt.show()
```

Como se puede ver en la Figura 9.9, el modelo de regresión lineal se ha ajustado al conjunto de valores de medidas erróneas detectados, que se muestran como círculos:

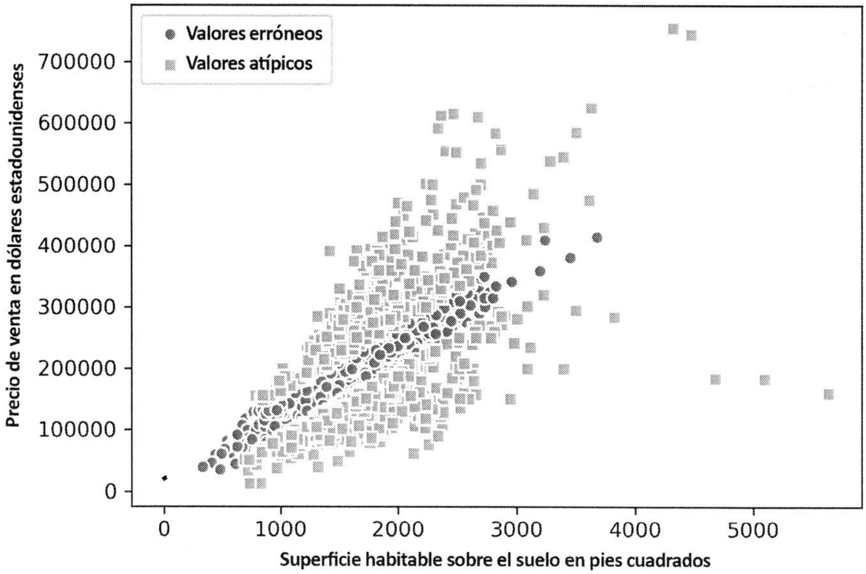

Figura 9.9 *Valores de medidas erróneas y atípicos identificados mediante un modelo de regresión lineal RANSAC.*

Cuando imprimimos la pendiente y la intersección del modelo ejecutando el siguiente código, la línea de regresión lineal será ligeramente diferente del ajuste que obtuvimos en la sección anterior sin utilizar RANSAC:

```
>>> print(f'Slope: {ransac.estimator_.coef_[0]:.3f}')
Slope: 106.348
>>> print(f'Intercept: {ransac.estimator_.intercept_:.3f}')
Intercept: 20190.093
```

Recuerde que establecimos el parámetro `residual_threshold` a `None`, por lo que RANSAC estaba usando la MAD para calcular el umbral para marcar los valores de medidas erróneas y los atípicos. El MAD, para este conjunto de datos, se puede calcular como sigue:

```
>>> def mean_absolute_deviation(data):
...     return np.mean(np.abs(data - np.mean(data)))
>>> mean_absolute_deviation(y)
58269.561754979375
```

Por lo tanto, si queremos identificar menos puntos de datos como valores atípicos, podemos elegir un valor de `residual_threshold` mayor que el MAD anterior. Por ejemplo, la Figura 9.10 muestra los valores de medidas erróneas y los atípicos de un modelo de regresión lineal RANSAC con un umbral residual de 65 000:

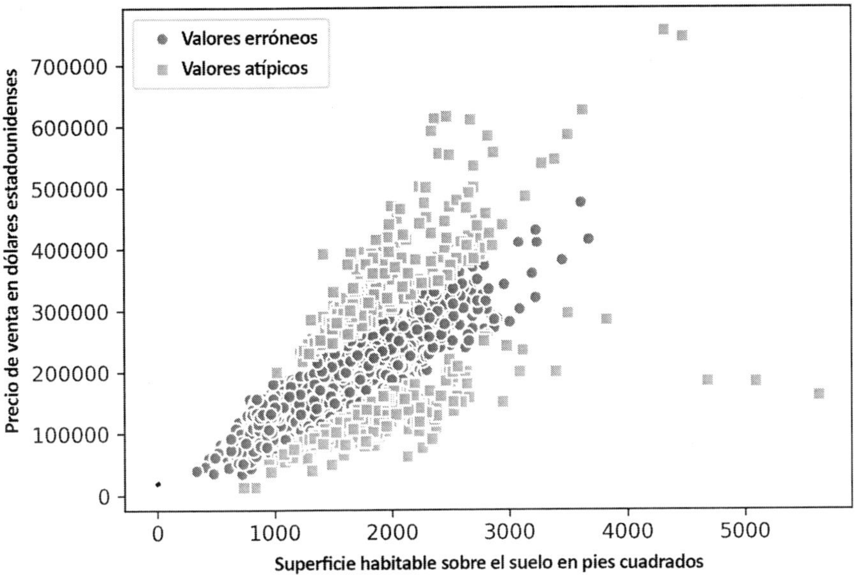

Figura 9.10 *Valores de medidas erróneas y atípicos determinados por un modelo de regresión lineal RANSAC con un umbral residual mayor.*

Utilizando RANSAC, hemos reducido el efecto potencial de los valores atípicos en este conjunto de datos, pero no sabemos si este enfoque tendrá o no un efecto positivo en el rendimiento predictivo para los datos no vistos. Por lo tanto, en la siguiente sección, veremos diferentes enfoques para evaluar un modelo de regresión, que es una parte crucial de la elaboración de sistemas para el modelado predictivo.

Evaluación del rendimiento de los modelos de regresión lineal

En la sección anterior, aprendió a ajustar un modelo de regresión en los datos de entrenamiento. Sin embargo, en los capítulos anteriores descubrió que es crucial probar el modelo en datos que este no ha visto durante el entrenamiento, para obtener una estimación menos sesgada de su rendimiento de generalización.

Queremos dividir nuestro conjunto de datos en conjuntos de datos de prueba y entrenamiento separados; usaremos el primero para ajustar el modelo y el segundo para evaluar su rendimiento en datos no vistos para estimar el rendimiento de generalización. En lugar de continuar con el modelo de regresión simple, ahora usaremos las cinco características del conjunto de datos y entrenaremos un modelo de regresión múltiple:

```
>>> from sklearn.model_selection import train_test_split
>>> target = 'SalePrice'
```

```
>>> features = df.columns[df.columns != target]
>>> X = df[features].values
>>> y = df[target].values
>>> X_train, X_test, y_train, y_test = train_test_split(
...     X, y, test_size=0.3, random_state=123)
>>> slr = LinearRegression()
>>> slr.fit(X_train, y_train)
>>> y_train_pred = slr.predict(X_train)
>>> y_test_pred = slr.predict(X_test)
```

Dado que nuestro modelo usa múltiples variables explicativas, no podemos visualizar la línea de regresión lineal (o el hiperplano, para ser precisos) en una gráfica bidimensional, pero podemos representar los residuales (las diferencias o distancias verticales entre los valores reales y los pronosticados) en función de los valores pronosticados para diagnosticar nuestro modelo de regresión. Las representaciones residuales son una herramienta gráfica de uso frecuente para diagnosticar modelos de regresión. Pueden ayudar a detectar la no linealidad y los valores atípicos y verificar si los errores se distribuyen aleatoriamente.

Usando el siguiente código, ahora representaremos un gráfico de residuos donde restamos las verdaderas variables objetivo de las respuestas pronosticadas:

```
>>> x_max = np.max(
...     [np.max(y_train_pred), np.max(y_test_pred)])
>>> x_min = np.min(
...     [np.min(y_train_pred), np.min(y_test_pred)])

>>> fig, (ax1, ax2) = plt.subplots(
...     1, 2, figsize=(7, 3), sharey=True)

>>> ax1.scatter(
...     y_test_pred, y_test_pred - y_test,
...     c='limegreen', marker='s',
...     edgecolor='white',
...     label='Test data')
>>> ax2.scatter(
...     y_train_pred, y_train_pred - y_train,
...     c='steelblue', marker='o', edgecolor='white',
...     label='Training data')
>>> ax1.set_ylabel('Residuals')

>>> for ax in (ax1, ax2):
```

```
...         ax.set_xlabel('Predicted values')
...         ax.legend(loc='upper left')
...         ax.hlines(y=0, xmin=x_min-100, xmax=x_max+100,\
...             color='black', lw=2)
>>> plt.tight_layout()
>>> plt.show()
```

Después de ejecutar el código, deberíamos ver la representaciones de residuos para los conjuntos de datos de prueba y de entrenamiento con una línea que pasa por el origen del eje x, como se muestra en la Figura 9.11:

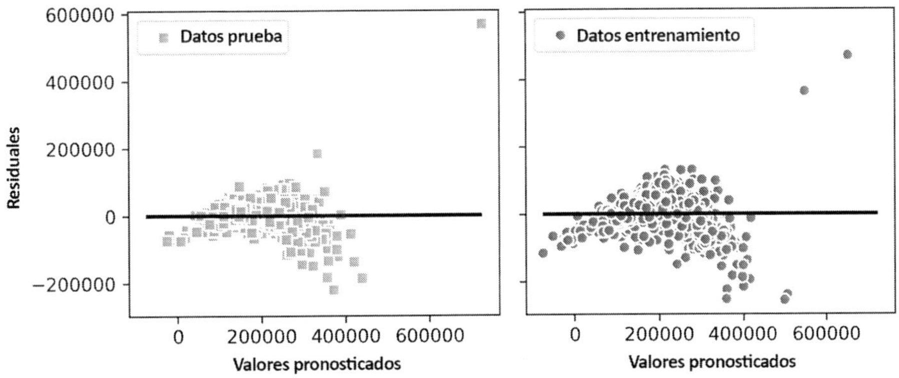

Figura 9.11 *Gráficos de residuos de los datos.*

En el caso de un pronóstico perfecto, los residuos serían exactamente cero, lo que probablemente nunca encontraremos en aplicaciones realistas y prácticas. Sin embargo, para un buen modelo de regresión, esperaríamos que los errores se distribuyeran aleatoriamente y que los residuos se dispersaran aleatoriamente alrededor de la línea central. Si vemos patrones en un gráfico de residuos, significa que nuestro modelo es incapaz de capturar alguna información explicativa, que se ha filtrado en los residuos, como se puede ver hasta cierto punto en el gráfico de residuos anterior. Además, también podemos utilizar las representaciones de residuos para detectar los valores atípicos, que están representados por los puntos con una gran desviación de la línea central.

Otra medida cuantitativa útil del rendimiento de un modelo es el error cuadrático medio (Mean Squared Error, MSE), que ya hemos tratado como nuestra función de pérdida, que minimizamos para ajustar el modelo de regresión lineal. La siguiente es una versión de MSE sin el factor de escala $\frac{1}{2}$, que a menudo se utiliza para simplificar la derivada de la función de pérdida en el descenso del gradiente:

$$MSE = \frac{1}{n}\sum_{i=1}^{n}(y^{(i)} - \hat{y}^{(i)})$$

Al igual que la exactitud de la predicción en contextos de clasificación, podemos utilizar MSE para la validación cruzada y la selección de modelos, como se explica en el capítulo 6.

MSE también se normaliza según el tamaño de la muestra, n. Esto hace que también sea posible comparar entre diferentes tamaños de muestra (por ejemplo, en el contexto de las curvas de aprendizaje).

Calculemos ahora el MSE de nuestras predicciones de entrenamiento y de prueba:

```
>>> from sklearn.metrics import mean_squared_error
>>> mse_train = mean_squared_error(y_train, y_train_pred)
>>> mse_test = mean_squared_error(y_test, y_test_pred)
>>> print(f'MSE train: {mse_train:.2f}')
MSE train: 1497216245.85
>>> print(f'MSE test: {mse_test:.2f}')
MSE test: 1516565821.00
```

Podemos ver que MSE en el conjunto de datos de entrenamiento es mayor que en el conjunto de prueba, lo que es un indicador de que nuestro modelo está sobreajustando ligeramente los datos de entrenamiento. Tenga en cuenta que puede ser más intuitivo mostrar el error en la escala original de la unidad (aquí, dólar en lugar de dólar-cuadrado), por lo que podemos optar por calcular la raíz cuadrada de MSE, llamada error cuadrático medio, o el error medio absoluto (Mean Absolute Error, MAE), que enfatiza un poco menos el pronóstico incorrecto:

$$MAE = \frac{1}{n}\sum_{i=1}^{n} |y^{(i)} - \hat{y}^{(i)}|$$

Podemos calcular el MAE de forma similar al MSE:

```
>>> from sklearn.metrics import mean_absolute_error
>>> mae_train = mean_absolute_error(y_train, y_train_pred)
>>> mae_test = mean_absolute_error(y_test, y_test_pred)
>>> print(f'MAE train: {mae_train:.2f}')
MAE train: 25983.03
>>> print(f'MAE test: {mae_test:.2f}')
MAE test: 24921.29
```

Basándonos en el MAE del conjunto de pruebas, podemos decir que el modelo comete un error de aproximadamente 25 000 dólares de media.

Cuando utilizamos MAE o MSE para comparar modelos, tenemos que ser conscientes de que no están limitados, en contraste con la precisión de la clasificación, por ejemplo. En otras palabras, las interpretaciones de MAE y MSE dependen del conjunto de datos y del escalado de las características. Por ejemplo, si los precios de venta se presentaran como múltiplos de 1000 (con el sufijo K), el mismo modelo arrojaría un MAE menor en comparación con un modelo que trabajara con características sin escalar. Para ilustrar mejor este punto:

$$|\$500K - 550K| < |\$500\,000 - 550\,000|$$

Por lo tanto, a veces puede ser más útil informar del coeficiente de determinación, (R^2), el cual puede entenderse como una versión estandarizada de MSE, para una mejor interpretación del rendimiento del modelo. O, en otras palabras, R^2 es la fracción de la varianza de la respuesta que es capturada por el modelo. El valor de R^2 se define como:

$$R^2 = 1 - \frac{SSE}{SST}$$

Aquí, SSE es la suma de errores al cuadrado, que es similar a MSE pero no incluye la normalización por el tamaño de la muestra n:

$$SSE = \sum_{i=1}^{n} (y^{(i)} - \hat{y}^{(i)})^2$$

Y SST es la suma total de los cuadrados:

$$SST = \sum_{i=1}^{n} (y^{(i)} - \mu_y)^2$$

En otras palabras, SST es simplemente la varianza de la respuesta. Ahora, vamos a mostrar brevemente que R^2 es solo una versión reescalada de MSE:

$$\begin{aligned} R^2 &= 1 - \frac{SSE}{SST} \\ &= \frac{\frac{1}{n}\sum_{i=1}^{n}(y^{(i)} - \hat{y}^{(i)})^2}{\frac{1}{n}\sum_{i=1}^{n}(y^{(i)} - \mu_y)^2} \\ &= 1 - \frac{MSE}{Var(y)} \end{aligned}$$

Para el conjunto de datos de mantenimiento, R^2 está limitado entre 0 y 1, pero puede llegar a ser negativo para el conjunto de datos de prueba. Un R^2 negativo significa que el modelo de regresión se ajusta a los datos peor que una línea horizontal que representa la media de la muestra. En la práctica, esto suele ocurrir en el caso de un sobreajuste extremo, o si nos olvidamos de escalar el conjunto de prueba de la misma manera que escalamos el conjunto de entrenamiento. Si $R^2 = 1$, el modelo se ajusta perfectamente a los datos con un MSE correspondiente = 0.

Evaluado con los datos de entrenamiento, el R^2 de nuestro modelo es de 0.77, lo que no es muy bueno, pero tampoco está mal, dado que sóolo trabajamos con un pequeño conjunto de características. Sin embargo, el R^2 en el conjunto de datos de prueba es ligeramente inferior, de 0.75, lo que indica que el modelo se sobreajusta ligeramente:

```
>>> from sklearn.metrics import r2_score
>>> train_r2 = r2_score(y_train, y_train_pred)
>>> test_r2 = r2_score(y_test, y_test_pred)
>>> print(f'R^2 train: {train_r2:.3f}, {test_r2:.3f}')
R^2 train: 0.77, test: 0.75
```

Uso de métodos regularizados para la regresión

Como ya comentamos en el capítulo 3, Un recorrido por los clasificadores de aprendizaje automático con Scikit-learn, la regularización es un enfoque para abordar el problema del sobreajuste añadiendo información adicional y reduciendo así los valores de los parámetros del modelo para inducir una penalización contra la complejidad. Los enfoques más populares de la regresión lineal regularizada son la llamada regresión ridge (o de cresta), el operador de selección y contracción mínima absoluta (Least Absolute Shrinkage and Selection Operator, LASSO) y la regresión de red elástica.

La regresión ridge es un modelo con penalización L2 en el que añadimos la suma de los cuadrados de los pesos a la función de pérdida MSE:

$$L(\boldsymbol{w})_{Ridge} = \sum_{i=1}^{n} \left(y^{(i)} - \hat{y}^{(i)}\right)^2 + \lambda||\boldsymbol{w}||_2^2$$

Aquí, el término L2 se define como sigue:

$$\lambda||\boldsymbol{w}||_2^2 = \lambda \sum_{j=1}^{m} w_j^2$$

Al aumentar el valor del hiperparámetro λ, aumentamos la fuerza de regularización y, por tanto, reducimos los pesos del modelo. Tenga en cuenta que, como se menciona en el capítulo 3, la unidad de sesgo b no está regularizada.

Un enfoque alternativo que puede conducir a modelos dispersos es LASSO. Dependiendo de la fuerza de regularización, ciertos pesos pueden llegar a ser cero, lo que también hace que LASSO sea útil como técnica de selección de características supervisada:

$$L(\boldsymbol{w})_{Lasso} = \sum_{i=1}^{n} \left(y^{(i)} - \hat{y}^{(i)}\right)^2 + \lambda||\boldsymbol{w}||_1$$

Aquí, la penalización L1 para LASSO se define como la suma de las magnitudes absolutas de los pesos del modelo, como sigue:

$$\lambda||\boldsymbol{w}||_1 = \lambda \sum_{j=1}^{m} |w_j|$$

Sin embargo, una limitación de LASSO es que selecciona como máximo n características si $m > n$, donde n es el número de ejemplos de entrenamiento. Esto puede ser indeseable en ciertas aplicaciones de selección de características. En la práctica, sin embargo, esta propiedad de LASSO es a menudo una ventaja porque evita los modelos saturados. La saturación de un modelo se produce si el número de ejemplos de entrenamiento es igual al número de características, lo cual es una forma de sobreparametrización. En consecuencia, un modelo saturado siempre puede ajustarse perfectamente a los datos de entrenamiento, pero no es más que una forma de interpolación y, por tanto, no se espera que generalice bien.

Un compromiso entre la regresión ridge y LASSO es el de red elástica, que tiene una penalización L1 para generar escasez y una penalización L2, de manera que puede utilizarse para seleccionar más de n características si $m > n$:

$$L(\boldsymbol{w})_{Elastic\ Net} = \sum_{i=1}^{n} \left(y^{(i)} - \hat{y}^{(i)}\right)^2 + \lambda_2||\boldsymbol{w}||_2^2 + \lambda_1||\boldsymbol{w}||_1$$

Estos modelos de regresión regularizados están disponibles a través de Scikit-learn, y su uso es similar al modelo de regresión regular, excepto en el hecho de que tenemos que especificar la fuerza de regularización a través del parámetro λ, por ejemplo, optimizado a través de la validación cruzada k-grupos.

Un modelo de regresión ridge se puede inicializar a través de:

```
>>> from sklearn.linear_model import Ridge
>>> ridge = Ridge(alpha=1.0)
```

Obsérvese que la fuerza de regularización está regulada por el parámetro `alpha`, que es similar al parámetro λ. Asimismo, podemos inicializar un regresor LASSO desde el submódulo `linear_model`:

```
>>> from sklearn.linear_model import Lasso
>>> lasso = Lasso(alpha=1.0)
```

Por último, la implementación de `ElasticNet` permite variar la proporción entre L1 y L2:

```
>>> from sklearn.linear_model import ElasticNet
>>> elanet = ElasticNet(alpha=1.0, l1_ratio=0.5)
```

Por ejemplo, si establecemos `l1_ratio` en 1.0, el regresor de `ElasticNet` sería igual a la regresión LASSO. Para obtener información más detallada sobre las diferentes implementaciones de la regresión lineal, consulte la documentación en `http://scikit-learn.org/stable/modules/linear_model.html`.

Conversión del modelo de regresión lineal en una curva: regresión polinómica

En las secciones anteriores, hemos asumido una relación lineal entre las variables explicativas y las de respuesta. Una forma de tener en cuenta la infracción del supuesto de linealidad es utilizar un modelo de regresión polinómica añadiendo términos polinómicos:

$$y = w_1 x + w_2 x^2 + \ldots + w_d x^d + b$$

Aquí, d denota el grado del polinomio. Aunque podemos utilizar la regresión polinómica para modelar una relación no lineal, se sigue considerando un modelo de regresión lineal múltiple debido a los coeficientes de regresión lineal, $\boldsymbol{w}$. En las siguientes subsecciones, veremos cómo podemos añadir dichos términos polinómicos a un conjunto de datos existente de forma conveniente y ajustar un modelo de regresión polinómica.

Adición de términos polinómicos usando Scikit-learn

Ahora aprenderemos a utilizar la clase transformadora `PolynomialFeatures` de Scikit-learn para añadir un término cuadrático ($d = 2$) a un problema de regresión simple con una variable explicativa. Luego, compararemos el polinomio con el ajuste lineal siguiendo estos pasos:

1. Añadimos un término polinómico de segundo grado:

```
>>> from sklearn.preprocessing import PolynomialFeatures
>>> X = np.array([ 258.0, 270.0, 294.0, 320.0, 342.0,
...                368.0, 396.0, 446.0, 480.0, 586.0])\
...               [:, np.newaxis]
>>> y = np.array([ 236.4, 234.4, 252.8, 298.6, 314.2,
...                342.2, 360.8, 368.0, 391.2, 390.8])
>>> lr = LinearRegression()
>>> pr = LinearRegression()
>>> quadratic = PolynomialFeatures(degree=2)
>>> X_quad = quadratic.fit_transform(X)
```

2. Ajustamos el modelo de regresión lineal simple para establecer la comparación:

```
>>> lr.fit(X, y)
>>> X_fit = np.arange(250, 600, 10)[:, np.newaxis]
>>> y_lin_fit = lr.predict(X_fit)
```

3. Ajustamos el modelo de regresión múltiple sobre las características transformadas para la regresión polinómica:

```
>>> pr.fit(X_quad, y)
>>> y_quad_fit = pr.predict(quadratic.fit_transform(X_fit))
```

4. Representamos los resultados:

```
>>> plt.scatter(X, y, label='Training points')
>>> plt.plot(X_fit, y_lin_fit,
...          label='Linear fit', linestyle='--')
>>> plt.plot(X_fit, y_quad_fit,
...          label='Quadratic fit')
>>> plt.xlabel('Explanatory variable')
>>> plt.ylabel('Predicted or known target values')
>>> plt.legend(loc='upper left')
>>> plt.tight_layout()
>>> plt.show()
```

En el gráfico resultante, se puede ver que el ajuste polinómico capta la relación entre la respuesta y las variables explicativas mucho mejor que el ajuste lineal:

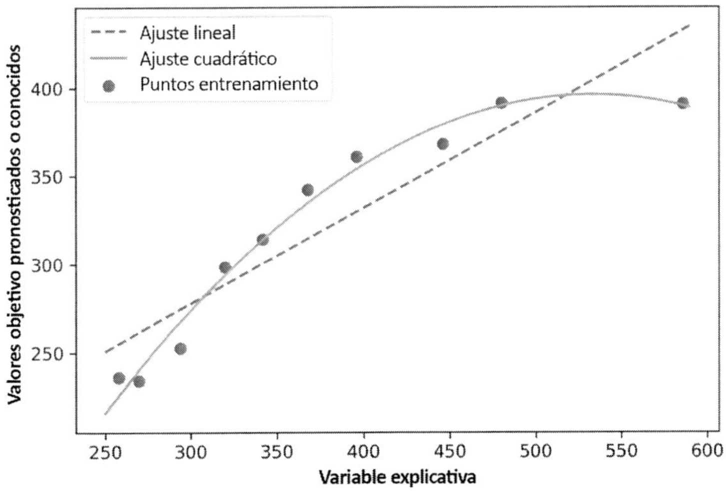

Figura 9.12 *Comparación de los modelos lineal y cuadrático.*

A continuación, calcularemos las métricas de evaluación de MSE y R^2:

```
>>> y_lin_pred = lr.predict(X)
>>> y_quad_pred = pr.predict(X_quad)
>>> mse_lin = mean_squared_error(y, y_lin_pred)
>>> mse_quad = mean_squared_error(y, y_quad_pred)
>>> print(f'Training MSE linear: {mse_lin:.3f}'
          f', quadratic: {mse_quad:.3f}')
Training MSE linear: 569.780, quadratic: 61.330
>>> r2_lin = r2_score(y, y_lin_pred)
>>> r2_quad = r2_score(y, y_quad_pred)
>>> print(f'Training R^2 linear: {r2_lin:.3f}'
          f', quadratic: {r2_quad:.3f}')
Training R^2 linear: 0.832, quadratic: 0.982
```

Como se puede ver después de ejecutar el código, MSE disminuyó de 570 (ajuste lineal) a 61 (ajuste cuadrático). Además, en este problema simplificado en particular, el coeficiente de determinación refleja un ajuste más cercano del modelo cuadrático ($R^2 = 0.982$) frente al ajuste lineal ($R^2 = 0.832$).

Modelado de relaciones no lineales en el conjunto de datos Ames Housing

Anteriormente, aprendió a construir características polinómicas para ajustar relaciones no lineales en un problema simplificado; veamos ahora un ejemplo más concreto y apliquemos esos conceptos a los datos del conjunto de datos Ames Housing. Ejecutando el siguiente código, modelaremos la relación entre los precios de venta y la superficie habitable sobre el suelo utilizando polinomios de segundo grado (cuadráticos) y de tercer grado (cúbicos) y lo compararemos con un ajuste lineal.

Comenzamos eliminando los tres valores atípicos con una superficie habitable superior a 4000 pies cuadrados, que podemos ver en las figuras anteriores, como en la Figura 9.8, para que estos valores atípicos no sesguen nuestros ajustes de regresión:

```
>>> X = df[['Gr Liv Area']].values
>>> y = df['SalePrice'].values
>>> X = X[(df['Gr Liv Area'] < 4000)]
>>> y = y[(df['Gr Liv Area'] < 4000)]
```

A continuación, ajustamos los modelos de regresión:

```
>>> regr = LinearRegression()
```

```
>>> # create quadratic and cubic features
>>> quadratic = PolynomialFeatures(degree=2)
>>> cubic = PolynomialFeatures(degree=3)
>>> X_quad = quadratic.fit_transform(X)
>>> X_cubic = cubic.fit_transform(X)

>>> # fit to features
>>> X_fit = np.arange(X.min()-1, X.max()+2, 1)[:, np.newaxis]
>>> regr = regr.fit(X, y)
>>> y_lin_fit = regr.predict(X_fit)
>>> linear_r2 = r2_score(y, regr.predict(X))
>>> regr = regr.fit(X_quad, y)
>>> y_quad_fit = regr.predict(quadratic.fit_transform(X_fit))
>>> quadratic_r2 = r2_score(y, regr.predict(X_quad))
>>> regr = regr.fit(X_cubic, y)
>>> y_cubic_fit = regr.predict(cubic.fit_transform(X_fit))
>>> cubic_r2 = r2_score(y, regr.predict(X_cubic))

>>> # plot results
>>> plt.scatter(X, y, label='Training points', color='lightgray')
>>> plt.plot(X_fit, y_lin_fit,
...          label=f'Linear (d=1), $R^2$={linear_r2:.2f}',
...          color='blue',
...          lw=2,
...          linestyle=':')
>>> plt.plot(X_fit, y_quad_fit,
...          label=f'Quadratic (d=2), $R^2$={quadratic_r2:.2f}',
...          color='red',
...          lw=2,
...          linestyle='-')
>>> plt.plot(X_fit, y_cubic_fit,
...          label=f'Cubic (d=3), $R^2$={cubic_r2:.2f}',
...          color='green',
...          lw=2,
...          linestyle='--')
>>> plt.xlabel('Living area above ground in square feet')
>>> plt.ylabel('Sale price in U.S. dollars')
>>> plt.legend(loc='upper left')
>>> plt.show()
```

El gráfico resultante se muestra en la Figura 9.13:

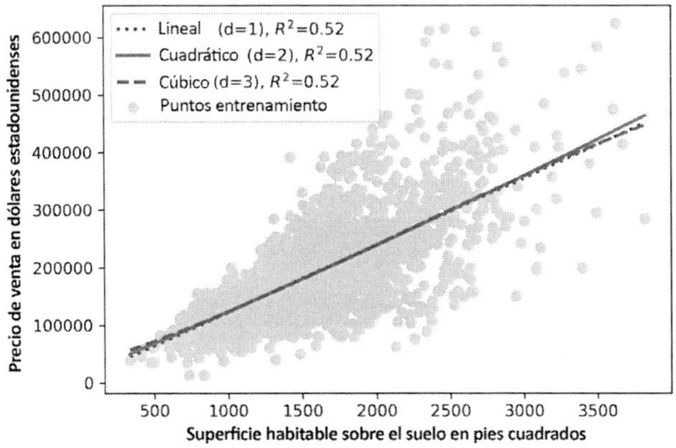

Figura 9.13 *Comparación de diferentes curvas ajustadas a los datos de precios de venta y superficie habitable.*

Como podemos ver, el uso de características cuadráticas o cúbicas no tiene realmente ningún efecto. Eso es porque la relación entre las dos variables parece ser lineal. Así que echemos un vistazo a otra característica, a saber, `Overall Qual`. La variable `Overall Qual` califica la calidad general del material y el acabado de las casas y se da en una escala de 1 a 10, donde 10 es la mejor:

```
>>> X = df[['Overall Qual']].values
>>> y = df['SalePrice'].values
```

Después de especificar las variables `X` e `y`, podemos reutilizar el código anterior y obtener el gráfico de la Figura 9.14:

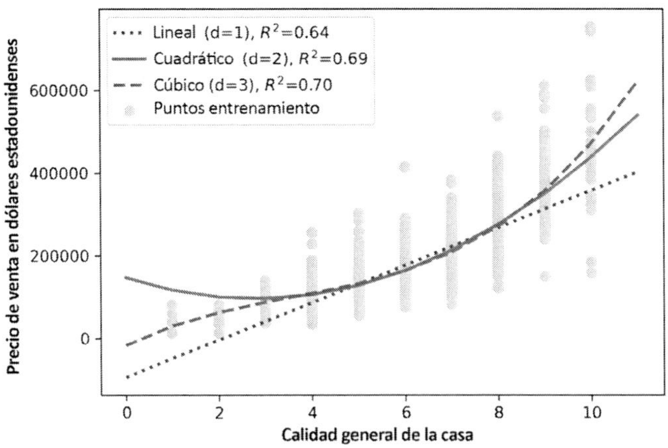

Figura 9.14 *Ajuste lineal, cuadrático y cúbico de los datos sobre el precio de venta y la calidad de la vivienda.*

Como se puede ver, los ajustes cuadrático y cúbico captan la relación entre los precios de venta y la calidad general de la vivienda mejor que el ajuste lineal. Sin embargo, hay que tener en cuenta que la adición de más y más características polinómicas aumenta la complejidad del modelo y, por tanto, aumenta la posibilidad de sobreajuste. Por ello, en la práctica, siempre se recomienda evaluar el rendimiento del modelo en un conjunto de datos de prueba independiente para estimar el rendimiento de la generalización.

Tratamiento de relaciones no lineales mediante bosques aleatorios

Ahora, vamos a ver la regresión de bosque aleatorio, que es conceptualmente diferente de los modelos de regresión anteriores tratados en este capítulo. Un bosque aleatorio, que es un conjunto de múltiples árboles de decisión, puede entenderse como la suma de funciones lineales a trozos, en contraste con los modelos de regresión lineal global y polinómica que hemos discutido anteriormente. En otras palabras, a través del algoritmo del árbol de decisión, subdividimos el espacio de entrada en regiones más pequeñas que se vuelven más manejables.

Regresión de árbol de decisión

Una ventaja que ofrece el algoritmo de árbol de decisión es que funciona con características arbitrarias y no requiere ninguna transformación de las características si se trata de datos no lineales, porque los árboles de decisión analizan una característica cada vez, en lugar de tener en cuenta las combinaciones ponderadas. Del mismo modo, la normalización o estandarización de las características no es necesaria para los árboles de decisión. Como se mencionó en el capítulo 3, Un recorrido por los clasificadores de aprendizaje automático con Scikit-learn, hacemos crecer un árbol de decisión dividiendo iterativamente sus nodos hasta que las hojas son puras o se satisface un criterio de parada. Cuando utilizamos árboles de decisión para la clasificación, definimos la entropía como una medida de impureza para determinar qué división de características maximiza la ganancia de información (Information Gain, IG), que puede definirse como sigue para una división binaria:

$$IG(D_p, x_i) = I(D_p) - \frac{N_{left}}{N_p} I(D_{left}) - \frac{N_{right}}{N_p} I(D_{right})$$

Aquí, x_i es la característica para realizar la división, N_p es el número de ejemplos de entrenamiento en el nodo padre, I es la función de impureza, D_p es el subconjunto de ejemplos de entrenamiento en el nodo padre, y D_{left} y D_{right} son los subconjuntos de ejemplos de entrenamiento en los nodos hijos izquierdo y derecho después de la división. Recuerde que nuestro objetivo es encontrar la división de características que maximice la ganancia de información; en otras palabras, queremos encontrar la división de características que reduzca más las impurezas en los nodos hijos. En el capítulo 3, hablamos de la impureza de Gini y la entropía como medidas de impureza, que son criterios útiles para la clasificación. Sin embargo, para utilizar un árbol de decisión para la regresión, necesitamos una métrica de impureza que sea adecuada para las variables continuas, por lo que definimos la medida de impureza de un nodo, *t*, como MSE:

$$I(t) = MSE(t) = \frac{1}{N_t} \sum_{i \in D_t} (y^{(i)} - \hat{y}_t)^2$$

Aquí, N_t es el número de ejemplos de entrenamiento en el nodo *t*, D_t es el subconjunto de entrenamiento en el nodo *t*, $y^{(i)}$ es el valor objetivo verdadero, y $\hat{y}_t$ es el valor objetivo pronosticado (media de la muestra):

$$\hat{y}_t = \frac{1}{N_t} \sum_{i \in D_t} y^{(i)}$$

En el contexto de la regresión de árboles de decisión, MSE suele denominarse «varianza en el nodo», por lo que el criterio de división también es más conocido como «reducción de la varianza».

Para ver cómo es la línea de ajuste de un árbol de decisión, vamos a utilizar `DecisionTreeRegressor` implementado en Scikit-learn para modelar la relación entre las variables `SalePrice` y `Gr Living Area`. Hay que tener en cuenta que `SalePrice` y `Gr Living Area` no representan necesariamente una relación no lineal, pero esta combinación de características sigue mostrando bastante bien los aspectos generales de un árbol de regresión:

```
>>> from sklearn.tree import DecisionTreeRegressor
>>> X = df[['Gr Liv Area']].values
>>> y = df['SalePrice'].values
>>> tree = DecisionTreeRegressor(max_depth=3)
>>> tree.fit(X, y)
>>> sort_idx = X.flatten().argsort()
>>> lin_regplot(X[sort_idx], y[sort_idx], tree)
>>> plt.xlabel('Living area above ground in square feet')
>>> plt.ylabel('Sale price in U.S. dollars')>>> plt.show()
```

Como se puede ver en el gráfico resultante, el árbol de decisión capta la tendencia general de los datos. Y podemos imaginar que un árbol de regresión también podría capturar relativamente bien las tendencias de los datos no lineales. Sin embargo, una limitación de este modelo es que no captura la continuidad y la diferenciabilidad del pronóstico deseado. Además, hay que tener cuidado a la hora de elegir el valor adecuado de la profundidad del árbol para no sobreajustar o infraajustar los datos; en este caso, una profundidad de tres parece una buena elección.

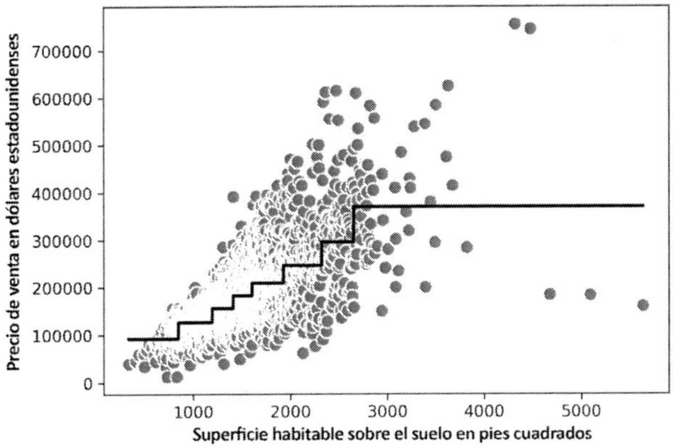

Figura 9.15 *Gráfico de regresión de un árbol de decisión.*

Le animamos a experimentar con árboles de decisión más profundos. Tenga en cuenta que la relación entre `Gr Living Area` y `SalePrice` es bastante lineal, por lo que también se le anima a que aplique el árbol de decisión a la variable `Overall Qual`. En la siguiente sección, veremos una forma más rigurosa de ajustar los árboles de regresión: los bosques aleatorios.

Regresión de bosque aleatorio

Como ya aprendió en el capítulo 3, el algoritmo de bosque aleatorio es una técnica de conjunto que combina múltiples árboles de decisión. Un bosque aleatorio suele tener un mejor rendimiento de generalización que un árbol de decisión individual debido a la aleatoriedad, que ayuda a disminuir la varianza del modelo. Otras ventajas de los bosques aleatorios son que son menos sensibles a los valores atípicos del conjunto de datos y que no requieren mucho ajuste de los parámetros. El único parámetro de los bosques aleatorios con el que normalmente hay que experimentar es el número de árboles del conjunto. El algoritmo básico de los bosques aleatorios para la regresión es casi idéntico al algoritmo de los bosques aleatorios para la clasificación que discutimos en el capítulo 3. La única diferencia es que utilizamos el criterio MSE para hacer crecer los árboles de decisión individuales, y la variable objetivo pronosticada se calcula como el pronóstico medio de todos los árboles de decisión.

Ahora, vamos a utilizar todas las características del conjunto de datos Ames Housing para ajustar un modelo de regresión de bosque aleatorio en el 70 % de los ejemplos y evaluar su rendimiento en el 30 % restante, como hemos hecho anteriormente en la sección «Evaluación del rendimiento de los modelos de regresión lineal».

```
>>> target = 'SalePrice'
>>> features = df.columns[df.columns != target]
>>> X = df[features].values
```

```
>>> y = df[target].values
>>> X_train, X_test, y_train, y_test = train_test_split(
...     X, y, test_size=0.3, random_state=123)

>>> from sklearn.ensemble import RandomForestRegressor
>>> forest = RandomForestRegressor(n_estimators=1000,
...     criterion='squared_error', random_state=1, n_jobs=-1)
>>> forest.fit(X_train, y_train)
>>> y_train_pred = forest.predict(X_train)
>>> y_test_pred = forest.predict(X_test)
>>> mae_train = mean_absolute_error(y_train, y_train_pred)
>>> mae_test = mean_absolute_error(y_test, y_test_pred)
>>> print(f'MAE train: {mae_train:.2f}')
MAE train: 8305.18
>>> print(f'MAE test: {mae_test:.2f}')
MAE test: 20821.77
>>> r2_train = r2_score(y_train, y_train_pred)
>>> r2_test =r2_score(y_test, y_test_pred)
>>> print(f'R^2 train: {r2_train:.2f}')
R^2 train: 0.98
>>> print(f'R^2 test: {r2_test:.2f}')
R^2 test: 0.85
```

Lamentablemente, podemos ver que el bosque aleatorio tiende a sobreajustar los datos de entrenamiento. Sin embargo, sigue siendo capaz de explicar la relación entre las variables objetivo y las explicativas relativamente bien ($R^2 = 0.85$ en el conjunto de datos de prueba). A modo de comparación, el modelo lineal de la sección anterior, que se ha ajustado al mismo conjunto de datos, se ha sobreajustado menos, pero ha obtenido peores resultados en el conjunto de prueba ($R^2 = 0.75$).

Por último, veamos también los residuos del pronóstico:

```
>>> x_max = np.max([np.max(y_train_pred), np.max(y_test_pred)])
>>> x_min = np.min([np.min(y_train_pred), np.min(y_test_pred)])

>>> fig, (ax1, ax2) = plt.subplots(1, 2, figsize=(7, 3), sharey=True)

>>> ax1.scatter(y_test_pred, y_test_pred - y_test,
...             c='limegreen', marker='s', edgecolor='white',
...             label='Test data')
>>> ax2.scatter(y_train_pred, y_train_pred - y_train,
...             c='steelblue', marker='o', edgecolor='white',
...             label='Training data')
```

```
>>> ax1.set_ylabel('Residuals')

>>> for ax in (ax1, ax2):
...     ax.set_xlabel('Predicted values')
...     ax.legend(loc='upper left')
...     ax.hlines(y=0, xmin=x_min-100, xmax=x_max+100,
...               color='black', lw=2)

>>> plt.tight_layout()
>>> plt.show()
```

Como ya se resumió en el coeficiente R^2, se puede ver que el modelo se ajusta mejor a los datos de entrenamiento que a los de prueba, como indican los valores atípicos en la dirección del eje *y*. Además, la distribución de los residuos no parece ser completamente aleatoria alrededor del punto central cero, lo que indica que el modelo no es capaz de captar toda la información exploratoria. Sin embargo, el gráfico de residuos nos indica una gran mejora con respecto al gráfico de residuos del modelo lineal que hemos representado anteriormente en este capítulo.

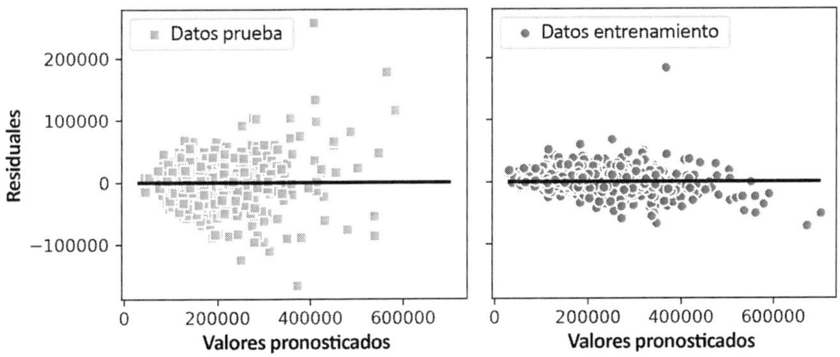

Figura 9.16 *Residuos de la regresión del bosque aleatorio.*

Lo ideal es que el error de nuestro modelo sea aleatorio o imprevisible. En otras palabras, el error de los pronósticos no debería estar relacionado con ninguna información contenida en las variables explicativas, sino que debería reflejar la aleatoriedad de las distribuciones o patrones del mundo real. Si encontramos patrones en los errores de pronóstico, por ejemplo, al inspeccionar el gráfico de residuos, significa que los gráficos de residuos contienen información de pronóstico. Una razón común para esto podría ser que la información explicativa se está filtrando en esos residuos.

Desgraciadamente, no existe un enfoque universal para tratar la no aleatoriedad en las representaciones de residuos, y requiere experimentación. Dependiendo de los datos de que dispongamos, podemos mejorar el modelo transformando las variables, ajustando los hiperparámetros del algoritmo de aprendizaje, eligiendo modelos más simples o más complejos, eliminando los valores atípicos o incluyendo variables adicionales.

Resumen

Al principio de este capítulo, usted ha aprendido sobre el análisis de regresión lineal simple para modelar la relación entre una sola variable explicativa y una variable de respuesta continua. A continuación, hemos hablado de una técnica útil de análisis de datos explicativos para buscar patrones y anomalías en los datos, que es un primer paso importante en las tareas de modelado predictivo.

Elaboramos nuestro primer modelo mediante la implementación de la regresión lineal utilizando un enfoque de optimización basado en el gradiente. A continuación, vimos cómo utilizar los modelos lineales de Scikit-learn para la regresión y también implementamos una técnica de regresión robusta (RANSAC) orientada a hacer frente a los valores atípicos. Para evaluar el rendimiento predictivo de los modelos de regresión, calculamos la suma media de los errores al cuadrado y la métrica R^2 relacionada. Además, también analizamos un enfoque gráfico que resulta útil para diagnosticar los problemas de los modelos de regresión: la representación de residuos.

Después de explorar cómo se puede aplicar la regularización a los modelos de regresión para reducir la complejidad del modelo y evitar el sobreajuste, también exploramos varios enfoques para modelar las relaciones no lineales, incluyendo la transformación de características polinómicas y los regresores de bosque aleatorio.

En los capítulos anteriores hemos tratado con detalle el aprendizaje supervisado, la clasificación y el análisis de regresión. En el próximo capítulo, vamos a conocer otro interesante subcampo del aprendizaje automático, el aprendizaje no supervisado, y también veremos cómo utilizar el análisis de clústeres para encontrar estructuras ocultas en los datos en ausencia de variables objetivo.

Únase al espacio Discord del libro

Únase al espacio Discord del libro para una sesión mensual de «Pregúnteme lo que quiera» con los autores (en inglés):

`https://packt.link/MLwPyTorch`

10

El trabajo con datos no etiquetados: análisis de clustering

En los capítulos anteriores, hemos recurrido a técnicas de aprendizaje supervisado para elaborar modelos de aprendizaje automático, utilizando datos en los que ya se conocía la respuesta: las etiquetas de clase ya estaban disponibles en nuestros datos de entrenamiento. En este capítulo, cambiaremos de marcha y exploraremos el análisis de clústeres (grupos homogéneos), una categoría de técnicas de aprendizaje no supervisado que nos permite descubrir estructuras ocultas en datos de los que no conocemos la respuesta adecuada por adelantado. El objetivo del clustering (agrupación) es encontrar una agrupación natural en los datos, de forma que los elementos del mismo clúster sean más similares entre sí que con los de clústeres diferentes.

Dada su naturaleza exploratoria, el clustering es un tema apasionante, y en este capítulo aprenderá los siguientes conceptos, que pueden ayudarnos a organizar los datos en estructuras significativas:

- Encontrar centros de similitud utilizando el popular algoritmo k-means.
- Adoptar un enfoque ascendente para elaborar árboles de clustering jerárquico.
- Identificar formas arbitrarias de objetos mediante un enfoque de clústering basado en la densidad.

Agrupación de objetos por similitud mediante k-means

En esta sección, aprenderemos sobre uno de los algoritmos de clustering más populares, k-means, que se utiliza ampliamente tanto en el mundo académico como en la industria. El clustering (o análisis de grupos) es una técnica que permite encontrar grupos de objetos similares que están más relacionados entre sí que con los objetos de otros grupos. Algunos ejemplos de aplicaciones empresariales son la agrupación de documentos, música y películas por temas diferentes, o la búsqueda de clientes que comparten intereses similares a partir de comportamientos de compra comunes como base para los motores de recomendación.

Clustering de k-means con Scikit-learn

El algoritmo k-means es extremadamente fácil de implementar, y también es computacionalmente muy eficiente en comparación con otros algoritmos de clustering, lo que podría explicar su popularidad. El algoritmo k-means pertenece a la categoría de clustering basado en prototipos.

Más adelante en este capítulo hablaremos de otras dos categorías de clustering: la jerárquica y la basada en la densidad.

El clustering basado en prototipos significa que cada clúster está representado bien por un prototipo que suele ser el centroide (media) de puntos similares con características continuas, o el **medoide** (el más representativo o el punto que minimiza la distancia a todos los demás puntos que pertenecen a un clúster concreto), en el caso de características categóricas. Aunque k-means es muy bueno para identificar clústeres con forma esférica, uno de los inconvenientes de este algoritmo de agrupación es que tenemos que especificar el número de clústeres, *k*, *a priori*. Una elección inadecuada de *k* puede dar lugar a un mal rendimiento del clustering. Más adelante en este capítulo, discutiremos el método del codo y los gráficos de silueta, que son técnicas útiles para evaluar la calidad de un clustering para ayudarnos a determinar el número óptimo de clústeres, *k*.

Aunque el clustering de k-means puede aplicarse a datos de mayores dimensiones, veremos los siguientes ejemplos utilizando un simple conjunto de datos bidimensionales con el propósito de su visualización:

```
>>> from sklearn.datasets import make_blobs
>>> X, y = make_blobs(n_samples=150,
...                   n_features=2,
...                   centers=3,
...                   cluster_std=0.5,
```

```
...                    shuffle=True,
...                    random_state=0)
>>> import matplotlib.pyplot as plt
>>> plt.scatter(X[:, 0],
...             X[:, 1],
...             c='white',
...             marker='o',
...             edgecolor='black',
...             s=50)
>>> plt.xlabel('Feature 1')
>>> plt.ylabel('Feature 2')
>>> plt.grid()
>>> plt.tight_layout()
>>> plt.show()
```

El conjunto de datos que acabamos de crear consta de 150 puntos generados aleatoriamente, que se agrupan aproximadamente en tres regiones con mayor densidad, lo que se visualiza mediante un gráfico de dispersión bidimensional:

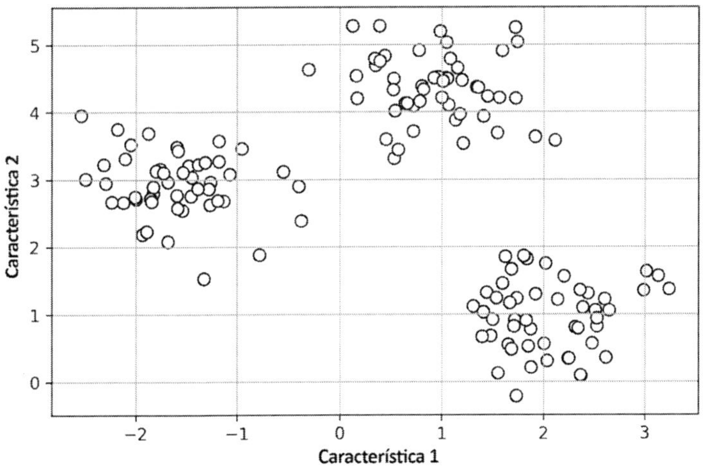

Figura 10.1 *Gráfico de dispersión de nuestro conjunto de datos sin etiquetar.*

En las aplicaciones reales del clustering, no disponemos de ninguna información sobre valores reales de las categorías (información proporcionada como evidencia empírica en contraposición a la inferencia) sobre esos ejemplos; si nos dieran etiquetas de clase, esta tarea entraría en la categoría de aprendizaje supervisado. Por lo tanto, nuestro objetivo es agrupar los ejemplos en función de sus similitudes de características, lo que puede lograrse utilizando el algoritmo k-means, como se resume en los cuatro pasos siguientes:

1. Elegir aleatoriamente k centroides de los ejemplos como centros de clústeres iniciales.
2. Asignar cada ejemplo al centroide más cercano, $\mu^{(j)}, j \in \{1, \dots, k\}$.
3. Mover los centroides al centro de los ejemplos que le fueron asignados.
4. Repetir los pasos 2 y 3 hasta que las asignaciones de los clústeres no cambien o se alcance una tolerancia definida por el usuario o se llegue a un número máximo de iteraciones.

Ahora, la siguiente pregunta es: ¿cómo medimos la similitud entre los objetos? Podemos definir dicha similitud como lo contrario de la distancia, y una distancia comúnmente utilizada para agrupar ejemplos con características continuas es la distancia euclidiana al cuadrado entre dos puntos, $\boldsymbol{x}$ e $\boldsymbol{y}$, en un espacio m-dimensional:

$$d(\boldsymbol{x}, \boldsymbol{y})^2 = \sum_{j=1}^{m} \left(x_j - y_j\right)^2 = \|\boldsymbol{x} - \boldsymbol{y}\|_2^2$$

Hay que tener en cuenta que, en la ecuación anterior, el índice j se refiere a la j-ésima dimensión (columna de características) de las entradas del ejemplo, $\boldsymbol{x}$ e $\boldsymbol{y}$. En el resto de la sección, utilizaremos los superíndices i y j para referirnos al índice del ejemplo (registro de datos) y al índice del clúster, respectivamente.

Basándonos en esta métrica de distancia euclidiana, podemos describir el algoritmo k-means como un simple problema de optimización, un enfoque iterativo para minimizar la suma de los errores al cuadrado dentro del clúster (Sum of Squared Errors, SSE), que a veces también se denomina «inercia del clúster»:

$$SSE = \sum_{i=1}^{n} \sum_{j=1}^{k} w^{(i,j)} \left\| \boldsymbol{x}^{(i)} - \boldsymbol{\mu}^{(j)} \right\|_2^2$$

Aquí, $\boldsymbol{\mu}^{(j)}$ es el punto representativo (centroide) del clúster j. $w^{(i,j)} = 1$ si el ejemplo, $\boldsymbol{x}^{(i)}$, está en el clúster j, o 0 en caso contrario.

$$w^{(i,j)} = \begin{cases} 1, & \text{si } \boldsymbol{x}^{(i)} \in j \\ 0, & \text{otros} \end{cases}$$

Ahora que ha aprendido cómo funciona el algoritmo simple de k-means, vamos a aplicarlo a nuestro conjunto de datos del ejemplo utilizando la clase `KMeans` del módulo `cluster` de Scikit-learn:

```
>>> from sklearn.cluster import KMeans
>>> km = KMeans(n_clusters=3,
...             init='random',
...             n_init=10,
```

```
...                 max_iter=300,
...                 tol=1e-04,
...                 random_state=0)
>>> y_km = km.fit_predict(X)
```

Utilizando el código anterior, fijamos el número de clústeres deseados en `3`; tener que especificar el número de clústeres *a priori* es una de las limitaciones de k-means. Establecemos `n_init=10` para ejecutar los algoritmos de clustering de k-means 10 veces de forma independiente, con diferentes centroides aleatorios para elegir el modelo final como el de menor SSE. Mediante el parámetro `max_iter`, especificamos el número máximo de iteraciones para cada ejecución (en este caso, `300`). Hay que tener en cuenta que la implementación de k-means en Scikit-learn se detiene pronto si converge antes de que se alcance el número máximo de iteraciones. Sin embargo, es posible que k-means no alcance la convergencia para una ejecución particular, lo que puede ser problemático (computacionalmente caro) si elegimos valores relativamente grandes para `max_iter`. Una forma de tratar los problemas de convergencia es elegir valores más grandes para `tol`, que es un parámetro que controla la tolerancia con respecto a los cambios en SSE dentro del clúster para declarar la convergencia. En el código anterior, elegimos una tolerancia de `1e-04` (=0.0001).

Un problema de k-means es que uno o más clústeres pueden estar vacíos. Hay que tener en cuenta que este problema no existe para k-medoides o fuzzy C-means, un algoritmo que discutiremos más adelante en esta sección. Sin embargo, este problema se tiene en cuenta en la implementación actual de k-means en Scikit-learn. Si un clúster está vacío, el algoritmo buscará el ejemplo más alejado del centroide del clúster vacío. Entonces, reasignará el centroide para que este punto sea más lejano.

Escalado de características

Cuando aplicamos k-means a datos del mundo real utilizando una métrica de distancia euclidiana, queremos asegurarnos de que las características se miden en la misma escala y de que se aplica la estandarización de z-score o el escalado min-max si es necesario.

Habiendo pronosticado las etiquetas de los clústeres, `y_km`, y habiendo discutido algunos de los retos del algoritmo k-means, vamos a visualizar ahora los clústeres que k-means ha identificado en el conjunto de datos junto con los centroides de los clústeres. Estos se almacenan bajo el atributo `cluster_centers_` del objeto `KMeans` ajustado:

```
>>> plt.scatter(X[y_km == 0, 0], X[y_km == 0, 1],
...             s=50, c='lightgreen',
...             marker='s', edgecolor='black', label='Cluster 1')
```

```
>>> plt.scatter(X[y_km == 1, 0], X[y_km == 1, 1],
...             s=50, c='orange',
...             marker='o', edgecolor='black',
...             label='Cluster 2')
>>> plt.scatter(X[y_km == 2, 0], X[y_km == 2, 1],
...             s=50, c='lightblue',
...             marker='v', edgecolor='black',
...             label='Cluster 3')
>>> plt.scatter(km.cluster_centers_[:, 0],
...             km.cluster_centers_[:, 1],
...             s=250, marker='*',
...             c='red', edgecolor='black',
...             label='Centroids')
>>> plt.xlabel('Feature 1')
>>> plt.ylabel('Feature 2')
>>> plt.legend(scatterpoints=1)
>>> plt.grid()
>>> plt.tight_layout()
>>> plt.show()
```

En la Figura 10.2, puede ver que k-means ha situado los tres centroides en el centro de cada esfera, lo que parece una agrupación razonable dado este conjunto de datos:

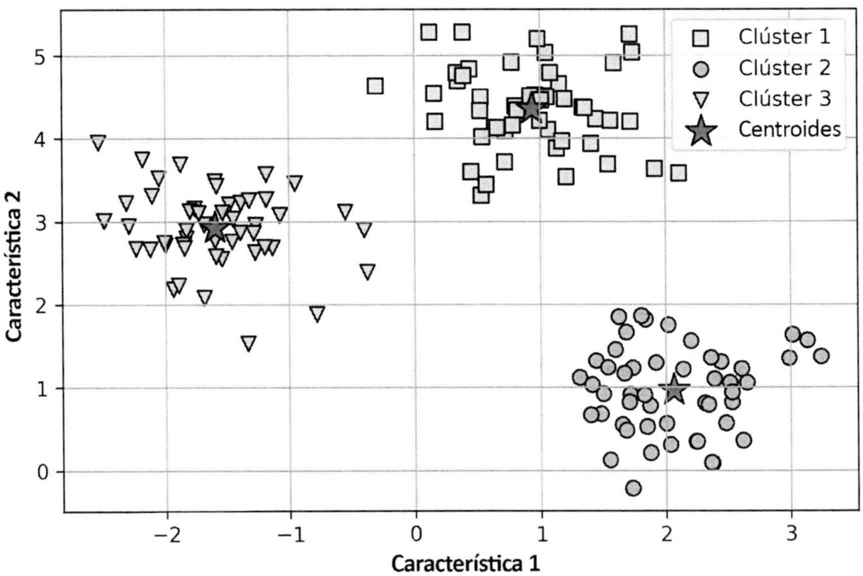

Figura 10.2 *Clústeres de k-means y sus centroides.*

Aunque k-means ha funcionado bien en este conjunto de datos simplificado, seguimos teniendo el inconveniente de tener que especificar el número de clústeres, *k*, a priori. El número de clústeres que hay que elegir no siempre es tan obvio en las aplicaciones del mundo real, sobre todo si trabajamos con un conjunto de datos de gran dimensión que no se puede visualizar. Las otras propiedades de k-means son que los clústeres no se solapan y no son jerárquicos, y también asumimos que hay al menos un elemento en cada clúster. Más adelante en este capítulo, nos encontraremos con diferentes tipos de algoritmos de clustering: clustering jerárquico y basado en la densidad. Ninguno de los dos tipos de algoritmos requiere que especifiquemos el número de clústeres por adelantado o que asumamos estructuras esféricas en nuestro conjunto de datos.

En la siguiente subsección, trataremos una variante conocida del algoritmo clásico de k-means llamada k-means++. Aunque no aborda los supuestos e inconvenientes de k-means que se discutieron en el párrafo anterior, puede mejorar en gran medida los resultados del clústering a través de una siembra más inteligente de los centros de clústeres iniciales.

Una forma más inteligente de colocar los centroides iniciales de los clústeres utilizando k-means++

Hasta ahora, hemos hablado del algoritmo clásico de k-means, que utiliza una semilla aleatoria para colocar los centroides iniciales, lo que a veces puede dar lugar a agrupaciones erróneas o a una convergencia lenta si los centroides iniciales se eligen mal. Una forma de resolver este problema es ejecutar el algoritmo de k-means varias veces en un conjunto de datos y elegir el modelo de mejor rendimiento en términos de SSE.

Otra estrategia consiste en situar los centroides iniciales lejos unos de otros mediante el algoritmo k-means++, que conduce a resultados mejores y más consistentes que el clásico k-means («k-means++: The Advantages of Careful Seeding», de D. Arthur y S. Vassilvitskii en Proceedings of the eighteenth annual ACM-SIAM *symposium on Discrete algorithms*, páginas 1027-1035. Society for Industrial and Applied Mathematics, 2007).

La inicialización en k-means++ puede resumirse como sigue:

1. Inicializar un conjunto vacío, $\boldsymbol{M}$, para almacenar los k centroides que se van a seleccionar.
2. Elegir al azar el primer centroide, $\boldsymbol{\mu}^{(j)}$, de los ejemplos de entrada y asignarlo a $\boldsymbol{M}$.
3. Para cada ejemplo, $\boldsymbol{x}^{(i)}$, que no está en $\boldsymbol{M}$, encontrar la distancia mínima al cuadrado, $d(\boldsymbol{x}^{(i)}, \mathbf{M})^2$, a cualquiera de los centroides en $\boldsymbol{M}$.
4. Para poder seleccionar aleatoriamente el siguiente centroide, $\boldsymbol{\mu}^{(p)}$, se utiliza una distribución de probabilidad ponderada igual a $\frac{d(\boldsymbol{\mu}^{(p)}, \mathbf{M})^2}{\sum_i d(\boldsymbol{x}^{(i)}, \mathbf{M})^2}$. Por ejemplo,

recogemos todos los puntos de un array y elegimos un muestreo aleatorio ponderado, de forma que cuanto mayor sea la distancia al cuadrado, más probable será que un punto sea elegido como centroide.

5. Repetir los pasos 3 y 4 hasta que se elijan k centroides.
6. Proceder con el algoritmo clásico de k-means.

Para utilizar k-means++ con el objeto `KMeans` de Scikit-learn, solo tenemos que establecer el parámetro `init` a `'k-means++'`. De hecho, `'k-means++'` es el argumento por defecto del parámetro `init`, lo cual es muy recomendable en la práctica. La única razón por la que no lo usamos en el ejemplo anterior fue para no introducir demasiados conceptos de golpe. El resto de esta sección sobre k-means utilizará `k-means++`, pero se le anima a experimentar más con los dos enfoques diferentes (k-means clásico a través de `init='random'` frente a `k-means++` a través de `init='k-means++'`) para colocar los centroides iniciales de los clústeres.

Clustering duro frente a clustering blando

El clustering duro describe una familia de algoritmos en los que cada ejemplo de un conjunto de datos se asigna exactamente a un clúster, como en los algoritmos k-means y k-means++ que hemos analizado anteriormente en este capítulo. En cambio, los algoritmos de clusterig suave (llamado algunas veces «clustering difuso») asignan un ejemplo a uno o más clústeres. Un ejemplo popular de clustering suave es el algoritmo fuzzy C-means (Fuzzy C-Means, FCM) (también llamado k-means suave o k-means difuso). La idea original se remonta a los años 70, cuando Joseph C. Dunn propuso por primera vez una versión temprana de clustering difuso para mejorar k-means («A Fuzzy Relative of the ISODATA Process and Its Use in Detecting Compact Well-Separated Clusters», 1973). Casi una década después, James C. Bedzek publicó su trabajo sobre la mejora del algoritmo de clustering difuso, que ahora se conoce como el algoritmo FCM (*Pattern Recognition with Fuzzy Objective Function Algorithms*, Springer Science+Business Media, 2013).

El procedimiento FCM es muy similar a k-means. Sin embargo, sustituimos la asignación rígida a clústeres por probabilidades de pertenencia de cada punto a cada cluster. En k-means, es posible que expresemos la pertenencia a un clúster de un ejemplo, x, con un vector disperso de valores binarios:

$$\begin{bmatrix} x \in \mu^{(1)} & \rightarrow & w^{(i,j)} = 0 \\ x \in \mu^{(2)} & \rightarrow & w^{(i,j)} = 1 \\ x \in \mu^{(3)} & \rightarrow & w^{(i,j)} = 0 \end{bmatrix}$$

Aquí, la posición del índice con valor 1 indica el centroide del clúster, $\boldsymbol{\mu}^{(j)}$, al que se asigna el ejemplo (suponiendo que $k = 3, j \in \{1, 2, 3\}$). Por el contrario, un vector de pertenencia en FCM podría representarse como sigue:

$$\begin{bmatrix} x \in \mu^{(1)} & \rightarrow & w^{(i,j)} = 0.1 \\ x \in \mu^{(2)} & \rightarrow & w^{(i,j)} = 0.85 \\ x \in \mu^{(3)} & \rightarrow & w^{(i,j)} = 0.05 \end{bmatrix}$$

Aquí, cada valor cae en el rango [0, 1] y representa la probabilidad de pertenencia al respectivo centroide del clúster. La suma de las pertenencias para un ejemplo dado es igual a 1. Al igual que con el algoritmo k-means, podemos resumir el algoritmo FCM en cuatro pasos clave:

1. Especificar el número de k centroides y asignar aleatoriamente los miembros de los clústeres para cada punto.
2. Calcular los centroides de los clústeres, $\boldsymbol{\mu}^{(j)}, j \in \{1, \ldots, k\}$.
3. Actualizar los miembros de los clústeres para cada punto.
4. Repetir los pasos 2 y 3 hasta que los coeficientes de pertenencia no cambien, o se alcance una tolerancia definida por el usuario o un número máximo de iteraciones.

La función objetivo de FCM, que abreviamos como J_m, es muy similar a SSE dentro del clúster que minimizamos en k-means:

$$J_m = \sum_{i=1}^{n} \sum_{j=1}^{k} w^{(i,j)^m} \left\| \boldsymbol{x}^{(i)} - \boldsymbol{\mu}^{(j)} \right\|_2^2$$

Sin embargo, observe que el indicador de pertenencia, $w^{(i,j)}$, no es un valor binario como sucede en k-means ($w^{(i,j)} \in \{0, 1\}$), sino un valor real que denota la probabilidad de pertenencia al clúster ($w^{(i,j)} \in [0, 1]$). También habrá notado que hemos añadido un exponente adicional a $w^{(i,j)}$; el exponente m, cualquier número mayor o igual que uno (normalmente $m = 2$). Es el llamado «coeficiente de indeterminación» (o simplemente indeterminador), que controla el grado de difuminación.

Cuanto mayor sea el valor de m, menor será la pertenencia a un clúster, $w^{(i,j)}$, lo que conduce a clústeres más difusos. La probabilidad de pertenencia a un clúster se calcula como sigue:

$$w^{(i,j)} = \left[\sum_{c=1}^{k} \left(\frac{\left\| \boldsymbol{x}^{(i)} - \boldsymbol{\mu}^{(j)} \right\|_2}{\left\| \boldsymbol{x}^{(i)} - \boldsymbol{\mu}^{(c)} \right\|_2} \right)^{\frac{2}{m-1}} \right]^{-1}$$

Por ejemplo, si elegimos tres centros de clústeres, como en el ejemplo anterior de k-means, podríamos calcular la pertenencia de $\boldsymbol{x}^{(i)}$ perteneciente al clúster $\boldsymbol{\mu}^{(j)}$ como sigue:

$$w^{(i,j)} = \left[\left(\frac{\left\| \boldsymbol{x}^{(i)} - \boldsymbol{\mu}^{(j)} \right\|_2}{\left\| \boldsymbol{x}^{(i)} - \boldsymbol{\mu}^{(1)} \right\|_2} \right)^{\frac{2}{m-1}} + \left(\frac{\left\| \boldsymbol{x}^{(i)} - \boldsymbol{\mu}^{(j)} \right\|_2}{\left\| \boldsymbol{x}^{(i)} - \boldsymbol{\mu}^{(2)} \right\|_2} \right)^{\frac{2}{m-1}} + \left(\frac{\left\| \boldsymbol{x}^{(i)} - \boldsymbol{\mu}^{(j)} \right\|_2}{\left\| \boldsymbol{x}^{(i)} - \boldsymbol{\mu}^{(3)} \right\|_2} \right)^{\frac{2}{m-1}} \right]^{-1}$$

El centro, $\boldsymbol{\mu}^{(j)}$, del propio clúster se calcula como la media de todos los ejemplos ponderados por el grado de pertenencia de cada ejemplo a ese clúster ($w^{(i,j)^m}$):

$$\boldsymbol{\mu}^{(j)} = \frac{\sum_{i=1}^{n} w^{(i,j)^m} \boldsymbol{x}^{(i)}}{\sum_{i=1}^{n} w^{(i,j)^m}}$$

Solo con mirar la ecuación para calcular los miembros de los clústeres, podemos decir que cada iteración en FCM es más costosa que una iteración en k-means. Por otro lado, FCM suele requerir menos iteraciones en general para alcanzar la convergencia. Sin embargo, en la práctica se ha comprobado que tanto k-means como FCM producen resultados de agrupación muy similares (como se describe en el estudio «Comparative Analysis of k-means and Fuzzy C-Means Algorithms», de S. Ghosh y S. K. Dubey, *IJACSA*, 4: 35-38, 2013). Lamentablemente, el algoritmo FCM no está implementado en Scikit-learn actualmente, pero los lectores interesados pueden probar la implementación de FCM del paquete Scikit-fuzzy, que está disponible en `https://github.com/scikit-fuzzy/scikit-fuzzy`.

Uso del método del codo para encontrar el número óptimo de clústeres

Uno de los principales retos del aprendizaje no supervisado es que no conocemos la respuesta definitiva. No tenemos las etiquetas de clase reales en nuestro conjunto de datos que nos permitan aplicar las técnicas que utilizamos en el capítulo 6, Aprendizaje de las mejores prácticas para la evaluación de modelos y el ajuste de hiperparámetros, para evaluar el rendimiento de un modelo supervisado. Por lo tanto, para cuantificar la calidad del clustering, necesitamos utilizar métricas intrínsecas, como SSE (distorsión) en el clúster, para comparar el rendimiento de diferentes modelos de agrupación de k-means.

Convenientemente, no necesitamos calcular SSE dentro del clúster explícitamente cuando utilizamos Scikit-learn, ya que es accesible a través del atributo `inertia_` después de ajustar un modelo `KMeans`:

```
>>> print(f'Distortion: {km.inertia_:.2f}')
Distortion: 72.48
```

Basándonos en SSE en el clúster, podemos utilizar una herramienta gráfica, el llamado método del codo, para estimar el número óptimo de clústeres, k, para una tarea determinada. Podemos decir que si k aumenta, la distorsión disminuirá. Esto se debe a que los ejemplos estarán más cerca de los centroides a los que están asignados. La idea que subyace al método del codo es identificar el valor de k en el que la distorsión empieza a aumentar más rápidamente, lo que se verá más claramente si representamos la distorsión para diferentes valores de k:

```
>>> distortions = []
>>> for i in range(1, 11):
...     km = KMeans(n_clusters=i,
...                 init='k-means++',
...                 n_init=10,
...                 max_iter=300,
...                 random_state=0)
...     km.fit(X)
...     distortions.append(km.inertia_)
>>> plt.plot(range(1,11), distortions, marker='o')
>>> plt.xlabel('Number of clusters')
>>> plt.ylabel('Distortion')
>>> plt.tight_layout()
>>> plt.show()
```

Como podemos ver en la Figura 10.3, el codo se encuentra en $k = 3$. Esto es una evidencia que refuerza que $k = 3$ es, de hecho, una buena elección para este conjunto de datos:

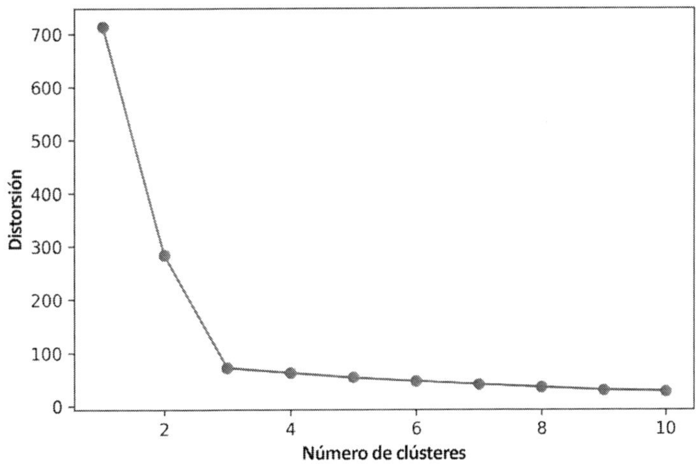

Figura 10.3 *Obtención del número óptimo de clústeres mediante el método del codo.*

Cuantificación de la calidad del clustering mediante gráficos de silueta

Otra métrica intrínseca para evaluar la calidad de un clustering es el análisis de silueta, que también puede aplicarse a otros algoritmos de clustering distintos de k-means, que discutiremos más adelante en este capítulo. El análisis de silueta se puede utilizar como una herramienta gráfica para representar una medida del grado de agrupación de los ejemplos en los clústeres. Para calcular el coeficiente de silueta de un solo ejemplo en nuestro conjunto de datos, podemos aplicar los tres pasos siguientes:

1. Calculamos la cohesión del clúster, $a^{(i)}$, como la distancia media entre un ejemplo, $\boldsymbol{x}^{(i)}$, y todos los demás puntos del mismo clúster.
2. Calculamos la separación del clúster, $b^{(i)}$, del siguiente clúster más cercano como la distancia media entre el ejemplo, $\boldsymbol{x}^{(i)}$, y todos los ejemplos del clúster más cercano.
3. Calculamos la silueta, $s^{(i)}$, como la diferencia entre la cohesión y la separación del clúster dividida por la mayor de las dos, como se muestra aquí:

$$s^{(i)} = \frac{b^{(i)} - a^{(i)}}{max\{b^{(i)}, a^{(i)}\}}$$

El coeficiente de silueta está acotado en el intervalo de –1 a 1. Basándonos en la ecuación anterior, podemos ver que el coeficiente de silueta es 0 si la separación y la cohesión de los clusters son iguales ($b^{(i)} = a^{(i)}$). Además, nos acercamos a un coeficiente de silueta ideal de 1 si $b^{(i)} >> a^{(i)}$, ya que $b^{(i)}$ cuantifica lo diferente que es un ejemplo de los de otros clústeres, y $a^{(i)}$ nos dice lo similar que es a los demás ejemplos de su propio clúster.

El coeficiente de silueta está disponible como `silhouette_samples` del módulo `metric` de Scikit-learn y, opcionalmente, la función `silhouette_scores` se puede importar por conveniencia. La función `silhouette_scores` calcula la media del coeficiente de silueta en todos los ejemplos, lo que equivale a `numpy.mean(silhouette_samples(...))`. Ejecutando el siguiente código, ahora crearemos un gráfico de los coeficientes de silueta para un clustering k-means con $k = 3$:

```
>>> km = KMeans(n_clusters=3,
...             init='k-means++',
...             n_init=10,
...             max_iter=300,
...             tol=1e-04,
...             random_state=0)
>>> y_km = km.fit_predict(X)

>>> import numpy as np
>>> from matplotlib import cm
>>> from sklearn.metrics import silhouette_samples
>>> cluster_labels = np.unique(y_km)
>>> n_clusters = cluster_labels.shape[0]
>>> silhouette_vals = silhouette_samples(
...     X, y_km, metric='euclidean'
... )
```

```
>>> y_ax_lower, y_ax_upper = 0, 0
>>> yticks = []
>>> for i, c in enumerate(cluster_labels):
...     c_silhouette_vals = silhouette_vals[y_km == c]
...     c_silhouette_vals.sort()
...     y_ax_upper += len(c_silhouette_vals)
...     color = cm.jet(float(i) / n_clusters)
...     plt.barh(range(y_ax_lower, y_ax_upper),
...              c_silhouette_vals,
...              height=1.0,
...              edgecolor='none',
...              color=color)
...     yticks.append((y_ax_lower + y_ax_upper) / 2.)
...     y_ax_lower += len(c_silhouette_vals)
>>> silhouette_avg = np.mean(silhouette_vals)
>>> plt.axvline(silhouette_avg,
...             color="red",
...             linestyle="--")
>>> plt.yticks(yticks, cluster_labels + 1)
>>> plt.ylabel('Cluster')
>>> plt.xlabel('Silhouette coefficient')
>>> plt.tight_layout()
>>> plt.show()
```

Mediante la inspección visual de la representación de la silueta, podemos ver rápidamente los tamaños de los diferentes clústeres e identificar los clústeres que contienen valores atípicos:

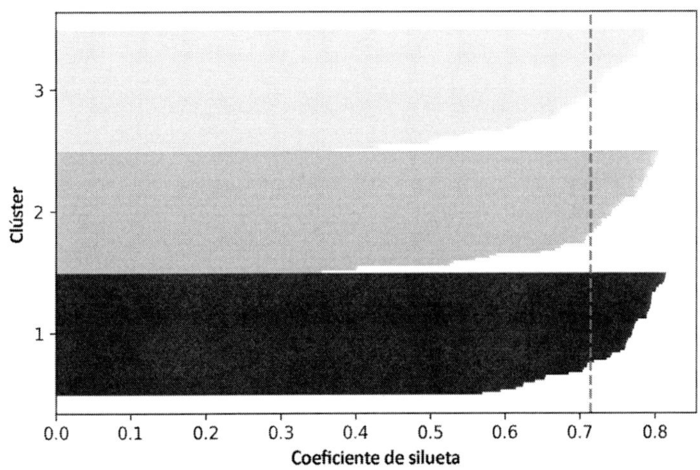

Figura 10.4 *Representación de la silueta para un buen ejemplo de clustering.*

Sin embargo, como se puede ver en el gráfico de silueta anterior, los coeficientes de silueta no se acercan a 0 y están aproximadamente igual de alejados de la puntuación media de la silueta, que es, en este caso, un indicador de una buena calidad de clustering. Además, para resumir la bondad del clustering, añadimos el coeficiente de silueta medio al gráfico (línea de puntos).

Para ver el aspecto de un gráfico de silueta para un clustering relativamente malo, vamos a mostrar el algoritmo k-means con solo dos centroides:

```
>>> km = KMeans(n_clusters=2,
...             init='k-means++',
...             n_init=10,
...             max_iter=300,
...             tol=1e-04,
...             random_state=0)
>>> y_km = km.fit_predict(X)
>>> plt.scatter(X[y_km == 0, 0],
...             X[y_km == 0, 1],
...             s=50, c='lightgreen',
...             edgecolor='black',
...             marker='s',
...             label='Cluster 1')
>>> plt.scatter(X[y_km == 1, 0],
...             X[y_km == 1, 1],
...             s=50,
...             c='orange',
...             edgecolor='black',
...             marker='o',
...             label='Cluster 2')
>>> plt.scatter(km.cluster_centers_[:, 0],
...             km.cluster_centers_[:, 1],
...             s=250,
...             marker='*',
...             c='red',
...             label='Centroids')
>>> plt.xlabel('Feature 1')
>>> plt.ylabel('Feature 2')
>>> plt.legend()
>>> plt.grid()
>>> plt.tight_layout()
    plt.show()
```

Como se puede ver en la Figura 10.5, uno de los centroides cae entre dos de las tres agrupaciones esféricas de los datos de entrada.

Aunque el clustering no se ve del todo mal, no es una presentación óptima:

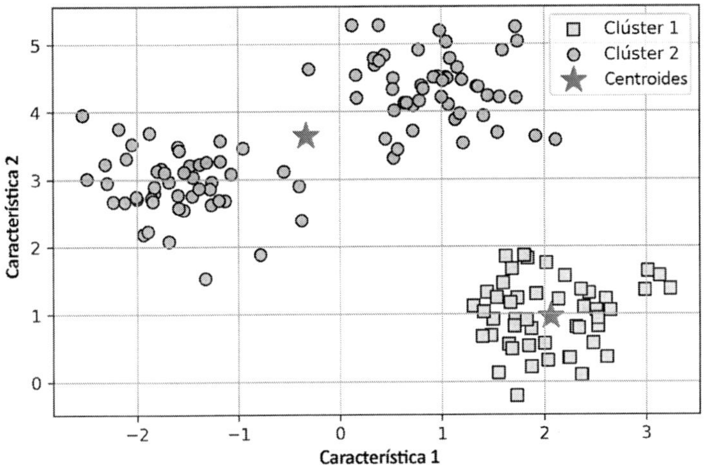

Figura 10.5 *Ejemplo de clustering que no es óptimo.*

Hay que tener en cuenta que, normalmente, no podemos permitirnos el lujo de visualizar conjuntos de datos en gráficos de dispersión bidimensionales de problemas del mundo real, ya que generalmente trabajamos con datos de dimensiones superiores. Así que, a continuación, crearemos el gráfico de silueta para evaluar los resultados:

```
>>> cluster_labels = np.unique(y_km)
>>> n_clusters = cluster_labels.shape[0]
>>> silhouette_vals = silhouette_samples(
...     X, y_km, metric='euclidean'
... )
>>> y_ax_lower, y_ax_upper = 0, 0
>>> yticks = []
>>> for i, c in enumerate(cluster_labels):
...     c_silhouette_vals = silhouette_vals[y_km == c]
...     c_silhouette_vals.sort()
...     y_ax_upper += len(c_silhouette_vals)
...     color = cm.jet(float(i) / n_clusters)
...     plt.barh(range(y_ax_lower, y_ax_upper),
...              c_silhouette_vals,
...              height=1.0,
...              edgecolor='none', color=color)
```

```
...     yticks.append((y_ax_lower + y_ax_upper) / 2.)
...     y_ax_lower += len(c_silhouette_vals)
>>> silhouette_avg = np.mean(silhouette_vals)
>>> plt.axvline(silhouette_avg, color="red", linestyle="--")
>>> plt.yticks(yticks, cluster_labels + 1)
>>> plt.ylabel('Cluster')
>>> plt.xlabel('Silhouette coefficient')
>>> plt.tight_layout()
>>> plt.show()
```

Como se puede ver en la Figura 10.6, las siluetas tienen ahora longitudes y anchuras visiblemente diferentes, lo que evidencia un clustering relativamente malo —o que, al menos, no es óptimo—:

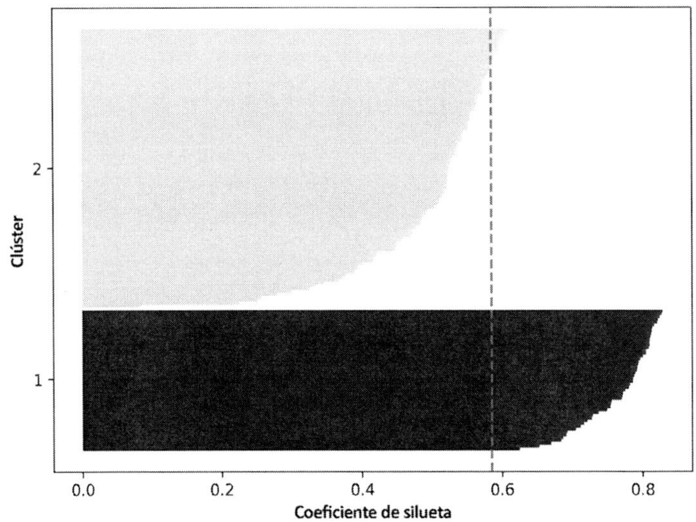

Figura 10.6 *Diagrama de silueta de un ejemplo de clustering que no es óptimo.*

Después de haber comprendido bien cómo funciona el clustering, la siguiente sección introducirá el clustering jerárquico como un enfoque alternativo a k-means.

Organización de clústeres en forma de árbol jerárquico

En esta sección, veremos un enfoque alternativo al clustering basado en prototipos: el clustering jerárquico. Una de las ventajas del algoritmo de clustering jerárquico es que nos permite representar dendrogramas (visualizaciones de un clustering jerárquico binario), que pueden ayudar a la interpretación de los resultados creando taxonomías coherentes. Otra ventaja de este enfoque jerárquico es que no necesitamos especificar el número de clústeres por adentantado.

Los dos enfoques principales del clustering jerárquico son el aglomerativo y el jerárquico divisivo. En el clustering jerárquico divisivo, comenzamos con un clúster que abarca todo el conjunto de datos, y dividimos iterativamente el clúster en clústeres más pequeños, hasta que cada clúster solo contiene un ejemplo. En esta sección, nos centraremos en el clustering aglomerativo, que adopta el enfoque opuesto. Comenzamos con cada ejemplo como un clúster individual y fusionamos los pares de clústeres más cercanos hasta que solo queda un clúster.

Agrupación de clústeres de forma ascendente

Los dos algoritmos estándar del clustering jerárquico aglomerativo son el enlace sencillo y el enlace completo. En el caso del enlace sencillo, se calculan las distancias entre los miembros más similares de cada par de clústeres y se fusionan los dos clústeres cuya distancia entre los miembros más similares sea la menor. El enfoque de enlace completo es similar al del enlace sencillo, pero en lugar de comparar los miembros más similares de cada par de clústeres, comparamos los miembros más disímiles para realizar la fusión. Esto se muestra en la Figura 10.7:

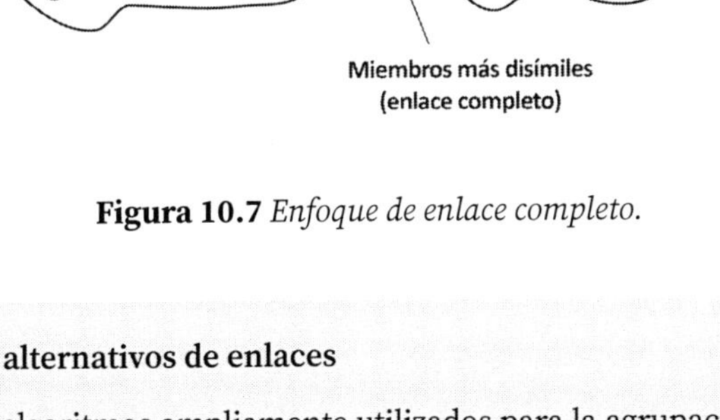

Figura 10.7 *Enfoque de enlace completo.*

Tipos alternativos de enlaces

Otros algoritmos ampliamente utilizados para la agrupación jerárquica aglomerativa son el enlace promedio y el enlace de Ward. En el enlace promedio, se fusionan los pares de clústeres basándose en las distancias medias mínimas entre todos los miembros del grupo en los dos conglomerados. En el enlace de Ward, se fusionan los dos clústeres que conducen al mínimo incremento de SSE total en el clúster.

En esta sección, nos centraremos en el clustering aglomerativo utilizando el enfoque de enlace completo. El clustering jerárquico de enlace completo es un procedimiento iterativo que puede resumirse en los siguientes pasos:

1. Cálculo de la matriz de distancias por pares de todos los ejemplos.
2. Representación de cada punto de datos como un clúster único.
3. Fusión de los dos clústeres más cercanos basándose en la distancia entre los miembros más disímiles (distantes).
4. Actualización de la matriz de enlace de los clústeres.
5. Repetición de los pasos 2-4 hasta que quede un solo clúster.

A continuación, veremos cómo calcular la matriz de distancias (paso 1). Pero primero, vamos a generar una muestra de datos aleatoria con la que trabajar. Las filas representan diferentes observaciones (ID 0-4), y las columnas son las diferentes características (`X`, `Y`, `Z`) de esos ejemplos:

```
>>> import pandas as pd
>>> import numpy as np
>>> np.random.seed(123)
>>> variables = ['X', 'Y', 'Z']
>>> labels = ['ID_0', 'ID_1', 'ID_2', 'ID_3', 'ID_4']
>>> X = np.random.random_sample([5, 3])*10
>>> df = pd.DataFrame(X, columns=variables, index=labels)
>>> df
```

Después de ejecutar el código anterior, deberíamos ver el siguiente `DataFrame` que contiene los ejemplos generados aleatoriamente:

	X	Y	Z
ID_0	6.964692	2.861393	2.268515
ID_1	5.513148	7.194690	4.231065
ID_2	9.807642	6.848297	4.809319
ID_3	3.921175	3.431780	7.290497
ID_4	4.385722	0.596779	3.980443

Figura 10.8 *Muestra de datos generada aleatoriamente.*

Realización de la agrupación jerárquica en la matriz de distancias

Para calcular la matriz de distancias como entrada para el algoritmo de clustering jerárquico, utilizaremos la función `pdist` del submódulo de `spatial.distance` SciPy:

```
>>> from scipy.spatial.distance import pdist, squareform
>>> row_dist = pd.DataFrame(squareform(
...                         pdist(df, metric='euclidean')),
...                         columns=labels, index=labels)
>>> row_dist
```

Utilizando el código anterior, calculamos la distancia euclidiana entre cada par de ejemplos de entrada en nuestro conjunto de datos basándonos en las características X, Y y Z.

Proporcionamos la matriz de distancias condensada, devuelta por `pdist`, como entrada a la función `squareform` para crear una matriz simétrica de las distancias entre pares, como se muestra aquí:

	ID_0	ID_1	ID_2	ID_3	ID_4
ID_0	0.000000	4.973534	5.516653	5.899885	3.835396
ID_1	4.973534	0.000000	4.347073	5.104311	6.698233
ID_2	5.516653	4.347073	0.000000	7.244262	8.316594
ID_3	5.899885	5.104311	7.244262	0.000000	4.382864
ID_4	3.835396	6.698233	8.316594	4.382864	0.000000

Figura 10.9 *Distancias por pares calculadas de los datos.*

A continuación, aplicaremos la aglomeración de enlaces completos a nuestros clústeres utilizando la función `linkage` del submódulo `cluster.hierarchy` de SciPy, que devuelve la denominada matriz de enlace.

Sin embargo, antes de llamar a la función `linkage`, echemos un vistazo a la documentación de la función:

```
>>> from scipy.cluster.hierarchy import linkage
>>> help(linkage)
[...]
Parameters:
  y : ndarray
    A condensed or redundant distance matrix. A condensed
    distance matrix is a flat array containing the upper
    triangular of the distance matrix. This is the form
    that pdist returns. Alternatively, a collection of m
    observation vectors in n dimensions may be passed as
    an m by n array.
```

```
  method : str, optional
    The linkage algorithm to use. See the Linkage Methods
    section below for full descriptions.

  metric : str, optional
    The distance metric to use. See the distance.pdist
    function for a list of valid distance metrics.

  Returns:
  Z : ndarray
    The hierarchical clustering encoded as a linkage matrix.
[...]
```

Basándonos en la descripción de la función, entendemos que podemos utilizar la matriz de distancias condensada (triangular superior) de la función `pdist` como atributo de entrada. Alternativamente, también podríamos proporcionar la matriz de datos inicial y utilizar la métrica `'euclidean'` como argumento de la función en `linkage`. Sin embargo, no deberíamos utiizar la matriz de distancias `squareform` que definimos anteriormente, ya que produciría valores de distancia diferentes a los esperados. En resumen, los tres escenarios posibles son los siguientes:

- **Enfoque incorrecto:** el uso de la matriz de distancias `squareform`, como se muestra en el siguiente fragmento de código, conduce a resultados incorrectos:

```
>>> row_clusters = linkage(row_dist,
...                        method='complete',
...                        metric='euclidean')
```

- **Enfoque correcto:** el uso de la matriz de distancias condensada, como se muestra en el siguiente ejemplo de código, produce la matriz de enlace correcta:

```
>>> row_clusters = linkage(pdist(df, metric='euclidean'),
...                        method='complete')
```

- **Enfoque correcto:** el uso de la matriz de ejemplo de entrada completa (la llamada «matriz de diseño»), como se muestra en el siguiente fragmento de código, también conduce a una matriz de enlace correcta similar al enfoque anterior:

```
>>> row_clusters = linkage(df.values,
...                        method='complete',
...                        metric='euclidean')
```

Para ver más de cerca los resultados del clustering, podemos convertir esos resultados en un `DataFrame` de Pandas (que se ve mejor en un cuaderno Jupyter), como sigue:

```
>>> pd.DataFrame(row_clusters,
...              columns=['row label 1',
...                       'row label 2',
...                       'distance',
...                       'no. of items in clust.'],
...              index=[f'cluster {(i + 1)}' for i in
...                     range(row_clusters.shape[0])])
```

Como se muestra en la Figura 10.10, la matriz de enlace consta de varias filas, y cada fila representa una fusión. La primera y la segunda columna denotan los miembros más disímiles de cada clúster, y la tercera columna informa de la distancia entre esos miembros.

La última columna devuelve el recuento de los miembros de cada clúster:

	fila 1	fila 2	distancia	núm. de elementos
clúster 1	0.0	4.0	3.835396	2.0
clúster 2	1.0	2.0	4.347073	2.0
clúster 3	3.0	5.0	5.899885	3.0
clúster 4	6.0	7.0	8.316594	5.0

Figura 10.10 *Matriz de enlace.*

Ahora que hemos calculado la matriz de enlace, podemos visualizar los resultados en forma de dendrograma:

```
>>> from scipy.cluster.hierarchy import dendrogram
>>> # make dendrogram black (part 1/2)
>>> # from scipy.cluster.hierarchy import set_link_color_palette
>>> # set_link_color_palette(['black'])
>>> row_dendr = dendrogram(
...     row_clusters,
...     labels=labels,
...     # make dendrogram black (part 2/2)
...     # color_threshold=np.inf
... )
>>> plt.tight_layout()
>>> plt.ylabel('Euclidean distance')
>>> plt.show()
```

Si ejecuta el código anterior o lee una versión de este libro en formato electrónico, observará que las ramas del dendrograma resultante se muestran en diferentes colores.

Este esquema de colores se deriva de una lista de colores de Matplotlib que se alternan para los umbrales de distancia en el dendrograma. Por ejemplo, para mostrar los dendrogramas en negro, puede eliminar los comentarios de las secciones respectivas que se insertaron en el código anterior:

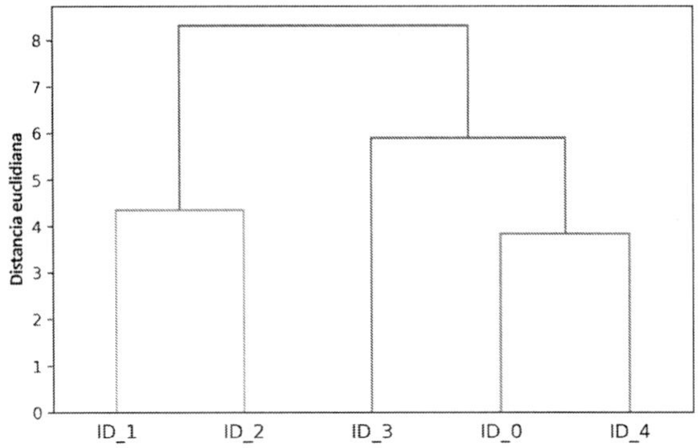

Figura 10.11 *Dendrograma de nuestros datos.*

Este dendrograma resume los distintos clústeres que se formaron durante el custering jerárquico aglomerativo; por ejemplo, se puede ver que los ejemplos `ID_0` e`ID_4`, seguidos de `ID_1` e `ID_2`, son los más similares según la métrica de distancia euclidiana.

Anexión de dendrogramas a un mapa de calor

En aplicaciones prácticas, los dendrogramas de clustering jerárquico se utilizan a menudo en combinación con mapas de calor, que nos permiten representar los valores individuales en el array o la matriz de datos que contiene nuestros ejemplos de entrenamiento con un código de colores. En esta sección, discutiremos cómo adjuntar un dendrograma a un mapa de calor y cómo ordenar las filas en el mapa de calor de la forma correspondiente. Sin embargo, adjuntar un dendrograma a un mapa de calor puede ser un poco complicado, por lo que vamos a repasar este procedimiento paso a paso:

1. Creamos un nuevo objeto `figure` y definimos la posición del eje x, la posición del eje y, y la anchura y la altura del dendrograma mediante el atributo `add_axes`. Además, giramos el dendrograma 90 grados en sentido contrario a las agujas del reloj.

```
>>> fig = plt.figure(figsize=(8, 8), facecolor='white')
>>> axd = fig.add_axes([0.09, 0.1, 0.2, 0.6])
>>> row_dendr = dendrogram(row_clusters,
...                        orientation='left')
>>> # note: for matplotlib < v1.5.1, please use
>>> # orientation='right'
```

2. A continuación, reordenamos los datos de nuestro `DataFrame` inicial de acuerdo con las etiquetas de clustering a las que se puede acceder desde el objeto `dendrogram`, que es esencialmente un diccionario de Python, a través de la clave `leaves`. El código es el siguiente:

```
>>> df_rowclust = df.iloc[row_dendr['leaves'][::-1]]
```

3. Ahora, construimos el mapa de calor a partir del `DataFrame` y lo situamos junto al dendrograma:

```
>>> axm = fig.add_axes([0.23, 0.1, 0.6, 0.6])
>>> cax = axm.matshow(df_rowclust, interpolation='nearest',
...                   cmap='hot_r')
```

4. Por último, modificamos la estética del dendrograma eliminando las marcas de los ejes y ocultando las rectas paralelas a los ejes (spines). Además, añadimos una barra de color y asignamos los nombres de las características y de los registros de datos a las etiquetas de las marcas del eje x e y, respectivamente:

```
>>> axd.set_xticks([])
>>> axd.set_yticks([])
>>> for i in axd.spines.values():
...     i.set_visible(False)
>>> fig.colorbar(cax)
>>> axm.set_xticklabels([''] + list(df_rowclust.columns))
>>> axm.set_yticklabels([''] + list(df_rowclust.index))
>>> plt.show()
```

Después de seguir los pasos anteriores, debería aparecer el mapa de calor con el dendrograma adjunto:

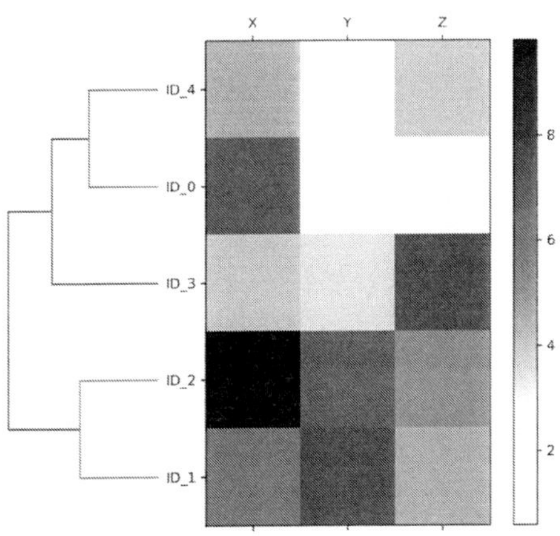

Figura 10.12 *Mapa de calor y dendrograma de los datos.*

Como puede ver, el orden de las filas en el mapa de calor refleja el clustering de los ejemplos en el dendrograma. Además de un simple dendrograma, los valores codificados por colores de cada ejemplo y característica en el mapa de calor nos proporcionan un buen resumen del conjunto de datos.

Aplicación del clustering aglomerativo a través de Scikit-learn

En la subsección anterior, hemos visto cómo realizar clustering jerárquico aglomerativo utilizando SciPy. Sin embargo, también hay una implementación de `AgglomerativeClustering` en Scikit-learn, que nos permite elegir el número de clústeres que queremos devolver. Esto es útil si queremos podar el árbol de clústeres jerárquicos.

Al establecer el parámetro `n_cluster` en `3`, ahora agruparemos los ejemplos de entrada en tres grupos utilizando el mismo enfoque de antes de enlace completo basado en la métrica de distancia euclidiana:

```
>>> from sklearn.cluster import AgglomerativeClustering
>>> ac = AgglomerativeClustering(n_clusters=3,
...                              affinity='euclidean',
...                              linkage='complete')
>>> labels = ac.fit_predict(X)
>>> print(f'Cluster labels: {labels}')
Cluster labels: [1 0 0 2 1]
```

Observando las etiquetas de los clústeres pronosticados, podemos ver que el primer y el quinto ejemplo (`ID_0` e `ID_4`) se han asignado a un clúster (etiqueta `1`), y los ejemplos `ID_1` e `ID_2` se han asignado al segundo clúster (etiqueta `0`). El ejemplo `ID_3` se ha colocado en su propio clúster (etiqueta `2`). En general, los resultados son coherentes con los que observamos en el dendrograma. Sin embargo, debemos notar que `ID_3` es más parecido a `ID_4` e `ID_0` que a `ID_1` e `ID_2`, como se muestra en la figura del dendrograma anterior; esto no está claro en los resultados de clustering de Scikit-learn. Ahora volvemos a ejecutar `AgglomerativeClustering` utilizando `n_cluster=2` en el siguiente fragmento de código:

```
>>> ac = AgglomerativeClustering(n_clusters=2, affinity='euclidean',
...                              linkage='complete')
>>> labels = ac.fit_predict(X)
>>> print(f'Cluster labels: {labels}')
Cluster labels: [0 1 1 0 0]
```

Como podemos ver, en esta jerarquía de clustering podada, la etiqueta `ID_3` se ha asignado al mismo clúster que `ID_0` e `ID_4`, como se esperaba.

Localización de regiones de alta densidad mediante DBSCAN

Aunque no podemos abarcar la gran cantidad de algoritmos de clustering diferentes en este capítulo, vamos a incluir al menos un enfoque más de clustering: el clustering espacial de aplicaciones con ruido basado en la densidad (Density-Based Spatial Clustering of Applications with Noise, DBSCAN), que no hace suposiciones sobre clústeres esféricos como k-means, ni particiona el conjunto de datos en jerarquías que requieren un punto de corte manual. Como su nombre indica, el clustering basado en la densidad asigna etiquetas de clústeres basadas en regiones densas de puntos. En DBSCAN, la noción de densidad se define como el número de puntos dentro de un radio determinado, ε.

Según el algoritmo DBSCAN, se asigna una etiqueta especial a cada ejemplo (punto de datos) utilizando los siguientes criterios:

- Un punto se considera un punto central si al menos un número determinado (MinPts) de puntos vecinos se encuentra dentro del radio especificado, ε.
- Un punto fronterizo es un punto que tiene menos vecinos que MinPts dentro de ε, pero que se encuentra dentro del radio ε de un punto central.
- Todos los otros puntos que no son ni centrales ni fronterizos se consideran puntos de ruido.

Tras etiquetar los puntos como centrales, de frontera o de ruido, el algoritmo DBSCAN puede resumirse en dos sencillos pasos:

1. Forma un clúster separado para cada punto central o grupo conectado de puntos centrales. (Los puntos centrales están conectados si no están más lejos que ε).
2. Asigna cada punto fronterizo al clúster de su correspondiente punto central.

Para entender mejor cómo puede ser el resultado de DBSCAN, antes de pasar a la implementación, vamos a resumir lo que acabamos de aprender sobre los puntos centrales, los puntos de frontera y los puntos de ruido en la Figura 10.13:

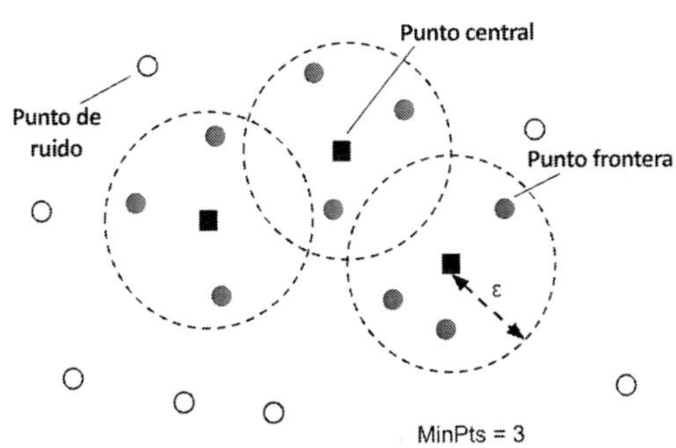

Figura 10.13 *Puntos centrales, de ruido y de frontera para DBSCAN.*

Una de las principales ventajas de utilizar DBSCAN es que no asume que los clústeres tienen una forma esférica como en k-means. Además, DBSCAN se diferencia de k-means y del clustering jerárquico en que no asigna necesariamente cada punto a un clúster, sino que es capaz de eliminar los puntos de ruido.

Para ofrecer un ejemplo más ilustrativo, creamos un nuevo conjunto de datos de estructuras con forma de media luna para comparar la agrupación k-means, la agrupación jerárquica y DBSCAN:

```
>>> from sklearn.datasets import make_moons
>>> X, y = make_moons(n_samples=200,
...                   noise=0.05,
...                   random_state=0)
>>> plt.scatter(X[:, 0], X[:, 1])
>>> plt.xlabel('Feature 1')
>>> plt.ylabel('Feature 2')
>>> plt.tight_layout()
>>> plt.show()
```

Como puede ver en el gráfico resultante, hay dos grupos visibles con forma de media luna que constan de 100 ejemplos (puntos de datos) cada uno:

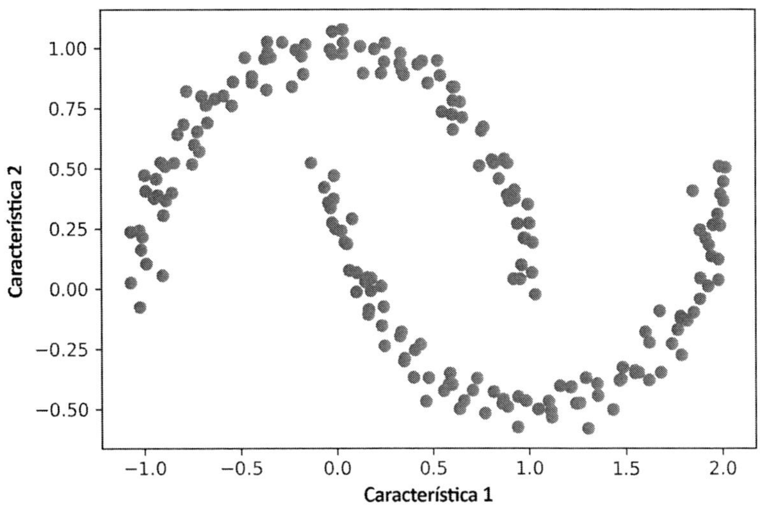

Figura 10.14 *Conjunto de datos de dos características en forma de media luna.*

Empezaremos utilizando el algoritmo k-means y el clustering de enlace completo para ver si uno de esos algoritmos de clustering previamente discutidos puede identificar con éxito las formas de media luna como clústeres separados. El código es el siguiente:

```
>>> f, (ax1, ax2) = plt.subplots(1, 2, figsize=(8, 3))
>>> km = KMeans(n_clusters=2, random_state=0)
>>> y_km = km.fit_predict(X)
>>> ax1.scatter(X[y_km == 0, 0], X[y_km == 0, 1],
...             c='lightblue',
...             edgecolor='black',
...             marker='o', s=40,
...             label='cluster 1')
>>> ax1.scatter(X[y_km == 1, 0], X[y_km == 1, 1],
...             c='red', edgecolor='black',
...             marker='s', s=40,
...             label='cluster 2')
>>> ax1.set_title('K-means clustering')
>>> ax1.set_xlabel('Feature 1')
>>> ax1.set_ylabel('Feature 2')

>>> ac = AgglomerativeClustering(n_clusters=2,
...                              affinity='euclidean',
...                              linkage='complete')
>>> y_ac = ac.fit_predict(X)
>>> ax2.scatter(X[y_ac == 0, 0], X[y_ac == 0, 1],
...             c='lightblue',
...             edgecolor='black',
...             marker='o', s=40,
...             label='Cluster 1')
>>> ax2.scatter(X[y_ac == 1, 0], X[y_ac == 1, 1],
...             c='red', edgecolor='black',
...             marker='s',
...             s=40, label='Cluster 2')
>>> ax2.set_title('Agglomerative clustering')
>>> ax2.set_xlabel('Feature 1')
>>> ax2.set_ylabel('Feature 2')
>>> plt.legend()
>>> plt.tight_layout()
>>> plt.show()
```

Basándonos en los resultados de clustering visualizados, podemos ver que el algoritmo k-means ha sido incapaz de separar los dos clústeres y, también, que al algoritmo de clustering jerárquico lo han desafiado esas formas complejas:

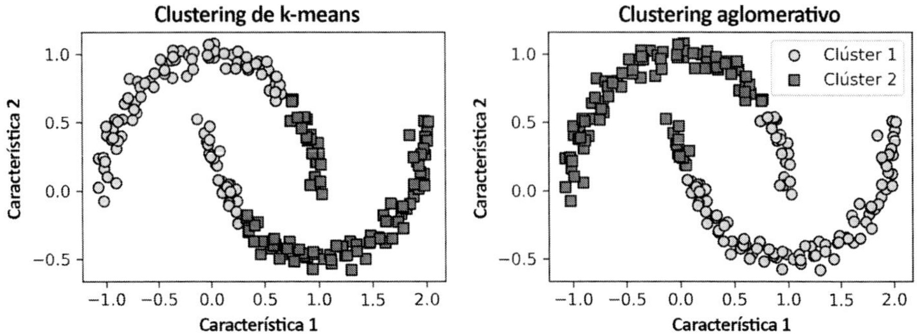

Figura 10.15 *k-means y clustering aglomerativo en el conjunto de datos en forma de media luna.*

Por último, probamos el algoritmo DBSCAN en este conjunto de datos para ver si puede encontrar los dos clústeres en forma de media luna utilizando un enfoque basado en la densidad:

```
>>> from sklearn.cluster import DBSCAN
>>> db = DBSCAN(eps=0.2,
...             min_samples=5,
...             metric='euclidean')
>>> y_db = db.fit_predict(X)
>>> plt.scatter(X[y_db == 0, 0],
...             X[y_db == 0, 1],
...             c='lightblue',
...             edgecolor='black',
...             marker='o', s=40,
...             label='Cluster 1')
>>> plt.scatter(X[y_db == 1, 0],
...             X[y_db == 1, 1],
...             c='red', edgecolor='black',
...             marker='s', s=40,
...             label='Cluster 2')
>>> plt.xlabel('Feature 1')
>>> plt.ylabel('Feature 2')
>>> plt.legend()
>>> plt.tight_layout()
>>> plt.show()
```

El algoritmo DBSCAN puede detectar con éxito las formas de media luna, lo que pone de manifiesto uno de los puntos fuertes de DBSCAN, el clustering de datos de formas arbitrarias:

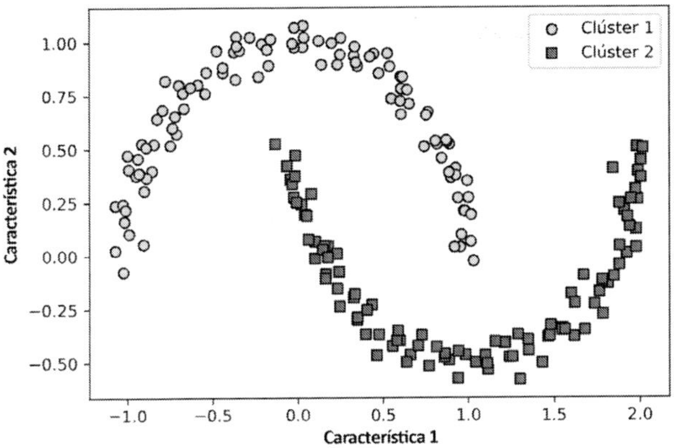

Figura 10.16 *Custering DBSCAN en el conjunto de datos en forma de media luna.*

Sin embargo, también deberíamos señalar algunas de las desventajas de DBSCAN. Al aumentar el número de características en nuestro conjunto de datos (suponiendo un número fijo de ejemplos de entrenamiento), aumenta el efecto negativo de la maldición de la dimensionalidad. Esto es especialmente problemático si utilizamos la métrica de distancia euclidiana. Sin embargo, el problema de la maldición de la dimensionalidad no es exclusivo de DBSCAN, también afecta a otros algoritmos de clustering que utilizan la métrica de distancia euclidiana; por ejemplo, los algoritmos de k-means y de clustering jerárquico. Además, tenemos dos hiperparámetros en DBSCAN (MinPts y ε) que se necesitan optimizar para obtener buenos resultados de clustering. Encontrar una buena combinación de MinPts y ε puede ser problemático si las diferencias de densidad en el conjunto de datos son relativamente grandes.

Clustering basado en grafos

Hasta ahora, hemos visto tres de las categorías más fundamentales de algoritmos de clustering: clustering basado en prototipos con k-means, clustering jerárquico aglomerativo y clustering basado en la densidad mediante DBSCAN. Sin embargo, existe también una cuarta clase de algoritmos de clustering más avanzados que no hemos tratado en este capítulo: el clustering basado en grafos. Probablemente los miembros más destacados de la familia de clustering basado en grafos son los algoritmos de clustering espectral.

Aunque hay muchas implementaciones diferentes de clustering espectral, lo que todas tienen en común es que utilizan los vectores propios de una matriz de similitud o distancias para obtener las relaciones de los clústeres. Dado que el clustering espectral está fuera del alcance del libro, puede leer el excelente tutorial de Ulrike von Luxburg para aprender más sobre este tema («A tutorial on spectral clustering», *Statistics and Computing*, 17(4): 395-416, 2007). Está disponible gratuitamente en `http://arxiv.org/pdf/0711.0189v1.pdf`.

Hay que tener en cuenta que, en la práctica, no siempre es obvio qué algoritmo de clustering funcionará mejor en un conjunto de datos determinado, especialmente si los datos vienen en múltiples dimensiones que hacen difícil o imposible su visualización. Además, es importante subrayar que el éxito del clustering no depende únicamente del algoritmo y de sus hiperparámetros; la elección de una métrica de distancia adecuada y el uso de conocimientos del dominio que puedan ayudar a orientar la configuración experimental pueden ser incluso más importantes.

En el contexto de la maldición de la dimensionalidad, es una práctica común aplicar técnicas de reducción de la dimensionalidad antes de realizar el clustering. Dichas técnicas de reducción de la dimensionalidad para conjuntos de datos no supervisados incluyen el análisis de componentes principales y t-SNE, que tratamos en el capítulo 5, Compresión de datos mediante la reducción de la dimensionalidad. Además, es particularmente frecuente comprimir los conjuntos de datos a subespacios bidimensionales, lo que nos permite visualizar los clústeres y las etiquetas asignadas utilizando gráficos de dispersión bidimensionales, que son particularmente útiles para evaluar los resultados.

Resumen

En este capítulo, ha aprendido acerca de tres diferentes algoritmos de clustering que pueden ayudarnos con el descubrimiento de estructuras ocultas o información en los datos. Comenzamos con un enfoque basado en el prototipo, k-means, que agrupa los ejemplos en formas esféricas basadas en un número específico de centros de clústeres. Dado que el cluústering es un método no supervisado, no podemos permitirnos el lujo de disponer de etiquetas reales para evaluar el rendimiento de un modelo. Por ello, utilizamos métricas de rendimiento intrínsecas, como el método del codo o el análisis de siluetas, para intentar cuantificar la calidad del clustering.

A continuación, examinamos un enfoque diferente del clustering: la agrupación jerárquica aglomerativa. El clustering jerárquico no requiere especificar el número de clústeres por adelantado, y el resultado puede visualizarse en una representación de dendrograma, que puede ayudar a la hora de interpretar los resultados. El último algoritmo de clustering que tratamos en este capítulo ha sido DBSCAN, un algoritmo que agrupa puntos basados en densidades locales y que es capaz de manejar valores atípicos y de identificar formas no globulares.

Tras esta incursión en el campo del aprendizaje no supervisado, ha llegado el momento de presentar algunos de los algoritmos de aprendizaje automático más interesantes para el aprendizaje supervisado: las redes neuronales artificiales multicapa. Tras su reciente resurgimiento, las redes neuronales vuelven a ser el tema más candente en la investigación del aprendizaje automático. Gracias a los algoritmos de aprendizaje profundo desarrollados recientemente, las redes neuronales se consideran la vanguardia, lo útimo para muchas tareas complejas, como la clasificación de imágenes, el procesamiento del lenguaje natural y el reconocimiento del habla. En el capítulo 11, Implementación de una red neuronal artificial multicapa desde cero, construiremos nuestra propia red neuronal multicapa. En el capítulo 12, Paralelización del entrenamiento de redes neuronales con PyTorch, trabajaremos con la biblioteca PyTorch, especializada en el entrenamiento de modelos de redes neuronales con múltiples capas de forma muy eficiente utilizando unidades de procesamiento gráfico.

Únase al espacio Discord del libro

Únase al espacio Discord del libro para una sesión mensual de «Pregúnteme lo que quiera» con los autores (en inglés):

`https://packt.link/MLwPyTorch`

11

Implementación de una red neuronal artificial multicapa desde cero

Como ya sabrá, la prensa está prestando mucha atención al aprendizaje profundo que es, sin duda, el tema más candente en el campo del aprendizaje automático. El aprendizaje profundo puede entenderse como un subcampo del aprendizaje automático que se ocupa de entrenar redes neuronales artificiales (Neural Networks, NN) con muchas capas de forma eficiente. En este capítulo, aprenderá los conceptos básicos de las NN artificiales para que esté bien equipado para los siguientes capítulos, que presentarán bibliotecas avanzadas de aprendizaje profundo basadas en Python y arquitecturas de redes neuronales profundas (Deep Neural Networks, DNN), que son particularmente adecuadas para el análisis de imágenes y textos.

Los temas que trataremos en este capítulo son los siguientes:

- Obtención de una comprensión conceptual de las NN multicapa
- Implementación del algoritmo fundamental de retropropagación para el entrenamiento de NN desde cero
- Entrenamiento de una NN multicapa básica para la clasificación de imágenes

Modelado de funciones complejas con redes neuronales artificiales

Al principio del libro, comenzamos nuestro viaje a través de los algoritmos de aprendizaje automático con neuronas artificiales en el capítulo 2, Entrenamiento de algoritmos sencillos de aprendizaje automático para tareas de clasificación. Las neuronas artificiales representan los bloques de construcción de las NN artificiales multicapa que discutiremos en este capítulo.

El concepto básico que subyace en las NN artificiales se fundamentó en hipótesis y modelos sobre cómo funciona el cerebro humano para resolver tareas problemáticas complejas. Aunque las NN artificiales han ganado mucha popularidad en los últimos años, los primeros estudios sobre las NN se remontan a los años 40, cuando Warren McCulloch y Walter Pitts describieron por primera vez el funcionamiento de las neuronas («A logical calculus of the ideas inmanent in nervous activity», de W. S. McCulloch y W. Pitts, *The Bulletin of Mathematical Biophysics*, 5(4):115-133, 1943).

Sin embargo, en las décadas posteriores a la primera implementación del modelo neuronal McCulloch-Pitts (hay que tener en cuenta el perceptrón de Rosenblatt en la década de 1950), muchos investigadores y profesionales del aprendizaje automático empezaron a perder paulatinamente el interés por las NN, ya que nadie tenía una buena solución para entrenar una NN con múltiples capas. Finalmente, en 1986 se reavivó el interés por las NN, cuando D. E. Rumelhart, G. E. Hinton y R. J. Williams participaron en el (re)descubrimiento y la popularización del algoritmo de retropropagación para entrenar las NN de forma más eficiente, del que hablaremos con más detalle más adelante en este capítulo («Learning representations by backpropagating errors», de D. E. Rumelhart, G. E. Hinton, y R. J. Williams, *Nature*, 323 (6088): 533-536, 1986). A los lectores que estén interesados en la historia de la inteligencia artificial (Artificial Intelligence, AI), el aprendizaje automático y las NN, se los anima también a leer el artículo de Wikipedia sobre los llamados inviernos de la AI, que se refiere a los periodos de tiempo en los que una gran parte de la comunidad investigadora perdió el interés por el estudio de las NN (`https://en.wikipedia.org/wiki/AI_winter`).

Sin embargo, las NN son hoy más populares que nunca gracias a los numerosos avances que se han producido en la década anterior, que han dado lugar a lo que ahora llamamos «algoritmos y arquitecturas de aprendizaje profundo»: las NN que están compuestas por muchas capas. Las NN son un tema candente no solo en la investigación académica, sino también en las grandes empresas tecnológicas, como Facebook, Microsoft, Amazon, Uber, Google y muchas más, que invierten mucho en las NN artificiales y en la investigación del aprendizaje profundo.

A día de hoy, las NN complejas impulsadas por algoritmos de aprendizaje profundo se consideran soluciones de última generación para la resolución de problemas complejos, como el reconocimiento de imágenes y de voz. Algunas de las aplicaciones recientes son:

- Pronóstico de las necesidades de recursos de COVID-19 a partir de una serie de radiografías (`https://arxiv.org/abs/2101.04909`)
- Modelización de las mutaciones de virus (`https://science.sciencemag.org/content/371/6526/284`)
- Aprovechamiento de los datos de las plataformas de las redes sociales para gestionar fenómenos meteorológicos extremos (`https://onlinelibrary.wiley.com/doi/abs/10.1111/1468-5973.12311`)

- Mejora de las descripciones fotográficas para personas ciegas o con problemas de visión (`https://tech.fb.com/how-facebook-is-using-ai-to-improve-photo-descriptions-for-people-who-are-blind-or-visually-impaired/`)

Resumen de redes neuronales de una capa

Este capítulo trata de las NN multicapa, de su funcionamiento y de cómo entrenarlas para resolver problemas complejos. Sin embargo, antes de profundizar en una arquitectura particular de las NN multicapa, vamos a reiterar brevemente algunos de los conceptos de las NN de una capa que introdujimos en el capítulo 2, como el algoritmo ADAptive LInear NEuron (Adaline), que se muestra en la Figura 11.1:

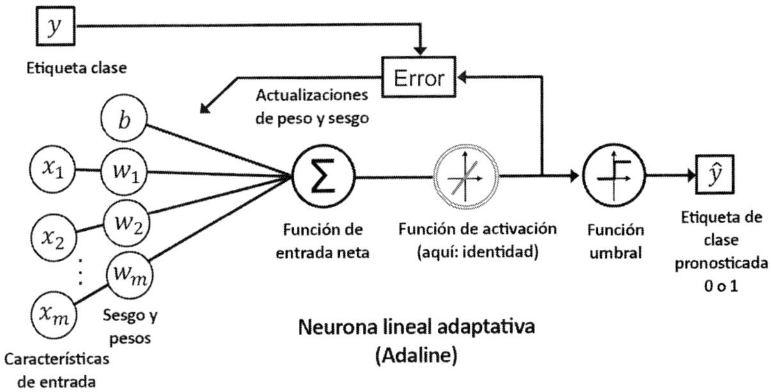

Figura 11.1 *Algoritmo Adaline.*

En el capítulo 2, implementamos el algoritmo Adaline para realizar la clasificación binaria, y utilizamos el algoritmo de optimización de descenso del gradiente para averiguar los coeficientes de peso del modelo. En cada ciclo (epoch, pasada por el conjunto de datos de entrenamiento), actualizamos el vector de pesos $\boldsymbol{w}$ y la unidad de sesgo b utilizando la siguiente regla de actualización:

$$\boldsymbol{w} := \boldsymbol{w} + \Delta\boldsymbol{w}, \quad b := b + \Delta b$$

donde $\Delta w_j = -\eta \frac{\partial L}{\partial w_j}$ y $\Delta b = -\eta \frac{\partial L}{\partial b}$ para la unidad de sesgo y cada peso w_j en el vector de pesos $\boldsymbol{w}$.

En otras palabras, calculamos el gradiente basado en el conjunto de datos de entrenamiento y actualizamos los pesos del modelo dando un paso en la dirección opuesta al gradiente de pérdida $\nabla L(\boldsymbol{w})$. Para simplificar, nos centraremos en los pesos y omitiremos la unidad de sesgo en los párrafos siguientes; sin embargo, como se recuerda del capítulo 2, se aplican los mismos conceptos. Para encontrar los pesos óptimos del modelo, optimizamos una función objetivo que definimos como la función de pérdida de la media de los errores cuadráticos (Mean of Squared Errors, MSE) $L(\boldsymbol{w})$. Además, multiplicamos el gradiente por un factor, la tasa de aprendizaje η, que hemos tenido que elegir cuidadosamente para equilibrar la velocidad de aprendizaje con el riesgo de sobrepasar el mínimo global de la función de pérdida.

En la optimización por descenso del gradiente, actualizamos todos los pesos simultáneamente después de cada ciclo, y definimos la derivada parcial para cada peso w_j en el vector de pesos, $\boldsymbol{w}$, como sigue:

$$\frac{\partial L}{\partial w_j} = \frac{\partial}{\partial w_j}\frac{1}{n}\sum_i \left(y^{(i)} - a^{(i)}\right)^2 = -\frac{2}{n}\sum_i \left(y^{(i)} - a^{(i)}\right)x_j^{(i)}$$

Aquí, $y^{(i)}$ es la etiqueta de clase objetivo de una muestra particular $x^{(i)}$, y $a^{(i)}$ es la activación de la neurona, que es una función lineal en el caso especial de Adaline.

Ahora, definimos la función de activación $\sigma(\cdot)$ como sigue:

$$\sigma(\cdot) = z = a$$

Aquí, la entrada de la red, z, es una combinación lineal de los pesos que conectan la capa de entrada con la de salida:

$$z = \sum_j w_j x_j + b = \boldsymbol{w}^T \boldsymbol{x} + b$$

Aunque utilizamos la activación $\sigma(\cdot)$ para calcular la actualización del gradiente, implementamos una función de umbral para convertir la salida de valor continuo en etiquetas de clase binarias para formular el pronóstico:

$$\hat{y} = \begin{cases} 1 & \text{si } z \geq 0; \\ 0 & \text{otros} \end{cases}$$

Convención en la nomenclatura de una capa

Obsérvese que, aunque Adaline consta de dos capas, una de entrada y otra de salida, se denomina red de una sola capa debido a su único enlace entre las capas de entrada y de salida.

Además, hemos aprendido un truco para acelerar el aprendizaje del modelo, al que se conoce como «optimización por descenso del gradiente estocástico» (Stochastic Gradient Descent, SGD). SGD aproxima la pérdida de una sola muestra de entrenamiento (aprendizaje en línea) o de un pequeño subconjunto de ejemplos de entrenamiento (aprendizaje en minilotes). Utilizaremos este concepto más adelante en este capítulo cuando implementemos y entrenemos un perceptrón multicapa (MultiLayer Perceptron, MLP). Además de un aprendizaje más rápido, debido a las actualizaciones más frecuentes de los pesos en comparación con el descenso del gradiente, su naturaleza ruidosa también se considera beneficiosa cuando se entrenan NN multicapa con funciones de activación no lineales, que no tienen una función de pérdida convexa. En este caso, el ruido añadido puede ayudar a escapar de los mínimos de pérdida locales, pero trataremos este tema con más detalle más adelante en este capítulo.

Introducción a la arquitectura de redes neuronales multicapa

En esta sección, aprenderá a conectar múltiples neuronas simples a una NN multicapa de prealimentación; este tipo especial de red totalmente conectada también se llama MLP.

La Figura 11.2 ilustra el concepto de un MLP compuesto por dos capas:

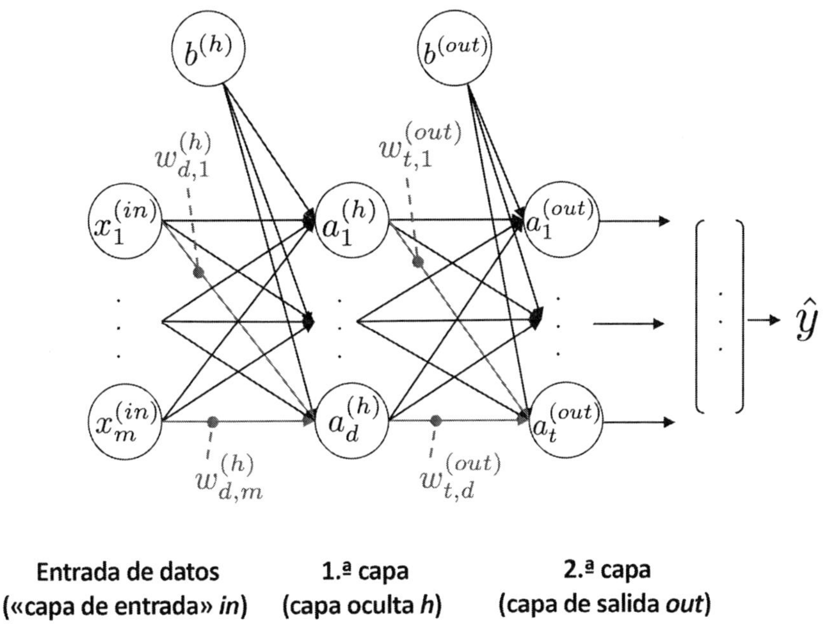

Figura 11.2 *MLP de dos capas.*

Junto a la capa de datos, el MLP representado en la Figura 11.2 tiene una capa oculta y una capa de salida. Las unidades de la capa oculta están totalmente conectadas a las características (variables o atributos del conjunto de datos) de entrada, y la capa de salida está totalmente conectada a la capa oculta. Si una red de este tipo tiene más de una capa oculta, también la llamamos NN profunda. Obsérvese que, en algunos contextos, las entradas también se consideran una capa. Sin embargo, en este caso, esto convertiría al modelo Adaline, que es una red neuronal de una capa, en una red neuronal de dos capas, lo que puede ir en contra de la intuición.

Adición de capas ocultas extra

Podemos añadir cualquier número de capas ocultas a MLP para crear arquitecturas de red más profundas. En la práctica, podemos pensar en el número de capas y unidades de una NN como hiperparámetros adicionales que queremos optimizar cuando tenemos una tarea problemática y utilizamos la técnica de validación cruzada, que discutimos en el capítulo 6, Aprendizaje de las mejores prácticas para la evaluación de modelos y el ajuste de hiperparámetros.

Sin embargo, los gradientes de pérdida para actualizar los parámetros de la red, que calcularemos más tarde mediante la retropropagación, serán cada vez más pequeños a medida que se añadan más capas a una red. Este problema del gradiente de pérdida hace que el aprendizaje del modelo sea más difícil. Por lo tanto, se han desarrollado algoritmos especiales para ayudar a entrenar estructuras tales como las DNN; esto se conoce como «aprendizaje profundo», del que hablaremos con más detalle en los siguientes capítulos.

Como se muestra en la Figura 11.2, denotamos la *i*-ésima unidad de activación en la *l*-ésima capa como $a_i^{(l)}$. Para que las implementaciones matemáticas y de código sean un poco más intuitivas, no utilizaremos índices numéricos para referirnos a las capas, sino que utilizaremos el superíndice *in* para las características de entrada, el superíndice *h* para la capa oculta y el superíndice out para la capa de salida. Por ejemplo, $x_i^{(in)}$ se refiere al *i*-ésimo valor de la característica de entrada, $a_i^{(h)}$ a la *i*-ésima unidad de la capa oculta, y $a_i^{(out)}$ a la *i*-ésima unidad de la capa de salida. Tenga en cuenta que las letras **b** de la Figura 11.2 indican las unidades de sesgo. De hecho, $\boldsymbol{b}^{(h)}$ y $\boldsymbol{b}^{(out)}$ son vectores cuyo número de elementos es igual al número de nodos de la capa a la que corresponden. Por ejemplo, $\boldsymbol{b}^{(h)}$ almacena *d* unidades de sesgo, donde *d* es el número de nodos de la capa oculta. Si esto le parece confuso, no se preocupe. Más adelante, la observación de la implementación del código, donde inicializamos las matrices de pesos y los vectores de unidades de sesgo, ayudará a aclarar estos conceptos.

Cada nodo en la capa l está conectado a todos los nodos en la capa $l + 1$ mediante un coeficiente de peso. Por ejemplo, la conexión entre la *k*-ésima unidad en la capa l y la *j*-ésima unidad en la capa $l + 1$ se escribirá como $w_{j,k}^{(l)}$. Volviendo a la Figura 11.2, denotamos la matriz de pesos que conecta la entrada con la capa oculta como $\boldsymbol{W}^{(h)}$, y escribimos la matriz que conecta la capa oculta con la capa de salida como $\boldsymbol{W}^{(out)}$.

Mientras que una unidad en la capa de salida sería suficiente para una tarea de clasificación binaria, vimos una forma más general de una NN en la figura anterior, que nos permite realizar una clasificación multiclase mediante una generalización de la técnica de uno contra todos (One-versus-All, OvA). Para entender mejor cómo funciona esto, recuerde la representación one-hot de las variables categóricas que introdujimos en el capítulo 4, Elaboración de conjuntos de datos de entrenamiento adecuados: preprocesamiento de datos.

Por ejemplo, podemos codificar las tres etiquetas de clase en el conocido conjunto de datos Iris (0=Setosa, 1=Versicolor, 2=Virginica) de la siguiente manera:

$$0 = \begin{bmatrix} 1 \\ 0 \\ 0 \end{bmatrix}, 1 = \begin{bmatrix} 0 \\ 1 \\ 0 \end{bmatrix}, 2 = \begin{bmatrix} 0 \\ 0 \\ 1 \end{bmatrix}$$

Esta representación de vector one-hot nos permite abordar tareas de clasificación con un número arbitrario de etiquetas de clase únicas presentes en el conjunto de datos de entrenamiento.

Si es nuevo en las representaciones NN, la notación de indexación (subíndices y superíndices) puede parecer un poco confusa al principio. Lo que puede parecer demasiado complicado al principio tendrá mucho más sentido en secciones posteriores cuando vectoricemos la representación NN. Como se ha introducido anteriormente, resumimos los pesos que conectan las capas de entrada y oculta mediante una matriz $W^{(h)}$ de dimensión $d \times m$, donde d es el número de unidades ocultas y m es el número de unidades de entrada.

Activación de una red neuronal por propagación hacia delante

En esta sección, describiremos el proceso de propagación hacia delante para calcular la salida del modelo MLP. Para entender cómo encaja en el contexto del aprendizaje de un modelo MLP, vamos a resumir el procedimiento de aprendizaje de MLP en tres simples pasos:

1. Empezando por la capa de entrada, propagamos hacia delante los patrones de los datos de entrenamiento a través de la red para generar la salida.
2. A partir de la salida de la red, calculamos la pérdida que queremos minimizar mediante una función de pérdida que describiremos más adelante.
3. Retropropagamos la pérdida, encontramos su derivada con respecto a cada peso y unidad de sesgo en la red y actualizamos el modelo.

Finalmente, después de repetir estos tres pasos durante varios ciclos (epochs) y averiguar los parámetros de peso y sesgo de MLP, utilizamos la propagación hacia delante para calcular la salida de la red y aplicamos la función de umbral para obtener las etiquetas de clase pronosticadas en la representación one-hot, que describimos en la sección anterior.

Ahora, vamos a analizar los pasos individuales de la propagación hacia delante para generar una salida a partir de los patrones de los datos de entrenamiento. Como cada unidad de la capa oculta está conectada a todas las unidades de las capas de entrada, primero calculamos la unidad de activación de la capa oculta $a_1^{(h)}$ de la siguiente manera:

$$z_1^{(h)} = x_1^{(in)} w_{1,1}^{(h)} + x_2^{(in)} w_{1,2}^{(h)} + \cdots + x_m^{(in)} w_{1,m}^{(h)}$$

$$a_1^{(h)} = \sigma\left(z_1^{(h)}\right)$$

Aquí, $z_1^{(h)}$ es la entrada a la red y $\sigma(\cdot)$ es la función de activación, que tiene que ser diferenciable para averiguar los pesos que conectan las neuronas utilizando un enfoque basado en el gradiente. Para poder resolver problemas complejos, como ocurre con la clasificación de imágenes, necesitamos funciones de activación no lineales en nuestro modelo MLP; por ejemplo, la función de activación sigmoide (logística) que recordamos de la sección sobre regresión logística en el capítulo 3, Un recorrido por los clasificadores de aprendizaje automático con Scikit-learn:

$$\sigma(z) = \frac{1}{1 + e^{-z}}$$

Como seguramente recuerda, la función sigmoide es una curva en forma de *S* que mapea la entrada neta *z* en una distribución logística en el rango de 0 a 1, y que corta el eje *y* en *z* = 0, como se muestra en la Figura 11.3:

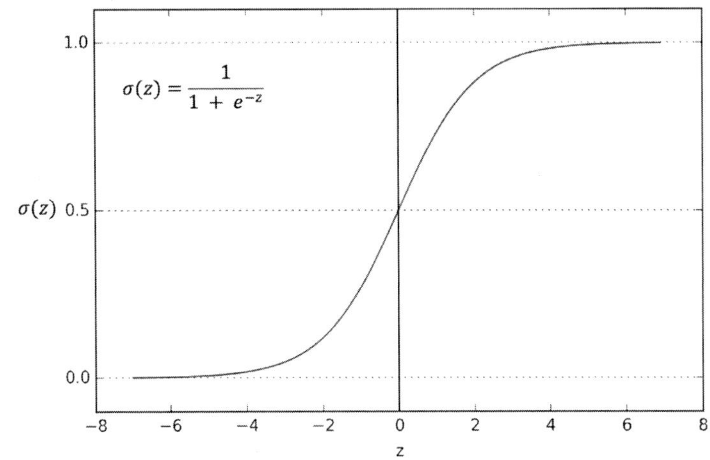

Figura 11.3 *Función de activación sigmoide.*

MLP es un ejemplo típico de NN artificiales con prealimentación. El término «prealimentación» se refiere al hecho de que cada capa sirve de entrada a la capa siguiente sin bucles, en contraste con las NN recurrentes (una arquitectura que discutiremos más adelante en este capítulo y que trataremos con más detalle en el capítulo 15, Modelado de datos secuenciales mediante redes neuronales recurrentes). El término «perceptrón multicapa» puede sonar un poco confuso, ya que las neuronas artificiales en esta arquitectura de red son típicamente unidades sigmoides, no perceptrones. Podemos pensar en las neuronas de MLP como unidades de regresión logística que devuelven valores en el rango continuo entre 0 y 1.

Por motivos de eficiencia y legibilidad del código, vamos ahora a escribir la activación de una forma más compacta utilizando conceptos de álgebra lineal básica, lo que nos permitirá vectorizar la implementación del código a través de NumPy en lugar de escribir múltiples bucles `for` anidados y computacionalmente costosos en Python:

$$z^{(h)} = \boldsymbol{x}^{(in)}\boldsymbol{W}^{(h)T} + \boldsymbol{b}^{(h)}$$

$$a^{(h)} = \sigma\left(\boldsymbol{z}^{(h)}\right)$$

Aquí, $\boldsymbol{z}^{(h)}$ es nuestro vector de características de dimensión $1 \times m$. $W^{(h)}$ es una matriz de pesos de dimensión $d \times m$, donde d es el número de unidades en la capa oculta; en consecuencia, la matriz traspuesta $W^{(h)T}$ es de dimensión $m \times d$. El vector de sesgo $\boldsymbol{b}^{(h)}$ consta de d unidades de sesgo (una unidad de sesgo por nodo oculto).

Tras la multiplicación matricial-vectorial, obtenemos el vector de entrada de la red de $\boldsymbol{z}^{(h)}$ de dimensión $1 \times d$ para calcular la activación $\boldsymbol{a}^{(h)}$ (donde $\boldsymbol{a}^{(h)} \in \mathbb{R}^{1 \times d}$).

Además, podemos generalizar este cálculo a todos los n ejemplos del conjunto de datos de entrenamiento:

$$Z^{(h)} = X^{(in)} W^{(h)T} + b^{(h)}$$

Aquí, $X^{(in)}$ es ahora una matriz $n \times m$, y la multiplicación matricial dará como resultado una matriz de entrada neta de dimensión $n \times d$, $Z^{(h)}$. Por último, aplicamos la función de activación $\sigma(\cdot)$ a cada valor de la matriz de entrada neta para obtener la matriz de activación $n \times d$ en la siguiente capa (aquí, la capa de salida):

$$\boldsymbol{A}^{(h)} = \sigma\left(\boldsymbol{Z}^{(h)}\right)$$

Del mismo modo, podemos escribir la activación de la capa de salida en forma vectorizada para los múltiples ejemplos:

$$Z^{(out)} = A^{(h)} W^{(out)T} + b^{(out)}$$

Aquí, multiplicamos la trasposición de la matriz $W^{(out)}$ de $t \times d$ (t es el número de unidades de salida) por la matriz de dimensión $n \times d$, $A^{(h)}$, y añadimos el vector de sesgo $b^{(out)}$ de dimensión t para obtener la matriz de dimensión $n \times t$, $Z^{(out)}$. Las columnas de esta matriz representan las salidas de cada muestra.

Por último, aplicamos la función de activación sigmoide para obtener la salida de valor continuo de la red:

$$\boldsymbol{A}^{(out)} = \sigma\left(\boldsymbol{Z}^{(out)}\right)$$

Al igual que $Z^{(out)}$, $A^{(out)}$ es una matriz de dimensión $n \times t$.

Clasificación de dígitos escritos a mano

En la sección anterior, tratamos gran parte de la teoría de las NN, que puede ser un poco abrumadora si es nuevo en este tema. Antes de continuar con el análisis del algoritmo para averiguar los pesos del modelo MLP, la retropropagación, vamos a hacer un breve descanso de la teoría y vamos a ver una NN en acción.

Recursos adicionales para la retropropagación

La teoría de las NN puede ser bastante compleja; por ello, queremos ofrecer a los lectores recursos adicionales que se ocupen de algunos de los temas que tratamos en este capítulo con más detalle o desde una perspectiva diferente:

- Capítulo 6 de *Deep Feedforward Networks, Deep Learning*, de I. Goodfellow, Y. Bengio, y A. Courville, MIT Press, 2016 (manuscritos de libre acceso en `http://www.deeplearningbook.org`).
- *Pattern Recognition and Machine Learning*, de C. M. Bishop, Springer New York, 2006.
- Diapositivas del curso de aprendizaje profundo de Sebastian Raschka: `https://sebastianraschka.com/blog/2021/dl-course.html#l08-multinomial-logistic-regression--softmax-regression`
`https://sebastianraschka.com/blog/2021/dl-course.html#l09-multilayer-perceptrons-and-backpropration`

En esta sección, implementaremos y entrenaremos nuestra primera NN multicapa para clasificar dígitos escritos a mano del popular conjunto de datos del Mixed National Institute of Standards and Technology (MNIST), que han creado Yann LeCun y otros y que constituye un conocido conjunto de datos de referencia para los algoritmos de aprendizaje automático («Gradient-Based Learning Applied to Document Recognition», de Y. LeCun, L. Bottou, Y. Bengio, y P. Haffner, *Proceedings of the IEEE*, 86(11): 2278-2324, 1998).

Obtención y preparación del conjunto de datos MNIST

El conjunto de datos es de acceso público, `http://yann.lecun.com/exdb/mnist/`, y consta de cuatro partes:

1. **Imágenes del conjunto de datos de entrenamiento:** `train-images-idx3-ubyte.gz` (9.9 MB, 47 MB descomprimidos y 60 000 ejemplos)
2. **Etiquetas del conjunto de datos de entrenamiento:** `train-labels-idx1-ubyte.gz` (29 KB, 60 KB descomprimidos y 60 000 etiquetas)
3. **Imágenes del conjunto de datos de prueba:** `t10k-images-idx3-ubyte.gz` (1.6 MB, 7.8 MB descomprimidos y 10 000 ejemplos)

4. **Etiquetas del conjunto de datos de prueba:** `t10k-labels-idx1-ubyte.gz` (5 KB, 10 KB descomprimidos y 10 000 etiquetas)

El conjunto de datos MNIST se creó a partir de dos conjuntos de bases de datos del US National Institute of Standards and Technology (NIST). El conjunto de datos de entrenamiento consiste en dígitos escritos a mano por 250 personas diferentes (el 50 por ciento estudiantes de secundaria y el 50 por ciento empleados de la Oficina del Censo). El conjunto de datos de prueba contiene dígitos manuscritos por diferentes personas siguiendo la misma división.

En lugar de descargar los archivos del conjunto de datos mencionados y preprocesarlos nosotros mismos en matrices NumPy, utilizaremos la nueva función `fetch_openml` de Scikit-learn, que nos permite cargar de forma más conveniente el conjunto de datos MNIST:

```
>>> from sklearn.datasets import fetch_openml
>>> X, y = fetch_openml('mnist_784', version=1, return_X_y=True)
>>> X = X.values
>>> y = y.astype(int).values
```

En Scikit-learn, la función `fetch_openml` descarga el conjunto de datos MNIST de OpenML (`https://www.openml.org/d/554`) como `DataFrame` y objetos Series de Pandas, por lo que utilizamos el atributo `.values` para obtener las matrices NumPy subyacentes. (Si utiliza una versión de Scikit-learn anterior a la 1.0, `fetch_openml` descarga directamente las matrices NumPy, por lo que puede omitir el uso del atributo `.values`). La matriz `X` de $n \times m$ dimensiones consta de 70 000 imágenes con 784 píxeles cada una, y la matriz `y` almacena las correspondientes 70 000 etiquetas de clase, lo que podemos confirmar comprobando las dimensiones de las matrices de la siguiente manera:

```
>>> print(X.shape)
(70000, 784)
>>> print(y.shape)
(70000,)
```

Las imágenes del conjunto de datos MNIST constan de 28×28 píxeles, y cada píxel está representado por un valor de intensidad en escala de grises. Aquí, `fetch_openml` ya ha desenrollado los 28×28 píxeles en vectores de fila unidimensionales, que representan las filas de nuestra matriz `X` anterior (784 por fila o imagen). La segunda matriz (`y`) devuelta por la función `fetch_openml` contiene la variable de destino correspondiente, las etiquetas de clase (enteros 0-9) de dígitos escritos a mano.

A continuación, vamos a normalizar los valores de los píxeles en MNIST al rango de –1 a 1 (originalmente de 0 a 255) mediante la siguiente línea de código:

```
>>> X = ((X / 255.) - .5) * 2
```

La razón de lo anterior es que la optimización basada en el gradiente es mucho más estable en estas condiciones, tal y como se discute en el capítulo 2. Obsérvese que hemos escalado las imágenes píxel a píxel, lo que difiere del enfoque de escalado de características que adoptamos en los capítulos anteriores.

Anteriormente, derivamos los parámetros de escala del conjunto de datos de entrenamiento y los utilizamos para escalar cada columna en el conjunto de datos de entrenamiento y en el conjunto de datos de prueba. Sin embargo, cuando se trabaja con píxeles de imágenes, centrarlos en cero y reescalarlos a un rango [–1, 1] también es habitual y suele funcionar bien en la práctica.

Para tener una idea de cómo se ven esas imágenes en MNIST, vamos a visualizar ejemplos de los dígitos 0-9 después de remodelar los vectores de 784 píxeles de nuestra matriz de características en la imagen original de 28×28 que podemos representar mediante la función `imshow` de Matplotlib:

```
>>> import matplotlib.pyplot as plt
>>> fig, ax = plt.subplots(nrows=2, ncols=5,
...                        sharex=True, sharey=True)
>>> ax = ax.flatten()
>>> for i in range(10):
...     img = X[y == i][0].reshape(28, 28)
...     ax[i].imshow(img, cmap='Greys')
>>> ax[0].set_xticks([])
>>> ax[0].set_yticks([])
>>> plt.tight_layout()
>>> plt.show()
```

Ahora deberíamos ver un gráfico de los dígitos de 2×5 que muestra una imagen representativa de cada dígito que es único:

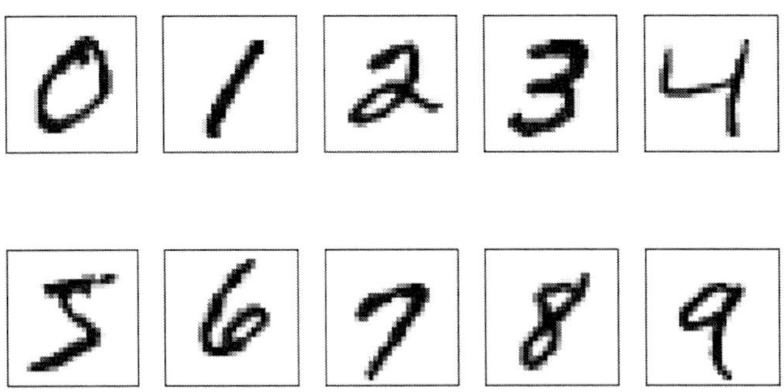

Figura 11.4 *Gráfico que muestra un dígito escrito a mano elegido al azar de cada clase.*

Además, vamos a representar múltiples ejemplos del mismo dígito para ver lo diferente que es la escritura de cada uno:

```
>>> fig, ax = plt.subplots(nrows=5, ncols=5,
...                        sharex=True, sharey=True)
>>> ax = ax.flatten()
>>> for i in range(25):
...     img = X[y == 7][i].reshape(28, 28)
...     ax[i].imshow(img, cmap='Greys')
>>> ax[0].set_xticks([])
>>> ax[0].set_yticks([])
>>> plt.tight_layout()
>>> plt.show()
```

Después de ejecutar el código, deberíamos ver las primeras 25 variantes del dígito 7:

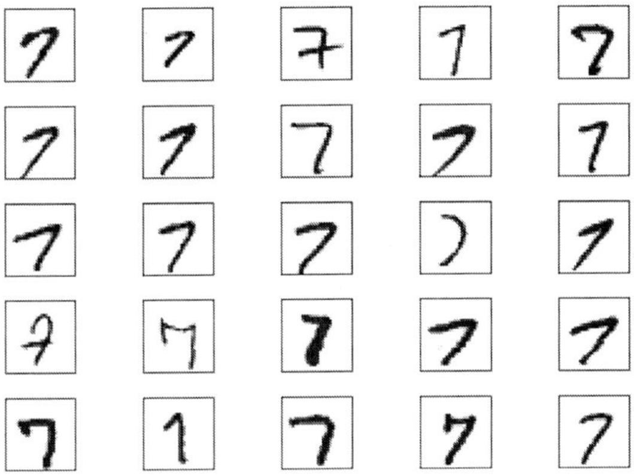

Figura 11.5 *Diferentes variantes del dígito 7 escrito a mano.*

Por último, vamos a dividir el conjunto de datos en subconjuntos de entrenamiento, validación y prueba. El siguiente código dividirá el conjunto de datos de manera que se utilicen 55 000 imágenes para el entrenamiento, 5000 imágenes para la validación y 10 000 imágenes para la prueba:

```
>>> from sklearn.model_selection import train_test_split
>>> X_temp, X_test, y_temp, y_test = train_test_split(
...     X, y, test_size=10000, random_state=123, stratify=y
... )
>>> X_train, X_valid, y_train, y_valid = train_test_split(
...     X_temp, y_temp, test_size=5000,
...     random_state=123, stratify=y_temp
... )
```

Implementación del perceptrón multicapa

En esta subsección, implementaremos ahora un MLP desde cero para clasificar las imágenes del conjunto de datos MNIST. Para hacerlo más sencillo, implementaremos un MLP con una sola capa oculta. Dado que el enfoque puede parecer un poco complicado al principio, se le anima a descargar el código de ejemplo para este capítulo desde el sitio web de Packt Publishing o desde GitHub (`https://github.com/rasbt/machine-learning-book`), para que pueda ver esta implementación MLP con anotaciones, comentarios y el resaltado de sintaxis para una mejor legibilidad.

Si no ejecuta el código del archivo Jupyter Notebook adjunto o no tiene acceso a Internet, copie el código `NeuralNetMLP` de este capítulo en un archivo script de Python en su directorio de trabajo actual (por ejemplo, `neuralnet.py`), que luego puede importar a su sesión en curso de Python mediante el siguiente comando:

```
from neuralnet import NeuralNetMLP
```

El código contendrá partes de las que aún no hemos hablado, como el algoritmo de retropropagación. No se preocupe si parte del código ahora no tiene sentido para usted; procederemos a dar seguimiento a ciertas partes más adelante en este capítulo. Sin embargo, repasar el código en esta etapa puede facilitar el seguimiento posterior de la teoría.

Así pues, veamos la siguiente implementación de un MLP, empezando por las dos funciones de ayuda para calcular la activación sigmoide logística y para convertir matrices de etiquetas de clase con representación en números enteros en etiquetas codificadas con one-hot:

```
import numpy as np

def sigmoid(z):
    return 1. / (1. + np.exp(-z))

def int_to_onehot(y, num_labels):

    ary = np.zeros((y.shape[0], num_labels))
    for i, val in enumerate(y):
        ary[i, val] = 1

    return ary
```

A continuación, implementamos la clase principal de nuestro MLP, al que llamamos `NeuralNetMLP`. Hay tres métodos de la clase (`.__init__()`, `.forward()` y `.backward()`), que discutiremos uno por uno, empezando por el constructor `__init__`:

```
class NeuralNetMLP:

    def __init__(self, num_features, num_hidden,
                 num_classes, random_seed=123):
        super().__init__()

        self.num_classes = num_classes

        # hidden
        rng = np.random.RandomState(random_seed)

        self.weight_h = rng.normal(
            loc=0.0, scale=0.1, size=(num_hidden, num_features))
        self.bias_h = np.zeros(num_hidden)

        # output
        self.weight_out = rng.normal(
            loc=0.0, scale=0.1, size=(num_classes, num_hidden))
        self.bias_out = np.zeros(num_classes)
```

El constructor `__init__` instanciará las matrices de pesos y los vectores de sesgo para la capa oculta y la de salida. A continuación, vamos a ver cómo se utilizan en el método `forward` para hacer pronósticos:

```
    def forward(self, x):
        # Hidden layer

        # input dim: [n_hidden, n_features]
        #        dot [n_features, n_examples] .T
        # output dim: [n_examples, n_hidden]
        z_h = np.dot(x, self.weight_h.T) + self.bias_h
        a_h = sigmoid(z_h)

        # Output layer
        # input dim: [n_classes, n_hidden]
        #        dot [n_hidden, n_examples] .T
        # output dim: [n_examples, n_classes]
        z_out = np.dot(a_h, self.weight_out.T) + self.bias_out
        a_out = sigmoid(z_out)
        return a_h, a_out
```

El método `forward` toma uno o más ejemplos de entrenamiento y devuelve los pronósticos. De hecho, devuelve los valores de activación de la capa oculta y de la capa de salida, `a_h` y `a_out`. Mientras que `a_out` representa las probabilidades de pertenencia a la clase que podemos convertir en etiquetas de clase, lo que nos interesa, también necesitamos los valores de activación de la capa oculta, `a_h`, para optimizar los parámetros del modelo; es decir, las unidades de peso y sesgo de las capas oculta y de salida.

Por último, hablemos del método `backward`, que actualiza los parámetros de peso y sesgo de la red neuronal:

```
    def backward(self, x, a_h, a_out, y):

        #########################
        ### Output layer weights
        #########################

        # one-hot encoding
        y_onehot = int_to_onehot(y, self.num_classes)

        # Part 1: dLoss/dOutWeights
        ## = dLoss/dOutAct * dOutAct/dOutNet * dOutNet/dOutWeight
        ## where DeltaOut = dLoss/dOutAct * dOutAct/dOutNet
        ## for convenient re-use

        # input/output dim: [n_examples, n_classes]
        d_loss__d_a_out = 2.*(a_out - y_onehot) / y.shape[0]

        # input/output dim: [n_examples, n_classes]
        d_a_out__d_z_out = a_out * (1. - a_out) # sigmoid derivative

        # output dim: [n_examples, n_classes]
        delta_out = d_loss__d_a_out * d_a_out__d_z_out

        # gradient for output weights

        # [n_examples, n_hidden]
        d_z_out__dw_out = a_h

        # input dim: [n_classes, n_examples]
        #            dot [n_examples, n_hidden]
        # output dim: [n_classes, n_hidden]
        d_loss__dw_out = np.dot(delta_out.T, d_z_out__dw_out)
        d_loss__db_out = np.sum(delta_out, axis=0)
```

```
        ##################################
        # Part 2: dLoss/dHiddenWeights
        ## = DeltaOut * dOutNet/dHiddenAct * dHiddenAct/dHiddenNet
        #    * dHiddenNet/dWeight

        # [n_classes, n_hidden]
        d_z_out__a_h = self.weight_out

        # output dim: [n_examples, n_hidden]
        d_loss__a_h = np.dot(delta_out, d_z_out__a_h)

        # [n_examples, n_hidden]
        d_a_h__d_z_h = a_h * (1. - a_h) # sigmoid derivative

        # [n_examples, n_features]
        d_z_h__d_w_h = x

        # output dim: [n_hidden, n_features]
        d_loss__d_w_h = np.dot((d_loss__a_h * d_a_h__d_z_h).T,
                                d_z_h__d_w_h)
        d_loss__d_b_h = np.sum((d_loss__a_h * d_a_h__d_z_h), axis=0)

        return (d_loss__dw_out, d_loss__db_out,
                d_loss__d_w_h, d_loss__d_b_h)
```

El método `backward` implementa el llamado «algoritmo de retropropagación», que calcula los gradientes de pérdida con respecto a los parámetros de peso y sesgo. Al igual que en Adaline, estos gradientes se utilizan para actualizar estos parámetros mediante el descenso del gradiente. Hay que tener en cuenta que las NN multicapa son más complejas que sus hermanas de una sola capa. Después de discutir el código, repasaremos los conceptos matemáticos de cómo calcular los gradientes. Por ahora, solo consideraremos el método `backward` como una forma de calcular los gradientes que se utilizan para las actualizaciones del descenso del gradiente. Para simplificar, la función de pérdida en la que se basa esta derivación es la misma pérdida MSE que utilizamos en Adaline. En capítulos posteriores, veremos funciones de pérdida alternativas, como la pérdida de entropía cruzada multicategoría, que es una generalización de la pérdida de regresión logística binaria a múltiples clases.

Examinando esta implementación de código de la clase `NeuralNetMLP`, seguramente ha observado que esta implementación orientada a objetos difiere de la familiar API de Scikit-learn que se centra en los métodos `.fit()` y `.predict()`. En su lugar, los métodos principales de la clase `NeuralNetMLP` son los métodos `.forward()` y `.backward()`. Una de las razones que hay detrás de esto es que hace que una red neuronal compleja sea un poco más fácil de entender en términos de cómo fluye la información a través de las redes.

Otra razón es que esta implementación es relativamente similar al funcionamiento de bibliotecas de aprendizaje profundo más avanzadas, como PyTorch, que presentaremos y utilizaremos en los próximos capítulos para implementar redes neuronales más complejas.

Después de haber implementado la clase `NeuralNetMLP`, utilizamos el siguiente código para instanciar un nuevo objeto `NeuralNetMLP`:

```
>>> model = NeuralNetMLP(num_features=28*28,
...                      num_hidden=50,
...                      num_classes=10)
```

`model` acepta imágenes MNIST reformadas en vectores de dimensión 784 (en el formato de `X_train`, `X_valid` o `X_test`, que definimos anteriormente) para las 10 clases de enteros (dígitos 0-9). La capa oculta consta de 50 nodos. Además, como podemos ver en el método `.forward()` definido anteriormente, utilizamos una función de activación sigmoide después de la primera capa oculta y la capa de salida para hacer que sea más sencillo. En capítulos posteriores, aprenderemos sobre funciones de activación alternativas para las capas oculta y de salida.

La Figura 11.6 resume la arquitectura de la red neuronal que hemos instanciado anteriormente:

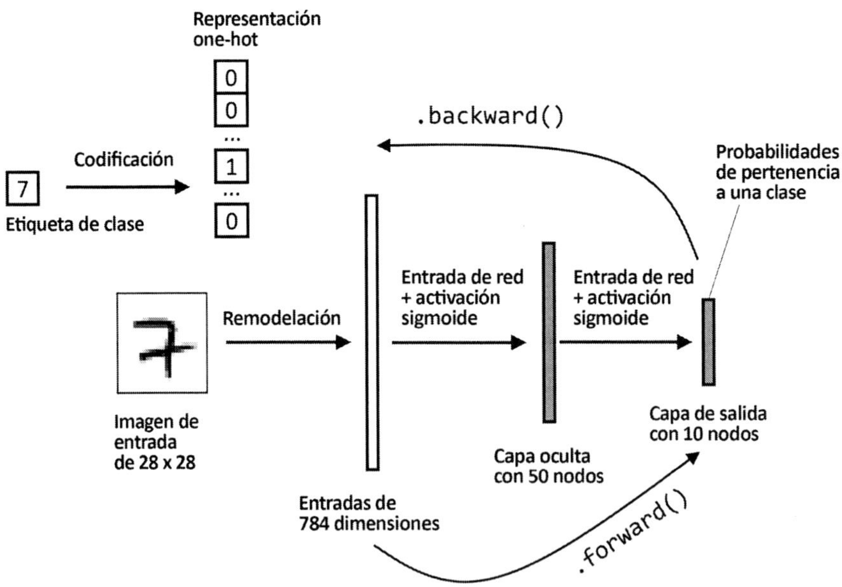

Figura 11.6 *Arquitectura de la NN para etiquetar dígitos manuscritos.*

En la siguiente subsección, vamos a implementar la función de entrenamiento que podemos utilizar para entrenar la red en minilotes de datos mediante retropropagación.

Codificación del bucle de entrenamiento de la red neuronal

Ahora que hemos implementado la clase `NeuralNetMLP` en la subsección anterior y hemos iniciado el modelo, el siguiente paso es entrenarlo. Lo haremos en varios pasos. En primer lugar, definiremos algunas funciones de ayuda para la carga de datos. En segundo lugar, integraremos estas funciones en el bucle de entrenamiento que itera sobre el conjunto de datos en múltiples ciclos.

La primera función que vamos a definir es un generador de minilotes, que toma nuestro conjunto de datos y lo divide en minilotes de un tamaño deseado para el entrenamiento por descenso del gradiente estocástico. El código es el siguiente:

```
>>> import numpy as np
>>> num_epochs = 50
>>> minibatch_size = 100

>>> def minibatch_generator(X, y, minibatch_size):
...     indices = np.arange(X.shape[0])
...     np.random.shuffle(indices)
...     for start_idx in range(0, indices.shape[0] - minibatch_size
...                            + 1, minibatch_size):
...         batch_idx = indices[start_idx:start_idx + minibatch_size]
...         yield X[batch_idx], y[batch_idx]
```

Antes de pasar a las siguientes funciones, vamos a confirmar que el generador de minilotes funciona como es debido y produce minilotes del tamaño deseado. El siguiente código intentará iterar a través del conjunto de datos, y luego imprimiremos la dimensión de los minilotes. Tenga en cuenta que, en los siguientes ejemplos de código, eliminaremos las instrucciones `break`. El código es el siguiente:

```
>>> # iterate over training epochs
>>> for i in range(num_epochs):
...     # iterate over minibatches
...     minibatch_gen = minibatch_generator(
...         X_train, y_train, minibatch_size)
...     for X_train_mini, y_train_mini in minibatch_gen:
...         break
...     break
>>> print(X_train_mini.shape)
```

```
(100, 784)
>>> print(y_train_mini.shape)
(100,)
```

Como podemos ver, la red devuelve minilotes de tamaño 100, como estaba previsto.

A continuación, tenemos que definir la función de pérdida y la métrica de rendimiento que podemos utilizar para controlar el proceso de entrenamiento y evaluar el modelo. La función de pérdida MSE y de precisión puede implementarse como sigue:

```
>>> def mse_loss(targets, probas, num_labels=10):
...     onehot_targets = int_to_onehot(
...         targets, num_labels=num_labels
...     )
...     return np.mean((onehot_targets - probas)**2)

>>> def accuracy(targets, predicted_labels):
...     return np.mean(predicted_labels == targets)
```

Vamos a probar la función anterior y a calcular el MSE del conjunto de validación inicial y la precisión del modelo que hemos instanciado en la sección anterior:

```
>>> _, probas = model.forward(X_valid)
>>> mse = mse_loss(y_valid, probas)
>>> print(f'Initial validation MSE: {mse:.1f}')
Initial validation MSE: 0.3

>>> predicted_labels = np.argmax(probas, axis=1)
>>> acc = accuracy(y_valid, predicted_labels)
>>> print(f'Initial validation accuracy: {acc*100:.1f}%')
Initial validation accuracy: 9.4%
```

En este ejemplo de código, podemos observar que `model.forward()` devuelve las activaciones de las capas oculta y de salida. Recuerde que tenemos 10 nodos de salida (uno correspondiente a cada etiqueta de clase exclusiva). Por lo tanto, para calcular MSE, primero convertimos las etiquetas de clase en etiquetas de clase codificadas en on-hot en la función `mse_loss()`. En la práctica, no hay ninguna diferencia entre promediar primero la fila o las columnas de la matriz de diferencia al cuadrado, por lo que simplemente llamamos a `lnp.mean()` sin especificar ningún eje para que devuelva un escalar.

Las activaciones de la capa de salida, ya que utilizamos la función sigmoide logística, son valores en el rango [0, 1]. Para cada entrada, la capa de salida produce 10 valores en el rango [0, 1], por lo que utilizamos la función `np.argmax()` para seleccionar la posición del índice del valor más grande, que produce la etiqueta de clase pronosticada. A continuación, comparamos las etiquetas verdaderas con las etiquetas de clase pronosticadas para calcular la precisión mediante la función `accuracy()` que hemos definido. Como podemos ver en el resultado anterior, la precisión no es muy alta. Sin embargo, dado que tenemos un conjunto de datos equilibrado con 10 clases, una precisión del pronóstico de aproximadamente el 10 por ciento es lo que esperaríamos para un modelo no entrenado que produce pronósticos aleatorios.

Utilizando el código anterior, podemos calcular el rendimiento, por ejemplo, del conjunto de entrenamiento si proporcionamos `y_train` como entrada para las salidas y las etiquetas pronosticadas al alimentar el modelo con `X_train`. Sin embargo, en la práctica, la memoria de nuestro ordenador suele ser un factor que limita la cantidad de datos que el modelo puede ingerir en una sola pasada (debido a las voluminosas multiplicaciones matriciales). Por lo tanto, definimos el cálculo de MSE y de la precisión basándonos en nuestro generador de minilotes anterior. La siguiente función calculará MSE y la precisión de forma incremental iterando sobre el conjunto de datos un minilote cada vez para ser más eficiente en cuanto a memoria:

```
>>> def compute_mse_and_acc(nnet, X, y, num_labels=10,
...                         minibatch_size=100):
...     mse, correct_pred, num_examples = 0., 0, 0
...     minibatch_gen = minibatch_generator(X, y, minibatch_size)
...     for i, (features, targets) in enumerate(minibatch_gen):
...         _, probas = nnet.forward(features)
...         predicted_labels = np.argmax(probas, axis=1)
...         onehot_targets = int_to_onehot(
...             targets, num_labels=num_labels
...         )
...         loss = np.mean((onehot_targets - probas)**2)
...         correct_pred += (predicted_labels == targets).sum()
...         num_examples += targets.shape[0]
...         mse += loss
...     mse = mse/i
...     acc = correct_pred/num_examples
...     return mse, acc
```

Antes de implementar el bucle de entrenamiento, vamos probar la función y a calcular el MSE del conjunto de entrenamiento inicial y la precisión del modelo que hemos instanciado en la sección anterior, y nos aseguramos de que funciona como es debido:

```
>>> mse, acc = compute_mse_and_acc(model, X_valid, y_valid)
>>> print(f'Initial valid MSE: {mse:.1f}')
Initial valid MSE: 0.3
```

```
>>> print(f'Initial valid accuracy: {acc*100:.1f}%')
Initial valid accuracy: 9.4%
```

Como podemos ver en los resultados, nuestro enfoque del generador produce los mismos resultados que las funciones de MSE y precisión previamente definidas, excepto por un pequeño error de redondeo en MSE (0.27 frente a 0.28), que es insignificante para nuestros propósitos.

Vamos ahora a la parte principal e implementamos el código para entrenar nuestro modelo:

```
>>> def train(model, X_train, y_train, X_valid, y_valid, num_epochs,
...           learning_rate=0.1):
...     epoch_loss = []
...     epoch_train_acc = []
...     epoch_valid_acc = []
...
...     for e in range(num_epochs):
...         # iterate over minibatches
...         minibatch_gen = minibatch_generator(
...             X_train, y_train, minibatch_size)
...         for X_train_mini, y_train_mini in minibatch_gen:
...             #### Compute outputs ####
...             a_h, a_out = model.forward(X_train_mini)

...             #### Compute gradients ####
...             d_loss__d_w_out, d_loss__d_b_out, \
...             d_loss__d_w_h, d_loss__d_b_h = \
...                 model.backward(X_train_mini, a_h, a_out,
...                                y_train_mini)
...
...             #### Update weights ####
...             model.weight_h -= learning_rate * d_loss__d_w_h
...             model.bias_h -= learning_rate * d_loss__d_b_h
...             model.weight_out -= learning_rate * d_loss__d_w_out
...             model.bias_out -= learning_rate * d_loss__d_b_out
...
...         #### Epoch Logging ####
...         train_mse, train_acc = compute_mse_and_acc(
...             model, X_train, y_train
...         )
```

```
...         valid_mse, valid_acc = compute_mse_and_acc(
...             model, X_valid, y_valid
...         )
...         train_acc, valid_acc = train_acc*100, valid_acc*100
...         epoch_train_acc.append(train_acc)
...         epoch_valid_acc.append(valid_acc)
...         epoch_loss.append(train_mse)
...         print(f'Epoch: {e+1:03d}/{num_epochs:03d} '
...               f'| Train MSE: {train_mse:.2f} '
...               f'| Train Acc: {train_acc:.2f}% '
...               f'| Valid Acc: {valid_acc:.2f}%')
...
...     return epoch_loss, epoch_train_acc, epoch_valid_acc
```

En un nivel alto, la función `train()` itera sobre múltiples ciclos y, en cada ciclo, ha utilizado la función `minibatch_generator()` previamente definida para iterar sobre todo el conjunto de entrenamiento en minilotes para el entrenamiento de descenso del gradiente estocástico. Dentro del bucle `for` del generador de minilotes, obtenemos las salidas del modelo, `a_h` y `a_out`, mediante su método `.forward()`. A continuación, calculamos los gradientes de pérdida mediante el método `.backward()` del modelo (la teoría se explicará en una sección posterior). Usando los gradientes de pérdida, actualizamos los pesos añadiendo el gradiente negativo multiplicado por la tasa de aprendizaje. Este es el mismo concepto que discutimos anteriormente para Adaline. Por ejemplo, para actualizar los pesos del modelo de la capa oculta, definimos la siguiente línea:

```
model.weight_h -= learning_rate * d_loss__d_w_h
```

Para un solo peso, w_j, esto corresponde a la siguiente actualización basada en la derivada parcial:

$$w_j := w_j - \eta \frac{\partial L}{\partial w_j}$$

Finalmente, la última parte del código anterior calcula las pérdidas y las precisiones de pronóstico en los conjuntos de entrenamiento y prueba para seguir el progreso del entrenamiento.

Ahora vamos a ejecutar esta función para entrenar nuestro modelo durante 50 ciclos (epochs), lo que puede tardar unos minutos en terminar:

```
>>> np.random.seed(123) # for the training set shuffling
>>> epoch_loss, epoch_train_acc, epoch_valid_acc = train(
...     model, X_train, y_train, X_valid, y_valid,
...     num_epochs=50, learning_rate=0.1)
```

Durante el entrenamiento, deberíamos ver la siguiente salida:

```
Epoch: 001/050 | Train MSE: 0.05 | Train Acc: 76.17% | Valid Acc: 76.02%
Epoch: 002/050 | Train MSE: 0.03 | Train Acc: 85.46% | Valid Acc: 84.94%
Epoch: 003/050 | Train MSE: 0.02 | Train Acc: 87.89% | Valid Acc: 87.64%
Epoch: 004/050 | Train MSE: 0.02 | Train Acc: 89.36% | Valid Acc: 89.38%
Epoch: 005/050 | Train MSE: 0.02 | Train Acc: 90.21% | Valid Acc: 90.16%
...
Epoch: 048/050 | Train MSE: 0.01 | Train Acc: 95.57% | Valid Acc: 94.58%
Epoch: 049/050 | Train MSE: 0.01 | Train Acc: 95.55% | Valid Acc: 94.54%
Epoch: 050/050 | Train MSE: 0.01 | Train Acc: 95.59% | Valid Acc: 94.74%
```

La razón por la que imprimimos toda esta salida es que, en el entrenamiento de la NN, es realmente útil comparar la precisión del entrenamiento y la de validación. Esto nos ayuda a juzgar si el modelo de red funciona bien, dada la arquitectura y los hiperparámetros. Por ejemplo, si observamos una precisión de entrenamiento y validación bajas, es probable que exista un problema con el conjunto de datos de entrenamiento, o que los ajustes de los hiperparámetros no sean los ideales.

En general, el entrenamiento de las NN (profundas) es relativamente caro en comparación con los otros modelos que hemos analizado hasta ahora. Por lo tanto, desearemos detenerlo pronto en determinadas circunstancias y volver a empezar con diferentes ajustes de hiperparámetros. Por otro lado, si vemos que tiende a sobreajustar los datos de entrenamiento (lo que se aprecia en una diferencia creciente entre el rendimiento del conjunto de datos de entrenamiento y el de validación), es posible que también queramos detener el entrenamiento antes de tiempo.

En la siguiente subsección, discutiremos el rendimiento de nuestro modelo NN con más detalle.

Evaluación del rendimiento de la red neuronal

Antes de hablar de la retropropagación (el procedimiento de entrenamiento de las NN) con más detalle en la siguiente sección, veamos el rendimiento del modelo que hemos entrenado en la subsección anterior.

En `train()`, recogemos la pérdida de entrenamiento y las precisiones de entrenamiento y validación para cada ciclo, de modo que podamos visualizar los resultados utilizando Matplotlib. Veamos primero la pérdida MSE de entrenamiento:

```
>>> plt.plot(range(len(epoch_loss)), epoch_loss)
>>> plt.ylabel('Mean squared error')
>>> plt.xlabel('Epoch')
>>> plt.show()
```

El código anterior representa la pérdida a lo largo de los 50 ciclos, como se muestra en la Figura 11.7:

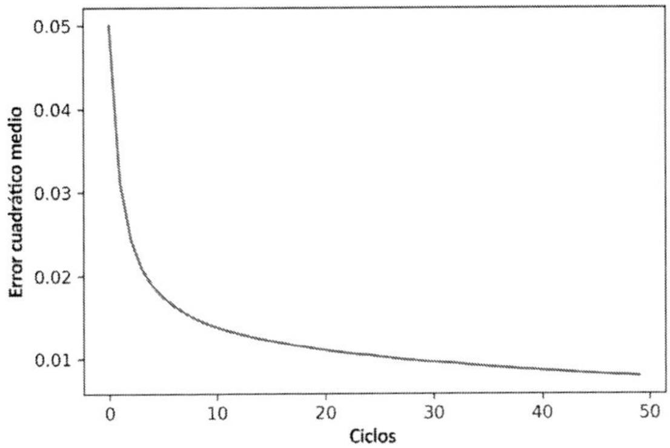

Figura 11.7 *Gráfico de MSE en función del número de ciclos de entrenamiento.*

Como podemos ver, la pérdida se ha reducido sustancialmente durante las primeras 10 épocas y parece converger lentamente en las últimas 10 épocas. Sin embargo, la pequeña pendiente entre las épocas 40 y 50 indica que la pérdida seguiría disminuyendo con el entrenamiento en épocas adicionales.

A continuación, echaremos un vistazo a las precisiones del entrenamiento y la validación:

```
>>> plt.plot(range(len(epoch_train_acc)), epoch_train_acc, label='Training')
>>> plt.plot(range(len(epoch_valid_acc)), epoch_valid_acc, label='Validation')
>>> plt.ylabel('Accuracy')
>>> plt.xlabel('Epochs')
>>> plt.legend(loc='lower right')
>>> plt.show()
```

Los ejemplos de código anteriores representan esos valores de precisión a lo largo de los 50 ciclos de entrenamiento, como se muestra en la Figura 11.8:

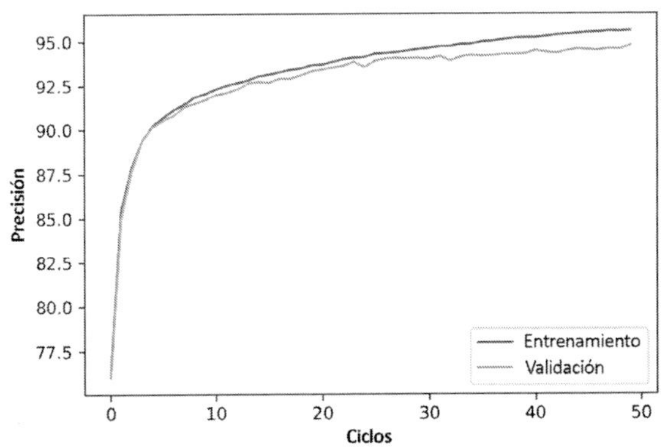

Figura 11.8 *Precisión de la clasificación según el número de ciclos de entrenamiento.*

El gráfico revela que la diferencia entre la precisión de entrenamiento y la de validación aumenta a medida que entrenamos durante más ciclos. Aproximadamente en el vigésimoquinto ciclo, los valores de precisión de entrenamiento y validación son casi iguales, y entonces la red empieza a sobreajustar ligeramente los datos de entrenamiento.

Reducción del sobreajuste

Una forma de reducir el efecto del sobreajuste es aumentar la fuerza de la regularización mediante la regularización L2, que introdujimos en el capítulo 3, Un recorrido por los clasificadores de aprendizaje automático con Scikit-learn. Otra técnica de utilidad para abordar el sobreajuste en las NN es el abandono, que se tratará en el capítulo 14, Clasificación de imágenes con redes neuronales convolucionales profundas.

Por último, vamos a evaluar el rendimiento de generalización del modelo calculando la precisión del pronóstico en el conjunto de datos de prueba:

```
>>> test_mse, test_acc = compute_mse_and_acc(model, X_test, y_test)
>>> print(f'Test accuracy: {test_acc*100:.2f}%')
Test accuracy: 94.51%
```

La exactitud de la prueba está muy cerca de la exactitud del conjunto de validación correspondiente a la última época (94.74 %), de la que informamos durante el entrenamiento en la última subsección. Además, la precisión de entrenamiento respectiva es solo mínimamente superior, con un 95.59 %, lo que reafirma que nuestro modelo solo se ajusta ligeramente a los datos de entrenamiento.

Para afinar aún más el modelo, podríamos cambiar el número de unidades ocultas, la tasa de aprendizaje, o utilizar otros trucos que se han desarrollado a lo largo de los años pero que están fuera del alcance de este libro. En el capítulo 14, Clasificación de imágenes con redes neuronales convolucionales profundas, aprenderá sobre una arquitectura de NN diferente, que es conocida por su buen rendimiento en conjuntos de datos de imágenes.

Además, el capítulo introducirá trucos adicionales para mejorar el rendimiento, como las tasas de aprendizaje adaptativo, algoritmos de optimización basados en SGD más sofisticados, normalización de lotes y abandono.

Otros trucos frecuentes que quedan fuera del alcance de los siguientes capítulos son:

- Adición de conexiones de salto, que son la principal contribución de las NN residuales («Deep residual learning for image recognition» de K. He, X. Zhang, S. Ren, y J. Sun, *Proceedings of the IEEE Conference on Computer Vision and Pattern Recognition*, pp. 770-778, 2016).

- Uso de programadores de tasa de aprendizaje que cambian la tasa de aprendizaje durante el entrenamiento («Cyclical learning rates for training neural networks», de L. N. Smith, 2017 *IEEE Winter Conference on Applications of Computer Vision (WACV)*, pp. 464-472, 2017)
- Incorporación de funciones de pérdida a las capas anteriores de las redes como se hace en la popular arquitectura Inception v3 («Rethinking the Inception architecture for computer vision», de C. Szegedy, V. Vanhoucke, S. Ioffe, J. Shlens, y Z. Wojna, *Proceedings of the IEEE Conference on Computer Vision and Pattern Recognition*, pp. 2818-2826, 2016).

Por último, vamos a echar un vistazo a algunas de las imágenes con las que nuestro MLP tiene problemas extrayendo y representando las primeras 25 muestras mal clasificadas del conjunto de pruebas:

```
>>> X_test_subset = X_test[:1000, :]
>>> y_test_subset = y_test[:1000]
>>> _, probas = model.forward(X_test_subset)
>>> test_pred = np.argmax(probas, axis=1)
>>> misclassified_images = \
...      X_test_subset[y_test_subset != test_pred][:25]
>>> misclassified_labels = test_pred[y_test_subset != test_pred][:25]
>>> correct_labels = y_test_subset[y_test_subset != test_pred][:25]

>>> fig, ax = plt.subplots(nrows=5, ncols=5, sharex=True,
...                        sharey=True, figsize=(8, 8))
>>> ax = ax.flatten()
>>> for i in range(25):
...     img = misclassified_images[i].reshape(28, 28)
...     ax[i].imshow(img, cmap='Greys', interpolation='nearest')
...     ax[i].set_title(f'{i+1}) '
...                     f'True: {correct_labels[i]}\n'
...                     f' Predicted: {misclassified_labels[i]}')

>>> ax[0].set_xticks([])
>>> ax[0].set_yticks([])
>>> plt.tight_layout()
>>> plt.show()
```

Ahora deberíamos ver una matriz de representación de parte de los gráficos de 5×5 en la que el primer número de los títulos de la parte superior indica el índice del gráfico, el segundo número representa la etiqueta de clase real (`True`) y el tercer número representa la etiqueta de clase pronosticada (`Predicted`):

Figura 11.9 *Dígitos escritos a mano que el modelo no clasifica correctamente.*

Como podemos ver en la Figura 11.9, entre otras, la red considera que los 7 son difíciles cuando incluyen una línea horizontal, como en los ejemplos 19 y 20. Si examinamos una figura anterior de este capítulo, en la que representamos diferentes ejemplos de entrenamiento del número 7, podemos plantear la hipótesis de que el dígito 7 escrito a mano con una línea horizontal está infrarrepresentado en nuestro conjunto de datos y a menudo se clasifica mal.

Entrenamiento de redes neuronales artificiales

Ahora que hemos visto una NN en acción y que hemos adquirido una comprensión básica de su funcionamiento al revisar el código, vamos a profundizar un poco más en algunos de los conceptos, como el cálculo de pérdidas y el algoritmo de retropropagación que implementamos para averiguar los parámetros del modelo.

Cálculo de la función de pérdida

Como se ha mencionado anteriormente, utilizamos una pérdida MSE (como en Adaline) para entrenar las NN multicapa, ya que hace que la obtención de los gradientes sea un poco más fácil de seguir. En capítulos posteriores, discutiremos otras funciones de pérdida, como la pérdida de entropía cruzada multicategoría (una generalización de la pérdida de regresión logística binaria), que es una opción más frecuente para entrenar clasificadores NN.

En la sección anterior, implementamos un MLP para la clasificación multiclase que devuelve un vector de salida de t elementos que necesitamos comparar con el vector objetivo de dimensión $t \times 1$ en la representación de codificación one-hot. Si pronosticamos la etiqueta de clase de una imagen de entrada con la etiqueta de clase 2, utilizando este MLP, la activación de la tercera capa y el objetivo puede tener este aspecto:

$$a^{(out)} = \begin{bmatrix} 0.1 \\ 0.9 \\ \vdots \\ 0.3 \end{bmatrix}, \quad y = \begin{bmatrix} 0 \\ 1 \\ \vdots \\ 0 \end{bmatrix}$$

La pérdida de MSE tiene que sumar o promediar sobre las t unidades de activación de nuestra red, además de promediar sobre los n ejemplos del conjunto de datos o minilotes:

$$L(\boldsymbol{W}, \boldsymbol{b}) = \frac{1}{n}\sum_{1}^{n} \frac{1}{t}\sum_{j=1}^{t} \left(y_j^{[i]} - a_j^{(out)[i]}\right)^2$$

Aquí, de nuevo, el superíndice $[i]$ es el índice de un ejemplo particular en nuestro conjunto de datos de entrenamiento.

Como nuestro objetivo es minimizar la función de pérdida $L(W)$; por lo tanto, calculamos la derivada parcial de los parámetros W con respecto a cada peso para cada capa de la red:

$$\frac{\partial}{\partial w_{j,l}^{(l)}} = L(\boldsymbol{W}, \boldsymbol{b})$$

En la siguiente sección, hablaremos del algoritmo de retropropagación, que nos permite calcular esas derivadas parciales para minimizar la función de pérdida.

Obsérvese que W se compone de múltiples matrices. En un MLP con una capa oculta, tenemos la matriz de pesos, $W^{(h)}$, que conecta la entrada con la capa oculta, y $W^{(out)}$, que conecta la capa oculta con la capa de salida. En la Figura 11.10 se ofrece una visualización del tensor tridimensional W:

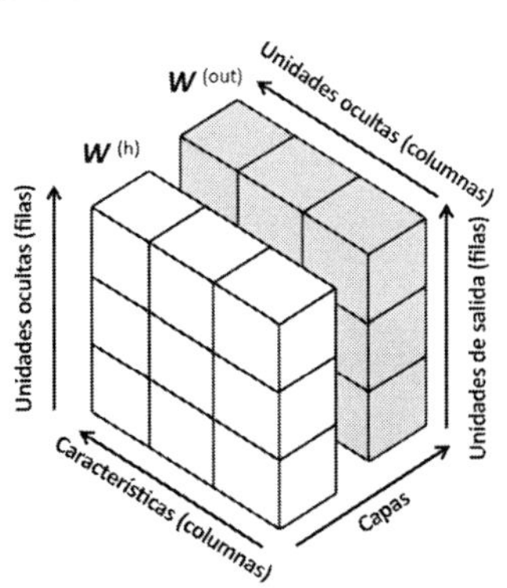

Figura 11.10 *Visualización de un tensor tridimensional.*

En esta figura simplificada, puede parecer que tanto $W^{(h)}$ como$W^{(out)}$ tienen el mismo número de filas y columnas, lo que no suele ser el caso a menos que inicialicemos un MLP con el mismo número de unidades ocultas, unidades de salida y características de entrada.

Si esto le parece confuso, permanezca atento a la siguiente sección, donde discutiremos la dimensionalidad de $W^{(h)}$ y $W^{(out)}$ con más detalle en el contexto del algoritmo de retropropagación. Además, le recomendamos que vuelva a leer el código de `NeuralNetMLP`, que contiene notas con comentarios útiles sobre la dimensionalidad de las diferentes matrices y transformaciones vectoriales.

Desarrollo de conocimiento de la retropropagación

La retropropagación, que se introdujo en la comunidad de redes neuronales hace más de 30 años («Learning representations by backpropagating errors», de D. E. Rumelhart, G. E. Hinton y R. J. Williams, *Nature*, 323: 6088, páginas 533–536, 1986), sigue siendo uno de los algoritmos más utilizados para entrenar NN artificiales de forma muy eficiente. Si está interesado en referencias adicionales sobre la historia de la retropropagación, Juergen Schmidhuber escribió un buen artículo de investigación: «Who Invented Backpropagation?», que puede encontrar en `http://people.idsia.ch/~juergen/who-invented-backpropagation.html`.

Antes de que nos sumerjamos en más detalles matemáticos, esta sección proporcionará un resumen breve y claro, y la imagen más amplia de cómo funciona este fascinante algoritmo. En esencia, podemos pensar en la retropropagación como un enfoque muy eficiente desde el punto de vista computacional para calcular las derivadas parciales de una función de pérdida compleja y no convexa en las NN multicapa. En este caso, nuestro objetivo es utilizar esas derivadas para averiguar los coeficientes de peso con los que parametrizar dicha NN artificial multicapa. El reto en la parametrización de las NN es que normalmente estamos tratando con un número muy grande de parámetros del modelo en un espacio de características de alta dimensión. A diferencia de las funciones de pérdida de las NN de una capa, como Adaline o la regresión logística, que hemos visto en capítulos anteriores, la superficie de error de una función de pérdida de NN no es convexa ni suave con respecto a los parámetros. Hay muchos baches en esta superficie de pérdida de alta dimensión (mínimos locales) que tenemos que superar para encontrar el mínimo global de la función de pérdida.

Puede que recuerde el concepto de la regla de la cadena de sus clases de introducción al cálculo. La regla de la cadena es un enfoque para calcular la derivada de una función compleja anidada, como $f(g(x))$, de la siguiente manera:

$$\frac{d}{dx}[f(g(x))] = \frac{df}{dg} \cdot \frac{dg}{dx}$$

Del mismo modo, podemos utilizar la regla de la cadena para una composición de funciones arbitrariamente larga. Por ejemplo, supongamos que tenemos cinco funciones diferentes, $f(x)$, $g(x)$, $h(x)$, $u(x)$ y $v(x)$, y que F es la composición de funciones: $F(x) = f(g(h(u(v(x)))))$. Aplicando la regla de la cadena, podemos calcular la derivada de esta función como sigue:

$$\frac{dF}{dx} = \frac{d}{dx}F(x) = \frac{d}{dx}f(g(h(u(v(x))))) = \frac{df}{dg} \cdot \frac{dg}{dh} \cdot \frac{dh}{du} \cdot \frac{du}{dv} \cdot \frac{dv}{dx}$$

En el contexto del álgebra computacional, se han desarrollado un conjunto de técnicas, conocidas como «diferenciación automática», para resolver tales problemas de forma muy eficiente. Si está interesado en saber más sobre la diferenciación automática en aplicaciones de aprendizaje automático, lea el artículo de A. G. Baydin y B. A. Pearlmutter, «Automatic Differentiation of Algorithms for Machine Learning», *arXiv preprint arXiv:1404.7456*, 2014, que está disponible gratuitamente en arXiv en `http://arxiv.org/pdf/1404.7456.pdf`.

La diferenciación automática tiene dos modos, el modo hacia delante (forward) y el modo hacia atrás (reverse); la retropropagación es simplemente un caso especial de diferenciación automática en modo hacia atrás. El punto clave es que la aplicación de la regla de la cadena en el modo hacia delante podría ser bastante costosa, ya que tendríamos que multiplicar grandes matrices para cada capa (jacobianos) que finalmente multiplicaríamos por un vector para obtener la salida.

El truco del modo hacia atrás es que nos movemos por la regla de la cadena de derecha a izquierda. Multiplicamos una matriz por un vector, que da lugar a otro vector que se multiplica por la siguiente matriz, y así sucesivamente. La multiplicación matriz-vector es computacionalmente mucho más barata que la multiplicación matriz-matriz, por lo que la retropropagación es uno de los algoritmos más populares utilizados en el entrenamiento de NN.

Un repaso al cálculo básico

Para entender completamente la retropropagación, necesitamos tomar prestados ciertos conceptos del cálculo diferencial, que está fuera del alcance del libro. Sin embargo, puede consultar un capítulo de repaso de los conceptos más fundamentales, que pueden resultarle útiles en este contexto. En él se tratan las derivadas de las funciones, las derivadas parciales, los gradientes y el jacobiano. Este texto es de libre acceso: `https://sebastianraschka.com/pdf/books/dlb/appendix_d_calculus.pdf`. Si no está familiarizado con el cálculo o necesita un breve repaso, considere la posibilidad de leer este texto como recurso de apoyo adicional antes de leer la siguiente sección.

Entrenamiento de redes neuronales por retropropagación

En esta sección, repasaremos las matemáticas de la retropropagación para entender cómo se pueden averiguar los pesos en una NN de forma muy eficiente. Dependiendo de lo cómodo que se sienta con las representaciones matemáticas, las siguientes ecuaciones pueden parecerle más o menos complicadas.

En una sección anterior, vimos cómo calcular la pérdida como la diferencia entre la activación de la última capa y la etiqueta de clase objetivo. Ahora veremos cómo funciona el algoritmo de retropropagación para actualizar los pesos de nuestro modelo MLP desde una perspectiva matemática, que implementamos en el método `.backward()` de la clase `NeuralNetMLP()`. Primero tenemos que aplicar la propagación hacia delante para obtener la activación de la capa de salida, que formulamos de la siguiente manera:

$$\boldsymbol{Z}^{(h)} = \boldsymbol{X}^{(in)}\boldsymbol{W}^{(h)T} + \boldsymbol{b}^{(h)} \quad \text{(entrada neta de la capa oculta)}$$

$$\boldsymbol{A}^{(h)} = \sigma\left(\boldsymbol{Z}^{(h)}\right) \quad \text{(activación de la capa oculta)}$$

$$\boldsymbol{Z}^{(out)} = \boldsymbol{A}^{(h)}\boldsymbol{W}^{(out)T} + \boldsymbol{b}^{(out)} \quad \text{(entrada neta de la capa salida)}$$

$$\boldsymbol{A}^{(out)} = \sigma\left(\boldsymbol{Z}^{(out)}\right) \quad \text{(activación de la capa de salida)}$$

En resumen, simplemente propagamos hacia delante las características de entrada a través de las conexiones de la red, como se muestra en las flechas de la Figura 11.11 para una red con dos características de entrada, tres nodos ocultos y dos nodos de salida:

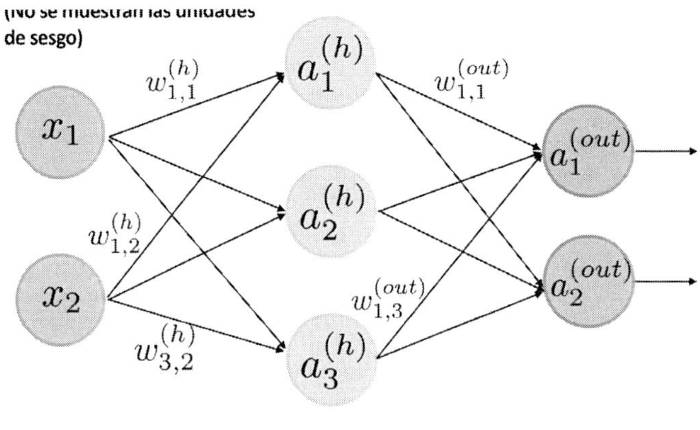

Figura 11.11 *Propagación hacia delante de las características de entrada de una NN.*

En la retropropagación, propagamos el error de derecha a izquierda. Podemos pensar en esto como una aplicación de la regla de la cadena al cálculo del paso hacia delante para calcular el gradiente de pérdida con respecto a los pesos del modelo (y las unidades de sesgo). Para simplificar, ilustraremos este proceso para la derivada parcial utilizada para actualizar el primer peso en la matriz de pesos de la capa de salida. Los caminos del cálculo que retropropagamos se destacan mediante las flechas en negrita que aparecen a continuación:

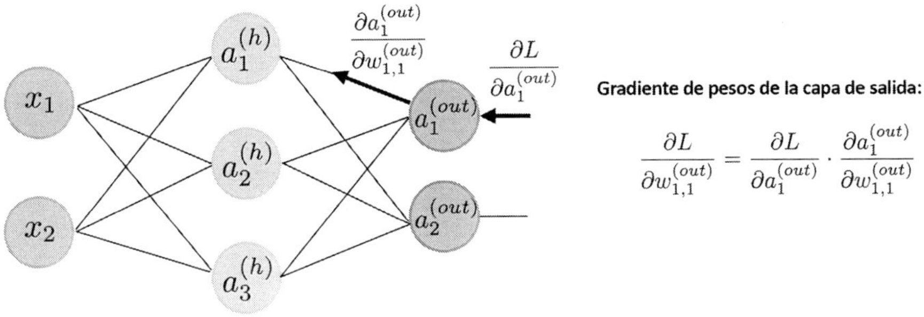

Figura 11.12 *Retropropagación del error de una NN.*

Si incluimos las entradas netas z explícitamente, el cálculo de la derivada parcial mostrado en la figura anterior se expande:

$$\frac{\partial L}{\partial w_{1,1}^{(out)}} = \frac{\partial L}{\partial a_1^{(out)}} \cdot \frac{\partial a_1^{(out)}}{\partial z_1^{(out)}} \cdot \frac{\partial z_1^{(out)}}{\partial w_{1,1}^{(out)}}$$

Para calcular esta derivada parcial, que se utiliza para actualizar $w_{1,1}^{(out)}$, podemos calcular los tres términos individuales de la derivada parcial y multiplicar los resultados. Para simplificar, omitiremos el promedio de los ejemplos individuales en el minilote, por lo que eliminamos el término $\frac{1}{n}\sum_{i=1}^{n}$ de promedio de las siguientes ecuaciones.

Vamos a empezar con $\frac{\partial L}{\partial a_1^{(out)}}$, que es la derivada parcial de la pérdida MSE (que se simplifica al error al cuadrado si omitimos la dimensión del minilote) con respecto a la puntuación de salida pronosticada del primer nodo de salida:

$$\frac{\partial L}{\partial a_1^{(out)}} = \frac{\partial}{\partial a_1^{(out)}}\left(y_1 - a_1^{(out)}\right)^2 = 2\left(a_1^{(out)} - y\right)$$

El siguiente término es la derivada de la función de activación sigmoide logística que utilizamos en la capa de salida:

$$\frac{\partial a_1^{(out)}}{\partial z_1^{(out)}} = \frac{\partial}{\partial z_1^{(out)}} \frac{1}{1 + e^{z_1^{(out)}}} = \quad \dots \quad = \left(\frac{1}{1 + e^{z_1^{(out)}}}\right)\left(1 - \frac{1}{1 + e^{z_1^{(out)}}}\right)$$

$$= a_1^{(out)}\left(1 - a_1^{(out)}\right)$$

Por último, calculamos la derivada de la entrada neta con respecto al peso:

$$\frac{\partial z_1^{(out)}}{\partial w_{1,1}^{(out)}} = \frac{\partial}{\partial w_{1,1}^{(out)}} a_1^{(h)} w_{1,1}^{(out)} + b_1^{(out)} = a_1^{(h)}$$

Poniéndolo todo junto, obtenemos lo siguiente:

$$\frac{\partial L}{\partial w_{1,1}^{(out)}} = \frac{\partial L}{\partial a_1^{(out)}} \cdot \frac{\partial a_1^{(out)}}{\partial z_1^{(out)}} \cdot \frac{\partial z_1^{(out)}}{\partial w_{1,1}^{(out)}} = 2\left(a_1^{(out)} - y\right) \cdot a_1^{(out)}\left(1 - a_1^{(out)}\right) \cdot a_1^{(h)}$$

A continuación, utilizamos este valor para actualizar el peso mediante la conocida actualización de descenso del gradiente estocástico con una tasa de aprendizaje de η:

$$w_{1,1}^{(out)} := w_{1,1}^{(out)} - \eta \frac{\partial L}{\partial w_{1,1}^{(out)}}$$

En nuestra implementación de código de `NeuralNetMLP()`, implementamos el cálculo $\frac{\partial L}{\partial w_{1,1}^{(out)}}$ en forma vectorizada en el método `.backward()`:

```
        # Part 1: dLoss/dOutWeights
        ## = dLoss/dOutAct * dOutAct/dOutNet * dOutNet/dOutWeight
        ## where DeltaOut = dLoss/dOutAct * dOutAct/dOutNet for convenient re-use

        # input/output dim: [n_examples, n_classes]
        d_loss__d_a_out = 2.*(a_out - y_onehot) / y.shape[0]

        # input/output dim: [n_examples, n_classes]
        d_a_out__d_z_out = a_out * (1. - a_out) # sigmoid derivative

        # output dim: [n_examples, n_classes]
        delta_out = d_loss__d_a_out * d_a_out__d_z_out # "delta (rule)
                                                        # placeholder"

        # gradient for output weights

        # [n_examples, n_hidden]
        d_z_out__dw_out = a_h

        # input dim: [n_classes, n_examples] dot [n_examples, n_hidden]
        # output dim: [n_classes, n_hidden]
        d_loss__dw_out = np.dot(delta_out.T, d_z_out__dw_out)
        d_loss__db_out = np.sum(delta_out, axis=0)
```

Como se ha anotado en el fragmento de código anterior, creamos la siguiente variable de marcador de posición «delta»:

$$\delta_1^{(out)} = \frac{\partial L}{\partial a_1^{(out)}} \cdot \frac{\partial a_1^{(out)}}{\partial z_1^{(out)}}$$

Esto se debe a que los términos $\delta^{(out)}$ también están involucrados en el cálculo de las derivadas parciales (o gradientes) de los pesos de la capa oculta; por lo tanto, podemos reutilizar $\delta^{(out)}$.

Hablando de los pesos de la capa oculta, la Figura 11.13 ilustra cómo calcular la derivada parcial de pérdida con respecto al primer peso de dicha capa:

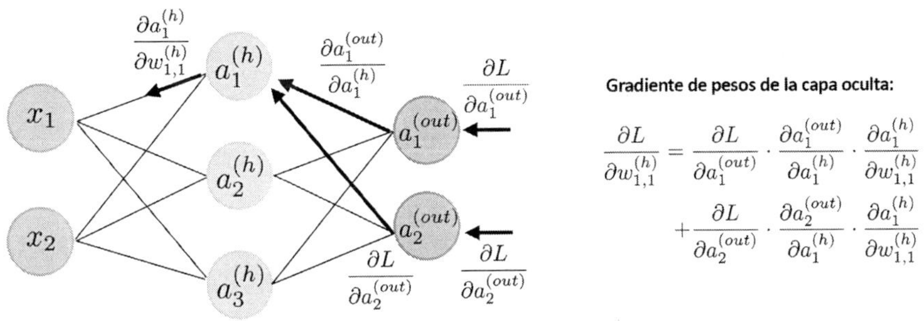

Figura 11.13 *Cálculo de las derivadas parciales de pérdida con respecto al peso de la primera capa oculta.*

Es importante destacar que, como el peso $w_{1,1}^{(h)}$ está conectado a ambos nodos de salida, tenemos que utilizar la regla de la cadena multivariable para sumar los dos caminos resaltados con flechas en negrita. Como antes, podemos ampliarlo para incluir las entradas netas z y luego resolver los términos individuales:

$$\frac{\partial L}{\partial w_{1,1}^{(out)}} = \frac{\partial L}{\partial a_1^{(out)}} \cdot \frac{\partial a_1^{(out)}}{\partial z_1^{(out)}} \cdot \frac{\partial z_1^{(out)}}{\partial a_1^{(h)}} \cdot \frac{\partial a_1^{(h)}}{\partial z_1^{(h)}} \cdot \frac{\partial z_1^{(h)}}{\partial w_{1,1}^{(h)}}$$
$$+ \frac{\partial L}{\partial a_2^{(out)}} \cdot \frac{\partial a_2^{(out)}}{\partial z_2^{(out)}} \cdot \frac{\partial z_2^{(out)}}{\partial a_1^{(h)}} \cdot \frac{\partial a_1^{(h)}}{\partial z_1^{(h)}} \cdot \frac{\partial z_1^{(h)}}{\partial w_{1,1}^{(h)}}$$

Obsérvese que si reutilizamos $\delta^{(out)}$ calculado anteriormente, esta ecuación puede simplificarse de la siguiente manera:

$$\frac{\partial L}{\partial w_{1,1}^{(out)}} = \delta_1^{(out)} \cdot \frac{\partial z_1^{(out)}}{\partial a_1^{(h)}} \cdot \frac{\partial a_1^{(h)}}{\partial z_1^{(h)}} \cdot \frac{\partial z_1^{(h)}}{\partial w_{1,1}^{(h)}}$$
$$+ \delta_2^{(out)} \cdot \frac{\partial z_2^{(out)}}{\partial a_1^{(h)}} \cdot \frac{\partial a_1^{(h)}}{\partial z_1^{(h)}} \cdot \frac{\partial z_1^{(h)}}{\partial w_{1,1}^{(h)}}$$

Los términos anteriores pueden resolverse individualmente con relativa facilidad, como hemos hecho anteriormente, porque no hay nuevas derivadas implicadas. Por ejemplo, $\frac{\partial a_1^{(h)}}{\partial z_1^{(h)}}$ es la derivada de la activación sigmoide, es decir, $a_1^{(h)}\left(1 - a_1^{(h)}\right)$, y así sucesivamente. Como ejercicio opcional, dejaremos para usted la resolución de las partes individuales.

Sobre la convergencia en redes neuronales

Tal vez se pregunte por qué no hemos utilizado el descenso del gradiente normal, sino que hemos utilizado el aprendizaje por minilotes para entrenar nuestra NN para la clasificación de los dígitos escritos a mano. Tal vez recuerde nuestra discusión sobre SGD, que utilizamos para implementar el aprendizaje en línea. En el aprendizaje en línea, calculamos el gradiente basándonos en un solo ejemplo de entrenamiento ($k = 1$) cada vez para realizar la actualización de pesos. Aunque se trata de un enfoque estocástico, suele dar lugar a soluciones muy precisas con una convergencia mucho más rápida que el descenso de gradiente normal. El aprendizaje por minilotes es una forma especial de SGD en la que calculamos el gradiente basándonos en un subconjunto k de los n ejemplos de entrenamiento con $1 < k < n$. El aprendizaje por minilotes tiene una ventaja sobre el aprendizaje en línea, ya que podemos hacer uso de nuestras implementaciones vectorizadas para mejorar la eficiencia computacional. Sin embargo, podemos actualizar los pesos mucho más rápidamente que en el descenso de gradiente regular. Intuitivamente, se puede pensar en el aprendizaje por minilotes como si se pronosticara la participación de los votantes de unas elecciones presidenciales a partir de una encuesta preguntando solo a un subconjunto representativo de la población en lugar de preguntar a toda la población (lo que equivaldría a realizar las elecciones reales).

Las NN multicapa son mucho más difíciles de entrenar que algoritmos más sencillos, como Adaline, la regresión logística o las máquinas de vectores de soporte. En las NN multicapa, normalmente tenemos cientos, miles o incluso miles de millones de pesos que tenemos que optimizar. Por desgracia, la función de salida tiene una superficie rugosa y el algoritmo de optimización puede quedar atrapado fácilmente en mínimos locales, como se muestra en la Figura 11.14:

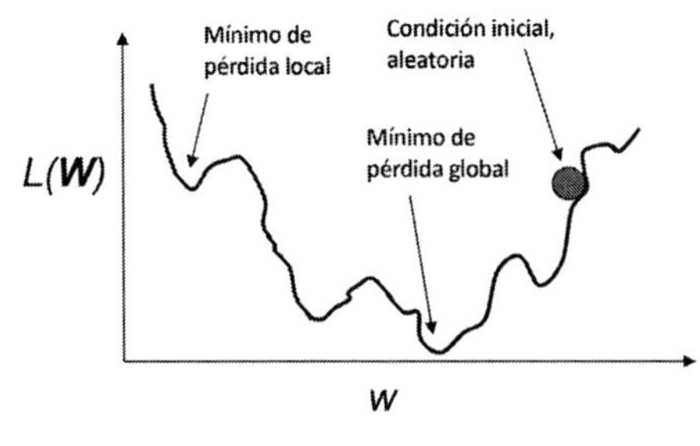

Figura 11.14 *Los algoritmos de optimización pueden quedar atrapados en mínimos locales.*

Obsérvese que esta representación está extremadamente simplificada, ya que nuestra NN tiene muchas dimensiones; esto hace imposible visualizar la superficie de pérdida real para el ojo humano. Aquí solo mostramos la superficie de pérdida para un solo peso en el eje x. Sin embargo, el mensaje principal es que no queremos que nuestro algoritmo quede atrapado en mínimos locales. Aumentando la tasa de aprendizaje, podemos escapar más fácilmente de esos mínimos locales. Por otro lado, también aumentamos la posibilidad de sobrepasar el óptimo global si la tasa de aprendizaje es demasiado grande. Dado que inicializamos los pesos de forma aleatoria, empezamos con una solución del problema de optimización que suele ser irremediablemente errónea.

Unas últimas palabras sobre la implementación de redes neuronales

Puede que se pregunte por qué hemos pasado por toda esta teoría sóolo para implementar una simple red artificial multicapa que pueda clasificar los dígitos escritos a mano en lugar de utilizar una biblioteca de aprendizaje automático de código abierto de Python. De hecho, en los próximos capítulos introduciremos modelos de NN más complejos, que entrenaremos utilizando la biblioteca de código abierto PyTorch (`https://pytorch.org`).

Aunque la implementación desde cero en este capítulo parece un poco tediosa al principio, ha sido un buen ejercicio para entender los fundamentos que hay detrás de la retropropagación y el entrenamiento de NN. Una comprensión básica de los algoritmos es crucial para aplicar las técnicas de aprendizaje automático de forma adecuada y con éxito.

Ahora que hemos aprendido cómo funcionan las NN con prealimentación, estamos preparados para explorar DNN más sofisticadas utilizando PyTorch, que nos permite construir NN de forma más eficiente, como veremos en el capítulo 12, Paralelización del entrenamiento de redes neuronales con PyTorch.

PyTorch, que fue lanzado originalmente en septiembre de 2016, ha ganado mucha popularidad entre los investigadores de aprendizaje automático, que lo utilizan para construir DNN debido a su capacidad para optimizar las expresiones matemáticas para los cálculos en matrices multidimensionales utilizando unidades de procesamiento gráfico (Graphics Processing Units, GPU).

Por último, debemos señalar que Scikit-learn también incluye una implementación básica de MLP, `MLPClassifier`, que puede encontrar en `https://scikit-learn.org/stable/modules/generated/sklearn.neural_network.MLPClassifier.html`. Aunque esta implementación es estupenda y muy conveniente para entrenar MLP básicos, recomendamos encarecidamente las bibliotecas especializadas en aprendizaje profundo, como PyTorch, para implementar y entrenar NN multicapa.

Resumen

En este capítulo, ha aprendido los conceptos básicos de las NN artificiales multicapa, que son actualmente el tema más candente en la investigación del aprendizaje automático. En el capítulo 2, Entrenamiento de algoritmos sencillos de aprendizaje automático para tareas de clasificación, comenzamos nuestro viaje con estructuras simples de NN de una capa, y ahora hemos conectado múltiples neuronas a una potente arquitectura de NN para resolver problemas complejos como el reconocimiento de dígitos escritos a mano. Desmitificamos el popular algoritmo de retropropagación, que es uno de los bloques de construcción de muchos modelos de NN que se utilizan en el aprendizaje profundo. Después de aprender sobre el algoritmo de retropropagación en este capítulo, estamos bien equipados para explorar arquitecturas DNN más complejas. En los capítulos restantes, trataremos conceptos de aprendizaje profundo más avanzados y PyTorch, una biblioteca de código abierto que nos permite implementar y entrenar NN multicapa de manera más eficiente.

Únase al espacio Discord del libro

Únase al espacio Discord del libro para una sesión mensual de «Pregúnteme lo que quiera» con los autores (en inglés):

`https://packt.link/MLwPyTorch`

12

Paralelización del entrenamiento de redes neuronales con PyTorch

En este capítulo, dejaremos de lado los fundamentos matemáticos del aprendizaje automático y del aprendizaje profundo para centrarnos en PyTorch, una de las bibliotecas de aprendizaje profundo más populares actualmente, que nos permite implementar redes neuronales (NN) de forma mucho más eficiente que cualquiera de nuestras implementaciones anteriores de NumPy. Empezaremos a utilizar PyTorch y veremos cómo aporta importantes beneficios al rendimiento del entrenamiento. Comenzaremos una nueva etapa en nuestro viaje hacia el aprendizaje automático y el aprendizaje profundo, y exploraremos los siguiente temas:

- Cómo PyTorch mejora el rendimiento del entrenamiento.
- Trabajar con `Dataset` y `DataLoader` de PyTorch para construir pipelines de entrada y permitir un entrenamiento eficiente del modelo.
- Trabajar con PyTorch para escribir código de aprendizaje automático optimizado.
- Utilizar el módulo `torch.nn` para implementar cómodamente arquitecturas habituales de aprendizaje profundo.
- Elegir funciones de activación para NN artificiales.

PyTorch y el rendimiento del entrenamiento

PyTorch puede acelerar significativamente las tareas de aprendizaje automático. Para entender cómo puede hacer esto, vamos a empezar por discutir algunos de los retos de rendimiento que normalmente nos encontramos cuando ejecutamos cálculos con un alto coste en el hardware. Luego, echaremos un vistazo a lo que es PyTorch y a cuál será nuestro enfoque de aprendizaje en este capítulo.

Retos del rendimiento

El rendimiento de los procesadores de cálculo ha mejorado de forma contínua en los últimos años. Esto nos permite entrenar sistemas de aprendizaje más potentes y complejos, lo que significa que podemos mejorar el rendimiento predictivo de nuestros modelos de aprendizaje automático. Incluso el hardware de ordenador de sobremesa más barato que está disponible ahora mismo viene con unidades de procesamiento que tienen múltiples núcleos.

En los capítulos anteriores, hemos visto que muchas funciones en Scikit-learn nos permiten distribuir los cálculos en múltiples unidades de procesamiento. Sin embargo, por defecto, Python está limitado a la ejecución en un solo núcleo, debido al bloqueo global del intérprete (Global Interpreter Lock, GIL). Así que, aunque efectivamente aprovechamos la biblioteca de multiprocesamiento de Python para distribuir nuestros cálculos sobre múltiples núcleos, todavía tenemos que considerar que el hardware de escritorio más avanzado rara vez viene con más de 8 o 16 de estos núcleos.

Recordará que en el capítulo 11, Implementación de redes neuronales artificiales multicapa desde cero, implementamos un perceptrón multicapa (MLP) muy simple con una sola capa oculta compuesta por 100 unidades. Tuvimos que optimizar aproximadamente 80 000 parámetros de peso ([784*100 + 100] + [100 * 10] + 10 = 79 510) para una tarea de clasificación de imágenes muy sencilla. Las imágenes de MNIST son bastante pequeñas (28×28), y solo podemos imaginar una explosión en el número de parámetros si quisiéramos añadir capas ocultas adicionales o trabajar con imágenes que tienen densidades de píxeles más altas. Esta tarea se convertiría rápidamente en inviable para una sola unidad de procesamiento. La pregunta es, pues, cómo podemos abordar estos problemas de forma más eficaz.

La solución obvia a este problema es utilizar unidades de procesamiento gráfico (Graphics Processing Units, GPU), que son los auténticos caballos de batalla. Puede pensar en una tarjeta gráfica como un pequeño clúster de ordenadores dentro de su máquina. Otra ventaja es que las GPU modernas tienen una utilidad mucho mayor en comparación con las unidades centrales de proceso (Central Processing Units, CPU) de última generación, como puede ver en el siguiente resumen:

Specifications	Intel® Core™ i9-11900KB Processor	NVIDIA GeForce® RTX™ 3080 Ti
Base Clock Frequency	3.3 GHz	1.37 GHz
Cores	16 (32 threads)	10240
Memory Bandwidth	45.8 GB/s	912.1 GB/s
Floating-Point Calculations	742 GFLOPS	34.10 TFLOPS
Cost	~ $540.00	~ $1200.00

Figura 12.1 *Comparación de una CPU y una GPU de última generación.*

Las fuentes de información de la Figura 12.1 son los siguientes sitios web (fecha de acceso: julio de 2021):

- `https://ark.intel.com/content/www/us/en/ark/products/215570/intel-core-i9-11900kb-processor-24m-cache-up-to-4-90-ghz.html`
- `https://www.nvidia.com/en-us/geforce/graphics-cards/30-series/rtx-3080-3080ti/`

Por 2.2 veces el precio de una CPU moderna, podemos obtener una GPU que tiene 640 veces más núcleos y que es capaz de realizar 46 veces más cálculos en coma flotante por segundo. Entonces, ¿qué nos impide utilizar las GPU para nuestras tareas de aprendizaje automático? La cuestión es que escribir código para las GPU no es tan sencillo como ejecutar código Python en nuestro intérprete. Existen paquetes especiales, como CUDA y OpenCL, que nos permiten dirigirnos a la GPU. Sin embargo, escribir código en CUDA u OpenCL no es la forma más conveniente de implementar y ejecutar algoritmos de aprendizaje automático. La buena noticia es que para esto se desarrolló PyTorch.

¿Qué es PyTorch?

PyTorch es una interfaz de programación escalable y multiplataforma para implementar y ejecutar algoritmos de aprendizaje automático, incluyendo convenientes envoltorios para el aprendizaje profundo. PyTorch fue desarrollado principalmente por los investigadores e ingenieros del laboratorio de investigación de AI de Facebook (FAIR). Su desarrollo también incluye muchas contribuciones de la comunidad. PyTorch se publicó inicialmente en septiembre de 2016 y es gratuito y de código abierto bajo la licencia BSD modificada. Muchos investigadores y profesionales del aprendizaje automático del mundo académico y de la industria han adaptado PyTorch para desarrollar soluciones de aprendizaje profundo, como el piloto automático de Tesla, Pyro de Uber y Transformers de Hugging Face (`https://pytorch.org/ecosystem/`).

Para mejorar el rendimiento del entrenamiento de los modelos de aprendizaje automático, PyTorch permite la ejecución en CPU, GPU y dispositivos XLA como TPU. Sin embargo, sus mayores capacidades de rendimiento se pueden descubrir cuando se utilizan GPU y dispositivos XLA. PyTorch soporta oficialmente las GPU con CUDA y ROCm. El desarrollo de PyTorch se basa en la biblioteca Torch (`www.torch.ch`). Como su nombre indica, la interfaz de Python es el principal foco de desarrollo de PyTorch.

PyTorch se elabora en torno a un grafo de computación compuesto por un conjunto de nodos. Cada nodo representa una operación que puede tener cero o más entradas o salidas. PyTorch proporciona un entorno de programación imperativa que evalúa las operaciones, ejecuta los cálculos y devuelve valores concretos directamente. Por lo tanto, el grafo de computación en PyTorch, en lugar de construirse por adelantado y ejecutarse después, se define implícitamente.

Matemáticamente, los tensores pueden entenderse como una generalización de escalares, vectores, matrices, etc. Más concretamente, un escalar puede definirse como un tensor de rango 0; un vector puede definirse como un tensor de rango 1; una matriz puede definirse como un tensor de rango 2; y las matrices apiladas en una tercera dimensión pueden definirse como tensores de rango 3. Los tensores en PyTorch son similares a los arrays de NumPy, excepto que los tensores están optimizados para la diferenciación automática y pueden ejecutarse en las GPU.

Para aclarar el concepto de «tensor», considere la Figura 12.2, que representa los tensores de rango 0 y 1 en la primera fila, y los tensores de rango 2 y 3 en la segunda:

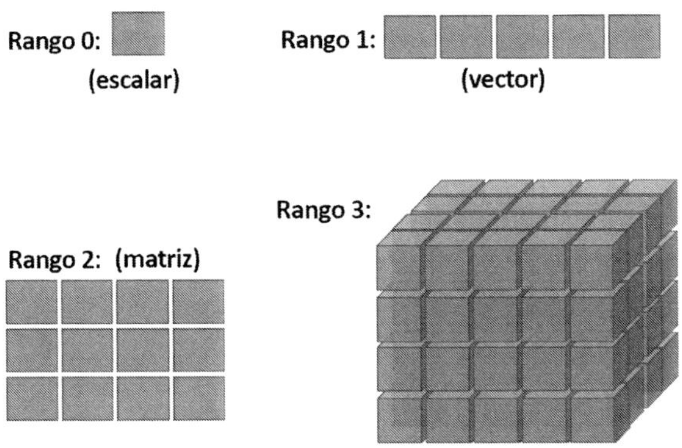

Figura 12.2 *Diferentes tipos de tensores en PyTorch.*

Ahora que sabemos qué es PyTorch, veamos cómo utilizarlo.

Cómo vamos a aprender PyTorch

Primero, vamos a tratar el modelo de programación de PyTorch; en particular, la creación y manipulación de tensores. Luego, veremos cómo cargar datos y utilizar el módulo `torch.utils.data`, que nos permitirá iterar a través de un conjunto de datos de manera eficiente. Además, hablaremos de los conjuntos de datos existentes y listos para usar en el submódulo `torch.utils.data.Dataset` y aprenderemos a utilizarlos.

Después de conocer estos fundamentos, se introducirá el módulo de redes neuronales de PyTorch `torch.nn`. A continuación, pasaremos a elaborar modelos de aprendizaje automático, aprenderemos a componer y entrenar los modelos, y aprenderemos a guardar los modelos entrenados en el disco para su futura evaluación.

Primeros pasos con PyTorch

En esta sección, daremos nuestros primeros pasos en el uso de la API de bajo nivel de PyTorch. Después de instalar PyTorch, veremos cómo crear tensores en PyTorch y las diferentes formas de manipularlos, como cambiar su forma, tipo de datos, etc.

Instalación de PyTorch

Para instalar PyTorch, reecomendamos consultar las últimas instrucciones en el sitio web oficial `https://pytorch.org`. A continuación, vamos a resumir los pasos básicos que funcionarán en la mayoría de los sistemas.

Dependiendo de cómo esté configurado su sistema, normalmente puede utilizar el instalador `pip` de Python e instalar PyTorch desde PyPI ejecutando lo siguiente en su terminal:

```
pip install torch torchvision
```

Este comando instalará la última versión estable, que es la 1.9.0 en el momento de escribir estas líneas. Para instalar la versión 1.9.0, que se garantiza que es compatible con los siguientes ejemplos de código, puede modificar el comando anterior de la siguiente manera:

```
pip install torch==1.9.0 torchvision==0.10.0
```

Si quiere usar GPU (recomendado), necesita una tarjeta gráfica NVIDIA compatible que soporte CUDA y cuDNN. Si su máquina satisface estos requisitos, puede instalar PyTorch con soporte para GPU, como sigue:

```
pip install torch==1.9.0+cu111 torchvision==0.10.0+cu111 -f https://
download.pytorch.org/whl/torch_stable.html
```

para CUDA 11.1 o:

```
pip install torch==1.9.0 torchvision==0.10.0\  -f https://download.
pytorch.org/whl/torch_stable.html
```

para CUDA 10.2 en el momento de escribir estas líneas.

Como los binarios de macOS no son compatibles con CUDA, puede hacer la instalación desde la fuente: `https://pytorch.org/get-started/locally/#mac-from-source`.

Para más información sobre el proceso de instalación y configuración, consulte las recomendaciones oficiales en `https://pytorch.org/get-started/locally/`.

Hay que tener en cuenta que PyTorch está en desarrollo activo; por lo tanto, cada par de meses, se publican nuevas versiones con cambios significativos. Puede verificar su versión de PyTorch en su terminal, de la siguiente manera:

```
python -c 'import torch; print(torch.__version__)'
```

Solución de problemas en la instalación de PyTorch

Si tiene problemas con el procedimiento de instalación, puede leer más sobre las recomendaciones específicas del sistema y de la plataforma, que se proporcionan en `https://pytorch.org/get-started/locally/`. Tenga en cuenta que todo el código de este capítulo puede ejecutarse en su CPU; el uso de una GPU es totalmente opcional, pero se recomienda si quiere disfrutar plenamente de las ventajas de PyTorch. Por ejemplo, mientras que el entrenamiento de algunos modelos de NN en una CPU podría llevar una semana, los mismos modelos podrían entrenarse en solo unas horas en una GPU moderna. Si tiene una tarjeta gráfica, consulte la página de instalación para configurarla adecuadamente. Además, puede resultarle útil la siguiente guía de configuración, que explica cómo instalar los controladores de la tarjeta gráfica NVIDIA, CUDA y cuDNN en Ubuntu (requisitos no obligatorios pero sí recomendados para ejecutar PyTorch en una GPU): `https://sebastianraschka.com/pdf/books/dlb/appendix_h_cloud-computing.pdf`. Además, como verá en el capítulo 17, Redes generativas antagónicas para sintetizar nuevos datos, también puede entrenar sus modelos utilizando una GPU de forma gratuita a través de Google Colab.

Creación de tensores en PyTorch

Ahora, consideremos algunas formas diferentes de crear tensores, y luego veamos algunas de sus propiedades y cómo manipularlos. En primer lugar, podemos simplemente crear un tensor a partir de una lista o un array de NumPy utilizando la función `torch.tensor` o la función `torch.from_numpy` como sigue:

```
>>> import torch
>>> import numpy as np
>>> np.set_printoptions(precision=3)
>>> a = [1, 2, 3]
>>> b = np.array([4, 5, 6], dtype=np.int32)
>>> t_a = torch.tensor(a)
>>> t_b = torch.from_numpy(b)
>>> print(t_a)
>>> print(t_b)
tensor([1, 2, 3])
tensor([4, 5, 6], dtype=torch.int32)
```

Esto da lugar a los tensores `t_a` y `t_b`, con sus propiedades, `shape=(3,)` y `dtype=int32`, adoptadas de su fuente. De forma similar a los arrays de NumPy, también podemos ver estas propiedades:

```
>>> t_ones = torch.ones(2, 3)
>>> t_ones.shape
```

```
torch.Size([2, 3])
>>> print(t_ones)
tensor([[1., 1., 1.],
        [1., 1., 1.]])
```

Por último, la creación de un tensor de valores aleatorios puede hacerse de la siguiente manera:

```
>>> rand_tensor = torch.rand(2,3)
>>> print(rand_tensor)
tensor([[0.1409, 0.2848, 0.8914],
        [0.9223, 0.2924, 0.7889]])
```

Manipulación del tipo de datos y la forma de tensores

Es necesario aprender las distintas formas de manipular los tensores para hacerlos compatibles con la entrada de un modelo o una operación. En esta sección, aprenderá a manipular los tipos de datos y formas de los tensores a través de varias funciones de PyTorch que los moldean, reforman, trasponen y exprimen (eliminan dimensiones).

La función `torch.to()` puede utilizarse para cambiar el tipo de datos de un tensor al tipo deseado:

```
>>> t_a_new = t_a.to(torch.int64)
>>> print(t_a_new.dtype)
torch.int64
```

Para los demás tipos de datos, ver `https://pytorch.org/docs/stable/tensor_attributes.html`.

Como se verá en los próximos capítulos, ciertas operaciones requieren que los tensores de entrada tengan un cierto número de dimensiones (es decir, rango) asociado a un cierto número de elementos (forma). Por lo tanto, podríamos necesitar cambiar la forma de un tensor, añadir una nueva dimensión o eliminar una dimensión innecesaria. PyTorch proporciona funciones útiles (u operaciones) para lograr esto, como son `torch.transpose()`, `torch.reshape()` y `torch.squeeze()`. Veamos algunos ejemplos:

- Trasposición de un tensor:

```
>>> t = torch.rand( , 5)
>>> t_tr = torch.transpose(t, 0, 1)
>>> print(t.shape, ' --> ', t_tr.shape)
torch.Size([3, 5])  -->  torch.Size([5, 3])
```

- Reforma de un tensor (por ejemplo, de un vector 1D a una matriz 2D):

```
>>> t = torch.zeros(30)
>>> t_reshape = t.reshape(5, 6)
>>> print(t_reshape.shape)
torch.Size([5, 6])
```

- Eliminación de las dimensiones innecesarias (dimensiones que tienen tamaño 1, que no son necesarias):

```
>>> t = torch.zeros(1, 2, 1, 4, 1)
>>> t_sqz = torch.squeeze(t, 2)
>>> print(t.shape, ' --> ', t_sqz.shape)
torch.Size([1, 2, 1, 4, 1])  -->  torch.Size([1, 2, 4, 1])
```

Aplicación de operaciones matemáticas a tensores

La aplicación de operaciones matemáticas —en particular, las operaciones de álgebra lineal— es necesaria para elaborar la mayoría de los modelos de aprendizaje automático. En esta subsección, trataremos algunas operaciones de álgebra lineal que se utilizan habitualmente, como el producto a nivel de elementos (element-wise), la multiplicación de matrices y el cálculo de la norma de un tensor.

En primer lugar, vamos a instanciar dos tensores aleatorios, uno con distribución uniforme en el rango [–1, 1) y el otro con una distribución normal estándar:

```
>>> torch.manual_seed(1)
>>> t1 = 2 * torch.rand(5, 2) - 1
>>> t2 = torch.normal(mean=0, std=1, size=(5, 2))
```

Hay que tener en cuenta que `torch.rand` devuelve un tensor lleno de números aleatorios con una distribución uniforme en el rango de [0, 1).

Observe que `t1` y `t2` tienen la misma forma. Ahora, para calcular el producto a nivel de elementos de `t1` y `t2`, podemos utilizar lo siguiente:

```
>>> t3 = torch.multiply(t1, t2)
>>> print(t3)
tensor([[ 0.4426, -0.3114],
        [ 0.0660, -0.5970],
        [ 1.1249,  0.0150],
        [ 0.1569,  0.7107],
        [-0.0451, -0.0352]])
```

Para calcular la media, la suma y la desviación estándar a lo largo de un determinado eje (o ejes), podemos utilizar `torch.mean()`, `torch.sum()` y `torch.std()`. Por ejemplo, la media de cada columna en `t1` se puede calcular como sigue:

```
>>> t4 = torch.mean(t1, axis=0)
>>> print(t4)
tensor([-0.1373,  0.2028])
```

El producto matriz-matriz entre `t1` y `t2` (es decir, $t_1 \times t_2^{\mathrm{T}}$, donde el superíndice T es para la trasposición) puede calcularse utilizando la función `torch.matmul()` como sigue:

```
>>> t5 = torch.matmul(t1, torch.transpose(t2, 0, 1))
>>> print(t5)
tensor([[ 0.1312,  0.3860, -0.6267, -1.0096, -0.2943],
        [ 0.1647, -0.5310,  0.2434,  0.8035,  0.1980],
        [-0.3855, -0.4422,  1.1399,  1.5558,  0.4781],
        [ 0.1822, -0.5771,  0.2585,  0.8676,  0.2132],
        [ 0.0330,  0.1084, -0.1692, -0.2771, -0.0804]])
```

Por otro lado, la computación $t_1{}^T \times t_2$ se realiza trasponiendo `t1`, lo que da como resultado un array de tamaño 2×2:

```
>>> t6 = torch.matmul(torch.transpose(t1, 0, 1), t2)
>>> print(t6)
tensor([[ 1.7453,  0.3392],
        [-1.6038, -0.2180]])
```

Por último, la función `torch.linalg.norm()` es útil para calcular la norma L^p de un tensor. Por ejemplo, podemos calcular la norma L^2 de `t1` como sigue:

```
>>> norm_t1 = torch.linalg.norm(t1, ord=2, dim=1)
>>> print(norm_t1)
tensor([0.6785, 0.5078, 1.1162, 0.5488, 0.1853])
```

Para verificar que este fragmento de código calcula correctamente la norma L^2 de `t1`, puede comparar los resultados con la siguiente función NumPy: `np.sqrt(np.sum(np.square(t1.numpy()), axis=1))`.

División, apilamiento y concatenación de tensores

En esta subsección, trataremos las operaciones de PyTorch para dividir un tensor en múltiples tensores, o para lo contrario: apilar y concatenar múltiples tensores en uno solo.

Supongamos que tenemos un único tensor, y que queremos dividirlo en dos o más tensores. Para ello, PyTorch proporciona una función adecuada, `torch.chunk()`, que divide un tensor de entrada en una lista de tensores de igual tamaño. Podemos determinar el número deseado de divisiones con un número entero usando el argumento `chunks` para dividir un tensor en la dimensión deseada especificada por el argumento `dim`. En este caso, el tamaño total del tensor de entrada en la dimensión especificada debe ser divisible por el número deseado de divisiones. Opcionalmente, podemos proporcionar los tamaños deseados en una lista utilizando la función `torch.split()`. Veamos un ejemplo de estas dos opciones:

- Proporciona el número de divisiones:

```
>>> torch.manual_seed(1)
>>> t = torch.rand(6)
>>> print(t)
tensor([0.7576, 0.2793, 0.4031, 0.7347, 0.0293, 0.7999])
>>> t_splits = torch.chunk(t, 3)
>>> [item.numpy() for item in t_splits]
[array([0.758, 0.279], dtype=float32),
 array([0.403, 0.735], dtype=float32),
 array([0.029, 0.8  ], dtype=float32)]
```

  En este ejemplo, un tensor de tamaño 6 se ha dividido en una lista de tres tensores de tamaño 2 cada uno. Si el tamaño del tensor no es divisible por el valor de `chunks`, el último trozo será más pequeño.

- Proporciona los tamaños de las diferentes divisiones:

  Como alternativa, en lugar de definir el número de divisiones, podemos especificar directamente los tamaños de los tensores de salida. Aquí, dividimos un tensor de tamaño `5` en tensores de tamaños `3` y `2`:

```
>>> torch.manual_seed(1)
>>> t = torch.rand(5)
>>> print(t)
tensor([0.7576, 0.2793, 0.4031, 0.7347, 0.0293])
>>> t_splits = torch.split(t, split_size_or_sections=[3, 2])
>>> [item.numpy() for item in t_splits]
[array([0.758, 0.279, 0.403], dtype=float32),
 array([0.735, 0.029], dtype=float32)]
```

A veces, trabajamos con múltiples tensores y necesitamos concatenarlos o apilarlos para crear un único tensor. En este caso, las funciones de PyTorch `torch.stack()` y `torch.cat()` son muy útiles. Por ejemplo, vamos a crear un tensor 1D, `A`, que contiene 1s con tamaño 3, y un tensor 1D, `B`, que contiene 0s con tamaño 2, y vamos a concatenarlos en un tensor 1D, `C`, de tamaño 5:

```
>>> A = torch.ones(3)
>>> B = torch.zeros(2)
>>> C = torch.cat([A, B], axis=0)
>>> print(C)
tensor([1., 1., 1., 0., 0.])
```

Si creamos los tensores 1D `A` y `B`, ambos de tamaño 3, podemos apilarlos para formar un tensor 2D, `S`:

```
>>> A = torch.ones(3)
>>> B = torch.zeros(3)
>>> S = torch.stack([A, B], axis=1)
>>> print(S)
tensor([[1., 0.], [1., 0.], [1., 0.]])
```

La API de PyTorch tiene muchas operaciones que se pueden usar para elaborar un modelo y procesar sus datos, entre otras cosas. Sin embargo, el tratamiento de cada función está fuera del alcance del libro, y solo nos centraremos en las más esenciales. Para consultar la lista completa de operaciones y funciones, puede acceder a la página de documentación de PyTorch: `https://pytorch.org/docs/stable/index.html`.

Elaboración de pipelines de entrada en PyTorch

Como hemos visto en capítulos anteriores, cuando entrenamos un modelo de NN profunda, solemos entrenar el modelo de forma incremental utilizando un algoritmo de optimización iterativo como el descenso del gradiente estocástico.

Como se mencionó al principio de este capítulo, `torch.nn` es un módulo para elaborar modelos NN. En los casos en que el conjunto de datos de entrenamiento es bastante pequeño y puede cargarse como un tensor en la memoria, podemos utilizar directamente este tensor para el entrenamiento. Sin embargo, en los casos de uso típicos, cuando el conjunto de datos es demasiado grande para que la memoria del ordenador lo pueda contener, tendremos que cargar los datos desde el dispositivo de almacenamiento principal (por ejemplo, el disco duro o la unidad de estado sólido) por trozos, es decir, lote por lote. (Nótese la elección del término «lote» en lugar de «minilote» en este capítulo para mantenernos fieles a la terminología de PyTorch). Además, es posible que necesitemos construir una pipeline de procesamiento de datos para aplicar ciertas transformaciones y pasos de preprocesamiento a los datos, como el centrado de la media, el escalado o la adición de ruido para aumentar el procedimiento de entrenamiento y evitar el sobreajuste.

Aplicar funciones de preprocesamiento manualmente cada vez puede ser bastante engorroso. Por suerte, PyTorch proporciona una clase especial para construir pipelines de preprocesamiento eficientes y convenientes. En esta sección, presentaremos una visión general de los diferentes métodos para construir un `Dataset` y `DataLoader` con PyTorch, e implementar la carga de datos, la aleatorización y el procesamiento por lotes.

Creación de PyTorch DataLoader a partir de tensores existentes

Si los datos ya existen en forma de un objeto tensor, una lista de Python o un array de NumPy, podemos crear fácilmente un cargador de conjuntos de datos utilizando la clase `torch.utils.data.DataLoader()`. Devuelve un objeto de la clase `DataLoader`, que podemos utilizar para iterar a través de los elementos individuales en el conjunto de datos de entrada. Como un sencillo ejemplo, considere el siguiente código, que crea un conjunto de datos de una lista de valores de 0 a 5:

```
>>> from torch.utils.data import DataLoader
>>> t = torch.arange(6, dtype=torch.float32)
>>> data_loader = DataLoader(t)
```

Podemos iterar fácilmente a través del conjunto de datos entrada por entrada de la siguiente manera:

```
>>> for item in data_loader:
...     print(item)
tensor([0.])
tensor([1.])
tensor([2.])
tensor([3.])
tensor([4.])
tensor([5.])
```

Si queremos crear lotes a partir de este conjunto de datos, con un tamaño de lote deseado de `3`, podemos hacerlo con el argumento `batch_size` de la siguiente manera:

```
>>> data_loader = DataLoader(t, batch_size=3, drop_last=False)
>>> for i, batch in enumerate(data_loader, 1):
...     print(f'batch {i}:', batch)
batch 1: tensor([0., 1., 2.])
batch 2: tensor([3., 4., 5.])
```

Esto creará dos lotes a partir de este conjunto de datos, en los que los tres primeros elementos irán al lote nº 1, y los restantes al lote nº 2. El argumento opcional `drop_last` es útil para los casos en que el número de elementos del tensor no es divisible por el tamaño de lote deseado. Podemos descartar el último lote sin completar estableciendo `drop_last` como `True`. El valor por defecto de `drop_last` es `False`.

Siempre podemos iterar a través de un conjunto de datos directamente, pero `DataLoader` proporciona un lote automático y personalizable para un conjunto de datos.

Combinación de dos tensores en un conjunto de datos mixto

A menudo, podemos tener los datos en dos (o posiblemente más) tensores. Por ejemplo, podríamos tener un tensor para las características y un tensor para las etiquetas. En estos casos, necesitamos elaborar un conjunto de datos que combine estos tensores, lo que nos permitirá recuperar los elementos de estos tensores en tuplas.

Supongamos que tenemos dos tensores, `t_x` y `t_y`. El tensor `t_x` contiene nuestros valores de características, cada uno de ellos de tamaño `3`, y `t_y` almacena las etiquetas de clase. Para este ejemplo, primero creamos estos dos tensores:

```
>>> torch.manual_seed(1)
>>> t_x = torch.rand([4, 3], dtype=torch.float32)
>>> t_y = torch.arange(4)
```

Ahora, queremos crear un conjunto de datos mixto (joint) con estos dos tensores. Primero necesitamos crear una clase `Dataset`:

```
>>> from torch.utils.data import Dataset
>>> class JointDataset(Dataset):
...     def __init__(self, x, y):
...         self.x = x
...         self.y = y
...
...     def __len__(self):
...         return len(self.x)
...     def __getitem__(self, idx):
...         return self.x[idx], self.y[idx]
```

Una clase `Dataset` personalizada debe contener los siguientes métodos para que el cargador de datos los utilice posteriormente:

- `__init__()`: Aquí es donde ocurre la lógica inicial, como la lectura de arrays existentes, la carga de un archivo, el filtrado de datos, etc.
- `__getitem__()`: Esto devuelve la muestra correspondiente al índice dado.

A continuación, creamos un conjunto de datos mixto de `t_x` y `t_y` con la clase `Dataset` personalizada:

```
>>> joint_dataset = JointDataset(t_x, t_y)
```

Por último, podemos imprimir cada ejemplo del conjunto de datos mixto:

```
>>> for example in joint_dataset:
...     print('  x: ', example[0], '  y: ', example[1])
  x:  tensor([0.7576, 0.2793, 0.4031])   y:  tensor(0)
  x:  tensor([0.7347, 0.0293, 0.7999])   y:  tensor(1)
  x:  tensor([0.3971, 0.7544, 0.5695])   y:  tensor(2)
  x:  tensor([0.4388, 0.6387, 0.5247])   y:  tensor(3)
```

También podemos utilizar la clase `torch.utils.data.TensorDataset`, si el segundo conjunto de datos es un conjunto de datos etiquetado en forma de tensores. Así, en lugar de utilizar nuestra clase `Dataset` autodefinida, `JointDataset`, podemos crear un conjunto de datos conjunto:

```
>>> joint_dataset = JointDataset(t_x, t_y)
```

Hay que tener en cuenta que una fuente común de error podría ser que se perdiera la correspondencia de elementos entre las características originales (*x*) y las etiquetas (*y*); por ejemplo, si los dos conjuntos de datos se mezclan por separado. Sin embargo, una vez fusionados en un solo conjunto de datos, la aplicación de estas operaciones es segura.

Si tenemos un conjunto de datos creado a partir de la lista de nombres de archivos de imágenes en el disco, podemos definir una función para cargar las imágenes a partir de estos nombres de archivos. Más adelante en este capítulo se verá un ejemplo de aplicación de múltiples transformaciones a un conjunto de datos.

Barajar, agrupar y repetir

Tal como se mencionó en el capítulo 2, Entrenamiento de algoritmos sencillos de aprendizaje automático para tareas de clasificación, cuando se entrena un modelo NN utilizando la optimización de descenso del gradiente estocástico, es importante alimentar los datos de entrenamiento como lotes barajados aleatoriamente. Ya ha visto cómo especificar el tamaño del lote utilizando el argumento `batch_size` de un objeto cargador de datos. Ahora, además de crear lotes, veremos cómo barajar y reiterar sobre los conjuntos de datos. Seguiremos trabajando con el conjunto de datos anterior.

En primer lugar, vamos a crear un cargador de datos de versión aleatoria (shuffle) a partir del conjunto de datos `joint_dataset`:

```
>>> torch.manual_seed(1)
>>> data_loader = DataLoader(dataset=joint_dataset, batch_size=2,
shuffle=True)
```

Aquí, cada lote contiene dos registros de datos (x) y las etiquetas correspondientes (y). Ahora iteramos utilizando el cargador de datos entrada por entrada:

```
>>> for i, batch in enumerate(data_loader, 1):
...     print(f'batch {i}:', 'x:', batch[0],
              '\n         y:', batch[1])
batch 1: x: tensor([[0.4388, 0.6387, 0.5247],
        [0.3971, 0.7544, 0.5695]])
         y: tensor([3, 2])
batch 2: x: tensor([[0.7576, 0.2793, 0.4031],
        [0.7347, 0.0293, 0.7999]])
         y: tensor([0, 1])
```

Las filas se barajan (aleatorizan) sin perder la correspondencia una a una entre las entradas de x e y. Además, cuando se entrena un modelo durante varios ciclos (epochs), necesitamos aleatorizar e iterar sobre el conjunto de datos por el número deseado de ciclos. Por lo tanto, vamos a iterar sobre el conjunto de datos por lotes dos veces:

```
>>> for epoch in range(2):
>>>     print(f'epoch {epoch+1}')
>>>     for i, batch in enumerate(data_loader, 1):
...         print(f'batch {i}:', 'x:', batch[0],
                  '\n         y:', batch[1])
epoch 1
batch 1: x: tensor([[0.7347, 0.0293, 0.7999],
        [0.3971, 0.7544, 0.5695]])
         y: tensor([1, 2])
batch 2: x: tensor([[0.4388, 0.6387, 0.5247],
        [0.7576, 0.2793, 0.4031]])
         y: tensor([3, 0])
epoch 2
batch 1: x: tensor([[0.3971, 0.7544, 0.5695],
        [0.7576, 0.2793, 0.4031]])
         y: tensor([2, 0])
batch 2: x: tensor([[0.7347, 0.0293, 0.7999],
        [0.4388, 0.6387, 0.5247]])
         y: tensor([1, 3])
```

Esto da lugar a dos conjuntos de lotes diferentes. En el primer ciclo, el primer lote contiene un par de valores `[y=1, y=2]`, y el segundo lote contiene un par de valores `[y=3, y=0]`. En el segundo ciclo, dos lotes contienen un par de valores, `[y=2, y=0]` e `[y=1, y=3]`, respectivamente. En cada iteración, los elementos de un lote también se barajan.

Creación de conjuntos de datos a partir de archivos del disco de almacenamiento local

En esta sección, elaboraremos un conjunto de datos a partir de archivos de imágenes almacenados en el disco. Hay una carpeta de imágenes asociada al contenido en línea de este capítulo. Después de descargar la carpeta, debería poder ver seis imágenes de gatos y perros en formato JPEG.

Este pequeño conjunto de datos mostrará cómo funciona generalmente la elaboración de un conjunto de datos a partir de archivos almacenados. Para ello, vamos a utilizar dos módulos adicionales: `Image` en `PIL` para leer el contenido de los archivos de imagen y `transforms` en `torchvision` para decodificar el contenido en bruto y redimensionar las imágenes.

> Los módulos `PIL.Image` y `torchvision.transform` proporcionan una gran cantidad de funciones adicionales y útiles que están fuera del alcance de este libro. Le recomendamos que consulte la documentación oficial para obtener más información sobre estas funciones:
>
> `https://pillow.readthedocs.io/en/stable/reference/Image.html` para `PIL.Image`
>
> `https://pytorch.org/vision/stable/transforms.html` para `torchvision.transforms`

Antes de empezar, echemos un vistazo al contenido de estos archivos. Utilizaremos la biblioteca `pathlib` para generar una lista de archivos de imagen:

```
>>> import pathlib
>>> imgdir_path = pathlib.Path('cat_dog_images')
>>> file_list = sorted([str(path) for path in
... imgdir_path.glob('*.jpg')])
>>> print(file_list)
['cat_dog_images/dog-03.jpg', 'cat_dog_images/cat-01.jpg', 'cat_dog_
images/cat-02.jpg', 'cat_dog_images/cat-03.jpg', 'cat_dog_images/dog-
01.jpg', 'cat_dog_images/dog-02.jpg']
```

A continuación, visualizaremos estos ejemplos de imágenes utilizando Matplotlib:

```
>>> import matplotlib.pyplot as plt
>>> import os
>>> from PIL import Image
>>> fig = plt.figure(figsize=(10, 5))
>>> for i, file in enumerate(file_list):
...     img = Image.open(file)
...     print('Image shape:', np.array(img).shape)
...     ax = fig.add_subplot(2, 3, i+1)
...     ax.set_xticks([]); ax.set_yticks([])
...     ax.imshow(img)
...     ax.set_title(os.path.basename(file), size=15)
>>> plt.tight_layout()
>>> plt.show()
Image shape: (900, 1200, 3)
Image shape: (900, 1200, 3)
Image shape: (900, 1200, 3)
Image shape: (900, 742, 3)
Image shape: (800, 1200, 3)
Image shape: (800, 1200, 3)
```

La Figura 12.3 muestra las imágenes de ejemplo:

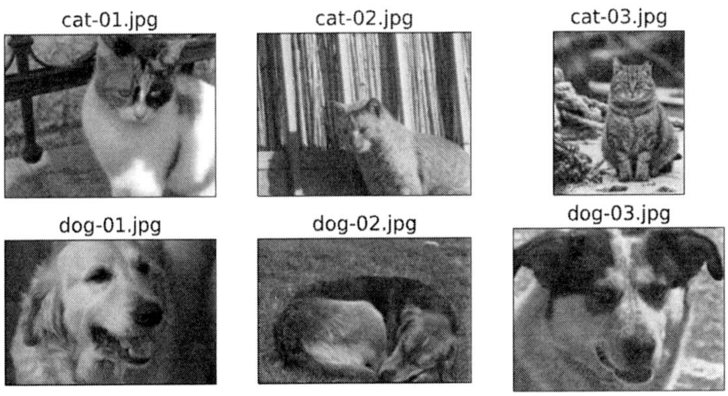

Figura 12.3 *Imágenes de perros y gatos.*

Solo con esta visualización y con las formas de las imágenes impresas, ya podemos ver que las imágenes tienen diferentes relaciones de aspecto. Si imprimimos las relaciones de aspecto (o las formas de los arrays de datos) de estas imágenes, veremos que algunas tienen 900 píxeles de alto y 1200 de ancho (900×1200), otras 800×1200 y una 900×742. Más adelante, preprocesaremos estas imágenes para que tengan un tamaño coherente. Otro punto a tener en cuenta es que las etiquetas de estas imágenes están incluidas en sus nombres de archivo. Por lo tanto, extraemos estas etiquetas de la lista de nombres de archivo, y asignamos la etiqueta `1` a los perros y la etiqueta `0` a los gatos:

```
>>> labels = [1 if 'dog' in
...                os.path.basename(file) else 0
...                        for file in file_list]
>>> print(labels)
[0, 0, 0, 1, 1, 1]
```

Ahora, tenemos dos listas: una lista de nombres de archivo (o rutas de cada imagen) y una lista de sus etiquetas. En la sección anterior, aprendió a crear un conjunto de datos mixto de dos matrices.

Aquí, haremos lo siguiente:

```
>>> class ImageDataset(Dataset):
...     def __init__(self, file_list, labels):
...         self.file_list = file_list
...         self.labels = labels
...
...     def __getitem__(self, index):
...         file = self.file_list[index]
...         label = self.labels[index]
...         return file, label
...
...     def __len__(self):
...         return len(self.labels)
>>> image_dataset = ImageDataset(file_list, labels)
>>> for file, label in image_dataset:
...     print(file, label)
cat_dog_images/cat-01.jpg 0
cat_dog_images/cat-02.jpg 0
cat_dog_images/cat-03.jpg 0
cat_dog_images/dog-01.jpg 1
cat_dog_images/dog-02.jpg 1
cat_dog_images/dog-03.jpg 1
```

El conjunto de datos mixto tiene nombres de archivo y etiquetas.

A continuación, tenemos que aplicar transformaciones a este conjunto de datos: cargar el contenido de las imágenes desde su ruta de archivo, decodificar el contenido en bruto y redimensionarlo al tamaño deseado, por ejemplo, 80×120. Como ya hemos mencionado, utilizamos el módulo `torchvision.transforms` para redimensionar las imágenes y convertir los píxeles cargados en tensores:

```
>>> import torchvision.transforms as transforms
>>> img_height, img_width = 80, 120
>>> transform = transforms.Compose([
...     transforms.ToTensor(),
...     transforms.Resize((img_height, img_width)),
... ])
```

Ahora actualizamos la clase `ImageDataset` con `transform`, que acabamos de definir:

```
>>> class ImageDataset(Dataset):
...     def __init__(self, file_list, labels, transform=None):
...         self.file_list = file_list
...         self.labels = labels
...         self.transform = transform
...
...     def __getitem__(self, index):
...         img = Image.open(self.file_list[index])
...         if self.transform is not None:
...             img = self.transform(img)
...         label = self.labels[index]
...         return img, label
...
...     def __len__(self):
...         return len(self.labels)
>>>
>>> image_dataset = ImageDataset(file_list, labels, transform)
```

Por último, visualizamos estos ejemplos de imágenes transformadas utilizando Matplotlib:

```
>>> fig = plt.figure(figsize=(10, 6))
>>> for i, example in enumerate(image_dataset):
...     ax = fig.add_subplot(2, 3, i+1)
...     ax.set_xticks([]); ax.set_yticks([])
...     ax.imshow(example[0].numpy().transpose((1, 2, 0)))
...     ax.set_title(f'{example[1]}', size=15)
...
>>> plt.tight_layout()
>>> plt.show()
```

El resultado es la siguiente visualización de las imágenes de ejemplo recuperadas, junto con sus etiquetas:

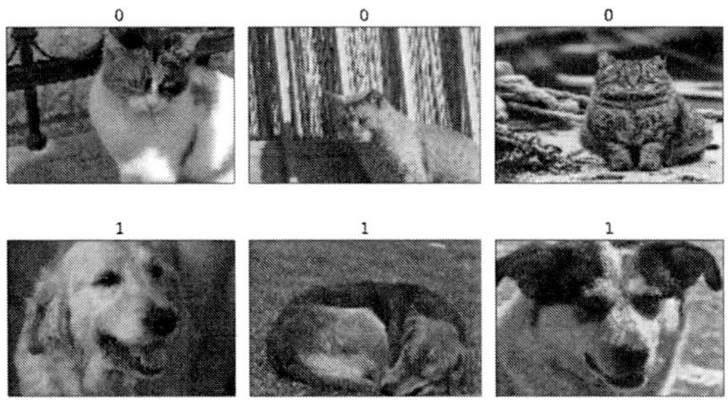

Figura 12.4 *Imágenes etiquetadas.*

El método `__getitem__` de la clase `ImageDataset` engloba los cuatro pasos en una sola función, e incluye la carga del contenido en bruto (imágenes y etiquetas), la decodificación de las imágenes en tensores y el cambio de tamaño de las imágenes. La función devuelve entonces un conjunto de datos sobre el que podemos iterar y aplicar otras operaciones que hemos aprendido en las secciones anteriores utilizando el cargador de datos, como las de barajado y agrupamiento.

Obtención de los conjuntos de datos disponibles en la biblioteca torchvision.datasets

La biblioteca `torchvision.datasets` ofrece una buena colección de conjuntos de datos de imágenes de libre acceso para entrenar o evaluar modelos de aprendizaje profundo. Del mismo modo, la biblioteca `torchtext.datasets` proporciona conjuntos de datos para el lenguaje natural. Aquí, utilizamos `torchvision.datasets` como ejemplo.

Los conjuntos de datos de `torchvision` (`https://pytorch.org/vision/stable/datasets.html`) están muy bien formateados y vienen con descripciones informativas, que incluyen el formato de las características y etiquetas y su tipo y dimensionalidad, así como el enlace a la fuente original del conjunto de datos. Otra ventaja es que estos conjuntos de datos son todos subclases de `torch.utils.data.Dataset`, por lo que todas las funciones que hemos tratado en las secciones anteriores se pueden utilizar directamente. Así pues, veamos cómo utilizar estos conjuntos de datos en acción.

En primer lugar, si no ha instalado antes `torchvision` junto con PyTorch, necesita instalar la biblioteca `torchvision` a través de `pip` desde la línea de comandos:

```
pip install torchvision
```

Puede consultar la lista de conjuntos de datos disponibles en `https://pytorch.org/vision/stable/datasets.html`.

En los siguientes párrafos, trataremos la obtención de dos conjuntos de datos diferentes: CelebA (`celeb_a`) y el conjunto de datos de dígitos MNIST.

Vamos a trabajar primero con el conjunto de datos CelebA (`http://mmlab.ie.cuhk.edu.hk/projects/CelebA.html`) con `torchvision.datasets.CelebA` (`https://pytorch.org/vision/stable/datasets.html#celeba`). La descripción de `torchvision.datasets.CelebA` proporciona cierta información de utilidad para ayudarnos a entender la estructura de este conjunto de datos:

- La base de datos tiene tres subconjuntos: `'train'`, `'valid'` y `'test'`. Podemos seleccionar un subconjunto específico o cargarlos todos con el parámetro `split`.
- Las imágenes se almacenan en formato `PIL.Image`. Y podemos obtener una versión transformada utilizando la función `transform` personalizada, como `transforms.ToTensor` y `transforms.Resize`.
- Hay diferentes tipos de objetivos que podemos utilizar, como `'attributes'`, `'identity'` y `'landmarks'`. `'attributes'` son 40 atributos faciales de la persona en la imagen, como la expresión facial, el maquillaje, las características del cabello, etc.; `'identity'` es la ID de la persona en la imagen; y `'landmarks'` se refiere al diccionario de puntos faciales extraídos, como la posición de los ojos, la nariz, etc.

A continuación, llamaremos a la clase `torchvision.datasets.CelebA` para descargar los datos, almacenarlos en el disco en una carpeta designada y cargarlos en el objeto `torch.utils.data.Dataset`:

```
>>> import torchvision
>>> image_path = './'
>>> celeba_dataset = torchvision.datasets.CelebA(
...     image_path, split='train', target_type='attr', download=True)
1443490838/? [01:28<00:00, 6730259.81it/s]
26721026/? [00:03<00:00, 8225581.57it/s]
3424458/? [00:00<00:00, 14141274.46it/s]
6082035/? [00:00<00:00, 21695906.49it/s]
12156055/? [00:00<00:00, 12002767.35it/s]
2836386/? [00:00<00:00, 3858079.93it/s]
```

Puede encontrarse con un `BadZipFile: File is not a zip file` error, o `RuntimeError: The daily quota of the file img_align_celeba.zip is exceeded and it can't be downloaded. This is a limitation of Google Drive and can only be overcome by trying again later` (El archivo no es un error de archivo zip, o RuntimeError: Se ha superado la cuota diaria del archivo img_align_celeba.zip y no se puede descargar. Se trata de una limitación de Google Drive y solo puede resolverse intentándolo de nuevo más tarde); solo significa que Google Drive tiene una cuota máxima diaria que los archivos de CelebA han superado. Para evitarlo, puede descargar manualmente los archivos desde la fuente: `http://mmlab.ie.cuhk.edu.hk/projects/CelebA.html`. En la carpeta descargada, `celeba/`, puede descomprimir el archivo `img_align_celeba.zip`. `image_path` es la raiz de la carpeta descargada, `celeba/`. Si ya ha descargado los archivos una vez, puede establecer `download=False`. Para obtener información y orientación adicionales, recomendamos encarecidamente ver el cuaderno de códigos adjunto en `https://github.com/rasbt/machine-learning-book/blob/main/ch12/ch12_part1.ipynb`.

Ahora que hemos instanciado los conjuntos de datos, vamos a comprobar si el objeto es de la clase `torch.utils.data.Dataset`:

```
>>> assert isinstance(celeba_dataset, torch.utils.data.Dataset)
```

Como se ha mencionado, el conjunto de datos ya está dividido en conjuntos de datos de entrenamiento, prueba y validación, y solo cargamos el conjunto de entrenamiento. Solo utilizamos el objetivo `'attributes'`. Para ver cómo son los ejemplos de datos, podemos ejecutar el siguiente código:

```
>>> example = next(iter(celeba_dataset))
>>> print(example)
(<PIL.JpegImagePlugin.JpegImageFile image mode=RGB size=178x218 at
0x120C6C668>, tensor([0, 1, 1, 0, 0, 0, 0, 0, 0, 0, 0, 1, 0, 0, 0, 0, 0,
0, 1, 1, 0, 1, 0, 0, 1, 0, 0, 1, 0, 0, 0, 1, 1, 0, 1, 0, 1, 0, 0, 1]))
```

Obsérvese que la muestra de este conjunto de datos viene en una tupla de `(PIL.Image, attributes)`. Si queremos pasar este conjunto de datos a un modelo de aprendizaje profundo supervisado durante el entrenamiento, tenemos que reformatearlo como una tupla de `(features tensor, label)`. Para la etiqueta, utilizaremos como ejemplo la categoría `'Smiling'` de los atributos, que es el trigésimo primer elemento.

Por último, tomemos los primeros 18 ejemplos para visualizarlos con sus etiquetas `'Smiling'`:

```
>>> from itertools import islice
>>> fig = plt.figure(figsize=(12, 8))
>>> for i, (image, attributes) in islice(enumerate(celeba_dataset), 18):
...     ax = fig.add_subplot(3, 6, i+1)
...     ax.set_xticks([]); ax.set_yticks([])
...     ax.imshow(image)
...     ax.set_title(f'{attributes[31]}', size=15)
>>> plt.show()
```

En la Figura 12.5 se muestran los ejemplos y sus etiquetas, que se recuperan de `celeba_dataset`:

Figura 12.5 *El modelo pronostica la sonrisa de los famosos.*

Esto ha sido todo lo que hemos tenido que hacer para obtener y utilizar el conjunto de datos de imágenes CelebA.

A continuación, procederemos con el segundo conjunto de datos de `torchvision.datasets.MNIST` (`https://pytorch.org/vision/stable/datasets.html#mnist`). Vamos a ver cómo se puede utilizar para obtener el conjunto de datos de dígitos MNIST:

- La base de datos tiene dos particiones, `'train'` y `'test'`. Tenemos que seleccionar el subconjunto específico que queremos cargar.
- Las imágenes se almacenan en formato `PIL.Image`. Podemos obtener una versión transformada utilizando la función `transform` personalizada, como `transforms.ToTensor` y `transforms.Resize`.
- Hay 10 clases en el objetivo, de `0` a `9`.

Ahora, podemos descargar la partición `'train'`, convertir los elementos en tuplas y visualizar 10 ejemplos:

```
>>> mnist_dataset = torchvision.datasets.MNIST(image_path, 'train',
download=True)
>>> assert isinstance(mnist_dataset, torch.utils.data.Dataset)
>>> example = next(iter(mnist_dataset))
>>> print(example)
(<PIL.Image.Image image mode=L size=28x28 at 0x126895B00>, 5)
>>> fig = plt.figure(figsize=(15, 6))
>>> for i, (image, label) in  islice(enumerate(mnist_dataset), 10):
...     ax = fig.add_subplot(2, 5, i+1)
...     ax.set_xticks([]); ax.set_yticks([])
...     ax.imshow(image, cmap='gray_r')
...     ax.set_title(f'{label}', size=15)
>>> plt.show()
```

Los dígitos escritos a mano de ejemplo recuperados de este conjunto de datos se muestran como sigue:

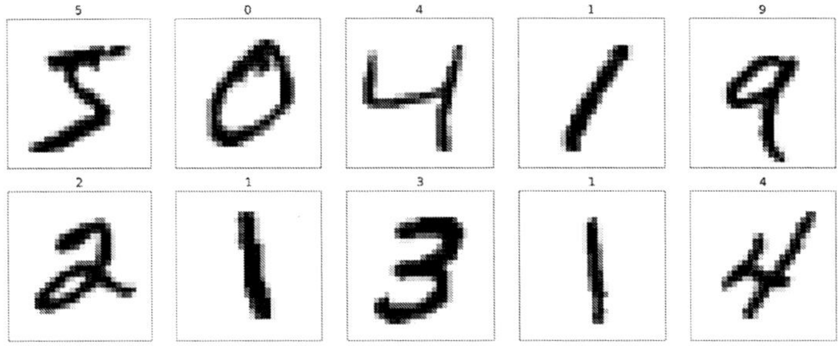

Figura 12.6 *Identificación correcta de dígitos escritos a mano.*

Con esto concluimos nuestro tratamiento de la elaboración y manipulación de conjuntos de datos y la obtención de conjuntos de datos de la biblioteca `torchvision.datasets`. A continuación, veremos cómo elaborar modelos NN en PyTorch.

Elaboración de modelos de NN en PyTorch

Hasta ahora en este capítulo, ha aprendido sobre los componentes básicos de utilidad de PyTorch para manipular tensores y organizar los datos en distintos formatos sobre los que podemos iterar durante el entrenamiento. En esta sección, finalmente implementaremos nuestro primer modelo predictivo en PyTorch. Como PyTorch es un poco más flexible pero también más complejo que las bibliotecas de aprendizaje automático como Scikit-learn, empezaremos con un simple modelo de regresión lineal.

Módulo de redes neuronales de PyTorch (torch.nn)

`torch.nn` es un módulo de sofisticado diseño, desarrollado para ayudar a crear y entrenar NN. Permite crear fácilmente prototipos y elaborar modelos complejos con unas pocas líneas de código.

Para aprovechar al máximo la potencia del módulo y personalizarlo para su problema, necesita entender cómo funciona. Para ello, primero entrenaremos un modelo de regresión lineal básico en un conjunto de datos simplificado sin usar ninguna característica del módulo `torch.nn`; no usaremos nada más que las operaciones tensoriales básicas de PyTorch.

A continuación, añadiremos progresivamente características de `torch.nn` y `torch.optim`. Como se verá en las siguientes subsecciones, estos módulos hacen que la elaboración de un modelo NN sea extremadamente fácil. También nos aprovecharemos de las funcionalidades de pipeline de conjuntos de datos que soporta PyTorch, como `Dataset` y `DataLoader`, que presentamos en la sección anterior. En el libro, utilizaremos el módulo `torch.nn` para elaborar modelos NN.

El criterio más utilizado para elaborar una NN en PyTorch es el empleo de `nn.Module`, que nos permite apilar capas para formar una red. Esta posibilidad nos proporciona más control sobre el paso hacia delante. Veremos ejemplos de construcción de un modelo NN utilizando la clase `nn.Module`.

Por último, como se verá en las siguientes subsecciones, un modelo entrenado puede guardarse y recargarse para su uso futuro.

Elaboración de un modelo de regresión lineal

En esta subsección, construiremos un modelo sencillo para resolver un problema de regresión lineal. Primero, vamos a crear un conjunto de datos de juguete en NumPy y a visualizarlo:

```
>>> X_train = np.arange(10, dtype='float32').reshape((10, 1))
>>> y_train = np.array([1.0, 1.3, 3.1, 2.0, 5.0,
...                     6.3, 6.6,7.4, 8.0,
...                     9.0], dtype='float32')
>>> plt.plot(X_train, y_train, 'o', markersize=10)
>>> plt.xlabel('x')
>>> plt.ylabel('y')
>>> plt.show()
```

Como resultado, los ejemplos de entrenamiento se mostrarán en un gráfico de dispersión como el siguiente:

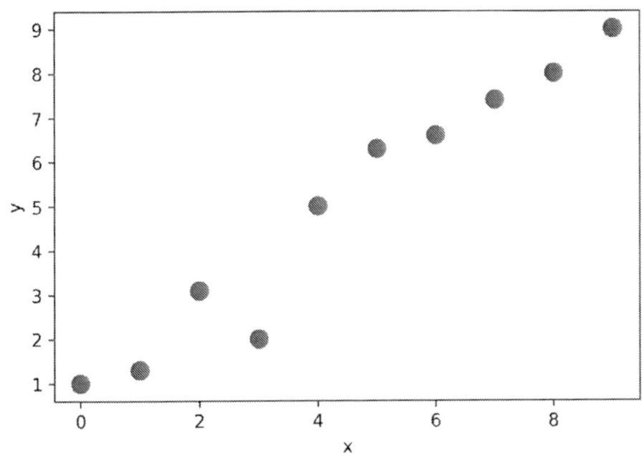

Figura 12.7 *Gráfico de dispersión de los ejemplos de entrenamiento.*

A continuación, estandarizaremos las características (centrando la media y dividiendo por la desviación estándar) y también crearemos un `Dataset` PyTorch para el conjunto de entrenamiento y su `DataLoader` correspondiente:

```
>>> from torch.utils.data import TensorDataset
>>> X_train_norm = (X_train - np.mean(X_train)) / np.std(X_train)
>>> X_train_norm = torch.from_numpy(X_train_norm)
>>> y_train = torch.from_numpy(y_train)
>>> train_ds = TensorDataset(X_train_norm, y_train)
>>> batch_size = 1
>>> train_dl = DataLoader(train_ds, batch_size, shuffle=True)
```

Aquí, definimos un tamaño de lote de `1` para `DataLoader`.

Ahora, podemos definir nuestro modelo de regresión lineal como $z = wx + b$. Vamos a utilizar el módulo `torch.nn`. Este módulo proporciona capas predefinidas para elaborar modelos NN complejos, pero para empezar, aprenderá a definir un modelo desde cero. Más adelante en este capítulo, verá cómo utilizar esas capas predefinidas.

Para este problema de regresión, definiremos un modelo de regresión lineal desde cero. Definiremos los parámetros de nuestro modelo, `weight` y `bias`, que corresponden a los parámetros de peso y sesgo. Finalmente, definiremos la función `model()` para determinar cómo utiliza este modelo los datos de entrada para generar la salida del mismo:

```
>>> torch.manual_seed(1)
>>> weight = torch.randn(1)
>>> weight.requires_grad_()
>>> bias = torch.zeros(1, requires_grad=True)
>>> def model(xb):
...     return xb @ weight + bias
```

Después de definir el modelo, podemos definir la función de pérdida que queremos minimizar para encontrar los pesos óptimos del modelo. En este caso, elegiremos el error cuadrático medio (Mean Squared Error, MSE) como función de pérdida:

```
>>> def loss_fn(input, target):
...     return (input-target).pow(2).mean()
```

Además, para averiguar los parámetros de peso del modelo, utilizaremos el descenso del gradiente estocástico. En esta subsección, implementaremos este entrenamiento mediante el procedimiento de descenso del gradiente estocástico nosotros mismos, pero, en la siguiente subsección, utilizaremos el método `SGD` del paquete de optimización, `torch.optim`, para hacer lo mismo.

Para implementar el algoritmo de descenso del gradiente estocástico, necesitamos calcular los gradientes. En lugar de calcular manualmente los gradientes, utilizaremos la función `torch.autograd.backward` de PyTorch. Trataremos `torch.autograd`, y sus diferentes clases y funciones, para implementar la diferenciación automática en el capítulo 13, Profundización: la mecánica de PyTorch.

Ahora, podemos establecer la tasa de aprendizaje y entrenar el modelo durante 200 ciclos (epochs). El código para entrenar el modelo con la versión por lotes del conjunto de datos es el siguiente:

```
>>> learning_rate = 0.001
>>> num_epochs = 200
>>> log_epochs = 10
>>> for epoch in range(num_epochs):
...     for x_batch, y_batch in train_dl:
...         pred = model(x_batch)
...         loss = loss_fn(pred, y_batch)
...         loss.backward()
...     with torch.no_grad():
...         weight -= weight.grad * learning_rate
...         bias -= bias.grad * learning_rate
...         weight.grad.zero_()
...         bias.grad.zero_()
...     if epoch % log_epochs==0:
...         print(f'Epoch {epoch}  Loss {loss.item():.4f}')
Epoch 0  Loss 5.1701
Epoch 10  Loss 30.3370
Epoch 20  Loss 26.9436
Epoch 30  Loss 0.9315
Epoch 40  Loss 3.5942
Epoch 50  Loss 5.8960
Epoch 60  Loss 3.7567
Epoch 70  Loss 1.5877
Epoch 80  Loss 0.6213
Epoch 90  Loss 1.5596
Epoch 100  Loss 0.2583
Epoch 110  Loss 0.6957
Epoch 120  Loss 0.2659
Epoch 130  Loss 0.1615
Epoch 140  Loss 0.6025
Epoch 150  Loss 0.0639
Epoch 160  Loss 0.1177
```

```
Epoch 170  Loss 0.3501
Epoch 180  Loss 0.3281
Epoch 190  Loss 0.0970
```

Veamos el modelo entrenado. Luego, lo representamos en un gráfico. Para los datos de prueba, crearemos un array NumPy de valores espaciados uniformemente entre 0 y 9. Como hemos entrenado nuestro modelo con características estandarizadas, también aplicaremos la misma estandarización a los datos de prueba:

```
>>> print('Final Parameters:', weight.item(), bias.item())
Final Parameters:  2.669806480407715 4.879569053649902
>>> X_test = np.linspace(0, 9, num=100, dtype='float32').reshape(-1,
1)
>>> X_test_norm = (X_test - np.mean(X_train)) / np.std(X_train)
>>> X_test_norm = torch.from_numpy(X_test_norm)
>>> y_pred = model(X_test_norm).detach().numpy()
>>> fig = plt.figure(figsize=(13, 5))
>>> ax = fig.add_subplot(1, 2, 1)
>>> plt.plot(X_train_norm, y_train, 'o', markersize=10)
>>> plt.plot(X_test_norm, y_pred, '--', lw=3)
>>> plt.legend(['Training examples', 'Linear reg.'], fontsize=15)
>>> ax.set_xlabel('x', size=15)
>>> ax.set_ylabel('y', size=15)
>>> ax.tick_params(axis='both', which='major', labelsize=15)
>>> plt.show()
```

La Figura 12.8 muestra el gráfico de dispersión de los ejemplos de entrenamiento y el modelo de regresión lineal entrenado:

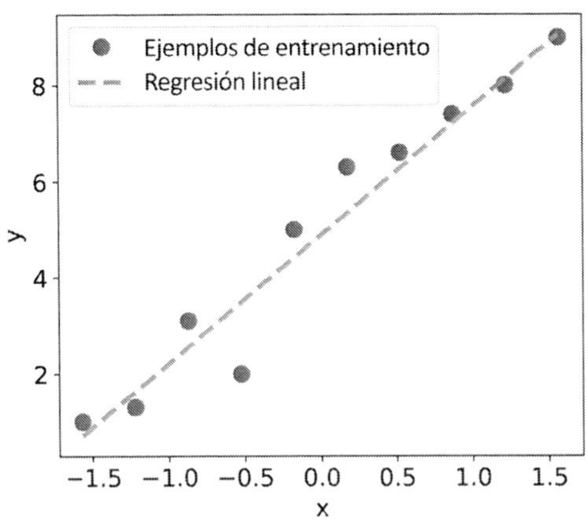

Figura 12.8 *El modelo de regresión lineal se ajusta bien a los datos.*

Entrenamiento de modelos mediante los módulos torch.nn y torch.optim

En el ejemplo anterior, vimos cómo entrenar un modelo escribiendo una función de pérdida personalizada `loss_fn()` y aplicando la optimización de descenso del gradiente estocástico. Sin embargo, escribir la función de pérdida y las actualizaciones del gradiente puede ser una tarea que se haya que repetir en diferentes proyectos. El módulo `torch.nn` proporciona un conjunto de funciones de pérdida, y `torch.optim` soporta los algoritmos de optimización utilizados más frecuentemente a los que se puede llamar para actualizar los parámetros basados en los gradientes calculados. Para ver cómo funcionan, vamos a crear una nueva función de pérdida MSE y un optimizador de descenso del gradiente estocástico:

```
>>> import torch.nn as nn
>>> loss_fn = nn.MSELoss(reduction='mean')
>>> input_size = 1
>>> output_size = 1
>>> model = nn.Linear(input_size, output_size)
>>> optimizer = torch.optim.SGD(model.parameters(), lr=learning_rate)
```

Hay que tener en cuenta que aquí utilizamos la clase `torch.nn.Linear` para la capa lineal en lugar de definirla manualmente.

Ahora, podemos llamar al método `step()` de `optimizer` para entrenar el modelo. Podemos pasar un conjunto de datos por lotes (como `train_dl`, que se creó en el ejemplo anterior):

```
>>> for epoch in range(num_epochs):
...     for x_batch, y_batch in train_dl:
...         # 1. Generate predictions
...         pred = model(x_batch)[:, 0]
...         # 2. Calculate loss
...         loss = loss_fn(pred, y_batch)
...         # 3. Compute gradients
...         loss.backward()
...         # 4. Update parameters using gradients
...         optimizer.step()
...         # 5. Reset the gradients to zero
...         optimizer.zero_grad()
...     if epoch % log_epochs==0:
...         print(f'Epoch {epoch}  Loss {loss.item():.4f}')
```

Una vez entrenado el modelo, visualice los resultados y asegúrese de que son similares a los del método anterior. Para obtener los parámetros de peso y sesgo, podemos hacer lo siguiente:

```
>>> print('Final Parameters:', model.weight.item(), model.bias.item())
Final Parameters: 2.646660089492798 4.883835315704346
```

Elaboración de un perceptrón multicapa para clasificar flores en el conjunto de datos Iris

En el ejemplo anterior, ha visto cómo elaborar un modelo desde cero. Hemos entrenado este modelo utilizando la optimización por descenso del gradiente estocástico. Aunque empezamos nuestro viaje basándonos en el ejemplo más simple posible, puede ver que definir el modelo desde cero, incluso para un caso tan simple, no es ni atractivo ni es una buena práctica. En su lugar, PyTorch proporciona capas ya definidas a través de `torch.nn`, que se pueden utilizar fácilmente como bloques de construcción de un modelo NN. En esta sección, aprenderá a utilizar estas capas para resolver la tarea de clasificación utilizando el conjunto de datos de flores Iris (identificar entre tres especies de iris) y a construir un perceptrón de dos capas utilizando el módulo `torch.nn`. En primer lugar, vamos a obtener los datos de `sklearn.datasets`:

```
>>> from sklearn.datasets import load_iris
>>> from sklearn.model_selection import train_test_split
>>> iris = load_iris()
>>> X = iris['data']
>>> y = iris['target']
>>> X_train, X_test, y_train, y_test = train_test_split(
...     X, y, test_size=1./3, random_state=1)
```

Aquí, seleccionamos aleatoriamente 100 muestras (2/3) para el entrenamiento y 50 muestras (1/3) para la prueba.

A continuación, estandarizamos las características (centrando la media y dividiendo por la desviación estándar) y creamos un `Dataset` PyTorch para el conjunto de entrenamiento y su `DataLoader` correspondiente:

```
>>> X_train_norm = (X_train - np.mean(X_train)) / np.std(X_train)
>>> X_train_norm = torch.from_numpy(X_train_norm).float()
>>> y_train = torch.from_numpy(y_train)
>>> train_ds = TensorDataset(X_train_norm, y_train)
>>> torch.manual_seed(1)
>>> batch_size = 2
>>> train_dl = DataLoader(train_ds, batch_size, shuffle=True)
```

Aquí, definimos el tamaño del lote, 2 para `DataLoader`.

Ahora, estamos listos para utilizar el módulo `torch.nn` en la elaboración del modelo de forma eficiente. En particular, mediante la clase `nn.Module`, podemos apilar algunas capas y elaborar una NN. Puede ver la lista de todas las capas que ya están disponibles en `https://pytorch.org/docs/stable/nn.html`. Para abordar este problema vamos a utilizar la capa `Linear`, que también se conoce como «capa totalmente conectada» o «capa densa», y puede representarse mejor por $f(w \times x + b)$, donde x representa un tensor que contiene las características de entrada, w y b son la matriz de pesos y el vector de sesgo, y f es la función de activación.

Cada capa de una NN recibe sus entradas de la capa anterior; por tanto, su dimensionalidad (rango y forma) es fija. Normalmente, tenemos que preocuparnos por la dimensionalidad de la salida solo cuando diseñamos la arquitectura de la NN. En este caso, queremos definir un modelo con dos capas ocultas. La primera recibe una entrada de cuatro características y las proyecta a 16 neuronas. La segunda capa recibe la salida de la capa anterior (que tiene un tamaño de 16) y las proyecta a tres neuronas de salida, ya que tenemos tres etiquetas de clase. Esto se puede hacer de la siguiente manera:

```
>>> class Model(nn.Module):
...     def __init__(self, input_size, hidden_size, output_size):
...         super().__init__()
...         self.layer1 = nn.Linear(input_size, hidden_size)
...         self.layer2 = nn.Linear(hidden_size, output_size)
...     def forward(self, x):
...         x = self.layer1(x)
...         x = nn.Sigmoid()(x)
...         x = self.layer2(x)
...         x = nn.Softmax(dim=1)(x)
...         return x
>>> input_size = X_train_norm.shape[1]
>>> hidden_size = 16
>>> output_size = 3
>>> model = Model(input_size, hidden_size, output_size)
```

En este caso, utilizamos la función de activación sigmoide para la primera capa y la activación softmax para la última capa (de salida). La activación softmax en la última capa se utiliza para soportar la clasificación multiclase, ya que en este caso tenemos tres etiquetas de clase (por lo que tenemos tres neuronas en la capa de salida). Más adelante hablaremos de las diferentes funciones de activación y sus aplicaciones.

A continuación, especificamos la función de pérdida como pérdida de entropía cruzada y el optimizador como Adam:

> El optimizador Adam es un método de optimización robusto, basado en el gradiente, del que hablaremos en detalle en el capítulo 14, Clasificación de imágenes con redes neuronales convolucionales profundas.

```
>>> learning_rate = 0.001
>>> loss_fn = nn.CrossEntropyLoss()
>>> optimizer = torch.optim.Adam(model.parameters(), lr=learning_rate)
```

Ahora, podemos entrenar el modelo. Especificaremos que el número de ciclos (epochs) es de `100`. El código de entrenamiento del modelo de clasificación de flores es el siguiente:

```
>>> num_epochs = 100
>>> loss_hist = [0] * num_epochs
>>> accuracy_hist = [0] * num_epochs
>>> for epoch in range(num_epochs):
...     for x_batch, y_batch in train_dl:
...         pred = model(x_batch)
...         loss = loss_fn(pred, y_batch)
...         loss.backward()
...         optimizer.step()
...         optimizer.zero_grad()
...         loss_hist[epoch] += loss.item()*y_batch.size(0)
...         is_correct = (torch.argmax(pred, dim=1) == y_batch).float()
...         accuracy_hist[epoch] += is_correct.mean()
...     loss_hist[epoch] /= len(train_dl.dataset)
...     accuracy_hist[epoch] /= len(train_dl.dataset)
```

Las listas `loss_hist` y `accuracy_hist` guardan la pérdida de entrenamiento y la precisión de entrenamiento después de cada ciclo. Podemos utilizar esto para visualizar las curvas de aprendizaje:

```
>>> fig = plt.figure(figsize=(12, 5))
>>> ax = fig.add_subplot(1, 2, 1)
>>> ax.plot(loss_hist, lw=3)
>>> ax.set_title('Training loss', size=15)
>>> ax.set_xlabel('Epoch', size=15)
>>> ax.tick_params(axis='both', which='major', labelsize=15)
>>> ax = fig.add_subplot(1, 2, 2)
```

```
>>> ax.plot(accuracy_hist, lw=3)
>>> ax.set_title('Training accuracy', size=15)
>>> ax.set_xlabel('Epoch', size=15)
>>> ax.tick_params(axis='both', which='major', labelsize=15)
>>> plt.show()
```

Las curvas de aprendizaje (pérdida de entrenamiento y precisión de entrenamiento) son las siguientes:

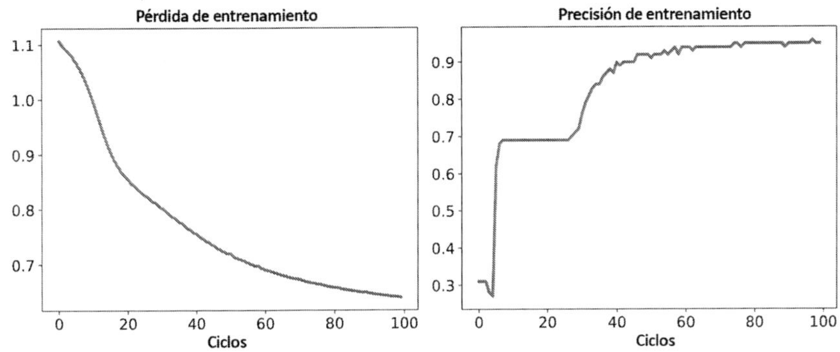

Figura 12.9 *Curvas de pérdidas y precisión en el entrenamiento.*

Evaluación del modelo entrenado en el conjunto de datos de prueba

Ahora podemos evaluar la precisión de la clasificación del modelo entrenado en el conjunto de datos de prueba:

```
>>> X_test_norm = (X_test - np.mean(X_train)) / np.std(X_train)
>>> X_test_norm = torch.from_numpy(X_test_norm).float()
>>> y_test = torch.from_numpy(y_test)
>>> pred_test = model(X_test_norm)
>>> correct = (torch.argmax(pred_test, dim=1) == y_test).float()
>>> accuracy = correct.mean()
>>> print(f'Test Acc.: {accuracy:.4f}')
Test Acc.: 0.9800
```

Como hemos entrenado nuestro modelo con características estandarizadas, también hemos aplicado la misma estandarización a los datos de prueba. La precisión de la clasificación es de 0.98 (es decir, el 98 %).

Almacenamiento y recarga del modelo entrenado

Los modelos entrenados pueden guardarse en el disco para su uso futuro. Puede hacerse de la siguiente manera:

```
>>> path = 'iris_classifier.pt'
>>> torch.save(model, path)
```

Al llamar a `save(model)` se guardará la arquitectura del modelo y todos los parámetros ya conocidos. Como convención extendida, podemos guardar los modelos utilizando una extensión de archivo `'pt'` o `'pth'`.

Ahora, vamos a recargar el modelo guardado. Como hemos guardado tanto la arquitectura del modelo como los pesos, podemos reconstruir y recargar fácilmente los parámetros con una sola línea:

```
>>> model_new = torch.load(path)
```

Intentamos verificar la arquitectura del modelo llamando a `model_new.eval()`:

```
>>> model_new.eval()
Model(
  (layer1): Linear(in_features=4, out_features=16, bias=True)
  (layer2): Linear(in_features=16, out_features=3, bias=True))
```

Por último, vamos a evaluar este nuevo modelo recargado en el conjunto de datos de prueba para comprobar que los resultados son los mismos que los de antes:

```
>>> pred_test = model_new(X_test_norm)
>>> correct = (torch.argmax(pred_test, dim=1) == y_test).float()
>>> accuracy = correct.mean()
>>> print(f'Test Acc.: {accuracy:.4f}')
Test Acc.: 0.9800
```

Si quiere guardar solo los parámetros ya conocidos, puede usar `save(model.state_dict())`:

```
>>> path = 'iris_classifier_state.pt'
>>> torch.save(model.state_dict(), path)
```

Para recargar los parámetros guardados, primero tenemos que construir el modelo como lo hicimos antes, y luego alimentar los parámetros cargados al modelo:

```
>>> model_new = Model(input_size, hidden_size, output_size)
>>> model_new.load_state_dict(torch.load(path))
```

Elección de funciones de activación para redes neuronales multicapa

Para simplificar, hasta ahora solo hemos hablado de la función de activación sigmoide en el contexto de las NN multicapa de prealimentación; la hemos utilizado tanto en la capa oculta como en la capa de salida en la implementación de MLP del capítulo 11.

Hay que tener en cuenta que, en el libro, se hace referencia a la función logística sigmoide, $\sigma(z) = \frac{1}{1 + e^{-z}}$, como la función sigmoide por brevedad, lo cual es común en la literatura de aprendizaje automático. En las siguientes subsecciones, aprenderá más sobre funciones no lineales alternativas que son útiles para implementar NN multicapa.

Técnicamente, podemos utilizar cualquier función como función de activación en las NN multicapa siempre que sea diferenciable. Incluso podemos utilizar funciones de activación lineales, como en Adaline (capítulo 2, Entrenamiento de algoritmos sencillos de aprendizaje automático para tareas de clasificación). Sin embargo, en la práctica, no sería muy útil utilizar funciones de activación lineales tanto para las capas ocultas como para las de salida, ya que queremos introducir la no linealidad en una NN artificial típica para poder abordar problemas complejos. Al fin y al cabo, la suma de funciones lineales da como resultado una función lineal.

La función de activación logística (sigmoide) que utilizamos en el capítulo 11 probablemente imita más de cerca el concepto de una neurona del cerebro. Podemos pensar en ella como la probabilidad de que una neurona se dispare. Sin embargo, la función de activación logística (sigmoide) puede ser problemática si tenemos una entrada muy negativa, ya que, en este caso, la salida de la función sigmoide será cercana a cero. Si la función sigmoide devuelve una salida cercana a cero, la NN aprenderá muy lentamente y será más probable que quede atrapada en los mínimos locales del paisaje de pérdidas durante el entrenamiento. Por eso se suele preferir una tangente hiperbólica como función de activación en las capas ocultas.

Antes de hablar de cómo es una tangente hiperbólica, recapitulemos brevemente algunos de los fundamentos de la función logística y veamos una generalización que la hace más útil para los problemas de clasificación multietiqueta.

Recapitulación de la función logística

Como se mencionó en la introducción de esta sección, la función logística es, de hecho, un caso especial de la función sigmoide. Recordará de la sección sobre regresión logística en el capítulo 3, Un recorrido por los clasificadores de aprendizaje automático con Scikit-learn, que podemos utilizar una función logística para modelar la probabilidad de que la muestra x pertenezca a la clase positiva (clase `1`) en una tarea de clasificación binaria.

La entrada neta dada, z, se muestra en la siguiente ecuación:

$$z = w_0x_0 + w_1x_1 + \cdots + w_mx_m = \sum_{i=0}^{m} w_ix_i = w^{\mathrm{T}}x$$

La función logística (sigmoide) calculará lo siguiente:

$$\sigma_{\text{logistic}}(z) = \frac{1}{1+e^{-z}}$$

Obsérvese que w_0 es la unidad de sesgo (intersección con el eje y, lo que significa que $x_0 = 1$). Para proporcionar un ejemplo más concreto, tomemos un modelo para un punto de datos bidimensional, x, y un modelo con los siguientes coeficientes de peso asignados al vector w:

```
>>> import numpy as np
>>> X = np.array([1, 1.4, 2.5]) ## first value must be 1
>>> w = np.array([0.4, 0.3, 0.5])
>>> def net_input(X, w):
...     return np.dot(X, w)
>>> def logistic(z):
...     return 1.0 / (1.0 + np.exp(-z))
>>> def logistic_activation(X, w):
...     z = net_input(X, w)
...     return logistic(z)
>>> print(f'P(y=1|x) = {logistic_activation(X, w):.3f}')
P(y=1|x) = 0.888
```

Si calculamos la entrada neta (z) y la utilizamos para activar una neurona logística con esos valores de características y coeficientes de peso concretos, obtenemos un valor de `0.888`, que podemos interpretar como una probabilidad del 88.8 por ciento de que esta muestra concreta, x, pertenezca a la clase positiva.

En el capítulo 11, utilizamos la técnica de codificación one-hot para representar las etiquetas multiclase reales y diseñamos la capa de salida consistente en múltiples unidades de activación logística. Sin embargo, como se demostrará en el siguiente ejemplo de código, una capa de salida formada por múltiples unidades de activación logística no produce valores probabilísticos significativos e interpretables:

```
>>> # W : array with shape = (n_output_units, n_hidden_units+1)
>>> #     note that the first column are the bias units
```

```
>>> W = np.array([[1.1, 1.2, 0.8, 0.4],
...               [0.2, 0.4, 1.0, 0.2],
...               [0.6, 1.5, 1.2, 0.7]])
>>> # A : data array with shape = (n_hidden_units + 1, n_samples)
>>> #     note that the first column of this array must be 1
>>> A = np.array([[1, 0.1, 0.4, 0.6]])
>>> Z = np.dot(W, A[0])
>>> y_probas = logistic(Z)
>>> print('Net Input: \n', Z)
Net Input:
[1.78  0.76  1.65]
>>> print('Output Units:\n', y_probas)
Output Units:
[ 0.85569687  0.68135373  0.83889105]
```

Como se puede ver en la salida, los valores resultantes no pueden interpretarse como probabilidades para un problema de tres clases. La razón es que no suman 1. Sin embargo, esto no es, de hecho, una gran preocupación si utilizamos nuestro modelo para predecir solo las etiquetas de clase y no las probabilidades de pertenencia a la clase. Una forma de predecir la etiqueta de clase a partir de las unidades de salida obtenidas anteriormente es utilizar el valor máximo:

```
>>> y_class = np.argmax(Z, axis=0)
>>> print('Predicted class label:', y_class)
Predicted class label: 0
```

En ciertos contextos, puede ser útil calcular probabilidades de clase significativas para predicciones multiclase. En la siguiente sección, echaremos un vistazo a una generalización de la función logística, la función `softmax`, que puede ayudarnos en esta tarea.

Estimación de las probabilidades de clase en la clasificación multiclase mediante la función softmax

En la sección anterior, ha visto cómo podemos obtener una etiqueta de clase utilizando la función `argmax`. Anteriormente, en la sección «Construcción de un perceptrón multicapa para clasificar flores en el conjunto de datos Iris», determinamos `activation='softmax'` en la última capa del modelo MLP. La función `softmax` es una forma suave de la función `argmax`; en lugar de dar un único índice de clase, proporciona la probabilidad de cada clase. Por lo tanto, nos permite calcular probabilidades de clase significativas en entornos multiclase (regresión logística multinomial).

En `softmax`, la probabilidad de que una muestra concreta con entrada neta z pertenezca a la i-ésima clase puede calcularse con un término de normalización en el denominador, es decir, la suma de las funciones lineales ponderadas exponencialmente:

$$p(z) = \sigma(z) = \frac{e^{z_i}}{\sum_{j=1}^{M} e^{z_j}}$$

Para ver `softmax` en acción, vamos a codificarla en Python:

```
>>> def softmax(z):
...     return np.exp(z) / np.sum(np.exp(z))
>>> y_probas = softmax(Z)
>>> print('Probabilities:\n', y_probas)
Probabilities:
[ 0.44668973  0.16107406  0.39223621]
>>> np.sum(y_probas)
1.0
```

Como puede ver, las probabilidades de clase predichas ahora suman 1, como era de esperar. También es notable que la etiqueta de clase predicha es la misma que cuando aplicamos la función `argmax` a la salida logística.

Puede ayudar a pensar el resultado de la función `softmax` como una salida normalizada que es útil para obtener predicciones significativas de pertenencia a la clase en entornos multiclase. Cuando construimos un modelo de clasificación multiclase en PyTorch, podemos utilizar la función `torch.softmax()` para estimar las probabilidades de cada pertenencia de clase para un lote de ejemplos de entrada. Para ver cómo podemos utilizar la función de activación `torch.softmax()` en PyTorch, convertiremos `Z` en un tensor, con una dimensión adicional reservada para el tamaño del lote:

```
>>> torch.softmax(torch.from_numpy(Z), dim=0)
tensor([0.4467, 0.1611, 0.3922], dtype=torch.float64)
```

Ampliación del espectro de salida mediante la tangente hiperbólica

Otra función sigmoidal que suele utilizarse en las capas ocultas de las NN artificiales es la tangente hiperbólica (comúnmente conocida como «tanh»), que puede interpretarse como una versión reescalada de la función logística:

$$\sigma_{\text{logistic}}(z) = \frac{1}{1+e^{-z}}$$

$$\sigma_{\text{tanh}}(z) = 2 \times \sigma_{\text{logistic}}(2z) - 1 = \frac{e^{z} - e^{-z}}{e^{z} + e^{-z}}$$

La ventaja de la tangente hiperbólica sobre la función logística es que tiene un espectro de salida más amplio, que varía en el intervalo abierto (-1, 1), que puede mejorar la convergencia del algoritmo de retropropagación («Neural Networks for Pattern Recognition», C. M. Bishop, *Oxford University Press*, páginas: 500-501, 1995).

En cambio, la función logística devuelve una señal de salida que se sitúa en el intervalo abierto (0, 1). Para comparar de forma sencilla la función logística y la tangente hiperbólica, tracemos las dos funciones sigmoidales:

```
>>> import matplotlib.pyplot as plt
>>> def tanh(z):
...     e_p = np.exp(z)
...     e_m = np.exp(-z)
...     return (e_p - e_m) / (e_p + e_m)
>>> z = np.arange(-5, 5, 0.005)
>>> log_act = logistic(z)
>>> tanh_act = tanh(z)
>>> plt.ylim([-1.5, 1.5])
>>> plt.xlabel('net input $z$')
>>> plt.ylabel('activation $\phi(z)$')
>>> plt.axhline(1, color='black', linestyle=':')
>>> plt.axhline(0.5, color='black', linestyle=':')
>>> plt.axhline(0, color='black', linestyle=':')
>>> plt.axhline(-0.5, color='black', linestyle=':')
>>> plt.axhline(-1, color='black', linestyle=':')
>>> plt.plot(z, tanh_act,
...          linewidth=3, linestyle='--',
...          label='tanh')
>>> plt.plot(z, log_act,
...          linewidth=3,
...          label='logistic')
>>> plt.legend(loc='lower right')
>>> plt.tight_layout()
>>> plt.show()
```

Como puede ver, las formas de las dos curvas sigmoides son muy similares; sin embargo, la función `tanh` tiene el doble de espacio de salida que la función `logistic`:

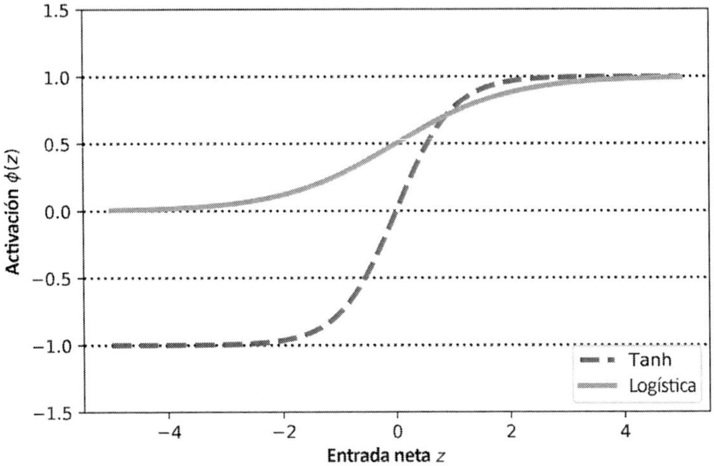

Figura 12.10 *Comparación de las funciones tanh y logística.*

Obsérvese que previamente hemos implementado las funciones `logistic` y `tanh` detalladamente con fines ilustrativos. En la práctica, podemos utilizar la función `tanh` de NumPy.

Alternativamente, al elaborar un modelo NN, podemos utilizar `torch.tanh(x)` en PyTorch para lograr los mismos resultados:

```
>>> np.tanh(z)
array([-0.9999092 , -0.99990829, -0.99990737, ...,  0.99990644,
        0.99990737,  0.99990829])
>>> torch.tanh(torch.from_numpy(z))
tensor([-0.9999, -0.9999, -0.9999,  ...,  0.9999,  0.9999,  0.9999],
       dtype=torch.float64)
```

Además, la función logística está disponible en el módulo `special` de SciPy:

```
>>> from scipy.special import expit
>>> expit(z)
array([0.00669285, 0.00672617, 0.00675966, ..., 0.99320669,
       0.99324034, 0.99327383])
```

Del mismo modo, podemos utilizar la función `torch.sigmoid()` en PyTorch para realizar el mismo cálculo:

```
>>> torch.sigmoid(torch.from_numpy(z))
tensor([0.0067, 0.0067, 0.0068,  ..., 0.9932, 0.9932, 0.9933],
       dtype=torch.float64)
```

> Hay que tener en cuenta que el uso de `torch.sigmoid(x)` produce resultados equivalentes a `torch.nn.Sigmoid()(x)`, que usamos antes. `torch.nn.Sigmoid` es una clase a la que puede pasar parámetros para construir un objeto con el fin de controlar el comportamiento. En cambio, `torch.sigmoid` es una función.

Activación de la unidad lineal rectificada

La unidad lineal rectificada (Rectifier Linear Unit, ReLU) es otra función de activación que se utiliza a menudo en las NN profundas. Antes de profundizar en ReLU, debemos retroceder y comprender el problema del gradiente de fuga de las activaciones tanh y logística.

Para entender este problema, supongamos que tenemos inicialmente la entrada neta $z_1 = 20$, que cambia a $z_2 = 25$. Calculando la activación tanh, obtenemos $\sigma(z_1) = 1.0$ y $\sigma(z_2) = 1.0$, que no muestra ningún cambio en la salida (debido al comportamiento asintótico de la función tanh y a los errores numéricos).

Esto significa que la derivada de las activaciones con respecto a la entrada de la red disminuye a medida que z se hace grande. Como resultado, el aprendizaje de los pesos durante la fase de entrenamiento se vuelve muy lento porque los términos del gradiente pueden estar muy cerca de cero. La activación ReLU soluciona este problema. Matemáticamente, ReLU se define como sigue:

$$\sigma(z) = \max(0, z)$$

ReLU sigue siendo una función no lineal que es adecuada para el aprendizaje de funciones complejas con NN. Además, la derivada de ReLU, con respecto a su entrada, es siempre 1 para valores de entrada positivos. Por lo tanto, resuelve el problema de los gradientes evanescentes, lo que la hace adecuada para las NN profundas. En PyTorch, podemos aplicar la activación `torch.relu()` de ReLU como sigue:

```
>>> torch.relu(torch.from_numpy(z))
tensor([0.0000, 0.0000, 0.0000,  ..., 4.9850, 4.9900, 4.9950],
       dtype=torch.float64)
```

En el próximo capítulo utilizaremos la función de activación ReLU como función de activación para las NN convolucionales multicapa.

Ahora que sabemos más sobre las diferentes funciones de activación que se utilizan normalmente en las NN artificiales, vamos a concluir esta sección con una visión general de las diferentes funciones de activación que hemos encontrado hasta ahora en este libro:

Función de activación	Ecuación	Ejemplo	Gráfico 1D
Lineal	$\sigma(z) = z$	Adaline, regresión lineal	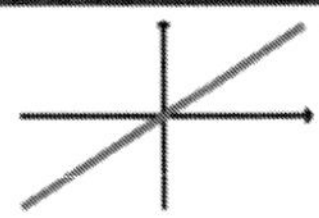
Escalón unitario (función de Heaviside)	$\sigma(z) = \begin{cases} 0 & z < 0 \\ 0.5 & z = 0 \\ 1 & z > 0 \end{cases}$	Variante de perceptrón	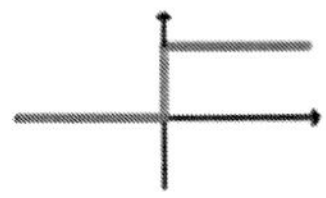
Signo (signum)	$\sigma(z) = \begin{cases} -1 & z < 0 \\ 0 & z = 0 \\ 1 & z > 0 \end{cases}$	Variante de perceptrón	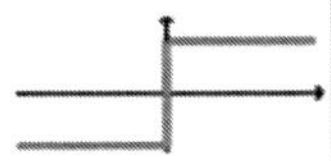
Lineal a tramos	$\sigma(z) = \begin{cases} 0 & z \leq -½ \\ z + ½ & -½ \leq z \leq ½ \\ 1 & z \geq ½ \end{cases}$	Máquina de vectores de soporte	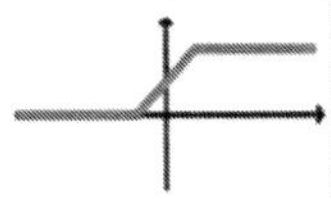
Logística (sigmoide)	$\sigma(z) = \dfrac{1}{1 + e^{-z}}$	Regresión logística, multicapa NN	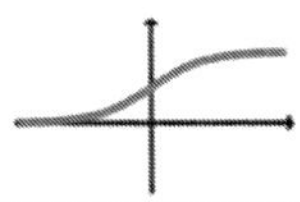
Tangente hiperbólica (tanh)	$\sigma(z) = \dfrac{e^{z} - e^{-z}}{e^{z} + e^{-z}}$	Multicapa NN, RNN	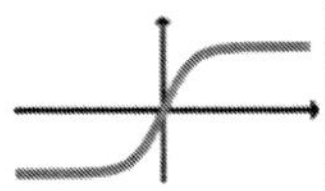
ReLU	$\sigma(z) = \begin{cases} 0 & z < 0 \\ z & z > 0 \end{cases}$	Multicapa NN, CNN	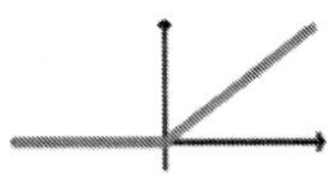

Figura 12.11 *Funciones de activación que se han estudiado en el libro.*

Puede encontrar la lista de todas las funciones de activación disponibles en el módulo `torch.nn` en `https://pytorch.org/docs/stable/nn.functional.html#non-linear-activation-functions`.

Resumen

En este capítulo, ha aprendido a utilizar PyTorch, una librería de código abierto para cálculos numéricos, con un enfoque especial en el aprendizaje profundo. Aunque PyTorch es más incómodo de usar que NumPy, debido a su complejidad adicional para soportar GPU, nos permite definir y entrenar NN grandes y multicapa de forma muy eficiente.

Además, ha aprendido a utilizar el módulo `torch.nn` para elaborar modelos complejos de aprendizaje automático y NN y ejecutarlos de manera eficiente. Exploramos la elaboración de modelos en PyTorch definiendo un modelo desde cero mediante la funcionalidad básica de tensor de PyTorch. La implementación de modelos puede ser tediosa cuando tenemos que programar a nivel de multiplicaciones matriz-vector y definir cada detalle de cada operación. Sin embargo, la ventaja es que esto nos permite, como desarrolladores, combinar dichas operaciones básicas y elaborar modelos más complejos. A continuación, exploramos `torch.nn`, que hace que elaborar modelos de NN sea mucho más fácil que implementarlos desde cero.

Por último, ha aprendido sobre diferentes funciones de activación y ha entendido sus comportamientos y aplicaciones. Específicamente, en este capítulo, hemos tratado tanh, softmax y ReLU.

En el próximo capítulo, continuaremos nuestro viaje y nos sumergiremos más profundamente en PyTorch, donde nos encontraremos trabajando con los grafos de cálculo de PyTorch y el paquete de diferenciación automática. En el camino, aprenderá muchos conceptos nuevos, como los cálculos de gradiente.

Únase al espacio Discord del libro

Únase al espacio Discord del libro para una sesión mensual de «Pregúnteme lo que quiera» con los autores (en inglés):

`https://packt.link/MLwPyTorch`

13

Profundización: la mecánica de PyTorch

En el capítulo 12, Paralelización del entrenamiento de redes neuronales con PyTorch, vimos cómo definir y manipular tensores y trabajamos con el módulo `torch.utils.data` para elaborar pipelines de entrada. Además, elaboramos y entrenamos el perceptrón multicapa para clasificar el conjunto de datos Iris utilizando el módulo de redes neuronales de PyTorch (`torch.nn`).

Ahora que tenemos algo de experiencia práctica con el entrenamiento de redes neuronales en PyTorch y el aprendizaje automático, es el momento de profundizar en la biblioteca PyTorch y explorar su rico conjunto de características, que nos permitirán implementar modelos de aprendizaje profundo más avanzados en los próximos capítulos.

En este capítulo, utilizaremos diferentes aspectos de la API de PyTorch para implementar NN. En particular, volveremos a utilizar el módulo `torch.nn`, que proporciona múltiples capas de abstracción para que la implementación de arquitecturas estándar sea muy conveniente. También nos permite implementar capas de NN personalizadas, lo cual es muy útil en proyectos orientados a la investigación que requieren más personalización. Más adelante en este capítulo, implementaremos dicha capa personalizada.

Para ilustrar las diferentes formas de elaborar modelos utilizando el módulo `torch.nn`, consideraremos el clásico problema de or exclusiva o (XOR). En primer lugar, elaboraremos perceptrones multicapa utilizando la clase `Sequential`. A continuación, consideraremos otros métodos, como la subclase `nn.Module`, para definir capas personalizadas. Finalmente, trabajaremos en dos proyectos del mundo real que tratan los pasos del aprendizaje automático desde la entrada de datos sin procesar hasta emitir el pronóstico.

Los temas que trataremos son los siguientes:

- Entender y trabajar con los grafos de cálculo de PyTorch.
- Trabajar con objetos tensoriales de PyTorch.
- Resolver el clásico problema XOR y entender la capacidad del modelo.
- Elaborar modelos NN complejos utilizando la clase Sequential de PyTorch y la clase `nn.Module`.
- Cálcular el gradiente utilizando la diferenciación automática y `torch.autograd`.

Características esenciales de PyTorch

En el capítulo anterior, vimos que PyTorch nos proporciona una interfaz de programación escalable y multiplataforma para implementar y ejecutar algoritmos de aprendizaje automático. Tras su lanzamiento inicial en 2016 y el lanzamiento 1.0 en 2018, PyTorch ha evolucionado hasta convertirse en uno de los dos frameworks más populares para el aprendizaje profundo. Utiliza grafos computacionales dinámicos, que tienen la ventaja de ser más flexibles en comparación con los estáticos. Los grafos computacionales dinámicos son fáciles de depurar: PyTorch permite intercalar los pasos de declaración y evaluación del grafo. Puede ejecutar el código línea por línea mientras tiene acceso completo a todas las variables. Esta es una característica muy importante que hace que sea muy conveniente para el desarrollo y el entrenamiento de NN.

Aunque PyTorch es una biblioteca de código abierto y la puede utilizar de forma gratuita todo el mundo, su desarrollo está financiado y apoyado por Facebook. En él participa un gran equipo de ingenieros de software que amplían y mejoran la biblioteca continuamente. Dado que PyTorch es una biblioteca de código abierto, también cuenta con un fuerte apoyo de otros desarrolladores ajenos a Facebook, que ávidamente contribuyen y aportan sus comentarios a los usuarios. Esto ha hecho que la biblioteca PyTorch sea más útil tanto para los investigadores académicos como para los desarrolladores. Otra consecuencia de estos factores es que PyTorch cuenta con una amplia documentación y con tutoriales para ayudar a los nuevos usuarios.

Otra característica clave de PyTorch, que también se señaló en el capítulo anterior, es su capacidad para trabajar con una o varias unidades de procesamiento gráfico (Graphical Processing Units, GPU). Esto permite a los usuarios entrenar modelos de aprendizaje profundo de forma muy eficiente en grandes conjuntos de datos y sistemas a gran escala.

Por último, pero no por ello menos importante, PyTorch admite el despliegue móvil, lo que también lo convierte en una herramienta muy adecuada para la producción.

En la siguiente sección, veremos cómo un tensor y una función en PyTorch están interconectados a través de un grafo de computación.

Grafos de computación de PyTorch

PyTorch realiza sus cálculos basándose en un grafo acíclico dirigido (Directed Acyclic Graph, DAG). En esta sección, veremos cómo estos grafos se pueden definir para un simple cálculo aritmético. Luego, veremos el paradigma del grafo dinámico, así como la forma en que se crea el grafo en PyTorch sobre la marcha.

Comprensión de los grafos de computación

PyTorch se basa en la elaboración de un grafo de cálculo en su núcleo, y utiliza este grafo de cálculo para calcular las relaciones entre los tensores desde la entrada hasta la salida. Digamos que tenemos tensores de rango 0 (escalares) a, b y c, y queremos evaluar $z = 2 \times (a - b) + c$.

Esta evaluación puede representarse como un grafo de cálculo, como se muestra en la Figura 13.1:

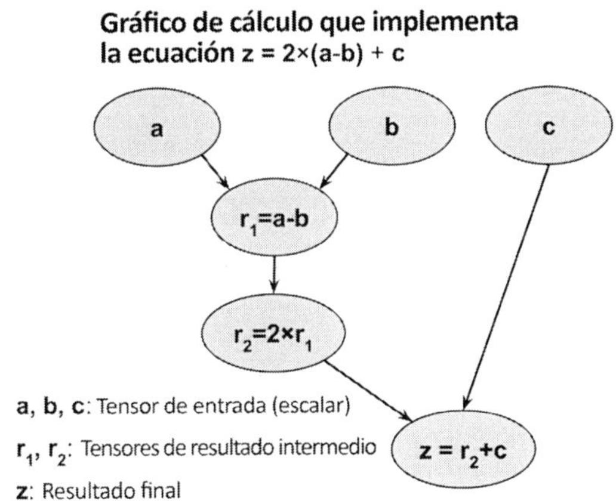

Figura 13.1 *Cómo funciona el grafo de cálculo.*

Como puede ver, el grafo de cálculo es una red de nodos. Cada nodo se asemeja a una operación, que aplica una función a su tensor o tensores de entrada y devuelve cero o más tensores como salida. PyTorch elabora este grafo de cálculo y, en consecuencia, lo utiliza para calcular los gradientes. En la siguiente subsección, veremos algunos ejemplos de creación de un grafo para este cálculo utilizando PyTorch.

Creación de grafos en PyTorch

Veamos un ejemplo sencillo que ilustra cómo crear un grafo en PyTorch para evaluar $z = 2 \times (a - b) + c$, como se muestra en la figura anterior. Las variables a, b y c son escalares (números simples), y las definimos como tensores de PyTorch. Para crear el grafo, podemos definir una función regular de Python con a, b, y c como argumentos de entrada:

```
>>> import torch
>>> def compute_z(a, b, c):
...     r1 = torch.sub(a, b)
...     r2 = torch.mul(r1, 2)
...     z = torch.add(r2, c)
...     return z
```

Ahora, para llevar a cabo el cálculo, podemos llamar a esta función con objetos tensoriales como argumentos de la función. Obsérvese que las funciones de PyTorch como add, sub (o subtract) y mul (o multiply) también nos permiten proporcionar entradas de rangos superiores en forma de un objeto tensor de PyTorch. En el siguiente ejemplo de código, proporcionamos entradas escalares (rango 0), así como entradas de rango 1 y rango 2, como listas:

```
>>> print('Scalar Inputs:', compute_z(torch.tensor(1),
...       torch.tensor(2), torch.tensor(3)))
Scalar Inputs: tensor(1)
>>> print('Rank 1 Inputs:', compute_z(torch.tensor([1]),
...       torch.tensor([2]), torch.tensor([3])))
Rank 1 Inputs: tensor([1])
>>> print('Rank 2 Inputs:', compute_z(torch.tensor([[1]]),
...       torch.tensor([[2]]), torch.tensor([[3]])))
Rank 2 Inputs: tensor([[1]])
```

En esta sección, ha visto lo sencillo que es crear un grafo de cálculo en PyTorch. A continuación, veremos los tensores de PyTorch que se pueden utilizar para almacenar y actualizar los parámetros del modelo.

Objetos tensoriales PyTorch para almacenar y actualizar los parámetros del modelo

En el capítulo 12, Paralelización del entrenamiento de redes neuronales con PyTorch, tratamos los objetos tensoriales. En PyTorch, un objeto tensor especial para el que es necesario calcular los gradientes nos permite almacenar y actualizar los parámetros de nuestros modelos durante el entrenamiento. Dicho tensor puede crearse simplemente asignando requires_grad a True en los valores iniciales especificados por el usuario. Hay que tener en cuenta que a partir de ahora (mediados de 2021), solo los tensores de punto flotante y de dtype complejo pueden requerir gradientes. En el siguiente código, generaremos objetos tensoriales de tipo float32:

```
>>> a = torch.tensor(3.14, requires_grad=True)
>>> print(a)
tensor(3.1400, requires_grad=True)
>>> b = torch.tensor([1.0, 2.0, 3.0], requires_grad=True)
>>> print(b)
tensor([1., 2., 3.], requires_grad=True)
```

Obsérvese que `requires_grad` está establecido en `False` por defecto. Este valor se puede establecer efectivamente a `True` ejecutando `requires_grad_()`.

> `method_()` es un método in-place en PyTorch, lo cual quiere decir que se utiliza para operaciones sin hacer una copia de la entrada.

Veamos el siguiente ejemplo:

```
>>> w = torch.tensor([1.0, 2.0, 3.0])
>>> print(w.requires_grad)
False
>>> w.requires_grad_()
>>> print(w.requires_grad)
True
```

Recordará que, para los modelos NN, la inicialización de los parámetros del modelo con pesos aleatorios es necesaria para romper la simetría durante la retropropagación; de lo contrario, una NN multicapa no sería más útil que una NN de una sola capa como la regresión logística. Al crear un tensor PyTorch, también podemos utilizar un esquema de inicialización aleatoria. PyTorch puede generar números aleatorios basados en una serie de distribuciones de probabilidad (ver `https://pytorch.org/docs/stable/torch.html#random-sampling`). En el siguiente ejemplo, echaremos un vistazo a algunos métodos de inicialización estándar que también están disponibles en el módulo `torch.nn.init` (ver `https://pytorch.org/docs/stable/nn.init.html`).

Así pues, vamos a ver cómo podemos crear un tensor con la inicialización Glorot, que es un esquema de inicialización aleatorio clásico que propusieron Xavier Glorot y Yoshua Bengio. Para ello, en principio creamos un tensor vacío y un operador llamado `init` como un objeto de la clase `GlorotNormal`. Luego, llenamos este tensor con valores según la inicialización de Glorot llamando al método `xavier_normal_()`. En el siguiente ejemplo, inicializamos un tensor de forma 2×3:

```
>>> import torch.nn as nn
>>> torch.manual_seed(1)
```

```
>>> w = torch.empty(2, 3)
>>> nn.init.xavier_normal_(w)
>>> print(w)
tensor([[ 0.4183,  0.1688,  0.0390],
        [ 0.3930, -0.2858, -0.1051]])
```

Inicialización de Xavier (o Glorot)

En los primeros desarrollos del aprendizaje profundo, se observó que la inicialización aleatoria uniforme o aleatoria normal de los pesos podía dar lugar a menudo a un mal rendimiento del modelo durante el entrenamiento.

En 2010, Glorot y Bengio investigaron el efecto de la inicialización y propusieron un nuevo esquema de inicialización más robusto para facilitar el entrenamiento de las redes profundas. La idea general que subyace en la inicialización de Xavier es equilibrar aproximadamente la varianza de los gradientes entre las distintas capas. De lo contrario, algunas capas pueden recibir demasiada atención durante el entrenamiento mientras que las otras capas se quedan atrás.

Según el trabajo de investigación de Glorot y Bengio, si queremos inicializar los pesos en una distribución uniforme, debemos elegir el intervalo de esta distribución uniforme como sigue:

$$W \sim Uniform\left(-\frac{\sqrt{6}}{\sqrt{n_{in}+n_{out}}}, \frac{\sqrt{6}}{\sqrt{n_{in}+n_{out}}}\right)$$

Aquí, n_{in} es el número de neuronas de entrada que se multiplican por los pesos, y n_{out} es el número de neuronas de salida que alimentan la siguiente capa. Para inicializar los pesos a partir de una distribución gaussiana (normal), se recomienda que la desviación estándar de esta gaussiana sea:

$$\sigma = \frac{\sqrt{2}}{\sqrt{n_{in}+n_{out}}}$$

PyTorch soporta la inicialización de Xavier tanto en distribuciones de pesos uniformes como normales.

Para obtener más información sobre el esquema de inicialización de Glorot y Bengio, incluidos los fundamentos y la motivación matemática, recomendamos el artículo original («Understanding the difficulty of deep feedforward neural networks», Xavier Glorot y Yoshua Bengio, 2010), que está disponible gratuitamente en `http://proceedings.mlr.press/v9/glorot10a/glorot10a.pdf`.

Ahora, para poner lo anterior en el contexto de un caso de uso más práctico, veamos cómo podemos definir dos objetos `Tensor` dentro de la clase base `nn.Module`:

```
>>> class MyModule(nn.Module):
...     def __init__(self):
...         super().__init__()
...         self.w1 = torch.empty(2, 3, requires_grad=True)
...         nn.init.xavier_normal_(self.w1)
...         self.w2 = torch.empty(1, 2, requires_grad=True)
...         nn.init.xavier_normal_(self.w2)
```

Estos dos tensores pueden utilizarse como pesos cuyos gradientes se calcularán mediante diferenciación automática.

Cálculo de gradientes mediante diferenciación automática

Como ya sabe, la optimización de NN requiere el cálculo de los gradientes de pérdida con respecto a los pesos de la NN. Esto es necesario para algoritmos de optimización como es el descenso del gradiente estocástico (Stochastic Gradient Descent, SGD). Además, los gradientes tienen otras aplicaciones, como el diagnóstico de la red para averiguar por qué un modelo de NN hace un pronóstico particular para un ejemplo de prueba. Por lo tanto, en esta sección, mostraremos cómo calcular los gradientes de un cálculo con respecto a sus variables de entrada.

Cálculo de gradientes de pérdida con respecto a las variables entrenables

PyTorch soporta la diferenciación automática, que puede considerarse como una implementación de la regla de la cadena para calcular los gradientes de las funciones anidadas. Hay que tener en cuenta que, para simplificar, utilizaremos el término «gradiente» para referirnos tanto a las derivadas parciales como a los gradientes.

Derivadas parciales y gradientes

La derivada parcial $\frac{\partial f}{\partial x_1}$ puede entenderse como la tasa de cambio de una función multivariante, una función con varias entradas, $f(x_1, x_2, ...)$, con respecto a una de sus entradas (aquí: x_1). El gradiente, ∇f, de una función es un vector compuesto por todas las derivadas parciales de las entradas, $\nabla f = \left(\frac{\partial f}{\partial x_1}, \frac{\partial f}{\partial x_2}, \dots\right)$.

Cuando definimos una serie de operaciones que dan como resultado algunos tensores de salida o incluso intermedios, PyTorch proporciona un contexto para calcular los gradientes de estos tensores calculados con respecto a sus nodos dependientes en el grafo de cálculo. Para calcular estos gradientes, podemos llamar al método `backward` del módulo `torch.autograd`, que calcula la suma de gradientes del tensor dado con respecto a los nodos hoja (nodos terminales) en el grafo.

Vamos a trabajar con un ejemplo sencillo en el que calcularemos $z = wx + b$ y definiremos la pérdida como la pérdida al cuadrado entre el objetivo y el pronóstico z, $Loss = (y - z)^2$. En el caso más general, en el que podemos tener múltiples pronósticos y objetivos, calcularemos la pérdida como la suma del error al cuadrado, $Loss = \sum_i (y_i - z_i)^2$. Para implementar este cálculo en PyTorch, definiremos los parámetros del modelo, w y b, como variables (tensores con el atributo `requires_gradient` establecido en `True`), y las entradas, x e y, como tensores por defecto. Calcularemos el tensor de pérdida y lo utilizaremos para calcular los gradientes de los parámetros del modelo, w y b, como sigue:

```
>>> w = torch.tensor(1.0, requires_grad=True)
>>> b = torch.tensor(0.5, requires_grad=True)
>>> x = torch.tensor([1.4])
>>> y = torch.tensor([2.1])
>>> z = torch.add(torch.mul(w, x), b)
>>> loss = (y-z).pow(2).sum()
>>> loss.backward()
>>> print('dL/dw : ', w.grad)
>>> print('dL/db : ', b.grad)
dL/dw :  tensor(-0.5600)
dL/db :  tensor(-0.4000)
```

El cálculo del valor z es un paso hacia delante en una NN. Utilizamos el método `backward` sobre el tensor `loss` para calcular $\frac{\partial Loss}{\partial w}$ y $\frac{\partial Loss}{\partial b}$. Como este es un ejemplo muy sencillo, podemos obtener $\frac{\partial Loss}{\partial w} = 2x(wx + b - y)$ simbólicamente para verificar que los gradientes calculados coinciden con los resultados que obtuvimos en el ejemplo de código anterior:

```
>>> # verifying the computed gradient
>>> print(2 * x * ((w * x + b) - y))
tensor([-0.5600], grad_fn=<MulBackward0>)
```

Dejamos la verificación de b como ejercicio para el lector.

Comprensión de la diferenciación automática

La diferenciación automática es un conjunto de técnicas computacionales para calcular los gradientes de operaciones aritméticas arbitrarias. Durante este proceso, los gradientes del cálculo (expresado como una serie de operaciones) se obtienen acumulando los gradientes mediante aplicaciones repetidas de la regla de la cadena. Para entender mejor el concepto de «diferenciación automática», consideremos una serie de cálculos anidados, $y = f(g(h(x)))$, con entrada x y salida y. Esto puede dividirse en una serie de pasos:

- $u_0 = x$
- $u_1 = h(x)$
- $u_2 = g(u_1)$
- $u_3 = f(u_2) = y$

La derivada $\frac{dy}{dx}$ se puede calcular de dos maneras diferentes: la acumulación directa, que comienza con $\frac{du_3}{dx} = \frac{du_3}{du_2}\frac{du_2}{du_0}$, y la acumulación inversa, que comienza con $\frac{dy}{du_0} = \frac{dy}{du_1}\frac{du_1}{du_0}$. Nótese que PyTorch utiliza esta última, la acumulación inversa, que es más eficiente para implementar la retropropagación.

Ejemplos adversarios

El cálculo de los gradientes de pérdida con respecto al ejemplo de entrada se utiliza para generar ejemplos adversarios (o ataques adversarios). En la visión por ordenador, los ejemplos adversarios son ejemplos que se generan añadiendo algo de ruido pequeño e imperceptible (o perturbaciones) al ejemplo de entrada, lo que hace que una NN profunda los clasifique erróneamente. Tratar los ejemplos adversarios va más allá del alcance del libro, pero si le interesa, puede encontrar el artículo original de Christian Szegedy y otros, «Intriguing properties of neural networks» en `https://arxiv.org/pdf/1312.6199.pdf`.

Simplificación de las implementaciones de arquitecturas más frecuentes mediante el módulo torch.nn

Ya ha visto algunos ejemplos de la elaboración de un modelo NN de prealimentación (por ejemplo, un perceptrón multicapa) y de definición de una secuencia de capas mediante la clase `nn.Module`. Antes de profundizar en `nn.Module`, veamos brevemente otro enfoque para conjurar esas capas mediante `nn.Sequential`.

Implementación de modelos basados en nn.Sequential

Con `nn.Sequential` (`https://pytorch.org/docs/master/generated/torch.nn.Sequential.html#sequential`), las capas almacenadas en el modelo se conectan en cascada. En el siguiente ejemplo, elaboraremos un modelo con dos capas densamente (totalmente) conectadas:

```
>>> model = nn.Sequential(
...     nn.Linear(4, 16),
...     nn.ReLU(),
...     nn.Linear(16, 32),
...     nn.ReLU())
>>> model
Sequential(
  (0): Linear(in_features=4, out_features=16, bias=True)
  (1): ReLU()
  (2): Linear(in_features=16, out_features=32, bias=True)
  (3): ReLU())
```

Especificamos las capas e instanciamos `model` después de pasar las capas a la clase `nn.Sequential`. La salida de la primera capa totalmente conectada se utiliza como entrada de la primera capa ReLU. La salida de la primera capa ReLU se convierte en la entrada de la segunda capa totalmente conectada. Por último, la salida de la segunda capa totalmente conectada se utiliza como entrada de la segunda capa ReLU.

Podemos configurar todavía más estas capas; por ejemplo, aplicando diferentes funciones de activación, inicializadores o métodos de regularización a los parámetros. En la documentación oficial se puede encontrar una lista exhaustiva y completa de las opciones disponibles para la mayoría de estas categorías:

- Elección de las funciones de activación: `https://pytorch.org/docs/stable/nn.html#non-linear-activations-weighted-sum-nonlinearity`
- Inicialización de los parámetros de la capa a través de `nn.init`: `https://pytorch.org/docs/stable/nn.init.html`
- Aplicación de la regularización L2 a los parámetros de la capa (para evitar el sobreajuste) a través del parámetro `weight_decay` de algunos optimizadores en `torch.optim`: `https://pytorch.org/docs/stable/optim.html`
- Aplicación de la regularización L1 a los parámetros de la capa (para evitar el sobreajuste) añadiendo el término de penalización L1 al tensor de pérdida, que implementaremos a continuación.

En el siguiente ejemplo de código, configuraremos la primera capa totalmente conectada especificando la distribución del valor inicial para el peso. A continuación, configuraremos la segunda capa totalmente conectada calculando el término de penalización L1 para la matriz de pesos:

```
>>> nn.init.xavier_uniform_(model[0].weight)
>>> l1_weight = 0.01
>>> l1_penalty = l1_weight * model[2].weight.abs().sum()
```

Aquí, inicializamos el peso de la primera capa lineal con la inicialización de Xavier. Y calculamos la norma L1 del peso de la segunda capa lineal.

Además, también podemos especificar el tipo de optimizador y la función de pérdida para el entrenamiento. De nuevo, en la documentación oficial se puede encontrar una lista completa de todas las opciones disponibles:

- Optimizadores mediante `torch.optim`: `https://pytorch.org/docs/stable/optim.html#algorithms`
- Funciones de pérdida: `https://pytorch.org/docs/stable/nn.html#loss-functions`

Elección de la función de pérdida

En cuanto a la elección de los algoritmos de optimización, SGD y Adam son los métodos más utilizados. La elección de la función de pérdida depende de la tarea; por ejemplo, se puede utilizar la pérdida del error cuadrático medio para un problema de regresión.

La familia de funciones de pérdida de entropía cruzada proporciona las posibles opciones para las tareas de clasificación, que se tratan ampliamente en el capítulo 14, Clasificación de imágenes con redes neuronales convolucionales profundas.

Además, puede utilizar las técnicas que ha aprendido en los capítulos anteriores (como las técnicas para la evaluación de modelos del capítulo 6, Aprendizaje de las mejores prácticas para la evaluación de modelos y el ajuste de hiperparámetros) combinadas con las métricas adecuadas para el problema en concreto. Por ejemplo, la precisión y la recuperación, la exactitud, el área bajo la curva (Area Under Curve, AUC) y las puntuaciones de falsos negativos y falsos positivos son métricas adecuadas para evaluar los modelos de clasificación.

En este ejemplo, utilizaremos el optimizador SGD y la pérdida de entropía cruzada para la clasificación binaria:

```
>>> loss_fn = nn.BCELoss()
>>> optimizer = torch.optim.SGD(model.parameters(), lr=0.001)
```

A continuación, veremos un ejemplo más práctico: resolver el clásico problema de clasificación XOR. En primer lugar, utilizaremos la clase `nn.Sequential()` para elaborar el modelo. También aprenderá sobre la capacidad del modelo para manejar límites de decisión no lineales. Luego, trataremos la elaboración de un modelo mediante `nn.Module` que nos dará más flexibilidad y control sobre las capas de la red.

Resolución de problemas de clasificación XOR

El problema de clasificación XOR es un problema clásico para analizar la capacidad de un modelo en lo que se refiere a la captura de la frontera de decisión no lineal entre dos clases. Generamos un conjunto de datos simplificado de 200 ejemplos de entrenamiento con dos características (x_0, x_1) extraídas de una distribución uniforme entre [-1, 1). A continuación, asignamos la etiqueta de verdad fundamentada para el ejemplo de entrenamiento i de acuerdo con la siguiente regla:

$$y^{(i)} = \begin{cases} 0 & \text{si } x_0^{(i)} \times x_1^{(i)} < 0 \\ 1 & \text{otros} \end{cases}$$

Utilizaremos la mitad de los datos (100 ejemplos de entrenamiento) para el entrenamiento y la mitad restante para la validación. El código para generar los datos y dividirlos en los conjuntos de datos de entrenamiento y validación es el siguiente:

```
>>> import matplotlib.pyplot as plt
>>> import numpy as np
>>> torch.manual_seed(1)
>>> np.random.seed(1)
>>> x = np.random.uniform(low=-1, high=1, size=(200, 2))
>>> y = np.ones(len(x))
>>> y[x[:, 0] * x[:, 1]<0] = 0
>>> n_train = 100
>>> x_train = torch.tensor(x[:n_train, :], dtype=torch.float32)
>>> y_train = torch.tensor(y[:n_train], dtype=torch.float32)
>>> x_valid = torch.tensor(x[n_train:, :], dtype=torch.float32)
>>> y_valid = torch.tensor(y[n_train:], dtype=torch.float32)
>>> fig = plt.figure(figsize=(6, 6))
>>> plt.plot(x[y==0, 0], x[y==0, 1], 'o', alpha=0.75, markersize=10)
>>> plt.plot(x[y==1, 0], x[y==1, 1], '<', alpha=0.75, markersize=10)
>>> plt.xlabel(r'$x_1$', size=15)
>>> plt.ylabel(r'$x_2$', size=15)
>>> plt.show()
```

El código da como resultado el siguiente gráfico de dispersión de los ejemplos de entrenamiento y validación, mostrados con diferentes marcadores basados en sus etiquetas de clase:

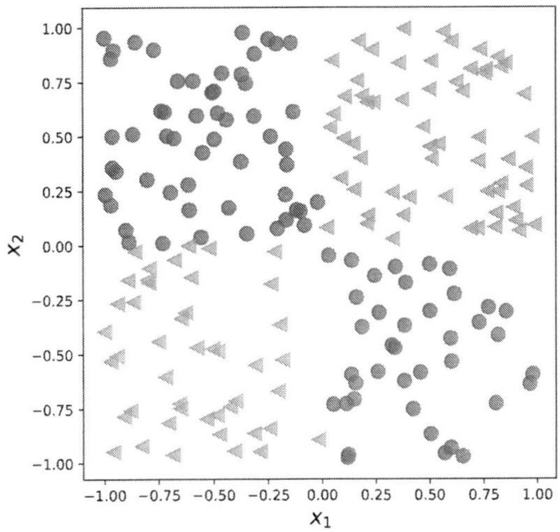

Figura 13.2 *Gráfico de dispersión de los ejemplos de entrenamiento y validación.*

En la subsección anterior, hemos tratado las herramientas esenciales que necesitamos para implementar un clasificador en PyTorch. Ahora tenemos que decidir qué arquitectura debemos elegir para esta tarea y conjunto de datos. Como regla general, cuantas más capas tengamos, y cuantas más neuronas tengamos en cada capa, mayor será la capacidad del modelo. En este caso, la capacidad del modelo puede considerarse como una medida de la facilidad con la que el modelo puede aproximar funciones complejas. Aunque tener más parámetros significa que la red puede ajustarse a funciones más complejas, los modelos más grandes suelen ser más difíciles de entrenar (y propensos al sobreajuste). En la práctica, siempre es una buena idea empezar con un modelo simple como línea de base; por ejemplo, una NN de una sola capa como es la regresión logística:

```
>>> model = nn.Sequential(
...     nn.Linear(2, 1),
...     nn.Sigmoid()
... )
>>> model
Sequential(
  (0): Linear(in_features=2, out_features=1, bias=True)
  (1): Sigmoid()
)
```

Tras definir el modelo, inicializaremos la función de pérdida de entropía cruzada para la clasificación binaria y el optimizador SGD:

```
>>> loss_fn = nn.BCELoss()
>>> optimizer = torch.optim.SGD(model.parameters(), lr=0.001)
```

A continuación, crearemos un cargador de datos que utilice un tamaño de lote de 2 para el entrenamiento de datos:

```
>>> from torch.utils.data import DataLoader, TensorDataset
>>> train_ds = TensorDataset(x_train, y_train)
>>> batch_size = 2
>>> torch.manual_seed(1)
>>> train_dl = DataLoader(train_ds, batch_size, shuffle=True)
```

Ahora entrenaremos el modelo durante 200 ciclos (epochs) y registraremos un historial de ciclos de entrenamiento:

```
>>> torch.manual_seed(1)
>>> num_epochs = 200
>>> def train(model, num_epochs, train_dl, x_valid, y_valid):
...     loss_hist_train = [0] * num_epochs
...     accuracy_hist_train = [0] * num_epochs
...     loss_hist_valid = [0] * num_epochs
...     accuracy_hist_valid = [0] * num_epochs
...     for epoch in range(num_epochs):
...         for x_batch, y_batch in train_dl:
...             pred = model(x_batch)[:, 0]
...             loss = loss_fn(pred, y_batch)
...             loss.backward()
...             optimizer.step()
...             optimizer.zero_grad()
...             loss_hist_train[epoch] += loss.item()
...             is_correct = ((pred>=0.5).float() == y_batch).float()
...             accuracy_hist_train[epoch] += is_correct.mean()
...         loss_hist_train[epoch] /= n_train
...         accuracy_hist_train[epoch] /= n_train/batch_size
...         pred = model(x_valid)[:, 0]
...         loss = loss_fn(pred, y_valid)
...         loss_hist_valid[epoch] = loss.item()
...         is_correct = ((pred>=0.5).float() == y_valid).float()
...         accuracy_hist_valid[epoch] += is_correct.mean()
...     return loss_hist_train, loss_hist_valid, \
...            accuracy_hist_train, accuracy_hist_valid
>>> history = train(model, num_epochs, train_dl, x_valid, y_valid)
```

Observe que el historial de ciclos de entrenamiento incluye la pérdida de entrenamiento y la pérdida de validación, así como la precisión de entrenamiento y la precisión de validación, lo que resulta útil para la inspección visual después del entrenamiento. En el siguiente código, representaremos las curvas de aprendizaje, incluyendo la pérdida de entrenamiento y de validación, así como sus precisiones.

El siguiente código trazará el gráfico del rendimiento del entrenamiento:

```
>>> fig = plt.figure(figsize=(16, 4))
>>> ax = fig.add_subplot(1, 2, 1)
>>> plt.plot(history[0], lw=4)
>>> plt.plot(history[1], lw=4)
>>> plt.legend(['Train loss', 'Validation loss'], fontsize=15)
>>> ax.set_xlabel('Epochs', size=15)
>>> ax = fig.add_subplot(1, 2, 2)
>>> plt.plot(history[2], lw=4)
>>> plt.plot(history[3], lw=4)
>>> plt.legend(['Train acc.', 'Validation acc.'], fontsize=15)
>>> ax.set_xlabel('Epochs', size=15)
```

El resultado es la siguiente figura, con dos paneles separados para las pérdidas y las precisiones:

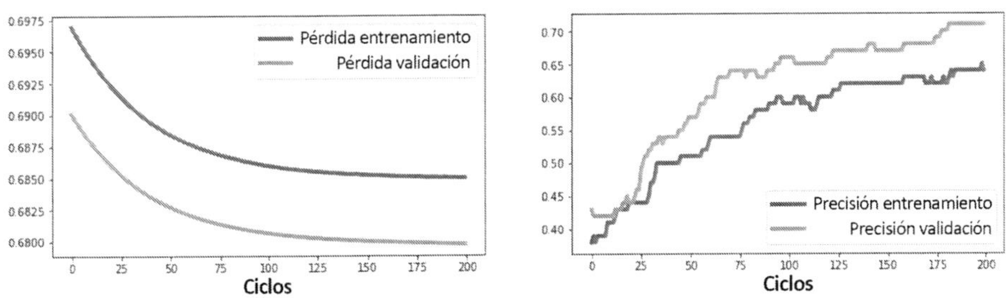

Figura 13.3 *Resultados de las pérdidas y las precisiones.*

Como se puede ver, un modelo simple sin capa oculta solo puede encontrar una frontera de decisión lineal, que es incapaz de resolver el problema XOR. Como consecuencia, podemos observar que los términos de pérdida —tanto para los conjuntos de datos de entrenamiento como de validación— son muy altos, y las precisiones de la clasificación son muy bajas.

Para obtener una frontera de decisión no lineal, podemos añadir una o más capas ocultas conectadas mediante funciones de activación no lineales. El teorema de aproximación universal establece que una NN de prealimentación con una sola capa oculta y un número relativamente grande de unidades ocultas puede aproximar funciones continuas arbitrarias relativamente bien. Por lo tanto, un enfoque para abordar el problema XOR de forma satisfactoria es añadir una capa oculta y comparar diferentes cantidades de unidades ocultas hasta que observemos resultados satisfactorios en el conjunto de datos de validación. Añadir más unidades ocultas correspondería a aumentar la anchura de una capa.

También podemos añadir más capas ocultas, lo que hará que el modelo sea más profundo. La ventaja de hacer una red más profunda en lugar de más ancha es que se necesitan menos parámetros para conseguir una capacidad del modelo comparable.

Sin embargo, una desventaja de los modelos profundos (frente a los anchos) es que los modelos profundos son propensos a los gradientes de fuga y explosión, lo que los hace más difíciles de entrenar.

Como ejercicio, intente añadir una, dos, tres y cuatro capas ocultas, cada una con cuatro unidades ocultas. En el siguiente ejemplo, veremos los resultados de una NN de prealimentación con dos capas ocultas:

```
>>> model = nn.Sequential(
...     nn.Linear(2, 4), nn.ReLU(),
...     nn.Linear(4, 4), nn.ReLU(),
...     nn.Linear(4, 1), nn.Sigmoid())
>>> loss_fn = nn.BCELoss()
>>> optimizer = torch.optim.SGD(model.parameters(), lr=0.015)
>>> model
Sequential(
  (0): Linear(in_features=2, out_features=4, bias=True)
  (1): ReLU()
  (2): Linear(in_features=4, out_features=4, bias=True)
  (3): ReLU()
  (4): Linear(in_features=4, out_features=1, bias=True)
  (5): Sigmoid())
>>> history = train(model, num_epochs, train_dl, x_valid, y_valid)
```

Podemos repetir el código anterior para su visualización:

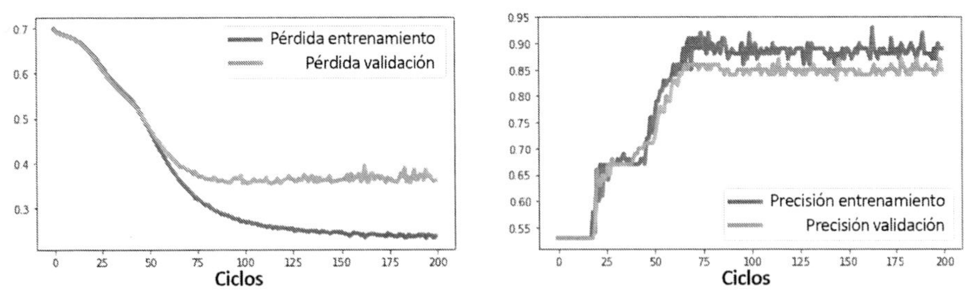

Figura 13.4 *Resultados de pérdida y precisión tras añadir dos capas ocultas.*

Ahora, podemos ver que el modelo es capaz de obtener una frontera de decisión no lineal para estos datos, y que este alcanza una precisión del 100 % en el conjunto de datos de entrenamiento. La precisión del conjunto de datos de validación es del 95 %, lo que indica que el modelo está ligeramente sobreajustado.

Cómo flexibilizar la elaboración de modelos con nn.Module

En el ejemplo anterior, hemos utilizado la clase `Sequential` de PyTorch para crear una NN totalmente conectada con múltiples capas. Esta es una forma frecuente y conveniente en la elaboración de modelos. Sin embargo, desafortunadamente no nos permite crear modelos más complejos que tengan múltiples ramas de entrada, salida o intermedias. Ahí es donde `nn.Module` resulta útil.

La forma alternativa de construir modelos complejos es subclasificar `nn.Module`. En este enfoque, creamos una nueva clase obtenida de `nn.Module` y definimos el método, `__init__()`, como constructor. El método `forward()` se utiliza para especificar el paso hacia delante. En la función del constructor, `__init__()`, definimos las capas como atributos de la clase para que se pueda acceder a ellas a través del atributo de referencia `self`. Luego, en el método `forward()`, especificamos cómo se van a utilizar estas capas en el paso hacia delante del NN.

```
>>> class MyModule(nn.Module):
...     def __init__(self):
...         super().__init__()
...         l1 = nn.Linear(2, 4)
...         a1 = nn.ReLU()
...         l2 = nn.Linear(4, 4)
...         a2 = nn.ReLU()
...         l3 = nn.Linear(4, 1)
...         a3 = nn.Sigmoid()
...         l = [l1, a1, l2, a2, l3, a3]
...         self.module_list = nn.ModuleList(l)
...
...     def forward(self, x):
...         for f in self.module_list:
...             x = f(x)
...         return x
```

Observe que ponemos todas las capas en el objeto `nn.ModuleList`, que no es más que un objeto `list` compuesto por elementos `nn.Module`. Esto hace que el código sea más legible y fácil de seguir.

Una vez que definimos una instancia de esta nueva clase, podemos entrenarla como hicimos anteriormente:

```
>>> model = MyModule()
>>> model
MyModule(
  (module_list): ModuleList(
    (0): Linear(in_features=2, out_features=4, bias=True)
    (1): ReLU()
    (2): Linear(in_features=4, out_features=4, bias=True)
    (3): ReLU()
    (4): Linear(in_features=4, out_features=1, bias=True)
    (5): Sigmoid()
  )
)
>>> loss_fn = nn.BCELoss()
>>> optimizer = torch.optim.SGD(model.parameters(), lr=0.015)
>>> history = train(model, num_epochs, train_dl, x_valid, y_valid)
```

A continuación, además del historial del entrenamiento, utilizaremos la biblioteca mlxtend para visualizar los datos de validación y la frontera de decisión.

Mlxtend se puede instalar utilizando `conda` o `pip`:

```
conda install mlxtend -c conda-forge
pip install mlxtend
```

Para calcular la frontera de decisión de nuestro modelo, necesitamos añadir el método `predict()` en la clase `MyModule`:

```
>>>     def predict(self, x):
...         x = torch.tensor(x, dtype=torch.float32)
...         pred = self.forward(x)[:, 0]
...         return (pred>=0.5).float()
```

Devolverá la clase pronosticada (0 o 1) para una muestra.

El siguiente código representará el rendimiento del entrenamiento junto con el sesgo de la región de decisión:

```
>>> from mlxtend.plotting import plot_decision_regions
>>> fig = plt.figure(figsize=(16, 4))
>>> ax = fig.add_subplot(1, 3, 1)
>>> plt.plot(history[0], lw=4)
>>> plt.plot(history[1], lw=4)
```

```
>>> plt.legend(['Train loss', 'Validation loss'], fontsize=15)
>>> ax.set_xlabel('Epochs', size=15)
>>> ax = fig.add_subplot(1, 3, 2)
>>> plt.plot(history[2], lw=4)
>>> plt.plot(history[3], lw=4)
>>> plt.legend(['Train acc.', 'Validation acc.'], fontsize=15)
>>> ax.set_xlabel('Epochs', size=15)
>>> ax = fig.add_subplot(1, 3, 3)
>>> plot_decision_regions(X=x_valid.numpy(),
...                       y=y_valid.numpy().astype(np.integer),
...                       clf=model)
>>> ax.set_xlabel(r'$x_1$', size=15)
>>> ax.xaxis.set_label_coords(1, -0.025)
>>> ax.set_ylabel(r'$x_2$', size=15)
>>> ax.yaxis.set_label_coords(-0.025, 1)
>>> plt.show()
```

El resultado aparece en la Figura 13.5, con tres paneles separados para las pérdidas, las precisiones y el gráfico de dispersión de los ejemplos de validación, junto con la frontera de decisión:

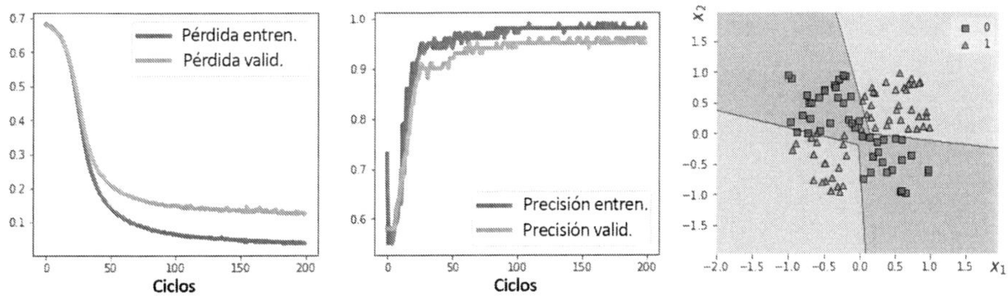

Figura 13.5 *Resultados, incluyendo un gráfico de dispersión.*

Cómo escribir capas personalizadas en PyTorch

En los casos en los que queramos definir una nueva capa que no esté ya soportada por PyTorch, podemos definir una nueva clase obtenida de la clase `nn.Module`. Esto es especialmente útil cuando se diseña una nueva capa o se personaliza una capa existente.

Para ilustrar el concepto de implementación de capas personalizadas, consideremos un ejemplo sencillo. Imaginemos que queremos definir una nueva capa lineal que calcule $w(x + \epsilon) + b$, donde ϵ se refiere a una variable aleatoria como variable de ruido. Para implementar este cálculo, definimos una nueva clase como subclase de `nn.Module`. Para esta nueva clase, tenemos que definir tanto el método constructor `__init__()`

como el método `forward()`. En el constructor, definimos las variables y otros tensores necesarios para nuestra capa personalizada. Podemos crear variables e inicializarlas en el constructor si `input_size` se le da al constructor. Alternativamente, podemos retrasar la inicialización de las variables (por ejemplo, si no conocemos la forma exacta de la entrada por adelantado) y delegarla a otro método para la creación tardía de variables.

Para ver un ejemplo concreto, vamos a definir una nueva capa llamada `NoisyLinear`, que implementa el cálculo de $w(x + \epsilon) + b$, mencionado en el párrafo anterior:

```
>>> class NoisyLinear(nn.Module):
...     def __init__(self, input_size, output_size,
...                  noise_stddev=0.1):
...         super().__init__()
...         w = torch.Tensor(input_size, output_size)
...         self.w = nn.Parameter(w)  # nn.Parameter is a Tensor
...                                   # that's a module parameter.
...         nn.init.xavier_uniform_(self.w)
...         b = torch.Tensor(output_size).fill_(0)
...         self.b = nn.Parameter(b)
...         self.noise_stddev = noise_stddev
...
...     def forward(self, x, training=False):
...         if training:
...             noise = torch.normal(0.0, self.noise_stddev, x.shape)
...             x_new = torch.add(x, noise)
...         else:
...             x_new = x
...         return torch.add(torch.mm(x_new, self.w), self.b)
```

En el constructor, hemos añadido un argumento, `noise_stddev`, para especificar la desviación estándar de la distribución de ϵ, que se muestrea a partir de una distribución gaussiana. Además, observe que en el método `forward()` hemos utilizado un argumento adicional, `training=False`. Lo utilizamos para distinguir si la capa se utiliza durante el entrenamiento o solo para el pronóstico (a veces también se llama «inferencia») o la evaluación. Además, hay ciertos métodos que se comportan de forma diferente en los modos de entrenamiento y pronóstico. Encontrará un ejemplo de este método, `Dropout`, en los próximos capítulos. En el fragmento de código anterior, también especificamos que el vector aleatorio, ϵ, debía generarse y añadirse a la entrada solo durante el entrenamiento y no utilizarse para la inferencia o la evaluación.

Antes de dar un paso más y utilizar nuestra capa personalizada `NoisyLinear` en un modelo, vamos a probarla en el contexto de un ejemplo sencillo.

1. En el siguiente código, definiremos una nueva instancia de esta capa, y la ejecutaremos sobre un tensor de entrada. Luego, llamaremos a la capa tres veces sobre el mismo tensor de entrada:

```
>>> torch.manual_seed(1)
>>> noisy_layer = NoisyLinear(4, 2)
>>> x = torch.zeros((1, 4))
>>> print(noisy_layer(x, training=True))
tensor([[ 0.1154, -0.0598]], grad_fn=<AddBackward0>)
>>> print(noisy_layer(x, training=True))
tensor([[ 0.0432, -0.0375]], grad_fn=<AddBackward0>)
>>> print(noisy_layer(x, training=False))
tensor([[0., 0.]], grad_fn=<AddBackward0>)
```

> Nótese que las salidas de las dos primeras llamadas difieren porque la capa `NoisyLinear` ha añadido ruido aleatorio al tensor de entrada. La tercera llamada da como resultado [0, 0], ya que no hemos añadido ruido al especificar `training=False`.

2. Ahora, vamos a crear un nuevo modelo similar al anterior para resolver la tarea de clasificación XOR. Como antes, usaremos la clase `nn.Module` para la elaboración del modelo, pero esta vez, usaremos nuestra capa `NoisyLinear` como la primera capa oculta del perceptrón multicapa. El código es el siguiente:

```
>>> class MyNoisyModule(nn.Module):
...     def __init__(self):
...         super().__init__()
...         self.l1 = NoisyLinear(2, 4, 0.07)
...         self.a1 = nn.ReLU()
...         self.l2 = nn.Linear(4, 4)
...         self.a2 = nn.ReLU()
...         self.l3 = nn.Linear(4, 1)
...         self.a3 = nn.Sigmoid()
...
...     def forward(self, x, training=False):
...         x = self.l1(x, training)
...         x = self.a1(x)
...         x = self.l2(x)
...         x = self.a2(x)
...         x = self.l3(x)
...         x = self.a3(x)
...         return x
```

```
...
...     def predict(self, x):
...         x = torch.tensor(x, dtype=torch.float32)
...         pred = self.forward(x)[:, 0]
...         return (pred>=0.5).float()
...
>>> torch.manual_seed(1)
>>> model = MyNoisyModule()
>>> model
MyNoisyModule(
  (l1): NoisyLinear()
  (a1): ReLU()
  (l2): Linear(in_features=4, out_features=4, bias=True)
  (a2): ReLU()
  (l3): Linear(in_features=4, out_features=1, bias=True)
  (a3): Sigmoid())
```

3. Del mismo modo, entrenaremos el modelo como hicimos anteriormente. En esta ocasión, para calcular el pronóstico sobre el lote de entrenamiento, utilizamos `pred = model(x_batch, True)[:, 0]` en lugar de `pred = model(x_batch)[:, 0]`:

```
>>> loss_fn = nn.BCELoss()
>>> optimizer = torch.optim.SGD(model.parameters(), lr=0.015)
>>> torch.manual_seed(1)
>>> loss_hist_train = [0] * num_epochs
>>> accuracy_hist_train = [0] * num_epochs
>>> loss_hist_valid = [0] * num_epochs
>>> accuracy_hist_valid = [0] * num_epochs
>>> for epoch in range(num_epochs):
...     for x_batch, y_batch in train_dl:
...         pred = model(x_batch, True)[:, 0]
...         loss = loss_fn(pred, y_batch)
...         loss.backward()
...         optimizer.step()
...         optimizer.zero_grad()
...         loss_hist_train[epoch] += loss.item()
...         is_correct = (
...             (pred>=0.5).float() == y_batch
...         ).float()
...         accuracy_hist_train[epoch] += is_correct.mean()
...     loss_hist_train[epoch] /= 100/batch_size
...     accuracy_hist_train[epoch] /= 100/batch_size
```

```
...         pred = model(x_valid)[:, 0]
...         loss = loss_fn(pred, y_valid)
...         loss_hist_valid[epoch] = loss.item()
...         is_correct = ((pred>=0.5).float() == y_valid).float()
...         accuracy_hist_valid[epoch] += is_correct.mean()
```

4. Una vez entrenado el modelo, podemos representar las pérdidas, las precisiones y la frontera de decisión:

```
>>> fig = plt.figure(figsize=(16, 4))
>>> ax = fig.add_subplot(1, 3, 1)
>>> plt.plot(loss_hist_train, lw=4)
>>> plt.plot(loss_hist_valid, lw=4)
>>> plt.legend(['Train loss', 'Validation loss'], fontsize=15)
>>> ax.set_xlabel('Epochs', size=15)
>>> ax = fig.add_subplot(1, 3, 2)
>>> plt.plot(accuracy_hist_train, lw=4)
>>> plt.plot(accuracy_hist_valid, lw=4)
>>> plt.legend(['Train acc.', 'Validation acc.'], fontsize=15)
>>> ax.set_xlabel('Epochs', size=15)
>>> ax = fig.add_subplot(1, 3, 3)
>>> plot_decision_regions(
...     X=x_valid.numpy(),
...     y=y_valid.numpy().astype(np.integer),
...     clf=model
... )
>>> ax.set_xlabel(r'$x_1$', size=15)
>>> ax.xaxis.set_label_coords(1, -0.025)
>>> ax.set_ylabel(r'$x_2$', size=15)
>>> ax.yaxis.set_label_coords(-0.025, 1)
>>> plt.show()
```

5. El resultado gráfico será el siguiente:

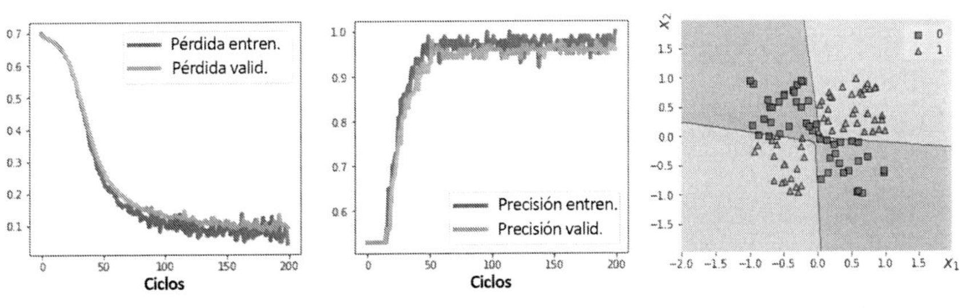

Figura 13.6 *Resultados utilizando NoisyLinear como primera capa oculta.*

Aquí, nuestro objetivo era aprender a definir una nueva capa personalizada subclasificada de `nn.Module` y utilizarla como utilizaríamos cualquier otra capa estándar de `torch.nn`. Aunque, con este ejemplo en particular, `NoisyLinear` no ayudó a mejorar el rendimiento, tenga en cuenta que nuestro objetivo era principalmente aprender a escribir una capa personalizada desde cero. En general, escribir una nueva capa personalizada puede ser útil en otras aplicaciones; por ejemplo, si desarrolla un nuevo algoritmo que depende de una nueva capa más allá de las existentes.

Proyecto uno: pronóstico de la eficiencia de combustibles de coches

Hasta ahora, en este capítulo, nos hemos centrado principalmente en el módulo `torch.nn`. Hemos utilizado `nn.Sequential` para elaborar los modelos por una cuestión de simplicidad. Después, hemos flexibilizado la elaboración de modelos con `nn.Module` y hemos implementado NN prealimentadas, a las que hemos añadido capas personalizadas. En esta sección, trabajaremos en un proyecto del mundo real de pronóstico de la eficiencia del combustible de un coche en millas por galón (Miles Per Gallon, MPG). Explicaremos los pasos subyacentes en las tareas de aprendizaje automático, como el preprocesamiento de datos, la ingeniería de características, el entrenamiento, el pronístico (inferencia) y la evaluación.

Trabajo a realizar con columnas de características

En las aplicaciones de aprendizaje automático y aprendizaje profundo, podemos encontrarnos con varios tipos diferentes de características: continuas, categóricas desordenadas (nominales) y categóricas ordenadas (ordinales). Recordará que en el capítulo 4, Elaboración de conjuntos de datos de entrenamiento adecuados: preprocesamiento de datos, tratamos diferentes tipos de características y aprendimos a manejar cada tipo. Hay que tener en cuenta que, aunque los datos numéricos pueden ser continuos o discretos, en el contexto del aprendizaje automático con PyTorch, los datos «numéricos» se refieren específicamente a los datos continuos del tipo punto flotante.

A veces, los conjuntos de características se componen de una mezcla de diferentes tipos de características. Por ejemplo, consideremos un escenario con un conjunto de siete características diferentes, como se muestra en la Figura 13.7.

Las características que vemos en la figura (año del modelo, cilindros, cilindrada, potencia, peso, aceleración y origen) se obtuvieron del conjunto de datos Auto MPG, que es un conjunto de datos de aprendizaje automático de referencia habitual para pronosticar la eficiencia del combustible en un coche en MPG. El conjunto de datos completo y su descripción están disponibles en el repositorio de aprendizaje automático de la UCI en `https://archive.ics.uci.edu/ml/datasets/auto+mpg`.

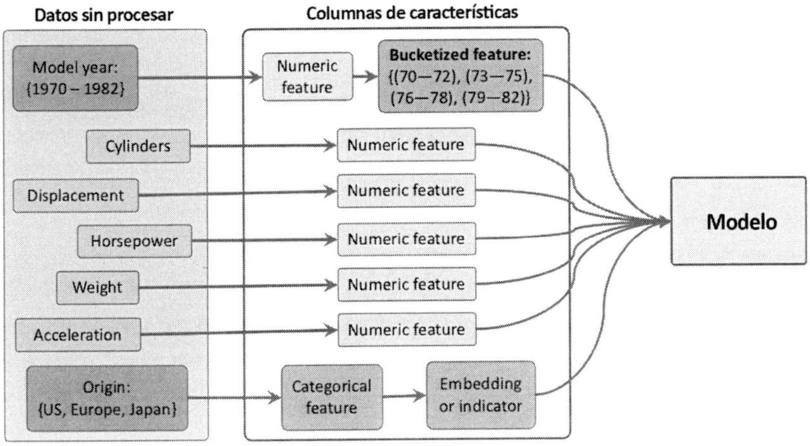

Figura 13.7 *Estructura de datos de Auto MPG.*

Vamos a tratar cinco características del conjunto de datos Auto MPG (número de cilindros, cilindrada, potencia, peso y aceleración) como características «numéricas» (aquí, continuas). El año del modelo puede considerarse una característica categórica ordenada (ordinal). Por último, el origen de fabricación puede considerarse una característica categórica (nominal) no ordenada con tres posibles valores discretos (1, 2 y 3), que corresponden a Estados Unidos, Europa y Japón, respectivamente.

Primero vamos a cargar los datos y a aplicar los pasos de preprocesamiento necesarios, lo cual incluye la eliminación de las filas incompletas, la partición del conjunto de datos en conjuntos de datos de entrenamiento y de prueba, así como la estandarización de las características continuas:

```
>>> import pandas as pd
>>> url = 'http://archive.ics.uci.edu/ml/' \
...       'machine-learning-databases/auto-mpg/auto-mpg.data'
>>> column_names = ['MPG', 'Cylinders', 'Displacement', 'Horsepower',
...                 'Weight', 'Acceleration', 'Model Year', 'Origin']
>>> df = pd.read_csv(url, names=column_names,
...                  na_values = "?", comment='\t',
...                  sep=" ", skipinitialspace=True)
>>>
>>> ## drop the NA rows
>>> df = df.dropna()
>>> df = df.reset_index(drop=True)
>>>
>>> ## train/test splits:
>>> import sklearn
```

```
>>> import sklearn.model_selection
>>> df_train, df_test = sklearn.model_selection.train_test_split(
...     df, train_size=0.8, random_state=1)
>>> train_stats = df_train.describe().transpose()
>>>
>>> numeric_column_names = [
...     'Cylinders', 'Displacement',
...     'Horsepower', 'Weight',
...     'Acceleration']
>>> df_train_norm, df_test_norm = df_train.copy(), df_test.copy()
>>> for col_name in numeric_column_names:
...     mean = train_stats.loc[col_name, 'mean']
...     std  = train_stats.loc[col_name, 'std']
...     df_train_norm.loc[:, col_name] = \
...         (df_train_norm.loc[:, col_name] - mean)/std
...     df_test_norm.loc[:, col_name] = \
...         (df_test_norm.loc[:, col_name] - mean)/std
>>> df_train_norm.tail()
```

El resultado es el siguiente:

	MPG	Cylinders	Displacement	Horsepower	Weight	Acceleration	ModelYear	Origin
203	28.0	-0.824303	-0.901020	-0.736562	-0.950031	0.255202	76	3
255	19.4	0.351127	0.413800	-0.340982	0.293190	0.548737	78	1
72	13.0	1.526556	1.144256	0.713897	1.339617	-0.625403	72	1
235	30.5	-0.824303	-0.891280	-1.053025	-1.072585	0.475353	77	1
37	14.0	1.526556	1.563051	1.636916	1.470420	-1.359240	71	1

Figura 13.8 *Datos preprocesados de Auto MPG.*

El `DataFrame` de Pandas que hemos creado mediante el fragmento de código anterior contiene cinco columnas con valores del tipo `float`. Estas columnas constituirán las características continuas.

A continuación, vamos a agrupar la información sobre el año del modelo (`ModelYear`) en contendores de objetos (buckets) para simplificar la tarea de aprendizaje del modelo que vamos a entrenar más tarde. En concreto, vamos a asignar cada coche a uno de los cuatro grupos de años siguientes:

$$\text{bucket} = \begin{cases} 0 & \text{if year} < 73 \\ 1 & \text{if } 73 \leq \text{year} < 76 \\ 2 & \text{if } 76 \leq \text{year} < 79 \\ 3 & \text{if year} \geq 79 \end{cases}$$

Obsérvese que los intervalos elegidos se han seleccionado arbitrariamente para ilustrar los conceptos de «bucketing» (acción de almacenar objetos en contenedores). Para agrupar los coches en estos contenedores de objetos, definiremos primero tres valores de corte, [73, 76, 79], para la característica del año del modelo. Estos valores de corte se utilizan para especificar intervalos semicerrados; por ejemplo, (-∞, 73), [73, 76), [76, 79) y [79, ∞). A continuación, las características numéricas originales se pasarán a la función `torch.bucketize` (`https://pytorch.org/docs/stable/generated/torch.bucketize.html`) para generar los índices de los contenedores de objetos. El código es el siguiente:

```
>>> boundaries = torch.tensor([73, 76, 79])
>>> v = torch.tensor(df_train_norm['Model Year'].values)
>>> df_train_norm['Model Year Bucketed'] = torch.bucketize(
...     v, boundaries, right=True
... )
>>> v = torch.tensor(df_test_norm['Model Year'].values)
>>> df_test_norm['Model Year Bucketed'] = torch.bucketize(
...     v, boundaries, right=True
... )
>>> numeric_column_names.append('Model Year Bucketed')
```

Añadimos esta columna de característica almacenada en un contenedor a la lista de Python `numeric_column_names`.

A continuación, procederemos a definir una lista para la característica categórica desordenada, `Origin`. En PyTorch, hay dos maneras de trabajar con una característica categórica: usando una capa de integración a través de `nn.Embedding` (`https://pytorch.org/docs/stable/generated/torch.nn.Embedding.html`) o usando vectores codificados en one-hot (también llamados «indicadores»). En el enfoque de codificación, por ejemplo, el índice 0 se codificará como [1, 0, 0], el índice 1 se codificará como [0, 1, 0], y así sucesivamente. Por otro lado, la capa de integración asigna cada índice a un vector de números aleatorios del tipo `float`, que puede ser entrenado. (Se puede pensar en la capa de integración como una implementación más eficiente de una codificación one-hot multiplicada por una matriz de pesos entrenable).

Cuando el número de categorías es grande, utilizar la capa de integración con menos dimensiones que el número de categorías puede mejorar el rendimiento.

En el siguiente fragmento de código, utilizaremos el enfoque de codificación one-hot en la característica categórica para convertirla en formato denso:

```
>>> from torch.nn.functional import one_hot
>>> total_origin = len(set(df_train_norm['Origin']))
>>> origin_encoded = one_hot(torch.from_numpy(
...     df_train_norm['Origin'].values) % total_origin)
```

```
>>> x_train_numeric = torch.tensor(
...     df_train_norm[numeric_column_names].values)
>>> x_train = torch.cat([x_train_numeric, origin_encoded], 1).float()
>>> origin_encoded = one_hot(torch.from_numpy(
...     df_test_norm['Origin'].values) % total_origin)
>>> x_test_numeric = torch.tensor(
...     df_test_norm[numeric_column_names].values)
>>> x_test = torch.cat([x_test_numeric, origin_encoded], 1).float()
```

Después de codificar la característica categórica en una característica densa tridimensional, la concatenamos con las características numéricas que procesamos en el paso anterior. Por último, creamos los tensores de etiquetas a partir de los valores de verdad fundamentada MPG de la siguiente manera:

```
>>> y_train = torch.tensor(df_train_norm['MPG'].values).float()
>>> y_test = torch.tensor(df_test_norm['MPG'].values).float()
```

En esta sección, hemos tratado los enfoques más frecuentes para el preprocesamiento y la creación de características en PyTorch.

Entrenamiento de modelos de regresión DNN

Ahora, después de construir las características y etiquetas obligatorias, crearemos un cargador de datos que utilice un tamaño de lote de 8 para los datos de entrenamiento:

```
>>> train_ds = TensorDataset(x_train, y_train)
>>> batch_size = 8
>>> torch.manual_seed(1)
>>> train_dl = DataLoader(train_ds, batch_size, shuffle=True)
```

A continuación, elaboraremos un modelo con dos capas totalmente conectadas, donde una tiene 8 unidades ocultas y la otra tiene 4:

```
>>> hidden_units = [8, 4]
>>> input_size = x_train.shape[1]
>>> all_layers = []
>>> for hidden_unit in hidden_units:
...     layer = nn.Linear(input_size, hidden_unit)
...     all_layers.append(layer)
...     all_layers.append(nn.ReLU())
...     input_size = hidden_unit
>>> all_layers.append(nn.Linear(hidden_units[-1], 1))
>>> model = nn.Sequential(*all_layers)
```

```
>>> model
Sequential(
  (0): Linear(in_features=9, out_features=8, bias=True)
  (1): ReLU()
  (2): Linear(in_features=8, out_features=4, bias=True)
  (3): ReLU()
  (4): Linear(in_features=4, out_features=1, bias=True)
)
```

Después de definir el modelo, definiremos la función de pérdida MSE para la regresión y utilizaremos el descenso de gradiente estocástico para la optimización:

```
>>> loss_fn = nn.MSELoss()
>>> optimizer = torch.optim.SGD(model.parameters(), lr=0.001)
```

Ahora entrenaremos el modelo durante 200 ciclos (epochs) y mostraremos la pérdida de entrenamiento cada 20 ciclos:

```
>>> torch.manual_seed(1)
>>> num_epochs = 200
>>> log_epochs = 20
>>> for epoch in range(num_epochs):
...     loss_hist_train = 0
...     for x_batch, y_batch in train_dl:
...         pred = model(x_batch)[:, 0]
...         loss = loss_fn(pred, y_batch)
...         loss.backward()
...         optimizer.step()
...         optimizer.zero_grad()
...         loss_hist_train += loss.item()
...     if epoch % log_epochs==0:
...         print(f'Epoch {epoch}  Loss '
...               f'{loss_hist_train/len(train_dl):.4f}')

Epoch 0  Loss 536.1047
Epoch 20  Loss 8.4361
Epoch 40  Loss 7.8695
Epoch 60  Loss 7.1891
Epoch 80  Loss 6.7062
Epoch 100  Loss 6.7599
Epoch 120  Loss 6.3124
Epoch 140  Loss 6.6864
```

```
Epoch 160  Loss 6.7648
Epoch 180  Loss 6.2156
```

Después de 200 ciclos, la pérdida de entrenamiento era de alrededor de 5. Ahora podemos evaluar el rendimiento de la regresión del modelo entrenado en el conjunto de datos de prueba. Para pronosticar los valores objetivo en nuevos puntos de datos, podemos proporcionar sus características al modelo:

```
>>> with torch.no_grad():
...     pred = model(x_test.float())[:, 0]
...     loss = loss_fn(pred, y_test)
...     print(f'Test MSE: {loss.item():.4f}')
...     print(f'Test MAE: {nn.L1Loss()(pred, y_test).item():.4f}')
Test MSE: 9.6130
Test MAE: 2.1211
```

El MSE en el conjunto de pruebas es de 9.6, y el error absoluto medio (Mean Absolute Error, MAE) es de 2.1. Después de este proyecto de regresión, en la siguiente sección trabajaremos en un proyecto de clasificación.

Proyecto dos: clasificación de dígitos escritos a mano del MNIST

En este proyecto de clasificación, vamos a categorizar los dígitos escritos a mano del MNIST. En la sección anterior, seguimos los cuatro pasos esenciales para el aprendizaje automático en PyTorch en detalle, que tendremos que repetir en esta sección.

Recordará que, en el capítulo 12, aprendió la forma de cargar los conjuntos de datos disponibles desde el módulo `torchvision`. En primer lugar, vamos a cargar el conjunto de datos MNIST utilizando el módulo `torchvision`.

1. El paso de configuración incluye la carga del conjunto de datos y la especificación de los hiperparámetros (el tamaño del conjunto de entrenamiento y del conjunto de prueba, y el tamaño de los minilotes):

```
>>> import torchvision
>>> from torchvision import transforms
>>> image_path = './'
>>> transform = transforms.Compose([
...     transforms.ToTensor()
... ])
>>> mnist_train_dataset = torchvision.datasets.MNIST(
...     root=image_path, train=True,
```

```
...         transform=transform, download=False
... )
>>> mnist_test_dataset = torchvision.datasets.MNIST(
...         root=image_path, train=False,
...         transform=transform, download=False
... )
>>> batch_size = 64
>>> torch.manual_seed(1)
>>> train_dl = DataLoader(mnist_train_dataset,
...                       batch_size, shuffle=True)
```

Aquí construimos un cargador de datos con lotes de 64 muestras. A continuación, preprocesamos los conjuntos de datos cargados.

2. Preprocesamos las características de entrada y las etiquetas. En este proyecto, las características son los píxeles de las imágenes que leímos en el paso 1. A continuación, definimos una transformación personalizada usando `torchvision.transforms.Compose`. En este caso, nuestra transformación consiste en un solo método, `ToTensor()`. El método `ToTensor()` convierte las características de los píxeles en un tensor de tipo flotante y también normaliza los píxeles del rango [0, 255] a [0, 1]. En el capítulo 14, veremos algunos métodos adicionales de transformación de datos cuando trabajemos con conjuntos de datos de imágenes más complejos. Las etiquetas son números enteros de 0 a 9 que representan diez dígitos. Por lo tanto, no necesitamos hacer ningún tipo de escalado o conversión adicional. Tenga en cuenta que podemos acceder a los píxeles sin procesar utilizando el atributo `data`, y no olvide escalarlos al rango [0, 1].

   Construiremos el modelo en el siguiente paso una vez que los datos estén preprocesados.

3. Construimos el modelo NN:

```
>>> hidden_units = [32, 16]
>>> image_size = mnist_train_dataset[0][0].shape
>>> input_size = image_size[0] * image_size[1] * image_size[2]
>>> all_layers = [nn.Flatten()]
>>> for hidden_unit in hidden_units:
...     layer = nn.Linear(input_size, hidden_unit)
...     all_layers.append(layer)
...     all_layers.append(nn.ReLU())
...     input_size = hidden_unit
>>> all_layers.append(nn.Linear(hidden_units[-1], 10))
>>> model = nn.Sequential(*all_layers)
```

```
>>> model
Sequential(
  (0): Flatten(start_dim=1, end_dim=-1)
  (1): Linear(in_features=784, out_features=32, bias=True)
  (2): ReLU()
  (3): Linear(in_features=32, out_features=16, bias=True)
  (4): ReLU()
  (5): Linear(in_features=16, out_features=10, bias=True)
)
```

Nótese que el modelo comienza con una capa de aplanamiento que aplana la imagen de entrada transformándola en un tensor unidimensional. Esto se debe a que las imágenes de entrada tienen la forma de [1, 28, 28]. El modelo tiene dos capas ocultas, con 32 y 16 unidades, respectivamente. Y termina con una capa de salida de diez unidades que representan diez clases, activadas por una función softmax. En el siguiente paso, entrenaremos el modelo en el conjunto de entrenamiento y lo evaluaremos en el conjunto de prueba.

4. Utilizamos el modelo para el entrenamiento, la evaluación y el pronóstico:

```
>>> loss_fn = nn.CrossEntropyLoss()
>>> optimizer = torch.optim.Adam(model.parameters(), lr=0.001)
>>> torch.manual_seed(1)
>>> num_epochs = 20
>>> for epoch in range(num_epochs):
...     accuracy_hist_train = 0
...     for x_batch, y_batch in train_dl:
...         pred = model(x_batch)
...         loss = loss_fn(pred, y_batch)
...         loss.backward()
...         optimizer.step()
...         optimizer.zero_grad()
...         is_correct = (
...             torch.argmax(pred, dim=1) == y_batch
...         ).float()
...         accuracy_hist_train += is_correct.sum()
...     accuracy_hist_train /= len(train_dl.dataset)
...     print(f'Epoch {epoch}  Accuracy '
...           f'{accuracy_hist_train:.4f}')
Epoch 0  Accuracy 0.8531
```

```
...
Epoch 9  Accuracy 0.9691
...
Epoch 19  Accuracy 0.9813
```

Utilizamos la función de pérdida de entropía cruzada para la clasificación multiclase y el optimizador Adam para el descenso del gradiente. Hablaremos del optimizador Adam en el capítulo 14.

Entrenamos el modelo durante 20 ciclos (epochs), y mostramos la precisión del entrenamiento para cada ciclo. El modelo entrenado ha alcanzado una precisión del 96.3 % en el conjunto de entrenamiento, y lo evaluaremos en el conjunto de pruebas:

```
>>> pred = model(mnist_test_dataset.data / 255.)
>>> is_correct = (
...     torch.argmax(pred, dim=1) ==
...     mnist_test_dataset.targets
... ).float()
>>> print(f'Test accuracy: {is_correct.mean():.4f}')
Test accuracy: 0.9645
```

La precisión de la prueba es del 95.6 %. Ha aprendido a resolver un problema de clasificación utilizando PyTorch.

Las API de PyTorch de alto nivel: una breve introducción a PyTorch-Lightning

En los últimos años, la comunidad de PyTorch ha desarrollado diferentes bibliotecas y API sobre PyTorch. Algunos ejemplos notables son fastai (`https://docs.fast.ai/`), Catalyst (`https://github.com/catalyst-team/catalyst`), PyTorch Lightning (`https://www.pytorchlightning.ai`), (`https://lightning-flash.readthedocs.io/en/latest/quickstart.html`), y PyTorch-Ignite (`https://github.com/pytorch/ignite`).

En esta sección, exploraremos PyTorch Lightning (Lightning, para abreviar), una biblioteca PyTorch que se utiliza mucho y que hace que el entrenamiento de redes neuronales profundas sea más sencillo al eliminar gran parte del código boilerplate. Sin embargo, aunque Lightning se centra en la simplicidad y la flexibilidad, también nos permite utilizar muchas características avanzadas, como el soporte multi-GPU y el entrenamiento rápido de baja precisión, que puede conocer en la documentación oficial en `https://pytorch-lightning.rtfd.io/en/latest/`.

También hay una introducción adicional a PyTorch-Ignite en `https://github.com/rasbt/machine-learning-book/blob/main/ch13/ch13_part4_ignite.ipynb`.

En una sección anterior, Proyecto dos: clasificación de dígitos escritos a mano de MNIST, implementamos un perceptrón multicapa para clasificar dígitos escritos a mano en el conjunto de datos MNIST. En las siguientes subsecciones, reimplementaremos este clasificador utilizando Lightning.

Instalación de PyTorch Lightning

Lightning se puede instalar utilizando pip o conda, dependiendo de su preferencia. Por ejemplo, el comando para instalar Lightning mediante pip es el siguiente:

```
pip install pytorch-lightning
```

El comando para instalar Lightning utilizando conda es:

```
conda install pytorch-lightning -c conda-forge
```

El código de las siguientes subsecciones se basa en la versión 1.5 de PyTorch Lightning, que puede instalar sustituyendo `pytorch-lightning` por `pytorch-lightning==1.5` en estos comandos.

Configuración del modelo PyTorch Lightning

Comenzamos implementando el modelo, que entrenaremos en las siguientes subsecciones. Definir un modelo para Lightning es relativamente fácil, ya que se basa en el código normal de Python y PyTorch. Para implementar un modelo Lightning se requiere utilizar `LightningModule` en lugar del módulo PyTorch normal. Para aprovechar las funciones de conveniencia de PyTorch, como la API del entrenador y el registro automático, solo tenemos que definir algunos métodos con nombres específicos:

```
import pytorch_lightning as pl
import torch
import torch.nn as nn

from torchmetrics import Accuracy

class MultiLayerPerceptron(pl.LightningModule):
    def __init__(self, image_shape=(1, 28, 28), hidden_units=(32, 16)):
        super().__init__()
```

```
        # new PL attributes:
        self.train_acc = Accuracy()
        self.valid_acc = Accuracy()
        self.test_acc = Accuracy()

        # Model similar to previous section:
        input_size = image_shape[0] * image_shape[1] * image_shape[2]
        all_layers = [nn.Flatten()]
        for hidden_unit in hidden_units:
            layer = nn.Linear(input_size, hidden_unit)
            all_layers.append(layer)
            all_layers.append(nn.ReLU())
            input_size = hidden_unit

        all_layers.append(nn.Linear(hidden_units[-1], 10))
        self.model = nn.Sequential(*all_layers)

    def forward(self, x):
        x = self.model(x)
        return x

    def training_step(self, batch, batch_idx):
        x, y = batch
        logits = self(x)
        loss = nn.functional.cross_entropy(self(x), y)
        preds = torch.argmax(logits, dim=1)
        self.train_acc.update(preds, y)
        self.log("train_loss", loss, prog_bar=True)
        return loss

    def training_epoch_end(self, outs):
        self.log("train_acc", self.train_acc.compute())

    def validation_step(self, batch, batch_idx):
        x, y = batch
        logits = self(x)
        loss = nn.functional.cross_entropy(self(x), y)
        preds = torch.argmax(logits, dim=1)
        self.valid_acc.update(preds, y)
        self.log("valid_loss", loss, prog_bar=True)
        self.log("valid_acc", self.valid_acc.compute(), prog_bar=True)
        return loss
```

```
    def test_step(self, batch, batch_idx):
        x, y = batch
        logits = self(x)
        loss = nn.functional.cross_entropy(self(x), y)
        preds = torch.argmax(logits, dim=1)
        self.test_acc.update(preds, y)
        self.log("test_loss", loss, prog_bar=True)
        self.log("test_acc", self.test_acc.compute(), prog_bar=True)
        return loss

    def configure_optimizers(self):
        optimizer = torch.optim.Adam(self.parameters(), lr=0.001)
        return optimizer
```

Ahora vamos a analizar los diferentes métodos uno a uno. Como puede ver, el constructor `__init__` contiene el mismo código del modelo que utilizamos en una subsección anterior. La novedad es que hemos añadido los atributos de precisión, como `self.train_acc = Accuracy()`. Esto nos permitirá hacer un seguimiento de la precisión durante el entrenamiento. `Accuracy` se ha importado del módulo `torchmetrics`, que debería instalarse automáticamente con Lightning. Si no puede importar `torchmetrics`, puede intentar instalarlo mediante `pip install torchmetrics`. Puede encontrar más información en `https://torchmetrics.readthedocs.io/en/latest/pages/quickstart.html`.

El método `forward` implementa un paso hacia delante que devuelve los logits (salidas de la última capa completamente conectada de nuestra red antes de la capa softmax) cuando llamamos a nuestro modelo sobre los datos de entrada. Los logits, calculados a través del método `forward` llamando a `self(x)`, se utilizan para los pasos de entrenamiento, validación y prueba, que describiremos a continuación.

Los métodos `training_step`, `training_epoch_end`, `validation_step`, `test_step`, y `configure_optimizers` son reconocidos específicamente por Lightning. Por ejemplo, `training_step` define un único paso hacia delante durante el entrenamiento, en el que también llevamos la cuenta de la precisión y la pérdida para poder analizarlas posteriormente. Hay que tener en cuenta que calculamos la precisión mediante `self.train_acc.update(preds, y)` pero no la registramos todavía. El método `training_step` se ejecuta en cada lote individual durante el entrenamiento; y a través del método `training_epoch_end`, que se ejecuta al final de cada ciclo de entrenamiento, calculamos la precisión del conjunto de entrenamiento a partir de los valores de precisión que hemos acumulado durante el entrenamiento.

Los métodos `validation_step` y `test_step` definen, de forma análoga a como lo hace el método `training_step`, cómo debe calcularse el proceso de evaluación de validación y de prueba. De forma similar a `training_step`, cada `validation_step` y `test_step` recibe un único lote, por lo que registramos la precisión a través de los respectivos atributos de precisión derivados de `Accuracy` de `torchmetric`. Sin embargo, tenga en cuenta que a `validation_step` solo se lo llama en ciertos intervalos; por ejemplo, después de cada ciclo de entrenamiento. Por eso registramos la exactitud de la validación dentro del paso de validación, mientras que con la exactitud del entrenamiento, la registramos después de cada ciclo de entrenamiento; de lo contrario, el gráfico de exactitud que inspeccionamos más tarde parecería demasiado ruidoso.

Finalmente, mediante el método `configure_optimizers`, especificamos el optimizador utilizado para el entrenamiento. En las dos siguientes subsecciones se discutirá cómo podemos configurar el conjunto de datos y cómo podemos entrenar el modelo.

Configuración de los cargadores de datos para Lightning

Hay tres formas principales de preparar el conjunto de datos para Lightning:

- Hacer que el conjunto de datos forme parte del modelo.
- Configurar los cargadores de datos como de costumbre y aliméntarlos con el método `fit` de Lightning Trainer (el Trainer se presenta en la siguiente subsección).
- Crear `LightningDataModule`.

Aquí vamos a utilizar `LightningDataModule`, que es el enfoque mejor organizado. `LightningDataModule` consta de cinco métodos principales:

```
from torch.utils.data import DataLoader
from torch.utils.data import random_split
from torchvision.datasets import MNIST
from torchvision import transforms

class MnistDataModule(pl.LightningDataModule):
    def __init__(self, data_path='./'):
        super().__init__()
        self.data_path = data_path
        self.transform = transforms.Compose([transforms.ToTensor()])

    def prepare_data(self):
        MNIST(root=self.data_path, download=True)

    def setup(self, stage=None):
        # stage is either 'fit', 'validate', 'test', or 'predict'
```

```
        # here note relevant
        mnist_all = MNIST(
            root=self.data_path,
            train=True,
            transform=self.transform,
            download=False
        )

        self.train, self.val = random_split(
            mnist_all, [55000, 5000], generator=torch.Generator().
manual_seed(1)
        )

        self.test = MNIST(
            root=self.data_path,
            train=False,
            transform=self.transform,
            download=False
        )

    def train_dataloader(self):
        return DataLoader(self.train, batch_size=64, num_workers=4)

    def val_dataloader(self):
        return DataLoader(self.val, batch_size=64, num_workers=4)

    def test_dataloader(self):
        return DataLoader(self.test, batch_size=64, num_workers=4)
```

En el método `prepare_data`, definimos los pasos generales, como la descarga del conjunto de datos. En el método `setup`, definimos los conjuntos de datos utilizados para el entrenamiento, la validación y la prueba. Hay que tener en cuenta que MNIST no tiene una división dedicada a la validación, por lo que utilizamos la función `random_split` para dividir el conjunto de entrenamiento de 60 000 ejemplos en 55 000 ejemplos para el entrenamiento y 5000 ejemplos para la validación.

Los métodos del cargador de datos se explican por sí mismos y definen cómo se cargan los respectivos conjuntos de datos. Ahora, podemos inicializar el módulo de datos y utilizarlo para el entrenamiento, la validación y la prueba en las siguientes subsecciones:

```
torch.manual_seed(1)
mnist_dm = MnistDataModule()
```

Entrenamiento de modelos con la clase PyTorch Lightning Trainer

Ahora podemos cosechar las recompensas de la configuración del modelo con los métodos nombrados específicamente, así como con el módulo de datos de Lightning. Lightning implementa la clase `Trainer` que hace que el modelo de entrenamiento sea muy cómodo, ya que se encarga de todos los pasos intermedios, como llamar a `zero_grad()`, `backward()`, y `optimizer.step()` por nosotros. Además, como opción extra, nos permite especificar fácilmente una o más GPU para usar (si están disponibles):

```
mnistclassifier = MultiLayerPerceptron()

if torch.cuda.is_available(): # if you have GPUs
    trainer = pl.Trainer(max_epochs=10, gpus=1)
else:
    trainer = pl.Trainer(max_epochs=10)

trainer.fit(model=mnistclassifier, datamodule=mnist_dm)
```

Mediante el código anterior, entrenamos nuestro perceptrón multicapa durante 10 ciclos (epochs). Durante el entrenamiento, vemos una barra de progreso que hace un seguimiento de los ciclos y de las métricas principales, como las pérdidas de entrenamiento y de validación:

```
Epoch 9: 100% 939/939 [00:07<00:00, 130.42it/s, loss=0.1, v_num=0,
train_loss=0.260, valid_loss=0.166, valid_acc=0.949]
```

Una vez finalizado el entrenamiento, también podemos inspeccionar las métricas que registramos con más detalle, como veremos en la siguiente subsección.

Evaluación del modelo con TensorBoard

En la sección anterior, hemos experimentado la comodidad de la clase `Trainer`. Otra característica de Lightning es su capacidad de registro. Recordemos que antes especificamos varios pasos de `self.log` en nuestro modelo Lightning. Después, e incluso durante el entrenamiento, podemos visualizarlos en TensorBoard. (Hay que tener en cuenta que Lightning también admite otros registradores; para más información, consulte la documentación oficial en `https://pytorch-lightning.readthedocs.io/en/latest/common/loggers.html`).

Instalación de TensorBoard

TensorBoard se puede instalar mediante pip o conda, dependiendo de su preferencia. El comando para instalar TensorBoard con pip es el siguiente:

```
pip install tensorboard
```

El comando para instalar Lightning mediante conda es:

```
conda install tensorboard -c conda-forge
```

El código de la siguiente subsección está basado en la versión 2.4 de TensorBoard, que puede instalar sustituyendo `tensorboard` por `tensorboard==2.4` en estos comandos.

Por defecto, Lightning hace un seguimiento del entrenamiento en una subcarpeta llamada `lightning_logs`. Para visualizar las ejecuciones de entrenamiento, puede ejecutar el siguiente código en el terminal de línea de comandos, que abrirá TensorBoard en su navegador: `lightning_logs`.

```
tensorboard --logdir lightning_logs/
```

Opcionalmente, si ejecuta el código en un cuaderno Jupyter, puede añadir el siguiente código a una celda del cuaderno Jupyter para mostrar el panel de TensorBoard en el cuaderno directamente:

```
%load_ext tensorboard
%tensorboard --logdir lightning_logs/
```

La Figura 13.9 muestra el panel de TensorBoard con la precisión de entrenamiento y validación registradas. Observe que hay un conmutador de `version_0` que se muestra en la esquina inferior izquierda. Si ejecuta el código de entrenamiento varias veces, Lightning las registrará como subcarpetas separadas: `version_0`, `version_1`, `version_2`, etc.

Si observamos las precisiones de entrenamiento y validación en la Figura 13.9, podemos plantear la hipótesis de que entrenar el modelo durante algunos ciclos adicionales puede mejorar el rendimiento.

Lightning nos permite cargar un modelo entrenado y entrenarlo para ciclos adicionales convenientemente. Como se ha mencionado anteriormente, Lightning realiza un seguimiento de las ejecuciones de entrenamiento individuales utilizando subcarpetas. En la Figura 13.10, podemos ver el contenido de la subcarpeta `version_0`, que contiene archivos de registro y un punto de control del modelo para recargarlo:

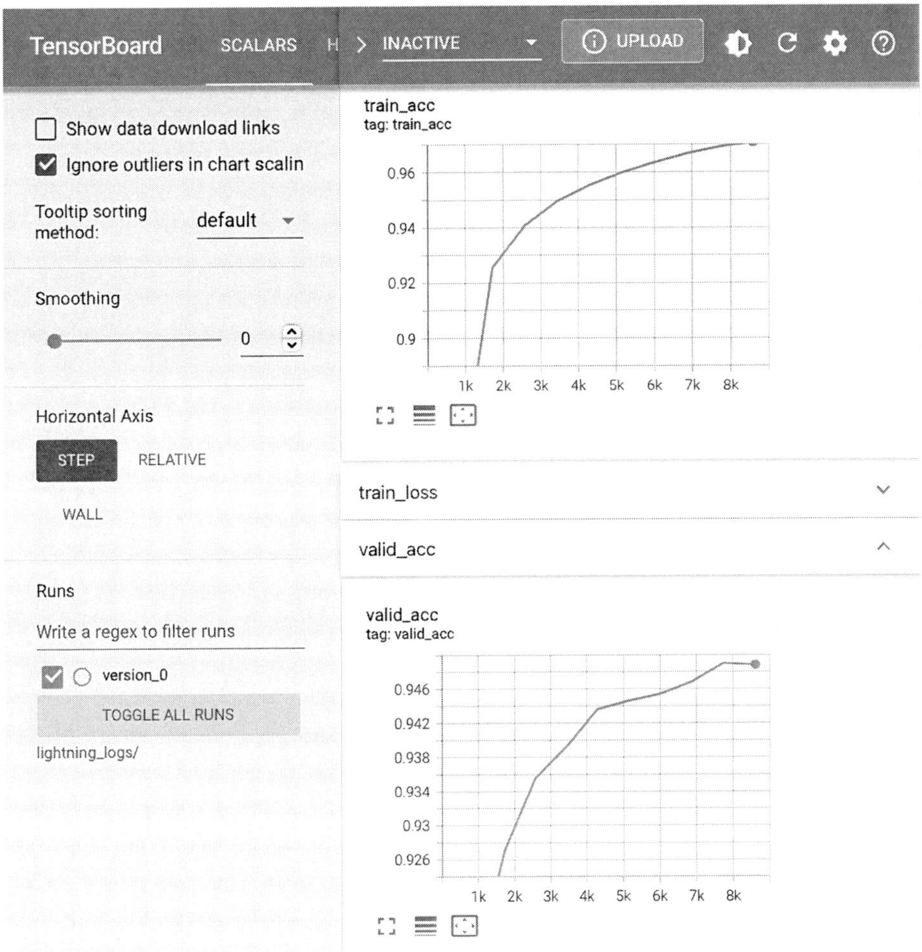

Figura 13.9 *Panel de TensorBoard.*

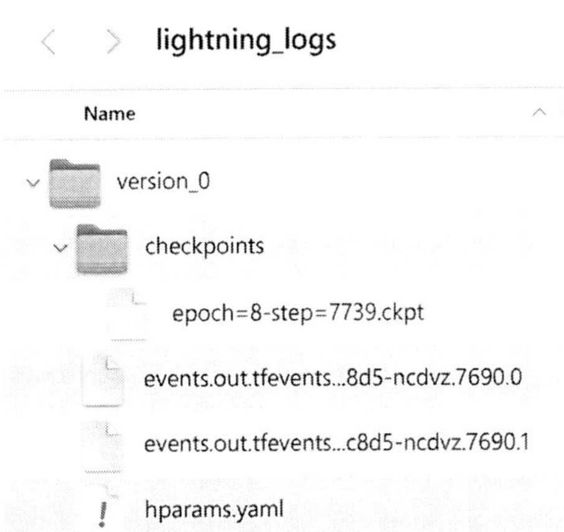

Figura 13.10 *Archivos de registro de PyTorch Lightning.*

Por ejemplo, podemos utilizar el siguiente código para cargar el último punto de control del modelo desde esta carpeta y entrenar el modelo mediante `fit`:

```
if torch.cuda.is_available(): # if you have GPUs
    trainer = pl.Trainer(max_epochs=15, resume_from_checkpoint='./
lightning_logs/version_0/checkpoints/epoch=8-step=7739.ckpt', gpus=1)
else:
    trainer = pl.Trainer(max_epochs=15, resume_from_checkpoint='./
lightning_logs/version_0/checkpoints/epoch=8-step=7739.ckpt')

trainer.fit(model=mnistclassifier, datamodule=mnist_dm)
```

En este caso, fijamos `max_epochs` a `15`, con lo que entrenamos el modelo durante 5 ciclos (epochs) adicionales (anteriormente, lo entrenamos durante 10 ciclos).

Ahora, echemos un vistazo al panel de TensorBoard en la Figura 13.11 y veamos si el entrenamiento del modelo durante unos cuantos ciclos adicionales ha merecido la pena:

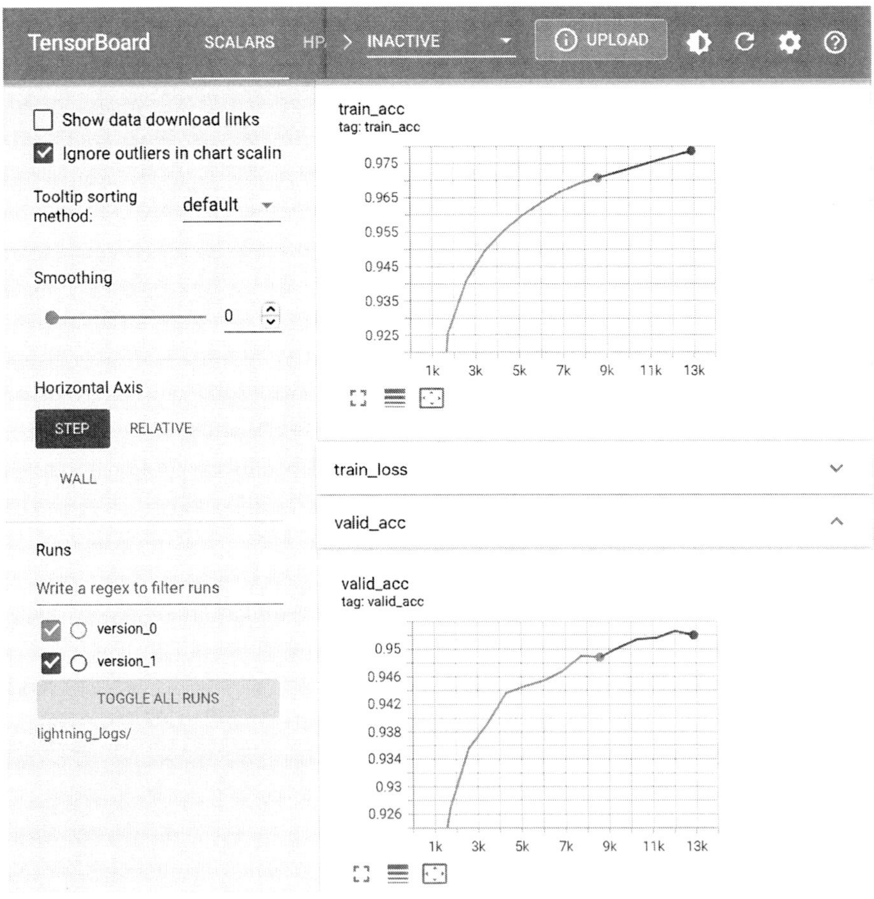

Figura 13.11 *Panel de TensorBoard tras el entrenamiento de cinco ciclos más.*

Como podemos ver en la Figura 13.11, TensorBoard nos permite mostrar los resultados de los ciclos de entrenamiento adicionales (`version_1`) junto a los anteriores (`version_0`), lo cual es muy conveniente. De hecho, podemos ver que el entrenamiento de cinco ciclos más ha mejorado la precisión de la validación. Llegados a este punto, podemos decidir entrenar el modelo para más ciclos, lo que dejamos como ejercicio pendiente para usted.

Una vez que hayamos terminado con el entrenamiento, podemos evaluar el modelo en el conjunto de pruebas utilizando el siguiente código:

```
trainer.test(model=mnistclassifier, datamodule=mnist_dm)
```

El rendimiento del conjunto de pruebas resultante, tras un entrenamiento de 15 ciclos en total, es de aproximadamente el 95 %:

```
[{'test_loss': 0.14912301301956177, 'test_acc': 0.9499600529670715}]
```

Tenga en cuenta que PyTorch Lightning también guarda el modelo automáticamente por nosotros. Si quiere reutilizar el modelo más tarde, puede cargarlo cómodamente a través del siguiente código:

```
model = MultiLayerPerceptron.load_from_checkpoint("path/to/checkpoint.ckpt")
```

Más información sobre PyTorch Lightning

Para obtener más información sobre Lightning, visite el sitio web oficial, que contiene tutoriales y ejemplos, en `https://pytorch-lightning.readthedocs.io`.

Lightning también tiene una comunidad activa en Slack que da la bienvenida a nuevos usuarios y colaboradores. Para obtener más información, visite el sitio web oficial de Lightning en `https://www.pytorchlightning.ai`.

Resumen

En este capítulo, hemos tratado las características más esenciales y útiles de PyTorch. Comenzamos discutiendo el grafo de cálculo dinámico de PyTorch, que hace que la implementación de cálculos sea muy conveniente. También tratamos la semántica de la definición de objetos tensoriales de PyTorch como parámetros del modelo.

Después de considerar el concepto de cálculo de derivadas parciales y gradientes de funciones arbitrarias, tratamos el módulo `torch.nn` con más detalle. Nos proporciona una interfaz fácil de usar para construir modelos de NN profundas más complejos. Finalmente, concluimos este capítulo resolviendo un problema de regresión y clasificación utilizando lo que hemos discutido hasta ahora.

Ahora que hemos tratado la mecánica central de PyTorch, en el siguiente capítulo se introducirá el concepto que hay detrás de las arquitecturas de redes neuronales convolucionales (Convolutional Neural Network, CNN) para el aprendizaje profundo. Las CNN son modelos potentes y han demostrado un gran rendimiento en el campo de la visión por ordenador.

Únase al espacio Discord del libro

Únase al espacio de trabajo Discord para una sesión mensual de «Pregúnteme lo que quiera» con los autores (en inglés):

`https://packt.link/MLwPyTorch`

14

Clasificación de imágenes con redes neuronales convolucionales profundas

En el capítulo anterior, hemos profundizado en diferentes aspectos de los módulos de redes neuronales y diferenciación automática de PyTorch. Se ha familiarizado con los tensores y las funciones de decoración, y ha aprendido a trabajar con `torch.nn`. En este capítulo, aprenderá sobre las redes neuronales convolucionales (Convolutional Neural Network, CNN) para la clasificación de imágenes. Comenzaremos discutiendo los bloques de construcción básicos de las CNN, utilizando un enfoque ascendente. Luego, profundizaremos en la arquitectura de las CNN y exploraremos cómo implementarlas en PyTorch.

En este capítulo, trataremos los siguientes temas:

- Operaciones de convolución en una y dos dimensiones
- Bbloques de construcción de las arquitecturas CNN
- Implementación de CNN profundas en PyTorch
- Técnicas de ampliación de datos para mejorar el rendimiento de generalización
- Implementación de un clasificador facial CNN para reconocer si alguien está sonriendo o no

Componentes de las CNN

Las CNN son una familia de modelos que se inspiraron originalmente en el funcionamiento de la corteza visual del cerebro humano cuando reconoce objetos. El desarrollo de las CNN se remonta a la década de 1990, cuando Yann LeCun y sus colegas propusieron una novedosa arquitectura de NN para clasificar dígitos escritos a mano a partir de imágenes («Handwritten Digit Recognition with a Back-Propagation

Network», de Y. LeCun y colaboradores, 1989, publicado en la conferencia Neural Information Processing Systems, NeurIPS).

La corteza visual humana

El descubrimiento original del funcionamiento de la corteza visual de nuestro cerebro lo hicieron David H. Hubel y Torsten Wiesel en 1959, cuando insertaron un microelectrodo en la corteza visual primaria de un gato anestesiado. Observaron que las neuronas respondían de forma diferente tras proyectar diferentes patrones de luz frente al gato. Esto condujo finalmente al descubrimiento de las diferentes capas de la corteza visual. Mientras que la capa primaria detecta principalmente bordes y líneas rectas, las capas de orden superior se centran más en la extracción de formas y patrones complejos.

Debido al extraordinario rendimiento de las CNN en tareas de clasificación de imágenes, este tipo de NN de prealimentación acaparó mucha atención y condujo a enormes mejoras en el aprendizaje automático para la visión por ordenador. Varios años más tarde, en 2019, Yann LeCun recibió el premio Turing (el más prestigioso de las ciencias de la computación) por sus contribuciones al campo de la inteligencia artificial (IA), junto con otros dos investigadores, Yoshua Bengio y Geoffrey Hinton, cuyos nombres han aparecido en capítulos anteriores.

En las siguientes secciones, discutiremos los conceptos más amplios de las CNN y por qué las arquitecturas convolucionales se describen a menudo como «capas de extracción de características». A continuación, nos adentraremos en la definición teórica del tipo de operación que es la convolución y que se utiliza habitualmente en las CNN, y veremos ejemplos de cálculo de convoluciones en una y dos dimensiones.

Comprensión de las CNN y jerarquías de características

Extraer con éxito las características destacadas (relevantes) es clave para el rendimiento de cualquier algoritmo de aprendizaje automático, y los modelos tradicionales de aprendizaje automático se basan en características de entrada que pueden provenir de un experto en el dominio o se basan en técnicas de extracción de características computacionales.

Algunos tipos de NN, como las CNN, pueden aprender automáticamente las características de los datos sin procesar que son más útiles para una tarea concreta. Por esta razón, es frecuente considerar las capas de las CNN como extractoras de características: las primeras capas (las que están inmediatamente después de la capa de entrada) extraen características de bajo nivel de los datos sin procesar, y las capas posteriores (a menudo capas totalmente conectadas, como en un perceptrón multicapa, MLP) utilizan estas características para pronosticar un valor objetivo continuo o una etiqueta de clase.

Ciertos tipos de NN multicapa, y en particular las CNN profundas, construyen la llamada «jerarquía de características» combinando las características de bajo nivel en forma de capas para formar características de alto nivel. Por ejemplo, si se trata de imágenes, las características de bajo nivel, como los bordes y las manchas, se extraen de las capas anteriores, que se combinan para formar características de alto nivel. Estas características de alto nivel pueden crear formas más complejas, por ejemplo los contornos generales de objetos como son edificios, gatos o perros.

Como se puede ver en la Figura 14.1, la CNN calcula mapas de características a partir de una imagen de entrada, donde cada elemento proviene de un parche local de píxeles en la imagen de entrada:

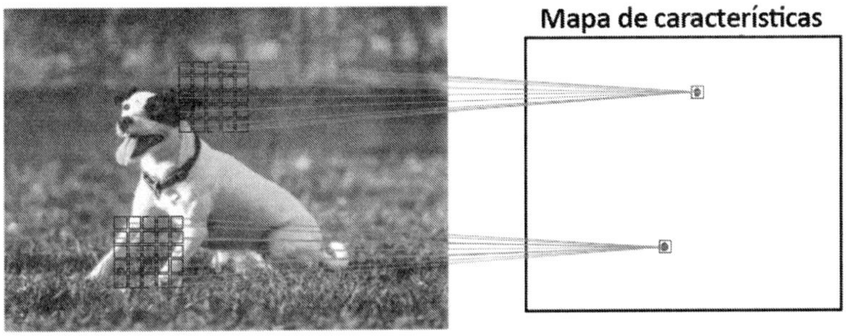

Figura 14.1 *Creación de mapas de características a partir de una imagen (foto de Alexander Dummer en Unsplash).*

Este parche local de píxeles se denomina «campo receptivo local». Las CNN suelen funcionar muy bien en tareas relacionadas con la imagen, y eso se debe en gran medida a dos ideas importantes:

- Conectividad dispersa: un solo elemento del mapa de características está conectado solo a un pequeño parche de píxeles. (Esto es muy diferente de conectarse a toda la imagen de entrada, como en el caso de los MLP. Puede que le resulte útil mirar atrás y comparar cómo implementamos una red totalmente conectada que se conectaba a toda la imagen en el capítulo 11, Implementación de redes neuronales artificiales multicapa desde cero).
- Compartición de parámetros: se utilizan los mismos pesos para diferentes parches de la imagen de entrada.

Como consecuencia directa de estas dos ideas, la sustitución de un MLP convencional totalmente conectado por una capa de convolución disminuye sustancialmente el número de pesos (parámetros) de la red, y eso implica una mejora en la capacidad de captar características destacadas. En el contexto de los datos de imágenes, tiene sentido suponer que los píxeles cercanos suelen ser más relevantes entre sí que los píxeles alejados.

Normalmente, las CNN se componen de varias capas convolucionales y de submuestreo que van seguidas de una o más capas totalmente conectadas al final. Las capas totalmente conectadas son esencialmente un MLP, en el que cada unidad de entrada, i, está conectada a cada unidad de salida, j, con un peso w_{ij} (que tratamos con más detalle en el capítulo 11).

Hay que tener en cuenta que las capas de submuestreo, a las que generalmente se las conoce como «capas de agrupación», no tienen ningún parámetro que averiguar; por ejemplo, no hay pesos ni unidades de sesgo en las capas de agrupación. Sin embargo, tanto las capas convolucionales como las totalmente conectadas tienen pesos y sesgos que se optimizan durante el entrenamiento.

En las siguientes secciones, estudiaremos las capas convolucionales y de agrupación con más detalle, y veremos cómo funcionan. Para entender cómo funcionan las operaciones de convolución, vamos a empezar con una convolución en una dimensión, que a veces se utiliza para trabajar con ciertos tipos de datos de secuencia, como es el texto. Después de discutir las convoluciones unidimensionales, trabajaremos con las típicas bidimensionales que se aplican generalmente a las imágenes bidimensionales.

Realización de convoluciones discretas

La convolución discreta (o simplemente «convolución») es una operación fundamental en una CNN. Por lo tanto, es importante entender cómo funciona esta operación. En esta sección, nos ocuparemos de su definición matemática y discutiremos algunos de los algoritmos ingenuos para calcular convoluciones de tensores unidimensionales (vectores) y tensores bidimensionales (matrices).

Hay que tener en cuenta que las fórmulas y descripciones de esta sección son únicamente para entender cómo funcionan las operaciones de convolución en las CNN. De hecho, ya existen implementaciones mucho más eficientes de las operaciones convolucionales en paquetes como PyTorch, como veremos más adelante en este capítulo.

Notación matemática

En este capítulo, utilizaremos subíndices para denotar el tamaño de un array multidimensional (tensor); por ejemplo, $A_{n_1 \times n_2}$ es un array bidimensional de tamaño $n_1 \times n_2$. Usamos corchetes, [ ], para denotar la indexación de un array multidimensional. Por ejemplo, $A[i, j]$ se refiere al elemento en el índice i, j de la matriz A. Además, hay que tener en cuenta que utilizamos un símbolo especial, $*$, para denotar la operación de convolución entre dos vectores o matrices, que no debe confundirse con el operador de multiplicación, `*`, en Python.

Convoluciones discretas en una dimensión

Empecemos con algunas definiciones y notaciones básicas que vamos a utilizar. Una convolución discreta para dos vectores, $\boldsymbol{x}$ y $\boldsymbol{w}$, se denota por $\boldsymbol{y} = \boldsymbol{x} * \boldsymbol{w}$, en la que el vector $\boldsymbol{x}$ es nuestra entrada (a veces llamada «señal») y a $\boldsymbol{w}$ se le llama «filtro» o «núcleo». Una convolución discreta se define matemáticamente así:

$$\boldsymbol{y} = \boldsymbol{x} * \boldsymbol{w} \rightarrow y[i] = \sum_{k=-\infty}^{+\infty} x[i-k]\, w[k]$$

Como se mencionó anteriormente, los corchetes, [ ] se utilizan para denotar la indexación de los elementos del vector. El índice, i, pasa por cada elemento del vector de salida, $\boldsymbol{y}$. Hay dos cosas extrañas en la fórmula anterior que debemos aclarar: índices de -∞ a +∞ e indexación negativa para $\boldsymbol{x}$.

El hecho de que la suma pase por los índices de −∞ a +∞ parece extraño, principalmente porque en las aplicaciones de aprendizaje automático, siempre tratamos con vectores de características finitos. Por ejemplo, si $\boldsymbol{x}$ tiene 10 características con índices 0, 1, 2, ..., 8, 9, entonces los índices −∞: -1 y 10: +∞ están fuera de los límites de $\boldsymbol{x}$. Por lo tanto, para calcular correctamente la suma mostrada en la fórmula anterior, se supone que $\boldsymbol{x}$ y $\boldsymbol{w}$ están rellenos con ceros. Esto dará como resultado un vector de salida, $\boldsymbol{y}$, que también tiene un tamaño infinito, también con muchos ceros. Como esto no es útil en situaciones prácticas, $\boldsymbol{x}$ se rellena solo con un número finito de ceros.

Este proceso se denomina «relleno de ceros» o, simplemente, «relleno». En este caso, el número de ceros de relleno en cada lado se denota por p. En la Figura 14.2 se muestra un ejemplo de relleno de un vector unidimensional, $\boldsymbol{x}$:

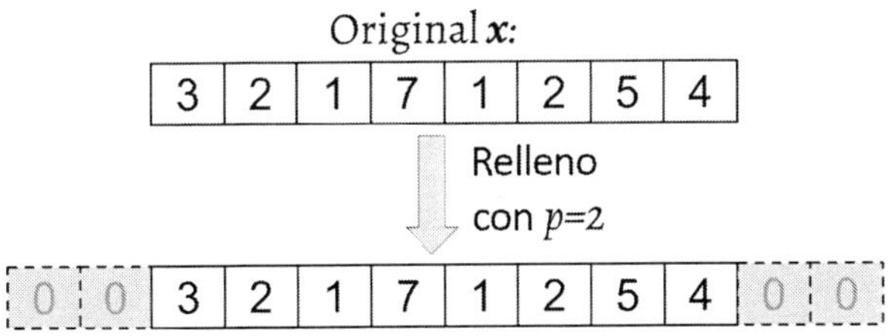

Figura 14.2 *Un ejemplo de relleno.*

Supongamos que la entrada original, $\boldsymbol{x}$, y el filtro, $\boldsymbol{w}$, tienen n y m elementos, respectivamente, donde $m \leq n$. Por lo tanto, el vector con relleno, x^p, tiene un tamaño $n + 2p$. La fórmula práctica para calcular una convolución discreta cambiará a la siguiente:

$$\boldsymbol{y} = \boldsymbol{x} * \boldsymbol{w} \rightarrow y[i] = \sum_{k=0}^{k=m-1} x^p[i+m-k]\, w[k]$$

Ahora que hemos resuelto el problema del índice infinito, el segundo problema es la indexación de $\boldsymbol{x}$ con $i + m - k$. El punto importante a tener en cuenta aquí es que $\boldsymbol{x}$ y $\boldsymbol{w}$ están indexados en diferentes direcciones en esta suma. Calcular la suma con un índice que va en dirección hacia atrás es equivalente a calcular la suma con ambos índices en la dirección hacia delante tras darle la vuelta a uno de esos vectores, $\boldsymbol{x}$ o $\boldsymbol{w}$, después de que se hayan rellenado. Entonces, podemos calcular su producto punto. Supongamos que le damos la vuelta (rotamos) al filtro, $\boldsymbol{w}$, para obtener el filtro rotado, $\boldsymbol{w}^r$. Entonces, el producto punto, $x[i: i + m] \cdot \boldsymbol{w}^r$, se calcula para obtener un elemento, $y[i]$, donde $x[i: i + m]$ es un parche de $\boldsymbol{x}$ con tamaño m. Esta operación se repite como si fuera una ventana deslizante para obtener todos los elementos de salida.

La siguiente figura proporciona un ejemplo con $\boldsymbol{x} = [3\ 2\ 1\ 7\ 1\ 2\ 5\ 4$ y $\boldsymbol{w} = \left[\frac{1}{2}\ \frac{3}{4}\ 1\ \frac{1}{4}\right]$, de manera que se calculan los tres primeros elementos de salida:

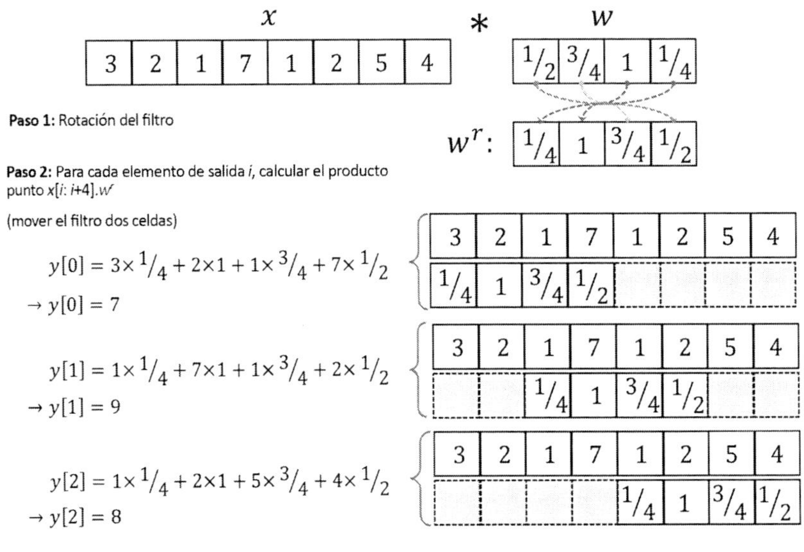

Figura 14.3 *Pasos para calcular la convolución discreta.*

Puede ver, en el ejemplo anterior, que el tamaño del relleno es cero ($p = 0$). Observe que el filtro rotado, $\boldsymbol{w}^r$, se mueve dos celdas cada vez que se desplaza. Este desplazamiento es otro hiperparámetro de una convolución, la franja, s. En este ejemplo, la franja es dos, $s = 2$. Hay que tener en cuenta que la franja tiene que ser un número positivo menor que el tamaño del vector de entrada. Hablaremos más sobre el relleno y las franjas en la siguiente sección.

Correlación cruzada

La correlación cruzada (o, simplemente, correlación) entre un vector de entrada y un filtro se denomina $\boldsymbol{y} = \boldsymbol{x} \star \boldsymbol{w}$ y es muy parecida a la convolución, con una pequeña diferencia: en la correlación cruzada, la multiplicación se realiza en la misma dirección. Por lo tanto, no es necesario rotar la matriz del filtro, $\boldsymbol{w}$, en cada dimensión. Matemáticamente, la correlación cruzada se define como sigue:

$$\boldsymbol{y} = \boldsymbol{x} \star \boldsymbol{w} \rightarrow y[i] = \sum_{k=-\infty}^{+\infty} x[i+k]\, w[k]$$

Las mismas reglas para el relleno y el avance pueden aplicarse también a la correlación cruzada. Tenga en cuenta que la mayoría de los frameworks de aprendizaje profundo (incluyendo PyTorch) implementan la correlación cruzada, pero se refieren a ella como convolución, que es una convención común en el campo del aprendizaje profundo.

Entradas de relleno para controlar el tamaño de los mapas de características de salida

Hasta ahora, solo hemos utilizado el relleno de ceros en las convoluciones para calcular vectores de salida de tamaño finito. Técnicamente, el relleno se puede aplicar con cualquier valor de $p \geq 0$. Dependiendo de la elección de p, las celdas situadas en los extremos se pueden tratar de forma diferente a las celdas situadas en el centro de $\boldsymbol{x}$.

Consideremos ahora un ejemplo en el que $n = 5$ y $m = 3$. Entonces, con $p = 0$, $x[0]$ solo se utiliza en el cálculo de un elemento de salida (por ejemplo, $y[0]$), mientras que $x[1]$ se utiliza en el cálculo de dos elementos de salida (por ejemplo, $y[0]$ e $y[1]$). Por lo tanto, se puede ver que este tratamiento diferente de los elementos de $\boldsymbol{x}$ puede poner artificialmente más énfasis en el elemento que está en medio, $x[2]$, ya que ha aparecido en la mayoría de los cálculos. Podemos evitar este problema si elegimos $p = 2$, en cuyo caso, cada elemento de $\boldsymbol{x}$ estará implicado en el cálculo de tres elementos de $\boldsymbol{y}$.

Además, el tamaño de la salida, $\boldsymbol{y}$, también depende de la elección de la estrategia de relleno que utilicemos.

Hay tres modos de relleno que se utilizan habitualmente en la práctica: el relleno completo, el mismo relleno y el relleno válido.

En el modo completo, el parámetro de relleno, p, se establece en $p = m - 1$. El relleno completo aumenta las dimensiones de la salida, por lo que rara vez se utiliza en las arquitecturas de las CNN.

El modo en el que el relleno es el mismo, se suele utilizar para garantizar que el vector de salida tenga el mismo tamaño que el vector de entrada, x. En este caso, el parámetro de relleno, p, se calcula en función del tamaño del filtro, junto con el requisito de que el tamaño de entrada y el de salida sean iguales.

Por último, el cálculo de una convolución en modo válido se refiere al caso en que $p = 0$ (sin relleno).

La Figura 14.4 ilustra los tres modos de relleno diferentes para una entrada simple de 5×5 píxeles con un tamaño de núcleo de 3×3 y un paso de 1:

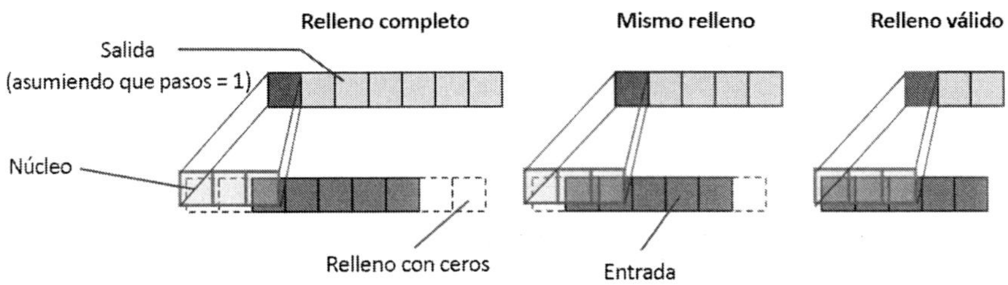

Figura 14.4 *Los tres modos de relleno.*

El modo de relleno más utilizado en las CNN es el del caso en el que el relleno es el mismo. Una de sus ventajas sobre los otros modos de relleno es que preserva el tamaño del vector (o la altura y la anchura de las imágenes de entrada cuando trabajamos en tareas relacionadas con la imagen en la visión por ordenador), lo que hace que el diseño de la arquitectura de red sea más adecuado.

Una gran desventaja del relleno válido frente al relleno completo y el mismo relleno es que el volumen de los tensores disminuirá sustancialmente en las NN con muchas capas, lo que puede ser perjudicial para el rendimiento de la red. En la práctica, se debería preservar el tamaño espacial utilizando el mismo relleno para las capas convolucionales y disminuir el tamaño espacial mediante capas de agrupación o capas convolucionales con paso 2 en su lugar, como se describe en «Striving for Simplicity: The All Convolutional Net ICLR (workshop track)», de Jost Tobias Springenberg, Alexey Dosovitskiy y otros, 2015 (`https://arxiv.org/abs/1412.6806`).

En cuanto al relleno, su tamaño da lugar a una salida mayor que el tamaño de la entrada. El relleno completo suele utilizarse en aplicaciones de procesamiento de señales en las que es importante minimizar los efectos de frontera. Sin embargo, en un contexto de aprendizaje profundo, los efectos de frontera no suelen ser un problema, por lo que, en la práctica, rara vez vemos que se utilice el relleno completo.

Determinación del tamaño de la salida de la convolución

El tamaño de la salida de la convolución viene determinado por el número total de veces que desplazamos el filtro, $\boldsymbol{w}$, a lo largo del vector de entrada. Supongamos que el vector de entrada es de tamaño n y el filtro es de tamaño m. Entonces, el tamaño de la salida resultante de $\boldsymbol{y} = \boldsymbol{x} * \boldsymbol{w}$, con un relleno p y un paso s, se determinaría de la siguiente manera:

$$o = \left\lfloor \frac{n + 2p - m}{s} \right\rfloor + 1$$

Aquí, $\lfloor \cdot \rfloor$ representa la operación floor.

> **La operación floor**
>
> La operación floor devuelve el mayor número entero que es igual o menor que la entrada, por ejemplo:
>
> $$\text{floor}(1.77) = \lfloor 1.77 \rfloor = 1$$

Consideremos los dos casos siguientes:

- Calculamos el tamaño de la salida para un vector de entrada de tamaño 10 con un núcleo de convolución de tamaño 5, relleno 2 y paso 1:

  $$n = 10, m = 5, \quad p = 2, \quad s = 1 \rightarrow o = \left\lfloor \frac{10 + 2 \times 2 - 5}{1} \right\rfloor + 1 = 10$$

  (Nótese que, en este caso, el tamaño de salida resulta ser el mismo que el de entrada; por lo tanto, podemos concluir que se trata del modo del mismo relleno).

- ¿Cómo cambia el tamaño de la salida para el mismo vector de entrada cuando tenemos un núcleo de tamaño 3 y paso 2?

  $$n = 10, m = 3, \quad p = 2, \quad s = 2 \rightarrow o = \left\lfloor \frac{10 + 2 \times 2 - 3}{2} \right\rfloor + 1 = 6$$

Si está interesado en saber más sobre el tamaño de la salida de la convolución, le recomendamos que lea el manuscrito *A guide to convolution arithmetic for deep learning*, de Vincent Dumoulin y Francesco Visin, que está disponible de forma gratuita en `https://arxiv.org/abs/1603.07285`.

Finalmente, para aprender a calcular convoluciones de una dimensión, se muestra una implementación ingenua en el siguiente bloque de código, y se comparan los resultados con la función `numpy.convolve`. El código es el siguiente:

```
>>> import numpy as np
>>> def conv1d(x, w, p=0, s=1):
...     w_rot = np.array(w[::-1])
...     x_padded = np.array(x)
...     if p > 0:
...         zero_pad = np.zeros(shape=p)
...         x_padded = np.concatenate([
...             zero_pad, x_padded, zero_pad
...         ])
...     res = []
...     for i in range(0, int((len(x_padded) - len(w_rot))) + 1, s):
...         res.append(np.sum(x_padded[i:i+w_rot.shape[0]] * w_rot))
...     return np.array(res)
>>> ## Testing:
>>> x = [1, 3, 2, 4, 5, 6, 1, 3]
>>> w = [1, 0, 3, 1, 2]
>>> print('Conv1d Implementation:',
...       conv1d(x, w, p=2, s=1))
Conv1d Implementation: [ 5. 14. 16. 26. 24. 34. 19. 22.]
>>> print('NumPy Results:',
...       np.convolve(x, w, mode='same'))
NumPy Results: [ 5 14 16 26 24 34 19 22]
```

Hasta ahora, nos hemos centrado principalmente en las convoluciones para vectores (convoluciones 1D). Hemos empezado con el caso 1D para facilitar la comprensión de los conceptos. En la siguiente sección, trataremos con más detalle las convoluciones 2D, que son los bloques de construcción de las CNN para tareas relacionadas con la imagen.

Realización de convoluciones discretas en 2D

Los conceptos aprendidos en las secciones anteriores se pueden externder fácilmente a 2D. Cuando tratamos con entradas 2D, como la matriz, $\boldsymbol{X}_{n_1 \times n_2}$, y la matriz del filtro, $\boldsymbol{W}_{m_1 \times m_2}$, donde $m_1 \leq n_1$ y $m_2 \leq n_2$, entonces la matriz $\boldsymbol{Y} = \boldsymbol{X} * \boldsymbol{W}$ es el resultado de una convolución 2D entre X y W. Esto se define matemáticamente como sigue:

$$\boldsymbol{Y} = \boldsymbol{X} * \boldsymbol{W} \rightarrow Y[i,j] = \sum_{k_1=-\infty}^{+\infty} \sum_{k_2=-\infty}^{+\infty} X[i-k_1, j-k_2]\, W[k_1, k_2]$$

Observe que si omite una de las dimensiones, la fórmula resultante es exactamente la misma que utilizamos anteriormente para calcular la convolución en 1D. De hecho, todas las técnicas mencionadas anteriormente (como el relleno de ceros, la rotación de la matriz del filtro y el uso de pasos) también son aplicables a las convoluciones en 2D, siempre que se extiendan a ambas dimensiones de forma independiente. La Figura 14.5 muestra la convolución 2D de una matriz de entrada de tamaño 8×8, utilizando un núcleo de tamaño 3×3. La matriz de entrada se rellena con ceros con $p = 1$. Como resultado, la salida de la convolución 2D tendrá un tamaño de 8×8:

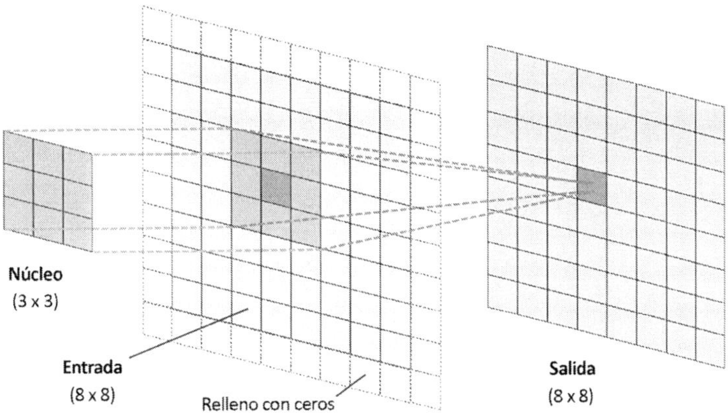

Figura 14.5 *Salida de la convolución 2D.*

El siguiente ejemplo ilustra el cálculo de una convolución 2D entre una matriz de entrada, $X_{3\times3}$, y una matriz de núcleo, $W_{3\times3}$, utilizando un relleno $p = (1, 1)$ y un paso $s = (2, 2)$. De acuerdo con el relleno especificado, se añade una capa de ceros a cada lado de la matriz de entrada, lo que da como resultado la matriz rellena $X^{\text{padded}}_{5\times5}$:

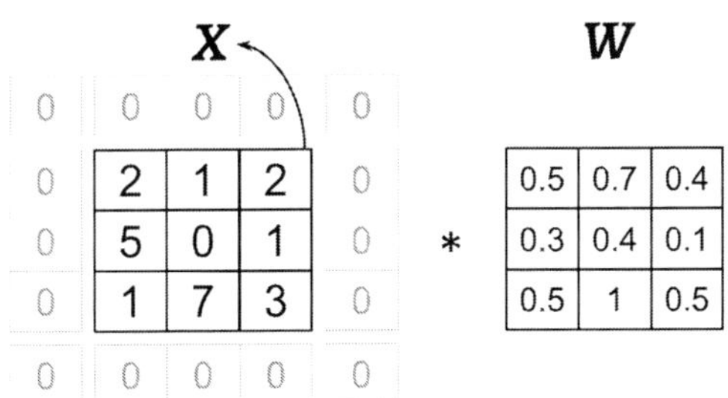

Figura 14.6 *Cálculo de la convolución 2D entre una matriz de entrada y otra del núcleo.*

Con el filtro anterior, el filtro rotado será:

$$W^r = \begin{bmatrix} 0.5 & 1 & 0.5 \\ 0.1 & 0.4 & 0.3 \\ 0.4 & 0.7 & 0.5 \end{bmatrix}$$

Hay que tener en cuenta que esta rotación no es lo mismo que la matriz de trasposición. Para obtener el filtro rotado en NumPy, podemos escribir `W_rot=W[::-1,::-1]`. A continuación, podemos desplazar la matriz del filtro rotado a lo largo de la matriz de entrada rellenada X^{padded}, como una ventana deslizante, y calcular la suma del producto elemento a elemento, que se denota con el operador ⊙ de la Figura 14.7:

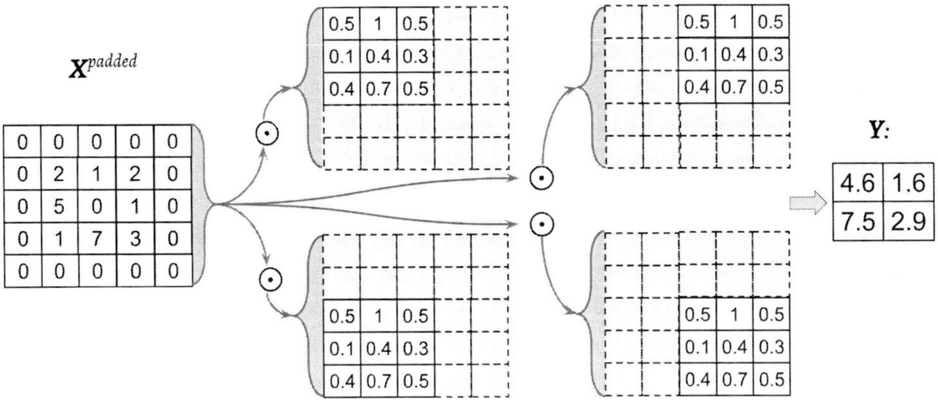

Figura 14.7 *Cálculo de la suma del producto elemento a elemento.*

El resultado será la matriz de 2×2, ***Y***.

Implementemos también la convolución 2D según el algoritmo ingenuo descrito. El paquete `scipy.signal` proporciona una forma de calcular la convolución 2D utilizando la función `scipy.signal.convolve2d`:

```
>>> import numpy as np
>>> import scipy.signal
>>> def conv2d(X, W, p=(0, 0), s=(1, 1)):
...     W_rot = np.array(W)[::-1,::-1]
...     X_orig = np.array(X)
...     n1 = X_orig.shape[0] + 2*p[0]
...     n2 = X_orig.shape[1] + 2*p[1]
...     X_padded = np.zeros(shape=(n1, n2))
...     X_padded[p[0]:p[0]+X_orig.shape[0],
...              p[1]:p[1]+X_orig.shape[1]] = X_orig
...
...     res = []
...     for i in range(0,
...             int((X_padded.shape[0] - \
...             W_rot.shape[0])/s[0])+1, s[0]):
...         res.append([])
...         for j in range(0,
...                 int((X_padded.shape[1] - \
...                 W_rot.shape[1])/s[1])+1, s[1]):
```

```
...             X_sub = X_padded[i:i+W_rot.shape[0],
...                              j:j+W_rot.shape[1]]
...             res[-1].append(np.sum(X_sub * W_rot))
...     return(np.array(res))
>>> X = [[1, 3, 2, 4], [5, 6, 1, 3], [1, 2, 0, 2], [3, 4, 3, 2]]
>>> W = [[1, 0, 3], [1, 2, 1], [0, 1, 1]]
>>> print('Conv2d Implementation:\n',
...       conv2d(X, W, p=(1, 1), s=(1, 1)))
Conv2d Implementation:
[[ 11.  25.  32.  13.]
 [ 19.  25.  24.  13.]
 [ 13.  28.  25.  17.]
 [ 11.  17.  14.   9.]]
>>> print('SciPy Results:\n',
...       scipy.signal.convolve2d(X, W, mode='same'))
SciPy Results:
[[11 25 32 13]
 [19 25 24 13]
 [13 28 25 17]
 [11 17 14  9]]
```

Algoritmos eficientes para calcular la convolución

Proporcionamos una implementación ingenua para calcular la convolución 2D con el fin de entender los conceptos. Sin embargo, esta implementación es muy ineficiente en términos de requerimientos de memoria y complejidad computacional. Por lo tanto, no debería utilizarse en aplicaciones de NN del mundo real.

Uno de los aspectos es que la matriz del filtro no se rota en la mayoría de las herramientas como PyTorch. Además, en los últimos años se han desarrollado algoritmos mucho más eficientes que utilizan la transformada de Fourier para calcular las convoluciones. También es importante señalar que, en el contexto de las NN, el tamaño del núcleo de convolución suele ser mucho menor que el tamaño de la imagen de entrada.

Por ejemplo, las CNN modernas suelen utilizar tamaños de núcleo del tipo 1×1, 3×3 o 5×5, para los que se han diseñado algoritmos eficientes que pueden realizar las operaciones convolucionales de forma mucho más eficiente, como el algoritmo de filtrado mínimo de Winograd. Estos algoritmos están fuera del alcance del este libro; pero si está interesado en saber más, puede leer *Fast Algorithms for Convolutional Neural Networks*, de Andrew Lavin y Scott Gray, 2015, que está disponible gratuitamente en `https://arxiv.org/abs/1509.09308`.

En la siguiente sección, hablaremos del submuestreo o agrupación, que es otra operación importante que se utiliza a menudo en las CNN.

Capas de submuestreo

El submuestreo se aplica normalmente en dos formas de operaciones de agrupación (pooling) en las CNN: max-pooling y mean-pooling (también conocida como «average-pooling»). La capa de agrupación se denota normalmente por $P_{n_1 \times n_2}$. Aquí, el subíndice determina el tamaño del vecindario (el número de píxeles adyacentes en cada dimensión) donde se realiza la operación máxima o media. Nos referimos a dicho vecindario como el tamaño de la agrupación (pooling).

El funcionamiento se describe en la Figura 14.8. Aquí, max-pooling toma el valor máximo de una vecindad de píxeles, y el mean-pooling calcula su media:

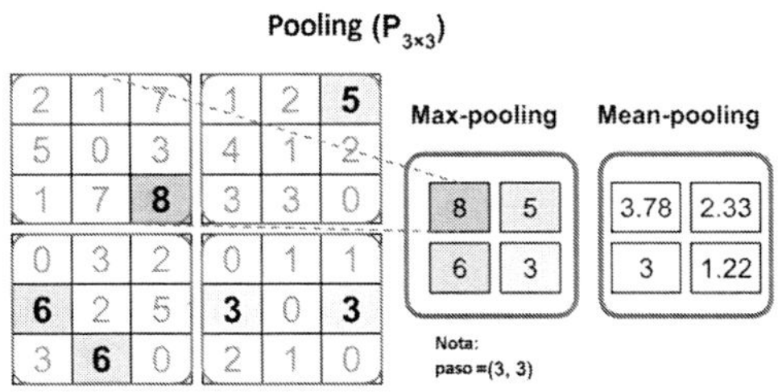

Figura 14.8 *Ejemplo de max-pooling y mean-pooling.*

La ventaja de la puesta en común es doble:

- La agrupación (max-pooling) introduce una invariabilidad local. Esto significa que los pequeños cambios en una zona local no cambian el resultado del max-pooling. Por lo tanto, ayuda a generar características que son más robustas al ruido en los datos de entrada. Consulte el siguiente ejemplo, que muestra que el max-pooling de dos matrices de entrada diferentes, X_1 and X_2, da como resultado la misma salida:

$$\left.\begin{matrix} \boldsymbol{X}_1 = \begin{bmatrix} 10 & 255 & 125 & 0 & 170 & 100 \\ 70 & 255 & 105 & 25 & 25 & 70 \\ 255 & 0 & 150 & 0 & 10 & 10 \\ 0 & 255 & 10 & 10 & 150 & 20 \\ 70 & 15 & 200 & 100 & 95 & 0 \\ 35 & 25 & 100 & 20 & 0 & 60 \end{bmatrix} \\ \\ \boldsymbol{X}_2 = \begin{bmatrix} 100 & 100 & 100 & 50 & 100 & 50 \\ 95 & 255 & 100 & 125 & 125 & 170 \\ 80 & 40 & 10 & 10 & 125 & 150 \\ 255 & 30 & 150 & 20 & 120 & 125 \\ 30 & 30 & 150 & 100 & 70 & 70 \\ 70 & 30 & 100 & 200 & 70 & 95 \end{bmatrix} \end{matrix}\right\} \xrightarrow{\text{max pooling } P_{2\times 2}} \begin{bmatrix} 255 & 125 & 170 \\ 255 & 150 & 150 \\ 70 & 200 & 95 \end{bmatrix}$$

- La agrupación disminuye el tamaño de las características, lo que se traduce en una mayor eficiencia de cálculo. Además, la reducción del número de características puede reducir también el grado de sobreajuste.

Agrupación solapada o no solapada

Tradicionalmente, se supone que la agrupación no se solapa. La agrupación se realiza normalmente en vecindarios no solapados, lo que puede hacerse estableciendo el parámetro de paso igual al tamaño de la agrupación. Por ejemplo, una capa de agrupación no solapada, $P_{n_1 \times n_2}$, requiere un parámetro de paso $s = (n_1, n_2)$. Por otro lado, la agrupación solapada se produce si el paso es menor que el tamaño de la agrupación. Un ejemplo en el que se utiliza la agrupación solapada en una red convolucional se describe en *ImageNet Classification with Deep Convolutional Neural Networks*, de A. Krizhevsky, I. Sutskever, y G. Hinton, 2012, que está disponible gratuitamente en `https://papers.nips.cc/paper/4824-imagenet-classification-with-deep-convolutional-neural-networks`.

La agrupación sigue siendo una parte esencial de muchas arquitecturas CNN, pero también se han desarrollado varias arquitecturas CNN sin utilizar capas de agrupación. En lugar de utilizar estas capas de agrupación para reducir el tamaño de las características, los investigadores utilizan capas convolucionales con un paso de 2.

En cierto sentido, se puede pensar en una capa convolucional con paso 2 como una capa de agrupación con pesos que se pueden averiguar. Si está interesado en una comparación empírica de diferentes arquitecturas de CNN desarrolladas con y sin capas de agrupación, le recomendamos que lea el artículo de investigación «Striving for Simplicity: The All Convolutional Net», de Jost Tobias Springenberg, Alexey Dosovitskiy, Thomas Brox y Martin Riedmiller. Este artículo está disponible gratuitamente en `https://arxiv.org/abs/1412.6806`.

Poner todo junto: implementación de CNN

Hasta ahora, ha aprendido lo concerniente a los bloques de construcción básicos de las CNN. Los conceptos ilustrados en este capítulo no son realmente más difíciles que las NN multicapa tradicionales. Podemos decir que la operación más importante en una NN tradicional es la multiplicación matricial. Por ejemplo, utilizamos las multiplicaciones matriciales para calcular las preactivaciones (o entradas de la red), como en $z = Wx + b$. Aquí, x es un vector columna (matriz $\mathbb{R}^{n\times 1}$) que representa los píxeles, y W es la matriz de pesos que conecta las entradas de los píxeles a cada unidad oculta.

En una CNN, esta operación se sustituye por una operación de convolución, como en $\boldsymbol{Z} = \boldsymbol{W} * \boldsymbol{X} + \boldsymbol{b}$, donde X es una matriz que representa los píxeles en una representación de altura × anchura. En ambos casos, las preactivaciones se pasan a una función de activación para obtener la activación de una unidad oculta, $\boldsymbol{A} = \sigma(\boldsymbol{Z})$, donde σ es la función de activación. Además, recordará que el submuestreo es otro bloque de construcción de una CNN, que puede aparecer en forma de pooling, como se describió en la sección anterior.

Trabajo con varios canales de entrada o de color

La entrada a una capa convolucional puede contener una o más matrices o arrays 2D con dimensiones $N_1 \times N_2$ (por ejemplo, la altura y la anchura de la imagen en píxeles). Estas matrices $N_1 \times N_2$ se denominan «canales». Las implementaciones convencionales de las capas convolucionales esperan una representación tensorial de rango 3 como entrada; por ejemplo, un array tridimensional, $\boldsymbol{X}_{N_1 \times N_2 \times C_{in}}$, donde C_{in} es el número de canales de entrada. Por ejemplo, consideremos las imágenes como entrada a la primera etapa de una CNN. Si la imagen está coloreada y utiliza el modo de color RGB, entonces $C_{in} = 3$ (para los canales de color rojo, verde y azul en RGB). Sin embargo, si la imagen está en escala de grises, entonces tenemos $C_{in} = 1$, porque solo hay un canal con los valores de intensidad de los píxeles en escala de grises.

Leyendo un archivo de imagen

Cuando trabajamos con imágenes, podemos leerlas con matrices NumPy usando el tipo de datos `uint8` (entero sin signo de 8 bits) para reducir el uso de memoria en comparación con el uso de los tipos de 16, 32 o 64 bits, por ejemplo.

Los enteros sin signo de 8 bits coge valores en el intervalo [0, 255], que son suficientes para almacenar la información de los píxeles en las imágenes RGB, que también toman valores en el mismo rango.

En el capítulo 12, Paralelización del entrenamiento de redes neuronales con PyTorch, vimos que PyTorch PyTorch proporciona un módulo para cargar/almacenar y manipular imágenes a través de `torchvision`. Recapitulemos cómo leer una imagen (esta imagen RGB de ejemplo se encuentra en la carpeta del paquete de código que se proporciona con este capítulo):

```
>>> import torch
>>> from torchvision.io import read_image
>>> img = read_image('example-image.png')
>>> print('Image shape:', img.shape)
Image shape: torch.Size([3, 252, 221])
>>> print('Number of channels:', img.shape[0])
Number of channels: 3
>>> print('Image data type:', img.dtype)
Image data type: torch.uint8
>>> print(img[:, 100:102, 100:102])
tensor([[[179, 182],
         [180, 182]],
```

```
        [[134, 136],
         [135, 137]],

        [[110, 112],
         [111, 113]]], dtype=torch.uint8)
Tenga en cuenta que los tensores de imagen de entrada y salida
tienen el formato de Tensor[channels, image_height, image_width].
```

Ahora que está familiarizado con la estructura de los datos de entrada, la siguiente pregunta es: ¿cómo podemos incorporar múltiples canales de entrada en la operación de convolución que hemos discutido en las secciones anteriores? La respuesta es muy sencilla: realizamos la operación de convolución para cada canal por separado y, luego, sumamos los resultados utilizando la suma matricial. La convolución asociada a cada canal (c) tiene su propia matriz kernel como $W[:, :, c]$.

El resultado total de la preactivación se calcula con la siguiente fórmula:

$$\begin{array}{l}\text{Dado un ejemplo } \boldsymbol{X}_{n_1 \times n_2 \times C_{in}},\\ \text{una matriz kernel } \boldsymbol{W}_{m_1 \times m_2 \times C_{in}},\\ \text{y un valor } b\end{array} \Rightarrow \left\{\begin{array}{l}\boldsymbol{Z}^{Conv} = \sum_{c=1}^{C_{in}} \boldsymbol{W}[:,:,c] * \boldsymbol{X}[:,:,c]\\ \text{Pre-activación: } \boldsymbol{Z} = \boldsymbol{Z}^{Conv} + b_c\\ \text{Mapa caracter.: } \boldsymbol{A} = \sigma(\boldsymbol{Z})\end{array}\right.$$

El resultado final, A, es un mapa de características. Normalmente, una capa convolucional de una CNN tiene más de un mapa de características. Si utilizamos múltiples mapas de características, el tensor del núcleo se convierte en cuatridimensional: anchura × altura × C_{in} × C_{out}. Aquí, anchura × altura es el tamaño del núcleo; C_{in} es el número de canales de entrada; y C_{out} es el número de mapas de características de salida. Por lo tanto, incluimos ahora el número de mapas de características de salida en la fórmula anterior y la actualizamos:

$$\begin{array}{l}\text{Dado un ejemplo } \boldsymbol{X}_{n_1 \times n_2 \times C_{in}},\\ \text{la matriz kernel } \boldsymbol{W}_{m_1 \times m_2 \times C_{in} \times C_{out}},\\ \text{y el valor } \boldsymbol{b}_{C_{out}}\end{array} \Rightarrow \left\{\begin{array}{l}\boldsymbol{Z}^{Conv}[:,:,k] = \sum_{c=1}^{C_{in}} \boldsymbol{W}[:,:,c,k] * \boldsymbol{X}[:,:,c]\\ \boldsymbol{Z}[:,:,k] = \boldsymbol{Z}^{Conv}[:,:,k] + b[k]\\ \boldsymbol{A}[:,:,k] = \sigma(\boldsymbol{Z}[:,:,k])\end{array}\right.$$

Para concluir nuestro análisis sobre el cálculo de convoluciones en el contexto de las NN, veamos el ejemplo de la Figura 14.9, que muestra una capa convolucional, seguida de una capa de agrupación (pooling). En este ejemplo, hay tres canales de entrada. El tensor del núcleo es de cuatro dimensiones. Cada matriz del núcleo se denota como $m_1 \times m_2$, y hay tres de ellas, una para cada canal de entrada. Además, hay cinco núcleos de este tipo, que representan cinco mapas de características de salida. Por último, hay una capa de agrupación para el submuestreo de los mapas de características:

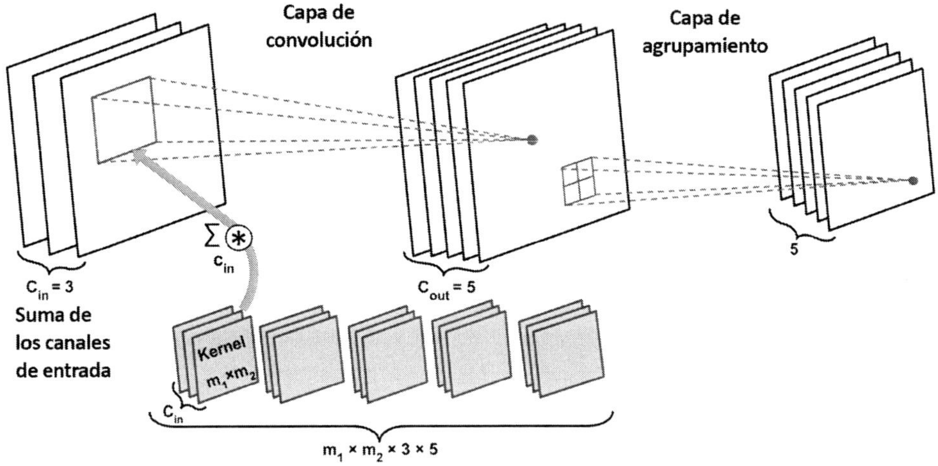

Figura 14.9 *Implementación de una CNN.*

¿Cuántos parámetros entrenables existen en el ejemplo anterior?

Para ilustrar las ventajas de la convolución, la compartición de parámetros y la conectividad dispersa, vamos a trabajar con un ejemplo. La capa convolucional de la red mostrada en la Figura 14.9 es un tensor de cuatro dimensiones. Por tanto, hay $m_1 \times m_2 \times 3 \times 5$ parámetros asociados al núcleo. Además, hay un vector de sesgo para cada mapa de características de salida de la capa convolucional. Por lo tanto, el tamaño del vector de sesgo es 5. Las capas de agrupación no tienen ningún parámetro (entrenable); por lo tanto, podemos escribir lo siguiente:

$$m_1 \times m_2 \times 3 \times 5 + 5$$

Si el tensor de entrada es de tamaño $n_1 \times n_2 \times 3$, suponiendo que la convolución se realiza con el modo del tipo del mismo relleno, entonces el tamaño de los mapas de características de salida sería $n_1 \times n_2 \times 5$.

Tenga en cuenta que si utilizamos una capa totalmente conectada en lugar de una capa convolucional, este número será mucho mayor. En el caso de una capa totalmente conectada, el número de parámetros de la matriz de pesos para alcanzar el mismo número de unidades de salida habría sido el siguiente:

$$(n_1 \times n_2 \times 3) \times (n_1 \times n_2 \times 5) = (n_1 \times n_2)^2 \times 3 \times 5$$

Además, el tamaño del vector de sesgo es $n_1 \times n_2 \times 5$ (un elemento de sesgo por cada unidad de salida). Dado que $m_1 < n_1$ y $m_2 < n_2$, podemos ver que la diferencia en el número de parámetros entrenables es significativa.

Por último, como ya se ha mencionado, las operaciones de convolución suelen realizarse tratando una imagen de entrada con múltiples canales de color como una pila de matrices; es decir, realizamos la convolución en cada matriz por separado y luego sumamos los resultados, como se ha ilustrado en la figura anterior. Sin embargo, las convoluciones también pueden extenderse a volúmenes 3D si se trabaja con conjuntos de datos 3D; por ejemplo, como se muestra en el artículo «VoxNet: A 3D Convolutional Neural Network for Real-Time Object Recognition», de Daniel Maturana y Sebastian Scherer, 2015, al que se puede acceder en `https://www.ri.cmu.edu/pub_files/2015/9/voxnet_maturana_scherer_iros15.pdf`.

En la siguiente sección, hablaremos de cómo regularizar las NN.

Regularización de NN con regularización y abandono de L2

Elegir el tamaño de una red, tanto si se trata de una NN tradicional (totalmente conectada) como de una CNN, siempre ha sido un problema difícil. Por ejemplo, hay que ajustar el tamaño de la matriz de pesos y el número de capas para conseguir un rendimiento razonablemente bueno.

Recordará del capítulo 13, Profundización: la mecánica de PyTorch, que una red simple sin capas ocultas solo podría capturar una frontera de decisión lineal, lo cual no es suficiente para tratar un problema de or exclusivo (o XOR) o similar. La capacidad de una red se refiere al nivel de complejidad de la función que la red puede aprender a aproximar. Las redes pequeñas, o con un número relativamente pequeño de parámetros, tienen una capacidad baja y, por lo tanto, es probable que no se ajusten lo suficiente, lo que se traduce en un rendimiento pobre, ya que no pueden averiguar la estructura subyacente de conjuntos de datos complejos. Sin embargo, las redes muy grandes pueden dar lugar a un sobreajuste, en el que la red memorizará los datos de entrenamiento y tendrá un rendimiento extremadamente bueno en el conjunto de datos de entrenamiento, mientras que obtendrá un rendimiento pobre en el conjunto de datos retenido para prueba. Cuando nos enfrentamos a problemas de aprendizaje automático en el mundo real, no sabemos *a priori* qué tamaño debe tener la red.

Una forma de abordar este problema es elaborar la red con una capacidad relativamente grande (en la práctica, queremos elegir una capacidad ligeramente superior a la necesaria) para obtener buenos resultados en el conjunto de datos de entrenamiento. A continuación, para evitar el sobreajuste, podemos aplicar uno o varios esquemas de regularización para conseguir un buen rendimiento de generalización en los nuevos datos, así como en el conjunto de datos retenidos para prueba.

En los capítulos 3 y 4, hemos tratado la regularización L1 y L2. Ambas técnicas pueden prevenir o reducir el efecto del sobreajuste añadiendo una penalización a la pérdida que resulta de la reducción de los parámetros de pesos durante el entrenamiento. Aunque tanto la regularización L1 como la L2 pueden utilizarse también para las NN —siendo la L2 la opción más común de las dos—, hay otros métodos para regularizarlas, como el abandono, que discutimos en esta sección. Pero antes de pasar a discutir el abandono, para utilizar la regularización L2 dentro de una red convolucional o totalmente conectada (recuerde, las capas totalmente conectadas se implementan mediante `torch.nn.Linear` en PyTorch), puede añadir la penalización L2 de una capa particular a la función de pérdida en PyTorch:

```
>>> import torch.nn as nn
>>> loss_func = nn.BCELoss()
>>> loss = loss_func(torch.tensor([0.9]), torch.tensor([1.0]))
>>> l2_lambda = 0.001
>>> conv_layer = nn.Conv2d(in_channels=3,
...                        out_channels=5,
...                        kernel_size=5)
>>> l2_penalty = l2_lambda * sum(
...     [(p**2).sum() for p in conv_layer.parameters()]
... )
>>> loss_with_penalty = loss + l2_penalty
>>> linear_layer = nn.Linear(10, 16)
>>> l2_penalty = l2_lambda * sum(
...     [(p**2).sum() for p in linear_layer.parameters()]
... )
>>> loss_with_penalty = loss + l2_penalty
```

Decaimiento de los pesos frente a la regularización L2

Una forma alternativa de utilizar la regularización L2 es establecer el parámetro `weight_decay` en un optimizador PyTorch a un valor positivo, por ejemplo:

```
optimizer = torch.optim.SGD(
    model.parameters(),
    weight_decay=l2_lambda,
    ...
)
```

A pesar de que la regularización y `weight_decay` no son estrictamente idénticos, se puede demostrar que son equivalentes cuando se utilizan optimizadores de descenso de gradiente estocástico (Stochastic Gradient Descent, SGD). Los lectores interesados pueden encontrar más información en el artículo «Decoupled Weight Decay Regularization», de Ilya Loshchilov y Frank Hutter, 2019, que está disponible gratuitamente en `https://arxiv.org/abs/1711.05101`.

En los últimos años, el abandono ha surgido como una técnica popular para regularizar redes neuronales (profundas) y evitar el sobreajuste, mejorando así el rendimiento de generalización («Dropout: A Simple Way to Prevent Neural Networks from Overfitting», de N. Srivastava, G. Hinton, A. Krizhevsky, I. Sutskever y R. Salakhutdinov, *Journal of Machine Learning Research* 15.1, páginas 1929-1958, 2014, `http://www.jmlr.org/papers/volume15/srivastava14a/srivastava14a.pdf`). El abandono suele aplicarse a las unidades ocultas de las capas superiores y funciona de la siguiente manera: durante la fase de entrenamiento de una NN, una fracción de las unidades ocultas se abandonan aleatoriamente en cada iteración con probabilidad p_{drop} (o la probabilidad de mantenerlas $p_{keep} = 1 - p_{drop}$). Esta probabilidad de abandono es determinada por el usuario y la elección frecuente es $p = 0.5$, como se muestra en el artículo anteriormente mencionado de Nitish Srivastava y otros, 2014. Cuando se abandona una determinada fracción de neuronas de entrada, los pesos asociados a las neuronas restantes se reescalan para tener en cuenta las neuronas que faltan (abandonadas).

El efecto de este abandono aleatorio es que la red se ve obligada a aprender una representación redundante de los datos. Por lo tanto, la red no puede confiar en la activación de ningún conjunto de unidades ocultas, ya que pueden apagarse en cualquier momento durante el entrenamiento, y se ve obligada a aprender patrones más generales y robustos a partir de los datos.

Este abandono aleatorio puede evitar eficazmente el sobreajuste. La Figura 14.10 muestra un ejemplo de aplicación del abandono con probabilidad $p = 0.5$ durante la fase de entrenamiento, por lo que la mitad de las neuronas se volverán inactivas de forma aleatoria (las unidades abandonadas se seleccionan aleatoriamente en cada pase de entrenamiento hacia delante). Sin embargo, durante el pronóstico, todas las neuronas contribuirán a calcular las preactivaciones de la siguiente capa:

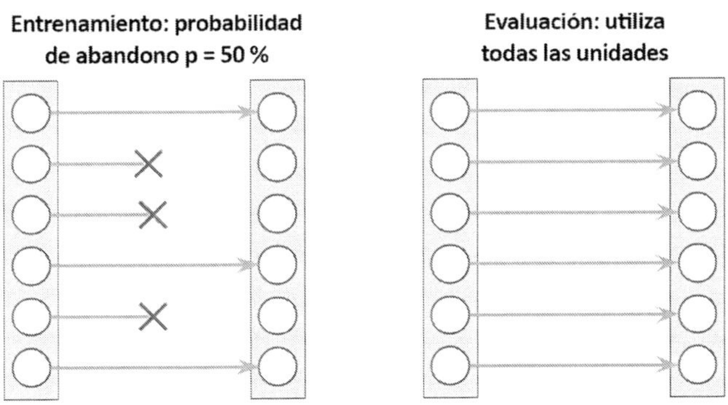

Figura 14.10 *Aplicación del abandono durante la fase de entrenamiento.*

Como se muestra aquí, un punto importante a recordar es que las unidades solamente pueden abandonarse aleatoriamente durante el entrenamiento, mientras que para la fase de evaluación (inferencia), todas las unidades ocultas deben estar activas (por ejemplo, $p_{drop} = 0$ o $p_{keep} = 1$). Para garantizar que las activaciones globales estén en la misma escala durante el entrenamiento y el pronóstico, las activaciones de las neuronas activas deben escalarse adecuadamente (por ejemplo, reduciendo a la mitad la activación si la probabilidad de abandono se fijó en $p = 0.5$).

Sin embargo, como es inconveniente escalar siempre las activaciones cuando se hacen pronósticos, PyTorch y otras herramientas escalan las activaciones durante el entrenamiento (por ejemplo, duplicando las activaciones si la probabilidad de abandono se fijó en $p = 0.5$). Este enfoque se conoce comúnmente como «abandono inverso».

Aunque la relación no es inmediatamente obvia, el abandono puede interpretarse como el consenso (promedio) de un conjunto de modelos. Como se explica en el capítulo 7, Combinación de diferentes modelos para el aprendizaje de conjuntos, en el aprendizaje de conjuntos entrenamos varios modelos de forma independiente. Durante el pronóstico, utilizamos el consenso de todos los modelos entrenados. Ya sabemos que los conjuntos de modelos obtienen mejores resultados que los modelos individuales. Sin embargo, en el aprendizaje profundo, tanto el entrenamiento de varios modelos como la recopilación y el promedio de los resultados de varios modelos son costosos desde el punto de vista del cálculo. En este caso, el abandono ofrece una solución, con una forma eficiente de entrenar muchos modelos a la vez y calcular sus pronósticos medios en el momento de la prueba o el pronóstico.

Como se ha mencionado anteriormente, la relación entre los conjuntos de modelos y el abandono no es inmediatamente evidente. Sin embargo, hay que considerar que, en el abandono, tenemos un modelo diferente para cada minilote (debido a que los pesos se ponen a cero aleatoriamente durante cada paso hacia delante).

A continuación, mediante la iteración sobre los minilotes, muestreamos esencialmente sobre $M = 2^h$ modelos, donde h es el número de unidades ocultas.

Sin embargo, la restricción y el aspecto que distingue el abandono del ensamblaje normal es el hecho de que compartimos los pesos sobre estos «modelos diferentes», lo que puede considerarse como una forma de regularización. Entonces, durante la «inferencia» (por ejemplo, el pronóstico de las etiquetas en el conjunto de datos de prueba), podemos promediar sobre todos estos modelos diferentes que muestreamos durante el entrenamiento. Sin embargo, esto es muy caro.

El promedio de los modelos, es decir, el cálculo de la media geométrica de la probabilidad de pertenencia a una clase que devuelve un modelo, i, puede calcularse como sigue:

$$p_{Ensemble} = \left[\prod_{j=1}^{M} p^{\{i\}}\right]^{\frac{1}{M}}$$

Ahora, el truco que hay detrás del abandono es que esta media geométrica de los conjuntos de modelos (aquí, M modelos) puede aproximarse escalando los pronósticos del último (o final) modelo muestreado durante el entrenamiento por un factor de $1/(1 - p)$, lo que es mucho más barato que calcular la media geométrica explícitamente utilizando la ecuación anterior. (De hecho, la aproximación es exactamente equivalente a la verdadera media geométrica si consideramos modelos lineales).

Funciones de pérdida para la clasificación

En el capítulo 12, Paralelización del entrenamiento de redes neuronales con PyTorch, vimos diferentes funciones de activación, como ReLU, sigmoide y tanh. Algunas de estas funciones de activación, como ReLU, se utilizan principalmente en las capas intermedias (ocultas) de una NN para añadir no linealidades a nuestro modelo. Pero otras, como la sigmoide (para las binarias) y la softmax (para las multiclase), se añaden en la última capa (de salida), lo que da como resultado probabilidades de pertenencia a una clase como salida del modelo. Si las activaciones sigmoides o softmax no se incluyen en la capa de salida, el modelo calculará los logits en lugar de las probabilidades de pertenencia a la clase.

Centrándonos en los problemas de clasificación, dependiendo del tipo de problema (binario o multiclase) y del tipo de salida (logits o probabilidades), debemos elegir la función de pérdida adecuada para entrenar nuestro modelo. La entropía cruzada binaria es la función de pérdida para una clasificación binaria (con una sola unidad de salida), y la entropía cruzada categórica es la función de pérdida para la clasificación multiclase. En el módulo `torch.nn`, la pérdida de entropía cruzada categórica toma las etiquetas reales como enteros (por ejemplo, $y = 2$, de tres clases, 0, 1 y 2).

La Figura 14.11 describe dos funciones de pérdida disponibles en `torch.nn` para tratar ambos casos: clasificación binaria y multiclase con etiquetas con enteros. Cada una de estas dos funciones de pérdida también tiene la opción de recibir los pronósticos en forma de logits o probabilidades de pertenencia a la clase:

Función de pérdida	Uso	Ejemplo *Usando probabilidades*	Ejemplo *Usando logits*
BCELoss o *BCEWithLogitsLoss*	Clasificación binaria	*BCELoss* y_true: 1 y_pred: 0.8	*BCEWithLogitsLoss* y_true: 1 y_pred: 0.8
NLLLoss o *CrossEntropyLoss*	Clasificación multiclase	*NLLLoss* y_true: 2 y_pred: 0.30 0.15 0.55	*CrossEntropyLoss* y_true: 2 y_pred: 1.5 0.8 2.1

Figura 14.11 *Dos ejemplos de funciones de pérdida en PyTorch.*

Hay que tener en cuenta que el cálculo de la pérdida de entropía cruzada que proporciona los logits, y no las probabilidades de pertenencia a la clase, suele ser preferible por razones de estabilidad numérica. Para la clasificación binaria, podemos proporcionar logits como entradas a la función de pérdida `nn.BCEWithLogitsLoss()`, o calcular las probabilidades basadas en los logits y alimentarlas a la función de pérdida `nn.BCELoss()`. Para la clasificación multiclase, podemos proporcionar logits como entradas a la función de pérdida `nn.CrossEntropyLoss()`, o calcular las probabilidades logarítmicas basadas en los logits y alimentarlas a la función de pérdida de probabilidad logarítmica negativa `nn.NLLLoss()`.

El siguiente código le mostrará cómo utilizar estas funciones de pérdida con dos formatos diferentes, en los que los logits o las probabilidades de pertenencia a la clase se dan como entradas a las funciones de pérdida:

```
>>> ####### Binary Cross-entropy
>>> logits = torch.tensor([0.8])
>>> probas = torch.sigmoid(logits)
>>> target = torch.tensor([1.0])
>>> bce_loss_fn = nn.BCELoss()
>>> bce_logits_loss_fn = nn.BCEWithLogitsLoss()
>>> print(f'BCE (w Probas): {bce_loss_fn(probas, target):.4f}')
BCE (w Probas): 0.3711
>>> print(f'BCE (w Logits): '
...       f'{bce_logits_loss_fn(logits, target):.4f}')
BCE (w Logits): 0.3711

>>> ####### Categorical Cross-entropy
>>> logits = torch.tensor([[1.5, 0.8, 2.1]])
>>> probas = torch.softmax(logits, dim=1)
>>> target = torch.tensor([2])
>>> cce_loss_fn = nn.NLLLoss()
>>> cce_logits_loss_fn = nn.CrossEntropyLoss()
>>> print(f'CCE (w Probas): '
...       f'{cce_logits_loss_fn(logits, target):.4f}')
CCE (w Probas): 0.5996
>>> print(f'CCE (w Logits): '
...       f'{cce_loss_fn(torch.log(probas), target):.4f}')
CCE (w Logits): 0.5996
```

Tenga en cuenta que a veces puede encontrarse con una implementación en la que se utiliza una pérdida de entropía cruzada categórica para la clasificación binaria. Normalmente, cuando tenemos una tarea de clasificación binaria, el modelo devuelve un único valor de salida para cada ejemplo. Interpretamos esta única salida del modelo como la probabilidad de la clase positiva (por ejemplo, la clase 1), $P(\text{class} = 1|x)$.

En un problema de clasificación binaria, está implícito que $P(\text{class} = 0|\boldsymbol{x}) = 1 - P($-class $= 1|\boldsymbol{x})$; por tanto, no necesitamos una segunda unidad de salida para obtener la probabilidad de la clase negativa. Sin embargo, a veces los profesionales optan por devolver dos salidas para cada ejemplo de entrenamiento y las interpretan como probabilidades de cada clase: $P(\text{class} = 0|\boldsymbol{x})$ versus $P(\text{class} = 1|\boldsymbol{x})$. Entonces, en este caso, se recomienda utilizar una función softmax (en lugar de la sigmoide logística) para normalizar los resultados (para que sumen 1), y la entropía cruzada categórica es la función de pérdida adecuada.

Implementación de CNN profundas con PyTorch

En el capítulo 13, como recordará, resolvimos el problema de reconocimiento de dígitos escritos a mano utilizando el módulo `torch.nn`. También recordará que logramos alrededor del 95.6 por ciento de precisión utilizando una NN con dos capas ocultas lineales.

Ahora, vamos a implementar una CNN y veremos si puede lograr un mejor rendimiento predictivo en comparación con el modelo anterior para clasificar los dígitos escritos a mano. Obsérvese que las capas totalmente conectadas que vimos en el capítulo 13 fueron capaces de tener un buen rendimiento en este problema. Sin embargo, en algunas aplicaciones, como la lectura de números de cuentas bancarias a partir de dígitos escritos a mano, incluso los errores más pequeños pueden salir muy caros. Por lo tanto, es crucial reducir estos errores todo lo que sea posible.

La arquitectura de CNN multicapa

La arquitectura de la red que vamos a implementar se muestra en la Figura 14.12. Las entradas son imágenes en escala de grises de 28×28. Considerando el número de canales (que es 1 para las imágenes en escala de grises) y un lote de imágenes de entrada, las dimensiones del tensor de entrada serán *batchsize*×28×28×1.

Los datos de entrada pasan por dos capas convolucionales que tienen un tamaño de núcleo de 5×5. La primera convolución tiene 32 mapas de características de salida, y la segunda tiene 64 mapas de características de salida. A cada capa de convolución le sigue una capa de submuestreo en forma de operación de agrupación (pooling) máxima, $P_{2\times2}$. A continuación, una capa totalmente conectada pasa la salida a una segunda capa totalmente conectada, que actúa como capa final de salida softmax. La arquitectura de la red que vamos a implementar se muestra en la Figura 14.12:

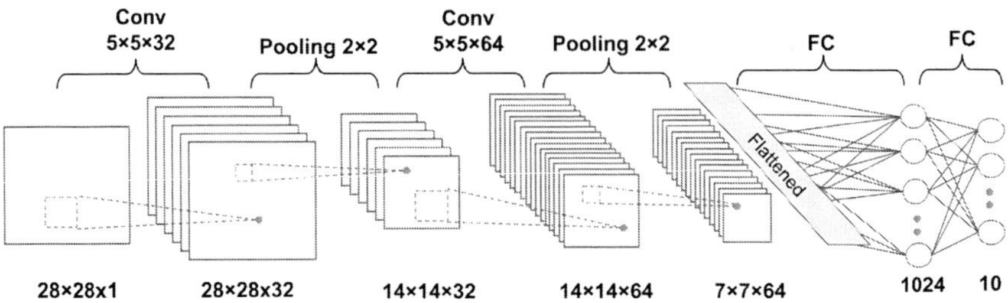

Figura 14.12 *CNN profunda.*

Las dimensiones de los tensores en cada capa son las siguientes:

- Input: [*batchsize*×28×28×1]
- Conv_1: [*batchsize*×28×28×32]
- Pooling_1: [*batchsize*×14×14×32]
- Conv_2: [*batchsize*×14×14×64]
- Pooling_2: [*batchsize*×7×7×64]
- FC_1: [*batchsize*×1024]
- FC_2 and softmax layer: [*batchsize*×10]

Para los núcleos convolucionales, utilizamos `stride=1` para que las dimensiones de entrada se conserven en los mapas de características resultantes. Para las capas de agrupación (pooling), utilizamos `kernel_size=2` para submuestrear la imagen y reducir el tamaño de los mapas de características de salida. Implementamos esta red utilizando el módulo PyTorch NN.

Carga y preprocesamiento de datos

En primer lugar, cargaremos el conjunto de datos MNIST utilizando el módulo `torchvision` y construiremos los conjuntos de entrenamiento y prueba, como hicimos en el capítulo 13:

```
>>> import torchvision
>>> from torchvision import transforms
>>> image_path = './'
>>> transform = transforms.Compose([
...     transforms.ToTensor()
... ])
>>> mnist_dataset = torchvision.datasets.MNIST(
...     root=image_path, train=True,
...     transform=transform, download=True
... )
```

```
>>> from torch.utils.data import Subset
>>> mnist_valid_dataset = Subset(mnist_dataset,
...                              torch.arange(10000))
>>> mnist_train_dataset = Subset(mnist_dataset,
...                              torch.arange(
...                                  10000, len(mnist_dataset)
...                              ))
>>> mnist_test_dataset = torchvision.datasets.MNIST(
...     root=image_path, train=False,
...     transform=transform, download=False
... )
```

El conjunto de datos MNIST viene con un esquema de partición del conjunto de datos de entrenamiento y de prueba preestablecido, pero también queremos crear una división de validación a partir de la partición de entrenamiento. Por lo tanto, utilizamos los primeros 10 000 ejemplos de entrenamiento para la validación. Obsérvese que las imágenes no están ordenadas por etiquetas de clase, por lo que no tenemos que preocuparnos de si esas imágenes del conjunto de validación son de las mismas clases.

A continuación, construiremos el cargador de datos con lotes de 64 imágenes para el conjunto de entrenamiento y el conjunto de validación, respectivamente:

```
>>> from torch.utils.data import DataLoader
>>> batch_size = 64
>>> torch.manual_seed(1)
>>> train_dl = DataLoader(mnist_train_dataset,
...                       batch_size,
...                       shuffle=True)
>>> valid_dl = DataLoader(mnist_valid_dataset,
...                       batch_size,
...                       shuffle=False)
```

Las características que leemos son de valores en el rango [0, 1]. Además, ya hemos convertido las imágenes en tensores. Las etiquetas son números enteros del 0 al 9, que representan diez dígitos. Por lo tanto, no necesitamos hacer ningún escalado o conversión adicional.

Ahora, después de preparar el conjunto de datos, estamos listos para implementar la CNN que acabamos de describir.

Implementación de CNN usando el módulo torch.nn

Para implementar una CNN en PyTorch, utilizamos la clase `torch.nn Sequential` para apilar diferentes capas, como las de convolución, agrupación (pooling) y abandono, así como las capas totalmente conectadas. El módulo `torch.nn` proporciona clases para cada una de ellas: `nn.Conv2d` para una capa de convolución bidimensional; `nn.MaxPool2d` y `nn.AvgPool2d` para el submuestreo (max-pooling y average-pooling); y `nn.Dropout` para la regularización mediante el abandono. Repasaremos cada una de estas clases con más detalle.

Configuración de capas de CNN en PyTorch

La construcción de una capa con la clase `Conv2d` requiere que especifiquemos el número de canales de salida (que equivale al número de mapas de características de salida, o al número de filtros de salida) y los tamaños del núcleo.

Además, existen parámetros opcionales que podemos utilizar para configurar una capa convolucional. Los más utilizados son los pasos (con un valor por defecto de 1 en ambas dimensiones x, y) y el relleno (padding), que controla la cantidad de relleno implícito en ambas dimensiones. Otros parámetros de configuración se encuentran en la documentación oficial: `https://pytorch.org/docs/stable/generated/torch.nn.Conv2d.html`.

Vale la pena mencionar que normalmente, cuando leemos una imagen, la dimensión por defecto para los canales es la primera dimensión del array del tensor (o la segunda dimensión considerando la dimensión del lote). A esto se le llama formato NCHW, donde N representa el número de imágenes dentro del lote, C representa los canales, y H y W representan la altura y la anchura, respectivamente.

Tenga en cuenta que la clase `Conv2D` asume que las entradas están en formato NCHW por defecto. (Otras herramientas, como TensorFlow, utilizan el formato NHWC). Sin embargo, si se encuentra con algunos datos cuyos canales están colocados en la última dimensión, tendría que intercambiar los ejes en sus datos para mover los canales a la primera dimensión (o la segunda dimensión considerando la dimensión del lote). Una vez construida la capa, se puede llamar proporcionando un tensor de cuatro dimensiones, con la primera dimensión reservada para un lote de ejemplos; la segunda dimensión corresponde al canal; y las otras dos dimensiones son las dimensiones espaciales.

Como se muestra en la arquitectura del modelo CNN que queremos construir, a cada capa de convolución le sigue una capa de agrupación (pooling) para el submuestreo (reducción del tamaño de los mapas de características). Las clases `MaxPool2d` y `AvgPool2d` construyen las capas de max-pooling y average-pooling, respectivamente. El argumento `kernel_size` determina el tamaño de la ventana (o vecindad) que se utilizará para calcular las operaciones máximas o medias. Además, el parámetro `stride` puede utilizarse para configurar la capa de agrupación (pooling), como ya hemos comentado.

Por último, la clase `Dropout` construirá la capa de abandono para la regularización, con el argumento `p` que denota la probabilidad de abandono p_{drop}, que se utiliza para determinar la probabilidad de abandono de las unidades de entrada durante el entrenamiento, como hemos comentado anteriormente. Cuando se llama a esta capa, su comportamiento se puede controlar a través de `model.train()` y `model.eval()`, para especificar si esta llamada se hará durante el entrenamiento o durante la inferencia. Cuando se utiliza el abandono, la alternancia entre estos dos modos es crucial para asegurar que se comporta correctamente; por ejemplo, los nodos solo se abandonan aleatoriamente durante el entrenamiento, pero no durante la evaluación o la inferencia.

Construcción de CNN en PyTorch

Ahora que ha aprendido sobre estas clases, podemos construir el modelo CNN que se muestra en la figura anterior. En el siguiente código, utilizaremos la clase `Sequential` y añadiremos las capas de convolución y pooling:

```
>>> model = nn.Sequential()
>>> model.add_module(
...     'conv1',
...     nn.Conv2d(
...         in_channels=1, out_channels=32,
...         kernel_size=5, padding=2
...     )
... )
>>> model.add_module('relu1', nn.ReLU())
>>> model.add_module('pool1', nn.MaxPool2d(kernel_size=2))
>>> model.add_module(
...     'conv2',
...     nn.Conv2d(
...         in_channels=32, out_channels=64,
...         kernel_size=5, padding=2
...     )
... )
>>> model.add_module('relu2', nn.ReLU())
>>> model.add_module('pool2', nn.MaxPool2d(kernel_size=2))
```

Hasta ahora, hemos añadido dos capas de convolución al modelo. Para cada capa convolucional, hemos utilizado un núcleo de tamaño 5×5 y `padding=2`. Como se ha comentado anteriormente, al utilizar el mismo modo de relleno se preservan las dimensiones espaciales (dimensiones vertical y horizontal) de los mapas de características, de forma que las entradas y salidas tienen la misma altura y anchura (y el número de canales solo puede diferir en función del número de filtros utilizados). Como ya se ha mencionado, la dimensión espacial del mapa de características de salida se calcula mediante:

$$o = \left\lfloor \frac{n + 2p - m}{s} \right\rfloor + 1$$

donde n es la dimensión espacial del mapa de características de entrada; y p, m y s denotan el relleno, el tamaño del núcleo y el paso, respectivamente. Obtenemos $p = 2$ para conseguir $o = i$.

Las capas de max-pooling con tamaño de agrupación (pooling) 2×2 y paso de 2 reducirán las dimensiones espaciales a la mitad. (Hay que tener en cuenta que si no se especifica el parámetro `stride` en `MaxPool2D`, por defecto, se establece igual al tamaño del núcleo de agrupación(pooling)).

Aunque podemos calcular el tamaño de los mapas de características en esta etapa manualmente, PyTorch proporciona un método conveniente que lo calcula por nosotros:

```
>>> x = torch.ones((4, 1, 28, 28))
>>> model(x).shape
torch.Size([4, 64, 7, 7])
```

Proporcionando la forma de entrada como una tupla `(4, 1, 28, 28)` (4 imágenes dentro del lote, 1 canal y tamaño de imagen 28×28), especificada en este ejemplo, calculamos que la salida tiene una forma `(4, 64, 7, 7)`, lo que indica mapas de características con 64 canales y un tamaño espacial de 7×7. La primera dimensión corresponde a la dimensión del lote, para la que utilizamos 4 de forma arbitraria.

La siguiente capa que queremos añadir es una capa totalmente conectada para implementar un clasificador sobre nuestras capas convolucionales y de agrupación. La entrada de esta capa debe tener rango 2, es decir, la forma [*batchsize* × *input_units*]. Por lo tanto, tenemos que aplanar la salida de las capas anteriores para cumplir con este requisito para la capa totalmente conectada:

```
>>> model.add_module('flatten', nn.Flatten())
>>> x = torch.ones((4, 1, 28, 28))
>>> model(x).shape
torch.Size([4, 3136])
```

Como indica la forma (shape) de la salida, las dimensiones de entrada para la capa totalmente conectada están correctamente configuradas. A continuación, añadiremos dos capas totalmente conectadas con una capa de abandono en medio:

```
>>> model.add_module('fc1', nn.Linear(3136, 1024))
>>> model.add_module('relu3', nn.ReLU())
```

```
>>> model.add_module('dropout', nn.Dropout(p=0.5))
>>> model.add_module('fc2', nn.Linear(1024, 10))
```

La última capa totalmente conectada, denominada `'fc2'`, tiene 10 unidades de salida para las 10 etiquetas de clase del conjunto de datos MNIST. En la práctica, solemos utilizar la activación sofmax para obtener las probabilidades de pertenencia a la clase de cada ejemplo de entrada, asumiendo que las clases son mutuamente excluyentes, por lo que las probabilidades de cada ejemplo suman 1. Sin embargo, la función sofmax ya se utiliza internamente dentro de la implementación de `CrossEntropyLoss` de PyTorch, por lo que no tenemos que añadirla explícitamente como una capa después de la capa de salida anterior. El siguiente código creará la función de pérdida y el optimizador para el modelo:

```
>>> loss_fn = nn.CrossEntropyLoss()
>>> optimizer = torch.optim.Adam(model.parameters(), lr=0.001)
```

El optimizador Adam

Hay que tener en cuenta que, en esta implementación, utilizamos la clase `torch.optim.Adam` para entrenar el modelo CNN. El optimizador Adam es un método de optimización robusto, basado en el gradiente, adecuado para la optimización no convexa y para los problemas de aprendizaje automático. Dos populares métodos de optimización inspiraron a Adam: `RMSProp` y `AdaGrad`.

La principal ventaja de Adam es la elección del tamaño del paso de actualización obtenido de la media de los momentos del gradiente. No dude en leer más sobre el optimizador Adam en *Adam: A Method for Stochastic Optimization*, de Diederik P. Kingma y Jimmy Lei Ba, 2014. El artículo está disponible de forma gratuita en `https://arxiv.org/abs/1412.6980`.

Ahora podemos entrenar el modelo definiendo la siguiente función:

```
>>> def train(model, num_epochs, train_dl, valid_dl):
...     loss_hist_train = [0] * num_epochs
...     accuracy_hist_train = [0] * num_epochs
...     loss_hist_valid = [0] * num_epochs
...     accuracy_hist_valid = [0] * num_epochs
...     for epoch in range(num_epochs):
...         model.train()
...         for x_batch, y_batch in train_dl:
...             pred = model(x_batch)
...             loss = loss_fn(pred, y_batch)
...             loss.backward()
...             optimizer.step()
```

```
...             optimizer.zero_grad()
...             loss_hist_train[epoch] += loss.item()*y_batch.size(0)
...             is_correct = (
...                 torch.argmax(pred, dim=1) == y_batch
...             ).float()
...             accuracy_hist_train[epoch] += is_correct.sum()
...         loss_hist_train[epoch] /= len(train_dl.dataset)
...         accuracy_hist_train[epoch] /= len(train_dl.dataset)
...
...         model.eval()
...         with torch.no_grad():
...             for x_batch, y_batch in valid_dl:
...                 pred = model(x_batch)
...                 loss = loss_fn(pred, y_batch)
...                 loss_hist_valid[epoch] += \
...                     loss.item()*y_batch.size(0)
...                 is_correct = (
...                     torch.argmax(pred, dim=1) == y_batch
...                 ).float()
...                 accuracy_hist_valid[epoch] += is_correct.sum()
...         loss_hist_valid[epoch] /= len(valid_dl.dataset)
...         accuracy_hist_valid[epoch] /= len(valid_dl.dataset)
...
...         print(f'Epoch {epoch+1} accuracy: '
...               f'{accuracy_hist_train[epoch]:.4f} val_accuracy: '
...               f'{accuracy_hist_valid[epoch]:.4f}')
...     return loss_hist_train, loss_hist_valid, \
...         accuracy_hist_train, accuracy_hist_valid
```

Tenga en cuenta que si utiliza la configuración designada para el entrenamiento `model.train()` y para la evalución `model.eval()`, se establecerá automáticamente el modo para la capa de abandono y se reescalarán las unidades ocultas de forma adecuada, de modo que no tendremos que preocuparnos de ello en absoluto. A continuación, entrenaremos este modelo CNN y utilizaremos el conjunto de datos de validación que hemos creado para controlar el progreso del aprendizaje:

```
>>> torch.manual_seed(1)
>>> num_epochs = 20
>>> hist = train(model, num_epochs, train_dl, valid_dl)
Epoch 1 accuracy: 0.9503 val_accuracy: 0.9802
...
Epoch 9 accuracy: 0.9968 val_accuracy: 0.9892
```

```
...
Epoch 20 accuracy: 0.9979 val_accuracy: 0.9907
```

Una vez terminadas los 20 ciclos (epochs) de entrenamiento, podemos visualizar las curvas de aprendizaje:

```
import matplotlib.pyplot as plt
>>> x_arr = np.arange(len(hist[0])) + 1
>>> fig = plt.figure(figsize=(12, 4))
>>> ax = fig.add_subplot(1, 2, 1)
>>> ax.plot(x_arr, hist[0], '-o', label='Train loss')
>>> ax.plot(x_arr, hist[1], '--<', label='Validation loss')
>>> ax.legend(fontsize=15)
>>> ax = fig.add_subplot(1, 2, 2)
>>> ax.plot(x_arr, hist[2], '-o', label='Train acc.')
>>> ax.plot(x_arr, hist[3], '--<',
...         label='Validation acc.')
>>> ax.legend(fontsize=15)
>>> ax.set_xlabel('Epoch', size=15)
>>> ax.set_ylabel('Accuracy', size=15)
>>> plt.show()
```

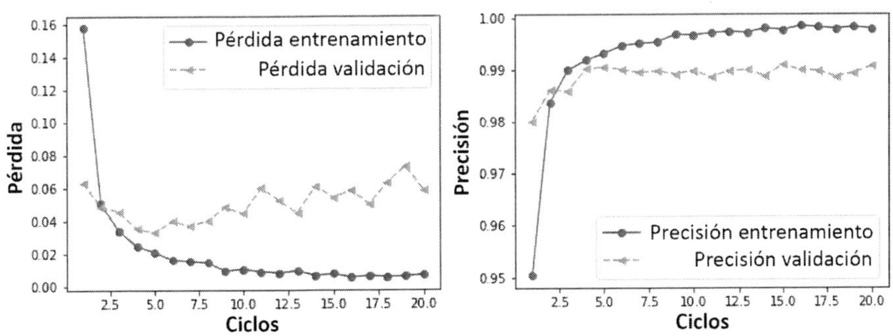

Figura 14.13 *Gráficos de pérdidas y precisión para los datos de entrenamiento y validación.*

Ahora, evaluamos el modelo entrenado en el conjunto de datos de prueba:

```
>>> pred = model(mnist_test_dataset.data.unsqueeze(1) / 255.)
>>> is_correct = (
...     torch.argmax(pred, dim=1) == mnist_test_dataset.targets
... ).float()
>>> print(f'Test accuracy: {is_correct.mean():.4f}')
Test accuracy: 0.9914
```

El modelo CNN alcanza una precisión del 99.07 por ciento. Recuerde que, en el capítulo 13, obtuvimos aproximadamente un 95 por ciento de precisión utilizando solo capas totalmente conectadas (en lugar de convolucionales).

Finalmente, podemos obtener los resultados del pronóstico en forma de probabilidades de pertenencia a la clase y convertirlos en etiquetas pronosticadas utilizando la función `torch.argmax` para encontrar el elemento con la máxima probabilidad. Haremos esto para un lote de 12 ejemplos y visualizaremos las etiquetas de entrada y las pronosticadas:

```
>>> fig = plt.figure(figsize=(12, 4))
>>> for i in range(12):
...     ax = fig.add_subplot(2, 6, i+1)
...     ax.set_xticks([]); ax.set_yticks([])
...     img = mnist_test_dataset[i][0][0, :, :]
...     pred = model(img.unsqueeze(0).unsqueeze(1))
...     y_pred = torch.argmax(pred)
...     ax.imshow(img, cmap='gray_r')
...     ax.text(0.9, 0.1, y_pred.item(),
...             size=15, color='blue',
...             horizontalalignment='center',
...             verticalalignment='center',
...             transform=ax.transAxes)
>>> plt.show()
```

La Figura 14.14 muestra las entradas escritas a mano y sus etiquetas pronosticadas:

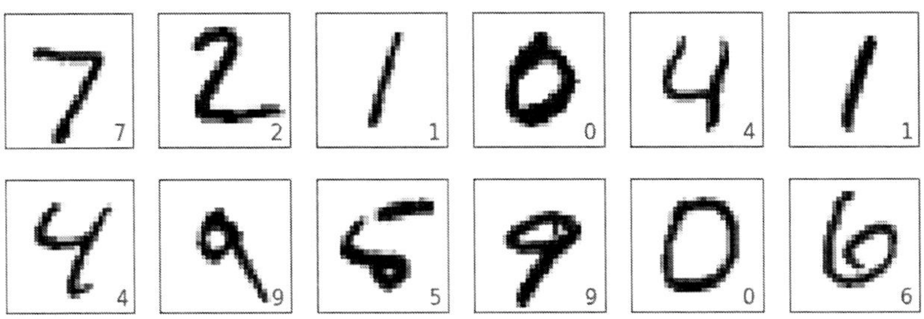

Figure 14.14 *Etiquetas pronosticadas para dígitos escritos a mano.*

En este conjunto de gráficos de ejemplos, todas las etiquetas pronosticadas son correctas.

Dejamos la tarea de mostrar algunos de los dígitos mal clasificados, como hicimos en el capítulo 11, Implementación de una red neuronal artificial multicapa desde cero, como ejercicio para el lector.

Clasificación de sonrisas a partir de imágenes faciales mediante CNN

En esta sección, vamos a implementar una CNN para la clasificación de sonrisas a partir de imágenes de rostros utilizando el conjunto de datos CelebA. Como se vio en el capítulo 12, el conjunto de datos CelebA contiene 202 599 imágenes de rostros de famosos. Además, se dispone de 40 atributos faciales binarios para cada imagen, incluyendo si un famoso está sonriendo (o no) y su edad (joven o mayor).

Basándonos en lo aprendido hasta ahora, el objetivo de esta sección es elaborar y entrenar un modelo CNN para pronosticar el atributo de la sonrisa a partir de estas imágenes de rostros. Aquí, por simplicidad, solo utilizaremos una pequeña parte de los datos de entrenamiento (16 000 ejemplos de entrenamiento) para acelerar el proceso de entrenamiento. Sin embargo, para mejorar el rendimiento de generalización y reducir el sobreajuste en un conjunto de datos tan pequeño, utilizaremos una técnica llamada «aumento de datos».

Carga del conjunto de datos CelebA

En primer lugar, vamos a cargar los datos de forma similar a como lo hicimos en la sección anterior para el conjunto de datos MNIST. Los datos de CelebA vienen en tres particiones: un conjunto de datos de entrenamiento, un conjunto de datos de validación y un conjunto de datos de prueba. A continuación, contaremos el número de ejemplos en cada partición:

```
>>> image_path = './'
>>> celeba_train_dataset = torchvision.datasets.CelebA(
...     image_path, split='train',
...     target_type='attr', download=True
... )
>>> celeba_valid_dataset = torchvision.datasets.CelebA(
...     image_path, split='valid',
...     target_type='attr', download=True
... )
>>> celeba_test_dataset = torchvision.datasets.CelebA(
...     image_path, split='test',
...     target_type='attr', download=True
... )
>>>
>>> print('Train set:', len(celeba_train_dataset))
Train set:  162770
>>> print('Validation set:', len(celeba_valid_dataset))
Validation: 19867
```

```
>>> print('Test set:', len(celeba_test_dataset))
Test set:  19962
```

Formas alternativas de descargar el conjunto de datos CelebA

El conjunto de datos de CelebA es relativamente grande (aproximadamente 1.5 GB) y el enlace de descarga de `torchvision` es notoriamente inestable. Si tiene problemas para ejecutar el código anterior, puede descargar los archivos del sitio web oficial de CelebA manualmente (`https://mmlab.ie.cuhk.edu.hk/projects/CelebA.html`) o utilizar nuestro enlace de descarga: `https://drive.google.com/file/d/1m8-EBPgi5MRubrm6iQjafK2QMHDBMSfJ/view?usp=sharing`. Si utiliza nuestro enlace de descarga, se descargará el archivo `celeba.zip`, que deberá descomprimir en el directorio actual donde esté ejecutando el código. Además, después de descargar y descomprimir la carpeta `celeba`, tiene que volver a ejecutar el código anterior con la configuración `download=False` en lugar de `download=True`. En caso de que encuentre problemas con este método, no dude en abrir un nuevo tema o iniciar una discusión en `https://github.com/rasbt/machine-learning-book` para que podamos proporcionarle información adicional.

A continuación, analizaremos el incremento de datos como técnica para potenciar el rendimiento de las NN profundas.

Transformación de imágenes e incremento de datos

El incremento de datos resume un amplio conjunto de técnicas para tratar los casos en los que los datos de entrenamiento son limitados. Por ejemplo, ciertas técnicas de incremento de datos nos permiten modificar o incluso sintetizar artificialmente más datos y así potenciar el rendimiento de un modelo de aprendizaje automático o profundo reduciendo el sobreajuste. Aunque el aumento de datos no es solo para los datos de imágenes, hay un conjunto de transformaciones aplicables exclusivamente a los datos de imágenes, como el recorte de partes de una imagen, la rotación y la modificación del contraste, el brillo y la saturación. Veamos algunas de estas transformaciones que están disponibles a través del módulo `torchvision.transforms`. En el siguiente bloque de código, primero obtendremos cinco ejemplos del conjunto de datos `celeba_train_dataset` y aplicaremos cinco tipos diferentes de transformaciones: 1) recortar una imagen a un cuadro delimitador, 2) voltear una imagen horizontalmente, 3) ajustar el contraste, 4) ajustar el brillo, y 5) recortar una imagen al centro y redimensionar la imagen resultante a su tamaño original, (218 178). En el siguiente código, visualizaremos los resultados de estas transformaciones, mostrando cada una de ellas en una columna separada para su comparación:

```
>>> fig = plt.figure(figsize=(16, 8.5))
>>> ## Column 1: cropping to a bounding-box
>>> ax = fig.add_subplot(2, 5, 1)
>>> img, attr = celeba_train_dataset[0]
>>> ax.set_title('Crop to a \nbounding-box', size=15)
>>> ax.imshow(img)
>>> ax = fig.add_subplot(2, 5, 6)
>>> img_cropped = transforms.functional.crop(img, 50, 20, 128, 128)
>>> ax.imshow(img_cropped)
>>>
>>> ## Column 2: flipping (horizontally)
>>> ax = fig.add_subplot(2, 5, 2)
>>> img, attr = celeba_train_dataset[1]
>>> ax.set_title('Flip (horizontal)', size=15)
>>> ax.imshow(img)
>>> ax = fig.add_subplot(2, 5, 7)
>>> img_flipped = transforms.functional.hflip(img)
>>> ax.imshow(img_flipped)
>>>
>>> ## Column 3: adjust contrast
>>> ax = fig.add_subplot(2, 5, 3)
>>> img, attr = celeba_train_dataset[2]
>>> ax.set_title('Adjust constrast', size=15)
>>> ax.imshow(img)
>>> ax = fig.add_subplot(2, 5, 8)
>>> img_adj_contrast = transforms.functional.adjust_contrast(
...     img, contrast_factor=2
... )
>>> ax.imshow(img_adj_contrast)
>>>
>>> ## Column 4: adjust brightness
>>> ax = fig.add_subplot(2, 5, 4)
>>> img, attr = celeba_train_dataset[3]
>>> ax.set_title('Adjust brightness', size=15)
>>> ax.imshow(img)
>>> ax = fig.add_subplot(2, 5, 9)
>>> img_adj_brightness = transforms.functional.adjust_brightness(
...     img, brightness_factor=1.3
... )
>>> ax.imshow(img_adj_brightness)
>>>
>>> ## Column 5: cropping from image center
>>> ax = fig.add_subplot(2, 5, 5)
>>> img, attr = celeba_train_dataset[4]
```

```
>>> ax.set_title('Center crop\nand resize', size=15)
>>> ax.imshow(img)
>>> ax = fig.add_subplot(2, 5, 10)
>>> img_center_crop = transforms.functional.center_crop(
...     img, [0.7*218, 0.7*178]
... )
>>> img_resized = transforms.functional.resize(
...     img_center_crop, size=(218, 178)
... )
>>> ax.imshow(img_resized)
>>> plt.show()
```

La Figura 14.15 muestra los resultados:

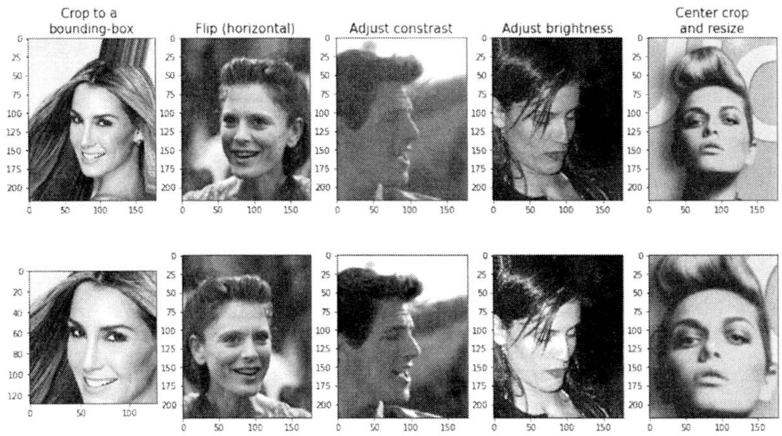

Figura 14.15 *Diferentes transformaciones de imágenes.*

En la Figura 14.15, las imágenes originales se muestran en la primera fila y sus versiones transformadas en la segunda. Obsérvese que para la primera transformación (columna de la izquierda), la caja delimitadora se especifica con cuatro números: la coordenada de la esquina superior izquierda de la caja delimitadora (aquí x=20, y=50), y la anchura y altura de la caja ((anchura) width=128, (altura) height=128). También hay que tener en cuenta que el origen (las coordenadas en la ubicación indicada como (0, 0)) para las imágenes cargadas por PyTorch (así como otros paquetes como `imageio`) es la esquina superior izquierda de la imagen.

Las transformaciones del bloque de código anterior son deterministas. Sin embargo, todas estas transformaciones también pueden ser aleatorias, lo que se recomienda para incrementar los datos durante el entrenamiento del modelo. Por ejemplo, se puede recortar un cuadro delimitador aleatorio (donde las coordenadas de la esquina superior izquierda se seleccionan aleatoriamente) de una imagen, se puede voltear una imagen aleatoriamente a lo largo de los ejes horizontal o vertical con una probabilidad de 0.5, o se puede cambiar el contraste de una imagen aleatoriamente, donde `contrast_factor` se selecciona de forma aleatoria, pero con una distribución uniforme, entre un rango de valores. Además, podemos crear una cadena de estas transformaciones.

Por ejemplo, primero podemos recortar aleatoriamente una imagen, luego voltear aleatoriamente y, finalmente, redimensionarla al tamaño deseado. El código es el siguiente (ya que tenemos elementos aleatorios, establecemos la semilla aleatoria para la reproducibilidad):

```
>>> torch.manual_seed(1)
>>> fig = plt.figure(figsize=(14, 12))
>>> for i, (img, attr) in enumerate(celeba_train_dataset):
...     ax = fig.add_subplot(3, 4, i*4+1)
...     ax.imshow(img)
...     if i == 0:
...         ax.set_title('Orig.', size=15)
...
...     ax = fig.add_subplot(3, 4, i*4+2)
...     img_transform = transforms.Compose([
...         transforms.RandomCrop([178, 178])
...     ])
...     img_cropped = img_transform(img)
...     ax.imshow(img_cropped)
...     if i == 0:
...         ax.set_title('Step 1: Random crop', size=15)
...
...     ax = fig.add_subplot(3, 4, i*4+3)
...     img_transform = transforms.Compose([
...         transforms.RandomHorizontalFlip()
...     ])
...     img_flip = img_transform(img_cropped)
...     ax.imshow(img_flip)
...     if i == 0:
...         ax.set_title('Step 2: Random flip', size=15)
...
...     ax = fig.add_subplot(3, 4, i*4+4)
...     img_resized = transforms.functional.resize(
...         img_flip, size=(128, 128)
...     )
...     ax.imshow(img_resized)
```

```
...     if i == 0:
...         ax.set_title('Step 3: Resize', size=15)
...     if i == 2:
...         break
>>> plt.show()
```

La Figura 14.16 muestra transformaciones aleatorias en tres imágenes de ejemplos:

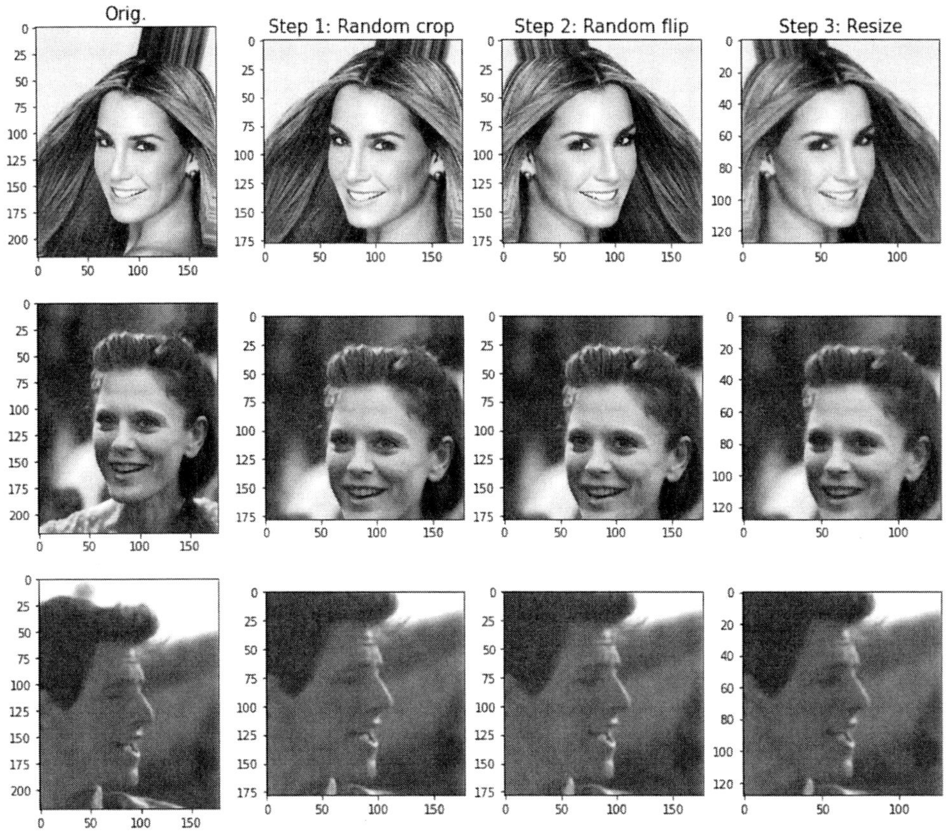

Figura 14.16 *Transformaciones aleatorias de imágenes.*

Obsérvese que cada vez que iteramos a través de estos tres ejemplos, obtendremos imágenes ligeramente diferentes debido a las transformaciones aleatorias.

Para mayor comodidad, podemos definir funciones de transformación para utilizar esta pipeline para el incremento de datos durante la carga del conjunto de datos. En el siguiente código, definiremos la función `get_smile`, que extraerá la etiqueta smile de la lista `'attributes'`:

```
>>> get_smile = lambda attr: attr[18]
```

Definiremos la función `transform_train` que producirá la imagen transformada (donde, primero, recortaremos aleatoriamente la imagen, luego la voltearemos aleatoriamente, y finalmente, la redimensionaremos al tamaño deseado 64×64):

```
>>> transform_train = transforms.Compose([
...     transforms.RandomCrop([178, 178]),
...     transforms.RandomHorizontalFlip(),
...     transforms.Resize([64, 64]),
...     transforms.ToTensor(),
... ])
```

Sin embargo, solo aplicaremos el incremento de datos a los ejemplos de entrenamiento, y no a las imágenes de validación o de prueba. El código para el conjunto de validación o de prueba es el siguiente (donde primero simplemente recortaremos la imagen y luego la redimensionaremos al tamaño deseado de 64×64):

```
>>> transform = transforms.Compose([
...     transforms.CenterCrop([178, 178]),
...     transforms.Resize([64, 64]),
...     transforms.ToTensor(),
... ])
```

Ahora, para ver el incremento de datos en acción, aplicamos la función `transform_train` a nuestro conjunto de datos de entrenamiento e iteramos sobre el conjunto de datos cinco veces:

```
>>> from torch.utils.data import DataLoader
>>> celeba_train_dataset = torchvision.datasets.CelebA(
...     image_path, split='train',
...     target_type='attr', download=False,
...     transform=transform_train, target_transform=get_smile
... )
>>> torch.manual_seed(1)
>>> data_loader = DataLoader(celeba_train_dataset, batch_size=2)
>>> fig = plt.figure(figsize=(15, 6))
>>> num_epochs = 5
>>> for j in range(num_epochs):
...     img_batch, label_batch = next(iter(data_loader))
...     img = img_batch[0]
...     ax = fig.add_subplot(2, 5, j + 1)
...     ax.set_xticks([])
...     ax.set_yticks([])
...     ax.set_title(f'Epoch {j}:', size=15)
```

```
...         ax.imshow(img.permute(1, 2, 0))
...
...         img = img_batch[1]
...         ax = fig.add_subplot(2, 5, j + 6)
...         ax.set_xticks([])
...         ax.set_yticks([])
...         ax.imshow(img.permute(1, 2, 0))
>>> plt.show()
```

La Figura 14.17 muestra las cinco transformaciones resultantes del incremento de datos en dos imágenes de ejemplos:

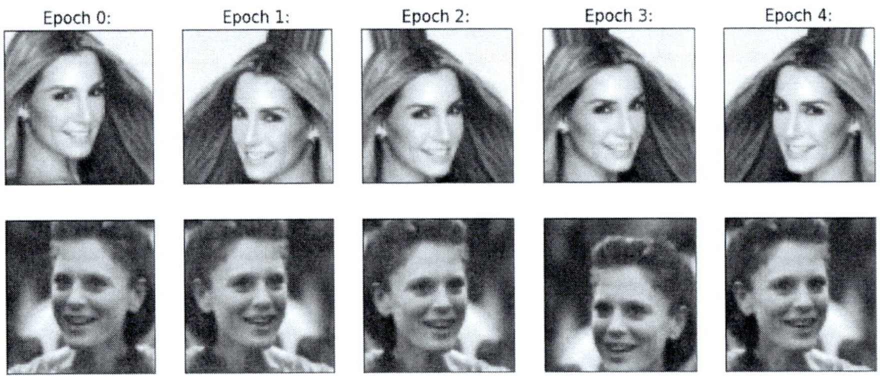

Figura 14.17 *Resultado de cinco transformaciones de las imágenes.*

A continuación, aplicaremos la función `transform` a nuestros conjuntos de datos de validación y de prueba:

```
>>> celeba_valid_dataset = torchvision.datasets.CelebA(
...     image_path, split='valid',
...     target_type='attr', download=False,
...     transform=transform, target_transform=get_smile
... )
>>> celeba_test_dataset = torchvision.datasets.CelebA(
...     image_path, split='test',
...     target_type='attr', download=False,
...     transform=transform, target_transform=get_smile
... )
```

Además, en lugar de utilizar todos los datos de entrenamiento y validación disponibles, tomaremos un subconjunto de 16 000 ejemplos de entrenamiento y 1000 ejemplos para la validación, ya que nuestro objetivo aquí es entrenar intencionadamente nuestro modelo con un pequeño conjunto de datos:

```
>>> from torch.utils.data import Subset
>>> celeba_train_dataset = Subset(celeba_train_dataset,
...                               torch.arange(16000))
>>> celeba_valid_dataset = Subset(celeba_valid_dataset,
...                               torch.arange(1000))
>>> print('Train set:', len(celeba_train_dataset))
Train set: 16000
>>> print('Validation set:', len(celeba_valid_dataset))
Validation set: 1000
```

Ahora, podemos crear cargadores de datos para tres conjuntos de datos:

```
>>> batch_size = 32
>>> torch.manual_seed(1)
>>> train_dl = DataLoader(celeba_train_dataset,
...                       batch_size, shuffle=True)
>>> valid_dl = DataLoader(celeba_valid_dataset,
...                       batch_size, shuffle=False)
>>> test_dl = DataLoader(celeba_test_dataset,
...                      batch_size, shuffle=False)
```

Ahora que los cargadores de datos están listos, desarrollaremos un modelo CNN, lo entrenaremos y lo evaluaremos en la siguiente sección.

Entrenamiento de un clasificador de sonrisas CNN

A estas alturas, elaborar un modelo con el módulo `torch.nn` y entrenarlo debería ser sencillo. El diseño de nuestra CNN es el siguiente: el modelo CNN recibe imágenes de entrada de tamaño 3×64×64 (las imágenes tienen tres canales de color).

Los datos de entrada pasan por cuatro capas convolucionales para hacer mapas de características de 32, 64, 128 y 256 utilizando filtros con un tamaño de núcleo de 3×3 y un relleno de 1 del tipo del mismo relleno. Las tres primeras capas de convolución van seguidas de una agrupación máxima, $P_{2\times2}$. También se incluyen dos capas de abandono para la regularización:

```
>>> model = nn.Sequential()
>>> model.add_module(
...     'conv1',
...     nn.Conv2d(
...         in_channels=3, out_channels=32,
...         kernel_size=3, padding=1
...     )
```

```
... )
>>> model.add_module('relu1', nn.ReLU())
>>> model.add_module('pool1', nn.MaxPool2d(kernel_size=2))
>>> model.add_module('dropout1', nn.Dropout(p=0.5))
>>>
>>> model.add_module(
...     'conv2',
...     nn.Conv2d(
...         in_channels=32, out_channels=64,
...         kernel_size=3, padding=1
...     )
... )
>>> model.add_module('relu2', nn.ReLU())
>>> model.add_module('pool2', nn.MaxPool2d(kernel_size=2))
>>> model.add_module('dropout2', nn.Dropout(p=0.5))
>>>
>>> model.add_module(
...     'conv3',
...     nn.Conv2d(
...         in_channels=64, out_channels=128,
...         kernel_size=3, padding=1
...     )
... )
>>> model.add_module('relu3', nn.ReLU())
>>> model.add_module('pool3', nn.MaxPool2d(kernel_size=2))
>>>
>>> model.add_module(
...     'conv4',
...     nn.Conv2d(
...         in_channels=128, out_channels=256,
...         kernel_size=3, padding=1
...     )
... )
>>> model.add_module('relu4', nn.ReLU())
```

Veamos la forma de los mapas de características de salida después de aplicar estas capas utilizando un lote de entrada simplificado (cuatro imágenes arbitrariamente):

```
>>> x = torch.ones((4, 3, 64, 64))
>>> model(x).shape
torch.Size([4, 256, 8, 8])
```

Hay 256 mapas de características (o canales) de tamaño 8×8. Ahora podemos añadir una capa totalmente conectada para llegar a la capa de salida con una sola unidad. Si remodelamos (aplanamos) los mapas de características, el número de unidades de entrada a esta capa totalmente conectada será de 8 × 8 × 256 = 16 384. Alternativamente, consideremos una nueva capa, llamada de promedio global, que calcula el promedio de cada mapa de características por separado, reduciendo así las unidades ocultas a 256. Entonces podemos añadir una capa totalmente conectada. Aunque no hemos hablado explícitamente de la agrupación (pooling) promedio global, es conceptualmente muy similar a otras capas de agrupación. De hecho, la agrupación promedio global puede considerarse un caso especial de la agrupación promedio cuando el tamaño de la agrupación es igual al tamaño de los mapas de características de entrada.

Para entender lo anterior, considere la Figura 14.18, que muestra un ejemplo de mapas de características de entrada de tamaño de lote de la forma *batchsize* × 8 × 64 × 64. Los canales están numerados k = 0, 1, ..., 7. La operación de agrupación promedio global calcula el promedio de cada canal para que la salida tenga la forma [*batchsize* × 8]. Después de esto, comprimiremos la salida de la capa de agrupación promedio global.

Sin comprimir la salida, la forma sería [*batchsize*×8×1×1], ya que el average-pooling global reduciría la dimensión espacial de 64×64 a 1×1:

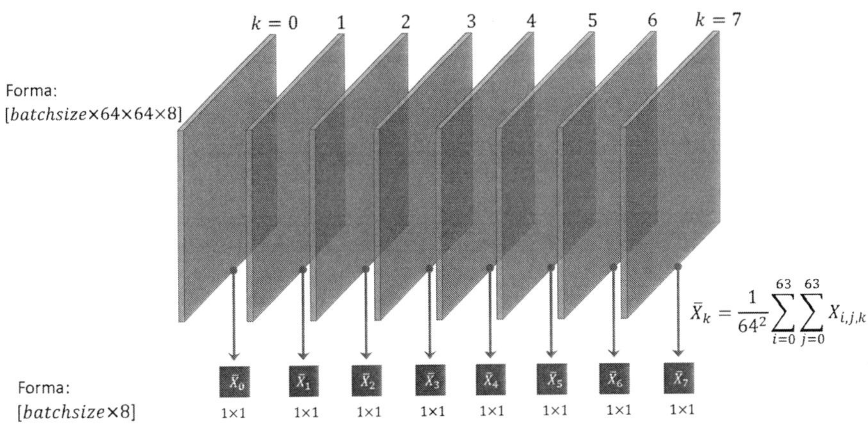

Figura 14.18 *Mapas de características de entrada.*

Por lo tanto, dado que, en nuestro caso, la forma de los mapas de características antes de esta capa es [batchsize×256×8×8], esperamos obtener 256 unidades como salida, es decir, la forma de la salida será [batchsize×256]. Añadimos esta capa y volvemos a calcular la forma de salida para comprobar que esto es cierto:

```
>>> model.add_module('pool4', nn.AvgPool2d(kernel_size=8))
>>> model.add_module('flatten', nn.Flatten())
>>> x = torch.ones((4, 3, 64, 64))
```

```
>>> model(x).shape
torch.Size([4, 256])
```

Por último, podemos añadir una capa totalmente conectada para obtener una única unidad de salida. En este caso, podemos especificar que la función de activación sea 'sigmoid':

```
>>> model.add_module('fc', nn.Linear(256, 1))
>>> model.add_module('sigmoid', nn.Sigmoid())
>>> x = torch.ones((4, 3, 64, 64))
>>> model(x).shape
torch.Size([4, 1])
>>> model
Sequential(
  (conv1): Conv2d(3, 32, kernel_size=(3, 3), stride=(1, 1), padding=(1, 1))
  (relu1): ReLU()
  (pool1): MaxPool2d(kernel_size=2, stride=2, padding=0, dilation=1,
                     ceil_mode=False)
  (dropout1): Dropout(p=0.5, inplace=False)
  (conv2): Conv2d(32, 64, kernel_size=(3, 3), stride=(1, 1), padding=(1, 1))
  (relu2): ReLU()
  (pool2): MaxPool2d(kernel_size=2, stride=2, padding=0, dilation=1,
                     ceil_mode=False)
  (dropout2): Dropout(p=0.5, inplace=False)
  (conv3): Conv2d(64, 128, kernel_size=(3, 3), stride=(1, 1), padding=(1, 1))
  (relu3): ReLU()
  (pool3): MaxPool2d(kernel_size=2, stride=2, padding=0, dilation=1,
                     ceil_mode=False)
  (conv4): Conv2d(128, 256, kernel_size=(3, 3), stride=(1, 1), padding=(1, 1))
  (relu4): ReLU()
  (pool4): AvgPool2d(kernel_size=8, stride=8, padding=0)
  (flatten): Flatten(start_dim=1, end_dim=-1)
  (fc): Linear(in_features=256, out_features=1, bias=True)
  (sigmoid): Sigmoid()
)
```

El siguiente paso es crear una función de pérdida y un optimizador (de nuevo el optimizador Adam). Para una clasificación binaria con una única salida probabilística, utilizamos BCELoss para la función de pérdida:

```
>>> loss_fn = nn.BCELoss()
>>> optimizer = torch.optim.Adam(model.parameters(), lr=0.001)
```

Ahora podemos entrenar el modelo definiendo la siguiente función:

```
>>> def train(model, num_epochs, train_dl, valid_dl):
...     loss_hist_train = [0] * num_epochs
...     accuracy_hist_train = [0] * num_epochs
...     loss_hist_valid = [0] * num_epochs
...     accuracy_hist_valid = [0] * num_epochs
...     for epoch in range(num_epochs):
...         model.train()
...         for x_batch, y_batch in train_dl:
...             pred = model(x_batch)[:, 0]
...             loss = loss_fn(pred, y_batch.float())
...             loss.backward()
...             optimizer.step()
...             optimizer.zero_grad()
...             loss_hist_train[epoch] += loss.item()*y_batch.size(0)
...             is_correct = ((pred>=0.5).float() == y_batch).float()
...             accuracy_hist_train[epoch] += is_correct.sum()
...         loss_hist_train[epoch] /= len(train_dl.dataset)
...         accuracy_hist_train[epoch] /= len(train_dl.dataset)
...
...         model.eval()
...         with torch.no_grad():
...             for x_batch, y_batch in valid_dl:
...                 pred = model(x_batch)[:, 0]
...                 loss = loss_fn(pred, y_batch.float())
...                 loss_hist_valid[epoch] += \
...                     loss.item() * y_batch.size(0)
...                 is_correct = \
...                     ((pred>=0.5).float() == y_batch).float()
...                 accuracy_hist_valid[epoch] += is_correct.sum()
...         loss_hist_valid[epoch] /= len(valid_dl.dataset)
...         accuracy_hist_valid[epoch] /= len(valid_dl.dataset)
...
...         print(f'Epoch {epoch+1} accuracy: '
...               f'{accuracy_hist_train[epoch]:.4f} val_accuracy: '
...               f'{accuracy_hist_valid[epoch]:.4f}')
...     return loss_hist_train, loss_hist_valid, \
...         accuracy_hist_train, accuracy_hist_valid
```

A continuación, entrenaremos este modelo CNN durante 30 ciclos (epochs) y utilizaremos el conjunto de datos de validación que hemos creado para controlar el progreso del aprendizaje:

```
>>> torch.manual_seed(1)
>>> num_epochs = 30
>>> hist = train(model, num_epochs, train_dl, valid_dl)
Epoch 1 accuracy: 0.6286 val_accuracy: 0.6540
...
Epoch 15 accuracy: 0.8544 val_accuracy: 0.8700
...
Epoch 30 accuracy: 0.8739 val_accuracy: 0.8710
```

Visualizamos ahora la curva de aprendizaje y comparamos las pérdidas y precisiones de entrenamiento y validación después de cada época:

```
>>> x_arr = np.arange(len(hist[0])) + 1
>>> fig = plt.figure(figsize=(12, 4))
>>> ax = fig.add_subplot(1, 2, 1)
>>> ax.plot(x_arr, hist[0], '-o', label='Train loss')
>>> ax.plot(x_arr, hist[1], '--<', label='Validation loss')
>>> ax.legend(fontsize=15)
>>> ax = fig.add_subplot(1, 2, 2)
>>> ax.plot(x_arr, hist[2], '-o', label='Train acc.')
>>> ax.plot(x_arr, hist[3], '--<',
...         label='Validation acc.')
>>> ax.legend(fontsize=15)
>>> ax.set_xlabel('Epoch', size=15)
>>> ax.set_ylabel('Accuracy', size=15)
>>> plt.show()
```

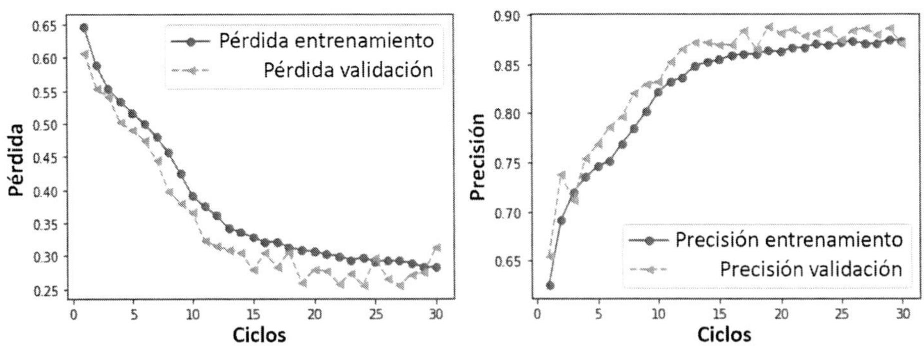

Figura 14.19 *Comparación de los resultados de entrenamiento y validación.*

Una vez que estemos satisfechos con las curvas de aprendizaje, podemos evaluar el modelo en el conjunto de datos retenidos para la prueba:

```
>>> accuracy_test = 0
>>> model.eval()
>>> with torch.no_grad():
...     for x_batch, y_batch in test_dl:
...         pred = model(x_batch)[:, 0]
...         is_correct = ((pred>=0.5).float() == y_batch).float()
...         accuracy_test += is_correct.sum()
>>> accuracy_test /= len(test_dl.dataset)
>>> print(f'Test accuracy: {accuracy_test:.4f}')
Test accuracy: 0.8446
```

Por último, ya sabemos cómo obtener los resultados del pronóstico en algunos ejemplos de prueba. En el siguiente código, utilizaremos un pequeño subconjunto de 10 ejemplos del último lote de nuestro conjunto de datos de prueba preprocesados (`test_dl`). A continuación, calcularemos las probabilidades de que cada ejemplo pertenezca a la clase 1 (que corresponde a la sonrisa según las etiquetas proporcionadas en CelebA) y visualizaremos los ejemplos junto con su etiqueta real y las probabilidades pronosticadas:

```
>>> pred = model(x_batch)[:, 0] * 100
>>> fig = plt.figure(figsize=(15, 7))
>>> for j in range(10, 20):
...     ax = fig.add_subplot(2, 5, j-10+1)
...     ax.set_xticks([]); ax.set_yticks([])
...     ax.imshow(x_batch[j].permute(1, 2, 0))
...     if y_batch[j] == 1:
...         label='Smile'
...     else:
...         label = 'Not Smile'
...     ax.text(
...         0.5, -0.15,
...         f'GT: {label:s}\nPr(Smile)={pred[j]:.0f}%',
...         size=16,
...         horizontalalignment='center',
...         verticalalignment='center',
...         transform=ax.transAxes
...     )
>>> plt.show()
```

En la Figura 14.20, se pueden ver 10 imágenes de ejemplo junto con sus etiquetas reales y las probabilidades de que pertenezcan a la clase 1, sonrisa:

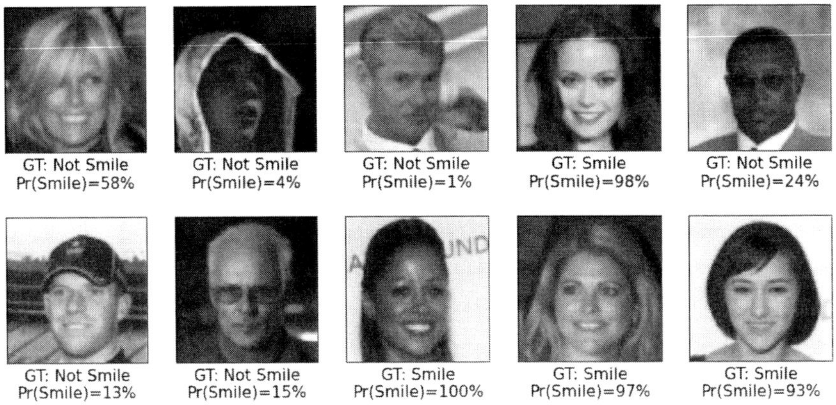

Figura 14.20 *Etiquetas de imágenes y sus probabilidades de que pertenezcan a la clase 1.*

Las probabilidades de la clase 1 (es decir, la sonrisa según CelebA) se indican debajo de cada imagen. Como puede ver, nuestro modelo entrenado es completamente preciso en este conjunto de 10 ejemplos de prueba.

Como ejercicio opcional, le animamos a que intente utilizar todo el conjunto de datos de entrenamiento en lugar del pequeño subconjunto que hemos creado. Además, puede cambiar o modificar la arquitectura de la CNN. Por ejemplo, puede cambiar las probabilidades de abandono y el número de filtros en las diferentes capas convolucionales. También puede sustituir la capa de agrupación (pooling) promedio global por una capa totalmente conectada. Si utiliza todo el conjunto de datos de entrenamiento con la arquitectura de la CNN que hemos entrenado en este capítulo, debería ser capaz de alcanzar una precisión superior al 90 %.

Resumen

En este capítulo, hemos aprendido sobre las CNN y sus componentes principales. Comenzamos con la operación de convolución y analizamos las implementaciones 1D y 2D. Luego, tratamos otro tipo de capa que se encuentra en varias arquitecturas comunes de CNN: las capas de submuestreo o las llamadas «capas de agrupación (pooling)». Nos enfocamos principalmente en las dos formas más comunes de pooling: max-pooling (agrupación máxima) y average-pooling (agrupación promedio).

Luego, juntando todos estos conceptos individuales, implementamos CNN profundas usando el módulo `torch.nn`. La primera red que implementamos se aplicó al ya conocido problema de reconocimiento de dígitos escritos a mano del MNIST.

A continuación, implementamos una segunda CNN en un conjunto de datos más complejo formado por imágenes de rostros y entrenamos la CNN para la clasificación de sonrisas. En el camino, también ha aprendido sobre el incremento de datos y las diferentes transformaciones que podemos aplicar a las imágenes de rostros utilizando el módulo `torchvision.transforms`.

En el siguiente capítulo, veremos a las redes neuronales recurrentes (Recurrent Neural Networks, RNN). Las RNN se utilizan para averiguar la estructura de datos secuenciales y tienen algunas aplicaciones fascinantes, como la traducción de idiomas y el subtitulado de imágenes.

Únase al espacio Discord del libro

Únase al espacio de trabajoDiscord para una sesión mensual de «Pregúnteme lo que quiera» con los autores (en inglés):

`https://packt.link/MLwPyTorch`

15

Modelado de datos secuenciales mediante redes neuronales recurrentes

En el capítulo anterior, nos centramos en las redes neuronales convolucionales (CNN). Tratamos los bloques de construcción de las arquitecturas CNN y cómo implementar CNN profundas en PyTorch. Por último, hemos aprendido a utilizar las CNN para la clasificación de imágenes. En este capítulo, exploraremos las redes neuronales recurrentes (Recurrent Neural Networks. RNN) y veremos su aplicación en el modelado de datos secuenciales.

Trataremos los siguientes temas:

- Introducción a los datos secuenciales
- RNN para modelar secuencias
- Memoria a corto y largo plazo
- Retropropagación truncada en el tiempo
- Implementación de RNN multicapa para el modelado de secuencias en PyTorch
- Proyecto uno: análisis de sentimiento mediante RNN del conjunto de datos de reseñas de películas de IMDb
- Proyecto dos: modelado de lenguaje a nivel de personajes con celdas LSTM, utilizando datos de texto de *La isla misteriosa*, de Julio Verne
- Uso del recorte de gradiente para evitar la explosión de gradientes

Introducción a los datos secuenciales

Comencemos nuestra discusión sobre las RNN examinando la naturaleza de los datos secuenciales, que se conocen más comúnmente como «datos secuencia» o «secuencias». Examinaremos las propiedades únicas de las secuencias que las diferencian de otros tipos de datos. A continuación, veremos cómo representar los datos secuenciales y exploraremos las distintas categorías de modelos para datos secuenciales, que se basan en la entrada y la salida de un modelo. Esto nos ayudará a explorar la relación entre las RNN y las secuencias en este capítulo.

Modelado de datos secuenciales: el orden importa

Lo que hace que las secuencias sean únicas, en comparación con otros tipos de datos, es que los elementos de una secuencia aparecen en un orden determinado y no son independientes entre sí. Los algoritmos típicos de aprendizaje automático para el aprendizaje supervisado asumen que la entrada son datos independientes e idénticamente distribuidos (Independent and Identically Distributed, IID), lo que significa que los ejemplos de entrenamiento son mutuamente independientes y tienen la misma distribución subyacente. En este sentido, basándose en la suposición de independencia mutua, el orden en el que se dan los ejemplos de entrenamiento al modelo es irrelevante. Por ejemplo, si tenemos una muestra formada por n ejemplos de entrenamiento, $\boldsymbol{x}^{(1)}, \boldsymbol{x}^{(2)}, ..., \boldsymbol{x}^{(n)}$, el orden en que utilicemos los datos para entrenar nuestro algoritmo de aprendizaje automático no importa. Un ejemplo de este escenario sería el conjunto de datos Iris con el que hemos trabajado anteriormente. En el conjunto de datos de Iris, cada flor se ha medido de forma independiente, y las mediciones sobre una flor no influyen sobre las de otra.

Sin embargo, esta suposición no es válida cuando tratamos con secuencias: por definición, el orden importa. El pronóstico del valor de mercado de una acción concreta sería un ejemplo de este escenario. Por ejemplo, supongamos que tenemos una muestra de n ejemplos de entrenamiento, donde cada ejemplo de entrenamiento representa el valor de mercado de una determinada acción en un día concreto. Si nuestra tarea es pronosticar el valor de mercado de valores para los próximos tres días, tendría sentido considerar los precios anteriores de las acciones en un orden de fecha para derivar las tendencias en lugar de utilizar estos ejemplos de entrenamiento en un orden aleatorio.

Datos secuenciales frente a datos de series temporales

Los datos de series temporales son un tipo especial de datos secuenciales en los que cada ejemplo está asociado a una dimensión temporal. En los datos de series temporales, las muestras se toman en fechas sucesivas y, por tanto, la dimensión temporal determina el orden entre los puntos de datos. Por ejemplo, las cotizaciones bursátiles y los registros de voz o de un discurso son datos de series temporales.

Por otro lado, no todos los datos secuenciales tienen la dimensión temporal. Por ejemplo, en los datos de texto o las secuencias de ADN, los ejemplos están ordenados, pero el texto o el ADN no se consideran datos de series temporales. Como verá, en este capítulo nos centraremos en ejemplos de procesamiento del lenguaje natural (Natural Language Processing, NLP) y de modelado de texto que no son datos de series temporales. Sin embargo, hay que tener en cuenta que las RNN también pueden utilizarse para datos de series temporales, lo que queda fuera del alcance del libro.

Representación de secuencias

Hemos establecido que el orden entre los puntos de datos es importante en los datos secuenciales, por lo que necesitamos encontrar una manera de aprovechar esta información de orden en un modelo de aprendizaje automático. En este capítulo, representaremos las secuencias como $\langle \boldsymbol{x}^{(1)}, \boldsymbol{x}^{(2)}, \dots, \boldsymbol{x}^{(T)} \rangle$. Los índices de superíndice indican el orden de las instancias, y la longitud de la secuencia es T. Para un ejemplo sensato de secuencias, considere los datos de series temporales, donde cada punto de ejemplo, $x^{(t)}$, pertenece a un tiempo particular, t. La Figura 15.1 muestra un ejemplo de datos de series temporales donde tanto las características de entrada (las x) como las etiquetas de destino (las y) siguen naturalmente el orden según su eje temporal; por tanto, tanto las x como las y son secuencias.

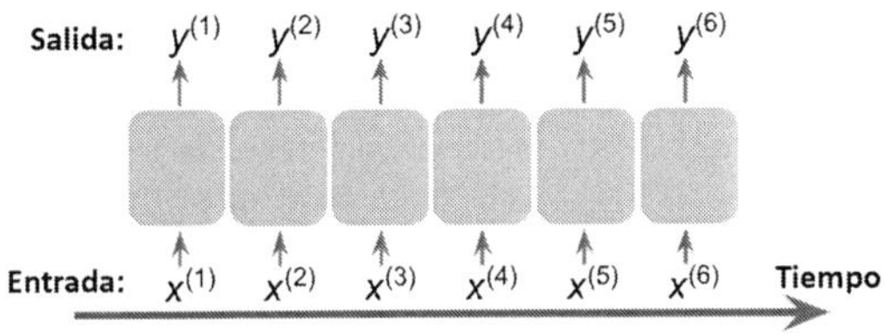

Figura 15.1 *Ejemplo de datos de series temporales.*

Como ya hemos mencionado, los modelos de NN estándar que hemos tratado hasta ahora, como los perceptrones multicapa (MLP) y las CNN para datos de imagen, asumen que los ejemplos de entrenamiento son independientes entre sí y, por tanto, no incorporan información de ordenación. Podemos decir que tales modelos no tienen una memoria de ejemplos de entrenamiento previamente vistos. Por ejemplo, las muestras pasan por los pasos de prealimentación y de retropropagación, y los pesos se actualizan independientemente del orden en que se procesan los ejemplos de entrenamiento.

Las RNN, por el contrario, están diseñadas para modelar secuencias y son capaces de recordar información pasada y procesar nuevos eventos en consecuencia, lo que supone una clara ventaja cuando se trabaja con datos de secuencias.

Diferentes categorías de modelado de secuencias

El modelado de secuencias tiene muchas aplicaciones fascinantes, como la traducción de idiomas (por ejemplo, la traducción de textos del inglés al alemán), el subtitulado de imágenes y la generación de textos. Sin embargo, para elegir una arquitectura y un enfoque apropiados, tenemos que entender y ser capaces de distinguir entre estas diferentes tareas de modelado de secuencias. La Figura 15.2, basada en las explicaciones del excelente artículo «The Unreasonable Effectiveness of Recurrent Neural Networks», de Andrej Karpathy, 2015 (`http://karpathy.github.io/2015/05/21/rnn-effectiveness/`), resume las tareas de modelado de secuencias más comunes, que dependen de las categorías de la relación entre los datos de entrada y salida.

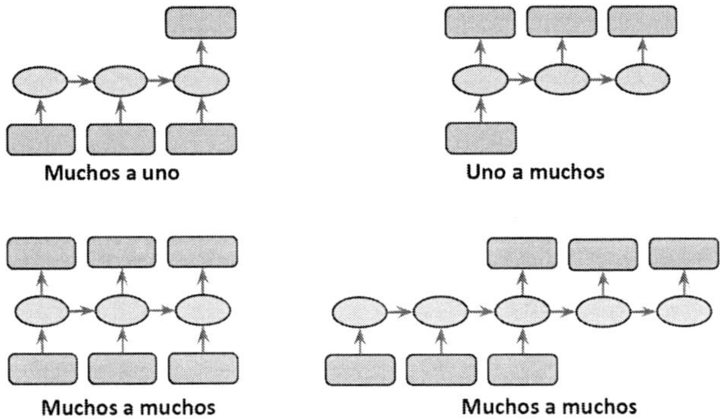

Figura 15.2 *Tareas de secuenciación más comunes.*

Analicemos con más detalle las diferentes categorías de la relación entre los datos de entrada y de salida, que se han representado en la figura anterior. Si ni los datos de entrada ni los de salida representan secuencias, entonces estamos tratando con datos estándar, y podríamos simplemente utilizar un perceptrón multicapa (u otro modelo de clasificación previamente tratado en el libro) para modelar tales datos. Sin embargo, si la entrada o la salida es una secuencia, la tarea de modelado probablemente cae en una de estas categorías:

- **Muchos a uno**: los datos de entrada son una secuencia, pero la salida es un vector o escalar de tamaño fijo, no una secuencia. Por ejemplo, en el análisis de sentimiento, la entrada se basa en un texto (por ejemplo, una crítica de una película) y la salida es una etiqueta de clase (por ejemplo, una etiqueta que denota si a un crítico le ha gustado la película).
- **Uno a muchos**: los datos de entrada tienen un formato estándar y no son una secuencia, pero la salida es una secuencia. Un ejemplo de esta categoría es el subtitulado de imágenes: la entrada es una imagen y la salida es una frase en inglés que resume el contenido de esa imagen.
- **Muchos a muchos**: tanto la matriz de entrada como la de salida son secuencias. Esta categoría puede dividirse a su vez en función de si la entrada y la salida están sincronizadas. Un ejemplo de tarea de modelado sincronizado de muchos a muchos es la clasificación de vídeos, en la que se etiqueta cada fotograma. Un ejemplo de tarea de modelado de muchos a muchos con retraso sería la traducción de un idioma a otro. Por ejemplo, una frase entera en inglés debe ser leída y procesada por una máquina antes de que se produzca su traducción al alemán.

Ahora, tras resumir las tres grandes categorías de modelado de secuencias, podemos pasar a discutir la estructura de una RNN.

RNN para modelar secuencias

En esta sección, antes de empezar a implementar las RNN en PyTorch, discutiremos los principales conceptos de las RNN. Empezaremos por ver la estructura típica de una RNN, que incluye un componente recursivo para modelar los datos de la secuencia. A continuación, examinaremos cómo se calculan las activaciones de las neuronas en una RNN típica. Esto creará el contexto para que discutamos los desafíos típicos en el entrenamiento de las RNN, y luego discutiremos las soluciones a estos desafíos, como las LSTM y las unidades recurrentes cerradas (Gated Recurrent Units, GRU).

Comprender el flujo de datos en las RNN

Empecemos con la arquitectura de las RNN. La Figura 15.3 muestra el flujo de datos en una NN estándar de prealimentación y en una RNN lado a lado para su comparación:

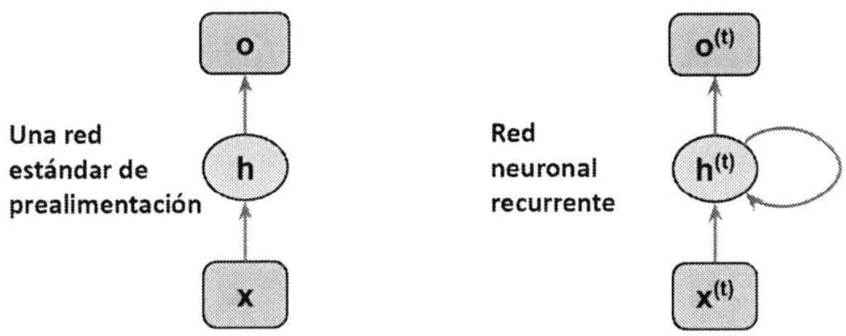

Figura 15.3 *Flujo de datos de una NN estándar de prealimentación y una RNN.*

Las dos redes tienen una sola capa oculta. En esta representación, las unidades no se muestran, pero suponemos que la capa de entrada (x), la capa oculta (h) y la capa de salida (o) son vectores que contienen muchas unidades.

> **Determinación del tipo de salida de una RNN**
>
> Esta arquitectura RNN genérica podría corresponder a las dos categorías de modelado de secuencias en las que la entrada es una secuencia. Normalmente, una capa recurrente puede devolver una secuencia como salida, $\langle \boldsymbol{o}^{(0)}, \boldsymbol{o}^{(1)}, \ldots, \boldsymbol{o}^{(T)} \rangle$, o simplemente devolver la última salida (en $t = T$, es decir, $o^{(T)}$). Por lo tanto, podría ser de muchos a muchos, o podría ser de muchos a uno si, por ejemplo, solo utilizamos el último elemento, $\boldsymbol{o}^{(T)}$, como salida final.
>
> Veremos más adelante cómo se maneja esto en el módulo de PyTorch `torch.nn`, cuando echemos un vistazo detallado al comportamiento de una capa recurrente con respecto a devolver una secuencia como salida.

En una red estándar de prealimentación, la información fluye desde la entrada a la capa oculta, y luego desde la capa oculta a la capa de salida. Por otro lado, en una RNN, la capa oculta recibe su entrada tanto de la capa de entrada del instante de tiempo actual como de la capa oculta del instante de tiempo anterior.

El flujo de información en instantes de tiempo adyacentes en la capa oculta permite a la red tener una memoria de eventos pasados. Este flujo de información suele mostrarse como un bucle, también conocido como arista recurrente en la notación gráfica, que es el motivo por el que esta arquitectura general de RNN obtuvo su nombre.

Al igual que los perceptrones multicapa, las RNN pueden constar de varias capas ocultas. Tenga en cuenta que es una convención común referirse a las RNN con una capa oculta como RNN de una capa, que no debe confundirse con las NN de una capa sin capa oculta, como son Adaline o la regresión logística. La Figura 15.4 ilustra una RNN con una capa oculta (arriba) y una RNN con dos capas ocultas (abajo):

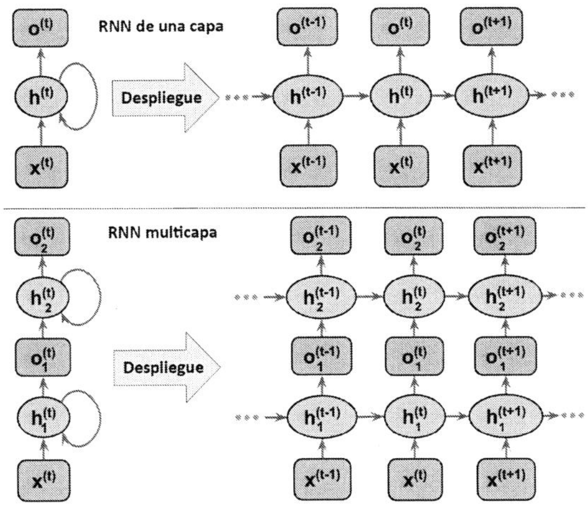

Figura 15.4 *Ejemplos de una RNN con una y dos capas ocultas.*

Para examinar la arquitectura de las RNN y el flujo de información, se puede desplegar una representación compacta con una arista recurrente, que se puede ver en la Figura 15.4.

Como sabemos, cada unidad oculta de una NN estándar recibe solo una entrada: la preactivación de la red asociada a la capa de entrada. En cambio, cada unidad oculta de una RNN recibe dos conjuntos distintos de entradas: la preactivación de la capa de entrada y la activación de la misma capa oculta del instante de tiempo anterior, $t - 1$.

En el primer instante de tiempo, $t = 0$, las unidades ocultas se inicializan con ceros o pequeños valores aleatorios. A continuación, en un instante de tiempo en el que $t > 0$, las unidades ocultas reciben su entrada del punto de datos en el tiempo presente, $\boldsymbol{x}^{(t)}$, y los valores anteriores de las unidades ocultas en $t - 1$, indicados como $\boldsymbol{h}^{(t-1)}$.

En el caso de una RNN multicapa, podemos resumir el flujo de información como sigue:

- *layer* = 1: Aquí, la capa oculta se representa como $\boldsymbol{h}_1^{(t)}$ y recibe su entrada del punto de datos, $\boldsymbol{x}^{(t)}$, y los valores ocultos en la misma capa, pero del instante de tiempo anterior, $\boldsymbol{h}_1^{(t-1)}$.
- *layer* = 2: La segunda capa oculta, $\boldsymbol{h}_2^{(t)}$, recibe sus entradas de las salidas de la capa inferior en el instante de tiempo presente ($\boldsymbol{o}_1^{(t)}$) y sus propios valores ocultos del instante de tiempo anterior, $\boldsymbol{h}_2^{(t-1)}$.

Dado que, en este caso, cada capa recurrente debe recibir una secuencia como entrada, todas las capas recurrentes, excepto la última, deben devolver una secuencia como salida (es decir, posteriormente tendremos que establecer `return_sequences=True`). El comportamiento de la última capa recurrente depende del tipo de problema.

Cálculo de activaciones en RNN

Ahora que entiende la estructura y el flujo general de información en una RNN, vamos a ser más específicos y calcular las activaciones reales de las capas ocultas, así como la capa de salida. En este caso, para simplificar, consideraremos una sola capa oculta; sin embargo, el mismo concepto se aplica a las RNN multicapa.

Cada arista dirigida (las conexiones entre cajas) en la representación de una RNN que acabamos de ver está asociada a una matriz de pesos. Esos pesos no dependen del tiempo, *t*; por tanto, son compartidos a lo largo del eje temporal. Las diferentes matrices de pesos en una RNN de una capa son las siguientes:

- W_{xh}: la matriz de pesos entre la entrada, $\boldsymbol{x}^{(t)}$, y la capa oculta, $\boldsymbol{h}$
- W_{hh}: la matriz de pesos asociada a la arista recurrente
- W_{ho}: la matriz de pesos entre la capa oculta y la capa de salida

Estas matrices de pesos se representan en la Figura 15.5:

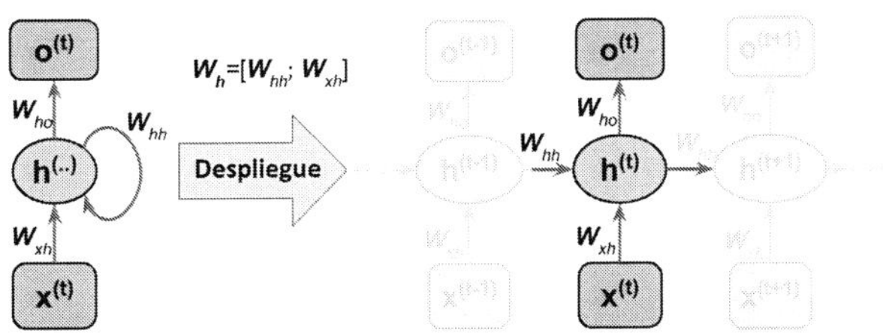

Figura 15.5 *Aplicación de pesos a una RNN de una capa.*

En ciertas implementaciones, se puede observar que las matrices de pesos, W_{xh} y W_{hh}, se concatenan en una matriz combinada, $W_h = [W_{xh}; W_{hh}]$. Más adelante en esta sección, también utilizaremos esta notación.

El cálculo de las activaciones es muy similar al de los perceptrones multicapa estándar y otros tipos de NN de prealimentación. Para la capa oculta, la entrada de la red, z_h (preactivación), se calcula mediante una combinación lineal; es decir, calculamos la suma de las multiplicaciones de las matrices de pesos con los vectores correspondientes y añadimos la unidad de sesgo:

$$\boldsymbol{z}_h^{(t)} = \boldsymbol{W}_{xh}\boldsymbol{x}^{(t)} + \boldsymbol{W}_{hh}\boldsymbol{h}^{(t-1)} + \boldsymbol{b}_h$$

Entonces, las activaciones de las unidades ocultas en el paso de tiempo, *t*, se calculan como sigue:

$$\boldsymbol{h}^{(t)} = \sigma_h\left(\boldsymbol{z}_h^{(t)}\right) = \sigma_h\left(\boldsymbol{W}_{xh}\boldsymbol{x}^{(t)} + \boldsymbol{W}_{hh}\boldsymbol{h}^{(t-1)} + \boldsymbol{b}_h\right)$$

Aquí, $\boldsymbol{b}_h$ es el vector de sesgo para las unidades ocultas y $\sigma(\cdot)$ es la función de activación de la capa oculta.

En caso de querer utilizar la matriz de pesos concatenados, $W_h = [W_{xh}; W_{hh}]$, la fórmula para calcular las unidades ocultas cambiará:

$$\boldsymbol{h}^{(t)} = \sigma_h\left([\boldsymbol{W}_{xh}; \boldsymbol{W}_{hh}]\begin{bmatrix}\boldsymbol{x}^{(t)} \\ \boldsymbol{h}^{(t-1)}\end{bmatrix} + \boldsymbol{b}_h\right)$$

Una vez calculadas las activaciones de las unidades ocultas en el instante de tiempo actual, se calcularán las activaciones de las unidades de salida:

$$\boldsymbol{o}^{(t)} = \sigma_0\left(\boldsymbol{W}_{ho}\boldsymbol{h}^{(t)} + \boldsymbol{b}_0\right)$$

Para ayudar a aclarar lo anterior, la Figura 15.6 muestra el proceso de cálculo de estas activaciones con ambas formulaciones:

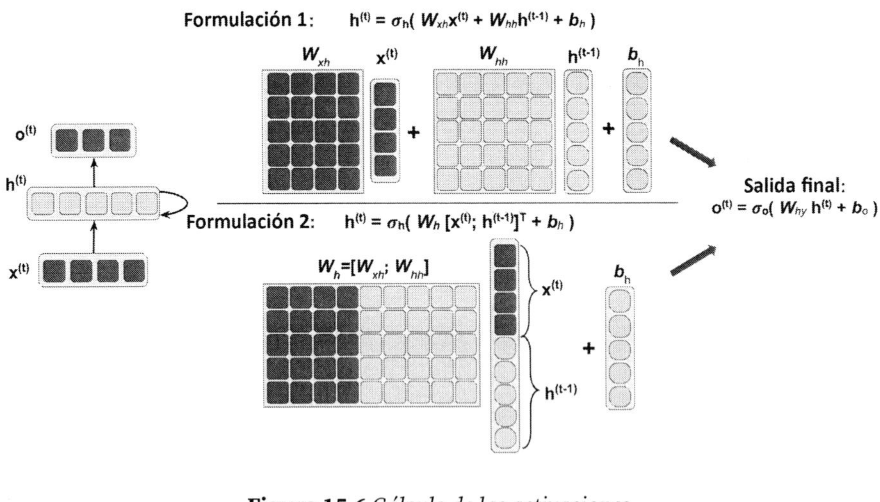

Figura 15.6 *Cálculo de las activaciones.*

Entrenamiento de RNN mediante retropropagación en el tiempo (BackPropagation Through Time, BPTT)

El algoritmo de aprendizaje para las RNN se introdujo en 1990: «Backpropagation Through Time: What It Does and How to Do It», Paul Werbos, *Proceedings of IEEE*, 78(10): 1550-1560, 1990.

El cálculo de los gradientes puede ser un poco complicado, pero la idea básica es que la pérdida global, L, es la suma de todas las funciones de pérdida en los tiempos de $t = 1$ a $t = T$:

$$L = \sum_{t=1}^{T} L^{(t)}$$

Como la pérdida en el tiempo t depende de las unidades ocultas en todos los instantes de tiempo anteriores $1 : t$, el gradiente se calculará como sigue:

$$\frac{\partial L^{(t)}}{\partial \boldsymbol{W}_{hh}} = \frac{\partial L^{(t)}}{\partial \boldsymbol{o}^{(t)}} \times \frac{\partial \boldsymbol{o}^{(t)}}{\partial \boldsymbol{h}^{(t)}} \times \left(\sum_{k=1}^{t} \frac{\partial \boldsymbol{h}^{(t)}}{\partial \boldsymbol{h}^{(k)}} \times \frac{\partial \boldsymbol{h}^{(k)}}{\partial \boldsymbol{W}_{hh}} \right)$$

Aquí, $\frac{\partial \boldsymbol{h}^{(t)}}{\partial \boldsymbol{h}^{(k)}}$ se calcula mediante una multiplicación de instantes de tiempo adyacentes:

$$\frac{\partial \boldsymbol{h}^{(t)}}{\partial \boldsymbol{h}^{(k)}} = \prod_{i=k+1}^{t} \frac{\partial \boldsymbol{h}^{(i)}}{\partial \boldsymbol{h}^{(i-1)}}$$

Recurrencia oculta frente a recurrencia de salida

Hasta ahora, se han visto redes recurrentes en las que la capa oculta tiene la propiedad recurrente. Sin embargo, hay un modelo alternativo en el que la conexión recurrente proviene de la capa de salida. En este caso, las activaciones netas de la capa de salida en el instante de tiempo anterior, $\boldsymbol{o}^{t-1}$, pueden añadirse de una de las dos siguientes maneras:

- A la capa oculta en el instante de tiempo presente, $\boldsymbol{h}^{t}$ (mostrado en la Figura 15.7 como recurrencia de salida a oculta)
- A la capa de salida en el instante de tiempo presente, $\boldsymbol{o}^{t}$ (mostrado en la Figura 15.7 como recurrencia de salida a salida)

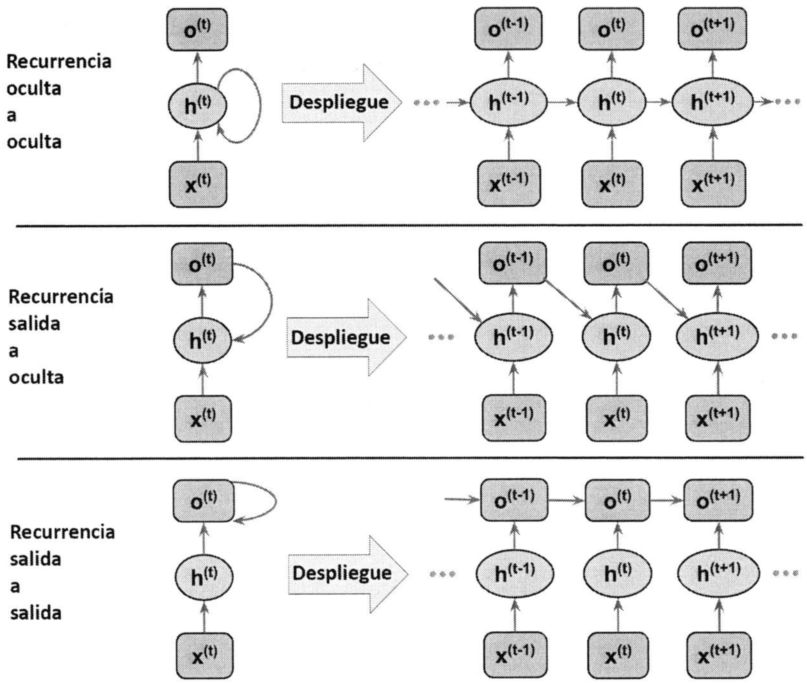

Figura 15.7 *Diferentes modelos de conexión recurrente.*

Como se muestra en la Figura 15.7, las diferencias entre estas arquitecturas pueden verse claramente en las conexiones recurrentes. Siguiendo nuestra notación, los pesos asociados a la conexión recurrente se denotarán para la recurrencia oculta a oculta por W_{hh}, para la recurrencia de salida a oculta por W_{oh}, y para la recurrencia de salida a salida por W_{oo}. En algunos artículos de la literatura, los pesos asociados a las conexiones recurrentes también se denotan por W_{rec}.

Para ver cómo funciona lo anterior en la práctica, vamos a calcular manualmente el paso hacia delante para uno de estos tipos recurrentes. Usando el módulo `torch.nn`, se puede definir una capa recurrente a través de `RNN`, que es similar a la recurrencia oculta a oculta. En el siguiente código, crearemos una capa recurrente de `RNN` y realizaremos un paso hacia delante en una secuencia de entrada de longitud 3 para calcular la salida. También calcularemos manualmente el paso hacia delante y compararemos los resultados con los de la `RNN`.

En primer lugar, vamos a crear la capa y a asignar los pesos y sesgos para nuestros cálculos manuales:

```
>>> import torch
>>> import torch.nn as nn
>>> torch.manual_seed(1)
```

```
>>> rnn_layer = nn.RNN(input_size=5, hidden_size=2,
...                     num_layers=1, batch_first=True)
>>> w_xh = rnn_layer.weight_ih_l0
>>> w_hh = rnn_layer.weight_hh_l0
>>> b_xh = rnn_layer.bias_ih_l0
>>> b_hh = rnn_layer.bias_hh_l0
>>> print('W_xh shape:', w_xh.shape)
>>> print('W_hh      :', w_hh.shape)
>>> print('b_xh shape:', b_xh.shape)
>>> print('b_hh shape:', b_hh.shape)
W_xh shape: torch.Size([2, 5])
W_hh shape: torch.Size([2, 2])
b_xh shape: torch.Size([2])
b_hh shape: torch.Size([2])
```

La forma de entrada para esta capa es (`(batch_size, sequence_length, 5)`, donde la primera dimensión es la dimensión del lote (ya que establecemos `batch_first=True`), la segunda dimensión corresponde a la secuencia, y la última dimensión corresponde a las características. Obsérvese que obtendremos una secuencia de salida que, para una secuencia de entrada de longitud 3, dará como resultado la secuencia de salida $\langle \boldsymbol{o}^{(0)}, \boldsymbol{o}^{(1)}, \boldsymbol{o}^{(2)} \rangle$. Además, la `RNN` utiliza una capa por defecto, y se puede configurar `num_layers` para apilar múltiples capas de RNN para formar una RNN apilada.

Ahora, llamaremos al paso hacia delante en `rnn_layer`, calcularemos manualmente las salidas en cada instante de tiempo y las compararemos:

```
>>> x_seq = torch.tensor([[1.0]*5, [2.0]*5, [3.0]*5]).float()
>>> ## output of the simple RNN:
>>> output, hn = rnn_layer(torch.reshape(x_seq, (1, 3, 5)))
>>> ## manually computing the output:
>>> out_man = []
>>> for t in range(3):
...     xt = torch.reshape(x_seq[t], (1, 5))
...     print(f'Time step {t} =>')
...     print('   Input           :', xt.numpy())
...
...     ht = torch.matmul(xt, torch.transpose(w_xh, 0, 1)) + b_hh
...     print('   Hidden          :', ht.detach().numpy()
...
...     if t > 0:
...         prev_h = out_man[t-1]
...     else:
...         prev_h = torch.zeros((ht.shape))
```

```
...     ot = ht + torch.matmul(prev_h, torch.transpose(w_hh, 0, 1)) \
...             + b_hh
...     ot = torch.tanh(ot)
...     out_man.append(ot)
...     print('   Output (manual) :', ot.detach().numpy())
...     print('   RNN output      :', output[:, t].detach().numpy())
...     print()
Time step 0 =>
   Input           : [[1. 1. 1. 1. 1.]]
   Hidden          : [[-0.4701929  0.5863904]]
   Output (manual) : [[-0.3519801   0.52525216]]
   RNN output      : [[-0.3519801   0.52525216]]

Time step 1 =>
   Input           : [[2. 2. 2. 2. 2.]]
   Hidden          : [[-0.88883156  1.2364397 ]]
   Output (manual) : [[-0.68424344  0.76074266]]
   RNN output      : [[-0.68424344  0.76074266]]

Time step 2 =>
   Input           : [[3. 3. 3. 3. 3.]]
   Hidden          : [[-1.3074701  1.886489 ]]
   Output (manual) : [[-0.8649416   0.90466356]]
   RNN output      : [[-0.8649416   0.90466356]]
```

En nuestro cálculo directo manual, utilizamos la función de activación tangente hiperbólica (tanh), ya que también se utiliza en `RNN` (la activación por defecto). Como puede ver en los resultados impresos, las salidas de los cálculos manuales hacia delante coinciden exactamente con la salida de la capa `RNN` en cada instante de tiempo. Esperamos que esta tarea práctica le haya ilustrado sobre los misterios de las redes recurrentes.

Retos del aprendizaje de las interacciones de largo alcance

BPTT, que ya se ha mencionado brevemente, introduce algunos retos nuevos. Debido al factor multiplicativo, $\frac{\partial \boldsymbol{h}^{(t)}}{\partial \boldsymbol{h}^{(k)}}$, en el cálculo de los gradientes de la función de pérdida, surgen los denominados «problemas de gradiente evanescente y explosivo».

Estos problemas se explican en los ejemplos de la Figura 15.8, que, para simplificar, muestra una RNN con una sola unidad oculta:

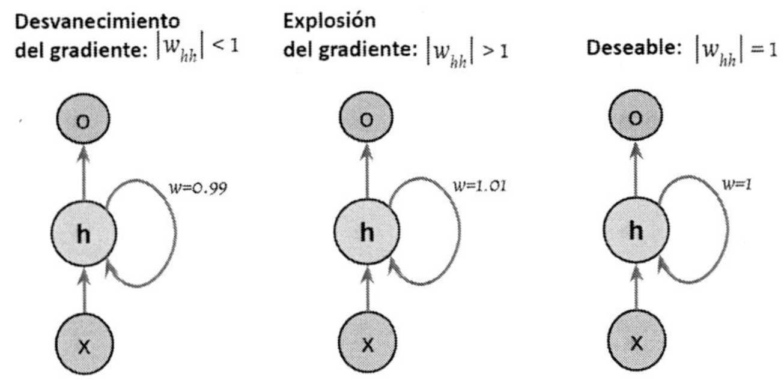

Figura 15.8 *Problemas para calcular los gradientes de la función de pérdida.*

Básicamente, $\frac{\partial \boldsymbol{h}^{(t)}}{\partial \boldsymbol{h}^{(k)}}$ tiene $t - k$ multiplicaciones; por lo tanto, al multiplicar el peso, w, por sí mismo $t - k$ veces se obtiene un factor, w^{t-k}. Como resultado, si $|w| < 1$, este factor se vuelve muy pequeño cuando $t - k$ es grande. Por otro lado, si el peso de la arista recurrente es $|w| > 1$, entonces w^{t-k} se vuelve muy grande cuando $t - k$ es grande. Nótese que un $t - k$ grande se refiere a dependencias de largo alcance. Podemos ver que se puede alcanzar una solución ingenua para evitar que los gradientes se desvanezcan o exploten asegurando que $|w| = 1$. Si está interesado y quiere investigar esto con más detalle, lea *On the difficulty of training recurrent neural networks*, de R. Pascanu, T. Mikolov e Y. Bengio, 2012 (`https://arxiv.org/pdf/1211.5063.pdf`).

En la práctica, existen al menos tres soluciones a este problema:

- Recorte de gradientes
- Retropropagación truncada en el tiempo (Truncated Backpropagation Through Time, TBPTT)
- LSTM

Con el recorte de gradientes, especificamos un valor de corte o umbral para los gradientes, y asignamos este valor de corte a los valores de gradientes que superan este valor. Por el contrario, TBPTT simplemente limita el número de instantes de tiempo que la señal puede retropropagar después de cada paso hacia delante. Por ejemplo, aunque la secuencia tenga 100 elementos o pasos, solo podemos retropropagar los 20 pasos de tiempo más recientes.

Aunque tanto el recorte de gradiente como TBPTT pueden resolver el problema del gradiente explosivo, el truncamiento limita el número de pasos en los que el gradiente puede retroceder eficazmente y actualizar adecuadamente los pesos. Por otro lado, LSTM, diseñada en 1997 por Sepp Hochreiter y Jürgen Schmidhuber, ha tenido más éxito en los problemas de gradiente de fuga y de explosión, y modela las dependencias de largo alcance mediante el uso de celdas de memoria. Analicemos LSTM con más detalle.

Células de memoria a corto y largo plazo

Como se ha dicho anteriormente, las LSTM se introdujeron por primera vez para superar el problema del gradiente evanescente («Long Short-Term Memory», de S. Hochreiter y J. Schmidhuber, *Neural Computation*, 9(8): 1735-1780, 1997). El bloque de construcción de las LSTM es una célula de memoria, que esencialmente representa o reemplaza la capa oculta de las RNN estándar.

En cada celda de memoria, hay una arista recurrente que tiene el peso deseable, $w = 1$, como ya hemos comentado, para superar los problemas de gradiente de fuga y explosión. Los valores asociados a esta arista recurrente se denominan colectivamente «estado de la célula». La estructura desplegada de una célula LSTM moderna se muestra en la Figura 15.9:

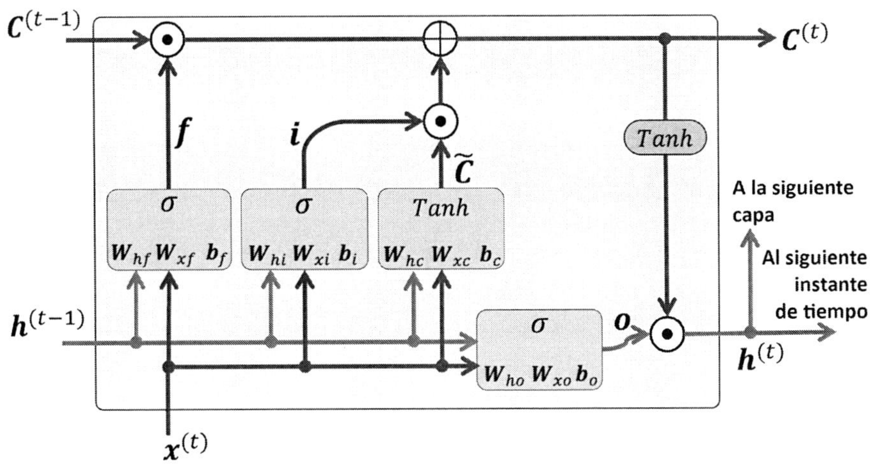

Figura 15.9 *Estructura de una célula LSTM.*

Obsérvese que el estado de la célula del instante de tiempo anterior, $C^{(t-1)}$, se modifica para obtener el estado de la célula en el paso de tiempo presente, $C^{(t)}$, sin que se haya multiplicado directamente por ningún factor de peso. El flujo de información en esta célula de memoria lo controlan varias unidades de cálculo (a menudo llamadas «puertas»), que se describirán aquí. En la figura, ⊙ se refiere al producto término a término (multiplicación término a término) y ⊕ significa suma término a término (adición término a término). Además, $x^{(t)}$ se refiere a los datos de entrada en el tiempo t, y $h^{(t-1)}$ indica las unidades ocultas en el tiempo $t - 1$. Se señalan cuatro cajas con una función de activación, ya sea la función sigmoide (σ) o tanh, y un conjunto de pesos; estas cajas aplican una combinación lineal realizando multiplicaciones matriciales-vectoriales en sus entradas (que son $h^{(t-1)}$ y $x^{(t)}$). Estas unidades de cómputo con funciones de activación sigmoides, cuyas unidades de salida pasan por ⊙, se denominan «puertas».

En una célula LSTM, hay tres tipos diferentes de puertas, que se conocen como la puerta del olvido, la puerta de entrada y la puerta de salida.

La puerta del olvido (f_t) permite a la célula de memoria restablecer el estado de la célula sin crecer indefinidamente. De hecho, la puerta del olvido decide qué información se deja pasar y qué información se suprime. Ahora, f_t se calcula de la siguiente manera:

$$\boldsymbol{f}_t = \sigma\left(\boldsymbol{W}_{xf}\boldsymbol{x}^{(t)} + \boldsymbol{W}_{hf}\boldsymbol{h}^{(t-1)} + \boldsymbol{b}_f\right)$$

Obsérvese que la puerta del olvido no formaba parte de la célula LSTM original; se añadió unos años después para mejorar el modelo original («Learning to Forget: Continual Prediction with LSTM», de F. Gers, J. Schmidhuber, y F. Cummins, *Neural Computation* 12, 2451-2471, 2000).

La puerta de entrada (i_t) y el valor candidato ($\widetilde{\boldsymbol{C}}_t$) se encargan de actualizar el estado de la célula. Se calculan como sigue:

$$\begin{aligned}
\boldsymbol{i}_t &= \sigma\left(\boldsymbol{W}_{xi}\boldsymbol{x}^{(t)} + \boldsymbol{W}_{hi}\boldsymbol{h}^{(t-1)} + \boldsymbol{b}_i\right) \\
\widetilde{\boldsymbol{C}}_t &= \tanh\left(\boldsymbol{W}_{xc}\boldsymbol{x}^{(t)} + \boldsymbol{W}_{hc}\boldsymbol{h}^{(t-1)} + \boldsymbol{b}_c\right)
\end{aligned}$$

El estado de la célula en el momento *t* se calcula de la siguiente manera:

$$\boldsymbol{C}^{(t)} = \left(\boldsymbol{C}^{(t-1)} \odot \boldsymbol{f}_t\right) \oplus \left(\boldsymbol{i}_t \odot \tilde{C}_t\right)$$

La puerta de salida (o_t) decide cómo actualizar los valores de las unidades ocultas:

$$\boldsymbol{o}_t = \sigma\left(\boldsymbol{W}_{xo}\boldsymbol{x}^{(t)} + \boldsymbol{W}_{ho}\boldsymbol{h}^{(t-1)} + \boldsymbol{b}_o\right)$$

Dado lo anterior, las unidades ocultas en el instante de tiempo presente se calculan como sigue:

$$\boldsymbol{h}^{(t)} = \boldsymbol{o}_t \odot \tanh\left(\boldsymbol{C}^{(t)}\right)$$

La estructura de una célula LSTM y sus cálculos subyacentes pueden parecer muy complejos y difíciles de implementar. Sin embargo, la buena noticia es que PyTorch ya lo ha implementado todo en funciones envoltorio (wrapper) optimizadas; y eso nos permite definir nuestras celdas LSTM de forma fácil y eficiente. Más adelante en este capítulo aplicaremos las RNN y las LSTM a conjuntos de datos del mundo real.

Otros modelos RNN avanzados

Las LSTM ofrecen un enfoque básico para modelar las dependencias de largo alcance en las secuencias. Sin embargo, es importante señalar que hay muchas variaciones de LSTM descritas en la literatura («An Empirical Exploration of Recurrent Network Architectures», de Rafal Jozefowicz, Wojciech Zaremba, e Ilya Sutskever, *Proceedings of ICML*, 2342-2350, 2015). También cabe destacar un enfoque más reciente, la unidad recurrente cerrada (Gated Recurrent Unit, GRU), que se propuso en 2014. Las GRU tienen una arquitectura más sencilla que las LSTM; por lo tanto, son computacionalmente más eficientes, mientras que su rendimiento en algunas tareas, como el modelado de música polifónica, es comparable al de las LSTM. Si está interesado en saber más sobre estas arquitecturas modernas de RNN, consulte el artículo «Empirical Evaluation of Gated Recurrent Neural Networks on Sequence Modeling», de Junyoung Chung y otros, 2014 (`https://arxiv.org/pdf/1412.3555v1.pdf`).

Implementación de RNN para el modelado de secuencias en PyTorch

Ahora que hemos tratado la teoría que subyace trás las RNN, estamos listos para pasar a la parte más práctica de este capítulo: implementar las RNN en PyTorch. Durante el resto de este capítulo, aplicaremos las RNN a dos tareas problemáticas que son frecuentes:

1. Análisis de opiniones
2. Modelado de idiomas

Estos dos proyectos, que analizaremos juntos en las siguientes páginas, son fascinantes, pero también son bastante complicados. Por ello, en lugar de proporcionar el código de una sola vez, dividiremos la implementación en varios pasos y discutiremos el código en detalle. Si le gusta tener una visión general y quiere ver todo el código de una vez antes de sumergirse en la discusión, eche un vistazo a la implementación del código.

Proyecto uno: pronostico de las opiniones en las reseñas de cine de IMDb

Puede recordar del capítulo 8, Aplicación del aprendizaje automático al análisis de opiniones, que el análisis de opiniones se ocupa de analizar la opinión expresada en una frase o un documento de texto. En esta sección y en las siguientes subsecciones, implementaremos una RNN multicapa para el análisis de sentimiento usando una arquitectura de muchos a uno.

En la siguiente sección, implementaremos una RNN de muchos a muchos para una aplicación de modelado de idiomas. Aunque los ejemplos elegidos son intencionadamente sencillos para introducir los conceptos principales de las RNN, el modelado del idioma tiene una amplia gama de aplicaciones interesantes, como la elaboración de chatbots, que proporcionan a los ordenadores la capacidad de hablar e interactuar directamente con las personas.

Preparación de los datos de reseñas de películas

En el capítulo 8, preprocesamos y limpiamos el conjunto de datos de reseñas. Ahora haremos lo mismo. En primer lugar, importaremos los módulos necesarios y leeremos los datos de `torchtext` (que instalaremos mediante `pip install torchtext`; a finales de 2021 se utilizaba la versión 0.10.0):

```
>>> from torchtext.datasets import IMDB
>>> train_dataset = IMDB(split='train')
>>> test_dataset = IMDB(split='test')
```

Cada conjunto tiene 25 000 muestras. Y cada muestra de los conjuntos de datos consta de dos elementos: la etiqueta de opinión que representa la etiqueta objetivo que queremos pronosticar (neg se refiere a la opinión negativa y `pos` a la positiva) y el texto de la crítica de la película (las características de entrada). El componente de texto de estas reseñas de películas son secuencias de palabras, y el modelo RNN clasifica cada secuencia como una crítica positiva (`1`) o negativa (`0`).

Sin embargo, antes de introducir los datos en el modelo RNN, debemos aplicar varios pasos de preprocesamiento:

1. Dividir el conjunto de datos de entrenamiento en particiones separadas de entrenamiento y validación.
2. Identificar las palabras únicas en el conjunto de datos de entrenamiento.
3. Asignar cada palabra única a un número entero único y codificar el texto de la crítica en números enteros codificados (un índice de cada palabra única).
4. Dividir el conjunto de datos en minilotes como entrada al modelo.

Procedamos con el primer paso: crear una partición de entrenamiento y otra de validación a partir de `train_dataset` que leímos anteriormente:

```
>>> ## Step 1: create the datasets
>>> from torch.utils.data.dataset import random_split
>>> torch.manual_seed(1)
>>> train_dataset, valid_dataset = random_split(
...     list(train_dataset), [20000, 5000])
```

El conjunto de datos de entrenamiento original contiene 25 000 ejemplos. Se eligen 20 000 ejemplos al azar para el entrenamiento y 5000 para la validación.

Para preparar los datos para la entrada de la NN, necesitamos codificarlos en valores numéricos, como se mencionó en los pasos 2 y 3. Para ello, primero detectaremos las palabras únicas (tokens) en el conjunto de datos de entrenamiento. Aunque encontrar los tokens únicos es un proceso para el que podemos utilizar los conjuntos de datos de Python, puede ser más eficiente utilizar la clase `Counter` del paquete `collections`, que forma parte de la biblioteca estándar de Python.

En el siguiente código, instanciaremos un nuevo objeto `Counter` (`token_counts`), que recogerá las frecuencias de palabras únicas. Tenga en cuenta que en esta aplicación particular (y en contraste con el modelo de bolsa de palabras), solo estamos interesados en el conjunto de palabras únicas y no necesitaremos los recuentos de palabras, que se crean como un producto secundario. Para dividir el texto en palabras (o tokens), reutilizaremos la función `tokenizer` que desarrollamos en el capítulo 8, que también elimina las marcas HTML, así como los signos de puntuación y otros caracteres que no son letras:

El código para obtener los tokens únicos es el siguiente:

```
>>> ## Step 2: find unique tokens (words)
>>> import re
>>> from collections import Counter, OrderedDict
>>>
>>> def tokenizer(text):
...     text = re.sub('<[^>]*>', '', text)
...     emoticons = re.findall(
...         '(?::|;|=)(?:-)?(?:\)|\(|D|P)', text.lower()
...     )
...     text = re.sub('[\W]+', ' ', text.lower()) +\
...         ' '.join(emoticons).replace('-', '')
...     tokenized = text.split()
...     return tokenized
>>>
>>> token_counts = Counter()
>>> for label, line in train_dataset:
...     tokens = tokenizer(line)
...     token_counts.update(tokens)
>>> print('Vocab-size:', len(token_counts))
Vocab-size: 69023
```

Si quiere saber más sobre `Counter`, consulte la documentación en `https://docs.python.org/3/library/collections.html#collections.Counter`.

A continuación, vamos a asignar cada palabra única a un número entero único. Se puede hacer manualmente utilizando un diccionario de Python, donde las claves son los tokens únicos (palabras) y el valor asociado a cada clave es un entero único. Sin embargo, el paquete `torchtext` ya proporciona una clase, `Vocab`, que podemos utilizar para crear dicha asignación y codificar todo el conjunto de datos. En primer lugar, crearemos un objeto `vocab` pasando el diccionario ordenado que mapea los tokens a sus correspondientes frecuencias de aparición (el diccionario ordenado es `token_counts` clasificado). En segundo lugar, añadiremos dos tokens especiales al vocabulario, que son el relleno y el token desconocido:

```
>>> ## Step 3: encoding each unique token into integers
>>> from torchtext.vocab import vocab
>>> sorted_by_freq_tuples = sorted(
...     token_counts.items(), key=lambda x: x[1], reverse=True
... )
>>> ordered_dict = OrderedDict(sorted_by_freq_tuples)
>>> vocab = vocab(ordered_dict)
>>> vocab.insert_token("<pad>", 0)
>>> vocab.insert_token("<unk>", 1)
>>> vocab.set_default_index(1)
```

Para mostrar cómo utilizar el objeto `vocab`, convertiremos un texto de entrada de un ejemplo en una lista de valores enteros:

```
>>> print([vocab[token] for token in ['this', 'is',
...     'an', 'example']])
[11, 7, 35, 457]
```

Hay que tener en cuenta que puede haber algunos tokens en los datos de validación o de prueba que no estén presentes en los datos de entrenamiento y que, por tanto, no se incluyan en la asognación. Si tenemos q tokens (es decir, el tamaño de `token_counts` pasado a `Vocab`, que en este caso es de 69 023), entonces a todos los tokens que no han sido vistos antes, y por lo tanto no están incluidos en `token_counts`, se les asignará el entero 1 (un marcador de posición para el token desconocido). En otras palabras, el índice 1 está reservado para las palabras desconocidas. Otro valor reservado es el entero 0, que sirve como marcador de posición, un llamado token de relleno, para ajustar la longitud de la secuencia.

Más adelante, cuando construyamos un modelo RNN en PyTorch, consideraremos este marcador de posición, 0, con más detalle.

Podemos definir la función `text_pipeline` para transformar cada texto en el conjunto de datos, y la función `label_pipeline` para convertir cada etiqueta en 1 o 0:

```
>>> ## Step 3-A: define the functions for transformation
>>> text_pipeline =\
...      lambda x: [vocab[token] for token in tokenizer(x)]
>>> label_pipeline = lambda x: 1. if x == 'pos' else 0.
```

Generaremos lotes de muestras utilizando `DataLoader` y pasaremos los pipelines de procesamiento de datos declarados anteriormente al argumento `collate_fn`. Envolveremos la función de codificación de texto y transformación de etiquetas en la función `collate_batch`:

```
>>> ## Step 3-B: wrap the encode and transformation function
... def collate_batch(batch):
...     label_list, text_list, lengths = [], [], []
...     for _label, _text in batch:
...         label_list.append(label_pipeline(_label))
...         processed_text = torch.tensor(text_pipeline(_text),
...                                       dtype=torch.int64)
...         text_list.append(processed_text)
...         lengths.append(processed_text.size(0))
...     label_list = torch.tensor(label_list)
...     lengths = torch.tensor(lengths)
...     padded_text_list = nn.utils.rnn.pad_sequence(
...         text_list, batch_first=True)
...     return padded_text_list, label_list, lengths
>>>
>>> ## Take a small batch
>>> from torch.utils.data import DataLoader
>>> dataloader = DataLoader(train_dataset,
...                         batch_size=4,
...                         shuffle=False,
...                         collate_fn=collate_batch)
```

Hasta ahora, hemos convertido secuencias de palabras en secuencias de enteros, y etiquetas de `pos` o `neg` en 1 o 0. Sin embargo, hay un problema que debemos resolver: las secuencias tienen en este momento longitudes diferentes (como se muestra en el resultado de ejecutar el siguiente código para cuatro ejemplos). Aunque, en general, las RNN pueden manejar secuencias con diferentes longitudes, todavía tenemos que asegurarnos de que todas las secuencias de un minilote tengan la misma longitud para almacenarlas eficientemente en un tensor.

PyTorch proporciona un método eficiente, `pad_sequence()`, que rellenará automáticamente los elementos consecutivos que se van a combinar en un lote con valores de marcador de posición (0s) para que todas las secuencias dentro de un lote tengan la misma forma. En el código anterior, ya creamos un cargador de datos de un tamaño de lote pequeño a partir del conjunto de datos de entrenamiento y aplicamos la función `collate_batch`, que a su vez incluía una llamada a `pad_sequence()`.

Sin embargo, para ilustrar cómo funciona el relleno, utilizaremos el primer lote e imprimiremos los tamaños de los elementos individuales antes de combinarlos en minilotes, así como las dimensiones de los minilotes resultantes:

```
>>> text_batch, label_batch, length_batch = next(iter(dataloader))
>>> print(text_batch)
tensor([[   35,  1742,     7,   449,   723,     6,   302,     4,
...
0,      0,      0,      0,      0,      0,      0,      0]],
>>> print(label_batch)
tensor([1., 1., 1., 0.])
>>> print(length_batch)
tensor([165,  86, 218, 145])
>>> print(text_batch.shape)
torch.Size([4, 218])
```

Como se puede observar en las formas del tensor impreso, el número de columnas del primer lote es 218, que ha sido el resultado de combinar los cuatro primeros ejemplos en un solo lote y utilizar el tamaño máximo de estos ejemplos. Esto significa que los otros tres ejemplos (cuyas longitudes son 165, 86 y 145, respectivamente) de este lote se rellenan tanto como sea necesario para ajustarse a este tamaño.

Por último, dividimos los tres conjuntos de datos en cargadores de datos con un tamaño de lote de 32:

```
>>> batch_size = 32
>>> train_dl = DataLoader(train_dataset, batch_size=batch_size,
...                       shuffle=True, collate_fn=collate_batch)
>>> valid_dl = DataLoader(valid_dataset, batch_size=batch_size,
...                       shuffle=False, collate_fn=collate_batch)
>>> test_dl = DataLoader(test_dataset, batch_size=batch_size,
...                      shuffle=False, collate_fn=collate_batch)
```

Ahora, los datos están en un formato adecuado para un modelo RNN, que vamos a implementar en las siguientes subsecciones. En la siguiente subsección, sin embargo, primero discutiremos la incorporación (embedding) de características, que es un paso de preprocesamiento opcional pero muy recomendable que se utiliza para reducir la dimensionalidad de los vectores de palabras.

Capas de incorporación (embedding) para la codificación de frases

Durante la preparación de los datos en el paso anterior, generamos secuencias de la misma longitud. Los elementos de estas secuencias eran números enteros que correspondían a los índices de palabras únicas. Estos índices de palabras pueden convertirse en características de entrada de varias maneras. Una forma ingenua es aplicar la codificación one-hot para convertir los índices en vectores de ceros y unos. A continuación, cada palabra se asigna a un vector cuyo tamaño es el número de palabras únicas en todo el conjunto de datos. Dado que el número de palabras únicas (el tamaño del vocabulario) puede ser del orden de 10^4 – 10^5, que será también el número de nuestras características de entrada, un modelo entrenado con estas características puede sufrir la maldición de la dimensionalidad. Además, estas características son muy escasas, ya que todas son cero excepto una.

Un enfoque más elegante es asignar cada palabra a un vector de tamaño fijo con elementos de valores reales (no necesariamente enteros). A diferencia de los vectores codificados con one-hot, podemos utilizar vectores de tamaño finito para representar un número infinito de números reales. (En teoría, podemos extraer infinitos números reales de un intervalo dado, por ejemplo [-1, 1]).

Esta es la idea que está detrás de la incorporación (embedding), que es una técnica de aprendizaje de características que podemos utilizar aquí para averiguar automáticamente las características más destacadas para representar las palabras en nuestro conjunto de datos. Dado el número de palabras únicas, n_{words}, podemos seleccionar el tamaño de los vectores de integración (también conocido como «dimensión de incorporación») para que sea mucho menor que el número de palabras únicas ($embedding\_dim << n_{words}$), para representar todo el vocabulario como características de entrada.

Las ventajas de la incorporación con respecto a la codificación en un solo paso son las siguientes:

- Una reducción de la dimensionalidad del espacio de características para disminuir el efecto de la maldición de la dimensionalidad.
- La extracción de características destacadas, ya que la capa de incorporación en una NN se puede optimizar (o averiguar).

La siguiente representación esquemática muestra cómo funciona la incorporación (embedding) mediante la asignación de índices de tokens a una matriz de integración entrenable.

Dado un conjunto de tokens de tamaño $n + 2$ (n es el tamaño del conjunto de tokens, más el índice 0 reservado para el marcador de posición de relleno, y el 1 para las palabras no presentes en el conjunto de tokens), se creará una matriz de incorporación (embedding) de tamaño (n + 2) × *embedding_dim,* donde cada fila de esta matriz representa características numéricas asociadas a un token. Por lo tanto, cuando se da un índice entero, *i*, como entrada a la incorporación (embedding), esta buscará la fila correspondiente de la matriz en el índice *i* y devolverá las características numéricas. La matriz de incorporación (embedding) sirve como capa de entrada a nuestros modelos NN.

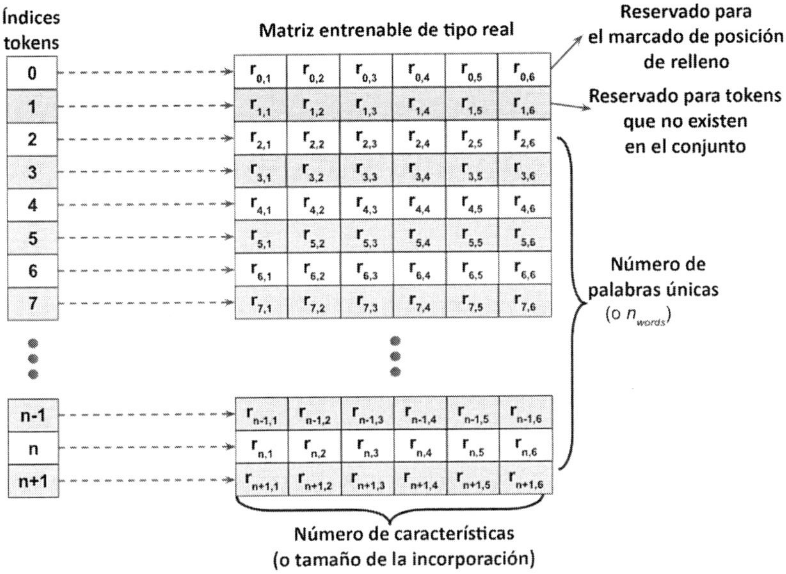

Figura 15.10 *Desglose del funcionamiento de la incorporación.*

En la práctica, la creación de una capa de incorporación (embedding) puede hacerse simplemente utilizando `nn.Embedding`. Veamos un ejemplo en el que crearemos una capa de incorporación y la aplicaremos a un lote de dos muestras:

```
>>> embedding = nn.Embedding(
...     num_embeddings=10,
...     embedding_dim=3,
...     padding_idx=0)
>>> # a batch of 2 samples of 4 indices each
>>> text_encoded_input = torch.LongTensor([[1,2,4,5],[4,3,2,0]])
>>> print(embedding(text_encoded_input))
tensor([[[-0.7027,  0.3684, -0.5512],
         [-0.4147,  1.7891, -1.0674],
         [ 1.1400,  0.1595, -1.0167],
         [ 0.0573, -1.7568,  1.9067]],

        [[ 1.1400,  0.1595, -1.0167],
         [-0.8165, -0.0946, -0.1881],
```

```
        [-0.4147,  1.7891, -1.0674],
        [ 0.0000,  0.0000,  0.0000]]], grad_fn=<EmbeddingBackward>)
```

La entrada a este modelo (capa de incorporación (embedding)) debe tener rango 2 con la dimensionalidad *batchsize* × *input_length*, donde input_length es la longitud de las secuencias (aquí, 4). Por ejemplo, una secuencia de entrada en el minilote podría ser <1, 5, 9, 2>, donde cada elemento de esta secuencia es el índice de las palabras únicas. La salida tendrá la dimensionalidad *batchsize* × *input_length* × *embedding_dim*, donde embedding_dim es el tamaño de las características de incorporación (embedding) (aquí, fijado en 3). El otro argumento proporcionado a la capa de incorporación, `num_embeddings`, corresponde a los valores enteros únicos que el modelo recibirá como entrada (por ejemplo, $n + 2$, fijado aquí en 10). Por lo tanto, la matriz de incorporación en este caso tiene un tamaño de 10×6.

`padding_idx` indica el índice del token para el relleno (aquí, 0), que, si se especifica, no contribuirá a las actualizaciones del gradiente durante el entrenamiento. En nuestro ejemplo, la longitud de la secuencia original de la segunda muestra es 3, y la rellenamos con 1 elemento más 0. La salida de incorporación (embedding) del elemento rellenado es [0, 0, 0].

Elaboración modelos RNN

Ahora estamos preparados para elaborar un modelo RNN. Usando la clase `nn.Module`, podemos combinar la capa de incorporación (embedding), las capas recurrentes de la RNN y las capas no recurrentes completamente conectadas. Para las capas recurrentes, podemos utilizar cualquiera de las siguientes implementaciones:

- `RNN`: una capa RNN normal, es decir, una capa recurrente totalmente conectada.
- `LSTM`: una RNN de memoria a corto y largo plazo, que es útil para capturar las dependencias a largo plazo.
- `GRU`: una capa recurrente con una unidad recurrente cerrada, como se propone en *Learning Phrase Representations Using RNN Encoder-Decoder for Statistical Machine Translation*, de K. Cho et al., 2014 (`https://arxiv.org/abs/1406.1078v3`), como alternativa a las LSTM.

Para ver cómo se puede elaborar un modelo RNN multicapa utilizando una de estas capas recurrentes, en el siguiente ejemplo crearemos un modelo RNN con dos capas recurrentes de tipo `RNN`. Finalmente, añadiremos una capa no recurrente totalmente conectada como capa de salida, que devolverá un único valor de salida como pronóstico:

```
>>> class RNN(nn.Module):
...     def __init__(self, input_size, hidden_size):
```

```
...         super().__init__()
...         self.rnn = nn.RNN(input_size, hidden_size, num_layers=2,
...                           batch_first=True)
...         # self.rnn = nn.GRU(input_size, hidden_size, num_layers,
...         #                    batch_first=True)
...         # self.rnn = nn.LSTM(input_size, hidden_size, num_layers,
...         #                     batch_first=True)
...         self.fc = nn.Linear(hidden_size, 1)
...
...     def forward(self, x):
...         _, hidden = self.rnn(x)
...         out = hidden[-1, :, :] # we use the final hidden state
...                                # from the last hidden layer as
...                                # the input to the fully connected
...                                # layer
...         out = self.fc(out)
...         return out
>>>
>>> model = RNN(64, 32)
>>> print(model)
>>> model(torch.randn(5, 3, 64))
RNN(
  (rnn): RNN(64, 32, num_layers=2, batch_first=True)
  (fc): Linear(in_features=32, out_features=1, bias=True)
)
tensor([[ 0.0010],
        [ 0.2478],
        [ 0.0573],
        [ 0.1637],
        [-0.0073]], grad_fn=<AddmmBackward>)
```

Como puede ver, construir un modelo RNN utilizando estas capas recurrentes es bastante sencillo. En la siguiente subsección, volveremos a nuestra tarea de análisis de sentimiento y construiremos un modelo RNN para resolverla.

Elaboración de un modelo RNN para la tarea de análisis de opiniones

Como tenemos secuencias muy largas, vamos a utilizar una capa LSTM para tener en cuenta los efectos de largo alcance. Crearemos un modelo RNN para el análisis de opiniones, comenzando con una capa de incorporación que produce incorporaciones de palabras de tamaño de característica de 20 (`embed_dim=20`). A continuación, se añadirá una capa recurrente de tipo LSTM. Por último, añadiremos una capa totalmente conectada como capa oculta y otra capa totalmente conectada como capa de salida, que devolverá un único valor de probabilidad de pertenencia a una clase mediante la activación sigmoide logística como pronóstico:

```
...     def __init__(self, vocab_size, embed_dim, rnn_hidden_size,
...                  fc_hidden_size):
...         super().__init__()
...         self.embedding = nn.Embedding(vocab_size, embed_dim,
...                                       padding_idx=0)
...         self.rnn = nn.LSTM(embed_dim, rnn_hidden_size,
...                            batch_first=True)
...         self.fc1 = nn.Linear(rnn_hidden_size, fc_hidden_size)
...         self.relu = nn.ReLU()
...         self.fc2 = nn.Linear(fc_hidden_size, 1)
...         self.sigmoid = nn.Sigmoid()
...
...     def forward(self, text, lengths):
...         out = self.embedding(text)
...         out = nn.utils.rnn.pack_padded_sequence(
...             out, lengths.cpu().numpy(), enforce_sorted=False,
...             batch_first=True
...         )
...         out, (hidden, cell) = self.rnn(out)
...         out = hidden[-1, :, :]
...         out = self.fc1(out)
...         out = self.relu(out)
...         out = self.fc2(out)
...         out = self.sigmoid(out)
...         return out
>>>
>>> vocab_size = len(vocab)
>>> embed_dim = 20
>>> rnn_hidden_size = 64
>>> fc_hidden_size = 64
>>> torch.manual_seed(1)
>>> model = RNN(vocab_size, embed_dim, rnn_hidden_size, fc_hidden_size)
>>> model
RNN(
  (embedding): Embedding(69025, 20, padding_idx=0)
  (rnn): LSTM(20, 64, batch_first=True)
  (fc1): Linear(in_features=64, out_features=64, bias=True)
  (relu): ReLU()
```

```
    (fc2): Linear(in_features=64, out_features=1, bias=True)
    (sigmoid): Sigmoid()
)
```

Ahora desarrollaremos la función `train` para entrenar el modelo en el conjunto de datos dado para un ciclo (epoch), y devolveremos la precisión de la clasificación y la pérdida:

```
>>> def train(dataloader):
...     model.train()
...     total_acc, total_loss = 0, 0
...     for text_batch, label_batch, lengths in dataloader:
...         optimizer.zero_grad()
...         pred = model(text_batch, lengths)[:, 0]
...         loss = loss_fn(pred, label_batch)
...         loss.backward()
...         optimizer.step()
...         total_acc += (
...             (pred >= 0.5).float() == label_batch
...         ).float().sum().item()
...         total_loss += loss.item()*label_batch.size(0)
...     return total_acc/len(dataloader.dataset), \
...            total_loss/len(dataloader.dataset)
```

Asimismo, desarrollaremos la función `evaluate` para medir el rendimiento del modelo en un conjunto de datos determinado:

```
>>> def evaluate(dataloader):
...     model.eval()
...     total_acc, total_loss = 0, 0
...     with torch.no_grad():
...         for text_batch, label_batch, lengths in dataloader:
...             pred = model(text_batch, lengths)[:, 0]
...             loss = loss_fn(pred, label_batch)
...             total_acc += (
...                 (pred>=0.5).float() == label_batch
...             ).float().sum().item()
...             total_loss += loss.item()*label_batch.size(0)
...     return total_acc/len(dataloader.dataset), \
...            total_loss/len(dataloader.dataset)
```

El siguiente paso será crear una función de pérdida y un optimizador (Adam). Para una clasificación binaria con una salida de probabilidad de pertenencia a una sola clase, utilizamos la pérdida de entropía cruzada binaria (`BCELoss`) como función de pérdida:

```
>>> loss_fn = nn.BCELoss()
>>> optimizer = torch.optim.Adam(model.parameters(), lr=0.001)
```

Ahora entrenaremos el modelo durante 10 ciclos (epochs) y mostraremos los resultados del entrenamiento y la validación:

```
>>> num_epochs = 10
>>> torch.manual_seed(1)
>>> for epoch in range(num_epochs):
...     acc_train, loss_train = train(train_dl)
...     acc_valid, loss_valid = evaluate(valid_dl)
...     print(f'Epoch {epoch} accuracy: {acc_train:.4f}'
...           f' val_accuracy: {acc_valid:.4f}')
Epoch 0 accuracy: 0.5843 val_accuracy: 0.6240
Epoch 1 accuracy: 0.6364 val_accuracy: 0.6870
Epoch 2 accuracy: 0.8020 val_accuracy: 0.8194
Epoch 3 accuracy: 0.8730 val_accuracy: 0.8454
Epoch 4 accuracy: 0.9092 val_accuracy: 0.8598
Epoch 5 accuracy: 0.9347 val_accuracy: 0.8630
Epoch 6 accuracy: 0.9507 val_accuracy: 0.8636
Epoch 7 accuracy: 0.9655 val_accuracy: 0.8654
Epoch 8 accuracy: 0.9765 val_accuracy: 0.8528
Epoch 9 accuracy: 0.9839 val_accuracy: 0.8596
```

Después de entrenar este modelo durante 10 épocas, lo evaluaremos en los datos de prueba:

```
>>> acc_test, _ = evaluate(test_dl)
>>> print(f'test_accuracy: {acc_test:.4f}')
test_accuracy: 0.8512
```

La precisión es del 85 %. (Nótese que este resultado no es el mejor cuando se compara con los métodos de vanguardia utilizados en el conjunto de datos de IMDb. El objetivo era, simplemente, mostrar cómo funciona una en PyTorch).

Más sobre las RNN bidireccionales

Además, estableceremos la configuración `bidirectional` de `LSTM` en `True`, lo que hará que la capa recurrente pase por las secuencias de entrada en ambas direcciones, de principio a fin, así como en la dirección contraria:

```
>>> class RNN(nn.Module):
...     def __init__(self, vocab_size, embed_dim,
...                  rnn_hidden_size, fc_hidden_size):
...         super().__init__()
...         self.embedding = nn.Embedding(
...             vocab_size, embed_dim, padding_idx=0
...         )
...         self.rnn = nn.LSTM(embed_dim, rnn_hidden_size,
...                            batch_first=True, bidirectional=True)
...         self.fc1 = nn.Linear(rnn_hidden_size*2, fc_hidden_size)
...         self.relu = nn.ReLU()
...         self.fc2 = nn.Linear(fc_hidden_size, 1)
...         self.sigmoid = nn.Sigmoid()
...
...     def forward(self, text, lengths):
...         out = self.embedding(text)
...         out = nn.utils.rnn.pack_padded_sequence(
...             out, lengths.cpu().numpy(), enforce_sorted=False,
            batch_first=True)
...         _, (hidden, cell) = self.rnn(out)
...         out = torch.cat((hidden[-2, :, :],
...                          hidden[-1, :, :]), dim=1)
...         out = self.fc1(out)
...         out = self.relu(out)
...         out = self.fc2(out)
...         out = self.sigmoid(out)
...         return out
>>>
>>> torch.manual_seed(1)
>>> model = RNN(vocab_size, embed_dim,
...             rnn_hidden_size, fc_hidden_size)
>>> model
RNN(
  (embedding): Embedding(69025, 20, padding_idx=0)
  (rnn): LSTM(20, 64, batch_first=True, bidirectional=True)
  (fc1): Linear(in_features=128, out_features=64, bias=True)
  (relu): ReLU()
  (fc2): Linear(in_features=64, out_features=1, bias=True)
  (sigmoid): Sigmoid()
)
```

La capa RNN bidireccional realiza dos pases sobre cada secuencia de entrada: un pase hacia delante y un pase reverso o hacia atrás. (Esto no debe confundirse con los pases hacia delante y hacia atrás en el contexto de la retropropagación). Los estados ocultos resultantes de estos pases hacia delante y hacia atrás suelen concatenarse en un único estado oculto. Otros modos de fusión son la suma, la multiplicación (multiplicando los resultados de los dos pases) y el promedio (tomando la media de los dos).

También podemos probar otros tipos de capas recurrentes, como la RNN normal. Sin embargo, resulta que un modelo elaborado con capas recurrentes regulares no podrá alcanzar un buen rendimiento predictivo (incluso en los datos de entrenamiento). Por ejemplo, si intenta sustituir la capa LSTM bidireccional del código anterior por una capa `nn.RNN` unidireccional (en lugar de `nn.LSTM`) y entrena el modelo con secuencias de longitud completa, podrá observar que la pérdida ni siquiera disminuirá durante el entrenamiento. La razón es que las secuencias de este conjunto de datos son demasiado largas, por lo que un modelo con una capa `RNN` no puede aprender las dependencias a largo plazo y puede sufrir problemas de gradiente de fuga o explosión.

Proyecto dos: modelado lingüístico a nivel de caracteres en PyTorch

El modelado del lenguaje es una aplicación fascinante que permite a las máquinas realizar tareas relacionadas con el lenguaje humano, como la generación de frases en inglés. Uno de los estudios interesantes en este ámbito es «Generating Text with Recurrent Neural Networks», de Ilya Sutskever, James Martens y Geoffrey E. Hinton, *Proceedings of the 28th International Conference on Machine Learning* (ICML-11), 2011 (`https://pdfs.semanticscholar.org/93c2/0e38c85b69fc2d2eb314b3c1217913f7db11.pdf`).

En el modelo que vamos a elaborar ahora, la entrada es un documento de texto, y nuestro objetivo es desarrollar un modelo que pueda generar un nuevo texto que sea similar en estilo al documento de entrada. Ejemplos de este tipo de entrada son un libro o un programa de ordenador en un lenguaje de programación específico.

En el modelado del lenguaje a nivel de caracteres, la entrada se descompone en una secuencia de caracteres que se introducen en nuestra red de uno en uno. La red procesará cada nuevo carácter junto con la memoria de los caracteres vistos anteriormente para pronosticar el siguiente.

La Figura 15.11 muestra un ejemplo de modelado lingüístico a nivel de caracteres. Nótese que EOS (End Of Sequence) significa «final de secuencia».

Podemos dividir esta implementación en tres pasos distintos: preparar los datos, construir el modelo RNN y realizar el pronóstico del siguiente carácter y el muestreo para generar el nuevo texto.

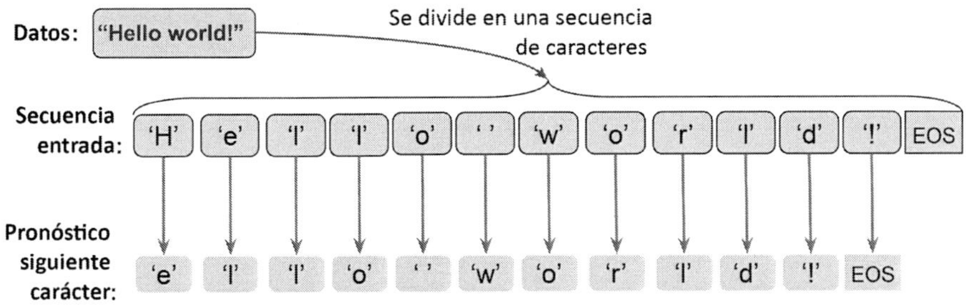

Figura 15.11 *Modelado lingüístico a nivel de caracteres.*

Preprocesamiento del conjunto de datos

En esta sección, prepararemos los datos para el modelado lingüístico a nivel de caracteres.

Para obtener los datos de entrada, visite el sitio web del Proyecto Gutenberg en `https://www.gutenberg.org/`, que ofrece miles de libros electrónicos gratuitos. Para nuestro ejemplo, puede descargar el libro *La isla misteriosa*, de Julio Verne (publicado en 1874), en formato de texto plano desde `https://www.gutenberg.org/files/1268/1268-0.txt`.

Tenga en cuenta que este enlace le llevará directamente a la página de descarga. Si utiliza macOS o un sistema operativo Linux, puede descargar el archivo con el siguiente comando en el terminal:

```
curl -O https://www.gutenberg.org/files/1268/1268-0.txt
```

Si este recurso no está disponible en el futuro, también se incluye una copia de este texto en el directorio de código de este capítulo, en el repositorio de código del libro, en `https://github.com/rasbt/machine-learning-book`.

Una vez descargado el conjunto de datos, podemos leerlo en una sesión de Python como texto plano. Utilizando el siguiente código, leeremos el texto directamente desde el archivo descargado y eliminaremos partes del principio y del final (que contienen ciertas descripciones del proyecto Gutenberg). Luego, crearemos una variable Python, `char_set`, que representa el conjunto de caracteres únicos observados en este texto:

```
>>> import numpy as np
>>> ## Reading and processing text
>>> with open('1268-0.txt', 'r', encoding="utf8") as fp:
...     text=fp.read()
>>> start_indx = text.find('THE MYSTERIOUS ISLAND')
>>> end_indx = text.find('End of the Project Gutenberg')
>>> text = text[start_indx:end_indx]
```

```
>>> char_set = set(text)
>>> print('Total Length:', len(text))
Total Length: 1112350
>>> print('Unique Characters:', len(char_set))
Unique Characters: 80
```

Después de descargar y preprocesar el texto, tenemos una secuencia que consta de 1 112 350 caracteres en total y 80 caracteres únicos. Sin embargo, la mayoría de las bibliotecas de NN y las implementaciones de RNN no pueden tratar con datos de entrada en formato de cadena, por lo que tenemos que convertir el texto en un formato numérico. Para ello, crearemos un simple diccionario de Python, que asigne cada carácter a un entero, `char2int`. También necesitaremos una asignación inversa para convertir los resultados de nuestro modelo de nuevo a texto. Aunque la reversión se puede hacer usando un diccionario que asocie claves enteras con valores de caracteres, es más eficiente usar un array de NumPy e indexar el array para asignar los índices a esos caracteres únicos. La Figura 15.12 muestra un ejemplo de conversión de caracteres en enteros y la inversa para las palabras `"Hello"` y `"world"`:

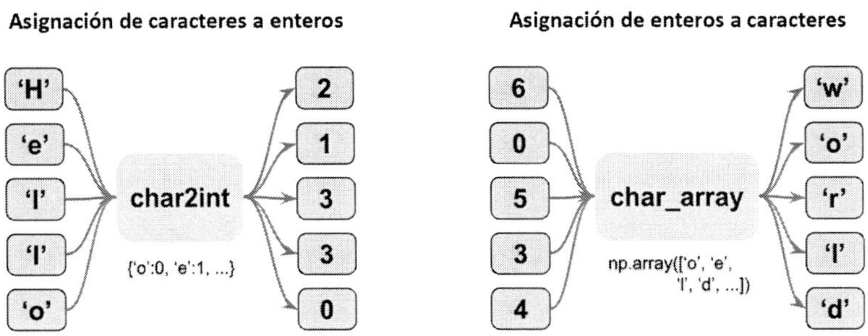

Figura 15.12 *Asignación de caracteres y enteros.*

La elaboración del diccionario para asignar caracteres a enteros, y la asignación inversa a través de la indexación de un array NumPy, como se ha mostrado en la figura anterior, es la siguiente:

```
>>> chars_sorted = sorted(char_set)
>>> char2int = {ch:i for i,ch in enumerate(chars_sorted)}
>>> char_array = np.array(chars_sorted)
>>> text_encoded = np.array(
...     [char2int[ch] for ch in text],
...     dtype=np.int32
... )
>>> print('Text encoded shape:', text_encoded.shape)
Text encoded shape: (1112350,)
>>> print(text[:15], '== Encoding ==>', text_encoded[:15])
```

```
>>> print(text_encoded[15:21], '== Reverse ==>',
...       ''.join(char_array[text_encoded[15:21]]))
THE MYSTERIOUS == Encoding ==> [44 32 29  1 37 48 43 44 29 42 33 39 45 43  1]
[33 43 36 25 38 28] == Reverse ==> ISLAND
```

El array de NumPy, `text_encoded`, contiene los valores codificados de todos los caracteres del texto. Ahora, imprimiremos las asignaciones de los primeros cinco caracteres de este array:

```
>>> for ex in text_encoded[:5]:
...     print('{} -> {}'.format(ex, char_array[ex]))
44 -> T
32 -> H
29 -> E
1 ->
37 -> M
```

Ahora, demos un paso atrás y veamos el panorama general de lo que estamos tratando de hacer. Para la tarea de generación de texto, podemos formular el problema como una tarea de clasificación.

Supongamos que tenemos un conjunto de secuencias de caracteres de texto que están incompletas, como se muestra en la Figura 15.13:

Figura 15.13 *Pronóstico del siguiente carácter de una secuencia de texto.*

En la Figura 15.13, podemos considerar que las secuencias mostradas en el cuadro de la izquierda son la entrada. Para generar un nuevo texto, nuestro objetivo es diseñar un modelo que pueda pronosticar el siguiente carácter de una secuencia de entrada dada, donde la secuencia de entrada representa un texto incompleto. Por ejemplo, después de ver «Deep Learn», el modelo debe pronosticar «i» como el siguiente carácter.

Dado que tenemos 80 caracteres únicos, este problema se convierte en una tarea de clasificación multiclase.

Partiendo de una secuencia de longitud 1 (es decir, una sola letra), podemos generar iterativamente un nuevo texto basado en este enfoque de clasificación multiclase, como se ilustra en la Figura 15.14:

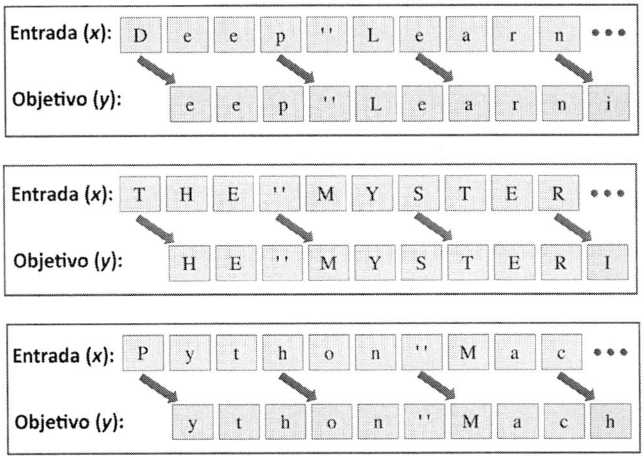

Figura 15.14 *Generación del siguiente texto basado en este enfoque de clasificación multiclase.*

Para implementar la tarea de generación de texto en PyTorch, primero vamos a recortar la longitud de la secuencia a 40. Esto significa que el tensor de entrada, *x*, consta de 40 tokens. En la práctica, la longitud de la secuencia influye en la calidad del texto generado. Las secuencias más largas pueden dar lugar a frases más significativas. Sin embargo, en el caso de las secuencias más cortas, el modelo puede centrarse en capturar correctamente las palabras individuales e ignorar el contexto en su mayor parte. Aunque las secuencias más largas suelen dar lugar a frases más significativas, como se ha mencionado, para las secuencias largas, el modelo RNN tendrá problemas para capturar las dependencias de largo alcance. Así, en la práctica, encontrar un punto ideal y un buen valor para la longitud de la secuencia es un problema de optimización de hiperparámetros, que tenemos que evaluar empíricamente. En este caso, vamos a elegir 40, ya que ofrece un buen equilibrio.

Como puede ver en la figura anterior, las entradas, *x*, y los objetivos, *y*, están desplazados un carácter. Por lo tanto, dividiremos el texto en trozos de tamaño 41: los primeros 40 caracteres formarán la secuencia de entrada, *x*, y los últimos 40 elementos formarán la secuencia objetivo, *y*.

Ya hemos almacenado todo el texto codificado en su orden original en `text_encoded`. Primero crearemos trozos de texto de 41 caracteres cada uno. Además, eliminaremos el último trozo si es inferior a 41 caracteres. Como resultado, el nuevo conjunto de datos con trozos, llamado `text_chunks`, siempre contendrá secuencias de tamaño 41. Los trozos de 41 caracteres se utilizarán para construir la secuencia x (es decir, la entrada), así como la secuencia y (es decir, el objetivo), ambas con 40 elementos. Por ejemplo, la secuencia x estará formada por los elementos con índices [0, 1, ..., 39]. Además, como la secuencia y estará desplazada una posición respecto a x, sus índices correspondientes serán [1, 2, ..., 40]. A continuación, transformaremos el resultado en un objeto `Dataset` aplicando una clase `Dataset` autodefinida:

```
>>> import torch
>>> from torch.utils.data import Dataset
>>> seq_length = 40
>>> chunk_size = seq_length + 1
>>> text_chunks = [text_encoded[i:i+chunk_size]
...                for i in range(len(text_encoded)-chunk_size)]
>>> from torch.utils.data import Dataset
>>> class TextDataset(Dataset):
...     def __init__(self, text_chunks):
...         self.text_chunks = text_chunks
...
...     def __len__(self):
...         return len(self.text_chunks)
...
...     def __getitem__(self, idx):
...         text_chunk = self.text_chunks[idx]
...         return text_chunk[:-1].long(), text_chunk[1:].long()
>>>
>>> seq_dataset = TextDataset(torch.tensor(text_chunks))
```

Veamos algunas secuencias de ejemplo de este conjunto de datos transformados:

```
>>> for i, (seq, target) in enumerate(seq_dataset):
...     print(' Input (x): ',
...           repr(''.join(char_array[seq])))
...     print('Target (y): ',
...           repr(''.join(char_array[target])))
...     print()
...     if i == 1:
...         break
 Input (x): 'THE MYSTERIOUS ISLAND ***\n\n\n\n\nProduced b'
Target (y): 'HE MYSTERIOUS ISLAND ***\n\n\n\n\nProduced by'

 Input (x): 'HE MYSTERIOUS ISLAND ***\n\n\n\n\nProduced by'
Target (y): 'E MYSTERIOUS ISLAND ***\n\n\n\n\nProduced by '
```

Finalmente, el último paso en la preparación del conjunto de datos es transformar este conjunto de datos en minilotes:

```
>>> from torch.utils.data import DataLoader
>>> batch_size = 64
>>> torch.manual_seed(1)
>>> seq_dl = DataLoader(seq_dataset, batch_size=batch_size,
...                     shuffle=True, drop_last=True)
```

Elaboración de un modelo RNN a nivel de carácter

Ahora que el conjunto de datos está listo, elaborar el modelo será relativamente sencillo:

```
>>> import torch.nn as nn
>>> class RNN(nn.Module):
...     def __init__(self, vocab_size, embed_dim, rnn_hidden_size):
...         super().__init__()
...         self.embedding = nn.Embedding(vocab_size, embed_dim)
...         self.rnn_hidden_size = rnn_hidden_size
...         self.rnn = nn.LSTM(embed_dim, rnn_hidden_size,
...                            batch_first=True)
...         self.fc = nn.Linear(rnn_hidden_size, vocab_size)
...
...     def forward(self, x, hidden, cell):
...         out = self.embedding(x).unsqueeze(1)
...         out, (hidden, cell) = self.rnn(out, (hidden, cell))
...         out = self.fc(out).reshape(out.size(0), -1)
...         return out, hidden, cell
...
...     def init_hidden(self, batch_size):
...         hidden = torch.zeros(1, batch_size, self.rnn_hidden_size)
...         cell = torch.zeros(1, batch_size, self.rnn_hidden_size)
...         return hidden, cell
```

Tenga en cuenta que necesitaremos tener los logits como salidas del modelo para poder muestrear a partir de los pronósticos del modelo para generar un nuevo texto. Llegaremos a esta parte de muestreo más adelante.

A continuación, podemos especificar los parámetros del modelo y crear el modelo RNN:

```
>>> vocab_size = len(char_array)
>>> embed_dim = 256
>>> rnn_hidden_size = 512
```

```
>>> torch.manual_seed(1)
>>> model = RNN(vocab_size, embed_dim, rnn_hidden_size)
>>> model
RNN(
  (embedding): Embedding(80, 256)
  (rnn): LSTM(256, 512, batch_first=True)
  (fc): Linear(in_features=512, out_features=80, bias=True)
  (softmax): LogSoftmax(dim=1)
)
```

El siguiente paso es crear una función de pérdida y un optimizador (optimizador Adam). Para una clasificación multiclase (tenemos clases `vocab_size=80`) con una única salida de logits para cada carácter objetivo, utilizamos `CrossEntropyLoss` como función de pérdida:

```
>>> loss_fn = nn.CrossEntropyLoss()
>>> optimizer = torch.optim.Adam(model.parameters(), lr=0.001)
```

Ahora entrenaremos el modelo durante 10 000 ciclos (epochs). En cada ciclo, utilizaremos solo un lote elegido al azar del cargador de datos, `seq_dl`. También mostraremos la pérdida de entrenamiento para cada 500 ciclos:

```
>>> num_epochs = 10000
>>> torch.manual_seed(1)
>>> for epoch in range(num_epochs):
...     hidden, cell = model.init_hidden(batch_size)
...     seq_batch, target_batch = next(iter(seq_dl))
...     optimizer.zero_grad()
...     loss = 0
...     for c in range(seq_length):
...         pred, hidden, cell = model(seq_batch[:, c], hidden, cell)
...         loss += loss_fn(pred, target_batch[:, c])
...     loss.backward()
...     optimizer.step()
...     loss = loss.item()/seq_length
...     if epoch % 500 == 0:
...         print(f'Epoch {epoch} loss: {loss:.4f}')
Epoch 0 loss: 1.9689
Epoch 500 loss: 1.4064
Epoch 1000 loss: 1.3155
Epoch 1500 loss: 1.2414
Epoch 2000 loss: 1.1697
Epoch 2500 loss: 1.1840
```

```
Epoch 3000 loss: 1.1469
Epoch 3500 loss: 1.1633
Epoch 4000 loss: 1.1788
Epoch 4500 loss: 1.0828
Epoch 5000 loss: 1.1164
Epoch 5500 loss: 1.0821
Epoch 6000 loss: 1.0764
Epoch 6500 loss: 1.0561
Epoch 7000 loss: 1.0631
Epoch 7500 loss: 0.9904
Epoch 8000 loss: 1.0053
Epoch 8500 loss: 1.0290
Epoch 9000 loss: 1.0133
Epoch 9500 loss: 1.0047
```

A continuación, podemos evaluar el modelo para generar un nuevo texto, partiendo de una cadena corta dada. En la siguiente sección, definiremos una función para evaluar el modelo entrenado.

Fase de evaluación: generación de nuevos pasajes de texto

El modelo RNN que entrenamos en la sección anterior devuelve los logits de tamaño 80 para cada carácter único. Estos logits se pueden convertir fácilmente en probabilidades, a través de la función softmax, de que un carácter particular sea el siguiente carácter. Para pronosticar el siguiente carácter de la secuencia, podemos, simplemente, seleccionar el elemento con el valor logit máximo, lo que equivale a seleccionar el carácter con la mayor probabilidad. Sin embargo, en lugar de seleccionar siempre el carácter con la mayor probabilidad, queremos hacer un muestreo (aleatorio) de las salidas; de lo contrario, el modelo producirá siempre el mismo texto. PyTorch ya proporciona una clase, `torch.distributions.categorical.Categorical`, que podemos utilizar para extraer muestras aleatorias de una distribución categórica. Para ver cómo funciona, vamos a generar algunas muestras aleatorias de tres categorías [0, 1, 2], con logits de entrada [1, 1, 1]

```
>>> from torch.distributions.categorical import Categorical
>>> torch.manual_seed(1)
>>> logits = torch.tensor([[1.0, 1.0, 1.0]])
>>> print('Probabilities:',
...       nn.functional.softmax(logits, dim=1).numpy()[0])
Probabilities: [0.33333334 0.33333334 0.33333334]
>>> m = Categorical(logits=logits)
>>> samples = m.sample((10,))
```

```
>>> print(samples.numpy())
[[0]
 [0]
 [0]
 [0]
 [1]
 [0]
 [1]
 [2]
 [1]
 [1]]
```

Como puede ver, con los logits dados, las categorías tienen las mismas probabilidades (es decir, categorías equiprobables). Por lo tanto, si utilizamos un tamaño de muestra grande (*num_samples* → ∞), esperaríamos que el número de ocurrencias de cada categoría alcanzara ≈ 1/3 del tamaño de la muestra. Si cambiamos los logits a [1, 1, 3], entonces esperaríamos observar más ocurrencias para la categoría 2 (cuando se extrae un número muy grande de ejemplos de esta distribución):

```
>>> torch.manual_seed(1)
>>> logits = torch.tensor([[1.0, 1.0, 3.0]])
>>> print('Probabilities:', nn.functional.softmax(logits, dim=1).numpy()[0])
Probabilities: [0.10650698 0.10650698 0.78698605]
>>> m = Categorical(logits=logits)
>>> samples = m.sample((10,))
>>> print(samples.numpy())
[[0]
 [2]
 [2]
 [1]
 [2]
 [1]
 [2]
 [2]
 [2]
 [2]]
```

Usando `Categorical`, podemos generar ejemplos basados en los logits calculados por nuestro modelo.

Definiremos una función, `sample()`, que recibe una cadena corta de inicio, `starting_str`, y genera una nueva cadena, `generated_str`, que se ajusta inicialmente a la cadena de entrada. `starting_str` se codifica como una secuencia de enteros, `encoded_input`. `encoded_input` se pasa al modelo RNN, un carácter cada vez, para actualizar los estados ocultos. El último carácter de `encoded_input` se pasa al modelo para generar un nuevo carácter. Tenga en cuenta que la salida del modelo RNN representa los logits (aquí, un vector de tamaño 80, que es el número total de caracteres posibles) para el siguiente carácter después de observar la secuencia de entrada del modelo.

En este caso, solo utilizamos la salida de `logits` (es decir, $\boldsymbol{o}^{(T)}$), que se pasa a la clase `Categorical` para generar una nueva muestra. Esta nueva muestra se convierte en un carácter, que se añade al final de la cadena generada, `generated_text`, aumentando su longitud en 1. A continuación, este proceso se repite hasta que la longitud de la cadena generada alcanza el valor deseado. El proceso de consumir la secuencia generada como entrada para generar nuevos elementos se denomina «autorregresión».

El código de la función `sample()` es el siguiente:

```
>>> def sample(model, starting_str,
...            len_generated_text=500,
...            scale_factor=1.0):
...     encoded_input = torch.tensor(
...         [char2int[s] for s in starting_str]
...     )
...     encoded_input = torch.reshape(
...         encoded_input, (1, -1)
...     )
...     generated_str = starting_str
...
...     model.eval()
...     hidden, cell = model.init_hidden(1)
...     for c in range(len(starting_str)-1):
...         _, hidden, cell = model(
...             encoded_input[:, c].view(1), hidden, cell
...         )
...
...     last_char = encoded_input[:, -1]
...     for i in range(len_generated_text):
...         logits, hidden, cell = model(
...             last_char.view(1), hidden, cell
...         )
...         logits = torch.squeeze(logits, 0)
...         scaled_logits = logits * scale_factor
...         m = Categorical(logits=scaled_logits)
```

```
...         last_char = m.sample()
...         generated_str += str(char_array[last_char])
...
...     return generated_str
```

Vamos a generar ahora un nuevo texto:

```
>>> torch.manual_seed(1)
>>> print(sample(model, starting_str='The island'))
The island had been made
and ovylore with think, captain?" asked Neb; "we do."

It was found, they full to time to remove. About this neur prowers,
perhaps ended? It is might be
rather rose?"

"Forward!" exclaimed Pencroft, "they were it? It seems to me?"

"The dog Top--"

"What can have been struggling sventy."

Pencroft calling, themselves in time to try them what proves that the
sailor and Neb bounded this tenarvan's feelings, and then
still hid head a grand furiously watched to the dorner nor his only
```

Como puede ver, el modelo genera en su mayoría palabras correctas y, en algunos casos, las frases tienen un significado parcial. Puede ajustar aún más los parámetros de entrenamiento, como la longitud de las secuencias de entrada para el entrenamiento, y la arquitectura del modelo.

Además, para controlar la previsibilidad de las muestras generadas (la generación de texto siguiendo los patrones aprendidos del texto de entrenamiento frente a la adición de más aleatoriedad), los logits calculados por el modelo RNN se pueden escalar antes de pasarlos a `Categorical` para el muestreo. El factor de escala, α, puede interpretarse como algo análogo a la temperatura en física. Las temperaturas más altas dan lugar a más entropía o aleatoriedad frente a un comportamiento más predecible a temperaturas más bajas. Al escalar los logits con $\alpha < 1$, las probabilidades calculadas por la función softmax se vuelven más uniformes, como se muestra en el siguiente código:

```
>>> logits = torch.tensor([[1.0, 1.0, 3.0]])
>>> print('Probabilities before scaling:        ',
...       nn.functional.softmax(logits, dim=1).numpy()[0])
```

```
>>> print('Probabilities after scaling with 0.5:',
...       nn.functional.softmax(0.5*logits, dim=1).numpy()[0])
>>> print('Probabilities after scaling with 0.1:',
...       nn.functional.softmax(0.1*logits, dim=1).numpy()[0])
Probabilities before scaling:         [0.10650698 0.10650698 0.78698604]
Probabilities after scaling with 0.5: [0.21194156 0.21194156 0.57611688]
Probabilities after scaling with 0.1: [0.31042377 0.31042377 0.37915245]
```

Como se puede ver, al escalar los logits para $\alpha = 1$ se obtienen probabilidades casi uniformes [0.31, 0.31, 0.38].Ahora, podemos comparar el texto generado con $\alpha = 2.0$ y $\alpha = 0.5$, como se muestra en los siguientes puntos:

- $\alpha = 2.0 \rightarrow$ más predecible:

```
>>> torch.manual_seed(1)
>>> print(sample(model, starting_str='The island',
...                  scale_factor=2.0))
The island is one of the colony?" asked the sailor, "there is
not to be able to come to the shores of the Pacific."
"Yes," replied the engineer, "and if it is not the position of
the forest, and the marshy way have been said, the dog was not
first on the shore, and
found themselves to the corral.
The settlers had the sailor was still from the surface of the
sea, they were not received for the sea. The shore was to be
able to inspect the windows of Granite House.
The sailor turned the sailor was the hor
```

- $\alpha = 0.5 \rightarrow$ más aleatorio:

```
>>> torch.manual_seed(1)
>>> print(sample(model, starting_str='The island',
...                  scale_factor=0.5))
The island
deep incomele.
Manyl's', House, won's calcon-sglenderlessly," everful ineriorouins.,
pyra" into
truth. Sometinivabes, iskumar gave-zen."

Bleshed but what cotch quadrap which little cedass
fell oprely
by-andonem. Peditivall--"i dove Gurgeon. What resolt-eartnated to him
ran trail.
```

```
Withinhe)tiny turns returned, after owner plan bushelsion lairs;
they were
know? Whalerin branch I
pites, Dougg!-iteun," returnwe aid masses atong thoughts! Dak,
Hem-arches yone, Veay wantzer? Woblding,
Herbert, omep
```

Los resultados muestran que al escalar los logits con $\alpha = 0.5$ (aumentar la temperatura) se genera más texto aleatorio. Hay un equilibrio entre la novedad del texto generado y su corrección.

En esta sección, hemos trabajado con la generación de texto a nivel de caracteres, que es una tarea de modelado secuencia a secuencia (seq2seq). Aunque este ejemplo puede no ser muy útil en sí mismo, es fácil pensar en varias aplicaciones útiles para este tipo de modelos; por ejemplo, un modelo RNN similar puede ser entrenado como un chatbot para ayudar a los usuarios con consultas simples.

Resumen

En este capítulo, ha aprendido en primer lugar lo relacionado con las propiedades de las secuencias que las hacen diferentes de otros tipos de datos, como los datos estructurados o las imágenes. Luego tratamos los fundamentos de las RNN para el modelado de secuencias. Ha aprendido cómo funciona un modelo RNN básico y ha analizado sus limitaciones con respecto a la captura de dependencias a largo plazo en los datos de secuencias. A continuación, tratamos las celdas LSTM, que consisten en un mecanismo de compuerta para reducir el efecto de los problemas de explosión y gradiente de fuga, que son comunes en los modelos RNN básicos.

Después de discutir los principales conceptos que hay detrás de las RNN, implementamos varios modelos de RNN con diferentes capas recurrentes utilizando PyTorch. En particular, implementamos un modelo de RNN para el análisis de opiniones, así como un modelo de RNN para generar texto.

En el siguiente capítulo, veremos cómo podemos mejorar las RNN con un mecanismo de atención, que ayude a modelar las dependencias de largo alcance en las tareas de traducción. A continuación, presentaremos una nueva arquitectura de aprendizaje profundo denominada «transformador», que se ha utilizado recientemente para impulsar el estado del arte en el ámbito del procesamiento del lenguaje natural.

Únase al espacio Discord del libro

Únase al espacio de trabajo Discord del libro para una sesión mensual de «Pregúnteme lo que quiera» con los autores (en inglés):

`https://packt.link/MLwPyTorch`

16

Transformadores: mejora del procesamiento del lenguaje natural con mecanismos de atención

En el capítulo anterior, conocimos las redes neuronales recurrentes (RNN) y sus aplicaciones en el procesamiento del lenguaje natural (Natural Language Processing, NLP) a través de un proyecto de análisis de opiniones. Sin embargo, recientemente ha surgido una nueva arquitectura que ha demostrado superar a los modelos secuencia-secuencia (seq2seq) basados en RNN en varias tareas de PLN. Se trata de la llamada «arquitectura transformadora».

Los transformadores han revolucionado el procesamiento del lenguaje natural y han estado a la vanguardia de muchas aplicaciones impresionantes que van desde la traducción automática del lenguaje (`https://ai.googleblog.com/2020/06/recent-advances-in-google-translate.html`) y el modelado de las propiedades fundamentales de las secuencias de proteínas (`https://www.pnas.org/content/118/15/e2016239118.short`) hasta la creación de una AI que ayude a las personas a escribir código (`https://github.blog/2021-06-29-introducing-github-copilot-ai-pair-programmer`).

En este capítulo, aprenderá lo relacionado con los mecanismos básicos de la atención y la autoatención y verá cómo se utilizan en la arquitectura original de los transformadores. Luego, equipados con una comprensión de cómo funcionan los transformadores, exploraremos algunos de los modelos de NLP más influyentes que surgieron de esta arquitectura y aprenderemos a utilizar un modelo de lenguaje a gran escala, el llamado modelo BERT, en PyTorch.

Trataremos los siguientes temas:

- Mejora de las RNN con el mecanismo de atención.
- Introducción del mecanismo de autoatención autónomo.
- Comprensión de la arquitectura original del transformador.
- Comparación de los modelos lingüísticos a gran escala basados en transformadores.
- Ajuste de BERT para la clasificación de opiniones.

Adición de un mecanismo de atención a las RNN

En esta sección, discutimos la motivación que hay detrás del desarrollo de un mecanismo de atención, que ayuda a los modelos predictivos a enfocarse en ciertas partes de la secuencia de entrada más que en otras, y cómo se utilizó originalmente en el contexto de las RNN. Tenga en cuenta que esta sección proporciona una perspectiva histórica que explica por qué se desarrolló el mecanismo de atención. Si los correspondientes detalles matemáticos parecen complicados, puede omitirlos, ya que no son necesarios para la siguiente sección, que explica el mecanismo de autoatención de los transformadores, que es el tema central de este capítulo.

El mecanismo de atención ayuda a las RNN a acceder a la información

Para entender el desarrollo del mecanismo de atención, considere el modelo RNN tradicional para una tarea seq2seq como la traducción de idiomas, que analiza toda la secuencia de entrada (por ejemplo, una o más frases) antes de realizar la traducción, como se muestra en la Figura 16.1:

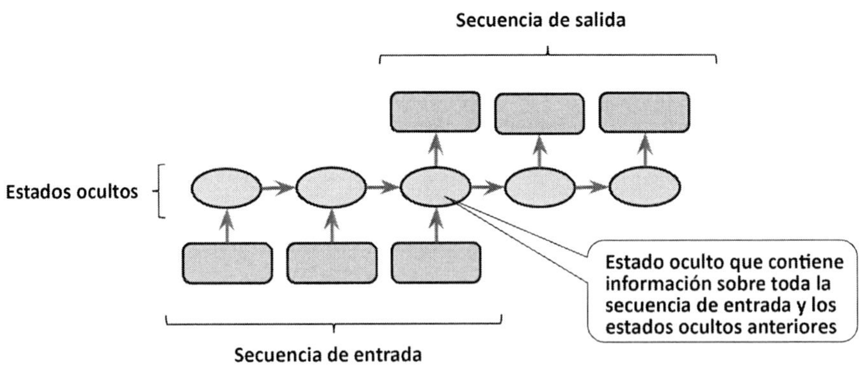

Figura 16.1 *Arquitectura tradicional de codificador-decodificador RNN para una tarea de modelado seq2seq.*

¿Por qué la RNN analiza toda la frase de entrada antes de generar la primera salida? Esto se debe a que traducir una frase palabra por palabra probablemente daría lugar a errores gramaticales, como se ilustra en la Figura 16.2:

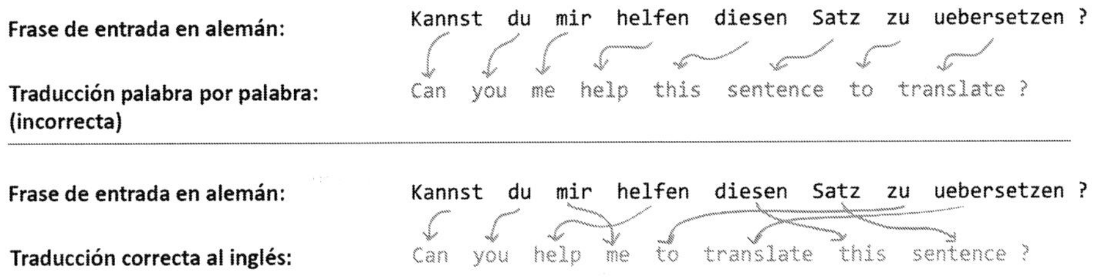

Figura 16.2 *Traducir una frase palabra por palabra puede dar lugar a errores gramaticales.*

Sin embargo, como se ilustra en la Figura 16.2, una limitación de este enfoque seq2seq es que la RNN intenta recordar toda la secuencia de entrada a través de una sola unidad oculta antes de traducirla. Comprimir toda la información en una sola unidad oculta puede provocar una pérdida de información, especialmente en el caso de secuencias largas. Por lo tanto, de forma similar a cómo las personas traducen frases, puede ser conveniente tener acceso a toda la secuencia de entrada en cada instante de tiempo.

A diferencia de una RNN normal, el mecanismo de atención permite a la RNN acceder a todos los elementos de entrada en cada instante de tiempo. Sin embargo, tener acceso a todos los elementos de la secuencia de entrada en cada instante de tiempo puede ser abrumador. Así, para ayudar a la RNN a centrarse en los elementos más relevantes de la secuencia de entrada, el mecanismo de atención asigna diferentes pesos de atención a cada elemento de entrada. Estos pesos de atención designan lo importante o relevante que es un elemento de la secuencia de entrada en un instante de tiempo determinado. Por ejemplo, volviendo a la Figura 16.2, las palabras «mir, helfen, zu» pueden ser más relevantes para producir la palabra de salida «help» que las palabras «kannst, du, Satz».

La siguiente subsección presenta una arquitectura RNN equipada con un mecanismo de atención para ayudar a procesar secuencias largas en la traducción de idiomas.

Mecanismo de atención original para las RNN

En esta subsección, resumiremos la mecánica del mecanismo de atención que se desarrolló originalmente para la traducción de idiomas y que apareció por primera vez en el siguiente artículo: «Neural Machine Translation by Jointly Learning to Align and Translate», de Bahdanau, D.; Cho, K. y Bengio, Y., 2014, `https://arxiv.org/abs/1409.0473`.

Dada una secuencia de entrada $x = (x^{(1)}, x^{(2)},..., x^{(T)})$, el mecanismo de atención asigna un peso a cada elemento $x^{(i)}$ (o, para ser más específicos, a su representación oculta) y ayuda al modelo a identificar en qué parte de la entrada debe centrarse. Por ejemplo, supongamos que nuestra entrada es una frase, y que una palabra con un peso mayor contribuye más a nuestra comprensión de la frase completa. La RNN con el mecanismo de atención que se muestra en la Figura 16.3 (modelada según el artículo mencionado anteriormente) ilustra el concepto general de generar la segunda palabra de salida:

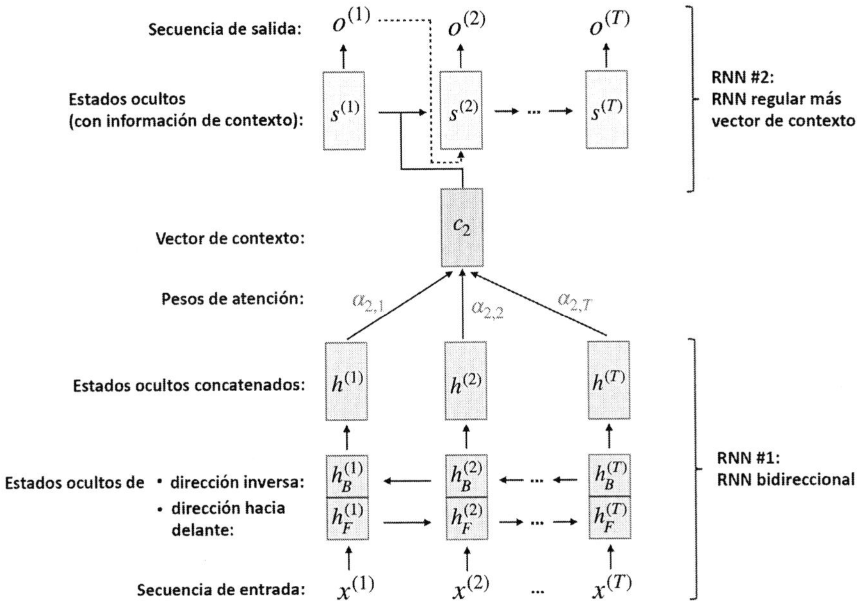

Figura 16.3 *RNN con mecanismo de atención.*

La arquitectura basada en la atención representada en la figura consta de dos modelos RNN, que explicaremos en las siguientes subsecciones.

Procesamiento de entradas mediante RNN bidireccional

La primera RRNN (RNN #1) de la RNN basada en la atención de la Figura 16.3 es una RNN bidireccional que genera vectores de contexto, c_i. Se puede pensar en un vector de contexto como una versión aumentada del vector de entrada, $x^{(i)}$. En otras palabras, el vector de entrada c_i también incorpora información de todos los demás elementos de entrada a través de un mecanismo de atención. Como podemos ver en la Figura 16.3, la RNN #2 utiliza este vector de contexto, preparado por la RNN #1, para generar las salidas. En el resto de esta subsección, discutiremos cómo funciona RNN #1, y volveremos a ver RNN #2 en la siguiente subsección.

La RNN bidireccional #1 procesa la secuencia de entrada x tanto en la dirección normal hacia delante (1...T) como hacia atrás (T...1). Analizar una secuencia en sentido inverso tiene el mismo efecto que invertir la secuencia de entrada original, como si se leyera una frase en orden inverso. El motivo de lo anterior es capturar información adicional, ya que las entradas actuales pueden depender de elementos de la secuencia que vienen antes o después en una frase, o de ambos.

En consecuencia, al leer la secuencia de entrada dos veces (es decir, hacia adelante y hacia atrás), tenemos dos estados ocultos para cada elemento de la secuencia de entrada. Por ejemplo, para el segundo elemento de la secuencia de entrada $x^{(2)}$, obtenemos el estado oculto $h_F^{(2)}$ del paso hacia delante y el estado oculto $h_B^{(2)}$ del paso hacia atrás. Estos dos estados ocultos se concatenan para formar el estado oculto $h^{(2)}$. Por ejemplo, si ambos $h_F^{(2)}$ y $h_B^{(2)}$ son vectores de 128 dimensiones, el estado oculto concatenado $h^{(2)}$ constará de 256 elementos. Podemos considerar este estado oculto concatenado como la «anotación» de la palabra origen, ya que contiene la información de la j-ésima palabra en ambas direcciones.

En la siguiente sección, veremos cómo, posteriormente, la segunda RNN procesa y utiliza estos estados ocultos concatenados para generar las salidas.

Generación de salidas a partir de vectores de contexto

En la Figura 16.3, podemos considerar la RNN #2 como la RNN principal que está generando las salidas. Además de los estados ocultos, recibe los llamados vectores de contexto como entrada. Un vector de contexto c_i es una versión ponderada de los estados ocultos concatenados, $h^{(1)} \dots h^{(T)}$, que obtuvimos de la RNN #1 en la subsección anterior. Podemos calcular el vector de contexto de la i-ésima entrada como una suma ponderada:

$$c_i = \sum_{j=1}^{T} \alpha_{ij} h^{(j)}$$

Aquí, α_{ij} representa los pesos de atención sobre la secuencia de entrada $j = 1 \dots T$ en el contexto del i-ésimo elemento de la secuencia de entrada. Cada elemento de la secuencia de entrada tiene un único conjunto de pesos de atención. Discutiremos el cálculo de los pesos de atención α_{ij} en la siguiente subsección.

Para el resto de esta subsección, vamos a tratar cómo se utilizan los vectores de contexto a través de la segunda RNN en la figura anterior (RNN #2). Al igual que una RNN simple (normal), la RNN nº 2 también utiliza estados ocultos. Considerando la capa oculta entre la mencionada «anotación» y la salida final, vamos a denotar el estado oculto en el momento i como $s^{(i)}$. Ahora, la RNN #2 recibe como entrada el mencionado vector de contexto c_i en cada instante de tiempo i.

En la Figura 16.3, vimos que el estado oculto $s^{(i)}$ depende del estado oculto anterior $s^{(i-1)}$, la palabra objetivo anterior $y^{(i-1)}$ y el vector de contexto $c^{(i)}$, que se utilizan para generar la salida pronosticada $o^{(i)}$ para la palabra objetivo $y^{(i)}$ en el momento i. Tenga en cuenta que el vector de secuencia y se refiere al vector de secuencia que representa la traducción correcta de la secuencia de entrada x que está disponible durante el entrenamiento. Durante el entrenamiento, la etiqueta verdadera (palabra) $y^{(i)}$ se incluye en el siguiente estado $s^{(i+1)}$; como esta información de la etiqueta verdadera no está disponible para el pronóstico (es decir, inferencia), introducimos la salida $o^{(i)}$ pronosticada en su lugar, como se muestra en la figura anterior.

Para resumir lo que acabamos de comentar, la RNN basada en la atención consta de dos RNN. La RNN #1 prepara vectores de contexto a partir de los elementos de la secuencia de entrada, y la RNN #2 recibe los vectores de contexto como entrada. Los vectores de contexto se calculan a través de una suma ponderada sobre las entradas, donde los pesos son los pesos de atención α_{ij}. En la siguiente subsección veremos cómo calculamos estos pesos de atención.

Cálculo de los pesos de atención

Por último, veamos la última pieza que falta en nuestro puzzle: los pesos de atención. Como estos pesos conectan por parejas las entradas (anotaciones) y las salidas (contextos), cada peso de atención α_{ij} tiene dos subíndices: j se refiere a la posición del índice de la entrada, e i corresponde a la posición del índice de la salida. El peso de la atención α_{ij} es una versión normalizada de la puntuación de la alineación e_{ij}, donde la puntuación de alineación evalúa lo bien que la entrada en torno a la posición j coincide con la salida en la posición i. Para ser más específicos, el peso de atención se calcula normalizando las puntuaciones de alineación de la siguiente manera:

$$\alpha_{ij} = \frac{\exp(e_{ij})}{\sum_{k=1}^{T} \exp(e_{ik})}$$

Tenga en cuenta que esta ecuación es similar a la función softmax, de la que hablamos en el capítulo 12, Paralelización del entrenamiento de redes neuronales con PyTorch, en «Estimación de las probabilidades de clase en la clasificación multiclase mediante la función softmax». En consecuencia, los pesos de atención $\alpha_{i1} \dots \alpha_{iT}$ suman 1.

Ahora, para resumir, podemos estructurar el modelo RNN basado en la atención en tres partes. La primera parte calcula las anotaciones bidireccionales de la entrada. La segunda parte consiste en el bloque recurrente, que es muy parecido a la RNN original, salvo que utiliza vectores de contexto en lugar de la entrada original. La última parte se refiere al cálculo de los pesos de atención y los vectores de contexto, que describen la relación entre cada par de elementos de entrada y salida.

La arquitectura del transformador también utiliza un mecanismo de atención, pero, a diferencia de la RNN basada en la atención, solo se basa en el mecanismo de autoatención y no incluye el proceso recurrente que se encuentra en la RNN. En otras palabras, un modelo transformador procesa toda la secuencia de entrada de una vez en lugar de leer y procesar la secuencia de un elemento cada vez. En la siguiente sección, introduciremos una forma básica del mecanismo de autoatención antes de discutir la arquitectura del transformador con más detalle en la siguiente sección.

Introducción al mecanismo de autoatención

En la sección anterior, vimos que los mecanismos de atención pueden ayudar a las RNN a recordar el contexto cuando trabajan con secuencias largas. Como veremos en la siguiente sección, podemos tener una arquitectura totalmente basada en la atención, sin las partes recurrentes de una RNN. Esta arquitectura basada en la atención se conoce como «transformadora», y la discutiremos en más detalle más adelante.

De hecho, los transformadores pueden parecer un poco complicados a primera vista. Así que, antes de hablar de ellos en la siguiente sección, vamos a sumergirnos en el mecanismo de autoatención utilizado en dichos transformadores. Este mecanismo de autoatención no es muy diferente del mecanismo de atención que discutimos en la sección anterior. Podemos pensar en el mecanismo de atención previamente discutido como una operación que conecta dos módulos diferentes, es decir, el codificador y el decodificador de la RNN. Como veremos, la autoatención se centra solo en la entrada y captura solo las dependencias entre los elementos de entrada, sin conectar dos módulos.

En la primera subsección, introduciremos una forma básica de autoatención sin parámetros de aprendizaje, que es muy parecida al paso de preprocesamiento de la entrada. Luego, en la segunda subsección, introduciremos la versión común de autoatención que se utiliza en la arquitectura del transformador y que implica parámetros que se pueden averiguar.

Empezando por una forma básica de autoatención

Para introducir la autoatención, supongamos que tenemos una secuencia de entrada de longitud T, $\boldsymbol{x}^{(1)}, \ldots, \boldsymbol{x}^{(T)}$ así como una secuencia de salida, $\boldsymbol{z}^{(1)}, \boldsymbol{z}^{(2)}, \ldots, \boldsymbol{z}^{(T)}$. Para evitar confusiones, utilizaremos *o* como salida final del modelo transformador completo y como salida de la capa de autoatención, porque es un paso intermedio en el modelo.

Cada elemento i-ésimo en estas secuencias, $\boldsymbol{x}^{(i)}$ y $\boldsymbol{z}^{(i)}$, son vectores de tamaño d (es decir, $\boldsymbol{x}^{(i)} \in R^d$) que representan la información de la característica para la entrada en la posición i, que es similar a las RNN. Entonces, para una tarea seq2seq, el objetivo de la autoatención es modelar las dependencias del elemento de entrada actual con todos los demás elementos de entrada. Para lograrlo, los mecanismos de autoatención se componen de tres etapas. En primer lugar, obtenemos los pesos relevantes basados en la similitud entre el elemento actual y todos los demás elementos de la secuencia. En segundo lugar, normalizamos los pesos, lo que suele implicar el uso de la ya conocida función softmax. En tercer lugar, utilizamos estas ponderaciones en combinación con los elementos correspondientes de la secuencia para calcular el valor de la atención.

Más formalmente, la salida de la autoatención, $\boldsymbol{z}^{(i)}$ es la suma ponderada de todas las secuencias de entrada T, $\boldsymbol{x}^{(j)}$ (donde $j = 1...T$). Por ejemplo, para el i-ésimo elemento de entrada, el valor de salida correspondiente se calcula como sigue:

$$\boldsymbol{z}^{(i)} = \sum_{j=1}^{T} \alpha_{ij} \boldsymbol{x}^{(j)}$$

Podemos pensar en $\boldsymbol{z}^{(i)}$ como un vector de incorporaciones consciente del contexto en el vector de entrada $\boldsymbol{x}^{(i)}$ que incluye todos los demás elementos de la secuencia de entrada ponderados por sus respectivos pesos de atención. En este caso, los pesos de atención, α_{ij}, se calculan en función de la similitud entre el elemento de entrada actual, $\boldsymbol{x}^{(i)}$, y todos los demás elementos de la secuencia de entrada, $\boldsymbol{x}^{(1)} \ldots \boldsymbol{x}^{(T)}$. Más concretamente, esta similitud se calcula en dos pasos, que se explican a continuación.

En primer lugar, calculamos el producto punto entre el elemento de entrada actual, $\boldsymbol{x}^{(i)}$, y otro elemento de la secuencia de entrada, $\boldsymbol{x}^{(j)}$:

$$\omega_{ij} = \boldsymbol{x}^{(i)^{\top}} \boldsymbol{x}^{(j)}$$

Antes de normalizar los valores ω_{ij} para obtener los pesos de atención α_{ij}, vamos a ilustrar cómo calculamos los valores ω_{ij} con un ejemplo de código. Supongamos que tenemos una frase de entrada: «can you help me to translate this sentence», que ya ha sido asignada a una representación de enteros a través de un diccionario, como se explica en el capítulo 15, Modelización de datos secuenciales mediante redes neuronales recurrentes:

```
>>> import torch
>>> sentence = torch.tensor(
>>>     [0, # can
>>>      7, # you
>>>      1, # help
>>>      2, # me
>>>      5, # to
>>>      6, # translate
>>>      4, # this
>>>      3] # sentence
>>> )
>>> sentence
tensor([0, 7, 1, 2, 5, 6, 4, 3])
```

Supongamos también que ya hemos codificado esta frase en una representación vectorial de números reales mediante una capa de incorporación. En este caso, el tamaño de nuestra incorporación es 16, y suponemos que el tamaño del diccionario es 10. El siguiente código producirá las incorporaciones de nuestras ocho palabras:

```
>>> torch.manual_seed(123)
>>> embed = torch.nn.Embedding(10, 16)
>>> embedded_sentence = embed(sentence).detach()
>>> embedded_sentence.shape
torch.Size([8, 16])
```

Ahora, podemos calcular ω_{ij} como el producto punto entre la *i*-ésima y la *j*-ésima de las incorporaciones de palabras. Podemos hacer esto para todos los valores ω_{ij}:

```
>>> omega = torch.empty(8, 8)
>>> for i, x_i in enumerate(embedded_sentence):
>>>     for j, x_j in enumerate(embedded_sentence):
>>>         omega[i, j] = torch.dot(x_i, x_j)
```

Aunque el código anterior es fácil de leer y entender, los bucles `for` pueden ser muy ineficientes, así que vamos a calcular esto usando la multiplicación de matrices en su lugar:

```
>>> omega_mat = embedded_sentence.matmul(embedded_sentence.T)
```

Podemos utilizar la función `torch.allclose` para comprobar que esta multiplicación de matrices produce los resultados esperados. Si dos tensores contienen los mismos valores, `torch.allclose` devuelve `True`:

```
>>> torch.allclose(omega_mat, omega)
True
```

Hemos aprendido a calcular los pesos basados en la similitud para la *i*-ésima entrada y todas las entradas en la secuencia ($\boldsymbol{x}^{(1)}$ a $\boldsymbol{x}^{(T)}$), los pesos «sin procesar» (ω_{i1} a ω_{iT}). Podemos obtener los pesos de atención, α_{ij}, normalizando los valores ω_{ij} a través de la conocida función softmax:

$$\alpha_{ij} = \frac{\exp(\omega_{ij})}{\sum_{j=1}^{T} \exp(\omega_{ij})} = \text{softmax}\left(\left[\omega_{ij}\right]_{j=1\ldots T}\right)$$

Nótese que el denominador implica una suma sobre todos los elementos de entrada (1...T). Por lo tanto, debido a la aplicación de esta función softmax, los pesos sumarán 1 después de esta normalización, es decir:

$$\sum_{j=1}^{T} \alpha_{ij} = 1$$

Podemos calcular los pesos de atención usando la función softmax de PyTorch:

```
>>> import torch.nn.functional as F
>>> attention_weights = F.softmax(omega, dim=1)
>>> attention_weights.shape
torch.Size([8, 8])
```

Tenga en cuenta que `attention_weights` es una matriz 8 × 8, donde cada elemento representa un peso de atención, α_{ij}. Por ejemplo, si estamos procesando la i-ésima palabra de entrada, la i-ésima fila de esta matriz contiene los pesos de atención correspondientes a todas las palabras de la frase. Estos pesos de atención indican la relevancia de cada palabra con respecto a la i-ésima. Por lo tanto, las columnas de esta matriz de atención deben sumar 1, lo que podemos confirmar mediante el siguiente código:

```
>>> attention_weights.sum(dim=1)
tensor([1.0000, 1.0000, 1.0000, 1.0000, 1.0000, 1.0000, 1.0000, 1.0000])
```

Ahora que hemos visto cómo calcular los pesos de atención, recapitulemos y resumamos los tres pasos principales de la operación de autoatención:

1. Para un elemento de entrada dado, $\boldsymbol{x}^{(i)}$, y cada elemento j-ésimo del conjunto $\{1, ..., T\}$, calcular el producto punto, $\boldsymbol{x}^{(i)\mathrm{T}}\boldsymbol{x}^{(i)}$.
2. Obtener el peso de atención, α_{ij}, normalizando los productos punto utilizando la función softmax.
3. Calcular la salida, $\boldsymbol{z}^{(i)}$, como la suma ponderada sobre toda la secuencia de entrada: $\boldsymbol{z}^{(i)} = \sum_{j=1}^{T} \alpha_{ij}\boldsymbol{x}^{(j)}$.

Estos pasos se ilustran con más detalle en la Figura 16.4:

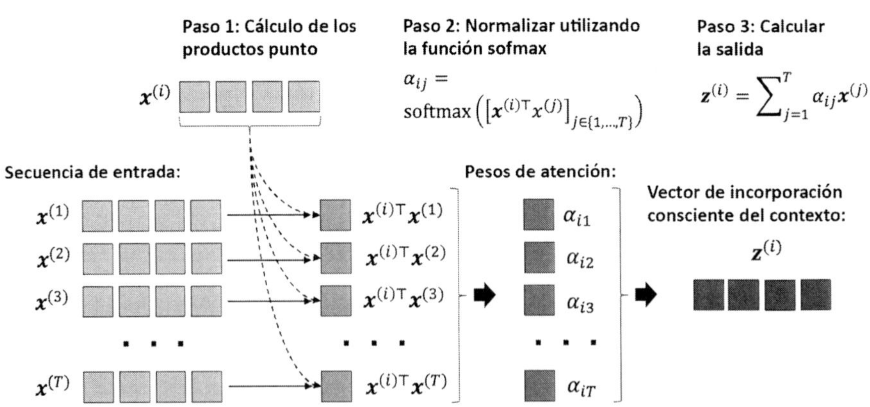

Figura 16.4 *Proceso básico de autoatención con fines ilustrativos.*

Por último, veamos un ejemplo de código para calcular los vectores de contexto, $z^{(i)}$, como la suma ponderada de atención de las entradas (paso 3 de la Figura 16.4). En particular, supongamos que estamos calculando el vector de contexto para la segunda palabra de entrada, es decir, $z^{(2)}$:

```
>>> x_2 = embedded_sentence[1, :]
>>> context_vec_2 = torch.zeros(x_2.shape)
>>> for j in range(8):
...     x_j = embedded_sentence[j, :]
...     context_vec_2 += attention_weights[1, j] * x_j
>>> context_vec_2
tensor([-9.3975e-01, -4.6856e-01,  1.0311e+00, -2.8192e-01,  4.9373e-01,
-1.2896e-02, -2.7327e-01, -7.6358e-01,  1.3958e+00, -9.9543e-01,
-7.1288e-04,  1.2449e+00, -7.8077e-02,  1.2765e+00, -1.4589e+00,
-2.1601e+00])
```

De nuevo, podemos conseguirlo de forma más eficiente utilizando la multiplicación de matrices. Utilizando el siguiente código, calculamos los vectores de contexto para las ocho palabras de entrada:

```
>>> context_vectors = torch.matmul(
...     attention_weights, embedded_sentence)
```

Al igual que las incorporaciones de palabras de entrada almacenadas en `embedded_sentence`, la matriz `context_vectors` tiene la dimensión 8×16. La segunda fila de esta matriz contiene el vector de contexto para la segunda palabra de entrada, y podemos comprobar la implementación utilizando de nuevo `torch.allclose()`:

```
>>> torch.allclose(context_vec_2, context_vectors[1])
True
```

Como podemos ver, el bucle `for` manual y los cálculos de la matriz del segundo vector de contexto han dado los mismos resultados.

En esta sección se ha implementado una forma básica de autoatención y, en la siguiente sección, modificaremos esta implementación utilizando matrices de parámetros que se pueden averiguar y que se pueden optimizar durante el entrenamiento de la red neuronal.

Parametrización del mecanismo de autoatención: atención del producto punto escalado

Ahora que se ha introducido el concepto básico que hay detrás de la autoatención, en esta subsección se resume el mecanismo de autoatención más avanzado, llamado «atención del producto punto escalado», que se utiliza en la arquitectura del transformador. Obsérvese que, en la subsección anterior, no involucramos ningún parámetro que se pudiera averiguar al calcular las salidas. En otras palabras, utilizando el mecanismo básico de autoatención introducido anteriormente, el modelo transformador está bastante limitado en cuanto a cómo puede actualizar o cambiar los valores de atención durante la optimización del modelo para una secuencia dada. Para hacer que el mecanismo de autoatención sea más flexible y susceptible de optimización del modelo, introduciremos tres matrices de pesos adicionales que pueden ajustarse como parámetros del modelo durante el entrenamiento. Estas tres matrices de pesos se denominan $\boldsymbol{U}_q$, $\boldsymbol{U}_k$ y $\boldsymbol{U}_v$. Se utilizan para proyectar las entradas en elementos de secuencias de consulta, clave y valor:

- Secuencia de consulta: $\boldsymbol{q}^{(i)} = \boldsymbol{U}_q \boldsymbol{x}^{(i)}$ para $i \in [1,T]$
- Secuencia de clave: $\boldsymbol{k}^{(i)} = \boldsymbol{U}_k \boldsymbol{x}^{(i)}$ para $i \in [1,T]$
- Secuencia de valor: $\boldsymbol{v}^{(i)} = \boldsymbol{U}_v \boldsymbol{x}^{(i)}$ para $i \in [1,T]$

La Figura 16.5 ilustra cómo se utilizan estos componentes individuales para calcular el vector de incorporación sensible al contexto del segundo elemento de entrada:

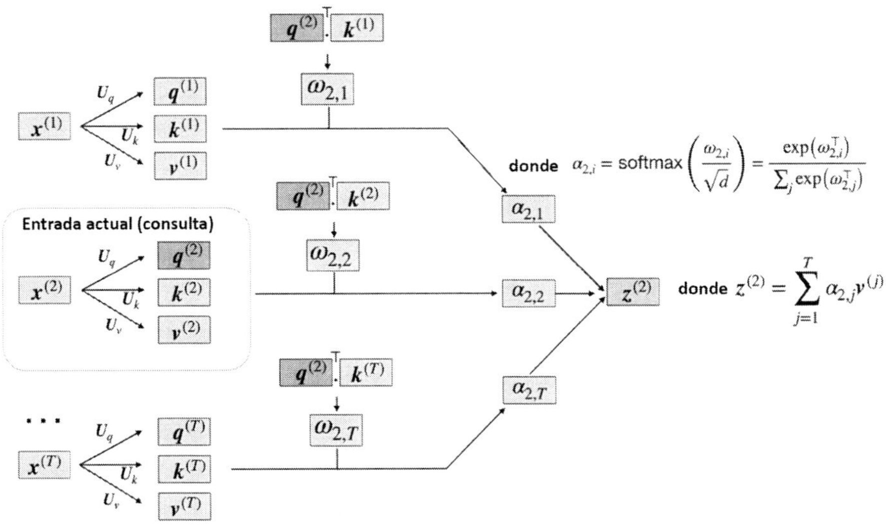

Figura 16.5 *Cálculo del vector de incorporación sensible al contexto del segundo elemento de la secuencia.*

Terminología de consulta, clave y valor

Los términos «consulta», «clave» y «valor», utilizados en el documento original del transformador, se inspiran en los sistemas de recuperación de información y las bases de datos. Por ejemplo, si introducimos una consulta, esta se compara con los valores clave para los que se recuperan determinados valores.

Aquí, tanto $\boldsymbol{q}^{(i)}$ como $\boldsymbol{k}^{(i)}$ son vectores de tamaño d_k. Por lo tanto, las matrices de proyección $\boldsymbol{U}_q$ y $\boldsymbol{U}_k$ tienen la forma $d_k \times d$, mientras que $\boldsymbol{U}_v$ tiene la forma $d_v \times d$. (Nótese que d es la dimensión de cada vector de palabras, $\boldsymbol{x}^{(i)}$). Para simplificar, podemos diseñar estos vectores para que tengan la misma forma; por ejemplo, usando $d_k = d_v = d$. Para proporcionar una intuición adicional a través del código, podemos inicializar estas matrices de proyección de la siguiente manera:

```
>>> torch.manual_seed(123)
>>> d = embedded_sentence.shape[1]
>>> U_query = torch.rand(d, d)
>>> U_key = torch.rand(d, d)
>>> U_value = torch.rand(d, d)
```

Utilizando la matriz de proyección de consulta, podemos calcular la secuencia de la consulta. Para este ejemplo, consideremos el segundo elemento de entrada, $\boldsymbol{x}^{(i)}$, como nuestra consulta, tal y como se ilustra en la Figura 16.5:

```
>>> x_2 = embedded_sentence[1]
>>> query_2 = U_query.matmul(x_2)
```

De forma similar, podemos calcular las secuencias de clave y valor, $\boldsymbol{k}^{(i)}$ y $\boldsymbol{v}^{(i)}$:

```
>>> value_2 = U_value.matmul(x_2)
```

Sin embargo, como podemos ver en la Figura 16.5, también necesitamos las secuencias de clave y valor de todos los demás elementos de entrada, que podemos calcular como sigue:

```
>>> keys = U_key.matmul(embedded_sentence.T).T
>>> values = U_value.matmul(embedded_sentence.T).T
```

En la matriz de claves, la i-ésima fila corresponde a la secuencia de clave del i-ésimo elemento de entrada, y lo mismo ocurre con la matriz de valor. Podemos confirmarlo utilizando de nuevo `torch.allclose()`, que debería devolver `True`:

```
>>> keys = U_key.matmul(embedded_sentence.T).T
>>> torch.allclose(key_2, keys[1])
>>> values = U_value.matmul(embedded_sentence.T).T
>>> torch.allclose(value_2, values[1])
```

En la sección anterior, calculamos los pesos no normalizados, ω_{ij}, como el producto punto por pares entre el elemento de secuencia de entrada dado, $\boldsymbol{x}^{(i)}$, y el j-ésimo elemento de secuencia, $\boldsymbol{x}^{(j)}$. Ahora, en esta versión parametrizada de la autoatención, calculamos ω_{ij} como el producto punto entre la consulta y la clave:

$$\omega_{ij} = \boldsymbol{q}^{(i)^\top} \boldsymbol{k}^{(j)}$$

Por ejemplo, el siguiente código calcula el peso de atención no normalizado, ω_{23}, es decir, el producto punto entre nuestra consulta y el tercer elemento de la secuencia de entrada:

```
>>> omega_23 = query_2.dot(keys[2])
>>> omega_23
tensor(14.3667)
```

Como los necesitaremos más adelante, podemos ampliar este cálculo a todas las claves:

```
>>> omega_2 = query_2.matmul(keys.T)
>>> omega_2
tensor([-25.1623,   9.3602,  14.3667,  32.1482,  53.8976,  46.6626,  -1.2131,
-32.9391])
```

El siguiente paso en la autoatención es pasar de los pesos de atención no normalizados, ω_{ij}, a los pesos de atención normalizados, α_{ij}, utilizando la función softmax. A continuación, podemos utilizar $1/\sqrt{m}$ para escalar ω_{ij} antes de normalizarlo a través de la función softmax:

$$\alpha_{ij} = \text{softmax}\left(\frac{\omega_{ij}}{\sqrt{m}}\right)$$

Nótese que el escalado de ω_{ij} por $1/\sqrt{m}$, donde típicamente $m = d_k$, garantiza que la longitud euclidiana de los vectores de peso estará aproximadamente en el mismo rango.

El siguiente código es para implementar esta normalización para calcular los pesos de atención para toda la secuencia de entrada con respecto al segundo elemento de entrada como consulta:

```
>>> attention_weights_2 = F.softmax(omega_2 / d**0.5, dim=0)
>>> attention_weights_2
tensor([2.2317e-09, 1.2499e-05, 4.3696e-05, 3.7242e-03, 8.5596e-01, 1.4025e-01,
8.8896e-07, 3.1936e-10])
```

Finalmente, la salida es la media ponderada de los valores: $\boldsymbol{z}^{(i)} = \sum_{j=1}^{T} \alpha_{ij} \boldsymbol{v}^{(j)}$, que se puede implementar de la siguiente manera:

```
>>> context_vector_2 = attention_weights_2.matmul(values)
>>> context_vector_2
tensor([-1.2226, -3.4387, -4.3928, -5.2125, -1.1249, -3.3041,
-1.4316, -3.2765, -2.5114, -2.6105, -1.5793, -2.8433, -2.4142,
-0.3998, -1.9917, -3.3499])
```

En esta sección, hemos introducido un mecanismo de autoatención con parámetros entrenables que nos permite calcular vectores de incorporación sensibles al contexto mediante la participación de todos los elementos de entrada, que son ponderados por sus respectivas puntuaciones de atención. En la siguiente sección, conoceremos la arquitectura del transformador, una arquitectura de red neuronal centrada en el mecanismo de autoatención introducido en esta sección.

La atención es todo lo que necesitamos: introducción a la arquitectura original del transformador

Curiosamente, la arquitectura original del transformador se basa en un mecanismo de atención que se utilizó por primera vez en una RNN. En un principio, la intención de utilizar un mecanismo de atención era mejorar la capacidad de generación de texto de las RNN cuando se trabaja con frases largas. Sin embargo, pocos años después de experimentar con mecanismos de atención para las RNN, los investigadores descubrieron que un modelo lingüístico basado en la atención era aún más potente cuando se eliminaban las capas recurrentes. Esto condujo al desarrollo de la arquitectura transformadora, que es el tema principal de este capítulo y de las secciones restantes.

La arquitectura del transformador se propuso por primera vez en el artículo de *NeurIPS 2017* «Attention Is All You Need», de A. Vaswani y sus colaboradores (`https://arxiv.org/abs/1706.03762`). Gracias al mecanismo de autoatención, un modelo transformador puede capturar las dependencias de largo alcance entre los elementos de una secuencia de entrada, en un contexto de NLP; esto ayuda al modelo a «entender» mejor el significado de cada frase de entrada.

Aunque esta arquitectura de transformadores se diseñó originalmente para la traducción de idiomas, puede generalizarse a otras tareas, como el análisis sintáctico de la constitución inglesa, la generación de textos y la clasificación de textos. Más adelante, hablaremos de modelos lingüísticos populares, como BERT y GPT, que se derivaron de esta arquitectura de transformadores original. La Figura 16.6, que hemos adaptado del documento original del transformador, muestra la arquitectura y los componentes principales que analizaremos en esta sección:

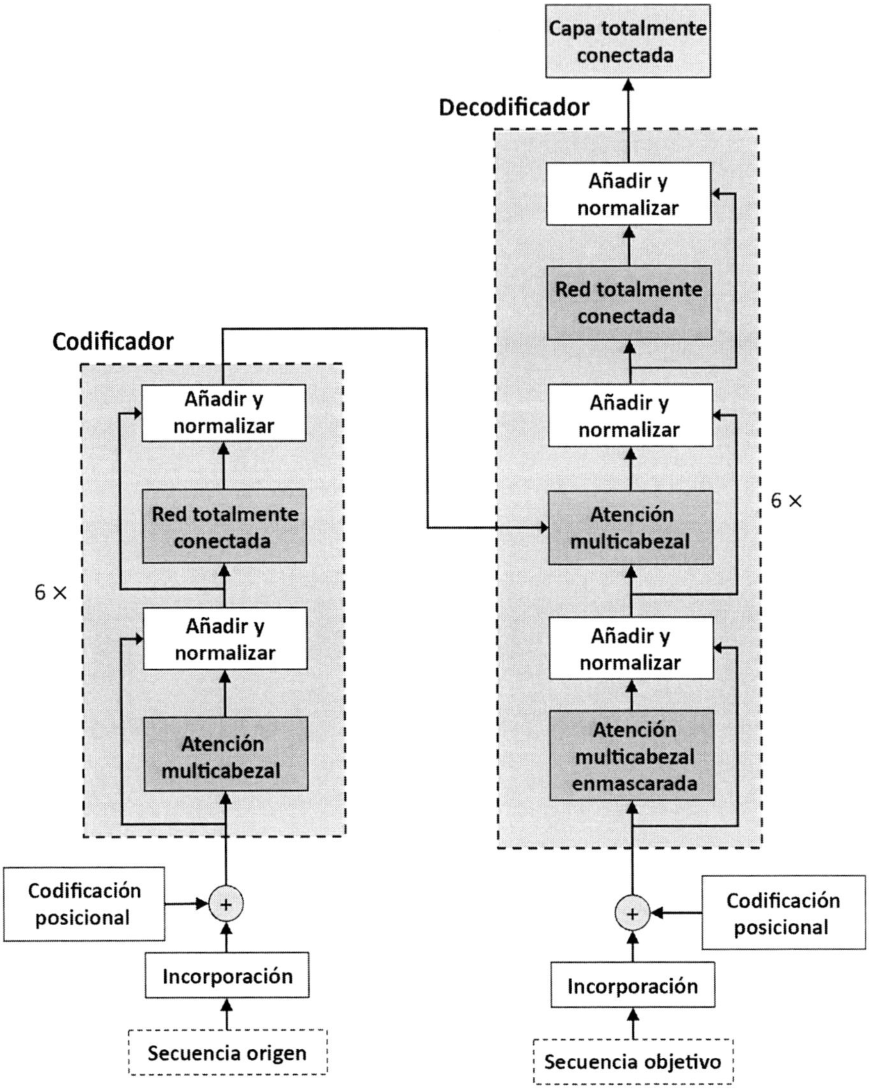

Figura 16.6 *Arquitectura original del transformador.*

En las siguientes subsecciones, repasamos paso a paso este modelo original de transformador, descomponiéndolo en dos bloques principales: un codificador y un decodificador. El codificador recibe la entrada secuencial original y codifica las incorporaciones mediante un módulo de autoatención multicabezal. El decodificador recibe la entrada procesada y emite la secuencia resultante (por ejemplo, la frase traducida) utilizando una forma enmascarada de autoatención.

Codificación de las incorporaciones de contexto mediante atención multicabezal

El objetivo general del bloque codificador es recibir una entrada secuencial $\boldsymbol{X} = (\boldsymbol{x}^{(1)}, \boldsymbol{x}^{(2)}, \ldots, \boldsymbol{x}^{(T)})$ y convertirla en una representación continua $\boldsymbol{Z} = (\boldsymbol{z}^{(1)}, \boldsymbol{z}^{(2)}, \ldots, \boldsymbol{z}^{(T)})$ que luego se transmite al decodificador.

El codificador es una pila de seis capas idénticas. Seis no es un número mágico, sino simplemente una elección de hiperparámetros realizada en el documento original del transformador. Se puede ajustar el número de capas según el rendimiento del modelo. Dentro de cada una de estas capas idénticas, hay dos subcapas: una computa la autoatención multicabezal, de la que hablaremos más adelante, y la otra es una capa totalmente conectada, que ya ha encontrado en capítulos anteriores.

En primer lugar, hablemos de la autoatención multicabezal, que es una simple modificación de la atención del producto punto escalado que se trató anteriormente en este capítulo. En la atención del producto punto escalado, utilizamos tres matrices (correspondientes a la consulta, el valor y la clave) para transformar la secuencia de entrada. En el contexto de la atención multicabezal, podemos pensar en este conjunto de tres matrices como una cabeza de atención. Como indica su nombre, en la atención multicabezal, ahora tenemos varias de estas cabezas (conjuntos de matrices de consulta, valor y clave) de forma similar a como las redes neuronales convolucionales pueden tener múltiples núcleos.

Para explicar con más detalle el concepto de autoatención multicabezal con h cabezas, vamos a desglosarlo en los siguientes pasos.

En primer lugar, leemos la entrada secuencial $\boldsymbol{X} = (\boldsymbol{x}^{(1)}, \boldsymbol{x}^{(2)}, \ldots, \boldsymbol{x}^{(T)})$. Supongamos que cada elemento está incorporado en un vector de longitud d. Aquí, la entrada puede incorporarse en una matriz $T \times d$. A continuación, creamos h conjuntos de matrices de parámetros de aprendizaje de consulta, clave y valor:

- $\boldsymbol{U}_{q_1}, \boldsymbol{U}_{k_1}, \boldsymbol{U}_{v_1}$
- $\boldsymbol{U}_{q_2}, \boldsymbol{U}_{k_2}, \boldsymbol{U}_{v_2}$
- ...
- $\boldsymbol{U}_{q_h}, \boldsymbol{U}_{k_h}, \boldsymbol{U}_{v_h}$

Dado que utilizamos estas matrices de pesos para proyectar cada elemento $\boldsymbol{x}^{(i)}$ para la coincidencia de dimensiones requerida en las multiplicaciones matriciales, tanto $\boldsymbol{U}_{q_j}$ como $\boldsymbol{U}_{k_j}$ tienen la forma $d_k \times d$, y $\boldsymbol{U}_{v_j}$ tiene la forma $d_v \times d$. Como resultado, ambas secuencias resultantes, consulta y clave, tienen longitud d_k, y la secuencia de valores resultante tiene longitud d_v. Por simplicidad, en la práctica, se suele optar por $d_k = d_v = d$.

Para ilustrar la pila de autoatención multicabezal en el código, primero considere cómo creamos la matriz misma de proyección de consulta en la subsección anterior:

```
>>> torch.manual_seed(123)
>>> d = embedded_sentence.shape[1]
>>> one_U_query = torch.rand(d, d)
```

Ahora, supongamos que tenemos ocho cabezas de atención similares al transformador original, es decir, $h = 8$:

```
>>> h = 8
>>> multihead_U_query = torch.rand(h, d, d)
>>> multihead_U_key = torch.rand(h, d, d)
>>> multihead_U_value = torch.rand(h, d, d)
```

Como podemos ver en el código, se pueden añadir múltiples cabezas de atención simplemente añadiendo una dimensión adicional.

División de los datos en varias cabezas de atención

En la práctica, en lugar de tener una matriz separada para cada cabeza de atención, las implementaciones de transformadores utilizan una única matriz para todas las cabezas de atención. Las cabezas de atención se organizan en regiones lógicamente separadas en esta matriz, a las que se puede acceder mediante máscaras booleanas. Esto permite implementar la atención de varias cabezas de forma más eficiente, ya que las multiplicaciones de matrices múltiples pueden implementarse como una única multiplicación de matrices. Sin embargo, para simplificar, omitimos este detalle de implementación en esta sección.

Después de inicializar las matrices de proyección, podemos calcular las secuencias proyectadas de forma similar a como se hace en la atención de producto punto escalado. Ahora, en lugar de calcular un conjunto de secuencias de consulta, clave y valor, necesitamos calcular h conjuntos de ellas. Más formalmente, por ejemplo, el cálculo que implica la proyección de la consulta para el i-ésimo punto de datos en la j-ésima cabeza se puede escribir de la siguiente manera:

$$\boldsymbol{q}_j^{(i)} = \boldsymbol{U}_{\boldsymbol{q}_j}\boldsymbol{x}^{(i)}$$

A continuación, repetimos este cálculo para todas las cabezas $j \in \{1,...h\}$.

En código, esto se parece a lo siguiente para la segunda palabra de entrada como consulta:

```
>>> multihead_query_2 = multihead_U_query.matmul(x_2)
>>> multihead_query_2.shape
torch.Size([8, 16])
```

La matriz `multihead_query_2` tiene ocho filas, donde cada fila corresponde a la cabeza *j*-ésima de atención.

Del mismo modo, podemos calcular secuencias de claves y valores para cada cabeza:

```
>>> multihead_key_2 = multihead_U_key.matmul(x_2)
>>> multihead_value_2 = multihead_U_value.matmul(x_2)
>>> multihead_key_2[2]
tensor([-1.9619, -0.7701, -0.7280, -1.6840, -1.0801, -1.6778,  0.6763,  0.6547,
         1.4445, -2.7016, -1.1364, -1.1204, -2.4430, -0.5982, -0.8292, -1.4401])
```

La salida del código muestra el vector clave del segundo elemento de entrada a través de la tercera cabeza de atención.

Sin embargo, recuerde que necesitamos repetir los cálculos de la clave y el valor para todos los elementos de la secuencia de entrada, no solo para `x_2`: lo necesitamos para calcular la autoatención más adelante. Una forma sencilla e ilustrativa de hacerlo es ampliando las incorporaciones de la secuencia de entrada al tamaño 8 como primera dimensión, que es el número de cabezas de atención. Para ello, utilizamos el método `.repeat()`:

```
>>> stacked_inputs = embedded_sentence.T.repeat(8, 1, 1)
>>> stacked_inputs.shape
torch.Size([8, 16, 8])
```

Entonces, podemos tener una multiplicación matricial por lotes, a través de `torch.bmm()`, con las cabezas de atención para calcular todas las claves:

```
>>> multihead_keys = torch.bmm(multihead_U_key, stacked_inputs)
>>> multihead_keys.shape
torch.Size([8, 16, 8])
```

En este código, tenemos ahora un tensor que se refiere a las ocho cabezas de atención en su primera dimensión. La segunda y la tercera dimensión se refieren al tamaño de la incorporación y al número de palabras, respectivamente. Intercambiemos la segunda y la tercera dimensión para que las claves tengan una representación más intuitiva, es decir, la misma dimensionalidad que la secuencia de entrada original `embedded_sentence`:

```
>>> multihead_keys = multihead_keys.permute(0, 2, 1)
>>> multihead_keys.shape
torch.Size([8, 8, 16])
```

Después de reordenar, podemos acceder al segundo valor de la clave en la segunda cabeza de atención de la siguiente manera:

```
>>> multihead_keys[2, 1]
tensor([-1.9619, -0.7701, -0.7280, -1.6840, -1.0801, -1.6778,  0.6763,  0.6547,
         1.4445, -2.7016, -1.1364, -1.1204, -2.4430, -0.5982, -0.8292, -1.4401])
```

Podemos ver que este es el mismo valor de la clave que obtuvimos antes a través de `multihead_key_2[2]`, lo que indica que nuestras complejas manipulaciones de la matriz y los cálculos son correctos. Por lo tanto, vamos a repetirlo para las secuencias de valor:

```
>>> multihead_values = torch.matmul(
        multihead_U_value, stacked_inputs)
>>> multihead_values = multihead_values.permute(0, 2, 1)
```

Seguimos los pasos del cálculo de la atención de una sola cabeza para calcular los vectores de contexto, tal y como se describe en la sección «Parametrización del mecanismo de autoatención: atención del producto de punto escalado». Omitiremos los pasos intermedios por brevedad y asumiremos que hemos calculado los vectores de contexto para el segundo elemento de entrada como la consulta y las ocho cabezas de atención diferentes, que representamos como `multihead_z_2` mediante datos aleatorios:

```
>>> multihead_z_2 = torch.rand(8, 16)
```

Tenga en cuenta que la primera dimensión indexa las ocho cabezas de atención, y que los vectores de contexto, al igual que las frases de entrada, son vectores de 16 dimensiones. Si esto parece complicado, piense en `multihead_z_2` como ocho copias de $z^{(2)}$ mostrado en la Figura 16.5; es decir, tenemos un $z^{(2)}$ para cada una de las ocho cabezas de atención.

Después, concatenamos estos vectores en un vector largo de longitud $d_v \times h$ y utilizamos una proyección lineal (a través de una capa totalmente conectada) para asignarlo de nuevo a un vector de longitud d_v. Este proceso se ilustra en la Figura 16.7:

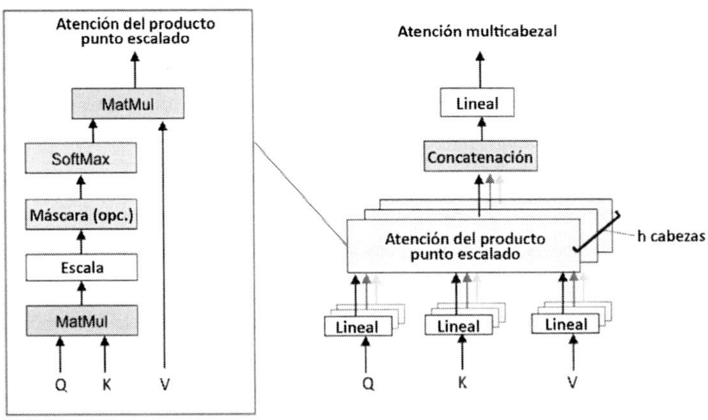

Figura 16.7 *Concatenación de los vectores de atención del producto punto escalado en un vector y su paso por una proyección lineal.*

En código, podemos implementar la concatenación y el aplastamiento como sigue:

```
>>> linear = torch.nn.Linear(8*16, 16)
>>> context_vector_2 = linear(multihead_z_2.flatten())
>>> context_vector_2.shape
torch.Size([16])
```

En resumen, la autoatención multicabezal consiste en repetir el cómputo de atención del producto de punto escalado varias veces en paralelo y combinar los resultados. Funciona muy bien en la práctica porque las múltiples cabezas ayudan al modelo a capturar información de diferentes partes de la entrada, lo que es muy similar a cómo los múltiples núcleos producen múltiples canales en una red convolucional, donde cada canal puede capturar información de características diferentes. Por último, aunque la atención multicabezal parezca costosa desde el punto de vista computacional, hay que tener en cuenta que todo el cálculo puede realizarse en paralelo porque no hay dependencias entre las múltiples cabezas.

Aprendizaje de un modelo lingüístico: decodificador y atención multicabezal enmascarada

Al igual que el codificador, el decodificador también contiene varias capas repetidas. Además de las dos subcapas que ya hemos introducido en la sección anterior del codificador (la capa de autoatención multicabezal y la capa totalmente conectada), cada capa repetida contiene también una subcapa de atención multicabezal enmascarada.

La atención enmascarada es una variación del mecanismo de atención original; solo pasa una secuencia de entrada limitada al modelo «enmascarando» un cierto número de palabras. Por ejemplo, si estamos elaborando un modelo de traducción de idiomas con un conjunto de datos etiquetados, en la posición de la secuencia i durante el procedimiento de entrenamiento, solo introducimos las palabras de salida correctas de las posiciones 1, ..., i-1. Todas las demás palabras (por ejemplo, las que vienen después de la posición actual) se ocultan del modelo para evitar que este haga «trampa». Esto también es coherente con la naturaleza de la generación de textos: aunque las verdaderas palabras traducidas se conocen durante el entrenamiento, no sabemos nada sobre el valor real en la práctica. Por lo tanto, solo podemos alimentar al modelo con las soluciones de lo que ya ha generado, en la posición i.

La Figura 16.8 ilustra cómo están dispuestas las capas en el bloque decodificador:

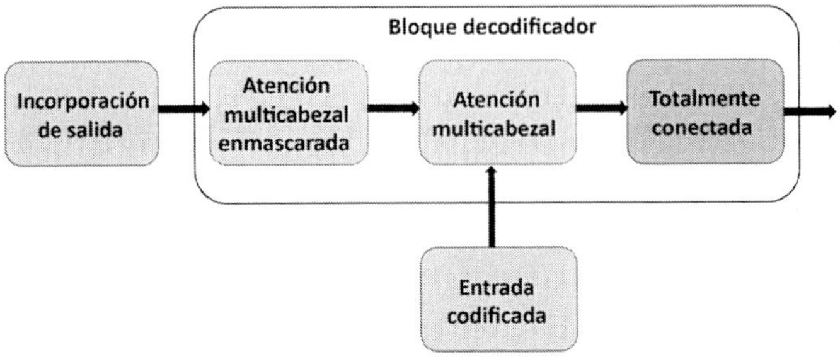

Figura 16.8 *Disposición de las capas en la parte del decodificador.*

En primer lugar, las palabras de salida anteriores (incorporaciones de salida) pasan a la capa de atención multicabezal enmascarada. A continuación, la segunda capa recibe tanto las entradas codificadas del bloque codificador como la salida de la capa de atención multicabezal enmascarada en una capa de atención multicabezal. Por último, pasamos las salidas de la atención multicabezal a una capa totalmente conectada que genera la salida global del modelo: un vector de probabilidad correspondiente a las palabras de salida.

Observe que podemos utilizar una función argmax para obtener las palabras predichas a partir de estas probabilidades de las palabras, de forma similar al enfoque general que adoptamos en la red neuronal recurrente en el capítulo 15, Modelado de datos secuenciales mediante redes neuronales recurrentes.

Comparando el decodificador con el bloque codificador, la principal diferencia es el rango de elementos de la secuencia a los que el modelo puede atender. En el codificador, para cada palabra dada, la atención se calcula a través de todas las palabras de una frase, lo que puede considerarse como una forma de análisis bidireccional de la entrada. El decodificador también recibe del codificador las entradas analizadas bidireccionalmente. Sin embargo, cuando se trata de la secuencia de salida, el decodificador solo tiene en cuenta los elementos que preceden a la posición de entrada actual, lo que puede interpretarse como una forma de análisis sintáctico de entrada unidireccional.

Detalles de la implementación: codificaciones posicionales y normalización de capas

En este subapartado, discutiremos algunos de los detalles de implementación de los transformadores que hemos visto superficialmente hasta ahora, pero que merece la pena mencionar.

Primero, consideremos las codificaciones posicionales que formaban parte de la arquitectura original del transformador de la Figura 16.6. Las codificaciones posicionales ayudan a capturar la información sobre el orden de la secuencia de entrada y son una parte crucial de los transformadores, porque tanto las capas de atención del producto de punto escalado como las capas totalmente conectadas son invariables a la permutación. Esto significa que, sin la codificación posicional, el orden de las palabras se ignora y no supone ninguna diferencia para las codificaciones basadas en la atención. Sin embargo, sabemos que el orden de las palabras es esencial para entender una frase. Por ejemplo, consideremos las dos frases siguientes:

1. María le da una flor a Juan.
2. Juan le da una flor a María.

Las palabras que aparecen en las dos frases son exactamente las mismas; los significados, sin embargo, son muy diferentes.

Los transformadores permiten que las mismas palabras en distintas posiciones tengan codificaciones diferentes, al añadir un vector de pequeños valores a las incorporaciones de entrada al principio de los bloques codificador y decodificador. En concreto, la arquitectura original de los transformadores utiliza una codificación denominada sinusoidal:

$$PE_{(i,2k)} = \sin(pos/10000^{2k/d_{\text{model}}})$$

$$PE_{(i,2k+1)} = \cos(pos/10000^{2k/d_{\text{model}}})$$

Aquí i es la posición de la palabra y k denota la longitud del vector de codificación, donde elegimos k para que tenga la misma dimensión que las incorporaciones de palabras de entrada para que la codificación posicional y las incoporaciones de palabras puedan sumarse. Las funciones sinusoidales se utilizan para evitar que las codificaciones posicionales sean demasiado grandes. Por ejemplo, si utilizáramos las posiciones absolutas 1,2,3..., n como codificaciones posicionales, estas dominarían la codificación de palabras y harían que los valores de incorporaciones de palabras fueran insignificantes.

En general, hay dos tipos de codificación posicional: una absoluta (como la mostrada en la fórmula anterior) y otra relativa. La primera registra las posiciones absolutas de las palabras y es sensible a los desplazamientos de palabras en una frase. Es decir, las codificaciones posicionales absolutas son vectores fijos para cada posición dada. En cambio, las codificaciones relativas solo mantienen la posición relativa de las palabras y son invariables a los desplazamientos en la frase.

A continuación, veamos el mecanismo de normalización de capas, que introdujeron por primera vez J. Ba, J.R. Kiros y G. E. Hinton en 2016 en el artículo del mismo nombre «Layer Normalization» (URL: `https://arxiv.org/abs/1607.06450`). Mientras que la normalización por lotes, de la que hablaremos con más detalle en el capítulo 17, Redes generativas antagónicas para sintetizar nuevos datos, es una opción extendida en contextos de visión por ordenador, la normalización por capas es la opción preferida en contextos de NLP, donde la longitud de las frases puede variar. La Figura 16.9 ilustra las principales diferencias entre la normalización por capas y la normalización por lotes:

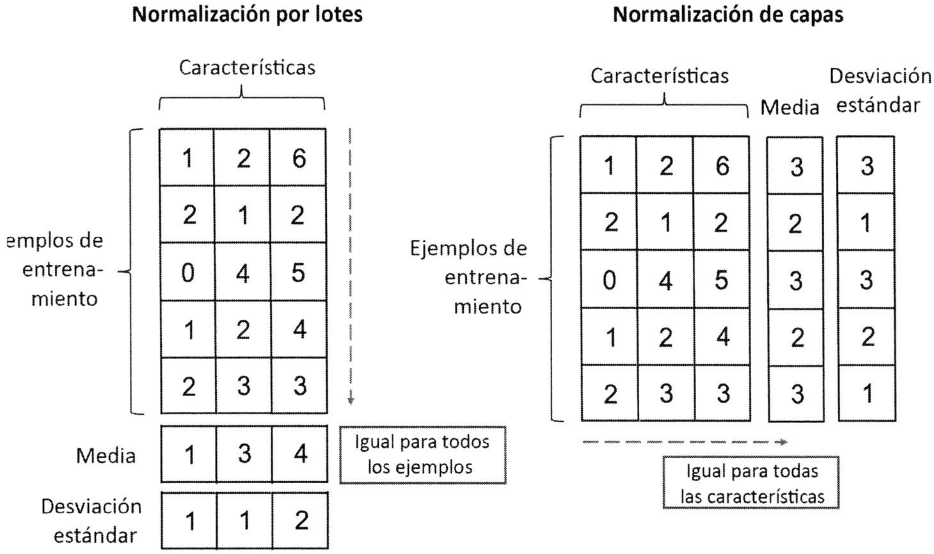

Figura 16.9 *Comparación de la normalización por lotes y por capas.*

Mientras que la normalización por capas se realiza tradicionalmente a través de todos los elementos de una característica dada para cada característica de forma independiente, la normalización por capas utilizada en los transformadores amplía este concepto y calcula las estadísticas de normalización a través de todos los valores de las características de forma independiente para cada ejemplo de entrenamiento.

Dado que la normalización por capas calcula la media y la desviación estándar para cada ejemplo de entrenamiento, relaja las restricciones o dependencias del tamaño de los minilotes. A diferencia de la normalización por lotes, la normalización por capas es capaz de aprender de datos con tamaños de minilotes pequeños y longitudes variables. Sin embargo, hay que tener en cuenta que la arquitectura original del transformador no tiene entradas de longitud variable (las frases se rellenan cuando es necesario) y, a diferencia de las RNN, no hay recurrencia en el modelo. Entonces, ¿cómo podemos justificar el uso de la normalización por capas sobre la normalización por lotes? Los transformadores suelen entrenarse con corpus de texto muy grandes, lo que requiere un cálculo paralelo; esto puede ser difícil de conseguir con la normalización por lotes, que tiene una dependencia entre los ejemplos de entrenamiento. La normalización por capas no tiene esa dependencia y, por tanto, es una opción más natural para los transformadores.

Elaboración de modelos lingüísticos a gran escala aprovechando los datos no etiquetados

En esta sección, hablaremos de modelos transformadores populares a gran escala que surgieron del transformador original. Un tema común entre estos transformadores es que están preentrenados en conjuntos de datos muy grandes y sin etiquetar, y luego se ajustan a sus respectivas tareas objetivo. En primer lugar, presentaremos el procedimiento de entrenamiento habitual de los modelos basados en transformadores y explicaremos en qué se diferencian del transformador original. A continuación, nos centraremos en los modelos lingüísticos a gran escala más conocidos, como el transformador generativo preentrenado (Generative Pre-trained Transformer, GPT), las representaciones codificadoras bidireccionales a partir de transformadores (Bidirectional Encoder Representations from Transformers, BERT) y los transformadores bidireccionales y autorregresivos (Bidirectional and Auto-Regressive Transformers, BART).

Preentrenamiento y ajuste de los modelos de transformadores

En una sección anterior, «La atención es todo lo que necesitamos: introducción a la arquitectura original del transformador», discutimos cómo la arquitectura original del transformador se puede utilizar para la traducción de idiomas. La traducción de idiomas es una tarea supervisada y requiere un conjunto de datos etiquetados, que puede ser muy caro de obtener. La falta de grandes conjuntos de datos etiquetados es un problema de larga duración en el aprendizaje profundo, especialmente para modelos como el transformador, que están aún más hambrientos de datos que otras arquitecturas de aprendizaje profundo. Sin embargo, dado que cada día se generan grandes cantidades de texto (libros, sitios web y publicaciones en redes sociales), una cuestión interesante es cómo podemos utilizar esos datos no etiquetados para mejorar el entrenamiento del modelo.

La respuesta a la pregunta de si podemos aprovechar los datos no etiquetados en los transformadores es que sí, y el truco es un proceso llamado «aprendizaje autosupervisado»: podemos generar «etiquetas» de aprendizaje supervisado a partir del propio texto sin formato. Por ejemplo, dado un gran corpus de texto sin etiquetar, entrenamos el modelo para que realice el pronóstico de la siguiente palabra, lo que permite al modelo aprender la distribución de probabilidad de las palabras y puede constituir una sólida base para convertirse en un potente modelo lingüístico.

El aprendizaje autosupervisado también se conoce tradicionalmente como «preentrenamiento no supervisado», y es esencial para el éxito de los modelos modernos basados en transformadores. El término «no supervisado» en el preentrenamiento no supervisado se refiere supuestamente al hecho de que utilizamos datos sin etiquetar; sin embargo, como utilizamos la estructura de los datos para generar etiquetas (por ejemplo, la tarea de pronóstico de la siguiente palabra mencionada anteriormente), sigue siendo un proceso de aprendizaje supervisado.

Para explicar un poco más cómo funciona el preentrenamiento no supervisado y el pronóstico de la palabra siguiente, si tenemos una frase que contiene n palabras, el procedimiento de preentrenamiento puede descomponerse en los tres pasos siguientes:

1. En el instante de tiempo 1, se introducen las palabras reales 1, ..., i-1.
2. Se pide al modelo que pronostique la palabra en la posición i y que la compare con la palabra real i.
3. Se actualiza el modelo y el instante de tiempo, $i := i+1$. Se vuelve al paso 1 y se repite la operación hasta que se hayan procesado todas las palabras.

Hay que tener en cuenta que, en la siguiente iteración, siempre alimentamos el modelo con las palabras reales (correctas) en lugar de lo que el modelo ha generado en la ronda anterior.

La idea principal del preentrenamiento es hacer uso del texto sin formato y luego transferir y afinar el modelo para realizar algunas tareas específicas para las que se dispone de un conjunto de datos etiquetados (más pequeño). Ahora bien, hay muchos tipos diferentes de técnicas de preentrenamiento. Por ejemplo, la tarea de pronóstico de la siguiente palabra mencionada anteriormente puede considerarse un enfoque de preentrenamiento unidireccional. Más adelante, presentaremos otras técnicas de preentrenamiento que se utilizan en diferentes modelos lingüísticos para conseguir diversas funcionalidades.

El procedimiento completo de entrenamiento de un modelo basado en transformadores consta de dos partes: (1) el preentrenamiento en un gran conjunto de datos sin etiquetar y (2) el entrenamiento (es decir, el reajuste) del modelo para tareas específicas posteriores utilizando un conjunto de datos etiquetados. En el primer paso, el modelo preentrenado no se diseña para ninguna tarea específica, sino que se entrena como un modelo lingüístico «general». Después, en el segundo paso, se puede generalizar a cualquier tarea personalizada mediante un aprendizaje supervisado normal en un conjunto de datos etiquetados.

Con las representaciones que se pueden obtener del modelo preentrenado, existen principalmente dos estrategias para transferir y adoptar un modelo a una tarea específica: (1) un enfoque basado en características y (2) un enfoque de reajuste. (Aquí, podemos pensar en estas representaciones como las activaciones de las capas ocultas de las últimas capas del modelo).

El enfoque basado en características utiliza las representaciones preentrenadas como características adicionales al conjunto de datos etiquetados. Lo anterior requiere que aprendamos a extraer las características de las frases del modelo preentrenado. Un primer modelo bien conocido por este enfoque de extracción de características es ELMo (Embeddings from Language Models), propuesto por Peters y sus colaboradores en 2018 en *Deep Contextualized Word Representations* (URL: `https://arxiv.org/abs/1802.05365`). ELMo es un modelo de lenguaje bidireccional preentrenado que enmascara palabras en un porcentaje determinado. En concreto, enmascara aleatoriamente el 15 por ciento de las palabras de entrada durante el preentrenamiento, y la tarea de modelado consiste en rellenar estos espacios en blanco, es decir, pronosticar las palabras que faltan (enmascaradas). Esta concepción es diferente del enfoque unidireccional que introdujimos anteriormente, que oculta todas las palabras futuras en el instante de tiempo i. El enmascaramiento bidireccional permite que un modelo aprenda desde ambos extremos y, por lo tanto, puede capturar más información global sobre una frase. El modelo ELMo preentrenado puede generar representaciones de frases de alta calidad que, posteriormente, sirven como características de entrada para tareas específicas. En otras palabras, podemos pensar en el enfoque basado en características como una técnica de extracción de características basada en el modelo, similar al análisis de componentes principales, del que hablamos en el capítulo 5, Compresión de datos mediante reducción de la dimensionalidad.

El enfoque de reajuste, por otro lado, actualiza los parámetros del modelo preentrenado de manera periodica y supervisada mediante retropropagación. A diferencia del método basado en características, normalmente también se añade otra capa totalmente conectada al modelo preentrenado, para realizar ciertas tareas como la clasificación, y luego se actualiza todo el modelo en función del rendimiento del pronóstico en el conjunto de entrenamiento etiquetado. Un modelo popular que sigue este enfoque es BERT, un modelo transformador a gran escala preentrenado como modelo lingüístico bidireccional. En las siguientes subsecciones hablaremos de BERT con más detalle. Además, en la última sección de este capítulo, veremos un ejemplo de código que muestra cómo reajustar un modelo BERT preentrenado para la clasificación de opiniones utilizando el conjunto de datos de reseñas de películas con el que trabajamos en el capítulo 8, Aplicación del aprendizaje automático al análisis de opiniones, y en el capítulo 15, Modelado de datos secuenciales mediante redes neuronales recurrentes.

Antes de pasar a la siguiente sección y comenzar nuestra discusión sobre los modelos lingüísticos populares basados en transformadores, la siguiente figura resume las dos etapas de entrenamiento de los modelos de transformadores e ilustra la diferencia entre los enfoques basados en características y en el ajuste:

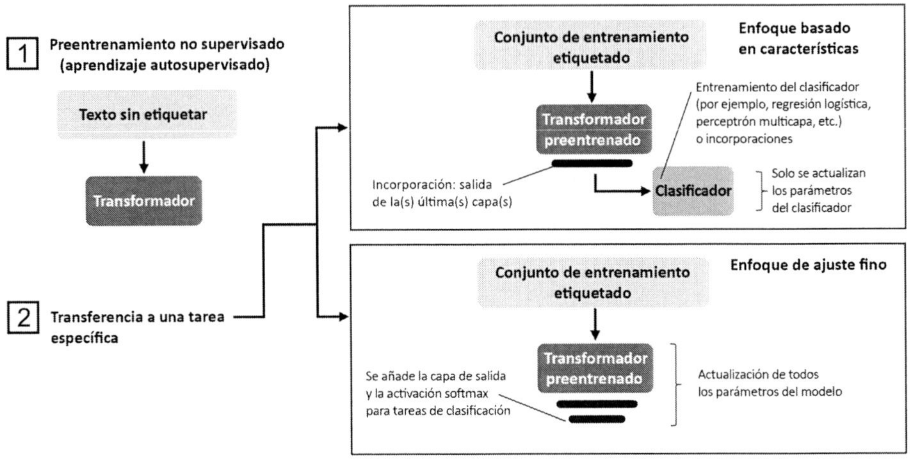

Figura 16.10 *Dos formas principales de adoptar un transformador preformado para tareas descendentes.*

Aprovechamiento de datos no etiquetados con GPT

Generative Pre-trained Transformer (GPT) es una popular serie de modelos lingüísticos a gran escala para generar texto que ha desarrollado OpenAI. El modelo más reciente, GPT-3, que salió a la venta en mayo de 2020 (Language Models are Few-Shot Learners), proporciona resultados sorprendentes. La calidad del texto generado por GPT-3 es muy difícil de distinguir de los textos generados por personas. En esta sección, vamos a analizar cómo funciona el modelo GPT a alto nivel, y cómo ha evolucionado a lo largo de los años.

Como se indica en la Tabla 16.1, una evolución evidente dentro de la serie de modelos GPT es el número de parámetros:

Modelo	Año de lanzamiento	Número de parametros	Título	Enlace al documento
GPT-1	2018	110 millones	Improving Language Understanding by Generative Pre-Training (Mejora de la comprensión del lenguaje mediante el preentrenamiento generativo)	`https://www.cs.ubc.ca/~amuham01/LING530/papers/radford2018improving.pdf`

Modelo	Año de lanzamiento	Número de parametros	Título	Enlace al documento
GPT-2	2019	1500 millones	Language Models are Unsupervised Multitask Learners (Los modelos lingüísticos son aprendices multitarea no supervisados)	`https://www.semanticscholar.org/paper/Language-Models-are-Unsupervised-Multitask-Learners-Radford-Wu/9405cc0d6169988371b2755e573cc28650d14dfe`
GPT-3	2020	175 000 millones	Language Models are Few-Shot Learners	`https://arxiv.org/pdf/2005.14165.pdf`

Tabla 16.1 *Resumen de los modelos GPT.*

Pero analicemos primero el modelo GPT-1, que salió al mercado en 2018. Su procedimiento de entrenamiento puede descomponerse en dos etapas:

1. Entrenamiento previo con una gran cantidad de texto sin formato
2. Rejuste supervisado

Como ilustra la Figura 16.11 (adaptada del documento GPT-1), podemos considerar GPT-1 como un transformador que consta de (1) un decodificador (y sin un bloque codificador) y (2) una capa adicional que se añade posteriormente para el reajuste supervisado para realizar tareas específicas:

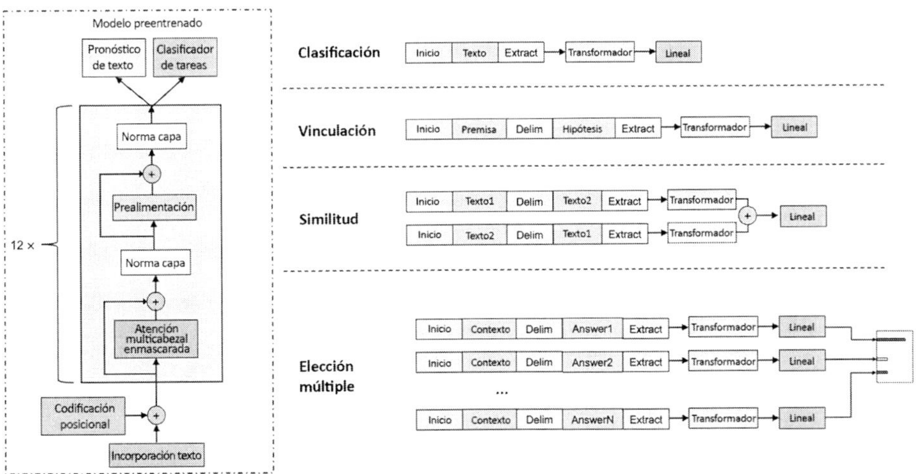

Figura 16.11 *El transformador GPT-1.*

En la figura, observe que si nuestra tarea es el pronóstico de texto (pronosticar la siguiente palabra), el modelo estará listo después del paso de preentrenamiento. En caso contrario, por ejemplo, si nuestra tarea está relacionada con la clasificación o la regresión, se requiere un reajuste supervisado.

Durante el preentrenamiento, GPT-1 utiliza una estructura de decodificador transformador, en la que, en una posición dada de una palabra, el modelo solo se basa en las palabras precedentes para pronosticar la palabra siguiente. GPT-1 utiliza un mecanismo de autoatención unidireccional, en lugar de uno bidireccional, como ocurre en BERT (que trataremos más adelante en este capítulo), porque GPT-1 se centra en la generación de texto más que en la clasificación. Durante la generación de texto, produce palabras una a una con una dirección natural de izquierda a derecha. Hay otro aspecto que merece la pena destacar: durante el procedimiento de entrenamiento, para cada posición, siempre alimentamos el modelo con las palabras correctas de las posiciones anteriores. Sin embargo, durante la inferencia, solo alimentamos el modelo con las palabras que ha generado para poder generar nuevos textos.

Después de obtener el modelo preentrenado (el bloque de la figura anterior etiquetado como Transformador), lo insertamos entre el bloque de preprocesamiento de entrada y una capa lineal, donde la capa lineal sirve como capa de salida (similar a los modelos de redes neuronales profundas anteriores que hemos analizado en el libro). Para las tareas de clasificación, el reajuste es tan sencillo como tokenizar primero la entrada y luego introducirla en el modelo preentrenado y en la capa lineal recién añadida, a la que sigue una función de activación softmax. Sin embargo, para tareas más complicadas, como la respuesta a preguntas, las entradas se organizan en un formato determinado que no coincide necesariamente con el modelo preentrenado, lo que requiere un paso de procesamiento adicional personalizado para cada tarea. Los lectores que estén interesados en las modificaciones específicas pueden leer el documento GPT-1 para obtener más detalles (el enlace se ha proporcionado en la tabla anterior).

GPT-1 también se comporta sorprendentemente bien en las tareas de «zero-shot», lo que demuestra su capacidad de ser un modelo lingüístico general que puede personalizarse para diferentes tipos de tareas con un ajuste mínimo específico de la tarea. El aprendizaje zero-shot describe generalmente una circunstancia especial en el aprendizaje automático en la que, durante la prueba y la inferencia, el modelo debe clasificar muestras de clases que no se observaron durante el entrenamiento. En el contexto de GPT, la configuración zero-shot se refiere a las tareas no observadas.

La adaptabilidad de GPT inspiró a los investigadores a deshacerse de la entrada y de la configuración del modelo específicos de la tarea, lo que llevó al desarrollo de GPT-2. A diferencia de su predecesor, GPT-2 ya no requiere ninguna modificación adicional durante las etapas de entrada o reajuste. En lugar de reordenar las secuencias para que coincidan con el formato requerido, GPT-2 puede distinguir entre diferentes tipos de entradas y realizar las correspondientes tareas descendentes con pequeñas pistas, los llamados «contextos». Esto se consigue modelando las probabilidades de salida condicionadas tanto a la entrada como al tipo de tarea, $p(output|input,task)$, en lugar de condicionarlas solo a la entrada. Por ejemplo, se espera que el modelo reconozca una tarea de traducción si el contexto incluye `translate to French, English text, French text.`

Esto suena mucho más «artificialmente inteligente» que GPT y es la mejora más notable, además del tamaño del modelo. Tal y como indica el título del artículo correspondiente («Language Models are Unsupervised Multitask Learners»), un modelo lingüístico no supervisado puede ser la clave para el aprendizaje de zero-shot, y GPT-2 hace pleno uso de la transferencia de tareas de zero-shot para elaborarr este aprendiz multitarea.

En comparación con GPT-2, GPT-3 es menos «ambicioso», en el sentido de que cambia el enfoque del aprendizaje de zero a one-shot y a few-shot mediante el aprendizaje en contexto. Aunque el hecho de no proporcionar ejemplos de entrenamiento específicos de la tarea parece demasiado estricto, el aprendizaje de few-shot no solo es más realista, sino también más parecido a como lo hacemos las personas: nosotros solemos necesitar ver unos pocos ejemplos para poder aprender una nueva tarea. Como su nombre indica, el aprendizaje few-shot significa que el modelo ve unos cuantos ejemplos de la tarea, mientras que el aprendizaje one-shot se limita a un solo ejemplo.

La Figura 16.12 ilustra la diferencia entre los procedimientos de zero-shot, one-shot, few-shot y reajuste.

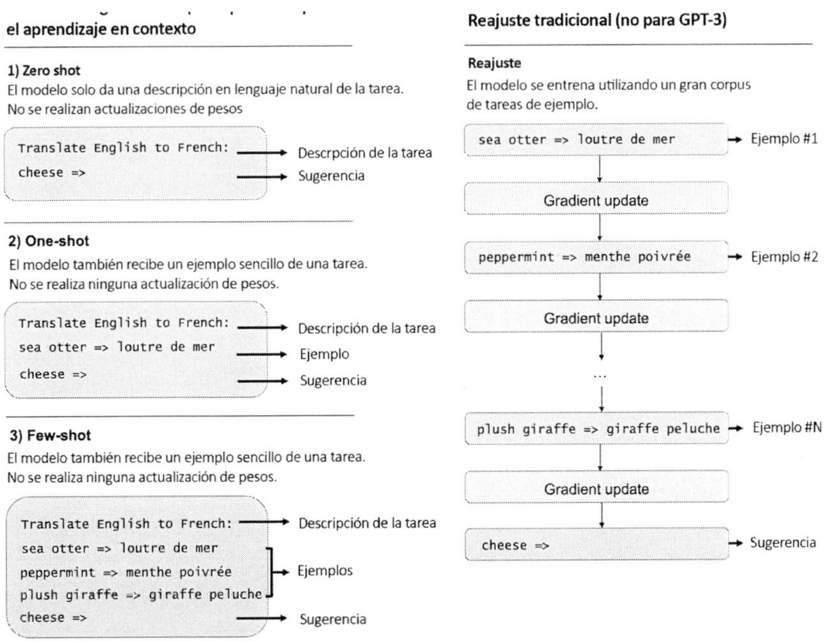

Figura 16.12 *Comparación del aprendizaje de zero-shot, one-shot y few-shot.*

La arquitectura del modelo GPT-3 es prácticamente la misma que la de GPT-2, excepto por el aumento del tamaño de los parámetros en 100 veces y el uso de un transformador disperso. En el mecanismo de atención original (densa) que hemos analizado antes, cada elemento atiende a todos los demás elementos de la entrada, lo que aumenta la complejidad $O(n^2)$. La atención dispersa mejora la eficiencia al atender solo a un subconjunto de elementos de tamaño limitado, normalmente proporcional a $n^{1/p}$. Los lectores interesados pueden aprender más sobre la selección de subconjuntos específicos yendo al artículo sobre el transformador disperso: «Generating Long Sequences with Sparse Transformers», de Rewon Child et al. 2019 (URL: `https://arxiv.org/abs/1904.10509`).

Utilización de GPT-2 para generar texto nuevo

Antes de pasar a la siguiente arquitectura de transformadores, veamos cómo podemos utilizar los últimos modelos de GPT para generar nuevos textos. Hay que tener en cuenta que GPT-3 es todavía relativamente nuevo y actualmente solo está disponible como versión beta a través de la API de OpenAI en `https://openai.com/blog/openai-api/`. Sin embargo, Hugging Face (una popular empresa de NLP y aprendizaje automático; `http://huggingface.co`) ha puesto a disposición una implementación de GPT-2, que utilizaremos.

Accederemos a GPT-2 a través de `transformers`, una biblioteca de Python muy completa creada por Hugging Face, que proporciona varios modelos basados en transformadores para el preentrenamiento y el reajuste. Los usuarios también pueden discutir y compartir sus modelos personalizados en el foro. Si está interesado, no dude en echar un vistazo y participar en la comunidad: `https://discuss.huggingface.co`.

Instalación de la versión 4.9.1 de transformers

Este paquete está evolucionando rápidamente, y es posible que no pueda replicar los resultados de las siguientes subsecciones. Como referencia, este tutorial utiliza la versión 4.9.1, publicada en junio de 2021. Para instalar la versión que utilizamos en este libro, puede ejecutar el siguiente comando en su terminal para instalarlo desde PyPI:

```
pip install transformers==4.9.1
```

Recomendamos consultar las últimas instrucciones en la página oficial de instalación:

`https://huggingface.co/transformers/installation.html`

Una vez instalada la biblioteca de `transformers`, podemos ejecutar el siguiente código para importar un modelo GPT preentrenado que pueda generar un nuevo texto:

```
>>> from transformers import pipeline, set_seed
>>> generator = pipeline('text-generation', model='gpt2')
```

A continuación, podemos sugerir al modelo un fragmento de texto y pedirle que genere un nuevo texto basado en ese fragmento de entrada:

```
>>> set_seed(123)
>>> generator("Hey readers, today is",
...           max_length=20,
...           num_return_sequences=3)

[{'generated_text': "Hey readers, today is not the last time we'll be seeing
one of our favorite indie rock bands"},
 {'generated_text': 'Hey readers, today is Christmas. This is not Christmas,
because Christmas is so long and I hope'},
 {'generated_text': "Hey readers, today is CTA Day!\n\nWe're proud to be
hosting a special event"}]
```

Como podemos ver en la salida, el modelo ha generado tres frases razonables basadas en nuestro fragmento de texto. Si quiere explorar más ejemplos, puede cambiar la semilla aleatoria y la longitud máxima de la secuencia.

Además, como se ha ilustrado anteriormente en la Figura 16.10, podemos utilizar un modelo transformador que genere características para el entrenamiento de otros modelos. El siguiente código ilustra cómo podemos utilizar GPT-2 para generar características basadas en un texto de entrada:

```
>>> from transformers import GPT2Tokenizer
>>> tokenizer = GPT2Tokenizer.from_pretrained('gpt2')
>>> text = "Let us encode this sentence"
>>> encoded_input = tokenizer(text, return_tensors='pt')
>>> encoded_input
{'input_ids': tensor([[ 5756,   514, 37773,   428,  6827]]), 'attention_mask':
tensor([[1, 1, 1, 1, 1]])}
```

Este código codifica el texto de la frase de entrada en un formato tokenizado para el modelo GPT-2. Como podemos ver, ha asignado las cadenas a una representación entera, y ha reestablecido la máscara de atención a todo 1s, lo que significa que todas las palabras se procesarán cuando pasemos la entrada codificada al modelo, como se muestra aquí:

```
>>> from transformers import GPT2Model
>>> model = GPT2Model.from_pretrained('gpt2')
>>> output = model(**encoded_input)
```

La variable `output` almacena el último estado oculto, es decir, nuestra codificación de características basada en GPT-2 de la frase de entrada:

```
>>> output['last_hidden_state'].shape
torch.Size([1, 5, 768])
```

Para evitar una salida prolija, solo mostramos la forma del tensor. Su primera dimensión es el tamaño del lote (solo tenemos un texto de entrada), al que siguen la longitud de la frase y el tamaño de la codificación de la característica. Aquí, cada una de las cinco palabras se codifica como un vector de 768 dimensiones.

Ahora, podríamos aplicar esta codificación de características a un conjunto de datos dado y entrenar un clasificador posterior basado en la representación de características basada en GPT-2 en lugar de utilizar un modelo de bolsa de palabras, como se discute en el capítulo 8, Aplicación del aprendizaje automático al análisis de opiniones.

Además, un enfoque opcional a la utilización de grandes modelos lingüísticos preentrenados es el reajuste, tal y como hemos comentado anteriormente. Veremos un ejemplo de reajuste más adelante en este capítulo.

Si está interesado en detalles adicionales sobre el uso de GPT-2, le recomendamos las siguientes páginas de documentación:

- `https://huggingface.co/gpt2`
- `https://huggingface.co/docs/transformers/model_doc/gpt2`

Preentrenamiento bidireccional con BERT

BERT, cuyo nombre completo es Bidirectional Encoder Representations from Transformers, lo creó un equipo de investigación de Google en 2018 (BERT: Pre-training of Deep Bidirectional Transformers for Language Understanding, de J. Devlin, M. Chang, K. Lee, y K. Toutanova, `https://arxiv.org/abs/1810.04805`). No podemos comparar GPT y BERT directamente, ya que son arquitecturas diferentes, pero, para tener una referencia, BERT tiene 345 millones de parámetros (lo que lo hace solo ligeramente más grande que GPT-1, y su tamaño es solo 1/5 de GPT-2).

Como su nombre indica, BERT tiene una estructura de modelo basada en un transformador-codificador que utiliza un procedimiento de entrenamiento bidireccional. (Más exactamente, podemos pensar que BERT utiliza un entrenamiento «no direccional», porque lee todos los elementos de entrada a la vez). En esta configuración, la codificación de una determinada palabra depende tanto de las palabras anteriores como de las posteriores. Recordemos que en GPT, los elementos de entrada se leen con un orden natural de izquierda a derecha, lo que ayuda a formar un potente modelo de lenguaje generativo. El entrenamiento bidireccional desactiva la capacidad de

BERT de generar una frase palabra por palabra, pero proporciona codificaciones de entrada de mayor calidad para otras tareas, como la clasificación, ya que el modelo puede ahora procesar la información en ambas direcciones.

Recordemos que en el codificador de un transformador, la codificación de tokens es una suma de codificaciones posicionales e incorporaciones de tokens. En el codificador BERT, hay una incorporación adicional de segmento que indica a qué segmento pertenece este token. Esto significa que cada representación de token contiene tres ingredientes, como ilustra la Figura 16.13:

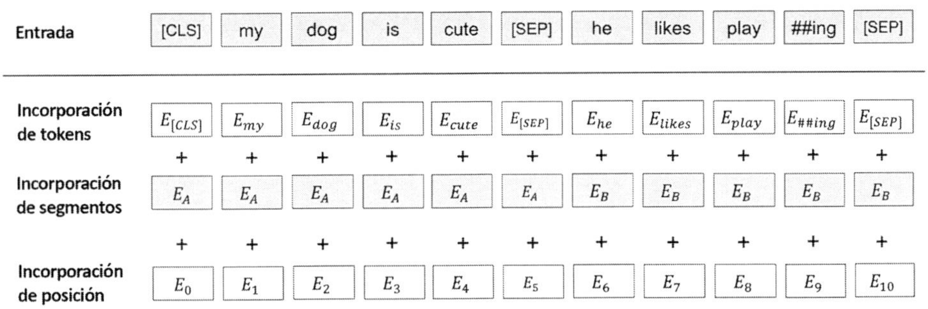

Figura 16.13 *Preparación de las entradas para el codificador BERT.*

¿Por qué necesitamos esta información adicional sobre el segmento en BERT? La necesidad de esta información de segmentos tiene su origen en la tarea especial de preentrenamiento de BERT denominada «pronóstico de la siguiente frase». En esta tarea de preentrenamiento, cada ejemplo de entrenamiento incluye dos frases y, por lo tanto, requiere una notación de segmento especial para indicar si pertenece a la primera o a la segunda frase.

Veamos ahora con más detalle las tareas de preentrenamiento de BERT. Al igual que todos los demás modelos lingüísticos basados en transformadores, BERT tiene dos etapas de entrenamiento: preentrenamiento y reajuste. Y el preentrenamiento incluye dos tareas no supervisadas: el modelado del lenguaje enmascarado y el pronóstico de la siguiente frase.

En el modelo de lenguaje enmascarado (Masked Language Model, MLM), los tokens se sustituyen aleatoriamente por los llamados tokens enmascarados, `[MASK]`, y el modelo debe pronosticar estas palabras ocultas. En comparación con el pronóstico de la siguiente palabra en GPT, MLM en BERT es más parecido a «rellenar los espacios en blanco», porque el modelo puede atender a todos los tokens de la frase (excepto los enmascarados). Sin embargo, el simple hecho de enmascarar las palabras puede dar lugar a incoherencias entre el preentrenamiento y el reajuste, ya que los tokens `[MASK]` no aparecen en los textos normales. Para paliarlo, se modifican las palabras que se seleccionan para el enmascaramiento. Por ejemplo, el 15 por ciento de las palabras de BERT están marcadas para el enmascaramiento. Este 15 por ciento de palabras seleccionadas al azar se trata de la siguiente manera:

1. Mantener la palabra sin cambios el 10 por ciento de las veces.
2. Sustituir el token (símbolo) correspondiente a la palabra original por una palabra aleatoria el 10 por ciento de las veces.
3. Sustituir el token (símbolo) correspondiente a la palabra original por un token enmascarado, `[MASK]`, el 80 por ciento de las veces.

Además de evitar la mencionada incoherencia entre el preentrenamiento y el reajuste al introducir las fichas `[MASK]` en el procedimiento de entrenamiento, estas modificaciones también tienen otras ventajas. En primer lugar, las palabras no modificadas incluyen la posibilidad de mantener la información del token original; de lo contrario, el modelo solo puede aprender del contexto y nada de las palabras enmascaradas. En segundo lugar, el 10 por ciento de palabras aleatorias evita que el modelo se vuelva perezoso; por ejemplo, que no aprenda nada, sino que devuelva lo que se le da. Las probabilidades de enmascarar, aleatorizar y dejar las palabras sin cambiar se eligieron mediante un estudio de ablación (véase el documento GPT-2); por ejemplo, los autores probaron diferentes configuraciones y descubrieron que esta combinación funcionaba mejor.

La Figura 16.14 ilustra un ejemplo en el que la palabra «fox» está enmascarada y, con cierta probabilidad, permanece sin cambios o es sustituida por `[MASK]` o «coffe». A continuación, el modelo debe pronosticar cuál es la palabra enmascarada (resaltada), como se ilustra en la Figura 16.14:

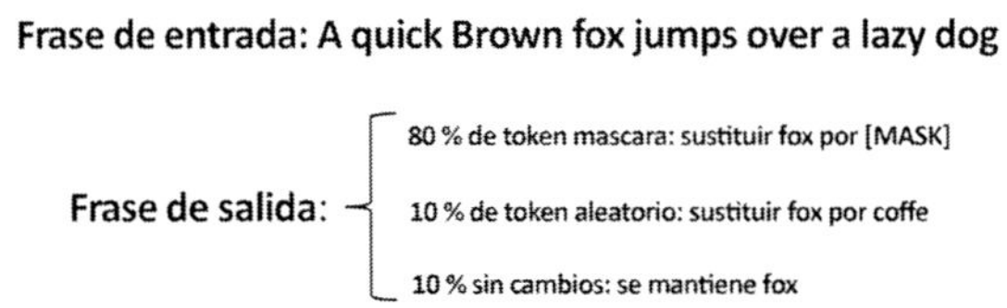

Figura 16.14 *Ejemplo de MLM.*

El pronóstico de la siguiente frase es una modificación natural de la tarea de pronóstico de la siguiente palabra, teniendo en cuenta la codificación bidireccional de BERT. De hecho, muchas tareas importantes de NLP, como la respuesta a preguntas, dependen de la relación entre dos frases del documento. Este tipo de relación es difícil de captar a través de los modelos lingüísticos usuales, ya que el entrenamiento del pronóstico de la palabra siguiente suele producirse a nivel de una sola frase, debido a las restricciones de longitud de la entrada.

En la tarea de pronóstico de la siguiente frase, el modelo recibe dos frases, A y B, con el siguiente formato:

[CLS] A [SEP] B [SEP]

El token [CLS] es un token de clasificación, que sirve como marcador de posición para la etiqueta pronosticada en la salida del descodificador, así como un token que denota el comienzo de las frases. El token [SEP], por su parte, se adjunta para denotar el final de cada frase. El modelo debe clasificar si B es la siguiente frase (IsNext) de A o no. Para proporcionar al modelo un conjunto de datos equilibrado, el 50 por ciento de las muestras se etiquetan como IsNext, mientras que el resto se etiquetan como NotNext.

BERT se preentrena en estas dos tareas (oraciones enmascaradas y pronóstico de la siguiente oración) al mismo tiempo. En este caso, el objetivo de entrenamiento de BERT es minimizar la función de pérdida combinada de ambas tareas.

A partir del modelo preentrenado, se requieren modificaciones específicas para las distintas tareas descendentes en la fase de reajuste. Cada ejemplo de entrada debe respetar un formato determinado; por ejemplo, debe comenzar con un token [CLS] y separarse con tokens [SEP] si consta de más de una frase.

A grandes rasgos, BERT puede reajustarse en cuatro categorías de tareas: (a) clasificación de pares de frases, (b) clasificación de una sola frase, (c) respuesta a preguntas, (d) etiquetado de una sola frase.

Entre ellas, (a) y (b) son tareas de clasificación a nivel de secuencia, que solo requieren que se añada una capa softmax adicional a la representación de salida del token [CLS]. Por otro lado, (c) y (d) son tareas de clasificación a nivel de token. Esto significa que el modelo pasa las representaciones de salida de todos los tokens relacionados a la capa softmax para pronosticar una etiqueta de clase para cada token individual.

Respueta a una pregunta

La tarea (c), la respuesta a una pregunta, parece ser menos discutida en comparación con otras tareas de clasificación populares, como la clasificación de opiniones o el etiquetado de palabras. En la respuesta a una pregunta, cada ejemplo de entrada puede dividirse en dos partes: la pregunta y el párrafo que ayuda a responderla. El modelo debe señalar tanto el token de inicio como el de finalización del párrafo, que constituye una respuesta adecuada a la pregunta. Esto significa que el modelo tiene que generar una etiqueta para cada uno de los tokens del párrafo, e indicar si este token es un token de inicio o de fin, o ninguno de los dos. Como nota adicional, cabe mencionar que la salida puede contener un token de fin que aparezca antes del token de inicio, lo que provocará un conflicto al generar la respuesta. Este tipo de salida se reconocerá como «Sin respuesta» a la pregunta.

Como indica la Figura 16.15, la configuración de ajuste del modelo tiene una estructura muy simple: un codificador de entrada se une a un BERT preentrenado, y se añade una capa softmax para la clasificación. Una vez configurada la estructura del modelo, todos los parámetros se ajustarán a lo largo del proceso de aprendizaje.

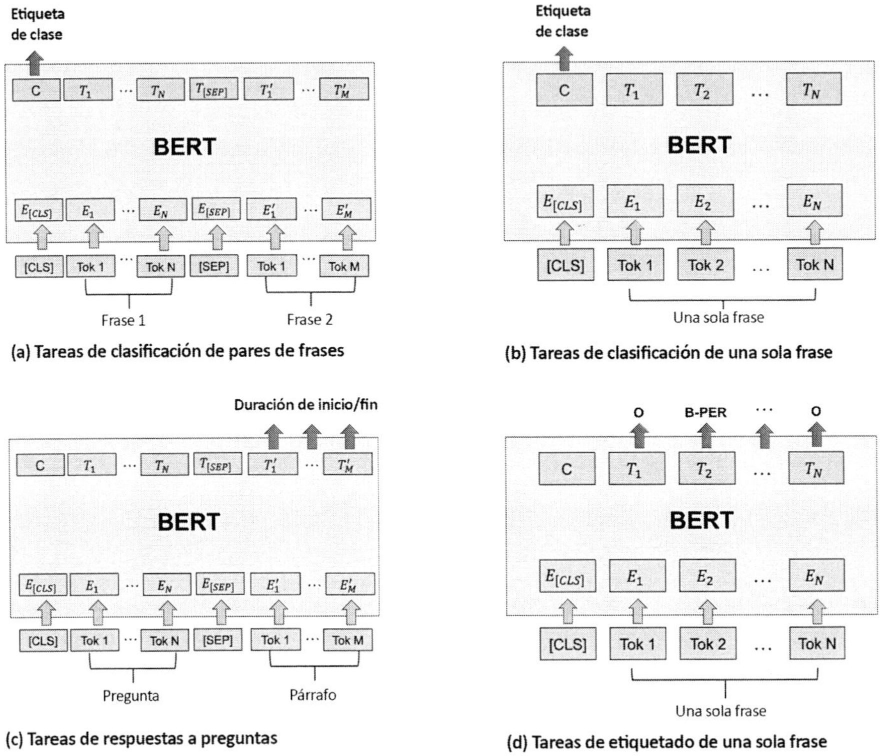

Figura 16.15 *Uso de BERT para reajustar diferentes tareas lingüísticas.*

Lo mejor de ambos mundos: BART

El transformador bidireccional y autorregresivo, abreviado como BART (Bidirectional and Auto-Regressive Transformer), lo desarrollaron investigadores de Facebook AI Research en 2019: «BART: Denoising Sequence-to-Sequence Pre-training for Natural Language Generation, Translation, and Comprehension», Lewis y sus colaboradores, `https://arxiv.org/abs/1910.13461`. Recordemos que en las secciones anteriores argumentamos que GPT utiliza la estructura de decodificador de un transformador, mientras que BERT utiliza la estructura de codificador de un transformador. Por lo tanto, estos dos modelos son capaces de realizar bien diferentes tareas: la especialidad de GPT es generar texto, mientras que BERT se desempeña mejor en tareas de clasificación. BART puede verse como una generalización tanto de GPT como de BERT. Como sugiere el título de esta sección, BART es capaz de realizar ambas tareas: generar y clasificar texto.

La razón por la que puede manejar bien ambas tareas es que el modelo viene con un codificador bidireccional, así como con un decodificador autorregresivo de izquierda a derecha.

Puede que se pregunte en qué se diferencia del transformador original. Hay algunos cambios en el tamaño del modelo, junto con algunos cambios menores (como la elección de la función de activación). Sin embargo, uno de los cambios más interesantes es que BART trabaja con diferentes entradas del modelo. El modelo original del transformador se diseñó para la traducción de idiomas, por lo que hay dos entradas: el texto a traducir (secuencia de origen) para el codificador y la traducción (secuencia de destino) para el decodificador. Además, el decodificador también recibe la secuencia fuente codificada, como se ilustra en la Figura 16.6. Sin embargo, en BART, el formato de entrada se ha generalizado de forma que solo utiliza la secuencia de origen como entrada. BART puede realizar una gama más amplia de tareas, incluida la traducción de idiomas, en la que sigue siendo necesaria una secuencia de destino para calcular la pérdida y reajustar el modelo, pero no es necesario introducirla directamente en el decodificador.

Veamos ahora con más detalle la estructura del modelo BART. Como se ha mencionado anteriormente, BART se compone de un codificador bidireccional y un decodificador autorregresivo. Al recibir un ejemplo de entrenamiento como texto sin formato, la entrada será primero «corrompida» y luego codificada por el codificador. Estas codificaciones de entrada se pasarán al decodificador, junto con los tokens generados. La pérdida de entropía cruzada entre la salida del codificador y el texto original se calculará y se optimizará mediante el proceso de aprendizaje. Pensemos en un transformador en el que tenemos dos textos en diferentes idiomas como entrada al decodificador: el texto inicial que hay que traducir (texto de origen) y el texto generado en el idioma de destino. Se puede entender que BART sustituye el primero por un texto corrompido y el segundo por el propio texto de entrada.

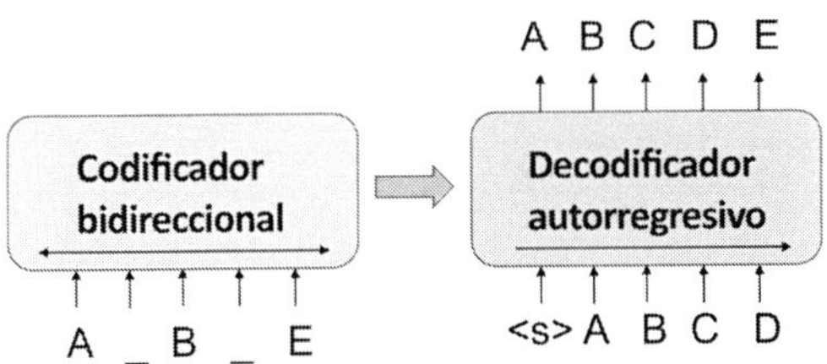

Figura 16.16 *Estructura del modelo de BART.*

Para explicar el paso de la corrupción con un poco más de detalle, recordemos que BERT y GPT se entrenan previamente reconstruyendo palabras enmascaradas: BERT «rellena los espacios en blanco» y GPT «pronostica la siguiente palabra». Estas tareas de preentrenamiento también pueden reconocerse como la reconstrucción de oraciones corrompidas, ya que enmascarar palabras es una forma de corromper una oración. BART proporciona los siguientes métodos de corrupción que pueden aplicarse al texto limpio:

- Enmascaramiento de tokens
- Eliminación de tokens
- Relleno de texto
- Permutación de frases
- Rotación de documentos

Una o varias de las técnicas mencionadas pueden aplicarse a la misma frase; en el peor de los casos, cuando toda la información está contaminada y corrompida, el texto se vuelve inutilizable. Por lo tanto, el codificador tiene una utilidad limitada, y con solo el módulo decodificador funcionando correctamente, el modelo se asemejará esencialmente a un lenguaje unidireccional.

BART puede reajustarse muy bien en una amplia gama de tareas descendentes, como (a) la clasificación de secuencias, (b) la clasificación de tokens, (c) la generación de secuencias y (d) la traducción automática. Al igual que en el caso de BERT, es necesario llevar a cabo pequeños cambios en las entradas para realizar diferentes tareas.

En la tarea de clasificación de secuencias, es necesario adjuntar un token adicional a la entrada para que sirva como token de etiqueta generado, que es similar al token [CLS] en BERT. Además, en lugar de alterar la entrada, se introduce una entrada no alterada tanto en el codificador como en el decodificador, para que el modelo pueda hacer un uso completo de la entrada.

Para la clasificación de tokens, los tokens adicionales se vuelven innecesarios, y el modelo puede utilizar directamente la representación generada para cada token para la clasificación.

La generación de secuencias en BART difiere un poco de GPT debido a la existencia del codificador. En lugar de generar texto desde el principio, las tareas de generación de secuencias mediante BART son más comparables a las de resumen, en las que se da al modelo un corpus de contextos y se le pide que genere un resumen o una respuesta abstracta a determinadas preguntas. Para ello, se introducen en el codificador todas las secuencias de entrada, mientras que el decodificador genera la salida de forma autorregresiva.

Por último, es natural que BART realice la traducción automática teniendo en cuenta la similitud entre BART y el transformador original. Sin embargo, en lugar de seguir exactamente el mismo procedimiento que para entrenar el transformador original, los investigadores consideraron la posibilidad de incorporar todo el modelo BART como decodificador preentrenado. Para completar el modelo de traducción, se añade un nuevo conjunto de parámetros inicializados aleatoriamente como un nuevo codificador adicional. A continuación, la etapa de ajuste puede realizarse en dos pasos:

1. Primero, congela todos los parámetros excepto el codificador.
2. A continuación, actualiza todos los parámetros del modelo.

BART se evaluó en varios conjuntos de datos de referencia para diversas tareas, y obtuvo resultados muy competitivos en comparación con otros modelos lingüísticos muy extendidos, como BERT. En particular, para las tareas de generación que incluyen la respuesta a preguntas abstractas, la respuesta a diálogos y las tareas de resumen, BART logró resultados novedosos.

Reajuste de modelos BERT en PyTorch

Ahora que hemos introducido y discutido todos los conceptos necesarios, así como la teoría que hay detrás del transformador original y los modelos populares basados en transformadores, ¡es hora de echar un vistazo a la parte práctica! En esta sección, aprenderá cómo reajustar un modelo BERT para la clasificación de opiniones en PyTorch.

Hay que tener en cuenta que, aunque hay muchos otros modelos basados en transformadores entre los que elegir, BERT ofrece un buen equilibrio entre la popularidad del modelo y el hecho de tener un tamaño de modelo manejable para que se pueda ajustar con precisión sobre una sola GPU. También hay que tener en cuenta que el preentrenamiento de BERT desde cero es dificil y bastante innecesario, teniendo en cuenta la disponibilidad del paquete `transformers` en Python proporcionado por Hugging Face, que incluye un montón de modelos preentrenados que están listos para el reajuste.

En las siguientes secciones, verá cómo preparar y tokenizar el conjunto de datos de críticas de películas de IMDb y cómo reajustar el modelo BERT simplificado para realizar la clasificación de opiniones. Hemos elegido deliberadamente la clasificación de opiniones como un ejemplo sencillo pero clásico, aunque hay muchas otras aplicaciones fascinantes de los modelos lingüísticos. Además, al utilizar el conocido conjunto de datos de críticas de películas de IMDb, podemos hacernos una buena idea del rendimiento predictivo del modelo BERT, comparándolo con el modelo de regresión logística del capítulo 8, Aplicación del aprendizaje automático al análisis de opiniones, y con la RNN del capítulo 15, Modelización de datos secuenciales mediante redes neuronales recurrentes.

Carga del conjunto de datos de reseñas de películas de IMDb

En esta subsección, comenzaremos cargando los paquetes necesarios y el conjunto de datos, dividido en los conjuntos de entrenamiento, validación y prueba.

Para las partes de este tutorial relacionadas con BERT, utilizaremos principalmente la biblioteca `transformers` de código abierto (`https://huggingface.co/transformers/`) creada por Hugging Face, que instalamos en la sección anterior, «Utilización de GPT-2 para generar texto nuevo».

El modelo DistilBERT que utilizamos en este capítulo es un modelo de transformador ligero creado mediante la simplificación de un modelo base BERT preentrenado. El modelo base BERT original, que no distingue las mayúsculas, contiene más de 110 millones de parámetros, mientras que DistilBERT tiene un 40 por ciento menos de parámetros. Además, DistilBERT se ejecuta un 60 por ciento más rápido y sigue conservando el 95 por ciento del rendimiento de BERT en la prueba de referencia de comprensión del lenguaje GLUE.

El siguiente código importa todos los paquetes que utilizaremos en este capítulo para preparar los datos y reajustar el modelo de DistilBERT:

```
>>> import gzip
>>> import shutil
>>> import time

>>> import pandas as pd
>>> import requests
>>> import torch
>>> import torch.nn.functional as F
>>> import torchtext

>>> import transformers
>>> from transformers import DistilBertTokenizerFast
>>> from transformers import DistilBertForSequenceClassification
```

A continuación, especificamos algunos ajustes generales, incluyendo el número de ciclos (epochs) en los que entrenamos la red, la especificación del dispositivo y la semilla aleatoria. Para reproducir los resultados, asegúrese de establecer una semilla aleatoria específica como `123`:

```
>>> torch.backends.cudnn.deterministic = True
>>> RANDOM_SEED = 123
>>> torch.manual_seed(RANDOM_SEED)
```

```
>>> DEVICE = torch.device('cuda' if torch.cuda.is_available() else 'cpu')

>>> NUM_EPOCHS = 3
```

Trabajaremos con el conjunto de datos de reseñas de películas de IMDb, que ya ha visto en los capítulos 8 y 15. El siguiente código recupera el conjunto de datos comprimido y lo descomprime:

```
>>> url = ("https://github.com/rasbt/"
...        "machine-learning-book/raw/"
...        "main/ch08/movie_data.csv.gz")
>>> filename = url.split("/")[-1]

>>> with open(filename, "wb") as f:
...     r = requests.get(url)
...     f.write(r.content)

>>> with gzip.open('movie_data.csv.gz', 'rb') as f_in:
...     with open('movie_data.csv', 'wb') as f_out:
...         shutil.copyfileobj(f_in, f_out)
```

Si tiene el archivo `movie_data.csv` del capítulo 8 aún en su disco duro, puede saltarse este procedimiento de descarga y descompresión.

A continuación, cargamos los datos en un `DataFrame` de Pandas y nos aseguramos de que todo esté bien:

```
>>> df = pd.read_csv('movie_data.csv')
>>> df.head(3)
```

	reseña	opinión
0	In 1974, the teenager Martha Moxley (Maggie Gr...	1
1	OK... so... I really like Kris Kristofferson a...	0
2	***SPOILER*** Do not read this, if you think a...	0

Figura 16.17 *Las tres primeras filas del conjunto de datos de críticas de películas de IMDb.*

El siguiente paso es dividir el conjunto de datos en conjuntos separados de entrenamiento, validación y prueba. En este caso, utilizamos el 70 % de las críticas para el conjunto de entrenamiento, el 10 % para el conjunto de validación y el 20 % restante para las pruebas:

```
>>> train_texts = df.iloc[:35000]['review'].values
>>> train_labels = df.iloc[:35000]['sentiment'].values

>>> valid_texts = df.iloc[35000:40000]['review'].values
>>> valid_labels = df.iloc[35000:40000]['sentiment'].values

>>> test_texts = df.iloc[40000:]['review'].values
>>> test_labels = df.iloc[40000:]['sentiment'].values
```

Tokenización del conjunto de datos

Hasta ahora hemos obtenido los textos y las etiquetas de los conjuntos de entrenamiento, validación y prueba. Ahora, vamos a convertir los textos en tokens de palabras individuales utilizando la implementación del tokenizador heredada de la clase del modelo preentrenado:

```
>>> tokenizer = DistilBertTokenizerFast.from_pretrained(
...     'distilbert-base-uncased'
... )

>>> train_encodings = tokenizer(list(train_texts), truncation=True, padding=True)
>>> valid_encodings = tokenizer(list(valid_texts), truncation=True, padding=True)
>>> test_encodings = tokenizer(list(test_texts), truncation=True, padding=True)
```

Elección de diferentes tokenizadores

Si está interesado en aplicar diferentes tipos de tokenizadores, no dude en explorar el paquete de tokenizadores (`https://huggingface.co/docs/tokenizers/python/latest/`), que también lo ha elaborado y lo mantiene Hugging Face. Sin embargo, los tokenizadores heredados conservan la coherencia entre el modelo preentrenado y el conjunto de datos, lo que nos ahorra el esfuerzo adicional de encontrar el tokenizador específico correspondiente al modelo. En otras palabras, el uso de un tokenizador heredado es el enfoque recomendado si se quiere reajustar un modelo preentrenado.

Por último, vamos a empaquetarlo todo en una clase llamada `IMDbDataset` y a crear los cargadores de datos correspondientes. Esta clase de conjunto de datos autodefinido nos permite personalizar todas las características y todas las funciones relacionadas con nuestro conjunto de datos de reseñas de películas personalizado en formato `DataFrame`:

```
>>> class IMDbDataset(torch.utils.data.Dataset):
...     def __init__(self, encodings, labels):
```

```
...         self.encodings = encodings
...         self.labels = labels

>>>     def __getitem__(self, idx):
...         item = {key: torch.tensor(val[idx])
...                 for key, val in self.encodings.items()}
...         item['labels'] = torch.tensor(self.labels[idx])
...         return item

>>>     def __len__(self):
...         return len(self.labels)


>>> train_dataset = IMDbDataset(train_encodings, train_labels)
>>> valid_dataset = IMDbDataset(valid_encodings, valid_labels)
>>> test_dataset = IMDbDataset(test_encodings, test_labels)

>>> train_loader = torch.utils.data.DataLoader(
...     train_dataset, batch_size=16, shuffle=True)
>>> valid_loader = torch.utils.data.DataLoader(
...     valid_dataset, batch_size=16, shuffle=False)
>>> test_loader = torch.utils.data.DataLoader(
...     test_dataset, batch_size=16, shuffle=False)
```

Aunque la configuración general del cargador de datos debería serle familiar de los capítulos anteriores, un detalle digno de mención es la variable `item` en el método `__getitem__`. Las codificaciones que produjimos anteriormente almacenan mucha información sobre los textos tokenizados. A través de la asimilación del diccionario que utilizamos para asignar el diccionario a la variable `item`, solo extraemos la información más relevante. Por ejemplo, las entradas del diccionario resultantes incluyen `input_ids` (enteros únicos del vocabulario correspondientes a los tokens), `labels` (las etiquetas de las clases) y `attention_mask`. Aquí, `attention_mask` es un tensor con valores binarios (0s y 1s), que denota a qué tokens debe prestar atención el modelo. En particular, los 0s corresponden a los tokens utilizados para rellenar las secuencias a longitudes iguales y los ignora el modelo; los 1s corresponden a los tokens de texto reales.

Carga y reajuste de modelos BERT preentrenados

Una vez preparados los datos, en esta subsección veremos cómo cargar el modelo preentrenado de DistilBERT y cómo reajustarlo utilizando el conjunto de datos que acabamos de crear. El código para cargar el modelo preentrenado es el siguiente:

```
>>> model = DistilBertForSequenceClassification.from_pretrained(
...     'distilbert-base-uncased')
>>> model.to(DEVICE)
>>> model.train()

>>> optim = torch.optim.Adam(model.parameters(), lr=5e-5)
```

`DistilBertForSequenceClassification` especifica la tarea descendente en la que queremos ajustar el modelo, que en este caso es la clasificación de secuencias. Como ya se ha mencionado, `'distilbert-base-uncased'` es una versión ligera de un modelo base de BERT que no distingue las mayúsculas, con un tamaño manejable y un buen rendimiento. Obsérvese que «uncased» significa que el modelo no distingue entre mayúsculas y minúsculas.

Uso de otros transformadores preentrenados

El paquete de transformadores también proporciona muchos otros modelos preentrenados y varias tareas descendentes para su ajuste. Consúltelos en `https://huggingface.co/transformers/`.

Ahora, es el momento de entrenar el modelo. Podemos dividir el entrenamiento en dos partes. En primer lugar, tenemos que definir una función de precisión para evaluar el rendimiento del modelo. Tenga en cuenta que esta función de precisión calcula la precisión de clasificación convencional. ¿Por qué es tan extensa? Aquí, vamos a cargar el conjunto de datos, lote por lote, para evitar las limitaciones de memoria RAM o GPU (VRAM) cuando se trabaja con un modelo de aprendizaje profundo grande:

```
>>> def compute_accuracy(model, data_loader, device):
...         with torch.no_grad():
...             correct_pred, num_examples = 0, 0
...             for batch_idx, batch in enumerate(data_loader):
...                 ### Prepare data
...                 input_ids = batch['input_ids'].to(device)
...                 attention_mask = \
...                     batch['attention_mask'].to(device)
...                 labels = batch['labels'].to(device)

...                 outputs = model(input_ids,
...                    attention_mask=attention_mask)
...                 logits = outputs['logits']
...                 predicted_labels = torch.argmax(logits, 1)
```

```
...                 num_examples += labels.size(0)
...                 correct_pred += \
...                     (predicted_labels == labels).sum()
...         return correct_pred.float()/num_examples * 100
```

En la función `compute_accuracy`, cargamos un lote determinado y luego obtenemos las etiquetas pronosticadas a partir de las salidas. Mientras se realiza lo anterior, se lleva la cuenta del número total de ejemplos a través de `num_examples`. Del mismo modo, llevamos la cuenta del número de pronósticos correctos a través de la variable `correct_pred`. Por último, después de iterar sobre el conjunto de datos completo, calculamos la precisión como la proporción de etiquetas pronosticadas correctamente.

En general, mediante la función `compute_accuracy`, ya se puede vislumbrar cómo podemos utilizar el modelo de transformador para obtener las etiquetas de clase. Alimentamos el modelo con `input_ids` junto con `attention_mask` que, en este caso, denota si un token es un token de texto real o un token para rellenar las secuencias a la misma longitud. La llamada a `model` devuelve la salida, que es un objeto `SequenceClassifierOutput` específico de la biblioteca del transformador. A partir de este objeto, obtendremos los logits que convertimos en etiquetas de clase mediante la función `argmax`, como hemos hecho en capítulos anteriores.

Por último, llegamos a la parte principal: el bucle de entrenamiento (o mejor dicho, de reajuste). Como verá, el reajuste de un modelo de la biblioteca de transformadores es muy similar al entrenamiento de un modelo en PyTorch puro desde cero:

```
>>> start_time = time.time()

>>> for epoch in range(NUM_EPOCHS):

...     model.train()

...     for batch_idx, batch in enumerate(train_loader):

...         ### Prepare data
...         input_ids = batch['input_ids'].to(DEVICE)
...         attention_mask = batch['attention_mask'].to(DEVICE)
...         labels = batch['labels'].to(DEVICE)

...         ### Forward pass
...         outputs = model(input_ids,
...                         attention_mask=attention_mask,
...                         labels=labels)
```

```
...         loss, logits = outputs['loss'], outputs['logits']

...         ### Backward pass
...         optim.zero_grad()
...         loss.backward()
...         optim.step()

...         ### Logging
...         if not batch_idx % 250:
...             print(f'Epoch: {epoch+1:04d}/{NUM_EPOCHS:04d}'
...                     f' | Batch'
...                     f'{batch_idx:04d}/'
...                     f'{len(train_loader):04d} | '
...                     f'Loss: {loss:.4f}')

...     model.eval()

...     with torch.set_grad_enabled(False):
...         print(f'Training accuracy: '
...               f'{compute_accuracy(model, train_loader, DEVICE):.2f}%'
...               f'\nValid accuracy: '
...               f'{compute_accuracy(model, valid_loader, DEVICE):.2f}%')

...     print(f'Time elapsed: {(time.time() - start_time)/60:.2f} min')

... print(f'Total Training Time: {(time.time() - start_time)/60:.2f} min')
... print(f'Test accuracy: {compute_accuracy(model, test_loader, DEVICE):.2f}%')
```

La salida producida por el código anterior es la siguiente (tenga en cuenta que el código no es totalmente determinista, por lo que los resultados que obtiene pueden ser ligeramente diferentes):

```
Epoch: 0001/0003 | Batch 0000/2188 | Loss: 0.6771
Epoch: 0001/0003 | Batch 0250/2188 | Loss: 0.3006
Epoch: 0001/0003 | Batch 0500/2188 | Loss: 0.3678
Epoch: 0001/0003 | Batch 0750/2188 | Loss: 0.1487
Epoch: 0001/0003 | Batch 1000/2188 | Loss: 0.6674
Epoch: 0001/0003 | Batch 1250/2188 | Loss: 0.3264
Epoch: 0001/0003 | Batch 1500/2188 | Loss: 0.4358
Epoch: 0001/0003 | Batch 1750/2188 | Loss: 0.2579
Epoch: 0001/0003 | Batch 2000/2188 | Loss: 0.2474
```

```
Training accuracy: 96.32%
Valid accuracy: 92.34%
Time elapsed: 20.67 min
Epoch: 0002/0003 | Batch 0000/2188 | Loss: 0.0850
Epoch: 0002/0003 | Batch 0250/2188 | Loss: 0.3433
Epoch: 0002/0003 | Batch 0500/2188 | Loss: 0.0793
Epoch: 0002/0003 | Batch 0750/2188 | Loss: 0.0061
Epoch: 0002/0003 | Batch 1000/2188 | Loss: 0.1536
Epoch: 0002/0003 | Batch 1250/2188 | Loss: 0.0816
Epoch: 0002/0003 | Batch 1500/2188 | Loss: 0.0786
Epoch: 0002/0003 | Batch 1750/2188 | Loss: 0.1395
Epoch: 0002/0003 | Batch 2000/2188 | Loss: 0.0344
Training accuracy: 98.35%
Valid accuracy: 92.46%
Time elapsed: 41.41 min
Epoch: 0003/0003 | Batch 0000/2188 | Loss: 0.0403
Epoch: 0003/0003 | Batch 0250/2188 | Loss: 0.0036
Epoch: 0003/0003 | Batch 0500/2188 | Loss: 0.0156
Epoch: 0003/0003 | Batch 0750/2188 | Loss: 0.0114
Epoch: 0003/0003 | Batch 1000/2188 | Loss: 0.1227
Epoch: 0003/0003 | Batch 1250/2188 | Loss: 0.0125
Epoch: 0003/0003 | Batch 1500/2188 | Loss: 0.0074
Epoch: 0003/0003 | Batch 1750/2188 | Loss: 0.0202
Epoch: 0003/0003 | Batch 2000/2188 | Loss: 0.0746
Training accuracy: 99.08%
Valid accuracy: 91.84%
Time elapsed: 62.15 min
Total Training Time: 62.15 min
Test accuracy: 92.50%
```

En este código, iteramos sobre múltiples ciclos (epochs). En cada ciclo realizamos los siguientes pasos:

1. Cargar la entrada en el dispositivo en el que estamos trabajando (GPU o CPU).
2. Calcular la salida del modelo y la pérdida.
3. Ajustar los parámetros de peso por retropropagación de la pérdida.
4. Evaluar el rendimiento del modelo en el conjunto de entrenamiento y validación.

Hay que tener en cuenta que el tiempo de entrenamiento puede variar en diferentes dispositivos. Después de tres ciclos (epochs), la precisión en el conjunto de datos de prueba alcanza alrededor del 93 por ciento, lo que supone una mejora sustancial en comparación con el 85 por ciento de precisión en la prueba que la RNN logró en el capítulo 15.

Cómo reajustar los transformadores de forma más cómoda mediante la API Trainer

En la subsección anterior, implementamos el bucle de entrenamiento en PyTorch manualmente para ilustrar que el reajuste de modelos de transformadores no es muy diferente del entrenamiento de un modelo RNN o CNN desde cero. Sin embargo, hay que tener en cuenta que la librería `transformers` contiene varias características adicionales para mayor comodidad, como la API Trainer, que presentaremos en esta subsección.

La API Trainer que proporciona Hugging Face está optimizada para los modelos de transformadores con una amplia gama de opciones de entrenamiento y varias funciones incorporadas. Al utilizar la API Trainer, podemos omitir el esfuerzo de escribir bucles de entrenamiento por nuestra cuenta, y entrenar o afinar un modelo de transformador es tan simple como una llamada a una función (o método). Veamos cómo funciona lo anterior en la práctica.

Cargamos el modelo preentrenado mediante:

```
>>> model = DistilBertForSequenceClassification.from_pretrained(
...     'distilbert-base-uncased')
>>> model.to(DEVICE)
>>> model.train();
```

El bucle de entrenamiento de la sección anterior puede sustituirse por el siguiente código:

```
>>> optim = torch.optim.Adam(model.parameters(), lr=5e-5)

>>> from transformers import Trainer, TrainingArguments

>>> training_args = TrainingArguments(
...     output_dir='./results',
...     num_train_epochs=3,
...     per_device_train_batch_size=16,
...     per_device_eval_batch_size=16,
...     logging_dir='./logs',
...     logging_steps=10,
... )
```

```
>>> trainer = Trainer(
...     model=model,
...     args=training_args,
...     train_dataset=train_dataset,
...     optimizers=(optim, None) # optim and learning rate scheduler
... )
```

En los fragmentos de código anteriores, primero definimos los argumentos de entrenamiento, que son ajustes relativamente autoexplicativos sobre las ubicaciones de entrada y salida, el número de ciclos (epochs) y el tamaño de los lotes. Hemos intentado mantener los ajustes lo más sencillos posible; sin embargo, hay muchos ajustes adicionales disponibles, y recomendamos consultar la página de la documentación de `TrainingArguments` para obtener más detalles: `https://huggingface.co/transformers/main_classes/trainer.html#trainingarguments`.

Luego pasamos estas configuraciones de `TrainingArguments` a la clase `Trainer` para instanciar un nuevo objeto `trainer`. Después de iniciar `trainer` con las configuraciones, el modelo a reajustar y los conjuntos de entrenamiento y evaluación, podemos entrenar el modelo llamando al método `trainer.train()` (utilizaremos este método más adelante). Eso es todo, el uso de la API Trainer es tan simple como se muestra en el código anterior, y no se requiere más código boilerplate.

Sin embargo, puede que haya notado que el conjunto de datos de prueba no ha aparecido en estos fragmentos de código, y que no hemos especificado ninguna métrica de evaluación en esta subsección. Esto se debe a que la API Trainer solo muestra la pérdida de entrenamiento y no proporciona la evaluación del modelo a lo largo del proceso de entrenamiento por defecto. Hay dos formas de mostrar el rendimiento final del modelo, que ilustraremos a continuación.

El primer método para evaluar el modelo final es definir una función de evaluación como es el argumento `compute_metrics` para otra instancia de `Trainer`. La función `compute_metrics` opera sobre los pronósticos de prueba del modelo como son los logits (que es la salida por defecto del modelo) y las etiquetas de prueba. Para instanciar esta función, recomendamos instalar la biblioteca `datasets` de Hugging Face mediante `pip install datasets` y utilizarla de la siguiente manera:

```
>>> from datasets import load_metric
>>> import numpy as np

>>> metric = load_metric("accuracy")

>>> def compute_metrics(eval_pred):
...         logits, labels = eval_pred
```

```
...        # note: logits are a numpy array, not a pytorch tensor
...        predictions = np.argmax(logits, axis=-1)
...        return metric.compute(
...            predictions=predictions, references=labels)
```

La instanciación actualizada de `Trainer` (que ahora incluye `compute_metrics`) es entonces la siguiente:

```
>>> trainer=Trainer(
...     model=model,
...     args=training_args,
...     train_dataset=train_dataset,
...     eval_dataset=test_dataset,
...     compute_metrics=compute_metrics,
...     optimizers=(optim, None) # optim and learning rate scheduler
... )
```

Ahora, vamos a entrenar el modelo (de nuevo, tenga en cuenta que el código no es totalmente determinista, por lo que podría obtener resultados ligeramente diferentes):

```
>>> start_time = time.time()
>>> trainer.train()

***** Running training *****
  Num examples = 35000
  Num Epochs = 3
  Instantaneous batch size per device = 16
  Total train batch size (w. parallel, distributed & accumulation) = 16
  Gradient Accumulation steps = 1
  Total optimization steps = 6564

Step  Training Loss
10    0.705800
20    0.684100
30    0.681500
40    0.591600
50    0.328600
60    0.478300
...

>>> print(f'Total Training Time: '
...       f'{(time.time() - start_time)/60:.2f} min')
Total Training Time: 45.36 min
```

Una vez completado el entrenamiento, que puede tardar hasta una hora dependiendo de la GPU, podemos llamar a `trainer.evaluate()` para obtener el rendimiento del modelo en el conjunto de prueba:

```
>>> print(trainer.evaluate())

***** Running Evaluation *****
Num examples = 10000
Batch size = 16
100%|████████████████████████████████| 625/625 [10:59<00:00,  1.06s/it]
{'eval_loss': 0.30534815788269043,
 'eval_accuracy': 0.9327,
 'eval_runtime': 87.1161,
 'eval_samples_per_second': 114.789,
 'eval_steps_per_second': 7.174,
 'epoch': 3.0}
```

Como podemos ver, la precisión de la evaluación es de alrededor del 94 por ciento, similar a nuestro propio bucle de entrenamiento PyTorch utilizado anteriormente. Nótese que hemos omitido el paso de entrenamiento, porque `model` ya está ajustado después de la llamada anterior a `trainer.train()`. Hay una pequeña discrepancia entre nuestro enfoque de entrenamiento manual y el uso de la clase `Trainer`, porque la clase `Trainer` utiliza algunos ajustes diferentes y adicionales.

El segundo método que podemos emplear para calcular la precisión final del conjunto de datos de prueba es reutilizar la función `compute_accuracy` que hemos definido en la sección anterior. Podemos evaluar el rendimiento del modelo reajustado en el conjunto de datos de prueba ejecutando el siguiente código:

```
>>> model.eval()
>>> model.to(DEVICE)

>>> print(f'Test accuracy: {compute_accuracy(model, test_loader, DEVICE):.2f}%')

Test accuracy: 93.27%
```

De hecho, si quiere comprobar el rendimiento del modelo con regularidad durante el entrenamiento, puede exigir al entrenador que imprima la evaluación del modelo después de cada ciclo (epoch) definiendo los argumentos de entrenamiento de la siguiente manera:

```
>>> from transformers import TrainingArguments

>>> training_args = TrainingArguments("test_trainer",
...     evaluation_strategy="epoch", ...)
```

Sin embargo, si está planeando cambiar u optimizar los hiperparámetros y repetir el procedimiento de reajuste varias veces, recomendamos utilizar el conjunto de validación para este propósito, con el fin de mantener el conjunto de prueba independiente. Podemos lograr lo anterior instanciando `Trainer` usando `valid_dataset`:

```
>>> trainer=Trainer(
...     model=model,
...     args=training_args,
...     train_dataset=train_dataset,
...     eval_dataset=valid_dataset,
...     compute_metrics=compute_metrics,
... )
```

En esta sección, hemos visto cómo podemos afinar un modelo BERT para la clasificación. Esto es diferente del uso de otras arquitecturas de aprendizaje profundo como las RNN, que normalmente entrenamos desde cero. Sin embargo, a menos que estemos investigando y tratando de desarrollar nuevas arquitecturas de transformadores, un esfuerzo muy costoso, no es necesario preentrenar los modelos de transformadores. Dado que los modelos de transformadores se entrenan con recursos de conjuntos de datos generales y no etiquetados, preentrenarlos nosotros mismos puede no suponer un buen uso de nuestro tiempo y recursos; el reajuste es el camino a seguir.

Resumen

En este capítulo, hemos introducido una arquitectura de modelo totalmente nueva para el procesamiento del lenguaje natural: la arquitectura de transformadores. La arquitectura de transformadores se basa en un concepto llamado «autoatención», y empezamos a introducir este concepto paso a paso. En primer lugar, vimos una RNN equipada con atención para mejorar su capacidad de traducción de frases largas. A continuación, introdujimos con cuidado el concepto de autoatención y explicamos cómo se utiliza en el módulo de atención multicabezal dentro del transformador.

Han surgido y evolucionado muchos derivados diferentes de la arquitectura de transformadores desde que se publicó el transformador original en 2017. En este capítulo, nos centramos en una selección de algunos de los más populares: la familia de modelos GPT, BERT y BART. GPT es un modelo unidireccional que es particularmente bueno para generar texto nuevo. BERT adopta un enfoque bidireccional, que es más adecuado para otro tipo de tareas; por ejemplo, la clasificación. Por último, BART combina el codificador bidireccional de BERT y el decodificador unidireccional de GPT. Los lectores interesados pueden conocer otras arquitecturas basadas en transformadores mediante la lectura de los dos artículos siguientes:

1. «Pre-trained Models for Natural Language Processing: A Survey», de Qiu y sus colaboradores, 2020. Disponible en `https://arxiv.org/abs/2003.08271`
2. «AMMUS : A Survey of Transformer-based Pretrained Models in Natural Language Processing», de *Kayan* y sus colaboradores, 2021. Disponible en `https://arxiv.org/abs/2108.05542`

Los modelos transformadores suelen estar más ávidos de datos que las RNN y requieren grandes cantidades de datos para el preentrenamiento. El preentrenamiento aprovecha grandes cantidades de datos no etiquetados para elaborar un modelo lingüístico general que luego puede especializarse para tareas específicas reajustándolo en conjuntos de datos etiquetados más pequeños.

Para ver cómo funciona en la práctica, descargamos un modelo BERT preentrenado de la biblioteca de `transformers` Hugging Face y lo ajustamos para la clasificación de opiniones en el conjunto de datos de críticas de películas de IMDb.

En el próximo capítulo, hablaremos de las redes generativas antagónicas. Como su nombre indica, las redes generativas antagónicas son modelos que pueden utilizarse para generar nuevos datos, de forma similar a los modelos GPT que hemos analizado en este capítulo. Sin embargo, ahora dejaremos atrás el tema del modelado del lenguaje natural y veremos las redes generativas antagónicas en el contexto de la visión por ordenador y la generación de nuevas imágenes, la tarea para la que estas redes fueron diseñadas originalmente.

Únase al espacio Discord del libro

Únase al espacio de Discord del libro para una sesión mensual de «Pregúnteme lo que quiera» con los autores (en inglés):

`https://packt.link/MLwPyTorch`

17

Redes generativas antagónicas con las que sintetizar nuevos datos

En el capítulo anterior, nos centramos en las redes neuronales recurrentes para modelar secuencias. En este capítulo, exploraremos las redes generativas antagónicas (Generative Adversarial Networks, GAN) y veremos su aplicación en la síntesis de nuevas muestras de datos. Las GAN se consideran uno de los avances más importantes en el aprendizaje profundo, ya que permiten a los ordenadores generar nuevos datos (como por ejemplo, nuevas imágenes).

En este capítulo, trataremos los siguientes temas:

- Introducción a los modelos generativos para sintetizar nuevos datos
- Autocodificadores, autocodificadores variacionales y su relación con las GAN
- Comprensión de los bloques de elaboración de las GAN
- Implementación de un modelo GAN simple para generar dígitos escritos a mano
- Comprensión de la convolución traspuesta y la normalización por lotes
- Mejora de las GAN: GAN convolucionales profundas y GAN que utilizan la distancia Wasserstein

Introducción a las redes generativas antagónicas

Veamos primero los fundamentos de los modelos GAN. El objetivo general de una GAN es sintetizar nuevos datos que tengan la misma distribución que su conjunto de datos de entrenamiento. Por lo tanto, las GAN, en su forma original, se consideran ubicadas en la categoría de aprendizaje no supervisado de las tareas de aprendizaje automático, ya que no se requieren datos etiquetados. Sin embargo, cabe destacar que las extensiones realizadas a las GAN originales pueden situarse tanto en el ámbito de la supervisión como en el de la semisupervisión.

El concepto general de GAN fue propuesto por primera vez en 2014 por Ian Goodfellow y sus colaboradores como un método para sintetizar nuevas imágenes utilizando redes neuronales profundas (NN) («Generative Adversarial Nets, in Advances in Neural Information Processing Systems», de I. Goodfellow, J. Pouget-Abadie, M. Mirza, B. Xu, D. Warde-Farley, S. Ozair, A. Courville, y Y. Bengio, pp. 2672-2680, 2014). Aunque la arquitectura GAN inicial propuesta en este documento se basaba en capas totalmente conectadas, similares a las arquitecturas del perceptrón multicapa, y se entrenó para generar dígitos escritos a mano, de baja resolución similares a los de MNIST, sirvió más bien como prueba de concepto para demostrar la viabilidad de este nuevo enfoque.

Sin embargo, desde su introducción, los autores originales, así como muchos otros investigadores, han propuesto numerosas mejoras y diversas aplicaciones en diferentes campos de la ingeniería y la ciencia; por ejemplo, en la visión por ordenador, las GAN se utilizan para la traducción de imagen a imagen (aprender a asignar una imagen de entrada a una imagen de salida), la superresolución de imágenes (hacer una imagen de alta resolución a partir de una versión de baja resolución), la restauración de imágenes (inpainting de imágenes) (aprender a reconstruir las partes perdidas de una imagen), y muchas más aplicaciones. Los recientes avances en la investigación de GAN han dado lugar a modelos capaces de generar nuevas imágenes faciales de alta resolución. Se pueden encontrar ejemplos de estas imágenes de alta resolución en `https://www.thispersondoesnotexist.com/`, que muestra imágenes faciales sintéticas generadas por una GAN.

Empezando por los autocodificadores

Antes de hablar de cómo funcionan las GAN, empezaremos con los autocodificadores, que pueden comprimir y descomprimir los datos de entrenamiento. Aunque los autocodificadores estándar no pueden generar nuevos datos, entender su función le ayudará a navegar por las GAN en la siguiente sección.

Los autocodificadores se componen de dos redes concatenadas: una red codificadora y una red decodificadora. La red codificadora recibe el vector de características de entrada de dimensión d asociado al ejemplo x (es decir, $\boldsymbol{x} \in R^d$) y lo codifica en un vector z de dimensión p (es decir, $\boldsymbol{z} \in R^p$). En otras palabras, el papel del codificador es aprender a modelar la función $z = f(x)$. El vector codificado, z, también se denomina «vector latente» o «representación de características latentes». Normalmente, la dimensionalidad del vector latente es menor que la de los ejemplos de entrada; en otras palabras, $p < d$. Por lo tanto, podemos decir que el codificador actúa como una función de compresión de datos. Luego, el decodificador descomprime $\hat{x}$ a partir del vector latente de menor dimensión, z, donde podemos pensar en el decodificador como una función, $\hat{x} = g(z)$. En la Figura 17.1 se muestra una arquitectura de autocodificador sencilla, en la que las partes del codificador y del decodificador constan de una sola capa totalmente conectada a cada una:

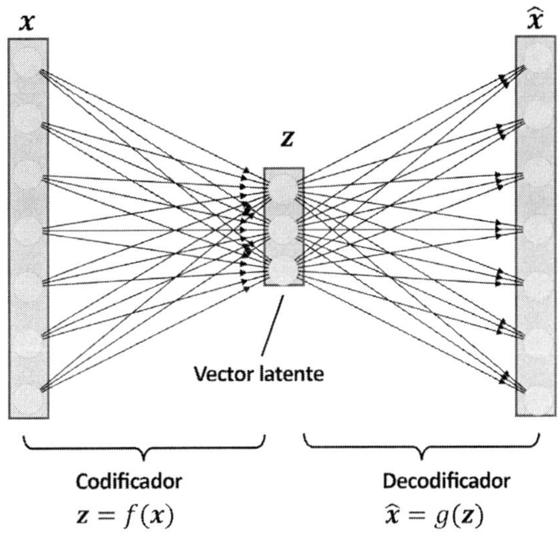

Figura 17.1 *Arquitectura de autocodificador.*

La conexión entre los autocodificadores y la reducción de la dimensionalidad

En el capítulo 5, Compresión de datos mediante la reducción de la dimensionalidad, aprendió lo relacionado con las técnicas de reducción de la dimensionalidad, como el análisis de componentes principales (PCA) y el análisis discriminante lineal (LDA). Los autocodificadores también pueden utilizarse como una técnica de reducción de la dimensionalidad. De hecho, cuando no existe la no linealidad en ninguna de las dos subredes (codificador y decodificador), el enfoque del autocodificador es casi idéntico al del PCA.

En este caso, si asumimos que los pesos de un codificador de una sola capa (sin capa oculta y sin función de activación no lineal) se denotan mediante la matriz U, entonces el codificador modela $z = U^T x$. Del mismo modo, un decodificador lineal de una sola capa modela $\hat{x} = Uz$. Juntando estos dos componentes, tenemos $\hat{x} = UU^T x$. Esto es exactamente lo que hace PCA, con la excepción de que PCA tiene una restricción ortonormal adicional: $UU^T = I_{n \times n}$.

Aunque la Figura 17.1 muestra un autocodificador sin capas ocultas dentro del codificador y el decodificador, podemos, por supuesto, añadir múltiples capas ocultas con no linealidades (como en una NN multicapa) para construir un autocodificador profundo que pueda aprender funciones de compresión y reconstrucción de datos más eficaces. También hay que tener en cuenta que el autocodificador mencionado en esta sección utiliza capas totalmente conectadas. Sin embargo, cuando trabajamos con imágenes, podemos sustituir las capas totalmente conectadas por capas convolucionales, como aprendimos en el capítulo 14, Clasificación de imágenes con redes neuronales convolucionales profundas.

Otros tipos de autocodificadores basados en el tamaño del espacio latente

Como se ha mencionado anteriormente, la dimensionalidad del espacio latente de un autocodificador suele ser menor que la dimensionalidad de las entradas ($p < d$), lo que hace que los autocodificadores sean adecuados para la reducción de la dimensionalidad. Por esta razón, el vector latente también suele denominarse «cuello de botella», y esta configuración particular de un autocodificador también se denomina «subcompleta». Sin embargo, existe una categoría diferente de autocodificadores, llamados «sobrecompletos», en los que la dimensionalidad del vector latente, z, es mayor que la dimensionalidad de los ejemplos de entrada ($p > d$).

Cuando se entrena un autocodificador sobrecompleto, hay una solución trivial en la que el codificador y el decodificador pueden aprender a copiar (memorizar) las características de entrada a su capa de salida. Obviamente, esta solución no es muy útil. Sin embargo, con algunas modificaciones en el procedimiento de entrenamiento, los autocodificadores sobrecompletos pueden utilizarse para reducir el ruido.

En este caso, durante el entrenamiento, se añade ruido aleatorio, $\boldsymbol{\epsilon}$, a los ejemplos de entrada y la red aprende a reconstruir el ejemplo limpio, x, a partir de la señal ruidosa, $\boldsymbol{x} + \boldsymbol{\epsilon}$. A continuación, en el momento de la evaluación, proporcionamos los nuevos ejemplos, que son naturalmente ruidosos (es decir, el ruido ya está presente, de manera que no se añade ningún ruido artificial adicional, $\boldsymbol{\epsilon}$,) para eliminar el ruido existente de estos ejemplos. Esta arquitectura de autocodificador y este método de entrenamiento se denominan «autocodificadores de eliminación de ruido».

Si está interesado, puede obtener más información en el artículo de investigación «Stacked denoising autoencoders: Learning useful representations in a deep network with a local denoising criterion», de Pascal Vincent y colaboradores, 2010 (`http://www.jmlr.org/papers/v11/vincent10a.html`).

Modelos generativos para sintetizar nuevos datos

Los autocodificadores son modelos deterministas; después de entrenar un autocodificador, dada una entrada, x, podrá reconstruir la entrada a partir de su versión comprimida en un espacio de menor dimensión. Por lo tanto, no puede generar nuevos datos más allá de reconstruir su entrada mediante la transformación de la representación comprimida.

Un modelo generativo, en cambio, puede generar un nuevo ejemplo, $\widetilde{x}$, a partir de un vector aleatorio, z (correspondiente a la representación latente). En la siguiente figura se muestra una representación esquemática de un modelo generativo. El vector aleatorio, z, procede de una distribución con características totalmente conocidas, por lo que podemos tomar muestras fácilmente de dicha distribución. Por ejemplo, cada elemento de z puede proceder de la distribución uniforme en el rango [-1, 1] ($z_i \sim Uniform(-1, 1)$) o de una distribución normal estándar (en cuyo caso, escribimos $z_i \sim Normal(\mu = 0, \sigma^2 = 1)$):

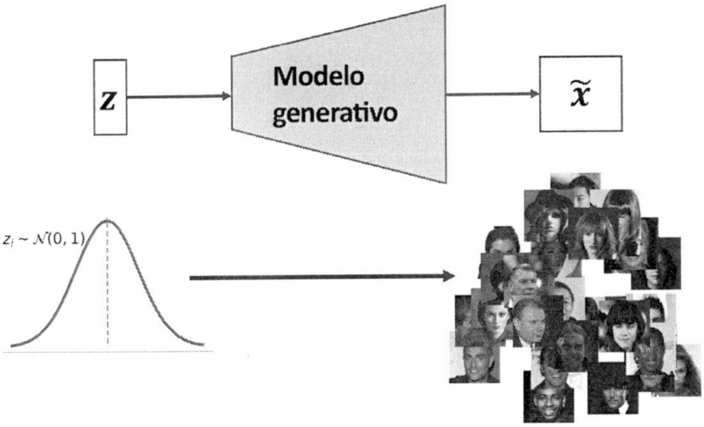

Figura 17.2 *Modelo generativo.*

Al cambiar nuestra atención de los autocodificadores a los modelos generativos, puede que haya notado que el componente decodificador de un autocodificador tiene algunas similitudes con un modelo generativo. En particular, ambos reciben un vector latente, z, como entrada y devuelven una salida en el mismo espacio que x. (Para el autocodificador, $\hat{x}$ es la reconstrucción de una entrada, x, y para el modelo generativo, $\widetilde{x}$ es una muestra sintetizada).

Sin embargo, la principal diferencia entre ambos es que no conocemos la distribución de z en el autocodificador, mientras que en un modelo generativo, la distribución de z es totalmente caracterizable. Sin embargo, es posible generalizar un autocodificador en un modelo generativo. Un enfoque es el autocodificador variacional (Variational AutoEncoder, VAE).

En un VAE que recibe un ejemplo de entrada, x, la red codificadora se modifica de manera que calcula dos momentos de la distribución del vector latente: la media, $\boldsymbol{\mu}$, y la varianza, $\boldsymbol{\sigma}^2$. Durante el entrenamiento de un VAE, se obliga a la red a hacer coincidir estos momentos con los de una distribución normal estándar (es decir, media cero y varianza unitaria). A continuación, una vez entrenado el modelo VAE, se descarta el codificador, y podemos utilizar la red decodificadora para generar nuevos ejemplos, $\widetilde{x}$, alimentando vectores z aleatorios de la distribución gaussiana «aprendida».

Además de los VAE, existen otros tipos de modelos generativos, por ejemplo, los modelos autorregresivos y los modelos de flujo normalizador. Pero en este capítulo solo nos vamos a centrar en los modelos GAN, que se encuentran entre los tipos más recientes y más extendidos de modelos generativos en el aprendizaje profundo.

> **¿Qué es un modelo generativo?**
>
> Obsérvese que los modelos generativos se definen tradicionalmente como algoritmos que modelan las distribuciones de entrada de datos, $p(x)$, o las distribuciones conjuntas de los datos de entrada y los objetivos asociados, $p(x, y)$. Por definición, estos modelos también son capaces de tomar muestras de alguna característica, x_i, condicionada a otra característica, x_j, lo que se conoce como «inferencia condicional». Sin embargo, en el contexto del aprendizaje profundo, el término «modelo generativo» se utiliza normalmente para referirse a los modelos que generan datos de aspecto realista. Esto significa que podemos hacer muestreos de distribuciones de entrada, $p(x)$, pero no necesariamente podemos realizar inferencia condicional.

Generación de nuevas muestras con GAN

Para entender lo que hacen las GAN en pocas palabras, supongamos primero que tenemos una red que recibe un vector aleatorio, z, muestreado a partir de una distribución conocida, y genera una imagen de salida, x. Llamaremos a esta red generadora (G) y utilizaremos la notación $\tilde{\boldsymbol{x}} = G(\boldsymbol{z})$ para referirnos a la salida generada. Supongamos que nuestro objetivo es generar algunas imágenes, por ejemplo, imágenes de caras, imágenes de edificios, imágenes de animales, o incluso dígitos escritos a mano como los de MNIST.

Como siempre, inicializaremos esta red con pesos aleatorios. Por lo tanto, las primeras imágenes de salida, antes de que se ajusten estos pesos, se verán como ruido blanco. Ahora, imaginemos que existe una función que puede evaluar la calidad de las imágenes (llamémosla «función evaluadora»).

Si esa función existe, podemos utilizar la información de esa función para indicar a nuestra red generadora cómo ajustar sus pesos para mejorar la calidad de las imágenes generadas. De este modo, podemos entrenar al generador basándonos en la información de esa función evaluadora, de modo que el generador aprenda a mejorar su resultado para producir imágenes de aspecto realista.

Aunque una función evaluadora, como la descrita anteriormente, facilitaría mucho la tarea de generación de imágenes, la cuestión es si existe esa función universal para evaluar la calidad de las imágenes y, en caso afirmativo, cómo se define. Obviamente, las personas podemos evaluar fácilmente la calidad de las imágenes de salida cuando observamos las salidas de la red; aunque no podemos (todavía) retropropagar el resultado de nuestro cerebro a la red. Ahora bien, si nuestro cerebro puede evaluar la calidad de las imágenes sintetizadas, ¿podemos diseñar un modelo de NN que haga lo mismo? De hecho, esa es la idea general de una GAN.

Como se muestra en la Figura 17.3, un modelo GAN consiste en una NN adicional llamada «discriminador» (*D*), que es un clasificador que aprende a detectar una imagen sintetizada, $\widetilde{x}$, a partir de una imagen real, x:

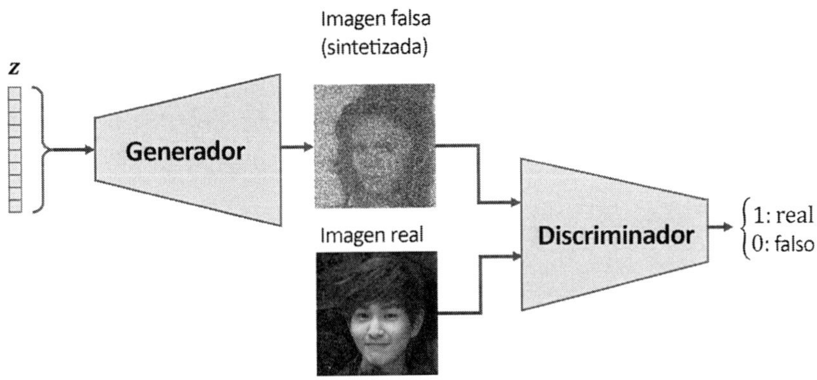

Figura 17.3 *El discriminador distingue entre la imagen real y la creada por el generador.*

En un modelo GAN, las dos redes (generadora y discriminadora) se entrenan juntas. Al principio, después de inicializar los pesos del modelo, el generador crea imágenes que no parecen realistas. Del mismo modo, el discriminador no distingue bien entre las imágenes reales y las sintetizadas por el generador. Pero con el tiempo (es decir, con el entrenamiento), ambas redes mejoran al interactuar entre sí. De hecho, las dos redes juegan un juego de adversarios, en el que el generador aprende a mejorar su resultado para poder engañar al discriminador. Al mismo tiempo, el discriminador mejora en la detección de las imágenes sintetizadas.

Comprensión de las funciones de pérdida de las redes generadoras y discriminadoras en un modelo GAN

La función objetivo de las GAN, tal y como se describe en el artículo original «Generative Adversarial Nets», de I. Goodfellow y sus colaboradores (`https://papers.nips.cc/paper/5423-generative-adversarial-nets.pdf`), es la siguiente:

$$V\left(\theta^{(D)},\theta^{(G)}\right) = E_{x\sim p_{data}(x)}[\log D(\boldsymbol{x})] + E_{z\sim p_z(z)}\left[\log\left(1 - D\left(G(\boldsymbol{z})\right)\right)\right]$$

Aquí, a $V\left(\theta^{(D)},\theta^{(G)}\right)$ se le llama «función valor», que se puede interpretar como el resultado: queremos maximizar su valor con respecto al discriminador (*D*), mientras minimizamos su valor con respecto al generador (G), es decir, $\min_G \max_D V\left(\theta^{(D)}, \theta^{(G)}\right)$. $D(x)$ es la probabilidad que indica si el ejemplo de entrada, x, es real o falso (es decir, generado). La expresión $E_{x \sim p_{data}(x)}[\log D(\boldsymbol{x})]$ se refiere al valor esperado de la cantidad entre corchetes con respecto a los ejemplos de la distribución de datos (distribución de los ejemplos reales); $E_{z \sim p_z(z)}\left[\log\left(1 - D\left(G(\boldsymbol{z})\right)\right)\right]$ se refiere al valor esperado de la cantidad entre corchetes con respecto a la distribución de los vectores de entrada, $\boldsymbol{z}$.

Un paso de entrenamiento de un modelo GAN con dicha función valor requiere dos pasos de optimización: (1) maximizar el resultado del discriminador y (2) minimizar el resultado del generador. Una forma práctica de entrenar GAN es alternar entre estos dos pasos de optimización: (1) fijar (congelar) los parámetros de una red y optimizar los pesos de la otra, y (2) fijar la segunda red y optimizar la primera. Este proceso debe repetirse en cada iteración de entrenamiento. Supongamos que la red generadora es fija y que queremos optimizar el discriminador. Ambos términos de la función valor $V\left(\theta^{(D)}, \theta^{(G)}\right)$ contribuyen a optimizar el discriminador, donde el primer término corresponde a la pérdida asociada a los ejemplos reales y el segundo término es la pérdida para los ejemplos falsos. Por lo tanto, cuando G es fijo, nuestro objetivo es maximizar $V\left(\theta^{(D)}, \theta^{(G)}\right)$, lo que significa hacer que el discriminador distinga mejor entre las imágenes reales y las generadas.

Después de optimizar el discriminador utilizando los términos de pérdida para las muestras reales y falsas, fijamos el discriminador y optimizamos el generador. En este caso, solo el segundo término en $V\left(\theta^{(D)}, \theta^{(G)}\right)$contribuye a los gradientes del generador. Como resultado, cuando D es fijo, nuestro objetivo es minimizar $V\left(\theta^{(D)}, \theta^{(G)}\right)$, que puede escribirse como $\min_G E_{z \sim p_z(z)}\left[\log\left(1 - D\left(G(\boldsymbol{z})\right)\right)\right]$. Como se mencionó en el artículo original de Goodfellow y sus colaboradores sobre GAN, esta función, $\log\left(1 - D\left(G(\boldsymbol{z})\right)\right)$, sufre de gradientes de fuga en las primeras etapas de entrenamiento. La razón de lo anterior es que las salidas, $G(z)$, al principio del proceso de aprendizaje no se parecen en nada a los ejemplos reales, y por lo tanto $D(G(z))$ estará cerca de cero con un alto grado de seguridad. A este fenómeno se le llama «saturación». Para resolver este problema, podemos reformular el objetivo de minimización $\min_G E_{z \sim p_z(z)}\left[\log\left(1 - D\left(G(\boldsymbol{z})\right)\right)\right]$reescribiéndolo como $\max_G E_{z \sim p_z(z)}\left[\log\left(D\left(G(\boldsymbol{z})\right)\right)\right]$.

Esta sustitución significa que, para entrenar al generador, podemos intercambiar las etiquetas de los ejemplos reales y falsos y llevar a cabo una minimización de la función regular. En otras palabras, aunque los ejemplos sintetizados por el generador sean falsos —y, por tanto, estén etiquetados con 0—, podemos invertir las etiquetas asignando la etiqueta 1 a estos ejemplos y minimizar la pérdida de entropía cruzada binaria con estas nuevas etiquetas en lugar de maximizar $\max_G E_{z \sim p_z(z)}\left[\log\left(D\left(G(\boldsymbol{z})\right)\right)\right]$.

Ahora que hemos tratado el procedimiento general de optimización para el entrenamiento de los modelos GAN, vamos a explorar las distintas etiquetas de datos que podemos utilizar al entrenar los GAN. Dado que el discriminador es un clasificador binario (las etiquetas de clase son 0 y 1 para las imágenes falsas y reales, respectivamente), podemos utilizar la función de pérdida de entropía cruzada binaria. Por lo tanto, podemos determinar las etiquetas de verdad para la pérdida del discriminador de la siguiente manera:

$$\begin{matrix}\text{Ground truth labels} \\ \text{for the discriminator}\end{matrix} = \begin{cases} 1: & \text{for real images, i.e., } \boldsymbol{x} \\ 0: & \text{for outputs of } G\text{, i.e., } G(\boldsymbol{z}) \end{cases}$$

¿Qué pasa con las etiquetas para entrenar al generador? Como queremos que el generador sintetice imágenes realistas, queremos penalizarlo cuando sus salidas no sean clasificadas como reales por el discriminador. Esto significa que supondremos que las etiquetas reales para las salidas del generador son 1 al calcular la función de pérdida para el generador.

Con todo esto, la siguiente figura muestra los pasos individuales de un modelo GAN simple:

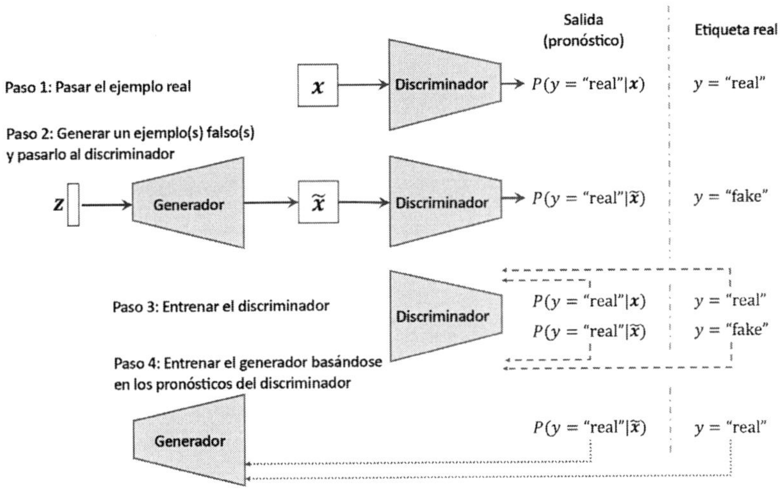

Figura 17.4 *Pasos para elaborar un modelo GAN.*

En la siguiente sección, implementaremos un modelo GAN desde cero para generar nuevos dígitos escritos a mano.

Implementación de un modelo GAN desde cero

En esta sección, explicaremos cómo implementar y entrenar un modelo GAN para generar nuevas imágenes como los dígitos MNIST. Dado que el entrenamiento en una unidad central de proceso (Central Processing Unit, CPU) normal puede llevar mucho tiempo, en la siguiente subsección explicaremos cómo configurar el entorno de Google Colab, que nos permitirá ejecutar los cálculos en unidades de procesamiento gráfico (GPU).

Entrenamiento de modelos GAN en Google Colab

Algunos de los ejemplos de código de este capítulo pueden requerir amplios recursos de cálculo, que superan los recursos de un portátil convencional o de una estación de trabajo sin GPU. Si ya dispone de una máquina de cálculo con GPU NVIDIA, con las librerías CUDA y cuDNN instaladas, puede utilizarla para acelerar los cálculos.

Sin embargo, como muchos de nosotros no tenemos acceso a recursos informáticos de alto rendimiento, utilizaremos el entorno de Google Colaboratory (a menudo denominado Google Colab), que es un servicio gratuito de computación en la nube (disponible en la mayoría de los países).

Google Colab proporciona instancias de Jupyter Notebook que se ejecutan en la nube; los cuadernos pueden guardarse en Google Drive o GitHub. Aunque la plataforma ofrece diferentes recursos informáticos, como CPU, GPU e incluso unidades de procesamiento tensorial (Tensor Processing Units, TPU), es importante destacar que el tiempo de ejecución está actualmente limitado a 12 horas. Por lo tanto, cualquier cuaderno que se ejecute durante más de 12 horas se interrumpirá.

Los bloques de código de este capítulo necesitarán un tiempo de computación máximo de dos a tres horas, por lo que esto no será un problema. Sin embargo, si decide utilizar Google Colab para otros proyectos que requieran más de 12 horas, asegúrese de utilizar el checkpointing y de guardar los puntos de control intermedios.

Jupyter Notebook

Jupyter Notebook es una interfaz gráfica de usuario (Graphical User Interface, GUI) para ejecutar código de forma interactiva e intercalarlo con documentación de texto y figuras. Debido a su versatilidad y facilidad de uso, se ha convertido en una de las herramientas más populares en la ciencia de datos.

Para obtener más información sobre la interfaz gráfica de Jupyter Notebook en general, consulte la documentación oficial en https://jupyter-notebook.readthedocs.io/en/stable/. Todo el código del libro también está disponible en forma de cuadernos Jupyter, y se puede encontrar una breve introducción en el directorio de código del primer capítulo.

Por último, recomendamos encarecidamente el artículo de Adam Rule y otros, «Ten simple rules for writing and sharing computational analyses in Jupyter Notebooks», sobre el uso eficaz de Jupyter Notebook en proyectos de investigación científica, que está disponible gratuitamente en https://journals.plos.org/ploscompbiol/article?id=10.1371/journal.pcbi.1007007.

Acceder a Google Colab es sencillo. Puede visitar `https://colab.research.google.com`, que le lleva automáticamente a una ventana de aviso donde puede ver sus cuadernos

Jupyter existentes. Desde esta ventana, haga clic en la pestaña **Google Drive**, como se muestra en la Figura 17.5. Aquí es donde guardará el cuaderno en su Google Drive.

A continuación, para crear una nueva libreta, haga clic en el enlace **New notebook**, situado en la parte inferior de la ventana de avisos:

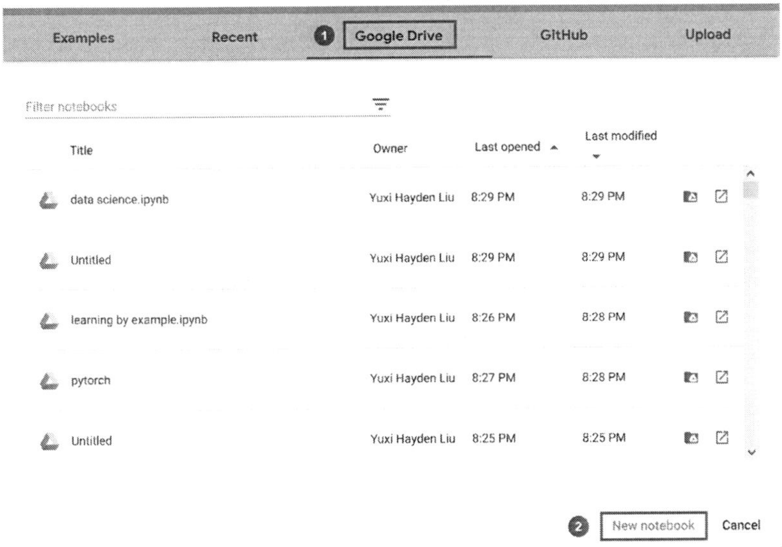

Figura 17.5 *Creación de un nuevo cuaderno Python en Google Colab.*

Esta acción creará y abrirá un nuevo cuaderno para usted. Todos los ejemplos de código que escriba en este cuaderno se guardarán automáticamente, y posteriormente podrá acceder al cuaderno desde su Google Drive en un directorio llamado **Colab Notebooks**.

En el siguiente paso, queremos utilizar las GPU para ejecutar los ejemplos de código de este cuaderno. Para ello, desde la opción **Runtime** de la barra de menú de este cuaderno, haga clic en **Change runtime type** y seleccione **GPU**, como se muestra en la Figura 17.6:

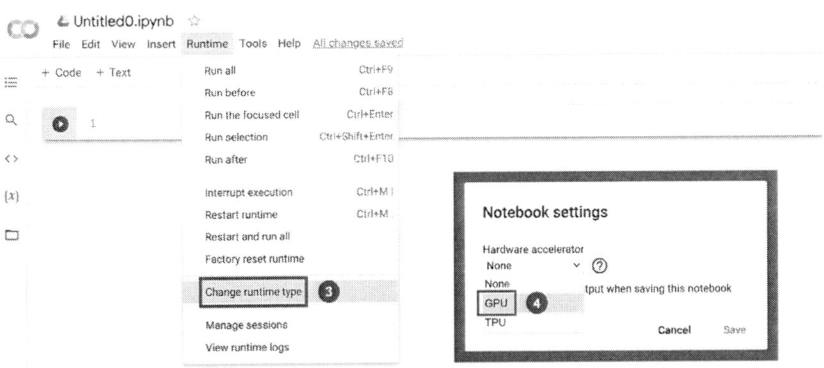

Figura 17.6 *Utilización de las GPU en Google Colab.*

En el último paso, solo tenemos que instalar los paquetes de Python que necesitaremos para este capítulo. El entorno de Colab Notebooks ya viene con determinados paquetes, como NumPy, SciPy, y la última versión estable de PyTorch. En el momento de escribir estas líneas, la última versión estable en Google Colab es PyTorch 1.9.

Ahora, podemos probar la instalación y verificar que la GPU está disponible utilizando el siguiente código:

```
>>> import torch
>>> print(torch.__version__)
1.9.0+cu111
>>> print("GPU Available:", torch.cuda.is_available())
GPU Available: True
>>> if torch.cuda.is_available():
...     device = torch.device("cuda:0")
... else:
...     device = "cpu"
>>> print(device)
cuda:0
```

Además, si quiere guardar el modelo en su Google Drive personal, o transferir o subir otros archivos, necesita montar Google Drive. Para ello, ejecute lo siguiente en una nueva celda del bloc de notas:

```
>>> from google.colab import drive
>>> drive.mount('/content/drive/')
```

Esto proporcionará un enlace para autenticar Colab Notebook accediendo a su Google Drive. Después de seguir las instrucciones para la autenticación, se proporcionará un código de autenticación que debe copiar y pegar en el campo de entrada designado debajo de la celda que acaba de ejecutar. Entonces, su Google Drive estará montado y disponible en `/content/drive/My Drive`. También puede montarlo a través de la interfaz gráfica de usuario, como se muestra en la Figura 17.7:

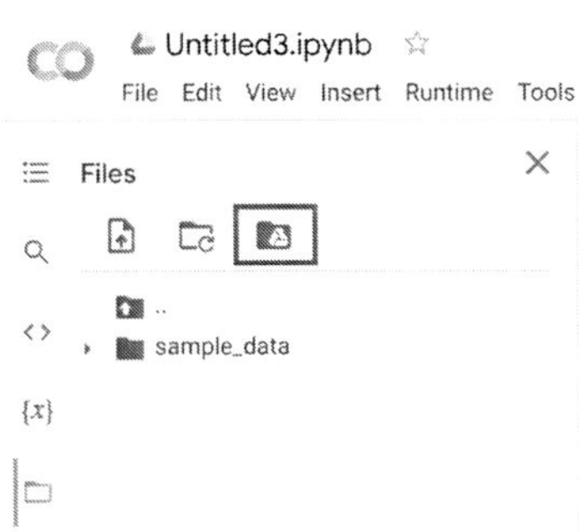

Figura 17.7 *Montaje de Google Drive.*

Implementación de las redes generadora y discriminadora

Comenzaremos la implementación de nuestro primer modelo GAN con un generador y un discriminador como dos redes completamente conectadas con una o más capas ocultas, como se muestra en la Figura 17.8:

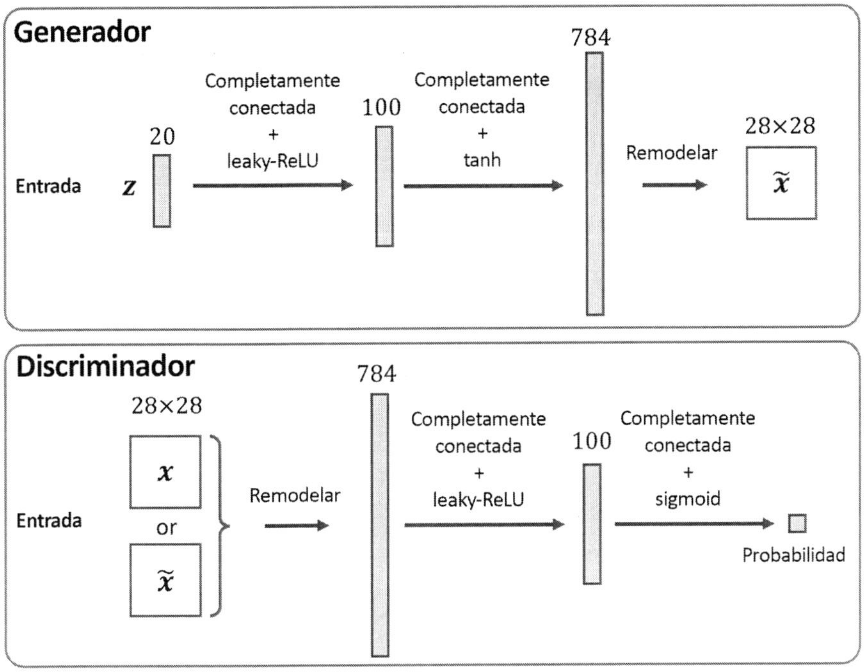

Figura 17.8 *Modelo GAN con un generador y un discriminador como dos redes totalmente conectadas.*

La Figura 17.8 muestra el modelo GAN original basado en capas totalmente conectadas, al que nos referiremos como GAN vanilla.

En este modelo, para cada capa oculta, aplicaremos la función de activación ReLU con fugas. El uso de ReLU da lugar a gradientes dispersos, que pueden no ser adecuados cuando queremos tener los gradientes para todo el rango de valores de entrada. En la red discriminadora, cada capa oculta va seguida también de una capa de abandono. Además, la capa de salida en el generador utiliza la función de activación tangente hiperbólica (tanh). (Se recomienda utilizar la activación tanh para la red generadora, ya que ayuda al aprendizaje). La capa de salida en el discriminador no tiene función de activación (es decir, activación lineal) para obtener los logits. Como alternativa, podemos utilizar la función de activación sigmoide para obtener las probabilidades como salida.

Función de activación de la unidad lineal rectificada (ReLU)

En el Capítulo 12, Paralelización del entrenamiento de redes neuronales con PyTorch, tratamos diferentes funciones de activación no lineales que pueden usarse en un modelo de NN. Si recuerda, la función de activación ReLU se definió como $\sigma(z) = \max(0, z)$, que suprime las entradas negativas (preactivación); es decir, las entradas negativas se ponen a cero. En consecuencia, el uso de la función de activación ReLU puede dar lugar a gradientes dispersos durante la retropropagación. Los gradientes dispersos no siempre son perjudiciales e incluso pueden beneficiar a los modelos de clasificación. Sin embargo, en ciertas aplicaciones, como las GAN, puede ser conveniente obtener los gradientes para todo el rango de valores de entrada, lo que podemos lograr haciendo una ligera modificación en la función ReLU, de forma que produzca valores pequeños para las entradas negativas. Esta versión modificada de la función ReLU también se conoce como «ReLU con fugas». En resumen, la función de activación ReLU con fugas permite gradientes distintos de cero también para las entradas negativas y, como resultado, hace que las redes sean más expresivas en general.

La función de activación ReLU con fugas se define como sigue:

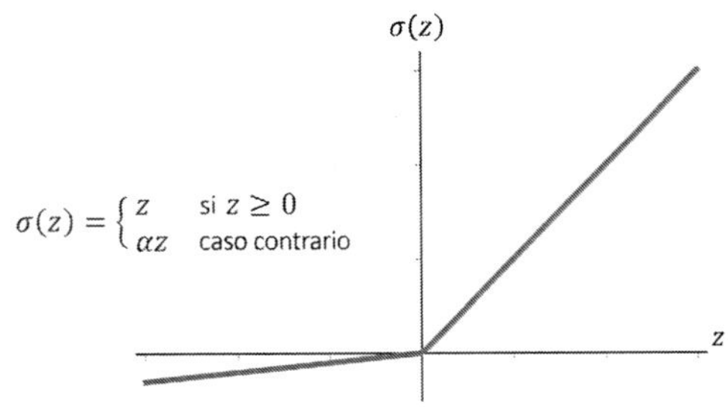

Figura 17.9 *Función de activación ReLU con fugas.*

Aquí, α determina la pendiente para las entradas negativas (de preactivación).

Definiremos dos funciones de ayuda para cada una de las dos redes, instanciaremos un modelo de la clase PyTorch `nn.Sequential`, y añadiremos las capas como se describe. El código es el siguiente:

```
>>> import torch.nn as nn
>>> import numpy as np
>>> import matplotlib.pyplot as plt
>>> ## define a function for the generator:
>>> def make_generator_network(
...         input_size=20,
...         num_hidden_layers=1,
```

```
...         num_hidden_units=100,
...         num_output_units=784):
...     model = nn.Sequential()
...     for i in range(num_hidden_layers):
...         model.add_module(f'fc_g{i}',
...                          nn.Linear(input_size, num_hidden_units))
...         model.add_module(f'relu_g{i}', nn.LeakyReLU())
...         input_size = num_hidden_units
...     model.add_module(f'fc_g{num_hidden_layers}',
...                      nn.Linear(input_size, num_output_units))
...     model.add_module('tanh_g', nn.Tanh())
...     return model
>>>
>>> ## define a function for the discriminator:
>>> def make_discriminator_network(
...         input_size,
...         num_hidden_layers=1,
...         num_hidden_units=100,
...         num_output_units=1):
...     model = nn.Sequential()
...     for i in range(num_hidden_layers):
...         model.add_module(
...             f'fc_d{i}',
...             nn.Linear(input_size, num_hidden_units, bias=False)
...         )
...         model.add_module(f'relu_d{i}', nn.LeakyReLU())
...         model.add_module('dropout', nn.Dropout(p=0.5))
...         input_size = num_hidden_units
...     model.add_module(f'fc_d{num_hidden_layers}',
...                      nn.Linear(input_size, num_output_units))
...     model.add_module('sigmoid', nn.Sigmoid())
...     return model
```

A continuación, especificaremos la configuración de entrenamiento del modelo. Como recordará de los capítulos anteriores, el tamaño de la imagen en el conjunto de datos MNIST es de 28×28 píxeles (es decir, un solo canal de color porque MNIST solo contiene imágenes en escala de grises). Además, especificaremos que el tamaño del vector de entrada, z, es de 20. Dado que estamos implementando un modelo GAN muy simple con fines ilustrativos y utilizando capas totalmente conectadas, solo utilizaremos una única capa oculta con 100 unidades en cada red. En el siguiente código, especificaremos e inicializaremos las dos redes, e imprimiremos su información resumida:

```
>>> image_size = (28, 28)
>>> z_size = 20
>>> gen_hidden_layers = 1
>>> gen_hidden_size = 100
>>> disc_hidden_layers = 1
>>> disc_hidden_size = 100
>>> torch.manual_seed(1)
>>> gen_model = make_generator_network(
...     input_size=z_size,
...     num_hidden_layers=gen_hidden_layers,
...     num_hidden_units=gen_hidden_size,
...     num_output_units=np.prod(image_size)
... )
>>> print(gen_model)
Sequential(
  (fc_g0): Linear(in_features=20, out_features=100, bias=False)
  (relu_g0): LeakyReLU(negative_slope=0.01)
  (fc_g1): Linear(in_features=100, out_features=784, bias=True)
  (tanh_g): Tanh()
)

>>> disc_model = make_discriminator_network(
...     input_size=np.prod(image_size),
...     num_hidden_layers=disc_hidden_layers,
...     num_hidden_units=disc_hidden_size
... )
>>> print(disc_model)
Sequential(
  (fc_d0): Linear(in_features=784, out_features=100, bias=False)
  (relu_d0): LeakyReLU(negative_slope=0.01)
  (dropout): Dropout(p=0.5, inplace=False)
  (fc_d1): Linear(in_features=100, out_features=1, bias=True)
  (sigmoid): Sigmoid()
)
```

Definición del conjunto de datos de entrenamiento

En el siguiente paso, cargaremos el conjunto de datos MNIST desde PyTorch y aplicaremos los pasos de preprocesamiento necesarios. Como la capa de salida del generador utiliza la función de activación tanh, los valores de los píxeles de las imágenes sintetizadas estarán en el rango ((–1, 1). Sin embargo, los píxeles de entrada de las imágenes MNIST están dentro del rango [0, 255] (con un tipo de datos `PIL.Image.Image`). Así, en los pasos de preprocesamiento, utilizaremos la función `torchvision.transforms.ToTensor` para convertir los tensores de la imagen de entrada en un tensor. Como resultado, además de cambiar el tipo de datos, llamar a esta función también cambiará el rango de intensidades de los píxeles de entrada a [0, 1]. A continuación, podemos desplazarlas en –0.5 y escalarlas en un factor de 0.5, de forma que las intensidades de los píxeles se reescalen para estar en el rango [–1, 1], lo que puede mejorar el aprendizaje basado en el descenso de gradiente:

```
>>> import torchvision
>>> from torchvision import transforms
>>> image_path = './'
>>> transform = transforms.Compose([
...     transforms.ToTensor(),
...     transforms.Normalize(mean=(0.5), std=(0.5)),
... ])
>>> mnist_dataset = torchvision.datasets.MNIST(
...     root=image_path, train=True,
...     transform=transform, download=False
... )
>>> example, label = next(iter(mnist_dataset))
>>> print(f'Min: {example.min()} Max: {example.max()}')
>>> print(example.shape)
Min: -1.0 Max: 1.0
torch.Size([1, 28, 28])
```

Además, también crearemos un vector aleatorio, z, basado en la distribución aleatoria deseada (en este ejemplo de código, uniforme o normal, que son las opciones más frecuentes):

```
>>> def create_noise(batch_size, z_size, mode_z):
...     if mode_z == 'uniform':
...         input_z = torch.rand(batch_size, z_size)*2 - 1
...     elif mode_z == 'normal':
...         input_z = torch.randn(batch_size, z_size)
...     return input_z
```

Vamos a inspeccionar el objeto dataset que hemos creado. En el siguiente código, tomaremos un lote de ejemplos e imprimiremos las formas del array de esta muestra de vectores e imágenes de entrada. Además, para entender el flujo de datos global de nuestro modelo GAN, en el siguiente código procesaremos un paso hacia delante para nuestro generador y discriminador.

En primer lugar, alimentaremos el lote de vectores de entrada, z, al generador y obtendremos su salida, g_output. Este será un lote de ejemplos falsos, que se alimentará al modelo discriminador para obtener las probabilidades del lote de ejemplos falsos, d_proba_fake. Por otra parte, las imágenes procesadas que obtengamos del objeto dataset alimentarán al modelo discriminador, que dará como resultado las probabilidades para los ejemplos reales, d_proba_real. El código es el siguiente:

```
>>> from torch.utils.data import DataLoader
>>> batch_size = 32
>>> dataloader = DataLoader(mnist_dataset, batch_size, shuffle=False)
>>> input_real, label = next(iter(dataloader))
>>> input_real = input_real.view(batch_size, -1)
>>> torch.manual_seed(1)
>>> mode_z = 'uniform'  # 'uniform' vs. 'normal'
>>> input_z = create_noise(batch_size, z_size, mode_z)
>>> print('input-z -- shape:', input_z.shape)
>>> print('input-real -- shape:', input_real.shape)
input-z -- shape: torch.Size([32, 20])
input-real -- shape: torch.Size([32, 784])

>>> g_output = gen_model(input_z)
>>> print('Output of G -- shape:', g_output.shape)
Output of G -- shape: torch.Size([32, 784])

>>> d_proba_real = disc_model(input_real)
>>> d_proba_fake = disc_model(g_output)
>>> print('Disc. (real) -- shape:', d_proba_real.shape)
>>> print('Disc. (fake) -- shape:', d_proba_fake.shape)
Disc. (real) -- shape: torch.Size([32, 1])
Disc. (fake) -- shape: torch.Size([32, 1])
```

Las dos probabilidades, d_proba_fake y d_proba_real, se utilizarán para calcular las funciones de pérdida para el entrenamiento del modelo.

Entrenamiento de modelos GAN

Como siguiente paso, crearemos una instancia de nn.BCELoss como nuestra función de pérdida y la utilizaremos para calcular la pérdida de entropía cruzada binaria para el generador y el discriminador asociados con los lotes que acabamos de procesar. Para ello, también necesitamos las etiquetas reales para cada salida. Para el generador, crearemos un vector de 1s con la misma forma que el vector que contiene las probabilidades pronosticadas para las imágenes generadas, d_proba_fake. Para la pérdida del discriminador, tenemos dos términos: la pérdida por detectar los ejemplos falsos que implican `d_proba_fake` y la pérdida por detectar los ejemplos reales basada en `d_proba_real`.

Las etiquetas reales para el término falso serán un vector de 0s, que podemos generar mediante la función `torch.zeros()` (o `torch.zeros_like()`). Del mismo modo, podemos generar los valores reales para las imágenes reales a través de la función `torch.ones()` (o `torch.ones_like()`), que crea un vector de 1s:

```
>>> loss_fn = nn.BCELoss()
>>> ## Loss for the Generator
>>> g_labels_real = torch.ones_like(d_proba_fake)
>>> g_loss = loss_fn(d_proba_fake, g_labels_real)
>>> print(f'Generator Loss: {g_loss:.4f}')
Generator Loss: 0.6863

>>> ## Loss for the Discriminator
>>> d_labels_real = torch.ones_like(d_proba_real)
>>> d_labels_fake = torch.zeros_like(d_proba_fake)
>>> d_loss_real = loss_fn(d_proba_real, d_labels_real)
>>> d_loss_fake = loss_fn(d_proba_fake, d_labels_fake)
>>> print(f'Discriminator Losses: Real {d_loss_real:.4f} Fake {d_loss_fake:.4f}')
Discriminator Losses: Real 0.6226 Fake 0.7007
```

El ejemplo de código anterior muestra el cálculo paso a paso de los diferentes términos de pérdida con el propósito de entender el concepto general que hay detrás del entrenamiento de un modelo GAN. El siguiente código configurará el modelo GAN e implementará el bucle de entrenamiento, donde incluiremos estos cálculos en un bucle `for`.

Comenzaremos con la configuración del cargador de datos para el conjunto de datos reales, el generador y el modelo discriminador, así como un optimizador Adam separado para cada uno de los dos modelos:

```
>>> batch_size = 64
>>> torch.manual_seed(1)
>>> np.random.seed(1)
>>> mnist_dl = DataLoader(mnist_dataset, batch_size=batch_size,
...                       shuffle=True, drop_last=True)

>>> gen_model = make_generator_network(
...     input_size=z_size,
...     num_hidden_layers=gen_hidden_layers,
...     num_hidden_units=gen_hidden_size,
...     num_output_units=np.prod(image_size)
... ).to(device)
```

```
>>> disc_model = make_discriminator_network(
...     input_size=np.prod(image_size),
...     num_hidden_layers=disc_hidden_layers,
...     num_hidden_units=disc_hidden_size
... ).to(device)

>>> loss_fn = nn.BCELoss()
>>> g_optimizer = torch.optim.Adam(gen_model.parameters())
>>> d_optimizer = torch.optim.Adam(disc_model.parameters())
```

Además, calcularemos los gradientes de pérdida con respecto a los pesos del modelo y optimizaremos los parámetros del generador y del discriminador utilizando dos optimizadores Adam distintos. Escribiremos dos funciones de utilidad para el entrenamiento del discriminador y del generador:

```
>>> ## Train the discriminator
>>> def d_train(x):
...     disc_model.zero_grad()
...     # Train discriminator with a real batch
...     batch_size = x.size(0)
...     x = x.view(batch_size, -1).to(device)
...     d_labels_real = torch.ones(batch_size, 1, device=device)
...     d_proba_real = disc_model(x)
...     d_loss_real = loss_fn(d_proba_real, d_labels_real)
...     # Train discriminator on a fake batch
...     input_z = create_noise(batch_size, z_size, mode_z).to(device)
...     g_output = gen_model(input_z)
...     d_proba_fake = disc_model(g_output)
...     d_labels_fake = torch.zeros(batch_size, 1, device=device)
...     d_loss_fake = loss_fn(d_proba_fake, d_labels_fake)
...     # gradient backprop & optimize ONLY D's parameters
...     d_loss = d_loss_real + d_loss_fake
...     d_loss.backward()
...     d_optimizer.step()
...     return d_loss.data.item(), d_proba_real.detach(), \
...             d_proba_fake.detach()
>>>
>>> ## Train the generator
>>> def g_train(x):
...     gen_model.zero_grad()
...     batch_size = x.size(0)
...     input_z = create_noise(batch_size, z_size, mode_z).to(device)
```

```
...     g_labels_real = torch.ones(batch_size, 1, device=device)
...
...     g_output = gen_model(input_z)
...     d_proba_fake = disc_model(g_output)
...     g_loss = loss_fn(d_proba_fake, g_labels_real)
...     # gradient backprop & optimize ONLY G's parameters
...     g_loss.backward()
...     g_optimizer.step()
...     return g_loss.data.item()
```

Después, alternaremos el entrenamiento del generador y del discriminador durante 100 ciclos (epochs). Para cada época, registraremos la pérdida del generador, la pérdida del discriminador y la pérdida de los datos reales y de los datos falsos, respectivamente. Además, después de cada ciclo, generaremos algunos ejemplos a partir de una entrada de ruido fija utilizando el modelo del generador actual llamando a la función `create_samples()`. Almacenaremos las imágenes sintetizadas en una lista de Python. El código es:

```
>>> fixed_z = create_noise(batch_size, z_size, mode_z).to(device)
>>> def create_samples(g_model, input_z):
...     g_output = g_model(input_z)
...     images = torch.reshape(g_output, (batch_size, *image_size))
...     return (images+1)/2.0
>>>
>>> epoch_samples = []
>>> all_d_losses = []
>>> all_g_losses = []
>>> all_d_real = []
>>> all_d_fake = []
>>> num_epochs = 100
>>>
>>> for epoch in range(1, num_epochs+1):
...     d_losses, g_losses = [], []
...     d_vals_real, d_vals_fake = [], []
...     for i, (x, _) in enumerate(mnist_dl):
...         d_loss, d_proba_real, d_proba_fake = d_train(x)
...         d_losses.append(d_loss)
...         g_losses.append(g_train(x))
...         d_vals_real.append(d_proba_real.mean().cpu())
...         d_vals_fake.append(d_proba_fake.mean().cpu())
...
...     all_d_losses.append(torch.tensor(d_losses).mean())
```

```
...     all_g_losses.append(torch.tensor(g_losses).mean())
...     all_d_real.append(torch.tensor(d_vals_real).mean())
...     all_d_fake.append(torch.tensor(d_vals_fake).mean())
...     print(f'Epoch {epoch:03d} | Avg Losses >>'
...           f' G/D {all_g_losses[-1]:.4f}/{all_d_losses[-1]:.4f}'
...           f' [D-Real: {all_d_real[-1]:.4f}'
...           f' D-Fake: {all_d_fake[-1]:.4f}]')
...     epoch_samples.append(
...         create_samples(gen_model, fixed_z).detach().cpu().numpy()
...     )

Epoch 001 | Avg Losses >> G/D 0.9546/0.8957 [D-Real: 0.8074 D-Fake: 0.4687]
Epoch 002 | Avg Losses >> G/D 0.9571/1.0841 [D-Real: 0.6346 D-Fake: 0.4155]
Epoch ...
Epoch 100 | Avg Losses >> G/D 0.8622/1.2878 [D-Real: 0.5488 D-Fake: 0.4518]
```

Utilizando una GPU en Google Colab, el proceso de entrenamiento que implementamos en el bloque de código anterior debería completarse en menos de una hora (incluso puede ser más rápido en su ordenador personal si tiene una CPU moderna y potente y una GPU). Una vez completado el entrenamiento del modelo, suele ser útil trazar las pérdidas del discriminador y del generador para analizar el comportamiento de ambas subredes y evaluar si han convergido.

También es útil representar las probabilidades medias de los lotes de ejemplos reales y falsos calculadas por el discriminador en cada iteración. Esperamos que estas probabilidades se sitúen en torno a 0.5, lo que significa que el discriminador no es capaz de distinguir con seguridad entre las imágenes reales y las falsas:

```
>>> import itertools
>>> fig = plt.figure(figsize=(16, 6))
>>> ## Plotting the losses
>>> ax = fig.add_subplot(1, 2, 1)
>>> plt.plot(all_g_losses, label='Generator loss')
>>> half_d_losses = [all_d_loss/2 for all_d_loss in all_d_losses]
>>> plt.plot(half_d_losses, label='Discriminator loss')
>>> plt.legend(fontsize=20)
>>> ax.set_xlabel('Iteration', size=15)
>>> ax.set_ylabel('Loss', size=15)
>>>
>>> ## Plotting the outputs of the discriminator
>>> ax = fig.add_subplot(1, 2, 2)
>>> plt.plot(all_d_real, label=r'Real: $D(\mathbf{x})$')
```

```
>>> plt.plot(all_d_fake, label=r'Fake: $D(G(\mathbf{z}))$')
>>> plt.legend(fontsize=20)
>>> ax.set_xlabel('Iteration', size=15)
>>> ax.set_ylabel('Discriminator output', size=15)
>>> plt.show()
```

La Figura 17.10 muestra los resultados:

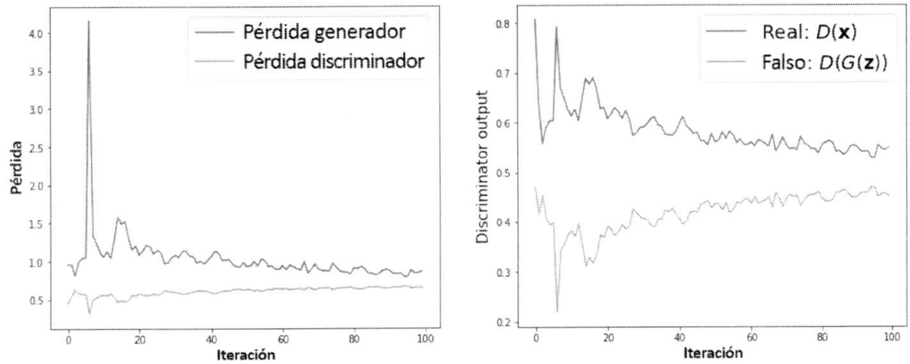

Figura 17.10 *Rendimiento del discriminador.*

Como se puede ver en los resultados del discriminador en la figura anterior, durante las primeras etapas del entrenamiento, el discriminador ha sido capaz de aprender a distinguir rápidamente y con bastante precisión entre los ejemplos reales y los falsos; es decir, los ejemplos falsos tenían probabilidades cercanas a 0, y los ejemplos reales tenían probabilidades cercanas a 1. La razón es que los ejemplos falsos no se parecían en nada a los reales; por lo tanto, distinguir entre lo real y lo falso era bastante fácil. A medida que avance el entrenamiento, el generador mejorará en la síntesis de imágenes realistas, lo que hará que las probabilidades de los ejemplos reales y falsos se acerquen a 0.5.

Además, también podemos ver cómo cambian las salidas del generador (es decir, las imágenes sintetizadas) durante el entrenamiento. En el siguiente código, visualizaremos algunas de las imágenes producidas por el generador para una selección de ciclos (epochs):

```
>>> selected_epochs = [1, 2, 4, 10, 50, 100]
>>> fig = plt.figure(figsize=(10, 14))
>>> for i,e in enumerate(selected_epochs):
...     for j in range(5):
...         ax = fig.add_subplot(6, 5, i*5+j+1)
...         ax.set_xticks([])
...         ax.set_yticks([])
...         if j == 0:
```

```
...             ax.text(
...                 -0.06, 0.5, f'Epoch {e}',
...                 rotation=90, size=18, color='red',
...                 horizontalalignment='right',
...                 verticalalignment='center',
...                 transform=ax.transAxes
...             )
...
...         image = epoch_samples[e-1][j]
...         ax.imshow(image, cmap='gray_r')
...
>>> plt.show()
```

La Figura 17.11 muestra las imágenes producidas:

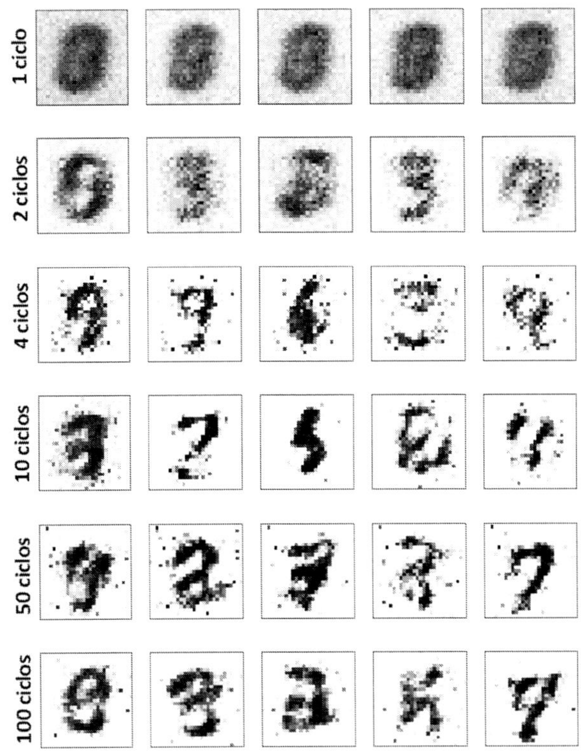

Figura 17.11 *Imágenes producidas por el generador.*

Como se puede ver en la Figura 17.11, la red generadora produjo imágenes cada vez más realistas a medida que avanzaba el entrenamiento. Sin embargo, incluso después de 100 ciclos (epochs), las imágenes producidas siguen siendo muy diferentes de los dígitos escritos a mano que contiene el conjunto de datos MNIST.

En esta sección, diseñamos un modelo GAN muy sencillo con una sola capa oculta totalmente conectada tanto para el generador como para el discriminador. Tras entrenar el modelo GAN con el conjunto de datos MNIST, pudimos obtener resultados prometedores, aunque no satisfactorios, con los nuevos dígitos escritos a mano.

Como aprendimos en el capítulo 14, Clasificación de imágenes con redes neuronales convolucionales profundas, las arquitecturas NN con capas convolucionales tienen varias ventajas sobre las capas totalmente conectadas cuando se trata de la clasificación de imágenes. En un sentido similar, añadir capas convolucionales a nuestro modelo GAN para trabajar con datos de imágenes podría mejorar el resultado. En la siguiente sección, implementaremos una GAN convolucional profunda (Deep Convolutional GAN, DCGAN), que utiliza capas convolucionales tanto para la red generadora como para la discriminadora.

Mejora de la calidad de las imágenes sintetizadas mediante GAN convolucionales y de Wasserstein

En esta sección, implementaremos una DCGAN, que nos permitirá mejorar el rendimiento que vimos en el ejemplo GAN anterior. Además, hablaremos brevemente de una técnica clave adicional, Wasserstein GAN (WGAN).

Las técnicas que trataremos en esta sección incluirán las siguientes:

- Convolución traspuesta
- Normalización por lotes (BatchNorm)
- WGAN

DCGAN fue propuesta en 2016 por A. Radford, L. Metz y S. Chintala en su artículo «Unsupervised representation learning with deep convolutional generative adversarial networks», que está disponible gratuitamente en `https://arxiv.org/pdf/1511.06434.pdf`. En este artículo, los investigadores proponen el uso de capas convolucionales para las redes generadoras y discriminadoras. Partiendo de un vector aleatorio, z, DCGAN utiliza en primer lugar una capa totalmente conectada para proyectar z en un nuevo vector con un tamaño adecuado, de modo que pueda ser remodelado en una representación convolucional espacial ($h \times w \times c$), que es más pequeña que el tamaño de la imagen de salida. A continuación, se utilizan una serie de capas convolucionales, conocidas como «convolución traspuesta», para aumentar la muestra de los mapas de características hasta el tamaño de imagen de salida deseado.

Convolución traspuesta

En el capítulo 14, aprendió sobre la operación de convolución en espacios unidimensionales y bidimensionales. En particular, vimos cómo las opciones para el relleno y los pasos cambian los mapas de características de salida. Mientras que una operación de convolución se utiliza normalmente para reducir la muestra del espacio de características (por ejemplo, estableciendo el intervalo a 2, o añadiendo una capa de agrupación después de una capa convolucional), una operación de convolución traspuesta se utiliza normalmente para ampliar el espacio de características.

Para entender la operación de convolución traspuesta, hagamos un sencillo experimento mental. Supongamos que tenemos un mapa de características de entrada de tamaño $n \times n$. A continuación, aplicamos una operación de convolución 2D con ciertos parámetros de relleno y paso a esta entrada $n \times n$, lo que da como resultado un mapa de características de salida de tamaño $m \times m$. Ahora, la pregunta es: ¿cómo podemos aplicar otra operación de convolución para obtener un mapa de características con la dimensión inicial $n \times n$ a partir de este mapa de características de salida $m \times m$ manteniendo los patrones de conectividad entre la entrada y la salida? Nótese que solo se recupera la forma de la matriz de entrada $n \times n$ y no los valores reales de la matriz.

Lo anterior es lo que hace la convolución traspuesta, como se muestra en la Figura 17.12:

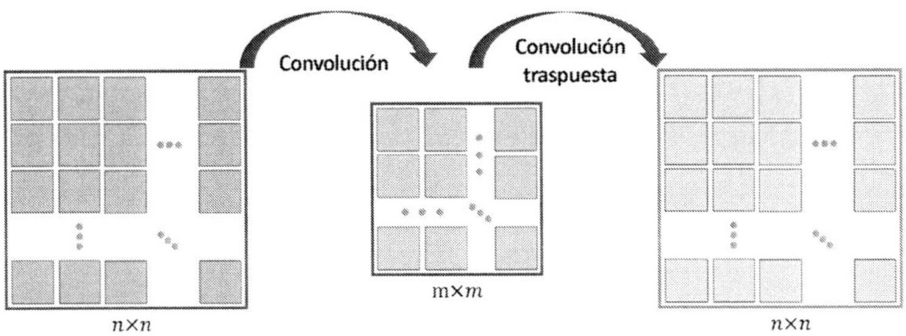

Figura 17.12 *Convolución traspuesta.*

Convolución transpuesta frente a deconvolución

La convolución transpuesta también se denomina «convolución de pasos fraccionados». En la literatura de aprendizaje profundo, otro término común que se utiliza para referirse a la convolución transpuesta es «deconvolución». Sin embargo, hay que tener en cuenta que la deconvolución se definió originalmente como la inversa de una operación de convolución, f, sobre un mapa de características, x, con parámetros de peso, $\boldsymbol{w}$, produciendo el mapa de características $\boldsymbol{x}'$, $f_w(x) = \boldsymbol{x}'$. Una función de deconvolución, f^{-1}, puede definirse entonces como $f_{\boldsymbol{w}}^{-1}(f(\boldsymbol{x})) = \boldsymbol{x}$. Sin embargo, nótese que la convolución inversa se centra simplemente en recuperar la dimensionalidad del espacio de características y no los valores reales.

La ampliación de los mapas de características mediante convolución traspuesta funciona mediante la inserción de ceros entre los elementos de los mapas de características de entrada. La Figura 17.13 muestra un ejemplo de aplicación de convolución traspuesta a una entrada de tamaño 4×4, con un paso de 2×2 y un tamaño de núcleo o kernel de 2×2. La matriz de tamaño 9×9 en el centro muestra los resultados después de insertar dichos 0 en el mapa de características de entrada. Luego, realizar una convolución normal usando el kernel 2×2 con un paso de 1 da como resultado una salida de tamaño 8×8. Podemos verificar la dirección hacia atrás realizando una convolución regular en la salida con un paso de 2, lo que da como resultado un mapa de características de salida de tamaño 4×4, que es el mismo que el tamaño de entrada original:

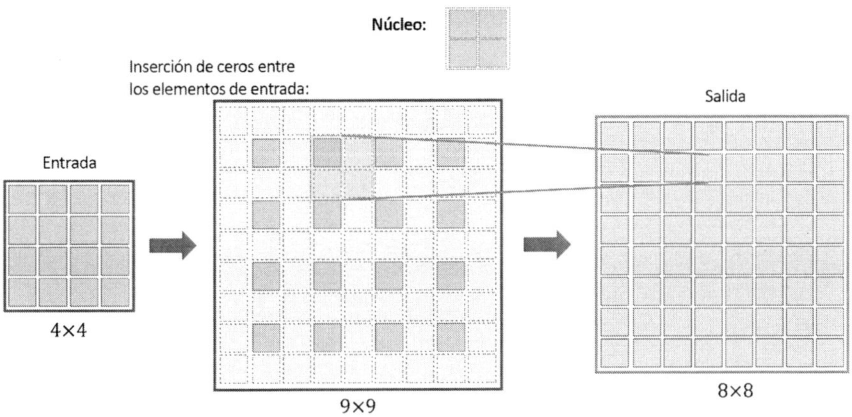

Figura 17.13 *Aplicación de la convolución transpuesta a una entrada de 4×4.*

La Figura 17.13 muestra cómo funciona la convolución traspuesta en general. Hay varios casos en los que el tamaño de la entrada, el tamaño del kernel, los pasos y las variaciones del relleno pueden cambiar la salida. Si quiere saber más sobre todos estos casos diferentes, consulte el tutorial *A Guide to Convolution Arithmetic for Deep Learning*, de Vincent Dumoulin y Francesco Visin, 2018 (`https://arxiv.org/pdf/1603.07285.pdf`).

Normalización por lotes

En 2015, Sergey Ioffe y Christian Szegedy presentaron BatchNorm en el artículo «Batch Normalization: Accelerating Deep Network Training by Reducing Internal Covariate Shift», al que puede acceder a través de arXiv en `https://arxiv.org/pdf/1502.03167.pdf`. Una de las ideas principales de BatchNorm es normalizar las entradas de las capas y evitar cambios en su distribución durante el entrenamiento, lo que permite una mejor y más rápida convergencia.

BatchNorm transforma un minilote de características en función del resultado del cálculo de sus estadísticas. Supongamos que tenemos los mapas netos de características de preactivación obtenidos después de una capa convolucional en un tensor de cuatro dimensiones, Z, con la forma $[m \times c \times h \times w]$, donde m es el número de ejemplos en el lote (es decir, el tamaño del lote), $h \times w$ es la dimensión espacial de los mapas de características, y c es el número de canales. BatchNorm se puede resumir en tres pasos:

1. Calcula la media y la desviación estándar de las entradas netas de cada minilote:

$$\boldsymbol{\mu}_B = \frac{1}{m \times h \times w} \sum_{i,j,k} \boldsymbol{Z}^{[i,j,k]}$$

$$\boldsymbol{\sigma}_B^2 = \frac{1}{m \times h \times w} \sum_{i,j,k} \left(\boldsymbol{Z}^{[i,j,k]} - \boldsymbol{\mu}_B\right)^2$$

   donde $\boldsymbol{\mu}_B$ y $\boldsymbol{\sigma}_B^2$ tienen el tamaño c.

2. Estandariza las entradas netas de todos los ejemplos del lote:

$$\boldsymbol{Z}_{\text{std}}^{[i]} = \frac{\boldsymbol{Z}^{[i]} - \boldsymbol{\mu}_B}{\boldsymbol{\sigma}_B + \epsilon}$$

   donde ϵ es un número pequeño para asegurar la estabilidad numérica (es decir, para evitar la división por cero).

3. Escala y desplaza las entradas de la red normalizadas utilizando dos vectores de parámetros que se pueden averiguar, $\boldsymbol{\gamma}$ y $\boldsymbol{\beta}$, de tamaño c (número de canales):

$$\boldsymbol{A}_{\text{pre}}^{[i]} = \boldsymbol{\gamma} \boldsymbol{Z}_{\text{std}}^{[i]} + \boldsymbol{\beta}$$

La Figura 17.14 ilustra el proceso:

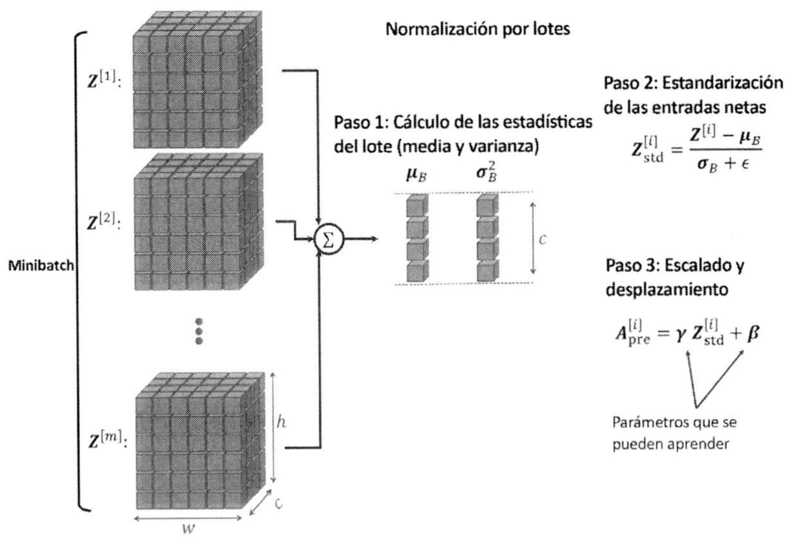

Figura 17.14 *Proceso de normalización por lotes.*

En el primer paso de BatchNorm, se calculan la media, $\boldsymbol{\mu}_B$, y la desviación estándar, $\boldsymbol{\sigma}_B$, del minilote. Ambos, $\boldsymbol{\mu}_B$ y $\boldsymbol{\sigma}_B$, son vectores de tamaño c (donde c es el número de canales). A continuación, estos estadísticos se utilizan en el paso 2 para escalar los ejemplos de cada minilote mediante la normalización z-score (estandarización), lo que da lugar a entradas netas estandarizadas, $\boldsymbol{Z}_{\text{std}}^{[i]}$. Como consecuencia, estas entradas netas están centradas en la media y tienen una varianza unitaria, lo que generalmente es una propiedad útil para la optimización basada en el descenso del gradiente. Por otro lado, normalizar siempre las entradas netas de forma que tengan las mismas propiedades en los distintos minilotes, que pueden ser diversos, puede afectar gravemente a la capacidad de representación de las NN. Lo anterior puede entenderse considerando una característica, $x \sim N(0,1)$, que, tras la activación sigmoide a $\sigma(x)$, da como resultado una región lineal para valores cercanos a 0. Por tanto, en el paso 3, los parámetros que se pueden averiguar, $\boldsymbol{\beta}$ y $\boldsymbol{\gamma}$, que son vectores de tamaño c (número de canales), permiten a BatchNorm controlar el desplazamiento y la dispersión de las características normalizadas.

Durante el entrenamiento, se calculan los promedios, $\boldsymbol{\mu}_B$, y la varianza, $\boldsymbol{\sigma}_B^2$, que se utilizan junto con los parámetros ajustados, $\boldsymbol{\beta}$ y $\boldsymbol{\gamma}$, para normalizar los ejemplos de prueba en la evaluación.

¿Por qué BatchNorm ayuda a la optimización?

Inicialmente, BatchNorm se desarrolló para reducir el llamado «desplazamiento de covarianza interna», que se define como los cambios que se producen en la distribución de las activaciones de una capa debido a la actualización de los parámetros de la red durante el entrenamiento.

Para explicar esto con un ejemplo sencillo, consideremos un lote fijo que pasa por la red en el ciclo (epoch) 1. Registramos las activaciones de cada capa para este lote. Después de iterar a través de todo el conjunto de datos de entrenamiento y actualizar los parámetros del modelo, iniciamos el segundo ciclo, en el que el lote fijo anterior pasa a través de la red. A continuación, comparamos las activaciones de las capas del primer y el segundo ciclo. Como los parámetros de la red han cambiado, observamos que las activaciones también han cambiado. Este fenómeno se denomina «desplazamiento de la covarianza interna», y se creía que ralentizaba el entrenamiento de la NN.

Sin embargo, en 2018, S. Santurkar, D. Tsipras, A. Ilyas y A. Madry investigaron más a fondo qué hace que BatchNorm sea tan eficaz. En su estudio, observaron que el efecto de BatchNorm en el desplazamiento de la covarianza interna es marginal. Basándose en el resultado de sus experimentos, plantearon la hipótesis de que la eficacia de BatchNorm se fundamenta en una superficie más suave de la función de pérdida, que hace que la optimización no convexa sea más robusta.

Si quiere saber más sobre estos resultados, lea el artículo original, «How Does Batch Normalization Help Optimization?», disponible en `http://papers.nips.cc/paper/7515-how-does-batch-normalization-help-optimization.pdf`.

La API de PyTorch proporciona una clase, `nn.BatchNorm2d()` (`nn.BatchNorm1d()` para entradas 1D), que podemos utilizar como capa al definir nuestros modelos; realizará todos los pasos que hemos descrito para BatchNorm. Tenga en cuenta que el comportamiento para la actualización de los parámetros que se pueden averiguar, $\boldsymbol{\gamma}$ y $\boldsymbol{\beta}$, depende de si el modelo es un modelo de entrenamiento o no. Estos parámetros se averiguan (aprenden) solo durante el entrenamiento y luego se utilizan para la normalización durante la evaluación.

Implementaciones del generador y del discriminador

Llegados a este punto, hemos tratado los principales componentes de un modelo DCGAN, que ahora implementaremos. Las arquitecturas de las redes generadora y discriminadora se resumen en las dos figuras siguientes.

El generador utiliza un vector, z, de tamaño 100 como entrada. A continuación, una serie de convoluciones traspuestas utilizando `nn.ConvTranspose2d()` amplía (sobremuestrea) los mapas de características hasta que la dimensión espacial de los mapas de características resultantes alcanza 28×28. El número de canales se reduce a la mitad después de cada capa convolucional transpuesta, excepto la última, que utiliza solo un filtro de salida para generar una imagen en escala de grises. A cada capa convolucional transpuesta le siguen las funciones de activación BatchNorm y leaky ReLU, excepto la última, que utiliza la activación tanh (sin BatchNorm).

La arquitectura del generador (los mapas de características después de cada capa) se muestra en la Figura 17.15:

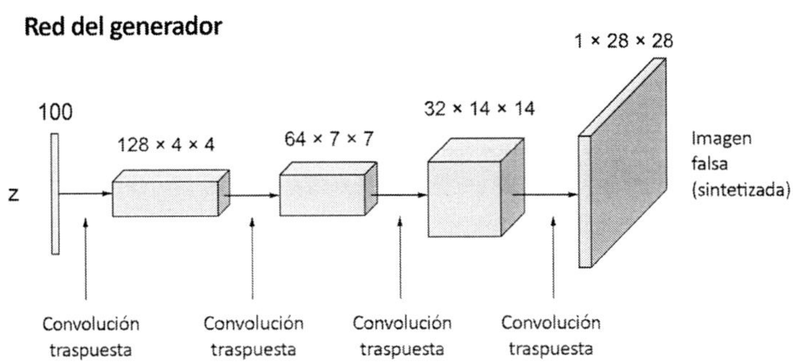

Figura 17.15 *Red del generador.*

El discriminador recibe imágenes de tamaño 1×28×28, que pasan por cuatro capas convolucionales. Las tres primeras capas convolucionales reducen la dimensionalidad espacial en 4 y aumentan el número de canales de los mapas de características. A cada capa convolucional le sigue la activación BatchNorm y leaky ReLU. La última capa convolucional utiliza núcleos de tamaño 7×7 y un único filtro para reducir la dimensionalidad espacial de la salida a 1×1×1. Por último, la salida convolucional es seguida por una función sigmoide y comprimida a una dimensión:

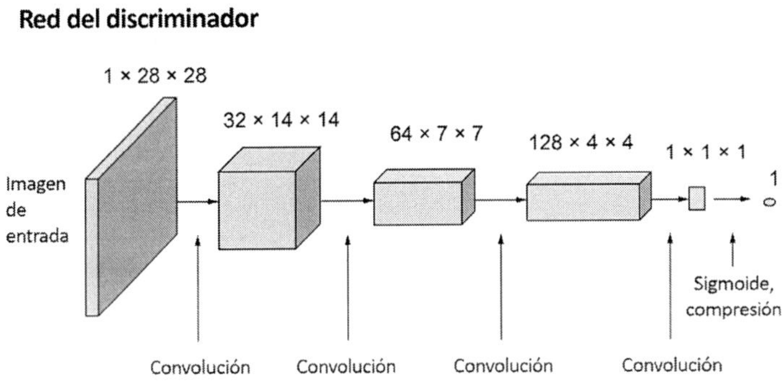

Figura 17.16 *Red del discriminador.*

Consideraciones sobre el diseño de la arquitectura de las GAN convolucionales

Obsérvese que el número de mapas de características sigue tendencias diferentes en el generador y en el discriminador. En el generador, empezamos con un gran número de mapas de características y lo reducimos a medida que avanzamos hacia la última capa. Por otro lado, en el discriminador, empezamos con un número pequeño de canales y lo aumentamos hacia la última capa. Este es un punto importante para diseñar CNN con el número de mapas de características y el tamaño espacial de los mapas de características en orden inverso. Cuando el tamaño espacial de los mapas de características aumenta, el número de mapas de características disminuye y viceversa.

Además, tenga en cuenta que normalmente no se recomienda utilizar unidades de sesgo en la capa que sigue a una capa BatchNorm. Usar unidades de sesgo sería redundante en este caso, ya que BatchNorm ya tiene un parámetro de desplazamiento, β. Puede omitir las unidades de sesgo para una capa determinada estableciendo `bias=False` en `nn.ConvTranspose2d` o `nn.Conv2d`.

El código de la función de ayuda para crear el generador y la clase de red del discriminador es el siguiente:

```
>>> def make_generator_network(input_size, n_filters):
...     model = nn.Sequential(
...         nn.ConvTranspose2d(input_size, n_filters*4, 4,
...                            1, 0, bias=False),
...         nn.BatchNorm2d(n_filters*4),
...         nn.LeakyReLU(0.2),
...         nn.ConvTranspose2d(n_filters*4, n_filters*2,
...                            3, 2, 1, bias=False),
```

```
...             nn.BatchNorm2d(n_filters*2),
...             nn.LeakyReLU(0.2),
...             nn.ConvTranspose2d(n_filters*2, n_filters,
...                                4, 2, 1, bias=False),
...             nn.BatchNorm2d(n_filters),
...             nn.LeakyReLU(0.2),
...             nn.ConvTranspose2d(n_filters, 1, 4, 2, 1, bias=False),
...             nn.Tanh()
...         )
...         return model
>>>
>>> class Discriminator(nn.Module):
...     def __init__(self, n_filters):
...         super().__init__()
...         self.network = nn.Sequential(
...             nn.Conv2d(1, n_filters, 4, 2, 1, bias=False),
...             nn.LeakyReLU(0.2),
...             nn.Conv2d(n_filters, n_filters*2, 4, 2, 1, bias=False),
...             nn.BatchNorm2d(n_filters * 2),
...             nn.LeakyReLU(0.2),
...             nn.Conv2d(n_filters*2, n_filters*4,
...                       3, 2, 1, bias=False),
...             nn.BatchNorm2d(n_filters*4),
...             nn.LeakyReLU(0.2),
...             nn.Conv2d(n_filters*4, 1, 4, 1, 0, bias=False),
...             nn.Sigmoid()
...         )
...
...     def forward(self, input):
...         output = self.network(input)
...         return output.view(-1, 1).squeeze(0)
```

Con la función de ayuda y la clase, se puede elaborar un modelo DCGAN y entrenarlo utilizando el mismo objeto del conjunto de datos MNIST que inicializamos en la sección anterior cuando implementamos el modelo GAN simple y totalmente conectado. Podemos crear la red del generador usando la función de ayuda e imprimir su arquitectura:

```
>>> z_size = 100
>>> image_size = (28, 28)
>>> n_filters = 32
>>> gen_model = make_generator_network(z_size, n_filters).to(device)
>>> print(gen_model)
```

```
Sequential(
  (0): ConvTranspose2d(100, 128, kernel_size=(4, 4), stride=(1, 1), bias=False)
  (1): BatchNorm2d(128, eps=1e-05, momentum=0.1, affine=True, track_
running_stats=True)
  (2): LeakyReLU(negative_slope=0.2)
  (3): ConvTranspose2d(128, 64, kernel_size=(3, 3), stride=(2, 2),
padding=(1, 1), bias=False)
  (4): BatchNorm2d(64, eps=1e-05, momentum=0.1, affine=True, track_
running_stats=True)
  (5): LeakyReLU(negative_slope=0.2)
  (6): ConvTranspose2d(64, 32, kernel_size=(4, 4), stride=(2, 2),
padding=(1, 1), bias=False)
  (7): BatchNorm2d(32, eps=1e-05, momentum=0.1, affine=True, track_
running_stats=True)
  (8): LeakyReLU(negative_slope=0.2)
  (9): ConvTranspose2d(32, 1, kernel_size=(4, 4), stride=(2, 2),
padding=(1, 1), bias=False)
  (10): Tanh()
)
```

Del mismo modo, podemos generar la red discriminante y ver su arquitectura:

```
>>> disc_model = Discriminator(n_filters).to(device)
>>> print(disc_model)
Discriminator(
  (network): Sequential(
    (0): Conv2d(1, 32, kernel_size=(4, 4), stride=(2, 2), padding=(1,
1), bias=False)
    (1): LeakyReLU(negative_slope=0.2)
    (2): Conv2d(32, 64, kernel_size=(4, 4), stride=(2, 2),
padding=(1, 1), bias=False)
    (3): BatchNorm2d(64, eps=1e-05, momentum=0.1, affine=True, track_
running_stats=True)
    (4): LeakyReLU(negative_slope=0.2)
    (5): Conv2d(64, 128, kernel_size=(3, 3), stride=(2, 2),
padding=(1, 1), bias=False)
    (6): BatchNorm2d(128, eps=1e-05, momentum=0.1, affine=True,
track_running_stats=True)
    (7): LeakyReLU(negative_slope=0.2)
    (8): Conv2d(128, 1, kernel_size=(4, 4), stride=(1, 1), bias=False)
    (9): Sigmoid()
  )
)
```

Además, podemos utilizar las mismas funciones de pérdida y los optimizadores que utilizamos en la subsección «Entrenamiento del modelo GAN»:

```
>>> loss_fn = nn.BCELoss()
>>> g_optimizer = torch.optim.Adam(gen_model.parameters(), 0.0003)
>>> d_optimizer = torch.optim.Adam(disc_model.parameters(), 0.0002)
```

Realizaremos unas pequeñas modificaciones en el procedimiento de entrenamiento. La función `create_noise()` para generar la entrada aleatoria debe cambiar para dar salida a un tensor de cuatro dimensiones en lugar de un vector:

```
>>> def create_noise(batch_size, z_size, mode_z):
...     if mode_z == 'uniform':
...         input_z = torch.rand(batch_size, z_size, 1, 1)*2 - 1
...     elif mode_z == 'normal':
...         input_z = torch.randn(batch_size, z_size, 1, 1)
...     return input_z
```

La función `d_train()` para entrenar el discriminador no remodela la imagen de entrada:

```
>>> def d_train(x):
...     disc_model.zero_grad()
...     # Train discriminator with a real batch
...     batch_size = x.size(0)
...     x = x.to(device)
...     d_labels_real = torch.ones(batch_size, 1, device=device)
...     d_proba_real = disc_model(x)
...     d_loss_real = loss_fn(d_proba_real, d_labels_real)
...     # Train discriminator on a fake batch
...     input_z = create_noise(batch_size, z_size, mode_z).to(device)
...     g_output = gen_model(input_z)
...     d_proba_fake = disc_model(g_output)
...     d_labels_fake = torch.zeros(batch_size, 1, device=device)
...     d_loss_fake = loss_fn(d_proba_fake, d_labels_fake)
...     # gradient backprop & optimize ONLY D's parameters
...     d_loss = d_loss_real + d_loss_fake
...     d_loss.backward()
...     d_optimizer.step()
...     return d_loss.data.item(), d_proba_real.detach(), \
...             d_proba_fake.detach()
```

A continuación, alternaremos el entrenamiento del generador y del discriminador durante 100 ciclos (epochs) y, después de cada ciclo, generaremos algunos ejemplos a partir de una entrada de ruido fija utilizando el modelo del generador actual llamando a la función `create_samples()`. El código es el siguiente:

```
>>> fixed_z = create_noise(batch_size, z_size, mode_z).to(device)
>>> epoch_samples = []
>>> torch.manual_seed(1)
>>> for epoch in range(1, num_epochs+1):
...     gen_model.train()
...     for i, (x, _) in enumerate(mnist_dl):
...         d_loss, d_proba_real, d_proba_fake = d_train(x)
...         d_losses.append(d_loss)
...         g_losses.append(g_train(x))
...     print(f'Epoch {epoch:03d} | Avg Losses >>'
...           f' G/D {torch.FloatTensor(g_losses).mean():.4f}'
...           f'/{torch.FloatTensor(d_losses).mean():.4f}')
...     gen_model.eval()
...     epoch_samples.append(
...         create_samples(
...             gen_model, fixed_z
...         ).detach().cpu().numpy()
...     )
Epoch 001 | Avg Losses >> G/D 4.7016/0.1035
Epoch 002 | Avg Losses >> G/D 5.9341/0.0438
...
Epoch 099 | Avg Losses >> G/D 4.3753/0.1360
Epoch 100 | Avg Losses >> G/D 4.4914/0.1120
```

Por último, vamos a visualizar los ejemplos guardados en algunas ciclos (epochs) para ver cómo está aprendiendo el modelo y cómo cambia la calidad de los ejemplos sintetizados a lo largo del aprendizaje:

```
>>> selected_epochs = [1, 2, 4, 10, 50, 100]
>>> fig = plt.figure(figsize=(10, 14))
>>> for i,e in enumerate(selected_epochs):
...     for j in range(5):
...         ax = fig.add_subplot(6, 5, i*5+j+1)
...         ax.set_xticks([])
...         ax.set_yticks([])
...         if j == 0:
...             ax.text(-0.06, 0.5,  f'Epoch {e}',
...                     rotation=90, size=18, color='red',
...                     horizontalalignment='right',
...                     verticalalignment='center',
```

```
...                         transform=ax.transAxes)
...
...             image = epoch_samples[e-1][j]
...             ax.imshow(image, cmap='gray_r')
>>> plt.show()
```

La Figura 17.17 muestra los resultados:

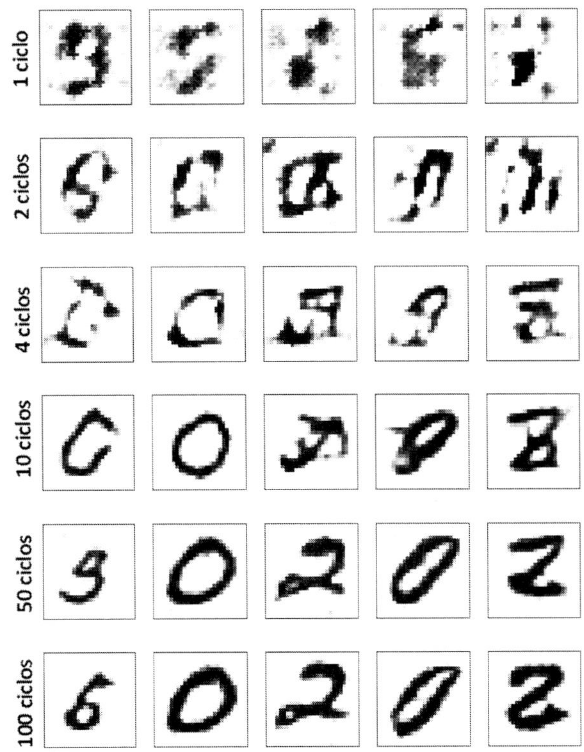

Figura 17.17 *Imágenes generadas por DCGAN.*

Utilizamos el mismo código para visualizar los resultados que en la sección sobre GAN vanilla. La comparación de los nuevos ejemplos muestra que DCGAN puede generar imágenes de una calidad muy superior.

Quizá se pregunte cómo podemos evaluar los resultados de los generadores GAN. El enfoque más sencillo es la evaluación visual, que consiste en evaluar la calidad de las imágenes sintetizadas en el contexto del dominio del destino y el objetivo del proyecto. Además, se han propuesto varios métodos de evaluación más sofisticados que son menos subjetivos y están menos limitados por el conocimiento del dominio. Para un estudio detallado, véase «Pros and Cons of GAN Evaluation Measures: New Developments» (`https://arxiv.org/abs/2103.09396`). El documento resume la evaluación del generador en medidas cualitativas y cuantitativas.

Existe un argumento teórico según el cual el entrenamiento del generador debería tratar de minimizar la disimilitud entre la distribución observada en los datos reales y la distribución observada en los ejemplos sintetizados. De ahí que nuestra arquitectura actual no funcione muy bien cuando se utiliza la entropía cruzada como función de pérdida.

En la siguiente subsección, trataremos las WGAN, que utilizan una función de pérdida modificada basada en la llamada distancia Wasserstein-1 (o del motor de tierra) entre las distribuciones de las imágenes reales y las falsas para mejorar el rendimiento del entrenamiento.

Medidas de disimilitud entre dos distribuciones

Primero veremos diferentes medidas para calcular la divergencia entre dos distribuciones. Luego, veremos cuál de estas medidas ya está incorporada en el modelo GAN original. Por último, el cambio de esta medida en las GAN nos llevará a la implementación de las WGAN.

Como se ha mencionado al principio de este capítulo, el objetivo de un modelo generativo es aprender a sintetizar nuevas muestras que tengan la misma distribución que la del conjunto de datos de entrenamiento. Supongamos que $P(x)$ y $Q(x)$ representan las distribuciones de una variable aleatoria, x, como se muestra en la siguiente figura.

En primer lugar, veamos algunas formas, mostradas en la Figura 17.18, que podemos utilizar para medir la disimilitud entre dos distribuciones, P y Q:

Medidas	Fórmula
Variación total (TV)	$TV(P,Q) = \sup_x \lvert P(x) - Q(x) \rvert$
Divergencia de Kullback-Leibler (KL)	$KL(P \| Q) = \int P(x) \log \frac{P(x)}{Q(x)} dx$
Divergencia de Jensen-Shannon (JS)	$JS(P,Q) = \frac{1}{2}\left(KL\left(P \| \frac{P+Q}{2}\right) + KL\left(Q \| \frac{P+Q}{2}\right)\right)$
Distancia del motor de tierra (EM)	$EM(P,Q) = \inf_{\gamma \in \Pi(P,Q)} E_{(u,v)\in\gamma}(\lVert u - v \rVert)$

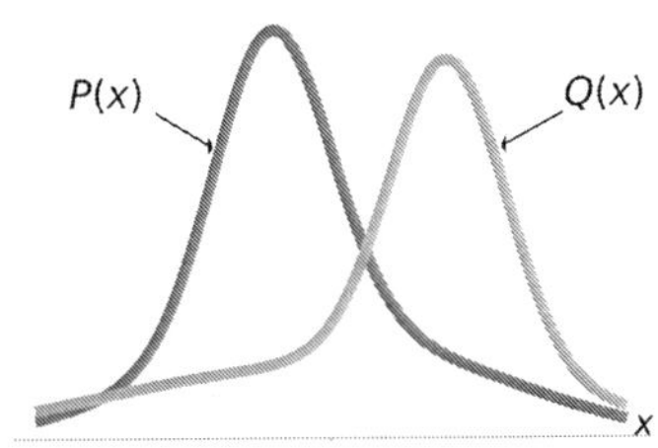

Figura 17.18 *Métodos para medir la disimilitud entre las distribuciones P y Q.*

La función supremum, sup(S), utilizada en la medida de la variación total (Total Variation, TV), se refiere al valor más pequeño que es mayor que todos los elementos de S. En otras palabras, sup(S) es el límite superior más pequeño para S. La función infimum, inf(S), que se utiliza en la distancia EM, se refiere al valor más grande que es menor que todos los elementos de S (el límite inferior más grande).

Trataremos de comprender estas medidas exponiendo brevemente con palabras sencillas lo que intentan conseguir:

- La primera, la distancia TV, mide la mayor diferencia entre las dos distribuciones en cada punto.
- La distancia EM puede interpretarse como la cantidad mínima de trabajo necesaria para transformar una distribución en la otra. La función infimum en la distancia EM se toma sobre $\Pi(P, Q)$, que es la colección de las distribuciones conjuntas cuyas marginales son P o Q. Entonces, $\gamma(u, v)$ es un plan de transferencia, que indica cómo redistribuimos la tierra desde la ubicación u a la v, sujeto a algunas restricciones para mantener las distribuciones válidas después de dichas transferencias. El cálculo de la distancia EM es un problema de optimización en sí mismo, que consiste en encontrar el plan de transferencia óptimo, $\gamma(u, v)$.
- Las medidas de divergencia Kullback-Leibler (KL) y Jensen-Shannon (JS) provienen del campo de la teoría de la información. Obsérvese que la divergencia KL no es simétrica, es decir, $KL(P\|Q) \neq KL(Q\|P)$, a diferencia de la divergencia JS.

Las ecuaciones de disimilitud proporcionadas en la Figura 17.18 corresponden a distribuciones continuas, pero pueden ampliarse para casos discretos. En la Figura 17.19 se ilustra un ejemplo de cálculo de estas diferentes medidas de disimilitud con dos distribuciones discretas simples:

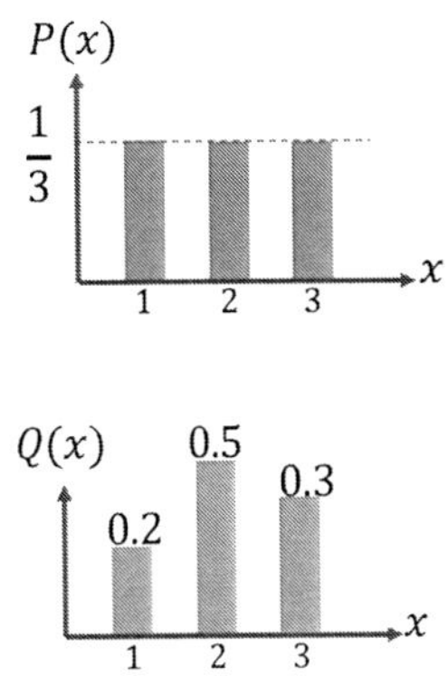

Variación total

$$TV(P, Q) = \sup_x \left\{ \left|\frac{1}{3} - 0.2\right|, \left|\frac{1}{3} - 0.5\right|, \left|\frac{1}{3} - 0.3\right| \right\} = 0.167$$

Divergencia KL

$$KL(P\|Q) = 0.33 \log\left(\frac{0.33}{0.2}\right) + 0.33 \log\left(\frac{0.33}{0.5}\right) + 0.33 \log\left(\frac{0.33}{0.3}\right) = 0.101$$

$$KL(Q\|P) = 0.2 \log\left(\frac{0.2}{0.33}\right) + 0.5 \log\left(\frac{0.5}{0.33}\right) + 0.33 \log\left(\frac{0.3}{0.33}\right) = 0.099$$

Divergencia JS

$$P_m \rightarrow \left[\frac{0.33 + 0.2}{2}, \frac{0.33 + 0.5}{2}, \frac{0.33 + 0.3}{2}\right] = [0.26, 0.42, 0.32]$$

$$\left.\begin{matrix} KL(P\|P_m) = 0.0246 \\ KL(Q\|P_m) = 0.0246 \end{matrix}\right\} \rightarrow JS(P\|Q) = 0.0248$$

Distancia EM

$$EM(P, Q) = (0.33 - 0.2) + (0.33 - 0.3) = 0.16$$

Figura 17.19 *Ejemplo de cálculo de las diferentes medidas de disimilitud.*

Obsérvese que, en el caso de la distancia EM, para este sencillo ejemplo, podemos ver que $Q(x)$ en $x = 2$ tiene el valor en exceso de $0.5 - \frac{1}{3} = 0.166$, mientras que el valor de Q en las otras dos x es inferior a 1/3. Por lo tanto, la cantidad mínima de trabajo es cuando transferimos el valor extra en $x = 2$ a $x = 1$ y $x = 3$, como se muestra en la Figura 17.19. Para este sencillo ejemplo, es fácil ver que estas transferencias darán lugar a la mínima cantidad de trabajo de todas las transferencias posibles. Sin embargo, esto puede ser inviable para casos más complejos.

Relación entre la divergencia KL y la entropía cruzada

La divergencia KL, $KL(P\|Q)$, mide la entropía relativa de la distribución, P, con respecto a una distribución de referencia, Q. La formulación de esta divergencia puede desarrollarse del siguiente modo:

$$KL(P\|Q) = -\int P(x)\log\big(Q(x)\big)\,dx - \left(-\int P(x)\log\big(P(x)\big)\right)$$

Además, para distribuciones discretas, la divergencia KL puede escribirse como:

$$KL(P\|Q) = -\sum_i P(x_i)\frac{P(x_i)}{Q(x_i)}$$

que puede desarrollarse de forma similar:

$$KL(P\|Q) = -\sum_i P(x_i)\log\big(Q(x_i)\big) - \left(-\sum_i P(x_i)\log\big(P(x_i)\big)\right)$$

Basándose en la formulación desarrollada (ya sea discreta o continua), la divergencia KL se considera como la entropía cruzada entre P y Q (el primer término de la ecuación anterior) a la que se le resta la (auto)entropía de P (segundo término), es decir, $KL(P\|Q) = H(P, Q) - H(P)$.

Ahora, volviendo a nuestra discusión sobre las GAN, veamos cómo estas diferentes medidas de distancia están relacionadas con la función de pérdida para las GAN. Se puede demostrar matemáticamente que la función de pérdida en las GAN original minimiza, en efecto, la divergencia JS entre la distribución de ejemplos reales y falsos. Pero, como se discute en un artículo de Martin Arjovsky y sus colaboradores («Wasserstein Generative Adversarial Networks», `http://proceedings.mlr.press/v70/arjovsky17a/arjovsky17a.pdf`), la divergencia JS tiene problemas para entrenar el modelo GAN y, por lo tanto, para mejorar el entrenamiento, los investigadores propusieron usar la distancia EM como medida de disimilitud entre la distribución de ejemplos reales y falsos.

¿Cuál es la ventaja de utilizar la distancia EM?

Para responder a esta pregunta, podemos considerar un ejemplo que se dio en el artículo anteriormente mencionado de Martin Arjovsky y sus colaboradores. Para ponerlo en palabras sencillas, supongamos que tenemos dos distribuciones, P y Q, que son dos líneas paralelas. Una de las líneas está fijada en $x = 0$ y la otra puede moverse a través del eje x, pero se encuentra inicialmente en $x = \theta$, donde $\theta > 0$.

Se puede demostrar que las medidas de disimilitud KL, TV y JS son $KL(P\|Q) = +\infty$, $TV(P, Q) = 1$, y $JS(P, Q) = \frac{1}{2}\log 2$. Ninguna de estas medidas es función del parámetro θ y, por lo tanto, no pueden diferenciarse con respecto a θ para hacer que las distribuciones, P y Q, se vuelvan similares entre sí. Por otro lado, la distancia EM es $EM(P, Q) = |\theta|$, cuyo gradiente con respecto a θ existe y puede empujar a Q hacia P.

Ahora, vamos a centrar la atención en cómo se puede utilizar la distancia EM para entrenar un modelo GAN. Supongamos que P_r es la distribución de los ejemplos reales y P_g denota las distribuciones de los ejemplos falsos (generados). P_r y P_g sustituyen a P y Q en la ecuación de la distancia EM. Como se mencionó anteriormente, el cálculo de la distancia EM es un problema de optimización en sí mismo; por lo tanto, esto se vuelve computacionalmente intratable, especialmente si queremos repetir este cálculo en cada iteración del bucle de entrenamiento del modelo GAN. Afortunadamente, sin embargo, el cálculo de la distancia EM puede simplificarse utilizando un teorema llamado «dualidad Kantorovich-Rubinstein»:

$$W\left(P_r, P_g\right) = \sup_{\|f\|_L \leq 1} E_{u \in P_r}[f(u)] - E_{v \in P_g}[f(v)]$$

Aquí, el supremum se toma sobre todas las funciones continuas 1-Lipschitz denotadas por $\|f\|_L \leq 1$.

Continuidad de Lipschitz

Basándonos en la continuidad 1-Lipschitz, la función, f, debe satisfacer la siguiente propiedad:

$$|f(x_1) - f(x_2)| \leq |x_1 - x_2|$$

Además, una función real, $f: R \rightarrow R$, que satisface la propiedad:

$$|f(x_1) - f(x_2)| \leq K|x_1 - x_2|$$

se llama K-Lipschitz continua.

Uso de la distancia EM en la práctica para las GAN

Ahora, la pregunta es: ¿cómo encontramos dicha función continua de 1-Lipschitz para calcular la distancia de Wasserstein entre la distribución de salidas reales (P_r) y falsas (P_g) para un modelo GAN? Aunque los conceptos teóricos que hay detrás del enfoque WGAN pueden parecer complicados al principio, la respuesta a esta pregunta es más sencilla de lo que parece. Recordemos que consideramos que las NN profundas son aproximadores de funciones universales. Esto significa que podemos entrenar un modelo de NN para aproximar la función de distancia Wasserstein. Como ha visto en la sección anterior, el modelo GAN simple utiliza un discriminador en forma de clasificador. Para WGAN, el discriminador se puede cambiar para comportarse como una especie de crítico, que devuelve una puntuación escalar en lugar de un valor de probabilidad. Podemos interpretar esta puntuación como el grado de realismo de las imágenes de entrada (como un crítico de arte que puntúa las obras en una galería).

Para entrenar una GAN utilizando la distancia de Wasserstein, las pérdidas para el discriminador, D, y el generador, G, se definen como sigue. El crítico (es decir, la red discriminadora) devuelve sus salidas para el lote de ejemplos de imágenes reales y el lote de ejemplos sintetizados. Utilizamos las notaciones $D(\boldsymbol{x})$ y $D(G(\boldsymbol{z}))$, respectivamente.

Entonces, se pueden definir los siguientes términos de pérdida:

- El componente real de la pérdida del discriminador:

$$L_{\text{real}}^{D} = -\frac{1}{N}\sum_{i} D(\boldsymbol{x}_i)$$

- El componente falso de la pérdida del discriminador:

$$L_{\text{fake}}^{D} = \frac{1}{N}\sum_{i} D\big(G(\boldsymbol{z}_i)\big)$$

- La pérdida para el generador:

$$L^{G} = -\frac{1}{N}\sum_{i} D\big(G(\boldsymbol{z}_i)\big)$$

Eso será todo para las WGAN, excepto que tenemos que garantizar que la propiedad 1-Lipschitz de la función crítica se conserva durante el entrenamiento. Para ello, el documento de WGAN propone fijar los pesos en una pequeña región, por ejemplo [–0.01, 0.01].

Penalización del gradiente

En el artículo de Arjovsky y sus colaboradores, se sugiere el recorte de pesos para la propiedad 1-Lipschitz del discriminador (o crítico). Sin embargo, en otro artículo titulado

«Improved Training of Wasserstein GANs», de Ishaan Gulrajani y sus colaboradores, 2017, que está disponible de forma gratuita en `https://arxiv.org/pdf/1704.00028.pdf`, Ishaan Gulrajani y sus colaboradores mostraron que el recorte de los pesos puede conducir a la explosión y a la desaparición de los gradientes. Además, el recorte de pesos también puede conducir a la infrautilización de la capacidad, lo que significa que la red crítica se limita a aprender solo algunas funciones simples, en contraposición a funciones más complejas. Por lo tanto, en lugar de recortar los pesos, Ishaan Gulrajani y sus colegas propusieron la penalización por gradiente (Gradient Penalty, GP) como solución alternativa. El resultado es WGAN con penalización del gradiente (WGAN-GP).

El procedimiento de GP que se añade en cada iteración puede resumirse en la siguiente secuencia de pasos:

1. Para cada par de ejemplos reales y falsos $\left(\boldsymbol{x}^{[i]}, \widetilde{\boldsymbol{x}}^{[i]}\right)$ de un determinado lote, se elige un número aleatorio, $\alpha^{[i]}$, extraído de una distribución uniforme, es decir, $\alpha^{[i]} \in U(0,1)$.
2. Se calcula la interpolación $\breve{\boldsymbol{x}}^{[i]} = \alpha\boldsymbol{x}^{[i]} + (1-\alpha)\widetilde{\boldsymbol{x}}^{[i]}$ entre los ejemplos reales y los falsos, lo que da como resultado un lote de ejemplos interpolados.
3. Se calcula la salida del discriminador (crítico) para todos los ejemplos interpolados, $D\left(\breve{\boldsymbol{x}}^{[i]}\right)$.
4. Se calculan los gradientes de la salida del crítico con respecto a cada ejemplo interpolado, es decir, $\nabla_{\breve{\boldsymbol{x}}^{[i]}} D\left(\breve{\boldsymbol{x}}^{[i]}\right)$.
5. Se calacula GP como:

$$L_{gp}^{D} = \frac{1}{N}\sum_{i}\left(\left\|\nabla_{\breve{\boldsymbol{x}}^{[i]}} D\left(\breve{\boldsymbol{x}}^{[i]}\right)\right\|_2 - 1\right)^2$$

La pérdida total del discriminador es entonces la siguiente:

$$L_{\text{total}}^{D} = L_{\text{real}}^{D} + L_{\text{fake}}^{D} + \lambda L_{gp}^{D}$$

Aquí, λ es un hiperparámetro sintonizable.

Implementación de WGAN-GP para entrenar modelos DCGAN

Ya hemos definido la función de ayuda y la clase que crean las redes de generador y discriminador para DCGAN (`make_generator_network()` y `Discriminator()`). Se recomienda utilizar la normalización de capas en WGAN en lugar de la normalización por lotes. La normalización de capas normaliza las entradas a través de las características en lugar de a través de la dimensión del lote en la normalización por lotes. El código para elaborar el modelo WGAN es el siguiente:

```
>>> def make_generator_network_wgan(input_size, n_filters):
...     model = nn.Sequential(
...         nn.ConvTranspose2d(input_size, n_filters*4, 4,
...                            1, 0, bias=False),
...         nn.InstanceNorm2d(n_filters*4),
...         nn.LeakyReLU(0.2),
...
...         nn.ConvTranspose2d(n_filters*4, n_filters*2,
...                            3, 2, 1, bias=False),
...         nn.InstanceNorm2d(n_filters*2),
...         nn.LeakyReLU(0.2),
...
...         nn.ConvTranspose2d(n_filters*2, n_filters, 4,
...                            2, 1, bias=False),
...         nn.InstanceNorm2d(n_filters),
...         nn.LeakyReLU(0.2),
...
...         nn.ConvTranspose2d(n_filters, 1, 4, 2, 1, bias=False),
...         nn.Tanh()
...     )
...     return model
>>>
>>> class DiscriminatorWGAN(nn.Module):
...     def __init__(self, n_filters):
...         super().__init__()
...         self.network = nn.Sequential(
...             nn.Conv2d(1, n_filters, 4, 2, 1, bias=False),
...             nn.LeakyReLU(0.2),
...
...             nn.Conv2d(n_filters, n_filters*2, 4, 2, 1,
...                       bias=False),
...             nn.InstanceNorm2d(n_filters * 2),
...             nn.LeakyReLU(0.2),
...
...             nn.Conv2d(n_filters*2, n_filters*4, 3, 2, 1,
...                       bias=False),
...             nn.InstanceNorm2d(n_filters*4),
...             nn.LeakyReLU(0.2),
...
...             nn.Conv2d(n_filters*4, 1, 4, 1, 0, bias=False),
```

```
...                 nn.Sigmoid()
...         )
...
...     def forward(self, input):
...         output = self.network(input)
...         return output.view(-1, 1).squeeze(0)
```

Ahora podemos iniciar las redes y sus optimizadores de la siguiente manera:

```
>>> gen_model = make_generator_network_wgan(
...     z_size, n_filters
... ).to(device)
>>> disc_model = DiscriminatorWGAN(n_filters).to(device)
>>> g_optimizer = torch.optim.Adam(gen_model.parameters(), 0.0002)
>>> d_optimizer = torch.optim.Adam(disc_model.parameters(), 0.0002)
```

A continuación, definiremos la función para calcular el componente GP:

```
>>> from torch.autograd import grad as torch_grad
>>> def gradient_penalty(real_data, generated_data):
...     batch_size = real_data.size(0)
...
...     # Calculate interpolation
...     alpha = torch.rand(real_data.shape[0], 1, 1, 1,
...                        requires_grad=True, device=device)
...     interpolated = alpha * real_data + \
...                    (1 - alpha) * generated_data
...
...     # Calculate probability of interpolated examples
...     proba_interpolated = disc_model(interpolated)
...
...     # Calculate gradients of probabilities
...     gradients = torch_grad(
...         outputs=proba_interpolated, inputs=interpolated,
...         grad_outputs=torch.ones(proba_interpolated.size(),
...                                 device=device),
...         create_graph=True, retain_graph=True
...     )[0]
...
...     gradients = gradients.view(batch_size, -1)
...     gradients_norm = gradients.norm(2, dim=1)
...     return lambda_gp * ((gradients_norm - 1)**2).mean()
```

Las funciones de entrenamiento del discriminador y del generador de la versión WGAN son las siguientes:

```
>>> def d_train_wgan(x):
...     disc_model.zero_grad()
...
...     batch_size = x.size(0)
...     x = x.to(device)
...
...     # Calculate probabilities on real and generated data
...     d_real = disc_model(x)
...     input_z = create_noise(batch_size, z_size, mode_z).to(device)
...     g_output = gen_model(input_z)
...     d_generated = disc_model(g_output)
...     d_loss = d_generated.mean() - d_real.mean() + \
...              gradient_penalty(x.data, g_output.data)
...     d_loss.backward()
...     d_optimizer.step()
...     return d_loss.data.item()
>>>
>>> def g_train_wgan(x):
...     gen_model.zero_grad()
...
...     batch_size = x.size(0)
...     input_z = create_noise(batch_size, z_size, mode_z).to(device)
...     g_output = gen_model(input_z)
...
...     d_generated = disc_model(g_output)
...     g_loss = -d_generated.mean()
...
...     # gradient backprop & optimize ONLY G's parameters
...     g_loss.backward()
...     g_optimizer.step()
...     return g_loss.data.item()
```

A continuación, entrenaremos el modelo durante 100 ciclos (epochs) y registraremos la salida del generador de una entrada de ruido fija:

```
>>> epoch_samples_wgan = []
>>> lambda_gp = 10.0
>>> num_epochs = 100
>>> torch.manual_seed(1)
```

```
>>> critic_iterations = 5
>>> for epoch in range(1, num_epochs+1):
...     gen_model.train()
...     d_losses, g_losses = [], []
...     for i, (x, _) in enumerate(mnist_dl):
...         for _ in range(critic_iterations):
...             d_loss = d_train_wgan(x)
...         d_losses.append(d_loss)
...         g_losses.append(g_train_wgan(x))
...
...     print(f'Epoch {epoch:03d} | D Loss >>'
...           f' {torch.FloatTensor(d_losses).mean():.4f}')
...     gen_model.eval()
...     epoch_samples_wgan.append(
...         create_samples(gen_model, fixed_z).detach().cpu().numpy()
...     )
```

Por último, vamos a visualizar los ejemplos guardados en algunos ciclos para ver cómo está aprendiendo el modelo WGAN y cómo cambia la calidad de los ejemplos sintetizados a lo largo del aprendizaje. La siguiente figura muestra los resultados, que demuestran una calidad de imagen ligeramente mejor que la generada por el modelo DCGAN:

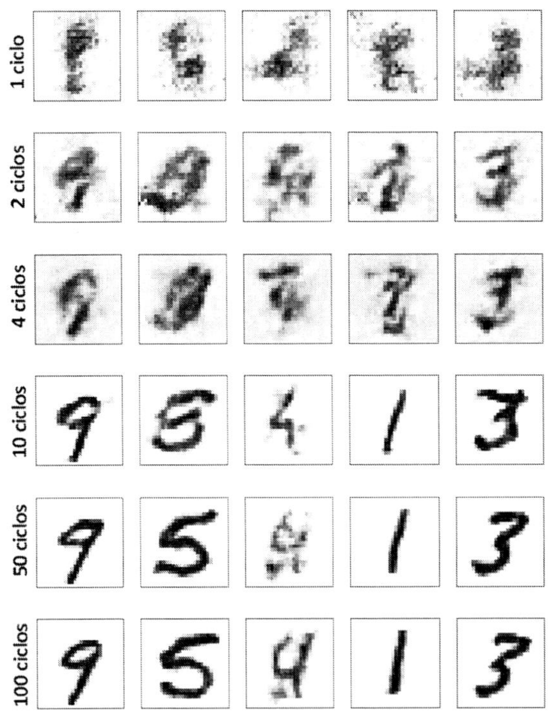

Figura 17.20 *Imágenes generadas mediante WGAN.*

Colapso de modo

Debido a la naturaleza antagónica de los modelos GAN, es notoriamente difícil entrenarlos. Una causa común de fracaso en el entrenamiento de GAN es cuando el generador se atasca en un pequeño subespacio y aprende a generar muestras similares. Esto se llama «colapso de modo», y un ejemplo se muestra en la Figura 17.21.

Los ejemplos sintetizados en esta figura no están seleccionados. Esto muestra que el generador no ha aprendido la distribución de datos completa y, en su lugar, ha tomado un enfoque perezoso y se ha centrado en un subespacio:

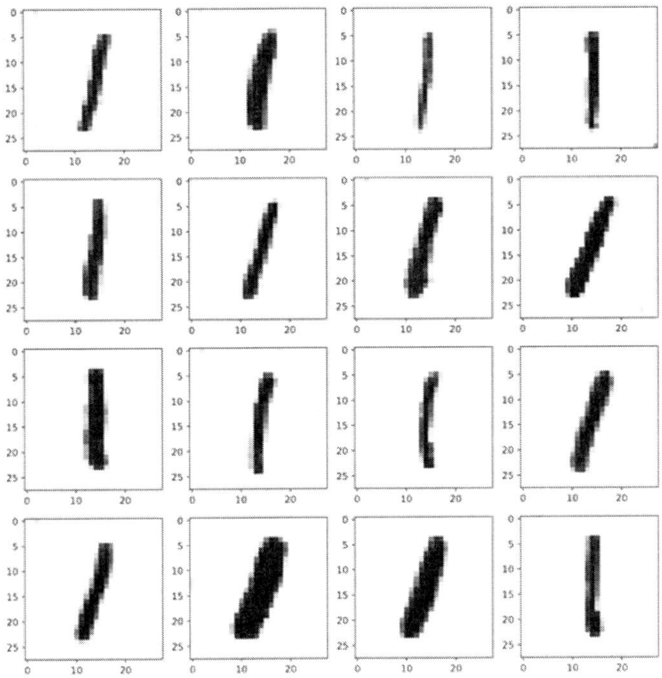

Figura 17.21 *Ejemplo de colapso modal.*

Además de los problemas de desvanecimiento y explosión del gradiente que vimos anteriormente, hay algunos aspectos más que también pueden dificultar el entrenamiento de los modelos GAN (de hecho, es un arte). A continuación se sugieren algunos trucos de los artistas de GAN.

Uno de los enfoques se denomina «discriminación por minilotes», y se basa en el hecho de que los lotes, compuestos únicamente por ejemplos reales o falsos, alimentan por separado al discriminador. En la discriminación por minilotes, dejamos que el discriminador compare los ejemplos de estos lotes para ver si un lote es real o falso. La diversidad de un lote formado solo por ejemplos reales es probablemente mayor que la diversidad de un lote falso si un modelo sufre un colapso de modo.

Otra técnica que se utiliza habitualmente para estabilizar el entrenamiento de los GAN es el emparejamiento de características. En el emparejamiento de características, hacemos una ligera modificación de la función objetivo del generador añadiendo un término extra que minimiza la diferencia entre las imágenes originales y las sintetizadas, basándose en representaciones intermedias (mapas de características) del discriminador. Le animamos a leer más sobre esta técnica en el artículo original de Ting-Chun Wang y sus colaboradores, titulado «High Resolution Image Synthesis and Semantic Manipulation with Conditional GANs», que está disponible gratuitamente en `https://arxiv.org/pdf/1711.11585.pdf`.

Otras aplicaciones de las GAN

En este capítulo, nos hemos centrado principalmente en la generación de ejemplos utilizando las GAN y hemos visto algunos trucos y técnicas para mejorar la calidad de las salidas sintetizadas. Las aplicaciones de las GAN se están ampliando rápidamente, incluyendo la visión por ordenador, el aprendizaje automático, e incluso se están extendiendo a otros campos de la ciencia y la ingeniería. Se puede encontrar una buena lista de diferentes modelos GAN y áreas de aplicación en `https://github.com/hindupuravinash/the-gan-zoo`.

Vale la pena mencionar que tratamos las GAN de manera no supervisada; es decir, no se ha utilizado información de etiquetas de clase en los modelos que se han tratado en este capítulo. Sin embargo, el enfoque GAN también se puede generalizar a tareas semisupervisadas y supervisadas. Por ejemplo, el modelo GAN condicional (cGAN) propuesto por Mehdi Mirza y Simon Osindero en el artículo «Conditional Generative Adversarial Nets», 2014 (`https://arxiv.org/pdf/1411.1784.pdf`), utiliza la información de la etiqueta de clase y aprende a sintetizar nuevas imágenes condicionadas a la etiqueta proporcionada, $\widetilde{\boldsymbol{x}} = G(\boldsymbol{z}|y)$, aplicada a MNIST. Esto nos permite generar diferentes dígitos en el rango 0-9 de forma selectiva. Además, los GAN condicionales nos permiten hacer traducción de imagen a imagen, es decir, aprender a convertir una imagen dada de un dominio específico a otro. En este contexto, un trabajo interesante es el algoritmo Pix2Pix, publicado en el artículo «Image-to-Image Translation with Conditional Adversarial Networks», de Philip Isola y colaboradores, 2018 (`https://arxiv.org/pdf/1611.07004.pdf`). Vale la pena mencionar que en el algoritmo Pix2Pix, el discriminador proporciona los pronósticos de reales/falsas para distintas partes de la imagen, en lugar de proporcionar un solo pronóstico para una imagen completa.

CycleGAN es otro modelo GAN interesante elaboradodo sobre cGAN, también para la traducción de imagen a imagen. Sin embargo, hay que tener en cuenta que, en CycleGAN, los ejemplos de entrenamiento de los dos dominios no están emparejados, lo que significa que no hay una correspondencia uno a uno entre las entradas y las salidas. Por ejemplo, utilizando CycleGAN, podríamos cambiar la estación de una foto tomada en verano a invierno. En el artículo «Unpaired Image-to-Image Translation Using Cycle-Consistent Adversarial Networks», de Jun-Yan Zhu y sus colaboradores, 2020 (`https://arxiv.org/pdf/1703.10593.pdf`), un ejemplo impresionante muestra caballos convertidos en cebras.

Resumen

En este capítulo, ha aprendido, en primer lugar, lo relacionado con los modelos generativos en el aprendizaje profundo y su objetivo general: sintetizar nuevos datos. A continuación, hemos visto cómo los modelos GAN utilizan una red de generador y una red de discriminador, que compiten entre sí en un entorno de entrenamiento adversario para mejorarse mutuamente. A continuación, implementamos un modelo GAN sencillo que utiliza únicamente capas totalmente conectadas para el generador y el discriminador.

También hemos visto cómo se pueden mejorar los modelos GAN. En primer lugar, vimos un DCGAN, que utiliza redes convolucionales profundas tanto para el generador como para el discriminador. Por el camino, también ha aprendido dos nuevos conceptos, como la convolución traspuesta (para aumentar la dimensionalidad espacial de los mapas de características) y BatchNorm (para mejorar la convergencia durante el entrenamiento).

Posteriormente, examinamos un modelo WGAN, que utiliza la distancia EM para medir la distancia entre las distribuciones de las muestras reales y falsas. Por último, hablamos del WGAN con GP para mantener la propiedad 1-Lipschitz en lugar de recortar los pesos.

En el próximo capítulo, nos ocuparemos de las redes neuronales de grafos. Anteriormente, nos hemos centrado en conjuntos de datos tabulares y de imágenes. En cambio, las redes neuronales de grafos están diseñadas para datos con estructura de grafos, lo que nos permite trabajar con conjuntos de datos que están omnipresentes en las ciencias sociales, la ingeniería y la biología. Algunos ejemplos populares de datos con estructura de grafos son los grafos de redes sociales y las moléculas formadas por átomos conectados por enlaces covalentes.

Únase al espacio Discord del libro

Únase al espacio Discord del libro para una sesión mensual de «Pregúnteme lo que quiera» con los autores (en inglés):

`https://packt.link/MLwPyTorch`

18

Redes neuronales de grafos para captar las dependencias en datos estructurados en grafos

En este capítulo, presentaremos una clase de modelo de aprendizaje profundo que opera con datos de grafos: las redes neuronales de grafos (Graph Neural Networks, GNN), que han sido un área de rápido desarrollo en los últimos años. Según el informe *State of AI* de 2021 (`https://www.stateof.ai/2021-report-launch.html`), las GNN han pasado «de ser un nicho a ser uno de los campos más calientes de la investigación en AI».

Las GNN se han aplicado en diversos ámbitos, entre los que figuran los siguientes:

- Clasificación de textos (`https://arxiv.org/abs/1710.10903`)
- Sistemas de recomendación (`https://arxiv.org/abs/1704.06803`)
- Previsión del tráfico (`https://arxiv.org/abs/1707.01926`)
- Descubrimiento de fármacos (`https://arxiv.org/abs/1806.02473`)

Aunque no podemos abarcar todas las ideas nuevas en este espacio de rápido desarrollo, proporcionaremos una base para entender cómo funcionan las GNN y cómo se pueden implementar. Además, presentaremos la biblioteca PyTorch Geometric, que proporciona recursos para gestionar datos de grafos para el aprendizaje profundo, así como implementaciones de muchos tipos diferentes de capas de grafos que puede utilizar en sus modelos de aprendizaje profundo.

Los temas que se tratarán en este capítulo son los siguientes:

- Introducción a los datos de grafos y cómo pueden representarse para su uso en redes neuronales profundas.

- Explicación de las convoluciones de gráficos, uno de los principales bloques de construcción de las GNN comunes.
- Tutorial que muestra cómo implementar GNN para el pronóstico de propiedades moleculares utilizando PyTorch Geometric.
- Visión general de los métodos más avanzados en el campo de las GNN.

Introducción a los datos de grafos

En términos generales, los grafos representan una determinada forma de describir y capturar las relaciones en los datos. Los grafos son un tipo particular de estructura de datos no lineal y abstracta. Y como los grafos son objetos abstractos, es necesario definir una representación concreta para poder operar con ellos. Además, los grafos pueden definirse con ciertas propiedades que pueden requerir diferentes representaciones. La Figura 18.1 resume los tipos de grafos más comunes, que trataremos con más detalle en las siguientes subsecciones:

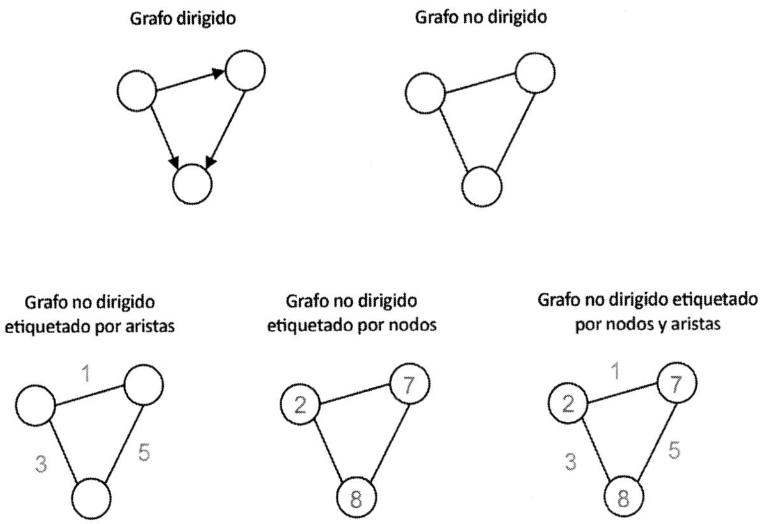

Figura 18.1 *Tipos comunes de grafos.*

Grafos no dirigidos

Un grafo no dirigido está formado por nodos (en la teoría de grafos también llamados «vértices») que se conectan a través de aristas en las que el orden de los nodos y su conexión no importa. La Figura 18.2 muestra dos ejemplos típicos de grafos no dirigidos: un grafo de amigos y un grafo de una molécula química formada por átomos conectados mediante enlaces químicos (en secciones posteriores hablaremos de estos grafos moleculares con mucho más detalle):

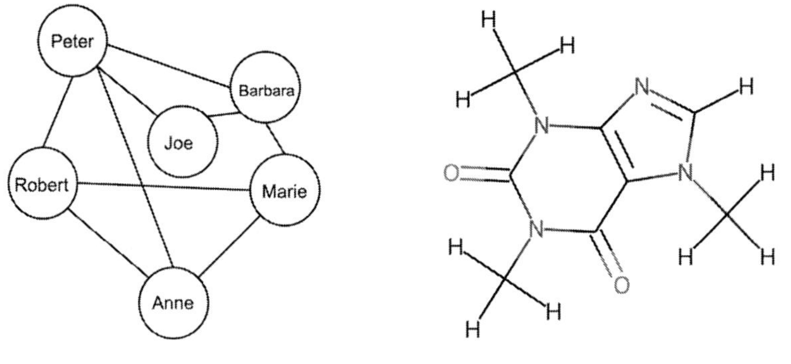

Grafo de amigos

Gráfico molecular de la cafeína

Figura 18.2 *Dos ejemplos de grafos no dirigidos.*

Otros ejemplos frecuentes de datos que pueden representarse como grafos no dirigidos son las imágenes, las redes de interacción proteína-proteína y las nubes de puntos.

Matemáticamente, un grafo no dirigido G es un par (V, E), donde V es un conjunto de nodos del grafo y E es el conjunto de aristas que forman los nodos emparejados. El grafo puede codificarse como una matriz de adyacencia A de $|V|\times|V|$. Cada elemento x_{ij} de la matriz A es un 1 o un 0, donde 1 denota una arista entre los nodos i y j (y 0 denota la ausencia de una arista). Como el grafo no está dirigido, una propiedad adicional de A es que $x_{ij} = x_{ji}$.

Grafos dirigidos

Los grafos dirigidos, a diferencia de los grafos no dirigidos del apartado anterior, conectan los nodos mediante aristas dirigidas. Matemáticamente se definen de la misma manera que un grafo no dirigido, salvo que E, el conjunto de aristas, es un conjunto de pares ordenados. Por lo tanto, el elemento x_{ij} de A no tiene por qué ser igual a x_{ji}.

Un ejemplo de grafo dirigido es una red de citas, en la que los nodos son publicaciones y las aristas de un nodo se dirigen hacia los nodos de los escritos que un determinado escrito ha citado.

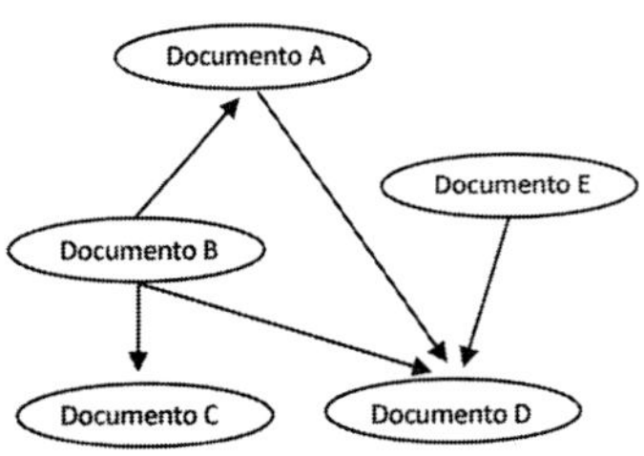

Figura 18.3 *Ejemplo de grafo dirigido.*

Grafos etiquetados

Muchos grafos con los que nos interesa trabajar tienen información adicional asociada a cada uno de sus nodos y aristas. Por ejemplo, si consideramos la molécula de cafeína mostrada anteriormente, las moléculas pueden representarse como grafos en los que cada nodo es un elemento químico (por ejemplo, átomos de O, C, N o H) y cada arista es el tipo de enlace (por ejemplo, enlace simple o doble) entre sus dos nodos. Estas características de los nodos y las aristas deben codificarse de alguna manera. Dado el gráfico G, definido por la tupla de conjuntos de nodos y aristas (V, E), definimos X, una matriz de características de nodos $|V|\times f_V$, donde f_V es la longitud del vector de etiquetas de cada nodo. Para las etiquetas de las aristas, definimos una matriz X_E de características de aristas $|E|\times f_E$, donde f_E es la longitud del vector de etiquetas de cada arista.

Las moléculas son un excelente ejemplo de datos que pueden representarse como un grafo etiquetado, y trabajaremos con datos moleculares a lo largo del capítulo. Por ello, aprovecharemos para tratar su representación en detalle en la siguiente sección.

Representación de las moléculas como grafos

Como resumen químico, las moléculas pueden considerarse grupos de átomos unidos por enlaces químicos. Hay diferentes átomos que corresponden a diferentes elementos químicos,; por ejemplo, los elementos comunes son el carbono (C), el oxígeno (O), el nitrógeno (N) y el hidrógeno (H). También hay diferentes tipos de enlaces que forman la conexión entre los átomos; por ejemplo, enlaces simples o dobles.

Podemos representar una molécula como un grafo no dirigido con una matriz de etiquetas de nodos, en la que cada fila es una codificación one-hot del tipo de átomo del nodo asociado. Además, hay una matriz de etiquetas de aristas en la que cada fila es una codificación one-hot del tipo de enlace de la arista asociada. Para simplificar esta representación, los átomos de hidrógeno a veces se hacen implícitos, ya que su ubicación se puede inferir con reglas químicas básicas. Considerando la molécula de cafeína que vimos antes, en la Figura 18.4 se muestra un ejemplo de representación en grafo con átomos de hidrógeno implícitos.

Comprensión de las convoluciones de grafos

En la sección anterior se ha mostrado cómo se pueden representar los datos de los grafos. El siguiente paso lógico es discutir qué herramientas tenemos que pueden utilizar eficazmente esas representaciones.

En las siguientes subsecciones, introduciremos las convoluciones de grafos, que son el componente clave para elaborar GNN. En esta sección, veremos por qué queremos usar convoluciones de grafos y discutiremos qué atributos queremos que tengan esas convoluciones. Luego introduciremos las convoluciones de grafos a través de un ejemplo de implementación.

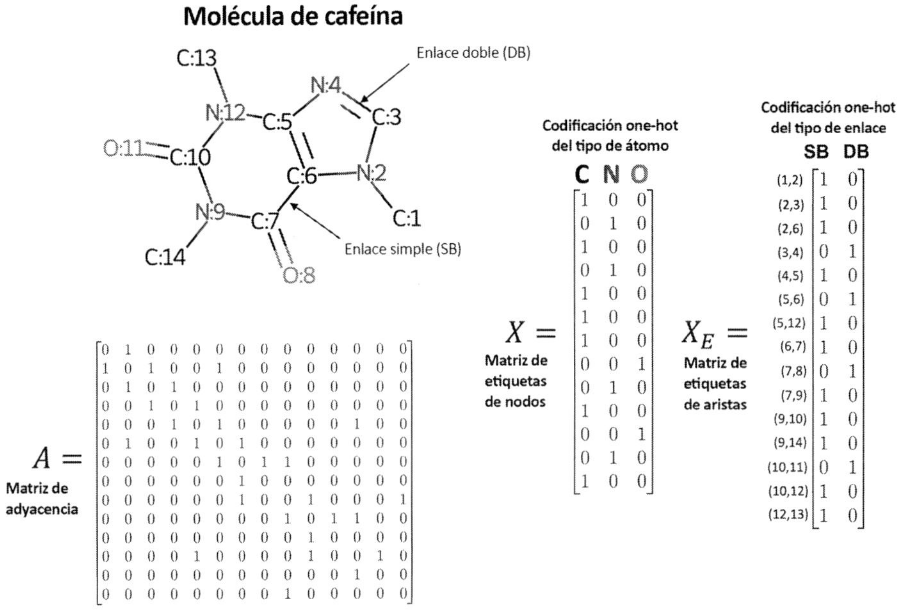

Figura 18.4 *Representación gráfica de una molécula de cafeína.*

Motivaciones para utilizar las convoluciones de grafos

Para ayudar a explicar las convoluciones de grafos, recordemos brevemente cómo se utilizan las convoluciones en las redes neuronales convolucionales (CNN), de las que hablamos en el capítulo 14, Clasificación de imágenes con redes neuronales convolucionales profundas. En el contexto de imágenes, podemos pensar en una convolución como el proceso de deslizar un filtro convolucional sobre una imagen, donde, en cada paso, se calcula una suma ponderada entre el filtro y el campo receptivo (la parte de la imagen sobre la que está en ese momento).

Como se ha comentado en el capítulo sobre las CNN, el filtro puede considerarse como un detector de una característica específica. Este enfoque de la detección de características resulta muy adecuado para las imágenes por varias razones como, por ejemplo, las siguientes premisas que podemos colocar en los datos de la imagen:

1. **Invariabilidad de los desplazamientos:** podemos seguir reconociendo una característica en una imagen independientemente de dónde se encuentre (por ejemplo, después de la traslación). Un gato puede reconocerse como tal tanto si está en la parte superior izquierda como si está en la parte inferior derecha o en otra parte de la imagen.

2. **Localidad:** los píxeles cercanos están estrechamente relacionados.
3. **Jerarquía:** las partes más grandes de una imagen suelen descomponerse en combinaciones de partes más pequeñas asociadas. Un gato tiene cabeza y patas, la cabeza tiene ojos y nariz, los ojos tienen pupilas e iris.

Los lectores interesados pueden encontrar una descripción más formal de estas premisas, y de las premisas asumidas por las GNN, en el artículo de 2019 «Understanding the Representation Power of Graph Neural Networks in Learning Graph Topology», de N. Dehmamy, A.-L. Barabasi, y R. Yu (`https://arxiv.org/abs/1907.05008`).

Otra razón por la que las convoluciones son adecuadas para el procesamiento de imágenes es que el número de parámetros entrenables no depende de la dimensionalidad de la entrada. Se puede entrenar una serie de filtros convolucionales de 3×3 sobre, por ejemplo, una imagen de 256×256 o de 9×9. (Sin embargo, si la misma imagen se presenta en diferentes resoluciones, los campos receptivos —y, por tanto, las características extraídas— serán diferentes. Y para las imágenes de mayor resolución, es posible que queramos elegir núcleos más grandes o añadir capas adicionales para extraer características útiles de forma eficaz).

Al igual que las imágenes, los grafos también tienen prioridades naturales que justifican un enfoque convolucional. Ambos tipos de datos, imágenes y grafos, comparten la prioridad de localidad. Sin embargo, la forma de definir la localidad difiere. En las imágenes, la prioridad es la localidad en el espacio 2D, mientras que en los grafos es la localidad estructural. Intuitivamente, esto significa que un nodo que está a una arista de distancia es más probable que esté relacionado que un nodo que está a cinco aristas de distancia. Por ejemplo, en un grafo de citas, una publicación citada directamente, que estaría a una arista de distancia, tiene más probabilidades de tener un tema similar que una publicación con múltiples grados de separación.

Una premisa estricta para los datos de los grafos es la invariabilidad de la permutación, lo que significa que el orden de los nodos no afecta al resultado. Esto se ilustra en la Figura 18.5, donde el cambio de orden de los nodos no cambia la estructura del grafo:

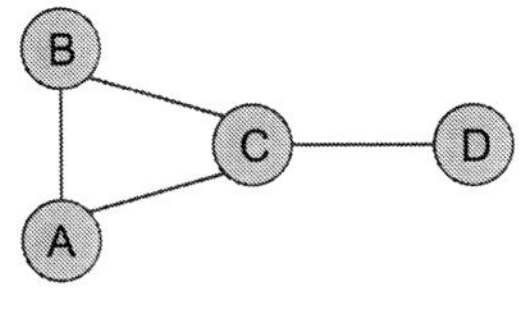

Matriz de adyacencia 1

$$\begin{matrix} \mathbf{D} \\ \mathbf{B} \\ \mathbf{A} \\ \mathbf{C} \end{matrix} \begin{bmatrix} 0 & 0 & 0 & 1 \\ 0 & 0 & 1 & 1 \\ 0 & 1 & 0 & 1 \\ 1 & 1 & 1 & 0 \end{bmatrix}$$

Matriz de adyacencia 2

$$\begin{matrix} \mathbf{A} \\ \mathbf{C} \\ \mathbf{D} \\ \mathbf{B} \end{matrix} \begin{bmatrix} 0 & 1 & 0 & 1 \\ 1 & 0 & 1 & 1 \\ 0 & 1 & 0 & 0 \\ 1 & 1 & 0 & 0 \end{bmatrix}$$

Matriz de adyacencia 3

$$\begin{matrix} \mathbf{A} \\ \mathbf{B} \\ \mathbf{C} \\ \mathbf{D} \end{matrix} \begin{bmatrix} 0 & 1 & 1 & 0 \\ 1 & 0 & 1 & 0 \\ 1 & 1 & 0 & 1 \\ 0 & 0 & 1 & 0 \end{bmatrix}$$

Figura 18.5 *Diferentes matrices de adyacencia que representan el mismo grafo.*

Dado que un mismo grafo puede ser representado por múltiples matrices de adyacencia, como se ilustra en la Figura 18.5, en consecuencia, cualquier convolución de grafos debe ser invariante a la permutación.

Un enfoque convolucional también es deseable para los grafos porque puede funcionar con un conjunto de parámetros fijos para grafos de diferentes tamaños. Esta propiedad es posiblemente más importante para los grafos que para las imágenes. Por ejemplo, hay muchos conjuntos de datos de imágenes con una resolución fija en los que podría ser factible un enfoque de conexión total (por ejemplo, utilizando un perceptrón multicapa), como hemos visto en el capítulo 11, Implementación de redes neuronales artificiales multicapa desde cero. En cambio, la mayoría de los conjuntos de datos de grafos contienen grafos de distintos tamaños.

Mientras que los operadores convolucionales de imágenes están estandarizados, hay muchos tipos diferentes de convoluciones de grafos, y el desarrollo de nuevas convoluciones de grafos es un área de investigación muy activa. Nuestro objetivo es proporcionar ideas generales para que los lectores puedan racionalizar las GNN que deseen utilizar. Con este fin, la siguiente subsección mostrará cómo implementar una convolución de grafos básica en PyTorch. Luego, en la siguiente sección, construiremos una GNN simple en PyTorch desde cero.

Implementación de una convolución básica de grafos

En esta subsección, introduciremos una función básica de convolución de grafos y veremos qué ocurre cuando se aplica a un grafo. Consideremos el siguiente grafo y su representación:

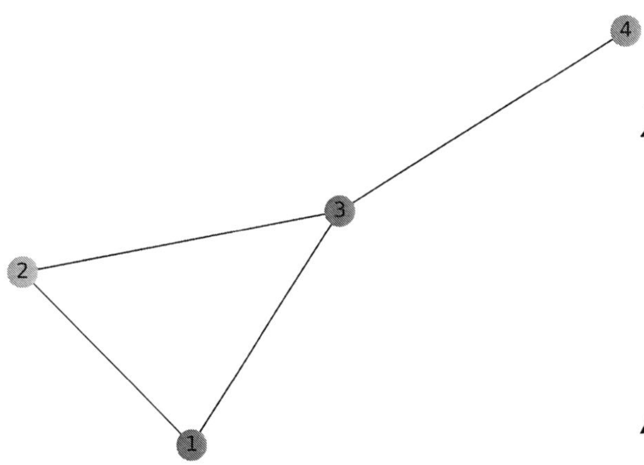

$$\begin{matrix} \text{G} & \text{B} & \text{O} \end{matrix}$$

$$X = \begin{bmatrix} 0 & 1 & 0 \\ 0 & 0 & 1 \\ 0 & 1 & 0 \\ 1 & 0 & 0 \end{bmatrix}$$

$$A = \begin{bmatrix} 0 & 1 & 1 & 0 \\ 1 & 0 & 1 & 0 \\ 1 & 1 & 0 & 1 \\ 0 & 0 & 1 & 0 \end{bmatrix}$$

Figura 18.6 *Representación de un grafo.*

La Figura 18.6 nos muestra un grafo no dirigido con etiquetas de nodo especificadas por una matriz de adyacencia A de $n \times n$ y una matriz de características de nodo X de $n \times f_{in}$, donde la única característica es una representación one-hot del color de cada nodo: verde (G), azul (B) o naranja (O).

Una de las bibliotecas más versátiles para la manipulación y visualización de grafos es NetworkX, que utilizaremos para ilustrar cómo construir grafos a partir de una matriz de etiquetas X y una matriz de nodos A.

Instalación de NetworkX

NetworkX es una práctica biblioteca de Python para manipular y visualizar grafos. Se puede instalar a través de `pip`:

```
pip install networkx
```

Hemos utilizado la versión 2.6.2 para crear las visualizaciones de grafos de este capítulo. Para más información, visite el sitio web oficial en `https://networkx.org`.

Utilizando NetworkX, podemos construir el grafo mostrado en la Figura 18.6 de la siguiente manera:

```
>>> import numpy as np
>>> import networkx as nx
>>> G = nx.Graph()
... # Hex codes for colors if we draw graph
>>> blue, orange, green = "#1f77b4", "#ff7f0e", "#2ca02c"
>>> G.add_nodes_from([
...     (1, {"color": blue}),
...     (2, {"color": orange}),
...     (3, {"color": blue}),
...     (4, {"color": green})
... ])
>>> G.add_edges_from([(1,2), (2,3), (1,3), (3,4)])
>>> A = np.asarray(nx.adjacency_matrix(G).todense())
>>> print(A)
[[0 1 1 0]
[1 0 1 0]
[1 1 0 1]
[0 0 1 0]]

>>> def build_graph_color_label_representation(G, mapping_dict):
```

```
...     one_hot_idxs = np.array([mapping_dict[v] for v in
...         nx.get_node_attributes(G, 'color').values()])
>>>     one_hot_encoding = np.zeros(
...         (one_hot_idxs.size, len(mapping_dict)))
>>>     one_hot_encoding[
...         np.arange(one_hot_idxs.size), one_hot_idxs] = 1
>>>     return one_hot_encoding
>>> X = build_graph_color_label_representation(
...     G, {green: 0, blue: 1, orange: 2})
>>> print(X)
[[0., 1., 0.],
[0., 0., 1.],
[0., 1., 0.],
[1., 0., 0.]]
```

Para dibujar el grafo construido con el código anterior, podemos utilizar el siguiente código:

```
>>> color_map = nx.get_node_attributes(G, 'color').values()
>>> nx.draw(G,with_labels=True, node_color=color_map)
```

En el ejemplo de código anterior, primero iniciamos un nuevo objeto `Graph` de NetworkX. Después, añadimos los nodos 1 a 4 junto con las especificaciones de color para su visualización. Después de añadir los nodos, especificamos sus conexiones (aristas). Usando el constructor `adjacency_matrix` de NetworkX, creamos la matriz de adyacencia A, y nuestra función personalizada `build_graph_color_label_representation` crea la matriz de etiquetas de nodos X a partir de la información que añadimos anteriormente al objeto `Graph`.

Con las convoluciones de grafos, podemos interpretar cada fila de X como una incorporación (embedding) de la información que se almacena en el nodo correspondiente a esa fila. Las convoluciones de grafos actualizan las incorporaciones en cada nodo basándose en las incorporaciones de sus vecinos y de sí mismos. En el caso de nuestro ejemplo de implementación, la convolución de grafos tendrá la siguiente forma:

$$\boldsymbol{x}_i' = \boldsymbol{x}_i \boldsymbol{W}_1 + \sum_{j \in N(i)} \boldsymbol{x}_j \boldsymbol{W}_2 + b$$

Aquí, $\boldsymbol{x}_i'$ es la incorporación actualizada para el nodo i; W_1 y W_2 son matrices $f_{in} \times f_{out}$ de pesos de filtros que se pueden aprender; y b es un vector de sesgo, que se puede aprender, de longitud f_{out}.

Las dos matrices de pesos W_1 y W_2 pueden considerarse bancos de filtros, donde cada columna es un filtro individual. Obsérvese que este diseño de filtro es más eficaz cuando se cumple la premisa de localidad de los datos del grafo. Si un valor en un nodo está altamente correlacionado con el valor de otro nodo a muchas aristas de distancia, una sola convolución no capturará esa relación. El apilamiento de convoluciones capturará relaciones más distantes, como se ilustra en la Figura 18.7 (fijamos el sesgo en cero para simplificar):

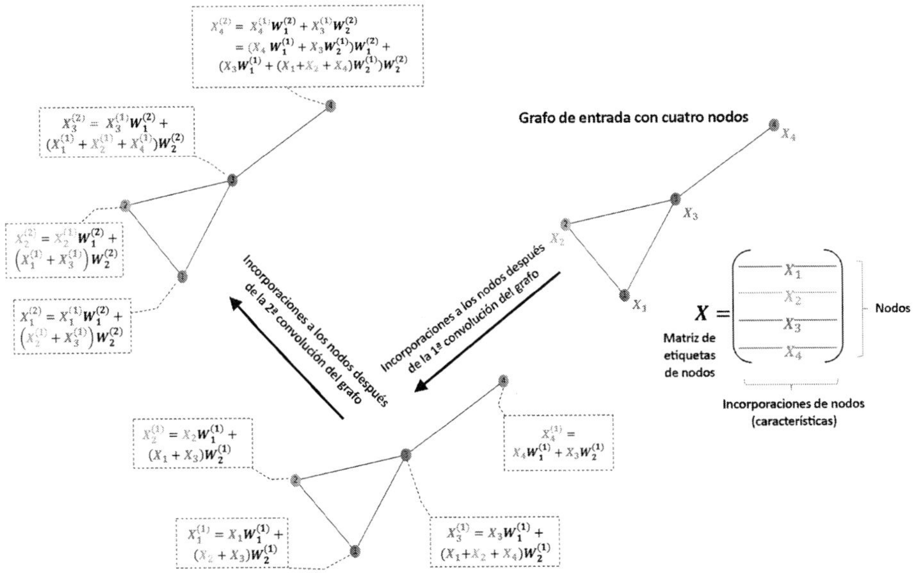

Figura 18.7 *Captura de relaciones de un grafo.*

El diseño de la convolución del grafo ilustrado en la Figura 18.7 se ajusta a nuestras premisas previas sobre los datos del grafo, pero puede que no esté claro cómo implementar la suma sobre los vecinos en forma de matriz. Aquí es donde utilizamos la matriz de adyacencia A. La forma matricial de esta convolución es $\boldsymbol{XW}_1 + \boldsymbol{AXW}_2$. Aquí, la matriz de adyacencia, que consiste en 1s y 0s, actúa como una máscara para seleccionar los nodos y calcular las sumas deseadas. En NumPy, la inicialización de esta capa y el cálculo del paso hacia delante en el gráfico anterior podría escribirse como sigue:

```
>>> f_in, f_out = X.shape[1], 6
>>> W_1 = np.random.rand(f_in, f_out)
>>> W_2 = np.random.rand(f_in, f_out)
>>> h = np.dot(X, W_1)+ np.dot(np.dot(A,X), W_2)
```

Así de fácil es calcular el paso hacia delante de la convolución de un grafo.

En última instancia, queremos que una capa convolucional del grafo actualice la representación de la información de los nodos codificada en X utilizando la información estructural (de conectividad) proporcionada por A. Hay muchas formas potenciales de hacerlo, y esto se refleja en los numerosos tipos de convoluciones de grafos que se han desarrollado.

Para hablar de diferentes convoluciones de grafos, en general, sería bueno que tuvieran un marco unificador. Afortunadamente, dicho marco se presentó en «Neural Message Passing for Quantum Chemistry», de Justin Gilmer y colaboradores, 2017, `https://arxiv.org/abs/1704.01212`.

En este marco de paso de mensajes, cada nodo del grafo tiene un estado oculto asociado $h_i^{(t)}$, donde i es el índice del nodo en el instante de tiempo t. El valor inicial $h_i^{(0)}$ se define como X_i, que es la fila de X asociada al nodo i.

Cada convolución del grafo puede dividirse en una fase de paso de mensajes y una fase de actualización de nodos. En el caso de los grafos no dirigidos, $N(i)$ es el conjunto de nodos que comparten una arista con el nodo i. En el caso de los grafos dirigidos, $N(i)$ es el conjunto de nodos que tienen una arista cuyo punto final es el nodo i. La fase de paso de mensajes puede formularse como sigue:

$$m_i = \sum_{j \in N(i)} M\left(h_i^{(t)}, h_j^{(t)}, e_{ij}\right)$$

Aquí, M_t es la función mensaje. En nuestra capa de ejemplo, definimos esta función mensaje como $M_t = h_j^{(t)} W_2$. La fase de actualización del nodo con la función de actualización U_t es $h_i^{(t+1)} = U_t\left(h_i^{(t)}, m_i\right)$. En nuestra capa de ejemplo, esta actualización es $h_i^{(t+1)} = h_i^{(t)} W_1 + m_i + b$.

La Figura 18.8 visualiza la idea del paso de mensajes y resume la convolución que hemos implementado:

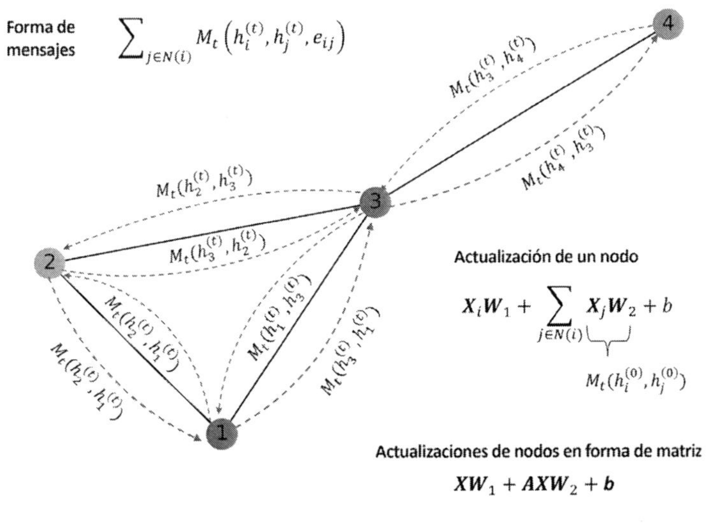

Figura 18.8 *Convoluciones implementadas en el grafo y forma del mensaje.*

En la siguiente sección, incorporaremos esta capa de convolución de grafos a un modelo GNN implementado en PyTorch.

Implementación de GNN en PyTorch desde cero

La sección anterior se centró en la comprensión e implementación de la operación de convolución de grafos. En esta sección, le guiaremos a través de una implementación básica de una red neuronal de grafos para ilustrar cómo aplicar estos métodos a los grafos si usted empieza desde cero. Si este enfoque le parece complicado, no se preocupe; las GNN son modelos relativamente complejos de implementar. Por lo tanto, presentaremos PyTorch Geometric en una sección posterior, que proporciona herramientas para facilitar la implementación y la gestión de datos de las redes neuronales de grafos.

Definición del modelo NodeNetwork

Comenzaremos esta sección mostrando una implementación desde cero de una GNN en PyTorch. Adoptaremos un enfoque descendente, comenzando con el modelo principal de la red neuronal, que llamamos `NodeNetwork`, y luego completaremos los detalles individuales:

```
import networkx as nx
import torch
from torch.nn.parameter import Parameter
import numpy as np
import math
import torch.nn.functional as F

class NodeNetwork(torch.nn.Module):
    def __init__(self, input_features):
        super().__init__()
        self.conv_1 = BasicGraphConvolutionLayer (
            input_features, 32)
        self.conv_2 = BasicGraphConvolutionLayer(32, 32)
        self.fc_1 = torch.nn.Linear(32, 16)
        self.out_layer = torch.nn.Linear(16, 2)

    def forward(self, X, A, batch_mat):
        x = F.relu(self.conv_1(X, A))
        x = F.relu(self.conv_2(x, A))
        output = global_sum_pool(x, batch_mat)
        output = self.fc_1(output)
```

```
        output = self.out_layer(output)
        return F.softmax(output, dim=1)
```

El modelo de `NodeNetwork` que acabamos de definir puede resumirse en los siguientes pasos:

1. Se realizan dos convoluciones del gráfico (`self.conv_1` y `self.conv_2`).
2. Se agrupan todas las incorporaciones de los nodos mediante `global_sum_pool`, que definiremos más adelante.
3. Se ejecutan las incorporaciones agrupadas a través de dos capas totalmente conectadas (`self.fc_1` y `self.out_layer`).
4. Se obtiene la probabilidad de pertenencia a una clase mediante softmax.

La estructura de la red junto con una visualización de lo que hace cada capa se resume en la Figura 18.9:

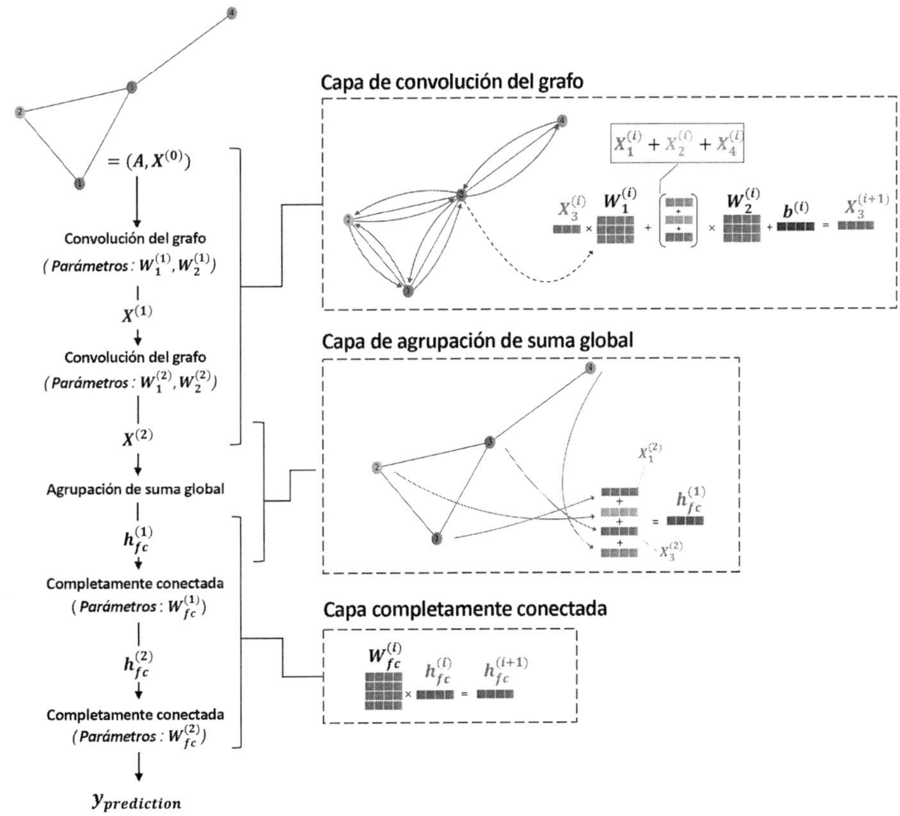

Figura 18.9 *Visualización de cada capa de la red neuronal.*

Los aspectos individuales, como son las capas de convolución de grafos y el pooling global, se discutirán en las siguientes subsecciones.

Codificación de la capa de convolución del grafo de NodeNetwork

Ahora, vamos a definir la operación de convolución del gráfico (`BasicGraphConvolutionLayer`) que se ha utilizado de la clase `NodeNetwork` anterior:

```
class BasicGraphConvolutionLayer(torch.nn.Module):
    def __init__(self, in_channels, out_channels):
        super().__init__()
        self.in_channels = in_channels
        self.out_channels = out_channels
        self.W2 = Parameter(torch.rand(
            (in_channels, out_channels), dtype=torch.float32))
        self.W1 = Parameter(torch.rand(
            (in_channels, out_channels), dtype=torch.float32))

        self.bias = Parameter(torch.zeros(
                out_channels, dtype=torch.float32))
    def forward(self, X, A):
        potential_msgs = torch.mm(X, self.W2)
        propagated_msgs = torch.mm(A, potential_msgs)
        root_update = torch.mm(X, self.W1)
        output = propagated_msgs + root_update + self.bias
        return output
```

Al igual que con las capas totalmente conectadas y las capas convolucionales de imagen, añadimos un término de sesgo para que el intercepto de la combinación lineal de las salidas de las capas (antes de la aplicación de una no linealidad como ReLU) pueda variar. El método `forward()` implementa la forma matricial del paso hacia delante, que hemos discutido en la subsección anterior, con la adición de un término de sesgo.

Para probar `BasicGraphConvolutionLayer`, vamos a aplicarla al grafo y a la matriz de adyacencia que definimos anteriormente en la sección «Implementación de una convolución básica de grafos»:

```
>>> print('X.shape:', X.shape)
X.shape: (4, 3)

>>> print('A.shape:', A.shape)
A.shape: (4, 4)

>>> basiclayer = BasicGraphConvolutionLayer(3, 8)
>>> out = basiclayer(
```

```
...     X=torch.tensor(X, dtype=torch.float32),
...     A=torch.tensor(A, dtype=torch.float32)
... )

>>> print('Output shape:', out.shape)
Output shape: torch.Size([4, 8])
```

Basándonos en el ejemplo de código anterior, podemos ver que `BasicGraphConvolutionLayer` ha convertido el grafo de cuatro nodos compuesto por tres características en una representación con ocho características.

A continuación, definimos la función que se utilizó en la clase `NodeNetwork`, donde `global_sum_pool()` implementa una capa de agrupación global. Las capas de agrupación global agregan todas las incorporaciones de nodos de un grafo en una salida de tamaño fijo. Como se muestra en la Figura 18.9, `global_sum_pool()` suma todas las incorporaciones de los nodos del grafo. Observamos que esta agrupación global es relativamente similar a la agrupación media global utilizada en las CNN, que se utiliza antes de que los datos pasen por las capas totalmente conectadas, como hemos visto en el capítulo 14, Clasificación de imágenes con redes neuronales convolucionales profundas.

Sumar todas las incorporaciones de los nodos supone una pérdida de información, por lo que sería preferible remodelar los datos, pero como los grafos pueden tener diferentes tamaños, esto no es factible. La agrupación global puede hacerse con cualquier función invariante a la permutación; por ejemplo, `sum`, `max` y `mean`. Aquí está la implementación de `global_sum_pool()`:

```
def global_sum_pool(X, batch_mat):
    if batch_mat is None or batch_mat.dim() == 1:
        return torch.sum(X, dim=0).unsqueeze(0)
    else:
        return torch.mm(batch_mat, X)
```

Si los datos no están agrupados por lotes o el tamaño del lote es uno, esta función solo suma las incorporaciones de los nodos actuales. De lo contrario, las incorporaciones se multiplican con `batch_mat`, que tiene una estructura basada en la forma en que los datos de los grafos se agrupan por lotes.

Cuando todos los datos de un conjunto de datos tienen la misma dimensionalidad, la dosificación de los datos es tan sencilla como añadir una dimensión apilando los datos. (Nota al margen: la función a la que se llama en la función de procesamiento por lotes por defecto en PyTorch se llama literalmente `stack`). Dado que los tamaños de los grafos varían, este enfoque no es factible con los datos de los grafos a menos que se utilice el relleno. Sin embargo, el relleno puede ser ineficiente en los casos en que el tamaño de los grafos puede variar sustancialmente. Normalmente, la mejor manera de tratar con tamaños de grafos variables es tratar cada lote como un único grafo en el que cada grafo del lote es un subgrafo que está desconectado del resto. Esto se ilustra en la Figura 18.10:

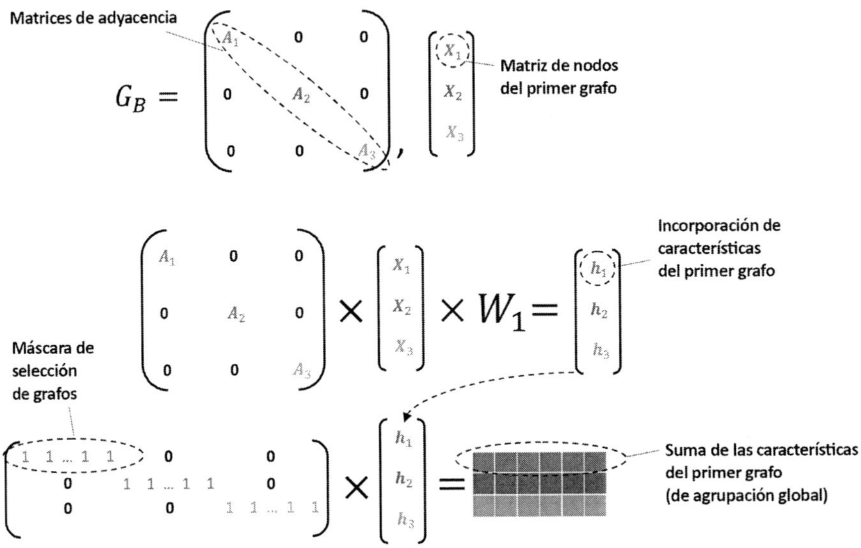

Figura 18.10 *Cómo tratar con distintos tamaños de grafos.*

Para describir la Figura 18.10 de manera más formal, supongamos que nos dan los grafos G_1, ..., G_k de tamaños n_1, ..., n_k con f características por nodo. Nos dan las correspondientes matrices de adyacencia A_1, ..., A_k y las matrices de características X_1, ..., X_k. Sea N el número total de nodos, $N = \sum_{i=1}^{k} n_i$, $s_1 = 0$, $s_1 = 0$, y $s_i = s_{i-1} + n_{i-1}$ para $1 < i \leq k$. Como se muestra en la figura, definimos un grafo G_B con una matriz de adyacencia A_B de $N{\times}N$ y una matriz de características X_B de $N{\times}f$. Utilizando la notación de índices de Python, $A_B[s_i{:}s_i + n_i, s_i + n_i] = A_i$, y todos los demás elementos de A_B fuera de estos conjuntos de índices son 0. Además, $X_B[s_i{:}s_i + n_i, :] = X_i$.

Por diseño, los nodos desconectados nunca estarán en el mismo campo receptivo de la convolución de grafos. Como resultado, al retropropagar gradientes de G_B a través de las convoluciones de grafos, los gradientes adjuntos a cada grafo en el lote serán independientes. Esto significa que si tratamos un conjunto de convoluciones de grafos como una función f, si $h_B = f(X_B, A_B)$ y $h_i = f(X_i, A_i)$, entonces $h_B[s_i{:}s_i + n, :] = h_i$. Si la agrupación global de sumas extrae las sumas de cada h_i de h_B como vectores separados, pasar esa pila de vectores a través de capas totalmente conectadas mantendría los gradientes de cada elemento del lote separados a lo largo de toda la retropropagación.

Este es el propósito de `batch_mat` en `global_sum_pool()` (servir como una máscara de selección de grafos que mantiene los grafos del lote separados). Podemos generar esta máscara para grafos de tamaños $n_1, ..., n_k$ con el siguiente código:

```
def get_batch_tensor(graph_sizes):
    starts = [sum(graph_sizes[:idx])
              for idx in range(len(graph_sizes))]
    stops = [starts[idx] + graph_sizes[idx]
             for idx in range(len(graph_sizes))]
    tot_len = sum(graph_sizes)
    batch_size = len(graph_sizes)
    batch_mat = torch.zeros([batch_size, tot_len]).float()
    for idx, starts_and_stops in enumerate(zip(starts, stops)):
        start = starts_and_stops[0]
        stop = starts_and_stops[1]
        batch_mat[idx,start:stop] = 1
    return batch_mat
```

Así, dado un tamaño de lote, b, `batch_mat` es una matriz $b \times N$ donde $batch\_mat[i-1, s_i:s_i + n_i] = 1$ para $1 \leq i \leq k$ y donde los elementos fuera de estos conjuntos de índices son 0. La siguiente es una función de cotejo (collate) para construir la representación de algún G_B y la matriz del lote correspondiente:

```
# batch is a list of dictionaries each containing
# the representation and label of a graph
def collate_graphs(batch):
    adj_mats = [graph['A'] for graph in batch]
    sizes = [A.size(0) for A in adj_mats]
    tot_size = sum(sizes)
    # create batch matrix
    batch_mat = get_batch_tensor(sizes)
    # combine feature matrices
    feat_mats = torch.cat([graph['X'] for graph in batch], dim=0)
    # combine labels
    labels = torch.cat([graph['y'] for graph in batch], dim=0)
    # combine adjacency matrices
    batch_adj = torch.zeros([tot_size, tot_size], dtype=torch.float32)
    accum = 0
    for adj in adj_mats:
        g_size = adj.shape[0]
        batch_adj[accum:accum+g_size,accum:accum+g_size] = adj
        accum = accum + g_size
```

```
    repr_and_label = {'A': batch_adj,
            'X': feat_mats, 'y': labels,
            'batch': batch_mat}
    return repr_and_label
```

Preparación de DataLoader

En esta sección, veremos cómo se une el código de las subsecciones anteriores. Primero, generaremos algunos grafos y los pondremos en un `Dataset` de PyTorch. A continuación, utilizaremos nuestra función `collate` en un `DataLoader` para nuestra GNN.

Pero antes de definir los grafos, vamos a implementar una función que elabore una representación del diccionario que utilizaremos más adelante:

```
def get_graph_dict(G, mapping_dict):
    # Function builds dictionary representation of graph G
    A = torch.from_numpy(
        np.asarray(nx.adjacency_matrix(G).todense())).float()
    # build_graph_color_label_representation()
    # was introduced with the first example graph
    X = torch.from_numpy(
      build_graph_color_label_representation(
              G, mapping_dict)).float()
    # kludge since there is not specific task for this example
    y = torch.tensor([[1,0]]).float()
    return {'A': A, 'X': X, 'y': y, 'batch': None}
```

Esta función toma un grafo NetworkX y devuelve un diccionario que contiene su matriz de adyacencia `A`, su matriz de características de nodos `X`, y una etiqueta binaria `y`. Como no vamos a entrenar este modelo en una tarea del mundo real, simplemente establecemos las etiquetas de forma arbitraria. A continuación, `nx.adjacency_matrix()` utiliza un grafo NetworkX y devuelve una representación dispersa que convertimos en una forma densa de `np.array` mediante `todense()`.

Ahora construiremos los grafos y utilizaremos la función `get_graph_dict` para convertir los grafos de NetworkX a un formato que nuestra red pueda manejar:

```
>>> # building 4 graphs to treat as a dataset
>>> blue, orange, green = "#1f77b4", "#ff7f0e","#2ca02c"
>>> mapping_dict= {green:0, blue:1, orange:2}
>>> G1 = nx.Graph()
>>> G1.add_nodes_from([
```

```
...     (1,{"color": blue}),
...     (2,{"color": orange}),
...     (3,{"color": blue}),
...     (4,{"color": green})
... ])
>>> G1.add_edges_from([(1, 2), (2, 3), (1, 3), (3, 4)])
>>> G2 = nx.Graph()
>>> G2.add_nodes_from([
...     (1,{"color": green}),
...     (2,{"color": green}),
...     (3,{"color": orange}),
...     (4,{"color": orange}),
...     (5,{"color": blue})
... ])
>>> G2.add_edges_from([(2, 3),(3, 4),(3, 1),(5, 1)])
>>> G3 = nx.Graph()
>>> G3.add_nodes_from([
...     (1,{"color": orange}),
...     (2,{"color": orange}),
...     (3,{"color": green}),
...     (4,{"color": green}),
...     (5,{"color": blue}),
...     (6,{"color":orange})
... ])
>>> G3.add_edges_from([(2,3), (3,4), (3,1), (5,1), (2,5), (6,1)])
>>> G4 = nx.Graph()
>>> G4.add_nodes_from([
...     (1,{"color": blue}),
...     (2,{"color": blue}),
...     (3,{"color": green})
... ])
>>> G4.add_edges_from([(1, 2), (2, 3)])
>>> graph_list = [get_graph_dict(graph, mapping_dict) for graph in
...     [G1, G2, G3, G4]]
```

Los grafos que genera este código se visualizan en la Figura 18.11.

Este bloque de código construye cuatro grafos NetworkX y los almacena en una lista. Aquí, el constructor de `nx.Graph()` inicializa un gráfico vacío, y `add_nodes_from()` añade nodos al gráfico vacío desde una lista de tuplas. El primer elemento de cada tupla es el nombre del nodo, y el segundo elemento es el diccionario de los atributos de ese nodo.

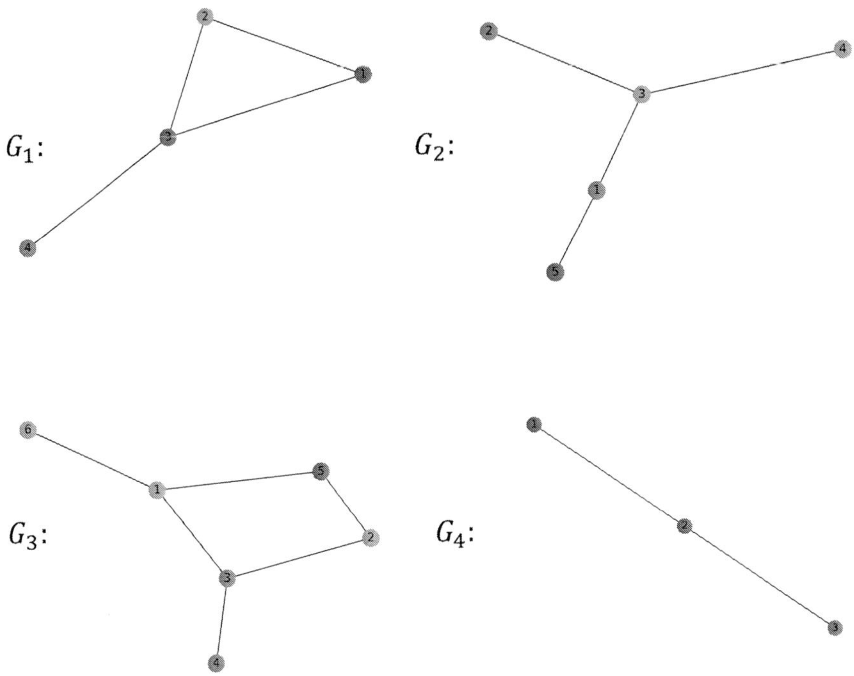

Figura 18.11 *Cuatro gráficos generados.*

El método `add_edges_from()` de un grafo emplea una lista de tuplas donde cada tupla define una arista entre sus elementos (nodos). Ahora, podemos construir un `Dataset` de PyTorch para estos grafos:

```
from torch.utils.data import Dataset
class ExampleDataset(Dataset):
    # Simple PyTorch dataset that will use our list of graphs
    def __init__(self, graph_list):
        self.graphs = graph_list
    def __len__(self):
        return len(self.graphs)

    def __getitem__(self,idx):
        mol_rep = self.graphs[idx]
        return mol_rep
```

Aunque el uso de un `Dataset` personalizado puede parecer un esfuerzo innecesario, nos permite mostrar cómo se puede utilizar `collate_graphs()` en un `DataLoader`:

```
>>> from torch.utils.data import DataLoader
>>> dset = ExampleDataset(graph_list)
>>> # Note how we use our custom collate function
```

```
>>> loader = DataLoader(
...     dset, batch_size=2, shuffle=False,
...     collate_fn=collate_graphs)
```

Uso de NodeNetwork para hacer pronósticos

Después de haber definido todas las funciones necesarias y haber configurado `DataLoader`, inicializamos un nuevo `NodeNetwork` y lo aplicamos a los datos de nuestro grafo:

```
>>> node_features = 3
>>> net = NodeNetwork(node_features)

>>> batch_results = []
>>> for b in loader:
...     batch_results.append(
...         net(b['X'], b['A'], b['batch']).detach())
```

Sin embargo, el modelo GNN podría ser entrenado de forma regular calculando la pérdida entre las etiquetas de clase pronosticadas y las verdaderas, retropropagando la pérdida a través de `.backward()`, y actualizando los pesos del modelo a través de un optimizador basado en el descenso del gradiente. Dejamos esto como un ejercicio opcional para el lector. En la siguiente sección, mostraremos cómo hacerlo con una implementación de GNN de PyTorch Geometric, que implementa un código GNN más sofisticado.

Para continuar con nuestro código anterior, ahora vamos a proporcionar un único grafo de entrada al modelo directamente sin el `DataLoader`:

```
>>> G1_rep = dset[1]
>>> G1_single = net(
...     G1_rep['X'], G1_rep['A'], G1_rep['batch']).detach()
```

Ahora podemos comparar los resultados de aplicar GNN a un solo grafo (`G1_single`) y al primer grafo del `DataLoader` (también el primer grafo, `G1`, que garantizamos, ya que establecimos `shuffle=False`) para volver a comprobar que el cargador por lotes funciona correctamente. Como podemos ver usando `torch.isclose()` (para tener en cuenta los errores de redondeo), los resultados son equivalentes, como esperábamos:

```
>>> G1_batch = batch_results[0][1]
>>> torch.all(torch.isclose(G1_single, G1_batch))
tensor(True)
```

¡Felicidades! Ahora entiende cómo construir, configurar y ejecutar una GNN básica. Sin embargo, a partir de esta introducción, probablemente se dé cuenta de que el manejo y la manipulación de los datos del grafo pueden ser algo laboriosos. Además, ni siquiera hemos elaborado una convolución de grafos que utilice etiquetas de aristas, lo que complicaría aún más las cosas. Afortunadamente, existe PyTorch Geometric, un paquete que hace que lo anterior sea mucho más fácil al proporcionar implementaciones de muchas capas de GNN. Presentaremos esta librería con un ejemplo completo de implementación y entrenamiento de una GNN más compleja sobre datos de moléculas en la siguiente subsección.

Implementación de GNN con la biblioteca PyTorch Geometric

En esta sección, implementaremos una GNN utilizando la biblioteca PyTorch Geometric, que simplifica el proceso de entrenamiento de las GNN. Aplicamos la GNN a QM9, un conjunto de datos formado por pequeñas moléculas, para predecir la polarizabilidad isotrópica, que es una medida de la tendencia de una molécula a tener su carga distorsionada por un campo eléctrico.

Instalación de PyTorch Geometric

PyTorch Geometric puede instalarse mediante conda o pip. Le recomendamos que visite el sitio web de documentación oficial en `https://pytorch-geometric.readthedocs.io/en/latest/notes/installation.html` para seleccionar el comando de instalación recomendado para su sistema operativo. Para este capítulo, utilizamos pip para instalar la versión 2.0.2 junto con sus dependencias `torch-scatter` y `torch-sparse`:

```
pip install torch-scatter==2.0.9
pip install torch-sparse==0.6.12
pip install torch-geometric==2.0.2
```

Comencemos cargando el conjunto de datos de pequeñas moléculas y veamos cómo PyTorch Geometric almacena los datos:

```
>>> # For all examples in this section we use the following imports.
>>> # Note that we are using torch_geometric's DataLoader.
>>> import torch
>>> from torch_geometric.datasets import QM9
>>> from torch_geometric.loader import DataLoader
>>> from torch_geometric.nn import NNConv, global_add_pool
>>> import torch.nn.functional as F
>>> import torch.nn as nn
>>> import numpy as np
>>> # let's load the QM9 small molecule dataset
>>> dset = QM9('.')
>>> len(dset)
```

```
130831
>>> # Here's how torch geometric wraps data
>>> data = dset[0]
>>> data
Data(edge_attr=[8, 4], edge_index=[2, 8], idx=[1], name="gdb_1",
pos=[5, 3], x=[5, 11], y=[1, 19], z=[5])
>>> # can access attributes directly
>>> data.z
tensor([6, 1, 1, 1, 1])
>>> # the atomic number of each atom can add attributes
>>> data.new_attribute = torch.tensor([1, 2, 3])
>>> data
Data(edge_attr=[8, 4], edge_index=[2, 8], idx=[1], name="gdb_1", new_
attribute=[3], pos=[5, 3], x=[5, 11], y=[1, 19], z=[5])
>>> # can move all attributes between devices
>>> device = torch.device(
...     "cuda:0" if torch.cuda.is_available() else "cpu")
>>> data.to(device)
>>> data.new_attribute.is_cuda
True
```

El objeto `Data` es una envoltura conveniente y flexible para los datos de grafos. Tenga en cuenta que muchos objetos de PyTorch Geometric requieren ciertas palabras clave en los objetos de datos para procesarlos correctamente. Específicamente, `x` debe contener las características de los nodos, `edge_attr` debe contener las características de las aristas, `edge_index` debe incluir una lista de aristas, e `y` debe contener etiquetas. Los datos de QM9 contienen algunos atributos adicionales a tener en cuenta: `pos`, la posición de cada uno de los átomos de las moléculas en una cuadrícula 3D, y `z`, el número atómico de cada átomo en la molécula. Las etiquetas de QM9 son un montón de propiedades físicas de las moléculas, como el momento dipolar, la energía libre, la entalpía o la polarización isotrópica. Vamos a implementar un modelo de GNN y a entrenarlo en QM9 para pronosticar la polarización isotrópica.

El conjunto de datos QM9

El conjunto de datos QM9 contiene 133 885 pequeñas moléculas orgánicas etiquetadas con varias propiedades geométricas, energéticas, electrónicas y termodinámicas. QM9 es un conjunto de datos de referencia común para el desarrollo de métodos de pronóstico de las relaciones estructura-propiedades químicas y métodos híbridos de mecánica cuántica/aprendizaje automático. Se puede encontrar más información sobre el conjunto de datos en `http://quantum-machine.org/datasets/`.

Los tipos de enlace de las moléculas son importantes; es decir, qué átomos están conectados a través de un determinado tipo de enlace (por ejemplo, enlaces simples o dobles). Por lo tanto, desearemos utilizar una convolución de grafos que pueda utilizar las características de las aristas. Para ello, utilizaremos la capa `torch_geometric.nn.NNConv`. (Si está interesado en los detalles de la implementación, su código fuente se encuentra en `https://pytorch-geometric.readthedocs.io/en/latest/_modules/torch_geometric/nn/conv/nn_conv.html#NNConv`).

Esta convolución en la capa `NNConv` tiene la siguiente forma:

$$\boldsymbol{X}_i^{(t)} = \boldsymbol{W}\boldsymbol{X}_i^{(t-1)} + \sum_{j \in N(i)} \boldsymbol{X}_j^{(t-1)} . h_\Theta(e_{i,j})$$

Aquí, h es una red neuronal parametrizada por un conjunto de pesos Θ, y W es la matriz de pesos para las etiquetas de los nodos. Esta convolución de grafos es muy similar a la que implementamos anteriormente desde cero:

$$\boldsymbol{X}_i^{(t)} = \boldsymbol{W}_1\boldsymbol{X}_i^{(t-1)} + \sum_{j \in N(i)} \boldsymbol{X}_j^{(t-1)}\boldsymbol{W}_2$$

La única diferencia real es que el equivalente de W_2, la red neuronal h, se parametriza en función de las etiquetas de las aristas, lo que permite que los pesos varíen para diferentes etiquetas de aristas. A través del siguiente código, implementamos una GNN que utiliza dos de estas capas convolucionales de grafos (`NNConv`):

```
class ExampleNet(torch.nn.Module):
    def __init__(self, num_node_features, num_edge_features):
        super().__init__()
        conv1_net = nn.Sequential(
            nn.Linear(num_edge_features, 32),
            nn.ReLU(),
            nn.Linear(32, num_node_features*32))

        conv2_net = nn.Sequential(
            nn.Linear(num_edge_features, 32),
            nn.ReLU(),
            nn.Linear(32, 32*16))

        self.conv1 = NNConv(num_node_features, 32, conv1_net)
        self.conv2 = NNConv(32,16, conv2_net)
        self.fc_1 = nn.Linear(16, 32)
        self.out = nn.Linear(32, 1)
```

```
    def forward(self, data):
        batch, x, edge_index, edge_attr = (
            data.batch, data.x, data.edge_index, data.edge_attr)
        # First graph conv layer
        x = F.relu(self.conv1(x, edge_index, edge_attr))
        # Second graph conv layer
        x = F.relu(self.conv2(x, edge_index, edge_attr))
        x = global_add_pool(x,batch)
        x = F.relu(self.fc_1(x))
        output = self.out(x)
        return output
```

Entrenaremos esta GNN para pronosticar la polarizabilidad isotrópica de una molécula, una medida de la tendencia relativa de la distribución de carga de una molécula a ser distorsionada por un campo eléctrico externo. Dividiremos el conjunto de dato QM9 en conjuntos de entrenamiento, validación y prueba, y utilizaremos `DataLoader` de PyTorch Geometric. Tenga en cuenta que esto no requiere una función especial de cotejo, sino que requiere un objeto `Data` con los atributos apropiados.

A continuación, vamos a dividir el conjunto de datos:

```
>>> from torch.utils.data import random_split
>>> train_set, valid_set, test_set = random_split(
...     dset,[110000, 10831, 10000])
>>> trainloader = DataLoader(train_set, batch_size=32, shuffle=True)
>>> validloader = DataLoader(valid_set, batch_size=32, shuffle=True)
>>> testloader = DataLoader(test_set, batch_size=32, shuffle=True)
```

El siguiente código inicializará y entrenará la red en una GPU (si está disponible):

```
>>> # initialize a network
>>> qm9_node_feats, qm9_edge_feats = 11, 4
>>> net = ExampleNet(qm9_node_feats, qm9_edge_feats)

>>> # initialize an optimizer with some reasonable parameters
>>> optimizer = torch.optim.Adam(
...     net.parameters(), lr=0.01)
>>> epochs = 4
>>> target_idx = 1 # index position of the polarizability label
>>> device = torch.device("cuda:0" if
...                       torch.cuda.is_available() else "cpu")
>>> net.to(device)
```

El bucle de entrenamiento, que se muestra en el siguiente código, sigue el patrón familiar que hemos encontrado en capítulos anteriores de PyTorch, por lo que podemos omitir los detalles de la explicación. Sin embargo, un detalle que vale la pena destacar es que aquí estamos calculando la pérdida del error cuadrático medio (Mean Squared Error, MSE) en lugar de la entropía cruzada, ya que la polarizabilidad es un objetivo continuo y no una etiqueta de clase:

```
>>> for total_epochs in range(epochs):
...     epoch_loss = 0
...     total_graphs = 0
...     net.train()
...     for batch in trainloader:
...         batch.to(device)
...         optimizer.zero_grad()
...         output = net(batch)
...         loss = F.mse_loss(
...             output,batch.y[:, target_idx].unsqueeze(1))
...         loss.backward()
...         epoch_loss += loss.item()
...         total_graphs += batch.num_graphs
...         optimizer.step()
...     train_avg_loss = epoch_loss / total_graphs
...     val_loss = 0
...     total_graphs = 0
...     net.eval()
...     for batch in validloader:
...         batch.to(device)
...         output = net(batch)
...         loss = F.mse_loss(
...             output,batch.y[:, target_idx].unsqueeze(1))
...         val_loss += loss.item()
...         total_graphs += batch.num_graphs
...     val_avg_loss = val_loss / total_graphs
...     print(f"Epochs: {total_epochs} | "
...           f"epoch avg. loss: {train_avg_loss:.2f} | "
...           f"validation avg. loss: {val_avg_loss:.2f}")
Epochs: 0 | epoch avg. loss: 0.30 | validation avg. loss: 0.10
Epochs: 1 | epoch avg. loss: 0.12 | validation avg. loss: 0.07
Epochs: 2 | epoch avg. loss: 0.10 | validation avg. loss: 0.05
Epochs: 3 | epoch avg. loss: 0.09 | validation avg. loss: 0.07
```

Durante los primeros cuatro ciclos (epochs) de entrenamiento, tanto las pérdidas de entrenamiento como las de validación disminuyen. El conjunto de datos es grande y puede llevar un poco de tiempo entrenar en una CPU, por lo que dejamos de entrenar después de cuatro ciclos. Sin embargo, si seguimos entrenando el modelo, la pérdida seguirá mejorando. Puede entrenar el modelo durante más ciclos para ver cómo cambia el rendimiento.

El siguiente código pronostica los valores en los datos de prueba y recopila las etiquetas reales:

```
>>> net.eval()
>>> predictions = []
>>> real = []
>>> for batch in testloader:
...     output = net(batch.to(device))
...     predictions.append(output.detach().cpu().numpy())
...     real.append(
...             batch.y[:,target_idx] .detach().cpu().numpy())
>>> real = np.concatenate(real)
>>> predictions = np.concatenate(predictions)
```

Ahora podemos hacer un gráfico de dispersión con un subconjunto de los datos de prueba. Dado que el conjunto de datos de prueba es relativamente grande (10 000 moléculas), los resultados pueden estar un poco desordenados y, para simplificar, solo representamos los primeros 500 pronósticos y objetivos:

```
>>> import matplotlib.pyplot as plt
>>> plt.scatter(real[:500], predictions[:500])
>>> plt.xlabel('Isotropic polarizability')
>>> plt.ylabel('Predicted isotropic polarizability')
```

La figura resultante se muestra aquí:

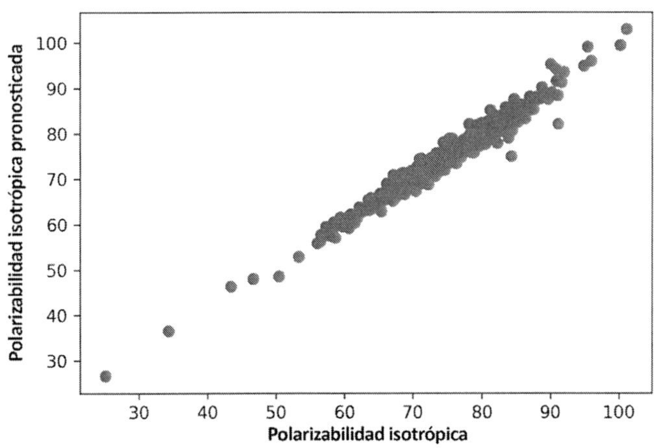

Figura 18.12 *Polarizabilidad isotrópica pronosticada comparada con la polarizabilidad isotrópica real.*

Basado en el gráfico, dado que los puntos se encuentran relativamente cerca de la diagonal, nuestra sencilla GNN parece haber hecho un trabajo decente con el pronóstico de los valores de polarización isotrópica, incluso sin el ajuste de los hiperparámetros.

> **TorchDrug: Una biblioteca basada en PyTorch para el descubrimiento de fármacos**
>
> PyTorch Geometric es una completa biblioteca de propósito general para trabajar con grafos incluyendo moléculas, como ha visto en esta sección. Si está interesado en un trabajo más profundo con moléculas y en el descubrimiento de fármacos, también le recomendamos que considere la biblioteca TorchDrug, recientemente desarrollada, que ofrece muchas utilidades interesantes para trabajar con moléculas. Puede encontrar más información sobre TorchDrug aquí: `https://torchdrug.ai/`.

Otras capas de GNN y desarrollos recientes

En esta sección se presentará una selección de capas adicionales que puede utilizar en sus GNN, además de proporcionar una visión general de alto nivel de algunos desarrollos recientes en este campo. Aunque proporcionaremos información sobre la intuición que hay detrás de estas capas y sus implementaciones, estos conceptos pueden llegar a ser un poco complicados matemáticamente hablando, pero no se desanime. Se trata de temas opcionales y no es necesario comprender las minucias de todas estas implementaciones. Entender las ideas generales que hay detrás de las capas será suficiente para experimentar con las implementaciones de PyTorch Geometric a las que hacemos referencia.

En las siguientes subsecciones se presentarán las capas de convolución de grafos espectrales, las capas de agrupación de grafos y las capas de normalización de grafos. Por último, la última subsección ofrecerá una visión general de algunos tipos más avanzados de redes neuronales de grafos.

Convoluciones de grafos espectrales

Las convoluciones de grafos que hemos utilizado hasta ahora han sido todas de naturaleza espacial. Esto significa que agregan información basándose en el espacio topológico asociado al gráfico, lo que es una forma elegante de decir que las convoluciones espaciales operan en vecindades locales de nodos. Como consecuencia de esto, si una GNN que utiliza convoluciones espaciales necesita capturar patrones globales complejos en los datos del grafo, entonces la red necesitará apilar múltiples convoluciones espaciales. En situaciones en las que estos patrones globales son importantes, pero la profundidad de la red tiene que ser limitada, las convoluciones espectrales de grafos son un tipo alternativo de convolución a considerar.

Las convoluciones espectrales de grafos funcionan de forma diferente a las convoluciones espaciales de grafos. Las convoluciones espectrales de grafos funcionan utilizando el espectro de los grafos (su conjunto de eigenvalores o valores propios) mediante el cálculo de la eigendescomposición de la versión normalizada de la matriz de adyacencia de los grafos, llamada «laplaciana del grafo». Esta última frase puede parecer una barbaridad, así que vamos a desglosarla y a repasarla paso a paso.

Para un grafo no dirigido, la matriz laplaciana de un grafo se define como $\boldsymbol{L} = \boldsymbol{D} - \boldsymbol{A}$, donde $\boldsymbol{A}$ es la matriz de adyacencia del grafo y $\boldsymbol{D}$ es la matriz de grados. Una matriz de grados es una matriz diagonal en la que el elemento de la diagonal en la fila con índice i es el número de aristas que entran y salen del nodo asociado a la fila i-ésima de la matriz de adyacencia.

$\boldsymbol{L}$ es una matriz simétrica de valor real, y se ha demostrado que las matrices simétricas de valor real pueden descomponerse como $\boldsymbol{L} = \boldsymbol{Q}\Lambda\boldsymbol{Q}^T$, donde $\boldsymbol{Q}$ es una matriz ortogonal cuyas columnas son los eigenvectores (vectores propios) de $\boldsymbol{L}$, y Λ es una matriz diagonal cuyos elementos son los eigenvalores (valores propios) de $\boldsymbol{L}$. Se puede pensar que $\boldsymbol{Q}$ proporciona una representación subyacente de la estructura del grafo. A diferencia de las convoluciones espaciales, que utilizan vecindades locales del grafo definidas por $\boldsymbol{A}$, las convoluciones espectrales utilizan la representación alternativa de la estructura de $\boldsymbol{Q}$ para actualizar las incorporaciones de los nodos.

El siguiente ejemplo de convolución espectral utiliza la eigendescomposición del laplaciano simétrico normalizado del grafo, que se define para un grafo como sigue:

$$\boldsymbol{L}_{sym} = \boldsymbol{I} - \boldsymbol{D}^{-\frac{1}{2}}\boldsymbol{A}\boldsymbol{D}^{-\frac{1}{2}}$$

Aquí, $\boldsymbol{I}$ es la matriz de identidad. Se utiliza porque la normalización del laplaciano del grafo puede ayudar a estabilizar el procedimiento de entrenamiento basado en el gradiente, similar a la estandarización de características.

Dado que $\boldsymbol{Q}\Lambda\boldsymbol{Q}^T$ es la eigendescomposición de $\boldsymbol{L}_{sym}$, la convolución del grafo se define como sigue:

$$\boldsymbol{X}' = \boldsymbol{Q}(\boldsymbol{Q}^T\boldsymbol{X} \odot \boldsymbol{Q}^T\boldsymbol{W})$$

Aquí, $\boldsymbol{W}$ es una matriz de pesos entrenable. El interior de los paréntesis esencialmente multiplica $\boldsymbol{X}$ y $\boldsymbol{W}$ por una matriz que codifica las relaciones estructurales en el gráfico. El operador $\odot$ denota aquí la multiplicación a nivel de elementos de los términos internos, mientras que el exterior $\boldsymbol{Q}$ asigna el resultado de vuelta a la base original. Esta convolución tiene algunas propiedades indeseables, ya que el cálculo de la eigendescomposición de un grafo tiene una complejidad computacional de $O(n^3)$. Esto significa que es lenta y, al estar estructurada, W depende del tamaño del grafo. En consecuencia, la convolución espectral solo puede aplicarse a grafos del mismo tamaño. Además, el campo receptivo de esta convolución es todo el grafo, y esta circunstancia no se puede ajustar en la formulación actual. Sin embargo, se han desarrollado varias técnicas y convoluciones para resolver estos problemas.

Por ejemplo, Bruna y colaboradores (`https://arxiv.org/abs/1312.6203`) introdujeron un método de suavización que aborda la dependencia del tamaño de W aproximándolo con un conjunto de funciones, cada una multiplicada por su propio parámetro escalar, α. Es decir, dado el conjunto de funciones $f_1, \ldots, f_n$, $\boldsymbol{W} \approx \sum \alpha_i f_i$. El conjunto de funciones es tal que la dimensionalidad puede variar. Sin embargo, como α sigue siendo escalar, el espacio de parámetros de las convoluciones puede ser independiente del tamaño del gráfico.

Otras convoluciones espectrales dignas de mención son las convoluciones gráficas de Chebyshev (`https://arxiv.org/abs/1606.09375`), que pueden aproximarse a la convolución espectral original con una menor complejidad temporal y pueden tener campos receptivos con tamaños variables. Kipf y Welling (`https://arxiv.org/abs/1609.02907`) introducen una convolución con propiedades similares a las convoluciones Chebyshev, pero con una carga de parámetros reducida. Las implementaciones de ambas están disponibles en PyTorch Geometric como `torch_geometric.nn.ChebConv` y `torch_geometric.nn.GCNConv` y son lugares razonables para empezar si quiere jugar con convoluciones espectrales.

Reducción (Pooling)

Discutiremos brevemente algunos ejemplos de capas de reducción o pooling que se han desarrollado para grafos. Mientras que el submuestreo (downsampling) proporcionado por las capas de reducción ha sido beneficioso en las arquitecturas CNN, el beneficio del submuestreo en las GNN no se ha conseguido con tanta claridad.

Las capas de reducción de datos de imágenes (ab) utilizan la localidad espacial que los grafos no tienen. Si se proporciona una agrupación de los nodos de un grafo, podemos definir cómo debe reducir los nodos una capa de reducción de grafos. Sin embargo, no está claro cómo definir la agrupación óptima, y se pueden favorecer diferentes enfoques de agrupación para diferentes contextos. Incluso después de determinar la agrupación, si los nodos se han submuestreado, no está claro cómo deben conectarse los nodos restantes. Aunque se trata de cuestiones de investigación aún abiertas, examinaremos algunas capas de reducción de grafos y señalaremos sus diferentes enfoques para tratar las cuestiones mencionadas.

Al igual que con las CNN, existen capas de reducción media y máxima que pueden aplicarse a las GNN. Como se muestra en la Figura 18.13, dada una agrupación de nodos, cada clúster se convierte en un nodo de un nuevo grafo:

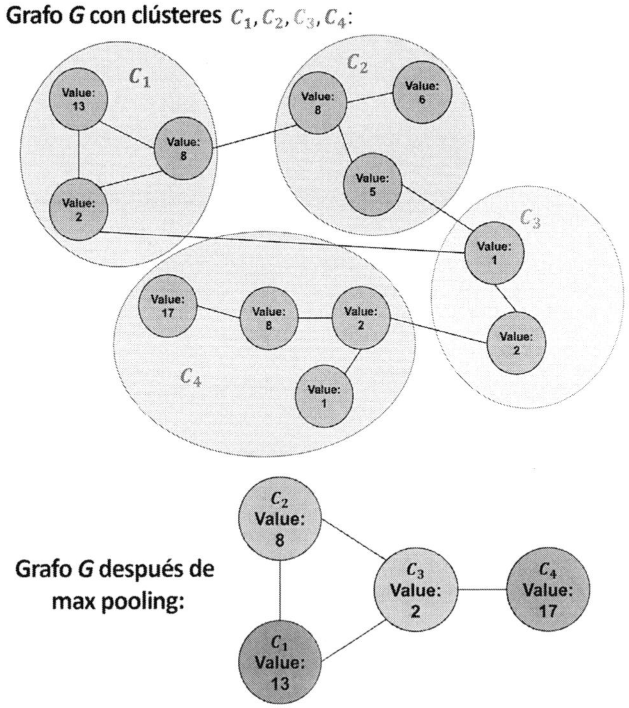

Figura 18.13 *Aplicación de reducción máxima a un grafo.*

La incorporación (embedding) de cada clúster es igual a los valores medio o máximo de las incorporaciones de los nodos del clúster. Para tratar la conectividad, se asigna al clúster la unión de todos los índices de aristas del clúster. Por ejemplo, si los nodos i, j, k se asignan al cluster c_1, cualquier nodo, o clúster que contenga un nodo, que comparta una arista con i, j, o k compartirá una arista con c_1.

Una capa de reducción más compleja, DiffPool (`https://arxiv.org/abs/1806.08804`), trata de abordar simultáneamente tanto la agrupación como el submuestreo. Esta capa averigua la matriz de asignación de clústeres suave $\boldsymbol{S} \in \mathbb{R}^{n \times c}$, que distribuye las incorporaciones de n nodos en c clústeres. (Para refrescar la idea de clustering duro versus blando, consulte la sección «Clustering duro frente a clustering blando» en el capítulo 10, El trabajo con datos no etiquetados: análisis de clustering). Con esto, X se actualiza como $X' = S^T X$ y A como $A' = S^T A^T S$. En particular, A' ya no contiene valores discretos y puede verse como una matriz de ponderaciones de aristas. Con el tiempo, DiffPool converge a una asignación de clustering casi duro con una estructura interpretable.

Otro método de reducción o pooling, la reducción top-*k*, elimina nodos del grafo en lugar de agregarlos, lo que evita los problemas de agrupación o clustering y conectividad. Aunque aparentemente esto conlleva una pérdida de información en los nodos descartados, en el contexto de una red, siempre que se produzca una convolución antes de la reducción, la red puede aprender a evitarlo. Los nodos descartados se seleccionan utilizando una puntuación de proyección frente a un vector p que se puede aprender. La formulación real para calcular (X', A'), como se indica en «Towards Sparse Hierarchical Graph Classifiers» (`https://arxiv.org/abs/1811.01287`), es:

$$y = \frac{X_p}{\|p\|}, \quad i = \text{top-k}(\boldsymbol{y}, k), \quad \boldsymbol{X}' = (\boldsymbol{X} \odot \tanh(\boldsymbol{y}))_i, \quad \boldsymbol{A}' = A_{ii}$$

Aquí, top-*k* selecciona los índices de y, con los k valores más altos y el vector de índices i que se utiliza para descartar filas de $\boldsymbol{X}$ y A. La agrupación top-*k* se implementa en PyTorch Geometric como `torch_geometric.nn.TopKPooling`. Además, la agrupación máxima y media se implementan como `torch_geometric.nn.max_pool_x` y `torch_geometric.nn.avg_pool_x`, respectivamente.

Normalización

Las técnicas de normalización se utilizan en muchos tipos de redes neuronales para ayudar a estabilizar y/o acelerar el proceso de entrenamiento. Muchos enfoques, como la normalización por lotes (discutida en el capítulo 17, Redes adversariales generativas para sintetizar nuevos datos), pueden aplicarse fácilmente en las GNN con una contabilidad apropiada. En esta sección, describiremos brevemente algunas de las capas de normalización que se han diseñado específicamente para datos de grafos.

Como revisión rápida de la normalización, queremos decir que dado un conjunto de valores de características $x_1, ..., x_n$, actualizamos los valores con $\frac{x_i-\mu}{\sigma}$, donde μ es la media y σ la desviación estándar del conjunto de valores. Normalmente, la mayoría de los métodos de normalización de redes neuronales adoptan la forma general $\gamma\frac{x_i-\mu}{\sigma} + \beta$, donde γ y β son parámetros aprendibles, y la diferencia entre los métodos tiene que ver con el conjunto de características sobre el que se aplica la normalización.

En «GraphNorm: A Principled Approach to Accelerating Graph Neural Network Training», Tianle Cai y sus colaboradores, 2020 (`https://arxiv.org/abs/2009.03294`), mostraron que la estadística media tras la agregación en una convolución de grafos puede contener información significativa, por lo que descartarla por completo puede no ser deseable. Para solucionar lo anterior introdujeron GraphNorm.

Tomando prestada la notación del manuscrito original, admitimos que h sea la matriz de incrustación de nodos. Admitimos que $h_{i,j}$ sea el valor de la característica j-ésima del nodo v_i, donde $i = 1, ..., n$, y $j = 1, ..., d$. GraphNorm tiene la siguiente forma:

$$\gamma_j \frac{h_{i,j} - \alpha_j \cdot \mu_j}{\hat{\sigma}_j} + \beta_j$$

Aquí, $\mu_j = \frac{\sum_{i=1}^{n} h_{i,j}}{n}$ y $\hat{\sigma}_j = \frac{\sum_{i=1}^{n}(h_{i,j} - \alpha_j \mu_j)^2}{n}$. La adición clave es el parámetro aprendible, α, que puede controlar la cantidad de la media estadística, μ_j, a descartar.

Otra técnica de normalización de gráficos es MsgNorm, descrita por Guohao Li y colaboradores en «DeeperGCN: All You Need to Train Deeper GCNs», en 2020 (`https://arxiv.org/abs/2006.07739`). MsgNorm corresponde a la formulación de paso de mensajes de las convoluciones de grafos mencionada anteriormente en el capítulo. Utilizando la nomenclatura de redes de paso de mensajes (definida al final de la subsección «Implementación de una convolución básica de grafos»), después de que la convolución de grafos haya sumado sobre M_t y haya producido m_i, pero antes de actualizar los nodos incrustados con U_t, MsgNorm normaliza m_i con la siguiente fórmula:

$$m_i' = s \cdot \|h_i\|_2 \cdot \frac{m_i}{\|m_i\|_2}$$

Aquí, s es un factor de escala aprendible y el propósito que hay detrás de este enfoque es normalizar las características de los mensajes agregados en una convolución de gráficos. Aunque no existe una teoría que apoye este enfoque de normalización, ha funcionado bien en la práctica.

Las capas de normalización que hemos discutido están todas implementadas y disponibles a través de PyTorch Geometric como `BatchNorm`, `GroupNorm`, y `MessageNorm`. Para más información, visite toda la documentación de PyTorch Geometric en `https://pytorch-geometric.readthedocs.io/en/latest/modules/nn.html#normalization-layers`.

A diferencia de las capas de reducción de grafos, que pueden requerir una configuración adicional de la agrupación, las capas de normalización de grafos pueden incorporarse más fácilmente a un modelo GNN existente. Probar una variedad de métodos de normalización durante el desarrollo y la optimización del modelo es un enfoque razonable y recomendable.

Referencias a las redes neuronales de grafos en la literatura avanzada

El campo del aprendizaje profundo centrado en grafos está experimentando un rápido desarrollo, y hay muchos métodos que no podemos tratar con el aceptable detalle en este capítulo introductorio. Por lo tanto, antes de concluir el capítulo, queremos proporcionar a los lectores interesados una selección de estudios más profundos de este tema.

Como recordará del capítulo 16, Transformadores: mejora del procesamiento del lenguaje natural con mecanismos de atención, los mecanismos de atención pueden mejorar las capacidades de los modelos proporcionando contextos adicionales. En este sentido, se han desarrollado diversos métodos de atención para las GNN. Entre los ejemplos de GNN ampliadas con atención se encuentran *Graph Attention Networks*, de Petar Veličković y colaboradores, 2017 (`https://arxiv.org/abs/1710.10903`) y *Relational Graph Attention Networks*, de Dan Busbridge y colaboradores, 2019 (`https://arxiv.org/abs/1904.05811`).

Recientemente, estos mecanismos de atención también se han utilizado en los transformadores de grafos propuestos por Seongjun Yun y colaboradores, 2020 (`https://arxiv.org/abs/1911.06455`) y en el transformador de grafos heterogéneo de Ziniu Hu y colaboradores, 2020 (`https://arxiv.org/abs/2003.01332`).

Además de los transformadores de grafos mencionados anteriormente, se han desarrollado otros modelos generativos profundos específicamente para grafos. Existen autocodificadores variacionales de grafos, como los introducidos en *Variational Graph Auto-Encoders de Kipf y Welling*, 2016 (`https://arxiv.org/abs/1611.07308`), *Constrained Graph Variational Autoencoders for Molecule Design,* de Qi Liu y colaboradores, 2018 (`https://arxiv.org/abs/1805.09076`), y *GraphVAE: Towards Generation of Small Graphs Using Variational Autoencoders,* de Simonovsky y Komodakis, 2018 (`https://arxiv.org/abs/1802.03480`). Otro notable autocodificador variacional de grafos que se ha aplicado a la generación de moléculas es *Junction Tree Variational Autoencoder for Molecular Graph Generation*, de Wengong Jin y colaboradores, 2019 (`https://arxiv.org/abs/1802.04364`).

Algunos modelos GAN se han diseñado para generar datos de grafos; aunque, en el momento de escribir estas líneas, el rendimiento de los GAN en los grafos es mucho menos convincente que en el dominio de la imagen. Algunos ejemplos son *GraphGAN: Graph Representation Learning with Generative Adversarial Nets*, de Hongwei Wang y colaboradores, 2017 (`https://arxiv.org/abs/1711.08267`) y *MolGAN: An Implicit Generative Model for Small Molecular Graphs,* de Cao y Kipf, 2018 (`https://arxiv.org/abs/1805.11973`).

Las GNN también se han incorporado a los modelos de aprendizaje reforzado profundo; ampliará sus conocimientos sobre el aprendizaje reforzado en el próximo capítulo. Algunos ejemplos son *Graph Convolutional Policy Network for Goal-Directed Molecular Graph Generation*, de Jiaxuan You y colaboradores, 2018 (`https://arxiv.org/abs/1806.02473`) y una red Q profunda propuesta en *Optimization of Molecules via Deep Reinforcement Learning*, de Zhenpeng Zhou y colaboradores, 2018 (`https://arxiv.org/abs/1810.08678`), que utiliza una GNN que se aplicó a tareas de generación de moléculas.

Por último, aunque técnicamente no son datos de grafos, las nubes de puntos en 3D se representan a veces como tales utilizando cortes de distancia para crear aristas. Entre las aplicaciones de las redes de grafos en este ámbito se encuentra *Point-GNN: Graph Neural Network for 3D Object Detection in a Point Cloud*, de Weijing Shi y colaboradores, 2020 (`https://arxiv.org/abs/2003.01251`), que detecta objetos 3D en nubes de puntos LiDAR. Además, *GAPNet: Graph Attention based Point Neural Network for Exploiting*

Local Feature of Point Cloud, de Can Chen y colaboradores, 2019 (`https://arxiv.org/abs/1905.08705`), se diseñó para detectar características locales en los datos de las nubes de puntos, lo que había sido un reto para otras arquitecturas profundas.

Resumen

A medida que la cantidad de datos a los que tenemos acceso siga aumentando, también lo hará nuestra necesidad de comprender las interrelaciones en los datos. Aunque lo anterior se hará de varias maneras, los gráficos funcionan como una representación simplificada de estas relaciones, por lo que la cantidad de datos gráficos disponibles no hará más que aumentar.

En este capítulo, explicamos las redes neuronales de grafos desde el principio, implementando una capa de convolución de grafos y una GNN desde cero. Hemos visto que la implementación de las GNN, debido a la naturaleza de los datos de los grafos, es realmente bastante compleja. Así, para aplicar las GNN a un ejemplo del mundo real, como el pronóstico de la polarización molecular, hemos aprendido a utilizar la biblioteca PyTorch Geometric, que proporciona implementaciones de muchos de los bloques de construcción que necesitamos. Por último, repasamos algunas de las publicaciones más destacadas para profundizar en la literatura de las GNN.

Esperamos que este capítulo haya proporcionado una introducción sobre cómo se puede aprovechar el aprendizaje profundo para aprender sobre grafos. Los métodos en esta área son un punto caliente en cuanto a investigación, y muchos de los que hemos mencionado se han publicado en los últimos dos años. Con este texto como punto de partida, tal vez el próximo avance en esta área lo pueda realizar usted.

En el próximo capítulo, veremos el aprendizaje reforzado, que es una categoría de aprendizaje automático completamente diferente a lo que hemos tratado hasta ahora en el libro.

Únase al espacio Discord del libro

Únase al espacio Discord del libro para una sesión mensual de «Pregúnteme lo que quiera» con los autores (en inglés):

`https://packt.link/MLwPyTorch`

19

Aprendizaje reforzado para la toma de decisiones en entornos complejos

En los capítulos anteriores, nos hemos centrado en el aprendizaje automático supervisado y no supervisado. También hemos aprendido a aprovechar las redes neuronales artificiales y el aprendizaje profundo para abordar los problemas que se encuentran en estos tipos de aprendizaje automático. Como recordará, el aprendizaje supervisado se centra en pronosticar una etiqueta de categoría o un valor continuo a partir de un vector dado de características de entrada. El aprendizaje no supervisado se centra en la extracción de patrones de los datos, por lo que es útil para la compresión de datos (capítulo 5, Compresión de datos mediante la reducción de la dimensionalidad), el clustering (capítulo 10, El trabajo con datos no etiquetados: análisis de clustering) o la aproximación a la distribución del conjunto de entrenamiento para generar nuevos datos (capítulo 17, Redes generativas antagónicas con las que sintetizar nuevos datos).

En este capítulo, nos centramos en una categoría separada del aprendizaje automático, el aprendizaje reforzado (Reinforcement Learning, RL), que es diferente de las categorías anteriores, ya que se centra en el aprendizaje de una serie de acciones para optimizar una recompensa global; por ejemplo, ganar en una partida de ajedrez. En resumen, este capítulo tratará los siguientes temas:

- Aprender los fundamentos de RL, familiarizarse con las interacciones agente/entorno y comprender cómo funciona el proceso de recompensa, con el fin de ayudar a tomar decisiones en entornos complejos.
- Introducir diferentes categorías de problemas de RL, las tareas de aprendizaje basadas en modelos y sin modelos, Monte Carlo y algoritmos de aprendizaje por diferencia temporal.
- Implementación de un algoritmo de aprendizaje Q en formato tabular.

- Comprender la aproximación de funciones para resolver problemas de RL, y combinar RL con el aprendizaje profundo mediante la implementación de un algoritmo de aprendizaje Q profundo.

RL es un área de investigación compleja y amplia, y este capítulo se centra en sus fundamentos. Como este capítulo sirve de introducción, y para mantener nuestra atención en los métodos y algoritmos importantes, trabajaremos principalmente con ejemplos básicos que ilustran los conceptos principales. Sin embargo, hacia el final del capítulo, repasaremos un ejemplo más estimulante y utilizaremos arquitecturas de aprendizaje profundo para un enfoque particular de RL conocido como aprendizaje Q profundo.

Introducción: aprender de la experiencia

En esta sección, primero introduciremos el concepto de RL como rama del aprendizaje automático y veremos sus principales diferencias en comparación con otras tareas del aprendizaje automático. A continuación, trataremos los componentes fundamentales de un sistema de RL. Por último, veremos la formulación matemática de RL basada en el proceso de decisión de Markov.

Comprensión del aprendizaje reforzado

Hasta ahora, el contenido del libro se ha centrado principalmente en el aprendizaje supervisado y no supervisado. Recordemos que en el aprendizaje supervisado, nos basamos en ejemplos de entrenamiento etiquetados, que proporciona un supervisor o una persona experta, y el objetivo es entrenar un modelo que pueda generalizar bien a ejemplos de prueba no vistos, no etiquetados. Esto significa que el modelo de aprendizaje supervisado debe aprender a asignar las mismas etiquetas o valores a un ejemplo de entrada dado que la persona experta o supervisor. Por otro lado, en el aprendizaje no supervisado, el objetivo es aprender o capturar la estructura subyacente de un conjunto de datos, como en los métodos de agrupación y la reducción de la dimensionalidad; o aprender a generar nuevos ejemplos sintéticos de entrenamiento con una distribución subyacente similar. RL es sustancialmente diferente del aprendizaje supervisado y no supervisado, por lo que a menudo se considera RL como la «tercera categoría del aprendizaje automático».

El elemento clave que distingue RL de otras subtareas del aprendizaje automático, como el aprendizaje supervisado y el no supervisado, es que RL se centra en el concepto de aprendizaje por interacción. Esto significa que, en RL, el modelo aprende de las interacciones con el entorno para maximizar una función de recompensa.

Mientras que la maximización de una función de recompensa está relacionada con el concepto de minimización de la función de pérdida en el aprendizaje supervisado, las etiquetas correctas para el aprendizaje de una serie de acciones no se conocen ni se definen de antemano en la RL, sino que deben aprenderse a través de las interacciones con el entorno para lograr un determinado resultado deseado, como puede ser ganar un juego. Con RL, el modelo (también llamado agente) interactúa con su entorno y, al hacerlo, genera una secuencia de interacciones que se denominan conjuntamente «episodio». A través de estas interacciones, el agente recoge una serie de recompensas determinadas por el entorno. Estas recompensas pueden ser positivas o negativas, y a veces no se revelan al agente hasta el final del episodio.

Por ejemplo, imaginemos que queremos enseñar a un ordenador a jugar al ajedrez y a ganar a jugadores humanos. Las etiquetas (recompensas) de cada movimiento individual de ajedrez realizado por el ordenador no se conocen hasta el final de la partida, porque durante el juego en sí no sabemos si un movimiento concreto dará lugar a la victoria o a la pérdida de esa partida. Solo al final de la partida se determina la retroalimentación. Esa respuesta sería probablemente una recompensa positiva si el ordenador ganara la partida porque el agente hubiera logrado el resultado general deseado; y, al contrario, se daría una recompensa negativa si el ordenador hubiera perdido la partida.

Además, considerando el ejemplo del juego de ajedrez, la entrada es la configuración en curso, por ejemplo, la disposición de las piezas individuales de ajedrez en el tablero. Dado el gran número de entradas posibles (los estados del sistema), es imposible etiquetar cada configuración o estado como positivo o negativo. Por lo tanto, para definir un proceso de aprendizaje, proporcionamos recompensas (o penalizaciones) al final de cada partida, cuando sabemos si hemos alcanzado el resultado deseado, si hemos ganado la partida o no.

Esta es la esencia de RL. En RL, no podemos o no enseñamos a un agente, ordenador o robot cómo hacer las cosas; solo podemos especificar lo que queremos que el agente consiga. Entonces, basándonos en el resultado de un ensayo concreto, podemos determinar las recompensas en función del éxito o el fracaso del agente. Esto hace que RL sea muy atractiva para la toma de decisiones en entornos complejos, especialmente cuando la tarea de resolución de problemas requiere una serie de pasos, que son desconocidos, difíciles de explicar o difíciles de definir.

Además de las aplicaciones en los juegos y la robótica, también se pueden encontrar ejemplos de RL en la naturaleza. Por ejemplo, el adiestramiento de un perro implica RL: le damos recompensas (golosinas) cuando realiza ciertas acciones deseables. O pensemos en un perro médico entrenado para avisar a su compañero de un ataque inminente. En este caso, no conocemos el mecanismo exacto por el que el perro es capaz de detectar una convulsión, y desde luego no podríamos definir una serie de pasos para aprender a detectar una convulsión, incluso si tuviéramos un conocimiento preciso de este mecanismo. Sin embargo, sí podemos premiar al perro con una golosina si detecta con éxito un ataque para reforzar este comportamiento.

Aunque RL proporciona un marco potente para el aprendizaje de una serie arbitraria de acciones para lograr un determinado objetivo, tenga en cuenta que RL es todavía un área de investigación relativamente joven y activa con muchos desafíos sin resolver. Uno de los aspectos que hace que el entrenamiento de los modelos de RL sea especialmente difícil es que las entradas consiguientes del modelo dependen de las acciones realizadas con anterioridad. Esto puede ocasionar todo tipo de problemas y, por lo general, da lugar a un comportamiento de aprendizaje inestable. Además, esta dependencia de la secuencia en RL crea el llamado «efecto retardado», que significa que la acción realizada en un instante de tiempo t puede dar lugar a una recompensa futura que aparezca un número arbitrario de pasos después.

Definición de la interfaz agente-entorno de los sistemas de aprendizaje reforzado

En todos los ejemplos de RL, podemos encontrar dos entidades distintas: un agente y un entorno. Formalmente, un agente se define como una entidad que aprende a tomar decisiones e interactúa con el entorno que le rodea realizando una acción. A cambio, como consecuencia de realizar una acción, el agente recibe observaciones y una señal de recompensa regida por el entorno. El entorno es todo lo que queda fuera del agente. El entorno se comunica con el agente y determina la señal de recompensa por la acción del agente, así como sus observaciones.

La señal de recompensa es la retroalimentación que recibe el agente al interactuar con el entorno, que suele presentarse en forma de valor escalar y puede ser positiva o negativa. El objetivo de la recompensa es indicar al agente su rendimiento. La frecuencia con la que el agente recibe la recompensa depende de la tarea o el problema en cuestión. Por ejemplo, en el juego del ajedrez, la recompensa se determinaría tras una partida completa en función del resultado de todas las jugadas: una victoria o una derrota. Por otro lado, podríamos definir un laberinto de forma que la recompensa se determinara después de cada instante de tiempo. En un laberinto de este tipo, el agente trata de maximizar su recompensa acumulada a lo largo de su vida, donde la vida describe la duración de un episodio.

La Figura 19.1 ilustra las interacciones y la comunicación entre el agente y el entorno.

El estado del agente, como se ilustra en la Figura 19.1, es el conjunto de todas sus variables (1). Por ejemplo, en el caso de un dron robot, estas variables podrían incluir la posición en curso del dron (longitud, latitud y altitud), la vida restante de la batería del dron, la velocidad de cada ventilador, etc. En cada instante de tiempo, el agente interactúa con el entorno a través de un conjunto de acciones disponibles A_t (2). En función de la acción realizada por el agente denotada por A_t, mientras esté en el estado S_t, el agente recibirá una señal de recompensa R_{t+1} (3), y su estado pasará a ser S_{t+1} (4).

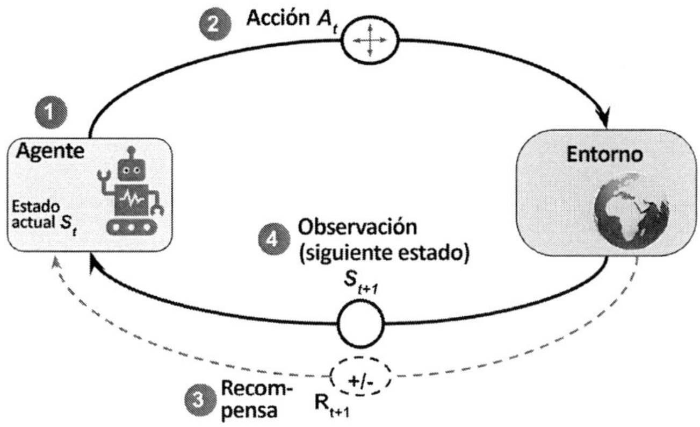

Figura 19.1 *Interacción entre el agente y su entorno.*

Durante el proceso de aprendizaje, el agente debe probar diferentes acciones (exploración) para poder aprender progresivamente qué acciones preferir y realizar más a menudo (explotación) con el fin de maximizar la recompensa total y acumulada. Para entender este concepto, consideremos un ejemplo muy sencillo en el que un recién licenciado en informática con orientación a la ingeniería de software se plantea si empezar a trabajar en una empresa (explotación) o realizar un máster o un doctorado para aprender más sobre ciencia de datos y aprendizaje automático (exploración). En general, la explotación dará lugar a la elección de acciones con una mayor recompensa a corto plazo, mientras que la exploración puede dar lugar a una mayor recompensa total a largo plazo. El equilibrio entre la exploración y la explotación se ha estudiado ampliamente y, sin embargo, no existe una respuesta universal a este dilema en la toma de decisiones.

Fundamentos teóricos de RL

Antes de pasar a algunos ejemplos prácticos y empezar a entrenar un modelo de RL, lo que haremos más adelante en este capítulo, entendamos primero algunos de los fundamentos teóricos de RL. Las siguientes secciones comenzarán examinando primero la formulación matemática de los procesos de decisión de Markov, las tareas episódicas frente a las continuas, alguna terminología clave de RL y la programación dinámica mediante la ecuación de Bellman. Empecemos con los procesos de decisión de Markov.

Procesos de decisión de Markov

En general, el tipo de problemas de los que se ocupa RL suelen formularse como procesos de decisión de Markov (Markov Decision Processes, MDP). El enfoque estándar para resolver los problemas MDP es el uso de la programación dinámica, pero RL ofrece algunas ventajas clave sobre la programación dinámica.

Programación dinámica

La programación dinámica es un conjunto de algoritmos informáticos y métodos de programación desarrollados por Richard Bellman en la década de 1950. En cierto sentido, la programación dinámica consiste en la resolución recursiva de problemas, es decir, en resolver problemas relativamente complicados dividiéndolos en subproblemas más pequeños.

La diferencia clave entre la recursividad y la programación dinámica es que esta última almacena los resultados de los subproblemas (normalmente en forma de diccionario u otra forma de tabla de búsqueda) para poder acceder a ellos de forma constante en el tiempo (en lugar de recalcularlos) si se vuelven a encontrar en el futuro.

Algunos ejemplos de problemas famosos en informática que se resuelven mediante programación dinámica son la alineación de secuencias y el cálculo del camino más corto del punto A al punto B.

Sin embargo, la programación dinámica no es un enfoque viable cuando el tamaño de los estados (es decir, el número de configuraciones posibles) es relativamente grande. En estos casos, RL se considera un enfoque alternativo mucho más eficiente y práctico para resolver los MDP.

Formulación de los procesos de decisión de Markov

Los tipos de problemas que requieren el aprendizaje de un proceso de toma de decisiones interactivo y secuencial, donde la decisión en el instante de tiempo t afecta a las situaciones posteriores, se formalizan matemáticamente como MDP.

En el caso de las interacciones agente/entorno en RL, si denotamos el estado inicial del agente como S_0, las interacciones entre el agente y el entorno dan lugar a una secuencia como la siguiente:

$$\{S_0, A_0, R_1\}, \quad \{S_1, A_1, R_2\}, \quad \{S_2, A_2, R_3\}, \quad ...$$

Nótese que las llaves solo sirven como ayuda visual. Aquí, S_t y A_t representan el estado y la acción realizada en el instante de tiempo t. R_{t+1} denota la recompensa recibida del entorno tras realizar la acción A_t. Nótese que S_t, R_{t+1}, y A_t son variables aleatorias dependientes del tiempo, que toman valores de conjuntos finitos predefinidos denotados por, $s \in \hat{S}$, $r \in \hat{R}$, y $a \in \hat{A}$, respectivamente. En MDP, estas variables aleatorias dependientes del tiempo, S_t y R_{t+1}, tienen distribuciones de probabilidad que solo dependen de sus valores en el instante de tiempo anterior, $t - 1$. La distribución de probabilidad para $S_{t+1} = s'$ y $R_{t+1} = r$ puede escribirse como una probabilidad condicional sobre el estado precedente (S_t) y la acción tomada (A_t) como sigue:

$$p(s', r|s, a) \stackrel{\text{def}}{=} P(S_{t+1} = s', R_{t+1} = r|S_t = s, A_t = a)$$

Esta distribución de probabilidad define completamente la dinámica del entorno (o modelo del entorno) porque, basándose en esta distribución, se pueden calcular todas las probabilidades de transición del entorno. Por lo tanto, la dinámica del entorno es un criterio central para clasificar los diferentes métodos de RL. Los tipos de métodos de RL que requieren un modelo del entorno o intentan aprender un modelo del entorno (es decir, la dinámica del entorno) se denominan «métodos basados en el modelo», en contraposición a los «métodos sin modelo».

RL sin modelo y basado en un modelo

Cuando se conoce la probabilidad $p(s', r|s, a)$, la tarea de aprendizaje puede resolverse con programación dinámica. Pero cuando no se conoce la dinámica del entorno, como ocurre en muchos problemas del mundo real, tendremos que adquirir un gran número de muestras interactuando con el entorno para compensar la dinámica desconocida.

Dos enfoques principales para tratar este problema son los métodos de Monte Carlo (MC) sin modelo y de diferencia temporal (TD). El siguiente gráfico muestra las dos categorías principales y las ramas de cada método:

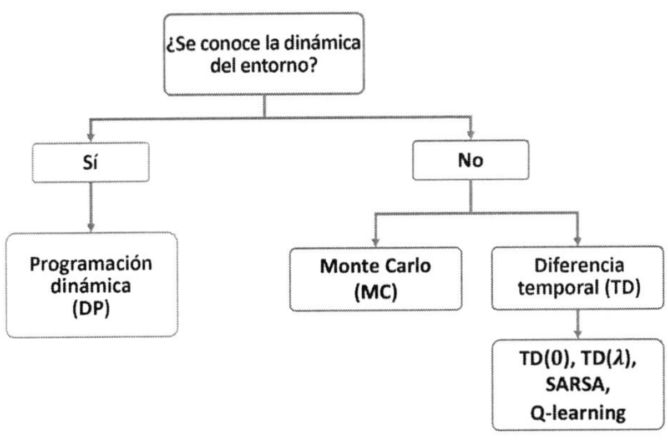

Figura 19.2 *Diferentes modelos a utilizar en función de la dinámica del entorno.*

En este capítulo trataremos estos diferentes enfoques y sus ramas, desde la teoría hasta los algoritmos prácticos.

La dinámica del entorno puede considerarse determinista si las acciones particulares para determinados estados se realizan siempre o nunca, es decir, $p(s', r|s, a) \in \{0,1\}$. De lo contrario, en el caso más general, el entorno tendría un comportamiento estocástico.

Para dar sentido a este comportamiento estocástico, consideremos la probabilidad de observar el estado futuro $S_{t+1} = s'$ condicionado por el estado actual $S_t = s$ y la acción realizada $A_t = a$. Esto se denota por:

$$p(s'|s,a) \stackrel{\text{def}}{=} P(S_{t+1} = s'|S_t = s, A_t = a)$$

Se puede calcular como una probabilidad marginal tomando la suma sobre todas las recompensas posibles:

$$p(s'|s,a) \stackrel{\text{def}}{=} \sum_{r \in \hat{R}} p(s', r|s,a)$$

Esta probabilidad se denomina «probabilidad de transición de estado». Según la probabilidad de transición de estado, si la dinámica del entorno es determinista, significa que cuando el agente realiza la acción $A_t = a$ en el estado $S_t = s$, la transición al siguiente estado, $S_{t+1} = s'$, será 100 % segura, es decir, $p(s'|s,a) = 1$.

Visualización del proceso de Markov

Un procesos de Markov puede representarse como un grafo cíclico dirigido en el que los nodos del grafo representan los diferentes estados del entorno. Las aristas del gráfico (es decir, las conexiones entre los nodos) representan las probabilidades de transición entre los estados.

Por ejemplo, consideremos que un estudiante decide entre tres situaciones diferentes: (A) estudiar para un examen en casa, (B) jugar a videojuegos en casa o (C) estudiar en la biblioteca. Además, hay un estado terminal (T) para ir a dormir. Las decisiones se toman cada hora y, tras tomar una decisión, el estudiante permanecerá en la situación elegida durante esa hora concreta. Entonces, supongamos que cuando se queda en casa (estado A), hay un 50 % de probabilidades de que el estudiante cambie esa actividad por jugar a videojuegos. Por otro lado, cuando el estudiante está en el estado B (jugando a videojuegos), existe una probabilidad relativamente alta (80 %) de que siga jugando a videojuegos en las horas siguientes.

La dinámica del comportamiento del alumno se muestra como un proceso de Markov en la Figura 19.3, que incluye un grafo cíclico y una tabla de transición.

Los valores de las aristas del grafo representan las probabilidades de transición del comportamiento del estudiante, y sus valores también se muestran en la tabla de la derecha. Al considerar las filas de la tabla, tenga en cuenta que las probabilidades de transición que salen de cada estado (nodo) siempre suman 1.

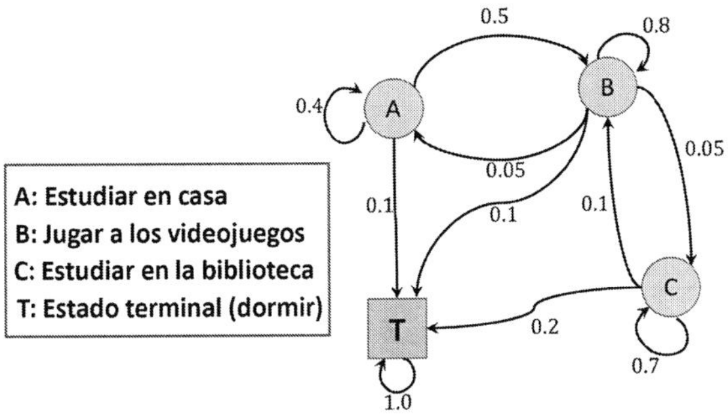

Probabilidades de transición

	A	B	C	T
A	0.4	0.5	0.0	0.1
B	0.05	0.8	0.05	0.1
C	0.0	0.1	0.7	0.2
T	0.0	0.0	0.0	1.0

Figura 19.3 *Proceso de Markov del estudiante.*

Tareas episódicas o continuas

A medida que el agente interactúa con el entorno, la secuencia de observaciones o estados forma una trayectoria. Hay dos tipos de trayectorias. Si la trayectoria de un agente puede dividirse en subpartes de tal manera que cada una comienza en el momento $t = 0$ y termina en un estado terminal S_T (en $t = T$), se trata de una tarea episódica.

Por otro lado, si la trayectoria es infinitamente continua sin un estado terminal, la tarea se denomina tarea continua.

La tarea relacionada con un agente de aprendizaje para el juego del ajedrez es una tarea episódica, mientras que un robot de limpieza que mantiene una casa ordenada suele realizar una tarea continua. En este capítulo, solo consideramos las tareas episódicas.

En las tareas episódicas, un episodio es una secuencia o trayectoria que un agente realiza desde un estado inicial, S_0, hasta un estado final, S_T:

$$S_0, A_0, R_1, S_1, A_1, R_2, ..., S_t, A_t, R_{t+1}, ..., S_{t-1}, A_{t-1}, R_t, S_t$$

Para el proceso de Markov mostrado en la Figura 19.3, que representa la tarea de un estudiante que estudia para un examen, podemos encontrarnos con episodios como los tres ejemplos siguientes:

Episode 1: $BBCCCCBAT$ → pass (final reward = +1)
Episode 2: $ABBBBBBBBBBT$ → fail (final reward = −1)
Episode 3: $BCCCCCT$ → pass (final reward = +1)

Terminología RL: retorno, política y función de valor

A continuación, vamos a definir algunos términos adicionales específicos de RL que necesitaremos para el resto del capítulo.

Retorno

El llamado «retorno en el momento *t*» es la recompensa acumulada obtenida durante toda la duración de un episodio. Recordemos que $R_{t+1} = r$ es la recompensa inmediata obtenida tras realizar una acción, A_t, en el momento t; las recompensas posteriores son R_{t+2}, R_{t+3}, etc.

El retorno en el momento t puede calcularse a partir de la recompensa inmediata, así como a partir de las posteriores, de la siguiente manera:

$$G_t \stackrel{\text{def}}{=} R_{t+1} + \gamma R_{t+2} + \gamma^2 R_{t+3} + \cdots = \sum_{k=0} \gamma^k R_{t+k+1}$$

Aquí, γ es el factor de descuento en el rango [0, 1]. El parámetro γ indica cuánto «valen» las recompensas futuras en el momento en curso (tiempo t). Nótese que al fijar $\gamma = 0$, implicamos que no nos importan las recompensas futuras. En este caso, el retorno será igual a la recompensa inmediata, ignorará las recompensas posteriores a $t + 1$, y el agente será miope. Por otro lado, si $\gamma = 1$, el retorno será la suma no ponderada de todas las recompensas posteriores.

Además, hay que tener en cuenta que la ecuación del retorno puede expresarse de forma más sencilla utilizando la recursividad:

$$G_t = R_{t+1} + \gamma G_{t+1} = r + \gamma G_{t+1}$$

Intuición detrás del factor de descuento

Para comprender el factor de descuento, considere la Figura 19.4, que muestra el valor de ganar un billete de 100 dólares hoy en comparación con ganarlo dentro de un año. En determinadas situaciones económicas, como la inflación, ganar este billete de 100 dólares ahora mismo podría valer más que ganarlo en el futuro:

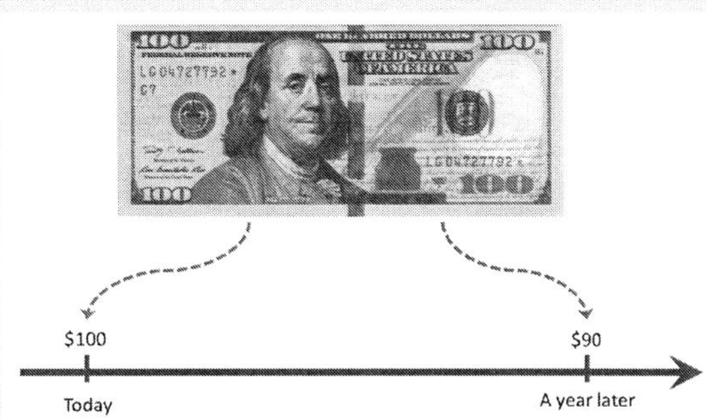

Figura 19.4 *Ejemplo de factor de descuento basado en el valor de un billete de 100 dólares a lo largo del tiempo.*

Por lo tanto, decimos que si este billete vale 100 dólares ahora mismo, valdrá 90 dólares dentro de un año con un factor de descuento $\gamma = 0.9$.

Esto significa que el retorno en el momento t es igual a la recompensa inmediata r más el retorno futuro descontado en el momento $t + 1$. Esta es una propiedad muy importante, que facilita los cálculos del retorno.

Calculemos el retorno en diferentes instantes de tiempo para los episodios de nuestro anterior ejemplo del estudiante. Supongamos $\gamma = 0.9$ y que la única recompensa que se da se basa en el resultado del examen (+1 por aprobar el examen, y −1 por suspenderlo). Las recompensas para los pasos de tiempo intermedios son 0.

Episodio 1: $BBCCCCBAT \rightarrow$ pass (final reward = +1):

- $t = 0 \quad : \quad G_0 = R_1 + \gamma R_2 + \gamma^2 R_3 + \cdots + \gamma^6 R_7$

  $\rightarrow \quad G_0 = 0 + 0 \times \gamma + \cdots + 1 \times \gamma^6 = 0.9^6 \approx 0.531$
- $t = 1 \quad : \quad G_1 = 1 \times \gamma^5 = 0.590$
- $t = 2 \quad : \quad G_2 = 1 \times \gamma^4 = 0.656$
- ...
- $t = 6 \quad : \quad G_6 = 1 \times \gamma = 0.9$
- $t = 7 \quad : \quad G_7 = 1 = 1$

Episodio 2: $ABBBBBBBBBBT \rightarrow$ fail (final reward = −1):

- $t = 0 \quad : \quad G_0 = -1 \times \gamma^8 = -0.430$
- $t = 1 \quad : \quad G_0 = -1 \times \gamma^7 = -0.478$
- ...
- $t = 8 \quad : \quad G_0 = -1 \times \gamma = -0.9$
- $t = 9 \quad : \quad G_{10} = -1$

Dejamos el cálculo de los rendimientos del tercer episodio como ejercicio para el lector.

Política

Una política, normalmente denotada por $\pi(a|s)$, es una función que determina la siguiente acción a realizar, que puede ser bien determinista o estocástica (es decir, la probabilidad de realizar la siguiente acción). Una política estocástica tiene una distribución de probabilidad sobre las acciones que un agente puede tomar en un estado determinado:

$$\pi(a|s) \stackrel{\text{def}}{=} P[A_t = a|S_t = s]$$

Durante el proceso de aprendizaje, la política puede cambiar a medida que el agente va adquiriendo más experiencia. Por ejemplo, el agente puede partir de una política aleatoria, en la que la probabilidad de todas las acciones es uniforme; mientras tanto, se espera que el agente aprenda a optimizar su política para alcanzar la política óptima. La política óptima $\pi_*(a|s)$ es la que produce el mayor rendimiento.

Función de valor

La función de valor, también llamada «función de valor del estado», mide la bondad de cada estado, es decir, lo bueno o malo que es estar en un estado concreto. Obsérvese que el criterio de bondad se basa en el retorno.

Ahora, basándonos en el retorno G_t, definimos la función de valor del estado s como el retorno esperado (el retorno medio de todos los episodios posibles) tras seguir la política π:

$$v_\pi(s) \stackrel{\text{def}}{=} E_\pi[G_t|S_t = s] = E_\pi\left[\sum_{k=0} \gamma^{k+1} R_{t+k+1}\middle| S_t = s\right]$$

En una implementación real, solemos estimar la función de valor utilizando tablas de búsqueda, para no tener que volver a calcularla varias veces. (Este es el aspecto de la programación dinámica). Por ejemplo, en la práctica, cuando estimamos la función de valor utilizando tales métodos tabulares, almacenamos todos los valores de estado en una tabla denotada por $V(s)$. En una implementación de Python, esto podría ser una lista o una matriz NumPy, cuyos índices se refieren a diferentes estados; o podría ser un diccionario de Python, donde las claves del diccionario asignan los estados a los valores respectivos.

Además, también podemos definir un valor para cada par estado-acción, que se denomina «función de valor de la acción» y se denota por $q_\pi(s, a)$. La función de valor de la acción se refiere al rendimiento esperado G_t cuando el agente se encuentra en el estado $S_t = s$ y realiza la acción $A_t = a$.

Extendiendo la definición de la función de valor del estado a los pares estado-acción, obtenemos lo siguiente:

$$q_\pi(s, a) \stackrel{\text{def}}{=} E_\pi[G_t|S_t = s, A_t = a] = E_\pi\left[\sum_{k=0} \gamma^{k+1} R_{t+k+1}\middle| S_t = s, A_t = a\right]$$

Lo anterior es similar a referirse a la política óptima como $\pi_*(a|s)$, $v_*(s)$, y $q_*(s, a)$ también denota las funciones óptimas de valor del estado y de valor de la acción.

La estimación de la función de valor es un componente esencial de los métodos de RL. Más adelante, en este capítulo, veremos diferentes formas de calcular y estimar la función de valor del estado y la función de valor de la acción.

Antes de pasar directamente a considerar algunos algoritmos de RL, repasemos brevemente la obtención de la ecuación de Bellman, que podemos utilizar para implementar la evaluación de la política.

Diferencia entre la función de recompensa, retorno y valor

La recompensa es una consecuencia de que el agente realice una acción dado el estado actual del entorno. En otras palabras, la recompensa es una señal que el agente recibe al realizar una acción para pasar de un estado a otro. Sin embargo, recuerde que no todas las acciones producen una recompensa positiva o negativa; piense en nuestro ejemplo del ajedrez, en el que solo se recibe una recompensa positiva al ganar la partida, y la recompensa por todas las acciones intermedias es cero.

Un estado en sí mismo tiene un cierto valor, que le asignamos, para medir lo bueno o malo que es este estado; aquí es donde entra en juego la función de valor. Normalmente, los estados con un valor «alto» o «bueno» son aquellos que tienen un alto rendimiento esperado y que probablemente producirán una alta recompensa dada una política particular.

Por ejemplo, consideremos una vez más un ordenador que juega al ajedrez. Solo se puede dar una recompensa positiva al final de la partida si el ordenador gana la partida. No hay recompensa (positiva) si el ordenador pierde la partida. Ahora, imagine que el ordenador realiza un movimiento de ajedrez particular que captura la reina del oponente sin ninguna consecuencia negativa para el ordenador. Dado que el ordenador solo recibe una recompensa por ganar la partida, no obtiene una recompensa inmediata al realizar esta jugada que captura la reina del adversario. Sin embargo, el nuevo estado (el estado del tablero después de capturar la reina) puede tener un valor alto, que puede dar una recompensa (si se gana la partida después). Intuitivamente, podemos decir que el alto valor asociado con la captura de la reina del oponente está asociado con el hecho de que la captura de la reina a menudo da como resultado ganar el juego, y por lo tanto el alto rendimiento esperado, o valor. Sin embargo, hay que tener en cuenta que capturar la reina del adversario no siempre lleva a ganar la partida; por lo tanto, es probable que el agente reciba una recompensa positiva, pero esta no está garantizada.

En resumen, el retorno es la suma ponderada de las recompensas de todo un episodio, que sería igual a la recompensa final descontada en nuestro ejemplo de ajedrez (ya que solo hay una recompensa). La función de valor es la expectativa sobre todos los episodios posibles, que calcula lo «valioso» que es, por término medio, hacer un determinado movimiento.

Programación dinámica mediante la ecuación de Bellman

La ecuación de Bellman es uno de los elementos centrales de muchos algoritmos de RL. La ecuación de Bellman simplifica el cálculo de la función de valor, de manera que en lugar de sumar a lo largo de múltiples pasos de tiempo, utiliza una recursión que es similar a la recursión para calcular el retorno.

Sobre la base de la ecuación recursiva para el retorno total $G_t = r + \gamma G_{t+1}$, podemos reescribir la función de valor como sigue:

$$\begin{aligned} v_\pi(s) &\stackrel{\text{def}}{=} E_\pi[G_t|S_t = s] \\ &= E_\pi[r + \gamma G_{t+1}|S_t = s] \\ &= r + \gamma E_\pi[G_{t+1}|S_t = s] \end{aligned}$$

Obsérvese que la recompensa inmediata r se elimina de la expectativa, ya que es una cantidad constante y conocida en el momento t.

Del mismo modo, para la función de valor de la acción, podríamos escribir:

$$\begin{aligned} q_\pi(s,a) &\stackrel{\text{def}}{=} E_\pi[G_t|S_t = s, A_t = a] \\ &= E_\pi[r + \gamma G_{t+1}|S_t = s, A_t = a] \\ &= r + \gamma E_\pi[G_{t+1}|S_t = s, A_t = a] \end{aligned}$$

Podemos utilizar la dinámica del entorno para calcular la expectativa sumando todas las probabilidades del siguiente estado s' y las correspondientes recompensas r:

$$v_\pi(s) = \sum_{a \in \hat{A}} \pi(a|s) \sum_{s' \in \hat{S}, r \in \hat{R}} p(s', r|s, a)[r + \gamma E_\pi[G_{t+1}|S_{t+1} = s']]$$

Ahora, podemos ver que la expectativa del retorno, $E_\pi[G_{t+1}|S_t = s']$, es esencialmente la función de valor del estado $v_\pi(s')$. Por lo tanto, podemos escribir $v_\pi(s)$ como una función de $v_\pi(s')$:

$$v_\pi(s) = \sum_{a \in \hat{A}} \pi(a|s) \sum_{s' \in \hat{S}, r \in \hat{R}} p(s', r|s, a)[r + \gamma v_\pi(s')]$$

A esta fórmula se le llama ecuación de Bellman, que relaciona la función de valor para un estado, s, con la función de valor de su estado posterior, s'. Esto simplifica enormemente el cálculo de la función de valor porque elimina el bucle iterativo a lo largo del eje temporal.

Algoritmos de aprendizaje reforzado

En esta sección, vamos a tratar una serie de algoritmos de aprendizaje. Comenzaremos con la programación dinámica, que asume que la dinámica de las transiciones (o la dinámica del entorno, es decir, $p(s', r|s, a)$) es conocida. Sin embargo, en la mayoría de los problemas de RL, este no es el caso. Para evitar la dinámica desconocida del entorno, se han desarrollado técnicas de RL que aprenden mediante la interacción con el entorno. Estas técnicas incluyen Monte Carlo (MC), el aprendizaje por diferencia temporal (Temporal Difference,TD) y los enfoques cada vez más populares de aprendizaje Q y aprendizaje Q profundo.

La Figura 19.5 describe el curso del avance de los algoritmos de RL, desde la programación dinámica hasta el aprendizaje Q:

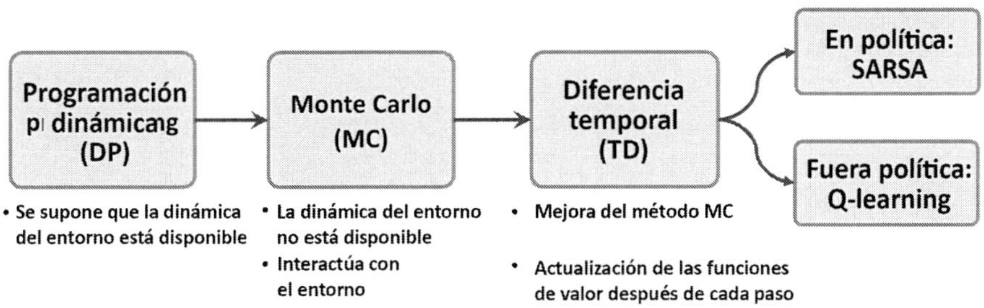

Figura 19.5 *Diferentes tipos de algoritmos de RL.*

En las siguientes secciones de este capítulo, analizaremos cada uno de estos algoritmos de RL. Comenzaremos con la programación dinámica, antes de pasar a MC y, finalmente, a TD y sus ramas de SARSA (State-Action-Reward-Steate-Action, estado-acción-recompensa-estado-acción) y Q-learning sin política. También nos adentraremos en el aprendizaje Q profundo mientras elaboramos algunos modelos prácticos.

Programación dinámica

En esta sección, nos centraremos en la resolución de problemas de RL bajo los siguientes supuestos:

- Tenemos pleno conocimiento de la dinámica del entorno; se conocen todas las probabilidades de transición $p(s', r|s, a)$.
- El estado del agente tiene la propiedad de Markov, lo que significa que la siguiente acción y la recompensa dependen solo del estado actual y de la elección de la acción que hagamos en este momento o instante de tiempo actual.

La formulación matemática de los problemas de RL utilizando un proceso de decisión de Markov (Markov Decision Process, MDP) se introdujo anteriormente en este capítulo. Si necesita un repaso, consulte la sección titulada «Formulación de los procesos de decisión de Markov», en la que se introdujo la definición formal de la función de valor $v_\pi(s)$ siguiendo la política π, y la ecuación de Bellman, que se derivó utilizando la dinámica del entorno.

Debemos destacar que la programación dinámica no es un enfoque práctico para resolver problemas de RL. El problema de utilizar la programación dinámica es que supone un conocimiento completo de la dinámica del entorno, lo que suele ser poco razonable o poco práctico para la mayoría de las aplicaciones del mundo real. Sin embargo, desde un punto de vista educativo, la programación dinámica ayuda a introducir RL de forma sencilla y motiva el uso de algoritmos de RL más avanzados y complicados.

Hay dos objetivos principales que se buscan a través de las tareas descritas en las siguientes subsecciones:

1. Obtener la verdadera función de valor del estado, $v_\pi(s)$; esta tarea también se conoce como «tarea de pronóstico», y se realiza con la evaluación de la política.
2. Encontrar la función de valor óptima, $v_*(s)$, que se realiza mediante la iteración de la política generalizada.

Evaluación de políticas: pronóstico de la función de valor con programación dinámica

Basándonos en la ecuación de Bellman, podemos calcular la función de valor para una política arbitraria con programación dinámica cuando se conoce la dinámica del entorno. Para calcular esta función de valor, podemos adaptar una solución iterativa, en la que partimos de $v^{\langle 0 \rangle}(s)$, que se inicializa con valores cero para cada estado. Luego, en cada iteración $i + 1$, actualizamos los valores para cada estado basándonos en la ecuación de Bellman, que, a su vez, se basa en los valores de los estados de una iteración anterior, i:

$$v^{\langle i+1 \rangle}(s) = \sum_a \pi(a|s) \sum_{s' \in \hat{S}, r \in \hat{R}} p(s', r|s, a)\left[r + \gamma\, v^{\langle i \rangle}(s')\right]$$

Se puede demostrar que a medida que las iteraciones aumentan hasta infinito, $v^{\langle i \rangle}(s)$ converge a la verdadera función de valor del estado, $v_\pi(s)$.

Además, observe que aquí no necesitamos interactuar con el entorno. La razón es que ya conocemos con precisión la dinámica del entorno. Como resultado, podemos aprovechar esta información y estimar la función de valor fácilmente.

Después de calcular la función de valor, una pregunta obvia es cómo esa función de valor puede sernos útil si nuestra política sigue siendo una política aleatoria. La respuesta es que, en realidad, podemos utilizar este cálculo $v_\pi(s)$ para mejorar nuestra política, como veremos a continuación.

Mejora de la política mediante la función de valor estimada

Ahora que hemos calculado la función de valor $v_\pi(s)$ siguiendo la política existente, π, queremos utilizar $v_\pi(s)$ y mejorar la política existente, π. Esto significa que queremos encontrar una nueva política, π', que, para cada estado, s, siguiendo π', produzca un valor mayor o al menos igual que utilizando la política actual, π. En términos matemáticos, podemos expresar este objetivo para la política mejorada, π', como:

$$v_{\pi'}(s) \geq v_\pi(s) \quad \forall s \in \hat{S}$$

En primer lugar, recordemos que una política, π, determina la probabilidad de elegir cada acción, a, mientras el agente se encuentra en el estado s. Ahora, para encontrar π', que siempre tiene un mejor o igual valor para cada estado, primero calculamos la función de valor de la acción, $q_\pi(s, a)$, para cada estado, s, y acción, a, basándonos en el valor del estado calculado utilizando la función de valor $v_\pi(s)$. Recorremos todos los estados y, para cada estado, s, comparamos el valor del siguiente estado, s', que se produciría si se seleccionara la acción a.

Una vez que hayamos obtenido el valor del estado más alto evaluando todos los pares estado-acción mediante $q_\pi(s, a)$, podemos comparar la acción correspondiente con la acción seleccionada por la política actual. Si la acción sugerida por la política actual ($\arg\max_a \pi(a|s)$) es diferente a la acción sugerida por la función de valor de la acción ($\arg\max_a q_\pi(s, a)$), entonces podemos actualizar la política reasignando las probabilidades de las acciones para que coincidan con la acción que da el valor de acción más alto, $q_\pi(s, a)$. A este algoritmo se le denomina «mejora de la política».

Iteración de la política

Utilizando el algoritmo de mejora de la política descrito en la subsección anterior, se puede demostrar que la mejora de la política producirá con seguridad absoluta una política mejor, a menos que la política actual ya sea óptima (lo que significa que $v_\pi(s) = v_{\pi'}(s) = v_*(s)$ para cada $s \in \hat{S}$). Por lo tanto, si realizamos de forma iterativa la evaluación de la política seguida de la mejora de la misma, se garantiza que encontraremos la política óptima.

> Nótese que esta técnica se denomina «iteración de política generalizada» (Generalized Policy Iteration, GPI), que es común entre muchos métodos de RL. Utilizaremos la GPI en secciones posteriores de este capítulo para los métodos de aprendizaje MC y TD.

Iteración del valor

Hemos visto que repitiendo la evaluación de la política (calcular $v_\pi(s)$ y $q_\pi(s, a)$) y la mejora de la política (encontrar π' tal que $v_{\pi'}(s) \geq v_\pi(s)\ \forall s \in \hat{S}$), podemos alcanzar la política óptima. Sin embargo, puede ser más eficiente si combinamos las dos tareas de evaluación y mejora de la política en un solo paso. La siguiente ecuación actualiza la función de valor para la iteración $i + 1$ (que se denota por $v^{\langle i+1 \rangle}$) basándose en la acción que maximiza la suma ponderada del valor del siguiente estado y su recompensa inmediata ($r + \gamma v^{\langle i \rangle}(s')$):

$$v^{\langle i+1 \rangle}(s) = \max_a \sum_{s',r} p(s', r|s, a)\left[r + \gamma v^{\langle i \rangle}(s')\right]$$

En este caso, el valor actualizado para $v^{\langle i+1 \rangle}(s)$ se maximiza eligiendo la mejor acción de entre todas las posibles, mientras que en la evaluación de políticas, el valor actualizado utilizaba la suma ponderada sobre todas las acciones.

Notación para las estimaciones tabulares de las funciones de valor del estado y de valor de la acción

En la mayor parte de la literatura y los libros de texto de RL, las minúsculas v_π y q_π se utilizan para referirse a las verdaderas funciones de valor del estado y de valor de la acción, respectivamente, como funciones matemáticas.

Sin embargo, para las implementaciones prácticas, estas funciones de valor se definen como tablas de búsqueda. Las estimaciones tabulares de estas funciones de valor se denotan por $V(S_t = s) \approx v_\pi(s)$ y $Q_\pi(S_t = s, A_t = a) \approx q_\pi(s, a)$. También utilizaremos esta notación en este capítulo.

Aprendizaje reforzado con Monte Carlo

Como vimos en la sección anterior, la programación dinámica se basa en la suposición simplista de que la dinámica del entorno es totalmente conocida. Alejándonos del enfoque de la programación dinámica, ahora suponemos que no tenemos ningún conocimiento sobre la dinámica del entorno.

Es decir, no conocemos las probabilidades de transición de estado del entorno y, en cambio, queremos que el agente aprenda mediante la interacción con el entorno. Con los métodos MC, el proceso de aprendizaje se basa en la llamada «experiencia simulada».

Para RL basada en MC, definimos una clase de agente que sigue una política probabilística, π, y en base a esta política, nuestro agente realiza una acción en cada paso. El resultado es un episodio simulado.

Anteriormente, definimos la función de valor del estado, de manera que el valor de un estado indica el retorno esperado de ese estado. En la programación dinámica, este cálculo se basa en el conocimiento de la dinámica del entorno, es decir, $p(s', r|s, a)$.

Sin embargo, a partir de ahora, desarrollaremos algoritmos que no requieran la dinámica del entorno. Los métodos basados en MC resuelven este problema generando episodios simulados en los que un agente interactúa con el entorno. A partir de estos episodios simulados, podremos calcular el retorno medio de cada estado consultado en ese episodio simulado.

Estimación de la función de valor del estado mediante MC

Después de generar un conjunto de episodios, para cada estado, s, se considera el conjunto de episodios que pasan todos por el estado s para calcular el valor del estado s. Supongamos que se utiliza una tabla de búsqueda para obtener el valor correspondiente a la función de valor, $V(S_t = s)$. Las actualizaciones de MC para estimar la función de valor se basan en el retorno total obtenido en ese episodio a partir de la primera vez que se consulta el estado s. Este algoritmo se denomina pronóstico de valor Monte Carlo de primera consulta.

Estimación de la función de valor de la acción mediante MC

Cuando se conoce la dinámica del entorno, podemos deducir fácilmente la función de valor de la acción a partir de la función de valor del estado mirando un paso adelante para encontrar la acción que proporciona el máximo valor, como se mostró en la sección de «Programación dinámica». Sin embargo, esto no es factible si la dinámica del entorno es desconocida.

Para resolver este problema, podemos ampliar el algoritmo de estimación del pronóstico del valor de estado del MC de primera consulta. Por ejemplo, podemos calcular el rendimiento estimado para cada par estado-acción utilizando la función de valor de la acción. Para obtener este rendimiento estimado, consideramos las consultas a cada par estado-acción (s, a), que se refiere a la consulta del estado s y a la realización de la acción a.

Sin embargo, surge un problema, ya que algunas acciones puede que no se seleccionen nunca, lo que da por resultado una exploración insuficiente. Hay algunas formas de resolverlo. El enfoque más sencillo es el llamado «inicio exploratorio», que supone que cada par estado-acción tiene una probabilidad distinta de cero al principio del episodio.

Otro enfoque para tratar este problema de falta de exploración se denomina «política de vacilación», que se discutirá en la siguiente sección sobre la mejora de la política.

Consecución de la política óptima mediante el control de MC

El control de MC se refiere al procedimiento de optimización para mejorar la política. De forma similar al enfoque de iteración de la política de la sección anterior (Programación dinámica), podemos alternar repetidamente entre la evaluación y la mejora de la política hasta alcanzar la política óptima. Así, partiendo de una política aleatoria, π_0, el proceso de alternancia entre la evaluación y la mejora de la política puede ilustrarse como sigue:

$$\pi_0 \xrightarrow{Eval.} q_{\pi_0} \xrightarrow{Improve} \pi_1 \xrightarrow{Eval.} q_{\pi_1} \xrightarrow{Improve} \pi_2 \quad \dots \quad \xrightarrow{Eval.} q_* \xrightarrow{Improve} \pi_*$$

Mejora de la política: cálculo de la política codiciosa a partir de la función de valor de la acción

Dada una función de valor de la acción, $q(s, a)$, podemos generar una política codiciosa (determinista):

$$\pi(s) \stackrel{\text{def}}{=} \arg\max_{a} q(s, a)$$

Para evitar el problema de la falta de exploración, y para considerar los pares estado-acción no consultados como se ha comentado anteriormente, podemos dejar que las acciones no óptimas tengan una pequeña probabilidad (ϵ) de ser elegidas. A este tipo de política se la llama «política ϵ-codiciosa», según la cual todas las acciones no óptimas en el estado s tienen una probabilidad mínima $\frac{\epsilon}{|A(s)|}$ de ser seleccionadas (en lugar de 0), y la acción óptima tiene una probabilidad de $1 - \frac{(|A(s)|-1)\times\epsilon}{|A(s)|}$ (en lugar de 1).

Aprendizaje por diferencia temporal

Hasta ahora, hemos visto dos técnicas fundamentales de RL: la programación dinámica y el aprendizaje basado en MC. Recordemos que la programación dinámica se fundamenta en el conocimiento completo y preciso de la dinámica del entorno. El método basado en MC, por otro lado, aprende mediante la experiencia simulada. En esta sección, introduciremos un tercer método de RL llamado «aprendizaje TD», que puede considerarse como una mejora o extensión del enfoque de RL basado en MC.

Al igual que la técnica MC, el aprendizaje mediante TD también se basa en el aprendizaje por experiencia y, por tanto, no requiere ningún conocimiento de la dinámica del entorno ni de las probabilidades de transición. La principal diferencia entre las técnicas TD y MC es que en MC hay que esperar al final del episodio para poder calcular el retorno total.

Sin embargo, en el aprendizaje de TD, podemos aprovechar algunas de las propiedades aprendidas para actualizar los valores estimados antes de llegar al final del episodio. A esta operación se la llama «bootstrapping» (en el contexto de RL, el término «bootstrapping» no debe confundirse con las estimaciones bootstrap que utilizamos en el capítulo 7, Combinación de diferentes modelos para el aprendizaje de conjuntos).

Al igual que el enfoque de programación dinámica y el aprendizaje basado en MC, consideraremos dos tareas: la estimación de la función de valor (que también se denomina «pronóstico de valor») y la mejora de la política (que también se denomina «tarea de control»).

Pronóstico TD

Volvemos a consultar el pronóstico del valor por MC. Al final de cada episodio, podemos estimar el rendimiento, G_t, para cada instante de tiempo *t*. Por lo tanto, podemos actualizar nuestras estimaciones para los estados consultados como sigue:

$$V(S_t) \leftarrow V(S_t) + \alpha(G_t - V(S_t))$$

Aquí, G_t se utiliza como el retorno objetivo para actualizar los valores estimados, y $(G_t - V(S_t))$ es un término de corrección añadido a nuestra estimación actual del valor $V(S_t)$. El valor α es un hiperparámetro que indica la tasa de aprendizaje, que se mantiene constante durante el aprendizaje.

Obsérvese que en MC, el término de corrección utiliza el rendimiento real, G_t, que no se conoce hasta el final del episodio. Para aclarar esto, podemos cambiar el nombre del rendimiento real, G_t, por $G_{t:T}$, donde el subíndice $t{:}T$ indica que se trata del retorno obtenido en el instante de tiempo *t* considerando todos los eventos ocurridos desde el instante de tiempo *t* hasta el instante de tiempo final, *T*.

En el aprendizaje TD, sustituimos el retorno real, $G_{t:T}$, por un nuevo retorno objetivo, $G_{t:t+1}$, lo que simplifica considerablemente las actualizaciones de la función de valor, $V(S_t)$. La fórmula de actualización basada en el aprendizaje TD es la siguiente:

$$V(S_t) \leftarrow V(S_t) + \alpha(G_{t:t+1} - V(S_t))$$

En este caso, el retorno objetivo, $G_{t:t+1} \stackrel{\text{def}}{=} R_{t+1} + \gamma V(S_{t+1}) = r + \gamma V(S_{t+1})$, es utilizando la recompensa observada, R_{t+1}, y el valor estimado del siguiente paso inmediato. Nótese la diferencia entre MC y TD. En MC, $G_{t:T}$ no está disponible hasta el final del episodio, por lo que debemos ejecutar tantos pasos como sean necesarios para llegar hasta allí. Por el contrario, en TD solo necesitamos avanzar un paso para conseguir el retorno objetivo. A este también se le conoce como «TD(0)».

Además, el algoritmo TD(0) puede generalizarse al llamado algoritmo TD de *n* pasos, que incorpora más pasos futuros; más exactamente, la suma ponderada de *n* pasos futuros. Si definimos $n = 1$, el procedimiento de TD de n pasos es idéntico al de TD(0), descrito en el párrafo anterior. Sin embargo, si $n \to \infty$, el algoritmo de TD de *n* pasos será el mismo que el algoritmo de MC. La regla de actualización para el algoritmo TD de *n* pasos es la siguiente:

$$V(S_t) \leftarrow V(S_t) + \alpha(G_{t:t+n} - V(S_t))$$

Y $G_{t:t+n}$ se define como:

$$G_{t:t+n} \stackrel{\text{def}}{=} \begin{cases} R_{t+1} + \gamma R_{t+2} + \cdots + \gamma^{n-1} R_{t+n} + \gamma^n V(S_{t+n}) & \text{if } t+n < T \\ G_{t:T} & \text{otherwise} \end{cases}$$

MC frente a TD: ¿qué método converge más rápido?

Aunque la respuesta precisa a esta pregunta se desconoce, en la práctica se ha demostrado empíricamente que TD puede converger más rápido que MC. Si está interesado, encontrará más detalles sobre convergencias MC y TD en el libro titulado *Reinforcement Learning: An Introduction*, de Richard S. Sutton y Andrew G. Barto.

Ahora que hemos tratado la tarea de pronóstico utilizando el algoritmo TD, podemos pasar a la tarea de control. Trataremos dos algoritmos para el control de TD: un control de la política y un control fuera de la política. En ambos casos, utilizamos GPI, que se utilizó en los algoritmos de programación dinámica y MC. En el control TD de la política, la función de valor se actualiza en base a las acciones de la misma política que el agente está siguiendo; mientras que en un algoritmo fuera de la política, la función de valor se actualiza en base a las acciones fuera de la política actual.

Control de TD en la política (SARSA)

Para simplificar, solo consideramos el algoritmo de TD de un paso, o TD(0). Sin embargo, el algoritmo de control de TD en la política puede generalizarse fácilmente al TD de n pasos. Empezaremos por ampliar la fórmula de pronóstico con la que definir la función de valor del estado para describir la función de valor de la acción. Para ello, utilizaremos una tabla de búsqueda, es decir, un array tabular 2D, $Q(S_t, A_t)$, que representa la función de valor del estado para cada par estado-acción. En este caso, tendremos lo siguiente:

$$Q(S_t, A_t) \leftarrow Q(S_t, A_t) + \alpha[R_{t+1} + \gamma\, Q(S_{t+1}, A_{t+1}) - Q(S_t, A_t)]$$

Este algoritmo suele denominarse SARSA, en referencia a la quíntuple $(S_t, A_t, R_{t+1}, S_{t+1}, A_{t+1})$ que se utiliza en la fórmula de actualización.

Como vimos en las secciones anteriores que describen los algoritmos de programación dinámica y MC, podemos utilizar el framework GPI y, partiendo de una política aleatoria, podemos evaluar repetidamente la función de valor de la acción para la política actual y luego optimizar la política utilizando la política ϵ-codiciosa basada en la función de valor de la acción actual.

Control de TD fuera de la política (Q-learning)

Al utilizar el anterior algoritmo de control de TD de la política, vimos que la forma de estimar la función de valor de la acción se basa en la política que se utiliza en el episodio simulado. Después de actualizar la función de valor de la acción, se realiza un paso separado para la mejora de la política tomando la acción que tiene el valor más alto.

Un enfoque alternativo (y mejor) es combinar estos dos pasos. En otras palabras, imaginemos que el agente sigue la política π, generando un episodio con la quíntuple transición actual (S_t, A_t, R_{t+1}, S_{t+1}, A_{t+1}). En lugar de actualizar la función de valor de la acción utilizando el valor de la acción de A_{t+1} que toma el agente, podemos encontrar la mejor acción aunque no sea la elegida por el agente siguiendo la política en curso. (Por eso se considera un algoritmo fuera de la política).

Podemos modificar la regla de actualización para considerar el valor Q máximo variando diferentes acciones en el siguiente estado inmediato. La ecuación modificada para actualizar los valores Q es la siguiente:

$$Q(S_t, A_t) \leftarrow Q(S_t, A_t) + \alpha \left[R_{t+1} + \gamma \max_a Q(S_{t+1}, a) - Q(S_t, A_t) \right]$$

Le animamos a que compare la regla de actualización en este punto con la del algoritmo SARSA. Como puede ver, encontramos la mejor acción en el siguiente estado, S_{t+1}, y la utilizamos en el término de corrección para actualizar nuestra estimación de $Q(S_t, A_t)$.

Para poner estas materias en perspectiva, en la siguiente sección veremos cómo implementar el algoritmo de aprendizaje Q para resolver un problema del tipo mundo cuadriculado (grid world).

Implementación de nuestro primer algoritmo RL

En esta sección, explicaremos la implementación del algoritmo Q-learning para resolver un problema del tipo mundo cuadriculado (mundo cuadriculado es un entorno bidimensional basado en celdas donde el agente se mueve en cuatro direcciones para recoger la mayor cantidad de recompensa posible). Para ello, utilizamos el kit de herramientas OpenAI Gym.

Presentación del kit de herramientas OpenAI Gym

OpenAI Gym es un kit de herramientas especializado para facilitar el desarrollo de modelos RL. OpenAI Gym viene con varios entornos predefinidos. Algunos ejemplos básicos son CartPole y MountainCar, en los que las tareas son equilibrar un poste y subir un coche a una colina, respectivamente, como sugieren sus nombres. También hay muchos entornos robóticos avanzados para entrenar a un robot para buscar, empujar y alcanzar objetos en un banco de trabajo o entrenar una mano robótica para orientar bloques, pelotas o bolígrafos. Además, OpenAI Gym ofrece un framework práctico y unificado para desarrollar nuevos entornos. Se puede encontrar más información en su sitio web oficial: `https://gym.openai.com/`.

Para seguir los ejemplos de código de OpenAI Gym en las siguientes secciones, necesita instalar la librería `gym` (en el momento de escribir estas líneas, se utilizaba la versión 0.20.0), lo que puede hacerse fácilmente utilizando pip:

```
pip install gym==0.20
```

Si necesita ayuda adicional para la instalación, consulte la guía oficial de instalación en `https://gym.openai.com/docs/#installation`.

El trabajo con los entornos existentes en OpenAI Gym

Para practicar con los entornos de Gym, vamos a crear un entorno de `CartPole-v1`, que existe en OpenAI Gym. En este entorno de ejemplo, hay un poste unido a un carro que puede moverse horizontalmente, como se muestra en la Figura 19.6:

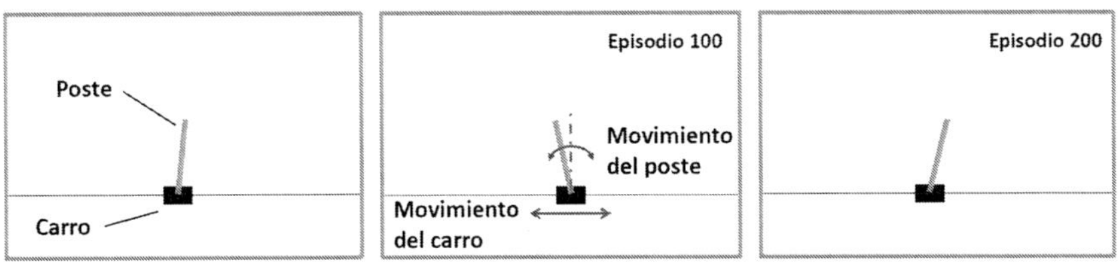

Figure 19.6 *Ejemplo de CartPole en Gym.*

Los movimientos del poste se rigen por las leyes de la física, y el objetivo de los agentes de RL es aprender a mover el carro para estabilizar el poste y evitar que vuelque hacia cualquier lado.

Veamos ahora algunas propiedades del entorno de CartPole en el contexto de RL, como su espacio de estado (o de observación), el espacio de acción y la forma de ejecutar una acción:

```
>>> import gym
>>> env = gym.make('CartPole-v1')
>>> env.observation_space
Box(-3.4028234663852886e+38, 3.4028234663852886e+38, (4,), float32)
>>> env.action_space
Discrete(2)
```

En el código anterior, hemos creado un entorno para el problema CartPole. El espacio de observación para este entorno es `Box(4,)` (con valores flotantes de `-inf` a `inf`), que representa un espacio de cuatro dimensiones correspondiente a cuatro números de valor real: la posición del carro, la velocidad del carro, el ángulo del poste y la velocidad del extremo del poste. El espacio de acción es un espacio discreto, `Discrete(2)`, con dos opciones: empujar el carro hacia la izquierda o hacia la derecha.

El objeto entorno, `env`, que creamos previamente llamando a `gym.make('CartPole-v1')` tiene un método `reset()` que podemos utilizar para reinicializar un entorno antes de cada episodio. Llamar al método `reset()` básicamente establecerá el estado inicial del poste (S_0):

```
>>> env.reset()
array([-0.03908273, -0.00837535,  0.03277162, -0.0207195 ])
```

Los valores del array devueltos por la llamada al método `env.reset()` significan que la posición inicial del carro es –0.039, con una velocidad –0.008, y el ángulo del poste es 0.033 radianes, mientras que la velocidad angular de su extremo es –0.021. Al llamar al método `reset()`, estos valores se inicializan con valores aleatorios con una distribución uniforme en el rango [–0.05, 0.05].

Después de reiniciar el entorno, podemos interactuar con el entorno eligiendo una acción y ejecutándola pasando la acción al método `step()`:

```
>>> env.step(action=0)
(array([-0.03925023, -0.20395158,  0.03235723,  0.28212046]), 1.0, False, {})
>>> env.step(action=1)
(array([-0.04332927, -0.00930575,  0.03799964, -0.00018409]), 1.0, False, {})
```

Mediante los dos comandos anteriores, `env.step(action=0)` y `env.step(action=1)`, empujamos el carro hacia la izquierda (`action=0`) y luego hacia la derecha (`action=1`), respectivamente. En función de la acción seleccionada, el carro y el poste pueden moverse según las leyes de la física. Cada vez que llamamos a `env.step()`, devuelve una tupla compuesta por cuatro elementos:

- Un array para el nuevo estado (u observaciones)
- Una recompensa (un valor escalar de tipo `float`)
- Un indicador de terminación (`True` o `False`)
- Un diccionario de Python con información auxiliar

El objeto `env` también tiene un método `render()`, que podemos ejecutar después de cada paso (o una serie de pasos) para visualizar el entorno y los movimientos del poste y el carro a través del tiempo.

El episodio termina cuando el ángulo del poste es mayor de 12 grados (de cualquier lado) con respecto a un eje vertical imaginario, o cuando la posición del carro es mayor de 2.4 unidades desde la posición central. La recompensa definida en este ejemplo consiste en maximizar el tiempo en que el carro y el poste se estabilizan dentro de las regiones válidas; en otras palabras, la recompensa total (es decir, el retorno) puede maximizarse aumentando al máximo la duración del episodio.

Ejemplo del tipo mundo cuadriculado

Después de introducir el entorno CartPole como ejercicio de calentamiento para trabajar con el kit de herramientas OpenAI Gym, ahora cambiaremos a un entorno diferente. Trabajaremos con un ejemplo del tipo mundo cuadriculado, que es un entorno simplista con m filas y n columnas. Considerando $m = 5$ y $n = 6$, podemos resumir este entorno como se muestra en la Figura 19.7:

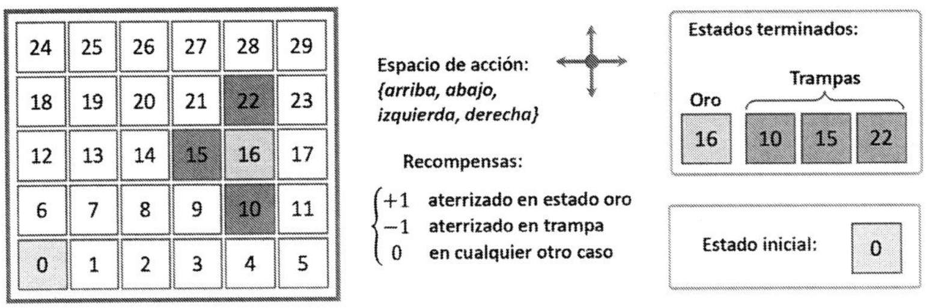

Figure 19.7 *Ejemplo de un entorno de mundo cuadriculado.*

En este entorno, hay 30 estados posibles diferentes. Cuatro de estos estados son estados terminales: una olla de oro en el estado 16 y tres trampas en los estados 10, 15 y 22. Aterrizar en cualquiera de estos cuatro estados terminales pondrá fin al episodio, pero con una diferencia entre los estados de oro y de trampa. Aterrizar en el estado oro da una recompensa positiva, +1, mientras que mover al agente a uno de los estados trampa proporciona una recompensa negativa, -1. Todos los demás estados tienen una recompensa de 0. El agente siempre empieza en el estado 0. Por tanto, cada vez que reiniciemos el entorno, el agente volverá al estado 0. El espacio de acción consta de cuatro direcciones: moverse hacia arriba, hacia abajo, hacia la izquierda y hacia la derecha.

Cuando el agente se encuentra en el límite exterior de la cuadrícula, la selección de una acción que suponga abandonar la cuadrícula no cambiará el estado.

A continuación, veremos cómo implementar este entorno en Python utilizando el paquete OpenAI Gym.

Implementación del entorno de mundo cuadriculado en OpenAI Gym

Para experimentar con el entorno de mundo cuadriculado a través de OpenAI Gym, es muy recomendable utilizar un editor de scripts o IDE en lugar de ejecutar el código de forma interactiva.

En primer lugar, creamos un nuevo script de Python llamado `gridworld_env.py` y procedemos a importar los paquetes necesarios y dos funciones de ayuda que definimos para elaborar la visualización del entorno.

Para renderizar los entornos con fines de visualización, la biblioteca OpenAI Gym utiliza la biblioteca pyglet y proporciona clases y funciones envolventes para nuestra comodidad. Utilizaremos estas clases envolventes para visualizar el entorno de mundo de cuadrícula en el siguiente ejemplo de código. Puede encontrar más detalles sobre estas clases envolventes en `https://github.com/openai/gym/blob/58ed658d9b15f-d410c50d1fdb25a7cad9acb7fa4/gym/envs/classic_control/rendering.py`.

El siguiente ejemplo de código utiliza esas clases envolventes:

```
## Script: gridworld_env.py
import numpy as np
from gym.envs.toy_text import discrete
from collections import defaultdict
import time
import pickle
import os
from gym.envs.classic_control import rendering

CELL_SIZE = 100
MARGIN = 10

def get_coords(row, col, loc='center'):
    xc = (col+1.5) * CELL_SIZE
    yc = (row+1.5) * CELL_SIZE
    if loc == 'center':
        return xc, yc
    elif loc == 'interior_corners':
        half_size = CELL_SIZE//2 - MARGIN
        xl, xr = xc - half_size, xc + half_size
        yt, yb = xc - half_size, xc + half_size
        return [(xl, yt), (xr, yt), (xr, yb), (xl, yb)]
    elif loc == 'interior_triangle':
        x1, y1 = xc, yc + CELL_SIZE//3
        x2, y2 = xc + CELL_SIZE//3, yc - CELL_SIZE//3
        x3, y3 = xc - CELL_SIZE//3, yc - CELL_SIZE//3
        return [(x1, y1), (x2, y2), (x3, y3)]

def draw_object(coords_list):
    if len(coords_list) == 1: # -> circle
        obj = rendering.make_circle(int(0.45*CELL_SIZE))
        obj_transform = rendering.Transform()
        obj.add_attr(obj_transform)
        obj_transform.set_translation(*coords_list[0])
        obj.set_color(0.2, 0.2, 0.2) # -> black
```

```
    elif len(coords_list) == 3: # -> triangle
        obj = rendering.FilledPolygon(coords_list)
        obj.set_color(0.9, 0.6, 0.2) # -> yellow
    elif len(coords_list) > 3: # -> polygon
        obj = rendering.FilledPolygon(coords_list)
        obj.set_color(0.4, 0.4, 0.8) # -> blue
    return obj
```

Uso de Gym 0.22 o más reciente

Tenga en cuenta que gym está sufriendo actualmente una reestructuración interna. En la versión 0.22 y posteriores es posible que tenga que actualizar el ejemplo de código anterior (de `gridworld_env.py`) y sustituir la siguiente línea:

```
from gym.envs.classic_control import rendering
```

con el siguiente código:

```
from gym.utils import pyglet_rendering
```

Para más detalles, consulte el repositorio de código en `https://github.com/rasbt/machine-learning-book/tree/main/ch19`.

La primera función de ayuda, `get_coords()` devuelve las coordenadas de las formas geométricas que utilizaremos para anotar el entorno de mundo cuadriculado, como un triángulo para mostrar el oro o círculos para mostrar las trampas. La lista de coordenadas se pasa a `draw_object()`, que decide dibujar un círculo, un triángulo o un polígono en función de la longitud de la lista de coordenadas introducida.

Ahora, podemos definir el entorno de mundo de cuadrícula. En el mismo archivo (`gridworld_env.py`), definimos una clase llamada `GridWorldEnv`, que hereda de la clase `DiscreteEnv` de OpenAI Gym. La función más importante de esta clase es el método constructor, `__init__()`, donde definimos el espacio de acción, especificamos el rol de cada acción, y determinamos los estados terminales (oro y trampas) como sigue:

```
class GridWorldEnv(discrete.DiscreteEnv):
    def __init__(self, num_rows=4, num_cols=6, delay=0.05):
        self.num_rows = num_rows
        self.num_cols = num_cols
        self.delay = delay
        move_up = lambda row, col: (max(row-1, 0), col)
        move_down = lambda row, col: (min(row+1, num_rows-1), col)
        move_left = lambda row, col: (row, max(col-1, 0))
```

```
move_right = lambda row, col: (
    row, min(col+1, num_cols-1))
self.action_defs={0: move_up, 1: move_right,
                  2: move_down, 3: move_left}
## Number of states/actions
nS = num_cols*num_rows
nA = len(self.action_defs)
self.grid2state_dict={(s//num_cols, s%num_cols):s
                      for s in range(nS)}
self.state2grid_dict={s:(s//num_cols, s%num_cols)
                      for s in range(nS)}
## Gold state
gold_cell = (num_rows//2, num_cols-2)

## Trap states
trap_cells = [((gold_cell[0]+1), gold_cell[1]),
              (gold_cell[0], gold_cell[1]-1),
              ((gold_cell[0]-1), gold_cell[1])]
gold_state = self.grid2state_dict[gold_cell]
trap_states = [self.grid2state_dict[(r, c)]
               for (r, c) in trap_cells]
self.terminal_states = [gold_state] + trap_states
print(self.terminal_states)
## Build the transition probability
P = defaultdict(dict)
for s in range(nS):
    row, col = self.state2grid_dict[s]
    P[s] = defaultdict(list)
    for a in range(nA):
        action = self.action_defs[a]
        next_s = self.grid2state_dict[action(row, col)]

        ## Terminal state
        if self.is_terminal(next_s):
            r = (1.0 if next_s == self.terminal_states[0]
                 else -1.0)
        else:
            r = 0.0
        if self.is_terminal(s):
            done = True
            next_s = s
```

```
                else:
                    done = False
                P[s][a] = [(1.0, next_s, r, done)]
        ## Initial state distribution
        isd = np.zeros(nS)
        isd[0] = 1.0
        super().__init__(nS, nA, P, isd)
        self.viewer = None
        self._build_display(gold_cell, trap_cells)

    def is_terminal(self, state):
        return state in self.terminal_states


    def _build_display(self, gold_cell, trap_cells):
        screen_width = (self.num_cols+2) * CELL_SIZE
        screen_height = (self.num_rows+2) * CELL_SIZE
        self.viewer = rendering.Viewer(screen_width,
                                       screen_height)
        all_objects = []
        ## List of border points' coordinates
        bp_list = [
            (CELL_SIZE-MARGIN, CELL_SIZE-MARGIN),
            (screen_width-CELL_SIZE+MARGIN, CELL_SIZE-MARGIN),
            (screen_width-CELL_SIZE+MARGIN,
             screen_height-CELL_SIZE+MARGIN),
            (CELL_SIZE-MARGIN, screen_height-CELL_SIZE+MARGIN)
        ]
        border = rendering.PolyLine(bp_list, True)
        border.set_linewidth(5)
        all_objects.append(border)
        ## Vertical lines
        for col in range(self.num_cols+1):
            x1, y1 = (col+1)*CELL_SIZE, CELL_SIZE
            x2, y2 = (col+1)*CELL_SIZE,\
                     (self.num_rows+1)*CELL_SIZE
            line = rendering.PolyLine([(x1, y1), (x2, y2)], False)
            all_objects.append(line)

        ## Horizontal lines
        for row in range(self.num_rows+1):
            x1, y1 = CELL_SIZE, (row+1)*CELL_SIZE
```

```
            x2, y2 = (self.num_cols+1)*CELL_SIZE,\
                     (row+1)*CELL_SIZE
            line=rendering.PolyLine([(x1, y1), (x2, y2)], False)
            all_objects.append(line)

        ## Traps: --> circles
        for cell in trap_cells:
            trap_coords = get_coords(*cell, loc='center')
            all_objects.append(draw_object([trap_coords]))

        ## Gold: --> triangle
        gold_coords = get_coords(*gold_cell,
                                 loc='interior_triangle')
        all_objects.append(draw_object(gold_coords))
        ## Agent --> square or robot
        if (os.path.exists('robot-coordinates.pkl') and
                CELL_SIZE==100):
            agent_coords = pickle.load(
                open('robot-coordinates.pkl', 'rb'))
            starting_coords = get_coords(0, 0, loc='center')
            agent_coords += np.array(starting_coords)
        else:
            agent_coords = get_coords(
                0, 0, loc='interior_corners')
        agent = draw_object(agent_coords)
        self.agent_trans = rendering.Transform()
        agent.add_attr(self.agent_trans)
        all_objects.append(agent)
        for obj in all_objects:
            self.viewer.add_geom(obj)


    def render(self, mode='human', done=False):
        if done:
            sleep_time = 1
        else:
            sleep_time = self.delay
        x_coord = self.s % self.num_cols
        y_coord = self.s // self.num_cols
        x_coord = (x_coord+0) * CELL_SIZE
        y_coord = (y_coord+0) * CELL_SIZE
        self.agent_trans.set_translation(x_coord, y_coord)
```

```
            rend = self.viewer.render(
                return_rgb_array=(mode=='rgb_array'))
            time.sleep(sleep_time)
            return rend

        def close(self):
            if self.viewer:
                self.viewer.close()
                self.viewer = None
```

Este código implementa el entorno de mundo de cuadrícula, a partir del cual podemos crear instancias de este entorno. Luego podemos interactuar con él de forma similar a la del ejemplo de CartPole. La clase implementada, `GridWorldEnv`, hereda métodos como `reset()` para restablecer el estado y `step()` para ejecutar una acción. Los detalles de la implementación son los siguientes:

- Definimos las cuatro acciones diferentes utilizando funciones lambda: `move_up()`, `move_down()`, `move_left()` y `move_right()`.
- El array NumPy `isd` contiene las probabilidades de los estados iniciales para que se seleccione un estado aleatorio basado en esta distribución cuando se llame al método `reset()` (de la clase padre). Como siempre empezamos desde el estado 0 (la esquina inferior izquierda del mundo de la cuadrícula), establecemos la probabilidad del estado 0 en 1,0 y las probabilidades de los otros 29 estados en 0,0.
- Las probabilidades de transición, definidas en el diccionario de Python, determinan las probabilidades de pasar de un estado a otro cuando se selecciona una acción. Esto nos permite tener un entorno probabilístico en el que tomar una acción podría tener diferentes resultados basados en la estocasticidad del entorno. Para simplificar, utilizamos un único resultado, que es cambiar el estado en la dirección de la acción seleccionada. Finalmente, estas probabilidades de transición serán utilizadas por la función `env.step()` para determinar el siguiente estado.
- Además, la función `_build_display()` configurará la visualización inicial del entorno, y la función `render()` mostrará los movimientos del agente.

> Obsérvese que durante el proceso de aprendizaje, no conocemos las probabilidades de transición, y el objetivo es aprender interactuando con el entorno. Por lo tanto, no tenemos acceso a `P` fuera de la definición de la clase.

Ahora, podemos probar esta implementación creando un nuevo entorno y visualizando un episodio aleatorio al tomar acciones aleatorias en cada estado. Incluya el siguiente código al final del mismo script de Python (`gridworld_env.py`) y luego ejecute el script:

```
if __name__ == '__main__':
    env = GridWorldEnv(5, 6)
    for i in range(1):
        s = env.reset()
        env.render(mode='human', done=False)
        while True:
            action = np.random.choice(env.nA)
            res = env.step(action)
            print('Action  ', env.s, action, ' -> ', res)
            env.render(mode='human', done=res[2])
            if res[2]:
                break
    env.close()
```

Después de ejecutar el script, debería ver una visualización del entorno de mundo de cuadrícula como se muestra en la Figura 19.8:

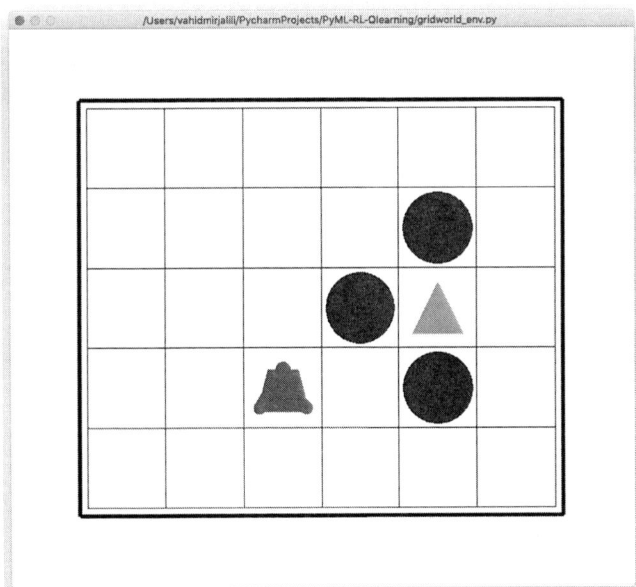

Figura 19.8 *Visualización del entorno del mundo de cuadrícula.*

Resolución del problema de mundo cuadriculado con Q-learning

Después de centrarnos en la teoría y el proceso de desarrollo de los algoritmos de RL, así como en la configuración del entorno a través del kit de herramientas OpenAI Gym, ahora implementaremos el algoritmo de RL más popular actualmente: el algoritmo

Q-learning. Para ello, utilizaremos el ejemplo del mundo de cuadricula que ya implementamos en el script `gridworld_env.py`.

Ahora, creamos un nuevo script y lo llamamos `agent.py`. En este script `agent.py`, definimos un agente para interactuar con el entorno de la siguiente manera:

```
## Script: agent.py
from collections import defaultdict
import numpy as np

class Agent:
    def __init__(
            self, env,
            learning_rate=0.01,
            discount_factor=0.9,
            epsilon_greedy=0.9,
            epsilon_min=0.1,
            epsilon_decay=0.95):
        self.env = env
        self.lr = learning_rate
        self.gamma = discount_factor
        self.epsilon = epsilon_greedy
        self.epsilon_min = epsilon_min
        self.epsilon_decay = epsilon_decay
        ## Define the q_table
        self.q_table = defaultdict(lambda: np.zeros(self.env.nA))

    def choose_action(self, state):
        if np.random.uniform() < self.epsilon:
            action = np.random.choice(self.env.nA)
        else:
            q_vals = self.q_table[state]
            perm_actions = np.random.permutation(self.env.nA)
            q_vals = [q_vals[a] for a in perm_actions]
            perm_q_argmax = np.argmax(q_vals)
            action = perm_actions[perm_q_argmax]
        return action

    def _learn(self, transition):
        s, a, r, next_s, done = transition
        q_val = self.q_table[s][a]
```

```
        if done:
            q_target = r
        else:
            q_target = r + self.gamma*np.max(self.q_table[next_s])
        ## Update the q_table
        self.q_table[s][a] += self.lr * (q_target - q_val)
        ## Adjust the epsilon
        self._adjust_epsilon()

    def _adjust_epsilon(self):
        if self.epsilon > self.epsilon_min:
            self.epsilon *= self.epsilon_decay
```

El constructor `__init__()` establece varios hiperparámetros, como la tasa de aprendizaje, el factor de descuento (γ) y los parámetros para la política ϵ-codiciosa. Inicialmente, comenzamos con un valor alto de ϵ, pero el método `_adjust_epsilon()` lo reduce hasta alcanzar el valor mínimo, ϵ_{min}. El método `choose_action()` elige una acción basada en la política ϵ-codiciosa. Se selecciona un número uniforme aleatorio para determinar si la acción debe ser seleccionada al azar o de otra manera, basándose en la función de valor de la acción. El método `_learn()` implementa la regla de actualización del algoritmo de aprendizaje Q. Este recibe una tupla para cada transición, que consta del estado actual (s), la acción seleccionada (a), la recompensa observada (r), el siguiente estado (s'), y un indicador para determinar si se ha alcanzado el final del episodio. El valor objetivo es igual a la recompensa observada (r) si se marca como fin de episodio; en caso contrario, el objetivo es $r + \gamma \max_a Q(s', a)$.

Finalmente, para nuestro siguiente paso, creamos un nuevo script, `qlearning.py`, para poner todo junto y entrenar al agente usando el algoritmo Q-learning.

En el siguiente código, definimos una función, `run_qlearning()`, que implementa el algoritmo Q-learning, simulando un episodio llamando al método `_choose_action()` del agente y ejecutando el entorno. Luego, la tupla de transición se pasa al método `_learn()` del agente para actualizar la función de valor de la acción. Además, para controlar el proceso de aprendizaje, también almacenamos la recompensa final de cada episodio (que puede ser -1 o +1), así como la duración de los episodios (el número de movimientos realizados por el agente desde el inicio del episodio hasta el final).

La lista de recompensas y el número de movimientos se representan con la función `plot_learning_history()`:

```
## Script: qlearning.py
from gridworld_env import GridWorldEnv
from agent import Agent
```

```
from collections import namedtuple
import matplotlib.pyplot as plt
import numpy as np
np.random.seed(1)

Transition = namedtuple(
    'Transition', ('state', 'action', 'reward',
                   'next_state', 'done'))

def run_qlearning(agent, env, num_episodes=50):
    history = []
    for episode in range(num_episodes):
        state = env.reset()
        env.render(mode='human')
        final_reward, n_moves = 0.0, 0
        while True:
            action = agent.choose_action(state)
            next_s, reward, done, _ = env.step(action)
            agent._learn(Transition(state, action, reward,
                                    next_s, done))
            env.render(mode='human', done=done)
            state = next_s
            n_moves += 1
            if done:
                break
            final_reward = reward
        history.append((n_moves, final_reward))
        print(f'Episode {episode}: Reward {final_reward:.2} '
              f'#Moves {n_moves}')
    return history

def plot_learning_history(history):
    fig = plt.figure(1, figsize=(14, 10))
    ax = fig.add_subplot(2, 1, 1)
    episodes = np.arange(len(history))
    moves = np.array([h[0] for h in history])
    plt.plot(episodes, moves, lw=4,
             marker='o', markersize=10)
    ax.tick_params(axis='both', which='major', labelsize=15)
    plt.xlabel('Episodes', size=20)
    plt.ylabel('# moves', size=20)
```

```
    ax = fig.add_subplot(2, 1, 2)
    rewards = np.array([h[1] for h in history])

    plt.step(episodes, rewards, lw=4)
    ax.tick_params(axis='both', which='major', labelsize=15)
    plt.xlabel('Episodes', size=20)
    plt.ylabel('Final rewards', size=20)
    plt.savefig('q-learning-history.png', dpi=300)
    plt.show()

if __name__ == '__main__':
    env = GridWorldEnv(num_rows=5, num_cols=6)
    agent = Agent(env)
    history = run_qlearning(agent, env)
    env.close()
    plot_learning_history(history)
```

Si se ejecuta este script se ejecutará el programa de Q-learning durante 50 episodios. Se visualizará el comportamiento del agente, y se verá que, al principio del proceso de aprendizaje, el agente acaba la mayoría de las veces en los estados trampa. Pero con el tiempo, aprende de sus fallos y, finalmente, encuentra el estado oro (por ejemplo, la primera vez en el episodio 7). La Figura 19.9 muestra el número de movimientos y recompensas del agente:

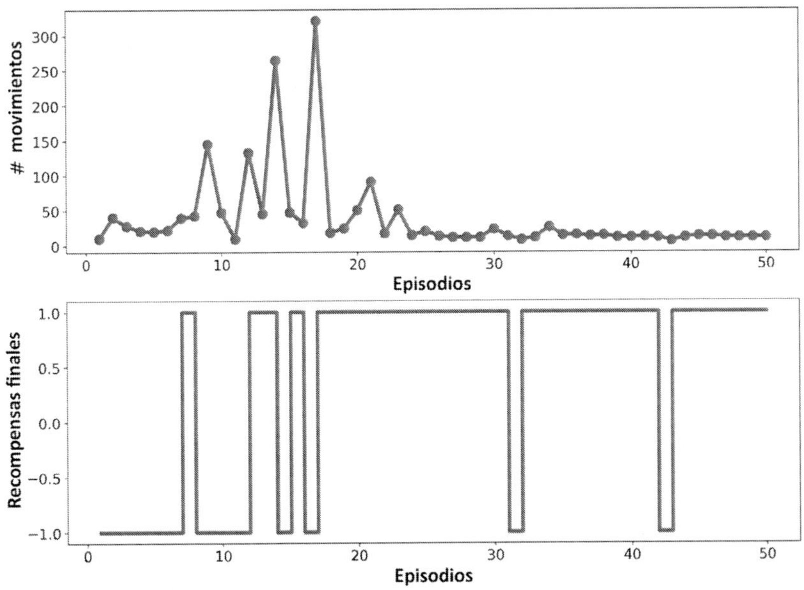

Figura 19.9 *Número de movimientos y recompensas del agente.*

El historial de aprendizaje mostrado en la figura anterior indica que el agente, después de 30 episodios, aprende un camino corto para llegar al estado oro. Como resultado, las longitudes de los episodios después del 30º episodio son más o menos las mismas, con pequeñas desviaciones debidas a la política de ϵ-codicia.

Un vistazo a Q-learning profundo

En el código anterior, vimos una implementación del popular algoritmo de Q-learning para el ejemplo del mundo de cuadrícula. Este ejemplo consistía en un espacio de estados discreto de tamaño 30, donde bastaba con almacenar los Q-values en un diccionario de Python.

Sin embargo, hay que tener en cuenta que a veces el número de estados puede ser muy grande, posiblemente casi infinito. Además, puede que estemos tratando con un espacio de estados continuo en lugar de trabajar con estados discretos. Además, es posible que algunos estados no se consulten en absoluto durante el entrenamiento, lo que puede ser problemático a la hora de generalizar el agente para tratar con esos estados no vistos más adelante.

Para abordar estos problemas, en lugar de representar la función de valor en un formato tabular como $V(S_t)$, o $Q(S_t, A_t)$, para la función de valor de la acción, utilizamos un enfoque de aproximación de funciones. En este caso, definimos una función paramétrica, $v_w(x_s)$, que puede aprender a aproximar la verdadera función de valor, es decir, $v_w(x_s) \approx v_\pi(s)$, donde x_s es un conjunto de características de entrada (o estados «destacados»).

Cuando la función aproximadora, $q_w(x_s, a)$, es una red neuronal profunda (DNN), el modelo resultante se denomina Q-network profunda (Deep Q-Netwok). Para entrenar un modelo DQN, los pesos se actualizan según el algoritmo Q-learning. En la Figura 19.10 se muestra un ejemplo de modelo DQN, donde los estados se representan como características pasadas a la primera capa:

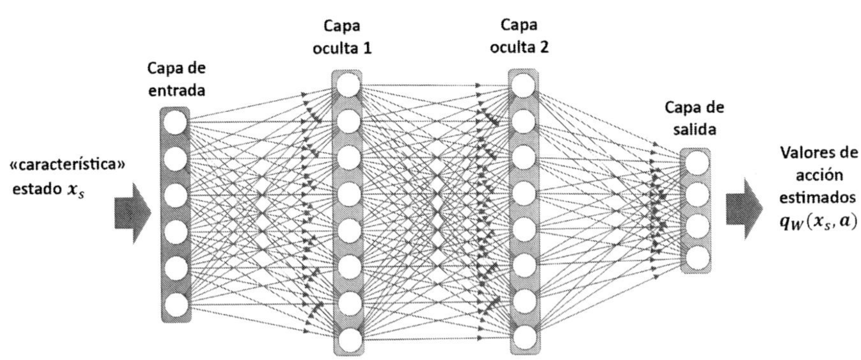

Figura 19.10 *Ejemplo de una DQN.*

Ahora, veamos cómo podemos entrenar un DQN utilizando el algoritmo Q-learning profundo. En general, el enfoque principal es muy similar al método Q-learning tabular. La principal diferencia es que ahora tenemos una NN multicapa que calcula los valores de la acción.

Entrenamiento de modelos DQN según el algoritmo Q-learning

En esta sección, describimos el procedimiento para entrenar un modelo DQN utilizando el algoritmo Q-learning. El enfoque de Q-learning profundo requiere que hagamos algunas modificaciones a nuestro enfoque de Q-learning estándar previamente implementado.

Una de estas modificaciones está en el método `choose_action()` del agente, que, en el código de la sección anterior para Q-learning, simplemente accedía a los valores de acción almacenados en un diccionario. Ahora, esta función se debe cambiar para realizar un paso hacia delante del modelo NN para calcular los valores de la acción.

Las demás modificaciones necesarias para el algoritmo Q-learning profundo se describen en las dos subsecciones siguientes.

Memoria de repetición

Utilizando el método tabular anterior para Q-learning, podíamos actualizar los valores de pares estado-acción específicos sin afectar a los valores de los demás. Sin embargo, ahora que aproximamos $q(s, a)$ con un modelo de NN, la actualización de los pesos de un par estado-acción probablemente afectará también a la salida de otros estados. Cuando se entrenan NN utilizando el descenso del gradiente estocástico para una tarea supervisada (por ejemplo, una tarea de clasificación), utilizamos múltiples ciclos (epochs) para iterar a través de los datos de entrenamiento varias veces hasta que convergen.

Esto no es factible en Q-learning, ya que los episodios cambiarán durante el entrenamiento y, como resultado, algunos estados que fueron consultados en las primeras etapas del entrenamiento tendrán menos probabilidades de ser consultados más tarde.

Además, otro problema es que cuando entrenamos una NN, suponemos que los ejemplos de entrenamiento son IID (independientes e idénticamente distribuidos). Sin embargo, las muestras tomadas de un episodio del agente no son IID, ya que forman una secuencia de transiciones.

Para resolver estos problemas, a medida que el agente interactúa con el entorno y genera una quíntuple transición $q_w(x_s, a)$, almacenamos un número grande (pero finito) de dichas transiciones en un búfer de memoria, a menudo llamado «memoria de repetición». Después de cada nueva interacción (es decir, el agente selecciona una acción y la ejecuta en el entorno), la nueva quíntuple transición resultante se añade a la memoria.

Para mantener el tamaño de la memoria acotado, la transición más antigua se eliminará de la memoria (por ejemplo, si es una lista de Python, podemos utilizar el método `pop(0)` para eliminar el primer elemento de la lista). A continuación, se selecciona aleatoriamente un minilote de ejemplos del búfer de memoria, que se utilizará para calcular la pérdida y actualizar los parámetros de la red. La Figura 19.11 ilustra el proceso:

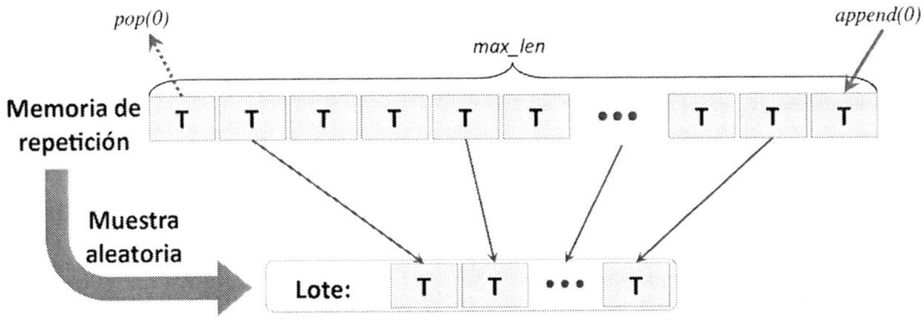

Figure 19.11 *Proceso de memoria de repetición.*

Implementación de la memoria de repetición

La memoria de repetición se puede implementar usando una lista de Python, donde cada vez que añadimos un nuevo elemento a la lista, necesitamos comprobar el tamaño de la lista y llamar a `pop(0)` si es necesario.

Alternativamente, podemos utilizar la estructura de datos `deque` de la biblioteca `collections` de Python, que nos permite especificar un argumento opcional, `max_len`. Al especificar el argumento `max_len`, tendremos un deque acotado. Por lo tanto, cuando el objeto está lleno, al añadir un nuevo elemento se elimina automáticamente un elemento del mismo.

Tenga en cuenta que lo anterior es más eficiente que usar una lista de Python, ya que eliminar el primer elemento de una lista usando `pop(0)` tiene una complejidad $O(n)$, mientras que la complejidad de ejecución de deque es $O(1)$. Puede aprender más sobre la implementación de deque en la documentación oficial, que está disponible en `https://docs.python.org/3.9/library/collections.html#collections.deque`.

Determinación de los valores objetivo para el cálculo de la pérdida

Otro cambio necesario respecto al método tabular de Q-learning es cómo adaptar la regla de actualización para el entrenamiento de los parámetros del modelo DQN.

Recordemos que una quíntuple transición, T, almacenada en el lote de ejemplos, contiene $(x_s, a, r, x_{s'}, \text{done})$.

Como se muestra en la Figura 19.12, realizamos dos pasos hacia delante del modelo DQN. El primero utiliza las características del estado actual (x_s). Luego, el segundo paso hacia delante utiliza las características del siguiente estado ($x_{s'}$). Como resultado, obtendremos los valores de acción estimados, $q_w(x_s, :)$ y $q_w(x_{s'}, :)$, del primer y segundo paso hacia delante, respectivamente. (Aquí, esta notación $q_w(x_s, :)$ indica un vector de Q-values para todas las acciones en $\hat{A}$). A partir de la quíntuple transición, sabemos que la acción a es seleccionada por el agente.

Por lo tanto, según el algoritmo Q-learning, necesitamos actualizar el valor de la acción correspondiente al par estado-acción (x_s, a) con el valor objetivo escalar $r + \gamma \max_{a' \in \hat{A}} q_w(x_{s'}, a')$. En lugar de formar un valor objetivo escalar, crearemos un vector del valor de la acción objetivo que retiene los valores de acción para otras acciones, $a' \neq a$, como se muestra en la Figura 19.12:

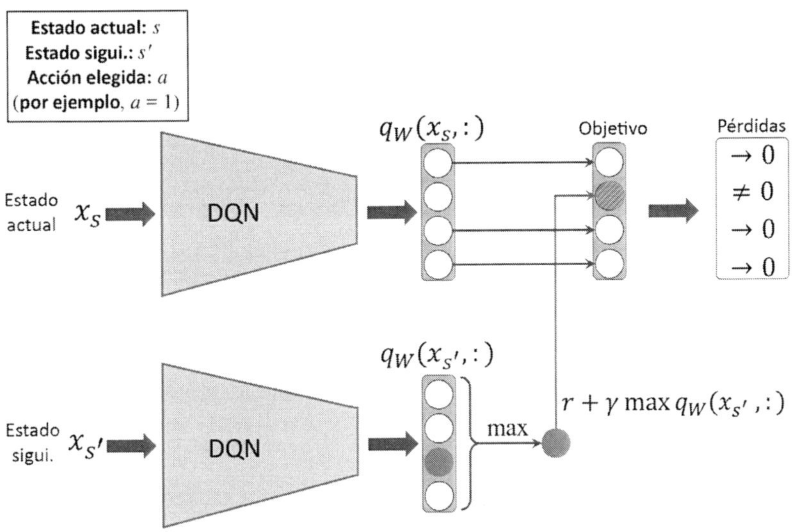

Figure 19.12 *Determinación del valor objetivo mediante DQN.*

Lo tratamos como un problema de regresión, utilizando las tres cantidades siguientes:

- Los valores pronosticados actualmente, $q_w(x_s, :)$
- El vector de valores objetivo descrito
- La función de pérdida estándar de error cuadrático medio (MSE)

Como resultado, las pérdidas serán cero para cada acción excepto para a. Finalmente, la pérdida calculada se retropropagará para actualizar los parámetros de la red.

Implementación del algoritmo Q-learning profundo

Finalmente, utilizaremos todas estas técnicas para implementar un algoritmo Q-learning profundo. Esta vez, utilizamos el entorno CartPole del entorno OpenAI Gym que introdujimos anteriormente. Recordemos que el entorno CartPole tiene un espacio de estados continuo de tamaño 4. En el siguiente código, definimos una clase, `DQNAgent`, que elabora el modelo y especifica varios hiperparámetros.

Esta clase tiene dos métodos adicionales en comparación con el agente anterior que estaba basado en Q-learning tabular. El método `remember()` añadirá una nueva quíntuple transición al buffer de memoria, y el método `replay()` creará un minlote de transiciones de ejemplos y lo pasará al método `_learn()` para actualizar los parámetros de peso de la red:

```
import gym
import numpy as np
import torch
import torch.nn as nn
import random
import matplotlib.pyplot as plt
from collections import namedtuple
from collections import deque
np.random.seed(1)
torch.manual_seed(1)

Transition = namedtuple(
            'Transition', ('state', 'action', 'reward',
                           'next_state', 'done'))
class DQNAgent:
    def __init__(
            self, env, discount_factor=0.95,
            epsilon_greedy=1.0, epsilon_min=0.01,
            epsilon_decay=0.995, learning_rate=1e-3,
            max_memory_size=2000):
        self.env = env
        self.state_size = env.observation_space.shape[0]
        self.action_size = env.action_space.n
        self.memory = deque(maxlen=max_memory_size)
        self.gamma = discount_factor
        self.epsilon = epsilon_greedy
        self.epsilon_min = epsilon_min
        self.epsilon_decay = epsilon_decay
```

```
        self.lr = learning_rate
        self._build_nn_model()

    def _build_nn_model(self):
        self.model = nn.Sequential(nn.Linear(self.state_size, 256),
                          nn.ReLU(),
                          nn.Linear(256, 128),
                          nn.ReLU(),
                          nn.Linear(128, 64),
                          nn.ReLU(),
                          nn.Linear(64, self.action_size))
        self.loss_fn = nn.MSELoss()
        self.optimizer = torch.optim.Adam(
                             self.model.parameters(), self.lr)

    def remember(self, transition):
        self.memory.append(transition)

    def choose_action(self, state):
        if np.random.rand() <= self.epsilon:
            return np.random.choice(self.action_size)
        with torch.no_grad():
            q_values = self.model(torch.tensor(state,
                           dtype=torch.float32))[0]
        return torch.argmax(q_values).item()  # returns action

    def _learn(self, batch_samples):
        batch_states, batch_targets = [], []
        for transition in batch_samples:
            s, a, r, next_s, done = transition
            with torch.no_grad():
                if done:
                    target = r
                else:
                    pred = self.model(torch.tensor(next_s,
                               dtype=torch.float32))[0]
                    target = r + self.gamma * pred.max()
            target_all = self.model(torch.tensor(s,
                             dtype=torch.float32))[0]
            target_all[a] = target
            batch_states.append(s.flatten())
```

```
                batch_targets.append(target_all)
                self._adjust_epsilon()
                self.optimizer.zero_grad()
                pred = self.model(torch.tensor(batch_states,
                                  dtype=torch.float32))
                loss = self.loss_fn(pred, torch.stack(batch_targets))
                loss.backward()
                self.optimizer.step()
            return loss.item()
        def _adjust_epsilon(self):
            if self.epsilon > self.epsilon_min:
                self.epsilon *= self.epsilon_decay

        def replay(self, batch_size):
            samples = random.sample(self.memory, batch_size)
            return self._learn(samples)
```

Finalmente, con el siguiente código, entrenamos el modelo para 200 episodios, y al final visualizamos el historial de aprendizaje utilizando la función `plot_learning_history()`:

```
def plot_learning_history(history):
    fig = plt.figure(1, figsize=(14, 5))
    ax = fig.add_subplot(1, 1, 1)
    episodes = np.arange(len(history))+1
    plt.plot(episodes, history, lw=4,
             marker='o', markersize=10)
    ax.tick_params(axis='both', which='major', labelsize=15)
    plt.xlabel('Episodes', size=20)
    plt.ylabel('Total rewards', size=20)
    plt.show()

## General settings
EPISODES = 200
batch_size = 32
init_replay_memory_size = 500

if __name__ == '__main__':
    env = gym.make('CartPole-v1')
    agent = DQNAgent(env)
    state = env.reset()
```

```
    state = np.reshape(state, [1, agent.state_size])
    ## Filling up the replay-memory
    for i in range(init_replay_memory_size):
        action = agent.choose_action(state)
        next_state, reward, done, _ = env.step(action)
        next_state = np.reshape(next_state, [1, agent.state_size])
        agent.remember(Transition(state, action, reward,
                                  next_state, done))
        if done:
            state = env.reset()
            state = np.reshape(state, [1, agent.state_size])
        else:
            state = next_state
    total_rewards, losses = [], []
    for e in range(EPISODES):
        state = env.reset()
        if e % 10 == 0:
            env.render()
        state = np.reshape(state, [1, agent.state_size])
        for i in range(500):
            action = agent.choose_action(state)
            next_state, reward, done, _ = env.step(action)
            next_state = np.reshape(next_state,
                                    [1, agent.state_size])
            agent.remember(Transition(state, action, reward,
                                      next_state, done))
            state = next_state
            if e % 10 == 0:
                env.render()
            if done:
                total_rewards.append(i)
                print(f'Episode: {e}/{EPISODES}, Total reward: {i}')
                break
            loss = agent.replay(batch_size)
            losses.append(loss)
    plot_learning_history(total_rewards)
```

Después de entrenar al agente durante 200 episodios, vemos que el agente efectivamente ha aprendido a aumentar las recompensas totales con el tiempo, como se muestra en la Figura 19.13:

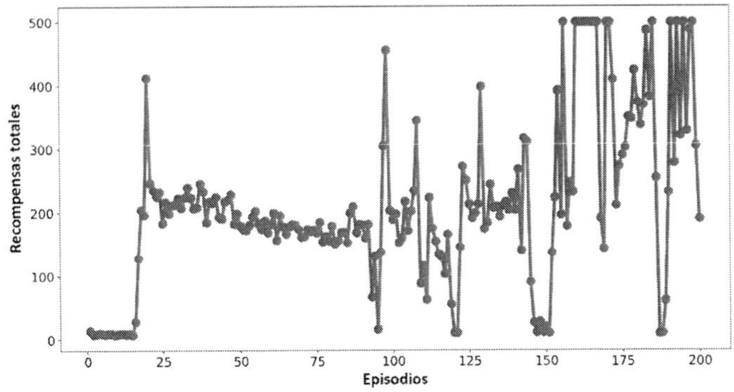

Figura 19.13 *Las recompensas del agente aumentan con el tiempo.*

Obsérvese que la recompensa total obtenida en un episodio es igual a la cantidad de tiempo que el agente es capaz de equilibrar el poste. El historial de aprendizaje representado en esta figura muestra que, después de unos 30 episodios, el agente aprende a equilibrar el poste y a mantenerlo durante más de 200 instantes de tiempo.

Resumen del capítulo y del libro

En este capítulo, hemos tratado los conceptos esenciales de RL, empezando por sus fundamentos, y cómo la RL puede ayudar en la toma de decisiones en entornos complejos.

Aprendimos lo relacionado con las interacciones agente-entorno y los procesos de decisión de Markov (MDP), y consideramos tres enfoques principales para resolver problemas de RL: programación dinámica, aprendizaje MC y aprendizaje TD. Discutimos el hecho de que el algoritmo de programación dinámica asume que el conocimiento completo de la dinámica del entorno está disponible, una suposición que no suele ser cierta para la mayoría de los problemas del mundo real.

A continuación, vimos cómo aprenden los algoritmos basados en MC y TD, que permiten a un agente interactuar con el entorno y generar una experiencia simulada. Después de discutir la teoría subyacente, implementamos el algoritmo Q-learning como una subcategoría fuera de la política del algoritmo TD para resolver el ejemplo del mundo de cuadrícula. Por último, tratamos el concepto de aproximación de funciones y Q-learning profundo en particular, que puede utilizarse para problemas con espacios de estado grandes o continuos.

Esperamos que haya disfrutado de este último capítulo de *Python Machine Learning* y de nuestro apasionante recorrido por el aprendizaje automático y el aprendizaje profundo. A lo largo del viaje a través del libro, hemos tratado los temas esenciales que este campo puede ofrecer, y ahora debería estar bien equipado para poner esas técnicas en acción para resolver problemas del mundo real.

Comenzamos nuestro viaje en el capítulo 1, Dotar a los ordenadores de la capacidad de aprender de los datos, con un breve resumen de los diferentes tipos de tareas de aprendizaje: aprendizaje supervisado, aprendizaje reforzado y aprendizaje no supervisado.

A continuación, analizamos varios algoritmos de aprendizaje diferentes que se pueden utilizar para la clasificación, empezando por las NN sencillas de una capa en el capítulo 2, Entrenamiento de algoritmos sencillos de aprendizaje automático para tareas de clasificación.

Continuamos presentando los algoritmos de clasificación avanzados en el capítulo 3, Un recorrido por los clasificadores de aprendizaje automático con Scikit-Learn; y aprendimos lo relacionado con los aspectos más importantes de las pipelines de aprendizaje automático en el capítulo 4, Elaboración de conjuntos de datos de entrenamiento adecuados: preprocesamiento de datos, y en el capítulo 5, Compresión de datos mediante la reducción de la dimensionalidad.

Recuerde que incluso el algoritmo más avanzado está limitado por la información de los datos de entrenamiento de los que obtiene el aprendizaje. Así, en el capítulo 6, Aprendizaje de las mejores prácticas para la evaluación de modelos y el ajuste de hiperparámetros, aprendimos sobre las mejores prácticas para elaborar y evaluar modelos predictivos, que es otro aspecto importante en las aplicaciones de aprendizaje automático.

Si un solo algoritmo de aprendizaje no logra el rendimiento que deseamos, a veces puede ser útil crear un conjunto de expertos para hacer un pronóstico. Esto lo exploramos en el capítulo 7, Combinación de diferentes modelos para el aprendizaje de conjuntos.

A continuación, en el capítulo 8, Aplicación del aprendizaje automático al análisis de opiniones, aplicamos el aprendizaje automático para analizar una de las formas de datos más populares e interesantes de la era moderna, dominada por las plataformas de medios sociales en Internet: los documentos de texto.

En su mayor parte, nos centramos en los algoritmos de clasificación, que es probablemente la aplicación más extendida del aprendizaje automático. Sin embargo, ¡este no es el final de nuestro viaje! En el capítulo 9, Pronóstico de variables objetivo continuas con análisis de regresión, exploramos varios algoritmos de análisis de regresión para pronosticar variables objetivo continuas.

Otro subcampo apasionante del aprendizaje automático es el análisis de clustering, que puede ayudarnos a encontrar estructuras ocultas en los datos, incluso si nuestros datos de entrenamiento no vienen con las respuestas adecuadas para aprender. Trabajamos en esto en el capítulo 10, El trabajo con datos no etiquetados: análisis de clustering.

A continuación, focalizamos nuestra atención en uno de los algoritmos más emocionantes en todo el campo del aprendizaje automático: las redes neuronales artificiales. Empezamos implementando un perceptrón multicapa desde cero con NumPy en el capítulo 11, Implementación de redes neuronales artificiales multicapa desde cero.

Las ventajas de PyTorch para el aprendizaje profundo se hicieron evidentes en el capítulo 12, Paralelización del entrenamiento de redes neuronales con PyTorch, donde utilizamos PyTorch para facilitar el proceso de elaboración de modelos de NN, trabajamos con objetos `Dataset` de Pytorch y aprendimos a aplicar pasos de preprocesamiento a un conjunto de datos.

Profundizamos en la mecánica de PyTorch en el capítulo 13, Profundización: la mecánica de PyTorch, y discutimos los diferentes aspectos y mecánicas de PyTorch, incluyendo los objetos tensoriales, el cálculo de los gradientes de una computación, y el módulo de red neuronal, `torch.nn`.

En el capítulo 14, Clasificación de imágenes con redes neuronales convolucionales profundas, nos adentramos en las redes neuronales convolucionales, muy utilizadas en la actualidad en la visión por ordenador, debido a su gran rendimiento en tareas de clasificación de imágenes.

En el capítulo 15, Modelización de datos secuenciales mediante redes neuronales recurrentes, aprendimos aspectos relativos al modelado de secuencias mediante RNN.

En el capítulo 16, Transformadores: mejora del procesamiento del lenguaje natural con mecanismo de atención, introdujimos el mecanismo de atención para abordar uno de los puntos débiles de las RNN, es decir, recordar elementos de entrada anteriores cuando se trata de secuencias largas. A continuación, exploramos varios tipos de arquitecturas de transformadores, que son arquitecturas de aprendizaje profundo que se centran en el mecanismo de autoatención y constituyen el estado del arte para crear modelos de lenguaje a gran escala.

En el capítulo 17, Redes generativas antagónicas con las que sintetizar nuevos datos, vimos cómo generar nuevas imágenes utilizando GAN y, por el camino, también aprendimos acerca de los autocodificadores, la normalización de lotes, la convolución traspuesta y las GAN de Wasserstein.

Los capítulos anteriores se centraron en conjuntos de datos tabulares, así como en datos de texto e imágenes. En el capítulo 18, Redes neuronales de grafos para captar las dependencias en datos estructurados en grafos, nos centramos en el aprendizaje profundo para datos estructurados en grafos, que es la representación de datos normalmente utilizada para redes sociales y moléculas (compuestos químicos). Además, aprendimos sobre las llamadas redes neuronales de grafos, que son redes neuronales profundas compatibles con dichos datos.

Por último, en este capítulo, estudiamos una categoría distinta de tareas de aprendizaje automático y vimos cómo desarrollar algoritmos que aprenden interactuando con su entorno a través de un proceso de recompensa.

Aunque un estudio exhaustivo del aprendizaje profundo va mucho más allá del alcance del libro, esperamos haber despertado su interés lo suficiente como para seguir los avances más recientes en este campo del aprendizaje profundo.

Si está pensando en hacer carrera en el ámbito del aprendizaje automático, o simplemente quiere estar al día de los avances actuales en este campo, le recomendamos que eche un vistazo a la literatura reciente publicada en este ámbito. A continuación se indican algunos recursos que nos parecen especialmente útiles:

- Un subreddit y una comunidad dedicada al aprendizaje automático: `https://www.reddit.com/r/learnmachinelearning/`
- Una lista actualizada diariamente de los últimos textos originales sobre aprendizaje automático subidos al servidor de preprints de arXiv: `https://arxiv.org/list/cs.LG/recent`
- Un motor de recomendación de artículos elaborado sobre arXiv: `http://www.arxiv-sanity.com`

Por último, puede informarse de lo que hacemos los autores:

- Sebastian Raschka: `https://sebastianraschka.com`
- Hayden Liu: `https://www.mlexample.com/`
- Vahid Mirjalili: `http://vahidmirjalili.com`

Siempre puede ponerse en contacto con nosotros si tiene alguna pregunta sobre el libro o si necesita algunos consejos generales sobre el aprendizaje automático.

Únase al espacio Discord del libro

Únase al espacio Discord del libro para una sesión mensual de «Pregúnteme lo que quiera» con los autores (en inglés):

`https://packt.link/MLwPyTorch`